Impressum

Bei Fragen oder Anregungen wenden Sie sich
bitte an folgende Telefonnummer:
+49 (0) 89-5482515-0 oder an
redaktion-oetker@edel.com

Kaiserstraße 14 b
D-80801 München

ISBN: 978-3-7670-1733-7
7. Auflage 2022

Druck und Bindung: Lanarepro, I-Lana

Mit Standorten in München, Hamburg und Berlin
zählt die Edel Verlagsgruppe zu den größten
unabhängigen Buchanbietern Deutschlands.
Zur Edel Verlagsgruppe gehört unter anderem
ZS mit seinen Lizenzmarken Dr. Oetker Verlag,
Kochen & Genießen und Phaidon by ZS.
Die Bücher und E-Books unter der Marke Dr. Oetker Verlag
erscheinen als Lizenz in der Edel Verlagsgruppe GmbH
www.oetker-verlag.de
www.facebook.com/Dr.OetkerVerlag
www.instagram.com/Dr.OetkerVerlag

DR. OETKER

Schul-Kochbuch

AUSGABE G

BEARBEITET VON DER VERSUCHSKÜCHE

DER FIRMA

DR. AUGUST OETKER

NÄHRMITTELFABRIK GMBH. BIELEFELD

CERES-VERLAG GMBH · BIELEFELD

Vorwort

1911

Als das Dr. Oetker Schul-Kochbuch im Jahre 1911 zum ersten Male erschien, da war es noch ein schmales Büchlein von nur 116 Seiten Inhalt.

Die vielen Anregungen aus den Kreisen der Hausfrauen führten in dem Jahre 1927 zu einer Neubearbeitung des Buches. Im Jahre 1937 wurde das Dr. Oetker Schul-Kochbuch wiederum verbessert. Diese Bücher sind Ihnen vielleicht bekannt.

1927

Da auch die moderne Ernährungswissenschaft immer wieder neue Erkenntnisse vermittelt, wurde die folgende Ausgabe „F" entsprechend erweitert. Während die vorhergehende Auflage „D" nur 224 Seiten zählte, bekam das im Jahre 1951 erschienene Dr. Oetker Schul-Kochbuch „F" 304 Seiten Inhalt. Die Zahl der Bildtafeln wurde erhöht und durch allgemein interessierende Abbildungen ergänzt.

Schon nach einem Jahr mußte eine neue Auflage in Druck gegeben werden. Dabei konnte vielen aus Hausfrauenkreisen geäußerten Wünschen und Anregungen entsprochen werden. Die vorliegende Ausgabe „G" wurde durch Einfügung der Kapitel „Der Gasherd", „Herstellung von Teigen in Küchenmaschinen" und „Haltbarmachen von Obst und Gemüse" wesentlich bereichert.

1937

Mit dem Dr. Oetker Schul-Kochbuch möchten wir nicht nur der erfahrenen Hausfrau, sondern vor allem auch dem jungen Mädchen von heute — der Hausfrau von morgen —, insbesondere aber der Haushaltsschülerin einen Leitfaden für die Küche in die Hand geben, ein Kochbuch, das ihr tagtäglich hilfreich zur Seite stehen möge.

DR. AUGUST OETKER

NÄHRMITTELFABRIK G.M.B.H. BIELEFELD

INHALTSÜBERSICHT

DER GASHERD

Der Gasherd hat seit Jahrzehnten eine außerordentlich große Verbreitung gefunden, und zwar auf Grund seiner steten und schnellen Betriebsbereitschaft, seiner einfachen Handhabung, seiner Sauberkeit (keine Rußbildung unter den Töpfen!) und seiner Fähigkeit, im Augenblick stärkste Hitze abzugeben. Da die mit Gas kochende Hausfrau daran interessiert ist, ihren Herd richtig zu benutzen, d. h. unter möglichst sparsamer Verwendung des Gases, sollen hier die wichtigsten Punkte über seine Handhabung zusammengestellt werden.

Wie muß eine vorschriftsmäßig brennende Kocherflamme aussehen?

Wie bereits erwähnt, ist das Gas bei vielen Hausfrauen deswegen so beliebt, weil es in dem Augenblick, in dem es angezündet wird, schon seine stärkste Hitze abgibt und seine Flamme keinen Ruß an den Töpfen zurückläßt.

Voraussetzung für diese rußlose Verbrennung ist aber, daß die Gasflamme tatsächlich richtig brennt.

Bei der Verbrennung von Koch- bzw. Leuchtgas unterscheiden wir 2 verschieden brennende Flammen, und zwar die Leuchtflamme und die entleuchtete Flamme (Bunsenflamme).

Wenn Gas aus einer Öffnung herausströmt und dort angesteckt wird, züngelt die Flamme ständig hin und her, leuchtet und weist deutlich gelbe Spitzen auf. Hält man in eine derartige Flamme einen Gegenstand, so beschlägt er sofort mit Ruß. Diese Flamme kann zum Kochen nicht genommen werden, da sie die Töpfe stark verschmutzt und dadurch die Hitze schlecht weitergeleitet würde.

Der Kocherbrenner arbeitet mit der sogenannten entleuchteten Flamme, und zwar nach folgendem Prinzip: Das Gas strömt aus einer kleinen Düse in den Brenner. Da zwischen Düse und Brenner ein Abstand besteht, reißt das Gas beim Austritt aus der Düse Luft mit und mischt sich mit dieser im sogenannten Mischrohr des Brenners. Das am Brennerkopf ausströmende Gas ist also kein reines Gas, sondern ein Gas-Luft-Gemisch. Wenn dieses entzündet wird, haben wir im Gegensatz zu reinem, nicht mit Luft vermischtem Gas ein vollkommen verändertes Flammenbild. Die Flamme brennt straff, hat einen blaugrünlichen Flammenkern und einen violetten

Saum. Das vorherige Mischen von Gas mit Luft hat den Vorteil, daß das Gas, wenn es am Brennerkopf entzündet wird, zu seiner Verbrennung nicht mehr so viel Luft an sich reißen muß; außerdem bildet sich kein Ruß, wenn die Flamme an irgendeinen Gegenstand schlägt.

Damit zum Kochen eine einwandfrei brennende Flamme erzielt wird, muß man dafür Sorge tragen, daß beim Einströmen des Gases in das Mischrohr weder zu viel noch zu wenig Luft mitgerissen wird. Die Flamme würde entweder zu straff oder unruhig und schleiernd brennen. Besondere Vorrichtungen, die vom Installateur bedient werden sollen, sorgen dafür, daß die Brenner den örtlichen Gasverhältnissen (unterschiedlicher Heizwert und Druck des Gases) angepaßt werden können. Neue Kocher und Herde werden deswegen vom Installateur einreguliert; auf diese Weise ist gewährleistet, daß die Brenner, gleichgültig wo der Kocher oder der Herd angeschlossen ist, bei Großstellung (siehe Abb. Seite 7) durchschnittlich einen Stundenverbrauch von 450–500 l und bei Kleinstellung (siehe Abb. oben) von etwa 50 l haben.

Im übrigen sollte man auch bei alten Geräten, wenn man sparsam mit Gas arbeiten will, darauf achten, daß die Kocherflammen mit blaugrünem Kern und violettem Flammensaum brennen, andernfalls sollte man einen Fachmann zu Rate ziehen.

Praktische Winke für das Arbeiten auf der Kocherflamme

Zum Ankochen von Speisen wird im allgemeinen die große Flamme genommen. Da die Spitzen der Flammen am heißesten sind, würde es jedoch eine Verschwendung bedeuten, wenn man sie über den Topfrand schlagen lassen würde; deswegen wird sie bei kleinen Töpfen entsprechend kleiner eingestellt.

Sobald der Inhalt eines Topfes kocht und Dampf entweicht, wird die Flamme zum Weiterkochen so klein wie möglich gestellt. Die sogenannte „Sparflamme" gibt nämlich gerade so viel Hitze ab, daß Speisen bis etwa 3 l im Kochen gehalten werden (Ausnahme: Bei allen größeren Töpfen, z. B. beim Einkoch- oder Waschkessel, Flamme zum Weiterkochen etwas größer stellen!). Voraussetzung ist jedoch, daß der Deckel nicht dauernd vom Topf abgehoben und in den Speisen gerührt wird, da dann eine zu starke Abkühlung vor sich geht und die Speisen aus dem Kochen kommen würden.

Gerade gegen das Gebot, zum Weiterkochen die Flamme so klein wie möglich zu stellen, wird am meisten gesündigt, da man annimmt, eine Speise würde schneller gar werden, wenn die Flamme möglichst groß brennt und tüchtig Dampf aus dem Kochtopf entweicht. In Wirklichkeit verhält es sich aber so, daß die Siedetemperatur des Wassers stets um 100° C liegt, gleichgültig, ob es stark oder schwach kocht. Die Speisen werden beim schwachen Kochen genau so schnell gar wie beim starken. Die bei groß eingestellter Flamme noch zusätzlich zugeführte Hitze dient nur zur Entwicklung von Dampf, der nutzlos entweicht. Deswegen, wer sparsam mit Gas kochen will, stellt, sobald aus einem Topf Dampf entweicht, die Flamme so klein, daß der Inhalt gerade am Kochen bleibt. Aus der Möglichkeit, mit einer kleinen Sparflamme eine Speise im Kochen zu halten, ohne daß dabei Wasser verdampfen muß, ergibt sich folgendes: Man gibt nicht, wie es früher üblich war, reichlich Wasser an sämtliche Speisen, sondern nur ungefähr so viel, wie in der fertigen Speise enthalten sein soll.

Auch die Wahl der Töpfe trägt mit zum sparsamen Gasverbrauch bei. Am besten geeignet sind niedrige, breite Töpfe, da sie der von der Flamme abgegebenen Hitze eine möglichst große Angriffsfläche bieten. Hohe und schmale Töpfe sind deswegen nicht so günstig.

Das Turmkochen

Beim Turmkochen nutzt man die Tatsache aus, daß nicht alle Nahrungsmittel eine Temperatur von 100° C brauchen, um gar zu werden. Voraussetzung für diese Kochmethode ist entweder ein Satz gleich großer Töpfe oder das Vorhandensein von sogenannten „Zwischenringen" (Sparringen), wodurch die Topföffnungen verengt werden und die Töpfe unterschiedlicher Größe aufeinander gesetzt werden können. Wie das Wort aussagt, wird im Turm gekocht, jedoch wird der Inhalt jedes Topfes für sich auf voller Flamme zum Kochen gebracht und der Turm mit einer einzigen Sparflamme im Kochen gehalten. Der unterste Topf enthält die Speisen, bei denen die Garzeit über 30 Minuten beträgt (z. B. Eintopfgerichte, Fleischbrühe, Gemüsebrühe, Hülsenfruchtsuppe, Sauerkraut, Rotkohl). Sie müssen unten stehen bleiben und dürfen niemals an die 2. Stelle gesetzt werden. Sobald diese Speisen kochen, stellt man die Flamme wie üblich auf klein. Im 2. Topf befinden sich Speisen, die schneller gar werden, deren Garzeit bis 30 Minuten beträgt (Kartoffeln, Nudeln, Fisch, Blumenkohl, Rosenkohl). Der Inhalt des 2. Topfes wird ebenfalls auf großer Flamme zum Kochen gebracht. Sobald eine kräftige Dampfentwicklung vor sich geht, nimmt man vom 1. Topf den Deckel ab und setzt den 2. darauf. Falls die Töpfe von unterschiedlicher Größe sind, legt man auf den 1. Topf nach dem Abnehmen des Deckels einen Zwischenring. Falsch wäre es, falls kein Zwischenring vorhanden ist, den Topfdeckel des 1. Topfes umzudrehen und darauf den 2. Topf zu setzen, da die Dämpfe, die im 1. Topf hochsteigen, an den Boden des 2. Topfes schlagen müssen und so ihre Hitze an den 2. Topf abgeben. Auf diese Weise ist im 2. Topf immerhin noch eine Temperatur von 85–93° C. Anschließend kommt der 3. Topf mit seinem kochenden Inhalt auf den 2. Topf. Auch hier sorgt wieder die aufsteigende Hitze des 2. Topfes dafür, daß die Speisen im 3. Topf bei einer Temperatur von 65–75° C gar oder warm gehalten werden. Diese Temperatur reicht aus für angekochte, leichte Suppe, Reis, Fisch oder Obst.

Um aber beim Turmkochen ein einwandfreies Ergebnis zu erzielen, darf niemals während des Kochens der Deckel vom obersten Topf genommen oder die Töpfe voneinander abgehoben werden. Ebenso darf auf einen Turm nicht noch nachträglich ein Topf mit kaltem Wasser gesetzt werden, dadurch würde der Speise im darunterliegenden Topf so viel Wärme entzogen, daß diese nicht mehr gar werden kann.

Der Gasbackofen

Flammen- und Reglerbacköfen

Der Konstruktion nach werden die Gasbacköfen in Flammen- und Reglerbacköfen eingeteilt. Beim Flammenbackofen wird die erforderliche Back- oder Brathitze dadurch erreicht, daß man die Flammen von Hand nach Augenmaß auf eine bestimmte Größe einstellt. Beim Reglerbackofen wird die Temperatur selbsttätig durch einen Regler – auch Thermostat genannt – auf eine bestimmte Höhe gebracht und gehalten. Die Hausfrau hat dabei nichts anderes zu tun, als den Backofenhahn auf eine bestimmte Ziffer einzustellen. Die auf dem Backofenhahn angebrachten Zahlen von 8–1 geben die Temperaturbereiche an, wobei 8 die stärkste und 1 die niedrigste Temperatur bringt. Die Flammen brennen nach dem Anzünden zunächst voll, sobald die gewünschte Temperatur erreicht ist, werden die Flammen automatisch gedrosselt, wodurch die Temperatur stundenlang auf einer bestimmten Höhe gehalten wird.

Feststehende und schwenkbare Brenner

Die Beheizung des Backofens erfolgt durch Brenner, die unter dem Bodenblech des Backofens angebracht und entweder feststehend oder schwenkbar sind.

Beide Arten Brenner sind so konstruiert, daß, wenn der Ofen zum Backen genommen werden soll, die von der Flamme abgegebenen Heizgase zunächst unter dem Backofenboden zur Mitte hinströmen, dann zwischen der äußeren und inneren Seitenwand hochsteigen und durch mehrere kleine oder große seitliche Öffnungen in den Backofenraum selbst gelangen. Die größte Öffnung befindet sich oben. An dieser Stelle strömt am meisten heiße Luft in den Backofen, dort ist auch die Oberhitze am stärksten. Hierauf muß beim Einschieben des Back- und Bratgutes weitgehend Rücksicht genommen werden. Der schwenkbare Brenner kann noch so eingestellt werden, daß die Heizgase sofort zwischen der äußeren und inneren Seitenwand nach oben steigen und durch die seitlichen Öffnungen in den Backofen kommen. Man erzielt bei dieser Brennerstellung eine verstärkte Oberhitze, die zum Braten von Fleisch und zum Überkrusten von Aufläufen und dergleichen sehr erwünscht ist.

Das Anzünden des Backofens

Bevor der Backofenhahn geöffnet wird, zündet man das Streichholz an und hält es dann bei geöffneter Backofentür wirklich dahin, wo das Gas ausströmen wird. Dann wird der Gasofenhahn geöffnet und beim Flammenbackofen auf groß und beim Reglerbackofen auf 8 gestellt. Entweder entzünden sich dann gleich sämtliche Flammen, oder, je nach Konstruktion, ein Zündflämmchen. Anschließend stellt man beim Flammenbackofen die Flamme auf die erforderliche Größe ein. Um keine unliebsamen Überraschungen zu erleben, da der Gasdruck wechselnd sein kann, muß besonders darauf hingewiesen werden, daß man die Größe der Flammen jedesmal nach Augenmaß einstellt und nicht etwa nach einem Strich, den man sich am Backofenhahn eingezeichnet hat. Beim Reglerbackofen wird, sobald die Flammen brennen, der Backofenhahn auf die erforderliche Ziffer eingestellt.

Der Grill

Im allgemeinen ist diese Sondereinrichtung in Deutschland nicht so stark bekannt, wie es z. B. im Ausland der Fall ist. Der Grill kann im Backofen direkt unter der

Decke oder in der Wärmenische gesondert eingebaut sein. Außerdem findet man ihn an Stelle einer Abstellplatte seitlich am Herd angebracht. Er wird aber auch speziell als Tischgrill geliefert.

Beim Grill handelt es sich immer um einen Längsbrenner, der seine Hitze möglichst schnell an eine Strahlplatte oder einen Keramikkörper abgibt. Das Grillgut wird im allgemeinen erst dann eingeschoben, wenn die Platte rot glühend ist, was nach 5–6 Minuten bei großer Flamme erreicht ist. Auf diese Weise geben die Strahlplatten eine starke Hitze ab.

Zum Grillen eignen sich besonders kleine, aber gut abgehangene Fleischstücke wie Filetstücke vom Kalb, Rind, Schwein oder Hammel. Leber, Nieren und Bratwurst lassen sich auf diese Weise auch ausgezeichnet zubereiten. Fleisch kann ohne Zusatz von Fett gegrillt werden, was besonders bei Diätkost in Frage kommt. Um eine stärkere Bräunung bei kleinen Fleischstücken zu erzielen, empfiehlt es sich, sie vor dem Grillen mit Zuckercouleur zu bestreichen. Fleischstücke müssen immer von beiden Seiten gegrillt werden. Man würzt sie, um ein Austreten des Fleischsaftes zu verhindern, nach der Fertigstellung.

Soll Fisch gegrillt werden, verwendet man ihn ganz oder nimmt Filet.

Weiterhin läßt sich eine große Anzahl von Gerichten mit dem Grill überkrusten wie Gerichte in Muscheln oder Toastbrot.

Ob man Aufläufe, die gebräunt werden sollen, unter den kalten oder heißen Grill setzt, hängt davon ab, ob sie heiß oder kalt und in dicker oder dünner Schicht eingefüllt wurden. Bei kalten und dicken Schichten heizt man den Grill nicht vor, sondern entzündet die Flamme erst, wenn das betreffende Gericht eingesetzt wird. Unter Umständen arbeitet man auch nicht gleich mit der vollen, sondern mit einer kleiner eingestellten Flamme, wodurch die Hitze mehr Zeit hat ins Innere der Aufläufe einzudringen, bevor sie bräunen.

Reinigen des Herdes

Die tägliche Reinigung des Gasherdes läßt sich schnell bewerkstelligen, besonders dann, wenn man übergekochte Speisen sofort beseitigt. Die dunkle, emaillierte Platte wird abgewaschen und mit einem trockenen Tuch nachgerieben. Um die dunkle Emaille vor Flecken zu schützen – säurehaltige Speisen, Obstsäfte, saure Milch, Essig, aber auch scharfe Seifenlauge hinterlassen Flecke –, ist ein schwaches Einreiben mit säurefreiem Fett wie Vaseline oder Nähmaschinenöl zu empfehlen. Auffangblech oder Auffangmulde lassen sich mit wenigen Handgriffen mit einem feuchten Tuch schnell in Ordnung bringen. Wenn Speisen übergekocht sind und die Brenner dadurch verschmutzt sind, empfiehlt es sich, diese mit Seifenwasser und Bürste zu behandeln. Die oberen Brennerkörper und die Brennerdeckel sollten überhaupt von Zeit zu Zeit mit einer Drahtbürste gereinigt werden, damit das Gas ungehindert am Brennerkopf ausströmen und brennen kann. Die Seitenflächen des Herdes können ebenfalls mit klarem oder mit Seifenwasser von Zeit zu Zeit abgewaschen und danach trocken nachgerieben werden.

Die Innenteile des Backofens wie Boden und Seitenwände lassen sich bequem aus dem Ofen nehmen. Wenn es erforderlich ist, kann man sie, da sie emailliert sind, in Seifenwasser stecken, Flecke werden mit Putzmitteln (Ata, Vim) entfernt.

PRAKTISCHE WINKE ZUR NEUZEITLICHEN KÜCHENFÜHRUNG

Aufstellung des Küchenzettels

1. Um planvoll wirtschaften zu können, stelle man für mehrere Tage im voraus, am besten für eine Woche, einen Küchenzettel auf.
2. Man setze zunächst unter Berücksichtigung des Gesamteinkommens einen festen wöchentlichen oder monatlichen Betrag aus, der für die Ernährung der Familie ausgegeben werden darf.
3. Man berücksichtige dabei Alter, Art der Arbeit und Lebensweise der Familienmitglieder, da sie unter Umständen besondere Aufwendungen notwendig machen (Diätkost).
4. Bei der Zusammenstellung der Gerichte achte man darauf, daß die Nahrung vollwertig sein muß. Sie soll alle Nährstoffe enthalten, die der Körper braucht, um gesund und leistungsfähig zu bleiben.
5. Man berücksichtige auch die neuesten Erkenntnisse wissenschaftlicher Ernährungsforschung; so sorge man z. B. im Winter für genügende Zufuhr von Vitaminen und Mineralstoffen (Kartoffeln, Sauerkraut, Milch).
6. Man sorge für möglichst große Abwechslung. Je vielseitiger der Küchenzettel ist, um so weniger besteht die Gefahr, daß dem Körper nicht alle Nährstoffe zugeführt werden. Die einzelnen Mahlzeiten sollen sich in gesundheitlicher Beziehung, in Geschmack, Farbe und Zubereitungsart ergänzen.
7. Man richte sich nach der Jahreszeit und biete im Sommer leichte und erfrischende, im Winter dagegen fettreichere und kräftigere Speisen.
8. Man beachte die Marktlage und bevorzuge solche Lebensmittel, die reichlich vorhanden und deshalb billig sind. Man binde sich nicht schematisch an seinen Küchenplan.

Einkauf der Lebensmittel

1. Man achte darauf, daß Preis und Nährwert im richtigen Verhältnis zueinander stehen. Es gibt Nahrungsmittel, die in ihrem Wert überschätzt und viel zu teuer bezahlt werden, während billige Nahrungsmittel (Magermilch, Quark) oft eine höhere Bedeutung verdienen.
2. Der Verwendungszweck des Nahrungsmittels soll schon beim Einkauf berücksichtigt werden; während man z. B. zum Einmachen nur tadellose Früchte verwenden kann, genügt für Obstsuppen und Obstspeisen eine geringere Qualität, die oft billig zu haben ist.
3. Leichtverderbliche Nahrungsmittel wie Fleisch, Fisch und Pilze kaufe man erst kurz vor der Verwendung ein.
4. Man kaufe die Lebensmittel, die der Jahreszeit entsprechen; sie sind dann am billigsten und vollwertig.
5. Man nutze das reichliche Angebot von Obst und Gemüse zur Zeit der Reife aus und schaffe sich Vorräte für knappere Zeiten.

Aufbewahrung der Vorräte

1. Vorratshaltung in kleinem Umfange ist für jeden Haushalt notwendig.
   a) um Zeit zu sparen: nach Aufstellung des Küchenzettels kaufe man die Lebensmittel bis auf die leicht verderblichen mindestens für eine Woche ein;
   b) um zweckmäßig wirtschaften zu können: kleinste Mengen einzukaufen, verteuert ein Nahrungsmittel; eine kluge Hausfrau nützt auch die Zeit des billigsten Angebotes aus;
   c) um für unvorhergesehene Fälle gerüstet zu sein: eine notwendige Umstellung im Küchenplan (unerwarteter Besuch) muß reibungslos möglich sein.
2. Größere Vorräte zu halten, ist nur dann zu empfehlen, wenn geeignete Vorratsräume und -einrichtungen vorhanden sind.
3. Alle Vorräte müssen sachgemäß aufbewahrt werden, um jeden Verlust durch Verderb zu vermeiden. Näheres darüber findet sich in den Einleitungen zu den einzelnen Abschnitten.
4. Speisekammer und Speiseschrank sind kühl, luftig und sauber zu halten, evtl. durch Gazefenster vor Insekten zu schützen. Der Vorratskeller muß kühl und trocken sein, seine günstigste Temperatur ist + 4° C.
5. Zum Aufbewahren leichtverderblicher Nahrungsmittel ist im Sommer ein Kühlschrank oder Eisschrank die idealste Vorrichtung. Wenn auch kein Fliegenschrank beschafft werden kann, sollten zum mindesten mehrere Fliegenglocken zum Überdecken der Lebensmittel vorhanden sein. Überzieht man solche Gestelle dann noch mit Frottierstoff, der feucht gehalten wird, so bleiben selbst Fleisch- und Wurstwaren an heißen Tagen frisch und kühl.
6. Gemüse lagere man möglichst im Keller, entweder auf dem Boden ausgebreitet (Bohnen), in feuchtem Sand eingegraben (Wurzeln, Meerrettich) oder in feuchte Tücher eingeschlagen (Spargel).
7. Kolonialwaren müssen trocken aufbewahrt werden und auf keinen Fall in Tüten. Am praktischsten sind Glasgefäße, um eine schnelle Übersicht und ein ständiges Beobachten zu erleichtern.

Vorbereitung der Nahrungsmittel

1. Man beginne rechtzeitig, aber nicht zu früh, mit den Vorbereitungen, damit die Nahrungsmittel nicht stundenlang gewässert (Kartoffeln) oder länger als notwendig der Herdwärme ausgesetzt werden.
2. Man sorge dafür, daß beim Vorrichten der Nahrungsmittel nur wirklich Wertloses entfernt und weggeworfen wird. Man halte den Abfall beim Putzen von Gemüse, Obst und Kartoffeln so klein wie möglich.
3. Gemüsestrünke und dicke Blattrippen können ausgekocht, Fleischsehnen und Knochen zur Brühe verwandt werden (Gemüsebrühe, Braune Suppe).
4. Man achte beim Waschen und Reinigen der Nahrungsmittel darauf, daß keine Nährstoffe verlorengehen. Langes Liegen im Wasser ist zu vermeiden, da Nährstoffe ausgelaugt werden.

Zubereitung der Nahrungsmittel

1. Durch sorgfältige Zubereitung soll die Verdaulichkeit der Nährstoffe erhöht und ihr Genußwert gesteigert werden.
2. Um die größtmögliche Ausnutzung der Nährstoffe im Körper zu erreichen, muß sich die Behandlung nach der Zusammensetzung, den Eigenschaften und der jeweiligen Beschaffenheit der Nahrungsmittel richten (Kochen, Schmoren oder Braten von Fleisch, Einweichen der Hülsenfrüchte, Vorquellen der Getreidekörner).
3. Die Zubereitung muß so erfolgen, daß kein Verlust an Nährwerten eintritt. Jedes Abkochen ist deshalb zu verwerfen, Garmachen im Wasser ist möglichst zu vermeiden (gedünsteter Fisch, gedämpftes Gemüse).
4. Um vorhandene Vitamine nicht zu zerstören, erhitze man die Nahrungsmittel so kurz wie möglich und halte den Kochtopf fest verschlossen. Zum Ankochen verwende man starke und zum Weiterkochen möglichst geringe Hitze.
5. Da sich durch die Hitze aromatische Stoffe entwickeln, die den Wohlgeschmack der Speise erhöhen und die Eßlust steigern, verwende man auf die Vorgänge des Bratens, Röstens und Backens die notwendige Sorgfalt. Höherer Genußwert macht die Speise wertvoller, da sie vom Körper besser ausgenutzt wird.
6. Da Wärme anregend auf den Verdauungsapparat wirkt, reiche man mindestens einmal am Tage eine warme Mahlzeit.
7. Man verfahre bei der Zubereitung der Speisen so sauber und hygienisch wie möglich und sorge vor allem für saubere Geräte und reine Hände.

Würzen

1. Man schmecke alle Speisen mit großer Sorgfalt ab, benutze dazu aber niemals den Rührlöffel (unappetitlich). Stärkehaltige Speisen verflüssigen sich, s. S. 227, Regeln P. 3.
2. Gewürze sollen den Eigengeschmack einer Speise verfeinern oder hervorheben, niemals aber selbst vorherrschen. Man sei deshalb sorgfältig in ihrer Auswahl und sparsam in ihrer Verwendung.
3. Jedes übermäßige Salzen und Würzen schadet der Gesundheit, denn es stumpft die Geschmacksorgane ab, überreizt die Verdauungsdrüsen, verführt zu vielem Trinken und belastet dadurch Herz und Nieren.
4. Da Gleichförmigkeit die anregende Wirkung abstumpft, soll man mit den würzigen Zutaten wechseln.
5. In der Kinder- und Krankenkost verfahre man besonders sorgfältig und sparsam im Gebrauch der Gewürze.

Resteverwertung

1. Man bewahre Speisereste kühl auf und sorge für rechtzeitige Verwendung. Besonders sorgfältig verfahre man mit Fisch, Fleisch, Pilzen und Eierspeisen, da sich ihre Eiweißstoffe leicht zersetzen und Vergiftungen hervorrufen.
2. Da aufgewärmte Gerichte in der Regel wenig beliebt sind, bringe man Reste möglichst in veränderter Form auf den Tisch. Anregungen dazu sind in vielen Rezepten des vorliegenden Buches gegeben.

Küchentechnische Grundbegriffe

Kochen = Garmachen in Wasser. Nur anzuwenden, wenn man das gesamte Kochwasser nachher zu Suppen oder Soßen gebraucht, da ein Teil der Nährstoffe ausgelaugt wird und in das Kochwasser übergeht.

Dämpfen = Garmachen in Wasserdampf. Geringer Nährstoffverlust, da die Nahrungsmittel nicht unmittelbar mit dem Kochwasser in Berührung kommen, sondern über dem Wasser auf dem Dämpfaufsatz, Dämpfeinsatz oder Durchschlag liegen.

Dünsten = Garmachen im eigenen Saft, wenn nötig unter Zugabe von etwas Fett oder Flüssigkeit. Alle Nährwerte bleiben erhalten.

Schmoren = Anbraten in Fett bis zur Bräunung und Garmachen mit Flüssigkeit im geschlossenen Topf. Es bilden sich Röst- und Aromastoffe.

Braten = Garmachen in Fett bei hoher Temperatur:
a) auf dem Herd in der Pfanne;
b) im Ofen, auf dem Rost oder in der Bratpfanne.
Durch Bräunung bilden sich Röst- und Aromastoffe.

Backen = Garmachen durch heiße Luft im Backofen, in der Backhaube oder durch heißes Fett in der Pfanne.

Ausbacken = Garmachen im Fettbad. Das Kochgut schwimmt in heißem Fett.

Anschwitzen (Andünsten) = Erhitzen des Kochgutes (Zwiebel, Suppengrün, Gemüse) in heißem Fett, ohne daß es bräunt.

Abziehen (Legieren) = Eigelb oder Ganz-Ei mit 2 Eßl. Wasser verquirlen, mit heißer Flüssigkeit auffüllen und unter Schlagen in die fertige Speise geben.

Panieren = Anfeuchten in Ei oder Milch und Einhüllen in Mehl oder geriebene Semmel.

Mehlschwitze = Fett zergehen lassen. Mehl dazugeben und gelb oder braun werden lassen. Langsam Flüssigkeit auffüllen und rühren, damit sich keine Klümpchen bilden. 5–10 Minuten schwach kochen lassen.

Mengenangaben

Bei den folgenden Angaben handelt es sich um Durchschnittsmengen, die jede Hausfrau auf Grund ihrer Erfahrung für die besonderen Verhältnisse ihrer Familie abändern muß. Bei der Veranschlagung des Kostmaßes sind Alter, Berufsarbeit, Gewöhnung und Veranlagung der einzelnen Personen zu berücksichtigen. Im allgemeinen legt man folgende Mengen für eine Person und Mahlzeit zugrunde:

- ¼ l Suppe als Vorgericht,
- ½ l Suppe als Hauptgericht,
- $^1/_{10}$–$^1/_8$ l Soße,
- 100–125 g Fleisch ohne Knochen,
- 125–150 g Fleisch mit Knochen,
- 250 g Fisch mit Kopf,
- 150–200 g Fischfilet,
- 200–250 g Gemüse,
- 250 g Kartoffeln,
- 125 g frisches Obst,
- 60 g Dörrobst.

Alle Rezepte dieses Buches sind, wenn nicht anders vermerkt, für 4 Personen berechnet. Die Zutaten sind in der Reihenfolge des Gebrauchs aufgeführt.

Maße und Gewichte

In den Rezepten des vorliegenden Kochbuches sind die Zutaten in Gramm angegeben, um nach Möglichkeit ein Bemessen der Mengen nach Gutdünken auszuschalten, weil dabei Material verschwendet wird und Mißerfolge häufig sind. Das genaue Abmessen und Wiegen ist eine selbstverständliche Forderung für jede Hausfrau, die rationell wirtschaften und mit dem Pfennig rechnen will. Um ein Abmessen kleiner Mengen zu erleichtern, sei nachstehende Tabelle angeführt, doch sollte jede Hausfrau im Anfang ihrer Praxis auch kleinste Mengen abwiegen und sie danach mit dem Löffel messen, um ihr Augenmaß auszubilden.

1 l Wasser	=	1 kg
¼ l Wasser	=	1 Suppenteller
⅛ l Wasser	=	8 Eßl.
1/10 l Wasser	=	6 Eßl.
1 kg	=	1000 g
½ kg	=	500 g (1 Pfund)
1 Eßl. Mehl, gestrichen	=	10 g
1 Eßl. „Gustin", gestrichen	=	10 g
1 Eßl. Semmelmehl, gestrichen	=	10 g
1 Eßl. Grieß, gestrichen	=	12 g
1 Eßl. Graupen, Grütze, gestrichen	=	12 g
1 Eßl. Salz, gestrichen	=	10 g
1 Eßl. Zucker, gestrichen	=	15 g
1 Eßl. Zucker, schwach gehäuft	=	20 g
1 Eßl. Zucker, gut gehäuft	=	25 g
1 Eßl. Fett, gestrichen	=	20 g
1 Teel. „Gustin", gestrichen	=	3 g
1 Teel. Salz, gestrichen	=	5 g
1 Teel. Backpulver, gestrichen	=	3 g
5 mittelgroße Äpfel	=	½ kg
6–7 mittelgroße Kartoffeln	=	½ kg
1 Gewürzdosis	=	4 Pfefferkörner, 2 Nelkenpfeffer, 1 Nelke, 1 kleines Lorbeerblatt.
Suppengrün (Wurzelwerk)	=	Möhre, Porree, Sellerie, Petersilienwurzel.

Abkürzungen

kg	=	Kilogramm	gerieb.	=	gerieben
l	=	Liter	S.	=	Seite
Eßl.	=	Eßlöffel	s. oben	=	siehe oben
Teel.	=	Teelöffel			

Schneemilch (S. 33)

SUPPEN

Die Suppe ist ein umstrittener Gang unserer Mahlzeit geworden. Zum mindesten spielt sie heute nicht mehr die Rolle wie früher, als zu einer vollständigen Mahlzeit unbedingt die Suppe als Eingangsgericht gehörte. Man wirft ihr vor, sie verdünne den Magensaft und belaste durch ihren großen Flüssigkeitsgehalt Herz und Nieren, ohne dem Körper erhebliche Nährwerte zuzuführen. So täusche sie in vielen Fällen ein Sättigungsgefühl vor und vermindere dadurch den Anreiz auf das nachfolgende Hauptgericht. Ganz abgesehen davon, daß manch einer dieser Nachteile bei einigem Nachdenken der Hausfrau vermieden werden kann, behält die Suppe ihre Bedeutung auch in der modernen Ernährung. Sie kann nämlich, richtig zubereitet und angewandt, auch appetitreizend wirken und die Absonderung der Verdauungssäfte anregen, was für die Verdaulichkeit der nachfolgenden Gerichte höchst willkommen ist. Sie soll bei Abspannung, nach anstrengender Arbeit und bei ermatteten Nerven belebend wirken und die zur wirksamen Ausnutzung der Speisen erforderliche Eßlust anregen. Man darf sie deshalb nicht regelmäßig geben, und an manchen Tagen soll sie durch Obst- oder Gemüse-Rohkost ersetzt werden. Auch muß man für möglichst große Abwechslung sorgen, sowohl in der Bindung als auch in den geschmackgebenden Zutaten. Im Sommer reiche man statt der heißen Suppe erfrischende Kaltschalen und Fruchtsuppen. Niemals darf man einer umfangreichen Mahlzeit eine gehaltreiche Suppe vorausschicken; hier genügt eine klare Fleisch- oder Gemüsebrühe, während an anderen Tagen durchaus eine nahrhafte und sättigende Suppe am Platze sein kann. Keinesfalls soll man für eine Person mehr als ¼ l rechnen, abgesehen von solchen suppenartig gekochten Gerichten, die als ganzes Mittagessen dienen sollen, die aber zu den „Eintopfgerichten" gehören.

Der Hauptbestandteil einer Suppe ist Flüssigkeit. Zu salzigen Suppen nimmt man Fleisch-, Knochen-, Gemüsebrühe, Gemüsekochwasser oder Wasser; die süßen Suppen haben als Grundlage Milch, Obstsaft, Bier oder Wein.

Bei den salzigen Suppen unterscheidet man klare und gebundene. Damit klare Suppen durch Zugabe von Einlagen wie Teigwaren, Reis, Klöße usw. nicht trübe werden, ist es ratsam, diese in Salzwasser gar zu kochen, mit kaltem Wasser abzuspülen (Klöße nicht!) und sie erst kurz vor dem Anrichten in die Suppe zu geben. Gebundene Suppen können Mehl, „Gustin", Grieß, Reis, Sago, Teigwaren, Brot oder Gemüse enthalten. Das Dickungsmittel wird in der Suppe gar gekocht. Man rechnet für 1 Liter Flüssigkeit bei warmen Suppen im allgemeinen 35–40 g Mehl oder „Gustin" und 40–50 g Reis, Sago oder Teigwaren. Für Suppen, die kalt gereicht werden sollen, genügen pro Liter Flüssigkeit 30 g Mehl oder „Gustin".

Während Mehl und „Gustin" nur angerührt, und zwar mit kalter Flüssigkeit, in die kochende Suppe gegeben werden, streut man Grieß, Reis, Sago und Teigwaren in die kochende Flüssigkeit.

Über die Beigabe von Eigelb oder Ganz-Ei an fertige Suppen und andere Speisen gibt der Abschnitt „Eierspeisen", Regeln ab Punkt 5 (S. 176), Aufschluß.

Zur Erzielung eines kräftigen Geschmacks kann man jedoch Mehl, Grieß, Reis und Sago zunächst mit Fett anrösten, dann mit der erforderlichen Flüssigkeit auffüllen (ablöschen) und gar kochen. Diese Zubereitungsart wird bei der sogenannten Mehlschwitze gewählt, wobei das Mehl, je nach Wunsch, heller oder dunkler geröstet werden kann. Will man eine Suppe auf diese Weise herstellen, so richtet man sich nach folgenden Rezepten:

Helle Grundsuppe

40 g Butter oder Margarine, 40 g Weizenmehl, 1 l kalte oder lauwarme Flüssigkeit.

In das bei mittlerer Flamme zerlassene Fett wird das Mehl gegeben und erhitzt, bis es hellgelb ist. Man gießt unter ständigem Rühren nach und nach die Flüssigkeit hinzu. Damit keine Klumpen entstehen, nimmt man kalte oder lauwarme Flüssigkeit und schlägt die Mehlschwitze mit einem Schneebesen durch. Die Mehlschwitze muß nach jeder Zugabe von Flüssigkeit wieder zum Kochen kommen. In dieser Weise wird die ganze Flüssigkeit hinzugegeben. Man läßt die fertige Suppe etwa 10 Minuten bei kleiner Flamme kochen, ehe man sie abschmeckt.

Dunkle Grundsuppe

40 g Butter oder Margarine, 50 g Weizenmehl, 1 l kalte oder lauwarme Flüssigkeit.

In das bei großer Flamme zerlassene Fett wird das Mehl gegeben und erhitzt, bis es hell- bis dunkelbraun ist. Man gießt unter ständigem Rühren nach und nach die Flüssigkeit hinzu. Damit keine Klumpen entstehen, nimmt man kalte oder lauwarme Flüssigkeit und schlägt die Mehlschwitze mit einem Schneebesen durch. Die Mehlschwitze muß nach jeder Zugabe von Flüssigkeit wieder zum Kochen kommen. In dieser Weise wird die ganze Flüssigkeit hinzugegeben. Man läßt die fertige Suppe 10 Minuten bei kleiner Flamme kochen, ehe man sie abschmeckt.

A. Fleisch- und Knochensuppen

Regeln

1. Fleisch und Knochen werden nur kurz mit kaltem Wasser abgespült, damit keine Nährstoffe verlorengehen.
2. Knochen werden klein zerhackt und in kaltes Wasser gegeben. Man soll sie zweimal auskochen, um sie vollständig auszunutzen.
3. Fleisch wird mit kochendem Wasser angesetzt, damit sich die Zellen schließen und das Stück innen saftig bleibt, um als Gericht verwertet werden zu können.
4. Kommt es nur auf eine gute Brühe an, so setzt man auch das Fleisch, evtl. sogar kleingeschnitten, mit kaltem Wasser an, um es besser auszulaugen.
5. Fleisch muß während des Kochens mit Wasser bedeckt sein, sonst wird es hart und zähe.
6. **Brühe wird auf großer Flamme fast zum Kochen gebracht und auf kleiner Flamme fertiggekocht.**
7. Das Einkochen braucht beim Ansetzen nicht berücksichtigt zu werden, da auf dem Gasherd bei richtiger Einstellung der Flamme kaum Wasser verdampft.
8. Suppengrün wird gewaschen und gebündelt; es darf nur 1 Stunde mitkochen. Petersilie wird erst kurz vor dem Anrichten übergestreut, da sich durch Kochen die grüne Farbe verliert. Eine fettlos geröstete Zwiebel gibt der Brühe dunkle Färbung.

Rindfleischbrühe

250 g Knochen, 1 ½ l Wasser, 375–500 g Rindfleisch (Brust-, Schwanzstück oder Bein), Salz nach Geschmack, Suppengrün (1 Stange Porree, 1 kleine Möhre, 1 Stück Sellerie), 1 geröstete Zwiebel, einige Tropfen Fleischextrakt oder Suppenwürze.

Die abgespülten, zerkleinerten Knochen werden mit dem kalten Wasser auf großer Flamme zum Kochen gebracht und 1 Stunde auf kleiner Flamme gekocht. Dann gibt man das Fleisch hinein, salzt schwach, bringt wieder zum Kochen und läßt 1½–2 Stunden langsam weiterkochen. Das gewaschene, gebündelte Suppengrün und die in Scheiben geschnittene, geröstete Zwiebel werden nur 1 Stunde mitgekocht. Man gießt die fertige Brühe durch ein feines Sieb und schmeckt sie mit Salz und Fleischextrakt oder Suppenwürze ab.

Klare Fleischbrühe wird in Tassen mit Weißbrot oder entsprechenden Beilagen (S. 38) gereicht. Man kann sie auch zu einer der nachfolgenden Suppen mit Einlage verwenden.

Kochzeit: 2½–3 Stunden.

Kalbfleischbrühe

Siehe Herstellung von Rindfleischbrühe (s. S. 19).

Kochzeit: Etwa 1½ Stunden.

Knochenbrühe

500 g Knochen, 1½ l Wasser, Suppengrün (1 Stück Sellerie, 1 Stange Porree, 1 kleine Möhre), 1 geröstete Zwiebel, 1 Tomate.

Die abgespülten, zerkleinerten Knochen werden mit dem kalten Wasser auf großer Flamme zum Kochen gebracht und 3 Stunden auf kleiner Flamme langsam gekocht. Man läßt das gewaschene, gebündelte Suppengrün, die Zwiebel und die Tomate 1 Stunde mitkochen. Die fertige Brühe wird durch ein feines Sieb gegossen. Da Knochenbrühe trübe ist, verwendet man sie zu sämigen oder gebundenen Suppen.

Die in den Knochen enthaltenen wertvollen Leimstoffe sind sehr schwer löslich, deswegen sollten Knochen mindestens zweimal ausgekocht werden. Für Knochenbrühe eignen sich auch Bratenknochen und Knochen von Kochfleisch, da sie noch wertvolle Nährstoffe enthalten.

Veränderung: Der Geschmack der Brühe wird noch kräftiger, wenn man die Knochen in 20 g Fett bräunt und dann das Wasser hinzugibt.

Kochzeit: Etwa 3 Stunden.

Fleischbrühe mit Nudeln

1 l klare Fleischbrühe, 40–50 g Nudeln: Sternchen, Hörnchen, Buchstaben, Fadennudeln, Hausmachernudeln (S. 39), 1 Eßl. gehackte Petersilie oder gehackter Schnittlauch.

Die Nudeln (Fadennudeln vorher zerdrücken!) werden in die kochende Brühe gestreut, umgerührt und bei schwacher Hitze gar gekocht. Man richtet die Brühe mit den gehackten Kräutern an.

Kochzeit: 10–15 Minuten.

Fleischbrühe mit Reis oder Sago

1 l klare Fleischbrühe, 40–50 g Reis oder Sago, 1 Eßl. gehackte Petersilie oder gehackter Schnittlauch.

Der gewaschene Reis oder der Sago wird in die kochende Brühe gestreut, umgerührt und bei schwacher Hitze gar gekocht. Man richtet die Brühe mit den gehackten Kräutern an.

Kochzeit für Reis: 30 Minuten.

Kochzeit für Sago: 15–20 Minuten.

Fleischbrühe mit Einlage

1 l klare Fleischbrühe, 40–50 g Reis, Blumenkohlröschen, Spargelstückchen, Eierstich (S. 39) oder Suppenklößchen (S. 40).

Der gewaschene Reis wird in die kochende Brühe gestreut und umgerührt. Man gibt die vorbereiteten Blumenkohlröschen und die geschälten Spargelstückchen dazu und läßt Reis und Gemüse bei schwacher Hitze gar kochen. Das Gemüse kann auch in Salzwasser gar gekocht werden. In die fertige Suppe gibt man nach Belieben den nach Vorschrift hergestellten Eierstich oder die Klößchen.

Kochzeit: Etwa 30 Minuten.

Gestockte Brühe

1 l klare Fleischbrühe, 1 Ei, 2 Eßl. Milch oder Wasser, etwas Salz, 1 Prise Muskat.

Ei, Milch, Salz und Muskat werden gut verquirlt und unter ständigem Rühren langsam in die stark kochende Brühe gegeben. Man läßt die Suppe einmal aufkochen und dann bei geschlossenem Topf bei schwacher Hitze so lange ziehen, bis sie wieder klar ist (in 3–4 Minuten).

Einlaufsuppe

1 l klare Fleischbrühe, 20 g Weizenmehl, 1 Eßl. Milch, 1 Ei, etwas Salz, 1 Prise Muskat, 1 Teel. gehackte Petersilie.

Mehl, Milch, Ei, Salz und Muskat werden gut verquirlt und tropfenweise (über einen Quirl oder durch die Löcher eines Schaumlöffels) in die stark kochende Brühe gegeben.

Man streut die gehackte Petersilie auf die fertige Suppe.

Kochzeit: 3 Minuten.

Frühlingssuppe

1 Stück Blumenkohl, 125 g junge Erbsen, 2 Karotten, 50 g Perlböhnchen, 4 Stangen Suppenspargel, 1–2 Tomaten, 1 l klare Fleischbrühe, etwas Salz, einige Tropfen Fleischextrakt oder Suppenwürze, gehackte Petersilie.

Der Blumenkohl wird in Röschen geteilt, die Erbsen werden ausgepahlt, die Karotten geputzt und mit dem Buntschneidemesser in Scheiben geschnitten. Die Bohnen zieht man ab und bricht sie zwei- bis dreimal durch. Den Spargel schält man und schneidet ihn in Stücke. Die Tomaten werden gewaschen und in kleine Stücke geschnitten. Das Gemüse wird in die kochende Brühe gegeben und bei schwacher Hitze gar gekocht. Man schmeckt die Suppe mit Salz und Fleischextrakt oder Suppenwürze ab und richtet sie mit Petersilie an. Sie kann durch Eierstich, Grieß-, Mark- oder Schwemmklößchen verfeinert werden.

Kochzeit: Etwa 30 Minuten.

Grießsuppe

1 l Fleisch-, Knochen- oder Gemüsebrühe, 40–50 g Grieß, Salz, einige Tropfen Fleischextrakt oder Suppenwürze, 1 Eßl. gehackte Petersilie oder Schnittlauch.

Man bringt die Brühe zum Kochen, streut unter ständigem Rühren den Grieß ein und läßt ihn bei schwacher Hitze ausquellen. Die Suppe wird mit Salz und Fleischextrakt oder Suppenwürze abgeschmeckt und mit den gehackten Kräutern angerichtet.

Veränderung: Man kann den Grieß in 20 g heiße Butter oder Margarine geben und unter Rühren so lange darin erhitzen, bis er hellgelb ist. Dann wird die Brühe dazugegeben.

Kochzeit: 10–15 Minuten.

Reissuppe

1 l Fleisch-, Knochen- oder Gemüsebrühe, 40–50 g Reis, 1–2 ganze Möhren, etwas Salz, einige Tropfen Fleischextrakt oder Suppenwürze.

Der gewaschene Reis wird in die kochende Brühe gegeben, umgerührt und bei schwacher Hitze gar gekocht. Man kocht die geputzten Möhren ebenfalls in der Brühe weich, schneidet sie in Scheiben und gibt sie wieder in die Suppe. Sie wird mit Salz und Fleischextrakt oder Suppenwürze abgeschmeckt.

Veränderung: Man kann den Reis in 20 g heiße Butter oder Margarine geben und unter Rühren so lange erhitzen, bis er hellgelb ist. Dann wird die Brühe dazugegeben.

Kochzeit: Etwa 30 Minuten.

Graupensuppe

1 l Fleisch-*), Knochen- oder Gemüsebrühe, 40–50 g Graupen, Blumenkohlröschen, Sellerie, etwas Salz, einige Tropfen Fleischextrakt oder Suppenwürze.

Man bringt die Brühe zum Kochen, gibt die gewaschenen Graupen hinein und fügt nach ½ Stunde die geputzten Blumenkohlröschen und den in kleine Stücke geschnittenen Sellerie hinzu. Die Suppe wird mit Salz und Fleischextrakt oder Suppenwürze abgeschmeckt.

Kochzeit: Etwa 1 Stunde.

*) Für diese Suppe eignet sich besonders gut Pökelfleisch-, Schinken- oder Hammelfleischbrühe.

Grünkernsuppe

1 l Fleisch-, Knochen- oder Gemüsebrühe, 40 g Grünkernmehl oder 60 g Grünkerngrütze, etwas Salz, einige Tropfen Fleischextrakt oder Suppenwürze, 1–2 Eßl. saure Sahne oder 1 Stück Butter.

Das Grünkernmehl wird mit kaltem Wasser angerührt, in die kochende Brühe gegeben und 10–15 Minuten bei schwacher Hitze gekocht. Die Grünkerngrütze weicht man einige Stunden in ¼ l Wasser ein, gibt sie in die kochende Brühe und läßt sie 1–1½ Stunden kochen. Die Suppe wird mit Salz und Fleischextrakt oder Suppenwürze abgeschmeckt. Man kann sie mit saurer Sahne oder Butter verfeinern.

Als Einlage eignen sich junge Erbsen, Schwemm- oder Markklößchen.

Veränderung: Man kann das Mehl oder die Grütze in 20 g heiße Butter oder Margarine geben und unter Rühren so lange erhitzen, bis sie sich leicht bräunt.

Kochzeit: Für Grünkernmehl 10–15 Minuten,
für Grünkerngrütze 60–90 Minuten.

Semmelsuppe

20 g Butter oder Margarine, 2 alte Semmeln, 1 l Fleisch-, Knochen- oder Gemüsebrühe, 1 Eigelb, 2 Eßl. kaltes Wasser zum Verquirlen, etwas Salz, einige Tropfen Fleischextrakt oder Suppenwürze.

Die in kleine Würfel geschnittenen Semmeln werden in dem Fett leicht gebräunt und in der Brühe weich gekocht. Man streicht die Suppe durch ein Sieb, zieht sie mit verquirltem Eigelb ab und schmeckt mit Salz und Fleischextrakt oder Suppenwürze ab.

Kochzeit: Etwa 15 Minuten.

Braune Suppe

500 g Bratenknochen (Rind, Kalb, Geflügel), 20 g Fett, 1 Zwiebel, ½ Stange Porree, 1½ l Wasser, etwa vorhandene Bratensoßenreste, 40 g Grieß, etwas Salz, 1 Semmel, 10 g Butter oder Margarine zum Rösten.

Die Knochen werden klein gehackt und in dem Fett von allen Seiten gut gebräunt. Man gibt die kleingeschnittene Zwiebel und den in Scheiben geschnittenen Porree dazu und erhitzt es kurz damit. Das Wasser wird hinzugegeben. Man bringt es zum Kochen und läßt es 2½–3 Stunden schwach kochen. Die Bratensoßenreste werden hinzugefügt. Man gießt die Brühe durch ein Sieb, bringt sie wieder zum Kochen, streut unter ständigem Rühren den Grieß ein und läßt ihn in 10–15 Minuten bei schwacher Hitze ausquellen. Die Suppe wird mit Salz abgeschmeckt und mit gerösteten Semmelwürfeln angerichtet (nicht zu früh dazugeben, werden sonst weich!).

Veränderung: Man kann die Brühe anstatt mit Grieß mit einer dunklen Mehlschwitze dicken. 40 g Butter oder Margarine und 50 g Mehl werden gebräunt und mit der Brühe abgelöscht. Man schmeckt dann die Suppe mit 1–2 Eßl. Rotwein ab.

Kochzeit: Etwa 3 Stunden.

Ochsenschwanzsuppe

300–400 g Ochsenschwanz, 20 g Fett, Schinkenreste, 1 Zwiebel, Suppengrün (Sellerie, Möhre, Petersilienwurzel), 1¼ l Wasser, 1 Gewürzdosis (s. S. 16), 40 g Fett, 50 g Weizenmehl, Salz, 1–2 Eßl. Zitronensaft, Rotwein oder Madeira, 1 Prise Zucker.

Der Ochsenschwanz wird gewaschen, abgetrocknet, in etwa 3 cm lange Stücke geschlagen und in dem heißen Fett mit etwa vorhandenen Schinkenresten gut gebräunt. Man erhitzt die in Scheiben geschnittene Zwiebel und das gewaschene, kleingeschnittene Suppengrün kurze Zeit mit. Dann werden das Wasser und die Gewürzdosis zugegeben. Man bringt das Wasser bei großer Flamme zum Kochen und läßt bei kleiner Flamme so lange kochen, bis das Fleisch weich ist. Die Suppe wird durch ein feines Sieb gegossen und entfettet. Man löst das Fleisch von den Knochen ab und schneidet es in feine Streifen. Fett und Mehl werden bei starker Hitze gebräunt. Man gibt die Brühe hinzu und läßt gut durchkochen. Die Suppe wird mit den Gewürzen abgeschmeckt und das Fleisch hinzugegeben.

Veränderung: Man kann die Suppe auch mit „Gustin" dicken, und zwar mit 40 g.

Kochzeit: Etwa 2 Stunden.

Kalbsnierensuppe

40 g Butter oder Margarine, 40 g Weizenmehl, 1 l Fleisch-, Knochenbrühe oder Wasser; 2 Kalbsnieren, 20 g Butter oder Margarine, 1 Eigelb, 2 Eßl. Wasser, Salz, evtl. einige Tropfen Fleischextrakt oder Suppenwürze, 1 Eßl. gehackte Petersilie.

Man zerläßt das Fett. Das Mehl wird unter Rühren so lange darin erhitzt, bis es hellgelb ist. Man gießt unter ständigem Rühren langsam die Flüssigkeit hinzu und läßt 10 Minuten schwach kochen.

Die Kalbsnieren werden enthäutet, von den Röhren befreit, gewaschen, mit kochend heißem Wasser übergossen und ½ Stunde stehengelassen. Sie werden fein gehackt, in dem Fett gar gedünstet und in die Suppe gegeben. Man läßt die Suppe einige Male aufkochen, zieht sie mit Eigelb ab, schmeckt sie mit Salz und Fleischextrakt ab und richtet sie mit der gehackten Petersilie an.

Kochzeit: 15–20 Minuten.

Braune Nierensuppe

Etwa 250 g Rinder- oder Schweinenieren, 40 g Fett, 1 kleine Zwiebel, Suppengrün, 1¼ l Wasser, 2–3 Kartoffeln oder 30 g Reis, 1–2 gehäufte Teel. Dr. Oetker „Gustin", 1 Eßl. Wasser, Salz, etwas Fleischextrakt oder Suppenwürze.

Man enthäutet die Nieren, entfernt die Röhren, wäscht sie, übergießt sie mit kochend heißem Wasser, läßt sie ½ Stunde stehen und schneidet sie in feine Scheiben oder Würfel. Sie werden mit der in kleine Würfel geschnittenen Zwiebel und dem gewaschenen, kleingeschnittenen Suppengrün in das heiße Fett gegeben und angebräunt. Man gibt dann das Wasser dazu. Die geschälten, in kleine Würfel geschnittenen Kartoffeln oder der gewaschene Reis werden in die kochende Brühe gegeben und weich gekocht. Sie wird mit dem kalt angerührten „Gustin" gedickt. Vor dem Anrichten schmeckt man mit Salz und Fleischextrakt ab.

Kochzeit: Etwa 30 Minuten.

Hühnerbrühe

1 Suppenhuhn (von 1–1¼ kg), 2½ l Wasser, etwas Salz, Petersilienwurzel, etwas Suppengrün.

Das Huhn wird gerupft, gesengt, ausgenommen und gewaschen. Man gibt es mit dem Herzen, dem aufgeschnittenen Magen, dem Hals, der Petersilienwurzel und dem gewaschenen Suppengrün in das auf großer Flamme kochende, gesalzene Wasser, bringt wieder zum Kochen und kocht es auf kleiner Flamme langsam weich. Die Hühnerleber wird nur wenige Minuten mitgekocht. Man gibt die Brühe durch ein feines Sieb. Das Hühnerfleisch kann man kleingeschnitten in die Suppe geben oder zu Frikassee verwenden. Das gekochte Huhn kann aber auch anschließend gebraten werden (S. 90).

Kochzeit: 2–4 Stunden.

Hühnersuppe mit Einlage

1 l Hühnerbrühe, 40–60 g Nudeln oder 40 g Reis, Blumenkohlröschen und Spargelstückchen, Grieß- oder Semmelklößchen, etwas Salz, etwas Fleischextrakt oder Suppenwürze, 1 Eßl. gehackte Petersilie.

Die Hühnerbrühe wird auf großer Flamme zum Kochen gebracht. Sobald sie kocht, gibt man die Nudeln oder den gewaschenen Reis hinzu, rührt um und läßt bei schwacher Hitze gar kochen. Das Gemüse und die Klöße werden in Salzwasser oder in der Suppe gar gekocht. Man schmeckt die Hühnersuppe mit Salz und einigen Tropfen Fleischextrakt ab und richtet sie mit gehackter Petersilie an.

Kochzeit: Nudeln 10–15 Minuten,
Reis etwa 30 Minuten.

Königinsuppe

40 g Butter oder Margarine, 40 g Weizenmehl, 1 l Hühnerbrühe, 8–10 abgezogene Mandeln (1 bittere), in Würfel geschnittenes, gekochtes Hühnerfleisch, Blumenkohlröschen oder Spargelköpfchen, 1 Eigelb, $\frac{1}{8}$ l Milch oder Sahne, etwas Salz, etwas Fleischextrakt oder Suppenwürze.

Man zerläßt das Fett. Das Mehl wird unter Rühren so lange darin erhitzt, bis es hellgelb ist. Man gießt unter ständigem Rühren langsam die Hühnerbrühe hinzu und läßt 10 Minuten schwach kochen.

Die gemahlenen Mandeln und das Hühnerfleisch werden in die Suppe gegeben. Man kocht das Gemüse in Salzwasser oder in der Suppe gar. Eigelb und Milch oder Sahne werden verquirlt, die Suppe wird damit abgezogen. Man schmeckt sie mit Salz und Fleischextrakt ab und gibt das Gemüse dazu.

Kochzeit: 15–20 Minuten.

Falsche Königinsuppe

Herstellung wie Königinsuppe, nur nimmt man anstatt Hühnerbrühe Kalbfleischbrühe.

Taubenbrühe

wird hergestellt wie Hühnerbrühe. Für 4 Personen braucht man 2 alte Tauben. Aus Herz, Magen und Leber kann man Klößchen herstellen (S. 42) und als Einlage in die Brühe geben.

Taubenbrühe ist sehr geeignet für Kranke und Genesende.

Gänse- oder Entenkleinsuppe (für 6–8 Personen)

Gänse- oder Entenklein: Kopf, Hals, Flügel, Füße, Magen und Herz von 1 Gans oder 1 Ente, $2\frac{1}{2}$ l Wasser, etwas Salz, 1 Zwiebel, Suppengrün, 80 g Butter oder Margarine, 80 g Weizenmehl, 2 Eßl. gehackte Petersilie.

Einlage: Evtl. Leberklößchen (S. 42).

Das sauber geputzte Gänse- oder Entenklein (Füße brühen und enthäuten, Schnabel abschlagen!) wird mit Wasser und Salz auf großer Flamme aufgesetzt und 1 Stunde auf kleiner Flamme gekocht. Dann gibt man die in Scheiben geschnittene Zwiebel und das gewaschene, gebündelte Suppengrün hinzu und läßt noch 1 Stunde kochen.

Die Brühe wird durch ein Sieb gegossen. Man zerläßt das Fett. Das Mehl wird unter Rühren so lange darin erhitzt, bis es hellgelb ist. Man gießt unter ständigem Rühren langsam die Brühe hinzu und läßt 10 Minuten schwach kochen. Das von den Knochen gelöste Fleisch und der Magen und das Herz, in Streifen oder Würfel geschnitten, werden hineingegeben. Wenn man die Leber mit zur Suppe verwenden will, macht man Klößchen und kocht sie in Salzwasser gar oder läßt sie 10 Minuten in der fertigen Suppe ziehen. Die Suppe wird mit gehackter Petersilie angerichtet.

Kochzeit: Etwa 2 Stunden.

Wildsuppe (Resteverwertung)

wird zubereitet wie Ochsenschwanzsuppe (S. 23), nur nimmt man an Stelle von Ochsenschwanz kleingehackte Wildknochen (Hasengeripe, Rebhuhn-, Rehknochen).

Fischsuppe (Resteverwertung)

Kopf und Gräten eines Seefisches, 1 ¼ l Wasser, etwas Salz, 1 Zwiebel, Suppengrün, 40 g Butter oder Margarine, 40 g Weizenmehl, ¼ l Milch, Suppenwürze, Zitronensaft, 1–2 Eßl. feingehackter Schnittlauch oder Dill.

Der gut gereinigte Kopf (die Kiemen entfernen!) und die Gräten des Fisches werden mit dem kalten Wasser, dem Salz, der in Scheiben geschnittenen Zwiebel und dem gewaschenen, gebündelten Suppengrün auf großer Flamme zum Kochen gebracht und auf kleiner Flamme 1 Stunde gekocht. Man gibt die Brühe durch ein Sieb. Das Fett wird zerlassen; das Mehl wird unter Rühren so lange darin erhitzt, bis es hellgelb ist. Man gießt unter ständigem Rühren langsam die Brühe und die Milch hinzu und läßt 10 Minuten schwach kochen. Die Suppe wird mit Suppenwürze und Zitronensaft abgeschmeckt und mit den gehackten Kräutern angerichtet.

Als Einlage eignen sich Reste von Fischfleisch, Fischklößchen, Käseklößchen oder Semmelwürfel.

Kochzeit: 1–1 ½ Stunden.

B. Gemüsesuppen

Regeln

1. Gemüsesuppen kann man ganz oder zum Teil mit Fleisch- oder Knochenbrühe herstellen. Wasser, Gemüsebrühe und Reste von Gemüsekochwasser lassen sich ebenfalls dazu verwenden.
2. Bei der Vorbereitung von frischem Gemüse (Putzen, Waschen) richte man sich nach den Vorschriften, die für die Behandlung von Gemüse (S. 117) gegeben sind.
3. Frisches Gemüse wird auf großer Flamme entweder mit kochender Flüssigkeit angesetzt oder in Butter angeschwitzt und mit heißer Flüssigkeit aufgefüllt; dann muß es auf kleiner Flamme gar werden.
4. Trockengemüse (Hülsenfrüchte) wird 12 Stunden eingeweicht, mit dem Einweichwasser auf großer Flamme zum Kochen gebracht und auf kleiner Flamme gar gemacht.
5. Das Durchstreichen mancher Suppen gehört zur feineren Zubereitungsweise, es kann auch unterbleiben.
6. Falls Diätvorschriften eine Mehlschwitze verbieten, bindet man die Suppe mit kalt angerührtem „Gustin" und rührt vor dem Anrichten ein Stück Butter hinein.

Gemüsebrühe

500–600 g Gemüse (1 Stück Sellerie, 1 Kohlrabi, 1 Möhre, Petersilienwurzel, 1 Zwiebel, 1 Stange Porree, Blumenkohlrippen, Spargelstücke, Weißkohl- und Wirsingblätter), 40 g Butter, Margarine oder 2 Eßl. Öl, 1 ¼ l Wasser, Petersilie, Sellerieblätter.

Das geputzte, kleingeschnittene Gemüse wird in dem heißen Fett kurze Zeit erhitzt, dann mit heißem Wasser aufgefüllt und 1 Stunde auf kleiner Flamme gekocht. Petersilie und Sellerieblätter dürfen nur kurze Zeit mitkochen. Die Brühe wird durch ein feines Sieb gegeben. Man verwendet sie an Stelle von Fleisch- oder Knochenbrühe.

Kochzeit: Etwa 1 Stunde.

Blumenkohlsuppe

250 g Blumenkohl, 1 ¼ l Wasser, 1 Teel. Salz, 40 g Butter oder Margarine, 40 g Weizenmehl, evtl. 1 Eigelb, 2 Eßl. kaltes Wasser zum Verquirlen.

Der Blumenkohl wird in Röschen zerteilt, sorgfältig gewaschen, in das kochende, schwach gesalzene Wasser gegeben und darin auf kleiner Flamme weich gekocht. Man gießt das Blumenkohlwasser durch ein Sieb.

Das Fett wird zerlassen; das Mehl wird unter Rühren so lange darin erhitzt, bis es hellgelb ist. Man gießt unter ständigem Rühren langsam das Blumenkohlwasser hinzu, läßt 10 Minuten schwach kochen und gibt die Blumenkohlröschen hinzu. Die Suppe wird mit verquirltem Eigelb abgezogen und mit Salz abgeschmeckt.

Kochzeit: 30–40 Minuten.

Frische Erbsensuppe

250 g Erbsen (3/4 kg mit Hülsen), 40 g Butter oder Margarine, 40 g Weizenmehl, 1 1/4 l Wasser oder Brühe, etwas Salz, 1 Eßl. gehackte Petersilie, Schwemm-, Grieß- oder Fleischklößchen.

Die Erbsen werden in das heiße Fett gegeben und einige Minuten darin erhitzt. Man streut das Mehl darüber und erhitzt es kurze Zeit mit. Die heiße Flüssigkeit wird unter Rühren dazugegeben, schwach gesalzen und zum Kochen gebracht. Man läßt die Erbsen auf kleiner Flamme gar kochen. Vor dem Anrichten wird die Suppe mit Salz abgeschmeckt und mit Petersilie bestreut.

Die Klöße können in der Suppe oder in Salzwasser gar gekocht werden.

Kochzeit: 25–30 Minuten.

Gemüsesuppe

250 g geputztes Gemüse wie Blumenkohl, ausgepahlte Erbsen, Karotten, Kohlrabi, Rosenkohl, Spargel, Wirsing, 40 g Butter, Margarine oder Nierenfett, 20 g Weizenmehl, 1 1/4 l Wasser oder Brühe, etwas Salz, einige Tropfen Fleischextrakt oder Suppenwürze, evtl. Schwemm-, Grieß- oder Fleischklößchen.

Das geputzte, gewaschene Gemüse wird in Streifen oder Scheiben geschnitten (Erbsen ganz lassen, Blumenkohl in kleine Röschen teilen!). Man gibt das Gemüse in das heiße Fett, erhitzt es darin kurz, überstäubt es mit Mehl, füllt mit heißer Flüssigkeit auf, salzt schwach und kocht auf kleiner Flamme so lange, bis das Gemüse weich ist. Die Suppe wird mit Salz und Fleischextrakt abgeschmeckt. Die Klöße können in der Suppe oder in Salzwasser gar gekocht werden.

Kochzeit: Etwa 40 Minuten.

Möhrensuppe

250 g Möhren (Wurzeln), 40 g Butter oder Margarine, 40 g Reis oder Sago, 1 1/4 l Wasser oder Brühe, etwas Salz, 1 Prise Zucker, 1 Teel. gehackte Petersilie oder geröstete Semmelwürfel.

Die Möhren werden geschabt, gewaschen und auf einer Reibe zerkleinert. Man gibt sie in das heiße Fett und erhitzt sie damit kurz. Dann wird der gewaschene Reis oder der Sago hinzugegeben und ebenfalls kurz erhitzt. Danach gießt man das heiße Wasser dazu, salzt leicht und läßt Reis oder Sago auf kleiner Flamme gar kochen. Die Suppe wird mit Salz und Zucker abgeschmeckt und mit gehackter Petersilie oder Semmelwürfeln angerichtet.

Kochzeit: Reis etwa 30 Minuten,
Sago etwa 15 Minuten.

Pilzsuppe

375 g Pilze, 1 kleine Zwiebel, 40 g Butter oder Margarine, 40 g Weizenmehl, 1 l Wasser oder Brühe, etwas Salz, evtl. einige Tropfen Fleischextrakt oder Suppenwürze, 1 Eßl. gehackte Petersilie.

Die gut verlesenen, gewaschenen Pilze werden fein gehackt und mit der kleingeschnittenen Zwiebel in dem Fett kurze Zeit gedünstet. Man gibt das Mehl hinzu, erhitzt es kurz mit, füllt mit der heißen Flüssigkeit auf und läßt etwa 15 Minuten schwach kochen. Die Suppe wird mit Salz und bei Verwendung von Wasser außerdem mit Fleischextrakt abgeschmeckt und mit feingehackter Petersilie angerichtet.

Kochzeit: Etwa 15 Minuten.

Porreesuppe

200 g Porree, 25 g Speckwürfel, 20 g Weizenmehl, 1 l Wasser, 2–3 kleine Brühwürfel, 20 g Dr. Oetker „Gustin", 3 Eßl. Milch, etwas Salz, einige Tropfen Suppenwürze, etwas Muskat, evtl. 1 Eigelb und 2 Eßl. Wasser.

Der geputzte, gewaschene, in feine Scheiben geschnittene Porree wird in dem ausgelassenen Speck gut angedünstet und mit dem darübergestäubten Mehl noch kurz erhitzt. Man füllt mit dem heißen Wasser auf, gibt die Brühwürfel dazu und läßt 10 Minuten auf kleiner Flamme kochen. Das mit kalter Milch angerührte „Gustin" wird unter Rühren in die Suppe gegeben und einmal kurz aufgekocht. Man schmeckt die Suppe mit Salz, Suppenwürze und etwas geriebenem Muskat ab und zieht sie evtl. mit Eigelb, das man mit Wasser verquirlt hat, ab.

Kochzeit: Etwa 10 Minuten.

Schwarzwurzelsuppe

250 g Schwarzwurzeln, 1¼ l Wasser, etwas Salz, 40 g Butter oder Margarine, 40 g Weizenmehl, evtl. 1 Eigelb und 2 Eßl. Wasser.

Die Schwarzwurzeln werden gründlich gewaschen und sauber geschabt. Damit die Stangen weiß bleiben, legt man sie sofort in 1 l kaltes Wasser, das man mit 1–2 Eßl. Essig und 1 Eßl. Mehl vermischt hat. Die Schwarzwurzeln werden in 3 cm lange Stücke geschnitten und in dem leicht gesalzenen, kochenden Wasser gar gekocht. Das Fett wird zerlassen; das Mehl wird unter Rühren so lange darin erhitzt, bis es hellgelb geworden ist. Man gießt unter ständigem Rühren langsam das Schwarzwurzelwasser hinzu und läßt 10 Minuten schwach kochen. Die Suppe wird mit Salz abgeschmeckt und evtl. mit Eigelb abgezogen. Man gibt die Schwarzwurzelstückchen in die Suppe.

Kochzeit: 40–50 Minuten.

Selleriesuppe

250 g Sellerie, 1¼ l Wasser oder Brühe, etwas Salz, 40 g Butter oder Margarine, 40 g Weizenmehl, 1 Semmel, etwas Butter zum Rösten.

Der Sellerie wird gründlich gewaschen, geschält, in dünne Streifen oder Scheibchen geschnitten und in der schwach gesalzenen, kochenden Flüssigkeit weich gekocht. Man rührt die Selleriestückchen durch ein Sieb (einige zurücklassen und in die fertige Suppe geben!). Das Fett wird zerlassen; das Mehl wird unter Rühren so lange darin erhitzt, bis es hellgelb geworden ist. Man gießt unter ständigem Rühren langsam die durchgestrichene Selleriebrühe hinzu und läßt 10 Minuten schwach kochen. Die Suppe wird mit Salz abgeschmeckt und mit Selleriestückchen und gebräunten Semmelwürfeln angerichtet (Semmelwürfel nicht zu früh zur Suppe geben, werden zu weich!).

Kochzeit: Etwa 30 Minuten.

Spargelsuppe

250 g Suppenspargel, 1 1/4 l Wasser, etwas Salz, 40 g Butter oder Margarine, 40 g Weizenmehl, evtl. 1 Eigelb und 2 Eßl. Wasser.

Der Spargel wird gewaschen, geschält, in 3 cm lange Stücke geschnitten und in dem leicht gesalzenen, kochenden Wasser gar gekocht. Man zerläßt das Fett. Das Mehl wird unter Rühren so lange darin erhitzt, bis es hellgelb geworden ist. Man gießt unter ständigem Rühren langsam das Spargelwasser hinzu und läßt 10 Minuten schwach kochen. Die Suppe wird mit Salz abgeschmeckt und evtl. mit Eigelb abgezogen. Man gibt die Spargelstückchen in die Suppe.

Kochzeit: 30–40 Minuten.

Suppe von Frühlingskräutern

2 Eßl. gehackte Kräuter (Löwenzahn, Brennessel, Sauerampfer, Schafgarbe, Gundermann und Kerbel), 40 g Butter oder Margarine oder 2 Eßl. Öl, 40 g Weizenmehl oder Reis, 1 1/4 l Wasser oder Brühe, etwas Salz, 1 Eigelb und 2 Eßl. Wasser oder 2 Eßl. saure Sahne.

Man wäscht die Kräuter gründlich, hackt sie fein und dünstet sie in dem heißen Fett. Dann wird das Mehl oder der Reis unter Rühren hinzugegeben und kurz miterhitzt. Man rührt die Flüssigkeit darunter, bringt sie zum Kochen und läßt kochen, bis Mehl oder Reis gar sind. Die Suppe wird mit Salz abgeschmeckt und mit Eigelb oder saurer Sahne abgezogen.

Kochzeit: Mehl etwa 10 Minuten,
Reis etwa 30 Minuten.

Tomatensuppe I

20–30 g Schinkenwürfel, 30 g Butter oder Margarine, 1 Zwiebel, 40 g Weizenmehl, 250 g Tomaten*), 1 l Wasser oder Brühe, etwas Salz, 1 Prise Zucker, etwas Zitronensaft, 1 Eßl. gehackte Petersilie.

Die Schinkenwürfel werden ausgelassen. Man gibt das Fett, die in Würfel geschnittene Zwiebel und das Mehl hinzu und erhitzt so lange, bis das Mehl hellgelb geworden ist. Die kleingeschnittenen Tomaten, die Flüssigkeit und etwas Salz werden hinzugegeben. Man bringt die Suppe zum Kochen und läßt sie 10–15 Minuten auf kleiner Flamme kochen. Danach wird sie durch ein feines Sieb gestrichen, mit Salz, Zucker und Zitronensaft abgeschmeckt und mit feingehackter Petersilie angerichtet.

Kochzeit: 15–20 Minuten.

*) An Stelle der Tomaten kann man auch 1–2 Eßl. Tomatenmark für 1 l Wasser nehmen.

Tomatensuppe II (mit Reis oder Sago)

40 g Butter, Margarine oder Schweineschmalz, 1 Zwiebel, 250 g Tomaten, 1 l Wasser oder Brühe, etwas Salz, 40 g Reis oder Sago, 1 Prise Zucker, etwas Zitronensaft, 1 Eßl. gehackte Petersilie.

In dem zerlassenen Fett dünstet man die kleingeschnittene Zwiebel und die gewaschenen, zerschnittenen Tomaten, füllt mit heißem Wasser auf und salzt leicht. Nach 10 15 Minuten Kochzeit wird die Suppe durch ein feines Sieb gestrichen und wieder zum Kochen gebracht. Man streut den gewaschenen Reis oder den Sago ein, rührt um und kocht bei schwacher Hitze gar. Die Suppe wird mit Salz, Zucker und Zitronensaft abgeschmeckt und mit gehackter Petersilie angerichtet.

Kochzeit: 30–45 Minuten.

Wurzelsuppe

½ Kohlrabi, ½ Knolle Sellerie, 1–2 Möhren, 1 Petersilienwurzel, 1 Stange Porree, 1¼ l Wasser oder Brühe, etwas Salz, 40 g Butter oder Margarine, 20 g Weizenmehl, 1 Semmel, etwas Butter zum Bräunen.

Die gewaschenen, geputzten und kleingeschnittenen oder geraspelten Gemüse werden in der leicht gesalzenen, kochenden Flüssigkeit weich gekocht und durch ein Sieb gestrichen. Man zerläßt das Fett; das Mehl wird so lange darin erhitzt, bis es hellbraun ist. Man gießt unter ständigem Rühren langsam das Gemüsewasser hinzu und läßt es 10 Minuten schwach kochen. Die Suppe wird mit Salz abgeschmeckt und mit gebräunten Semmelwürfeln angerichtet.

Kochzeit: Etwa 30 Minuten.

Kartoffelsuppe I

375 g Kartoffeln, 50 g Suppengrün, etwas Salz, 1¼ l Wasser oder Brühe, 40 g Fett (evtl. Speck), 1 gestrichener Eßl. Mehl, einige Tropfen Fleischextrakt oder Suppenwürze, Petersilie oder Schnittlauch.

Die Kartoffeln werden geschält, gewaschen, klein geschnitten, mit dem gewaschenen, zerschnittenen Suppengrün und etwas Salz in der kochenden Flüssigkeit weich gekocht und durch ein Sieb gestrichen.

Man zerläßt das Fett. Das Mehl wird unter Rühren so lange darin erhitzt, bis es hellgelb ist. Man gießt unter ständigem Rühren langsam die Kartoffelbrühe hinzu und läßt 10 Minuten schwach kochen. Die Suppe wird mit Salz und Fleischextrakt abgeschmeckt und mit gehackten Kräutern angerichtet.

Kochzeit: Etwa 30 Minuten.

Kartoffelsuppe II **(schnell zu bereiten)**

250 g Kartoffeln, 1 l Knochen- oder Gemüsebrühe, etwas Salz, einige Tropfen Fleischextrakt oder Suppenwürze, gehackter Schnittlauch oder Petersilie.

Man reibt die geschälten Kartoffeln in die kochende Brühe und läßt sie 10 Minuten schwach kochen. Die Suppe wird mit Salz und Fleischextrakt abgeschmeckt und mit feingehackten Kräutern angerichtet.

Kochzeit: Etwa 10 Minuten.

Bohnensuppe mit Tomaten **(Hülsenfrüchte)**

150–180 g weiße Bohnen, 1½ l Wasser oder Brühe, ½ Stange Porree, 20 g Butter, Margarine oder Nierenfett, 6 Tomaten*), 1 gestrichener Eßl. Mehl, Salz, Thymian, Knoblauch, einige Tropfen Fleischextrakt oder Suppenwürze.

Die gewaschenen Bohnen werden in 1½ l Wasser oder Brühe 12–24 Stunden eingeweicht. Man setzt sie mit der Einweichflüssigkeit auf großer Flamme auf und gibt, ½ Stunde bevor sie gar sind, den gewaschenen, in Scheiben geschnittenen Porree hinzu. Dann streicht man sie durch ein Sieb. Die enthäuteten, zerschnittenen Tomaten und das Mehl werden in dem Fett kurze Zeit unter Rühren erhitzt. Man füllt mit der durchgestrichenen Bohnensuppe auf und kocht gut durch. Die Suppe wird mit den angegebenen Gewürzen abgeschmeckt.

Kochzeit: Etwa 2 Stunden.

*) Die Suppe kann auch wie Erbsensuppe ohne Tomaten gekocht werden.

Erbsensuppe (Hülsenfrüchte)

200 g ungeschälte Erbsen, 1½ l Wasser oder Brühe, evtl. Speckschwarten und Schinkenreste, Möhre, Porree, Sellerie, 20 g Fett (evtl. Speck), 1 Zwiebel, 1 gestrichener Eßl. Mehl, Salz, Majoran, einige Tropfen Fleischextrakt oder Suppenwürze, Petersilie, Schnittlauch oder 1 Semmel und etwas Butter.

Die gewaschenen Erbsen werden in 1½ l Wasser oder Brühe 12–24 Stunden eingeweicht. Man setzt sie mit der Einweichflüssigkeit auf, gibt die Speckschwarten und Schinkenreste hinzu und läßt die Suppe schwach kochen. Nach 1 Stunde wird das gewaschene, kleingeschnittene Suppengrün hinzugegeben. Wenn die Erbsen gar sind, streicht man sie durch ein Sieb.

In dem erhitzten Fett bräunt man die Zwiebel nicht zu stark, gibt das Mehl hinzu, füllt mit der durchgestrichenen Suppe auf und kocht gut durch. Sie wird mit Salz, einer Prise Majoran und einigen Tropfen Fleischextrakt abgeschmeckt und mit gehackten Kräutern oder gebräunten Semmelwürfeln angerichtet.

Kochzeit: Etwa 2 Stunden.

Linsensuppe

200 g Linsen, 1½ l Wasser oder Brühe, etwas Porree, Sellerie und Möhre, 1 Zwiebel, 20 g Fett (Bratenfett), 1 gestrichener Eßl. Mehl, etwas Salz, einige Tropfen Fleischextrakt oder Suppenwürze.

Die gewaschenen Linsen werden in 1½ l Wasser oder Brühe 12–24 Stunden eingeweicht. Man setzt sie mit der Einweichflüssigkeit auf, gibt nach ¾ Stunden das gewaschene, geputzte Suppengrün und die kleingeschnittene Zwiebel hinzu, läßt die Linsen gar kochen und streicht sämtliche Linsen oder nur die Hälfte durch ein Sieb.

Das Fett wird zerlassen; das Mehl wird so lange darin erhitzt, bis es hellgelb geworden ist. Man gießt unter ständigem Rühren langsam die durchgestrichenen Linsen hinzu, gibt die etwa zurückgelassenen Linsen dazu und läßt die Suppe 10 Minuten schwach kochen. Sie wird mit Salz und Fleischextrakt abgeschmeckt.

Kochzeit: Etwa 1½ Stunden.

Rumford-Suppe

100–150 g Hülsenfrüchte (Erbsen, Bohnen, Linsen), 1½ l Wasser oder Brühe, etwas Porree, Sellerie und Möhre, 1 Zwiebel, 20 g Rinder-, Hammelfett oder Speck, 30 g Reis oder Graupen, 1–2 Kartoffeln (nach Belieben), etwas Salz, einige Tropfen Fleischextrakt oder Suppenwürze, 1 Semmel, 10 g Butter zum Bräunen.

Die gewaschenen Hülsenfrüchte werden in 1½ l Wasser oder Brühe 12–24 Stunden eingeweicht. Man setzt sie mit der Einweichflüssigkeit auf und gibt nach 1 Stunde Kochzeit das gewaschene, geputzte Suppengrün und die kleingeschnittene Zwiebel hinzu. Wenn die Hülsenfrüchte gar sind, werden sie durch ein Sieb gestrichen. Man läßt das Fett aus, füllt mit der Suppe auf, gibt den gewaschenen Reis oder die Graupen und die kleingeschnittenen, geschälten Kartoffeln hinzu, rührt um und läßt gar kochen. Die Suppe wird mit Salz und Fleischextrakt abgeschmeckt und mit gebräunten Semmelwürfeln angerichtet.

Kochzeit: 1½–2 Stunden.

C. Süße Suppen

Regeln

1. Süße Suppen haben als Grundlage Milch, Wasser, Obstsaft, Wein und Bier. Da die meisten süßen Suppen, besonders wenn sie Obstsaft, Wein oder Bier enthalten, auch kalt gereicht werden können, sind sie in der heißen Jahreszeit besonders beliebt.

2. Süße Suppen werden durch ein stärkehaltiges Nahrungsmittel wie Mehl, „Gustin", Grieß, Haferflocken usw. gedickt.

   Man rechnet bei warmen Suppen im allgemeinen für 1 Liter Flüssigkeit 35–40 g Mehl oder „Gustin" und 40–50 g Haferflocken, Reis oder Sago. Für Kaltschalen genügen pro Liter Flüssigkeit 30 g Mehl oder „Gustin". Sollen süße Suppen mit Eigelb abgezogen werden, wird das Dickungsmittel für jedes Eigelb um 5 g gekürzt.

3. Milchsuppen sind nahrhaft und leicht verdaulich, deswegen spielen sie in der Kinder- und Krankenkost eine große Rolle. Sie eignen sich gut zum Frühstück und zum Abendbrot. Statt Vollmilch kann man Magermilch verwenden.

4. Obstsuppen sind durststillend und erfrischend. Man stellt sie aus verdünnten Fruchtsäften oder aus Obst und Wasser her. Die Früchte müssen vor dem Kochen gründlich gereinigt werden. Getrocknetes Obst weicht man vor dem Kochen etwa 12 Stunden in kaltem Wasser ein. Alles Obst darf nur so lange gekocht werden, bis es weich ist, um die Vitamine zu schonen.

5. Da es sich bei Wein und Bier um alkoholhaltige Flüssigkeiten handelt, ist darauf zu achten, daß sie nicht gekocht, sondern nur schwach erhitzt werden. Man kocht das Dickungsmittel in dem vom jeweiligen Rezept angegebenen Wasser gar und gibt dann erst den Wein oder das Bier hinzu, ohne die Suppe wieder zum Kochen zu bringen.

6. Süße Suppen, die als Kaltschalen gereicht werden sollen, läßt man im Kochtopf erkalten und rührt sie dann häufig um, damit sich keine Haut bildet.

7. Als Einlage eignen sich bei süßen Suppen Zwiebackwürfel, Suppenmakronen, Schnee-, Grieß-, Schwemmklößchen oder Mandelreis.

   Schneeklößchen läßt man, wenn sie auf heiße Suppen gesetzt werden sollen, auf der heißen Suppe im zugedeckten Topf oder in der zugedeckten Terrine fest werden.

   Da Kaltschalen während des Erkaltens umgerührt werden sollen, ist es zweckmäßig, für diese Suppen die Schneeklößchen auf kochendes Wasser zu setzen und fest werden zu lassen.

I. Milchsuppen

Milchsuppe mit „Gustin"

35–40 g Dr. Oetker „Gustin", 1 l Milch, 1 Päckchen Dr. Oetker Vanillin-Zucker, 25–50 g (1–2 gut gehäufte Eßl.) Zucker, etwas Salz, etwas Butter.

Man rührt das „Gustin" mit 4 Eßl. von der Milch an. Die übrige Milch wird erhitzt. In die kochende, von der Flamme genommene Milch rührt man das angerührte „Gustin" und läßt noch einige Male aufkochen. Der Vanillin-Zucker wird in die Suppe gegeben. Man schmeckt sie mit Zucker und Salz ab und rührt die Butter unter die Suppe.

TAFEL 1

Kartoffelring
mit Pilzragout
Rezept Seite 145

Gemüseplatte
Siehe Seite 119–130

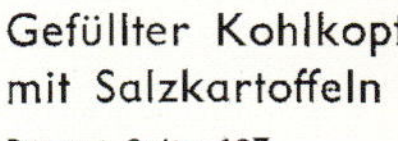

Gefüllter Kohlkopf
mit Salzkartoffeln
Rezept Seite 137

TAFEL 2

Verwertung der Nahrung

A Einatmung: Sauerstoff
Ausatmung: Kohlensäure, Wasser

B Nahrungsaufnahme: Mineralstoffe, Wasser, Kohlenhydrate, Fett und Eiweiß

C Chemische Zerlegung der Nahrungsstoffe in Magen und Darm

D Aufnahme durch die Darmwand

E Verbrennung der Kohlenhydrate zu Wasser und Kohlensäure } Umsetzung der Nahrungsstoffe im Körper

F Verbrennung des Fettes zu Wasser und Kohlensäure } Umsetzung der Nahrungsstoffe im Körper

G Aufbau der Körperzellen aus Eiweiß und Mineralstoffen

H Abgabe durch die Haut: Mineralstoffe, Wasser

J Ausscheidung:
1. von Wasser, Eiweißabbauprodukten und Mineralstoffen durch die Harnorgane
2. von Wasser, unverdautem Eiweiß und Kohlenhydraten durch den Darm

Verweildauer im Magen

100 g Pudding	2 –2½ Std.
100 g Kuchen oder Torte	2½–3 Std.
100 g Keks	2½–3 Std.
100 g Brot	2½–3½ Std.
100 g Eiskrem	3 –3½ Std.
100 g Zucker (Bonbons)	2–2½ Std.
0,4 l Kuhmilch	2–3 Std.
100 g Eier und Eierspeisen	2–3 Std.
100 g Fisch	2½–3 Std.
100 g Kalbfleisch	2½–3 Std.
100 g Rindfleisch, 100 g Schweinefleisch, 100 g Hammelfleisch	3–4 Std.
100 g Geflügel	3–4 Std.
100 g Gemüse	2 –3 Std.
100 g Cerealien (Graupen, Grütze, Reis usw.)	2½–3½ Std.
50 g Nüsse	3 –4 Std.

TAFEL 3

Zusammensetzung der wichtigsten Nahrungsmittel (nach Beythien)

Tierische Nahrungsmittel in 1 kg sind enthalten	Kohlenhydrate g	Fett g	Eiweiß g	Mineralstoffe g	Wasser g	Kalorien
Rindfleisch, mager	—	**15**	**210**	10	705	1000
Schweinefleisch, fett	—	**373**	**146**	7	475	4070
Schellfisch, frisch	—	**3**	**169**	13	815	720
Hering, gesalzen	—	**170**	**190**	176	464	2360
Schweineschmalz	—	**990**	**3**	—	7	9220
Butter	5	**774**	**7**	25	200	7250
Vollmilch	49	**38**	**25**	8	870	700
Quark	20	**28**	**141**	11	800	920
Fettkäse	23	**199**	**177**	37	570	2670
Eier	—	**120**	**125**	10	745	1630
Pflanzliche Nahrungsmittel						
Zucker	**998**	—	—	1	1	4090
Honig, Kunsthonig	**794**	—	14	2	190	3310
Roggenbrot	**505**	11	64	15	397	2440
Roggenmehl	**739**	14	96	12	126	3550
Stärkepuder (z. B. Gustin)	**850**	1	5	2	142	3600
Reis	**755**	13	81	10	132	3550
Kartoffeln	**208**	2	20	11	749	950
Mohrrüben	**90**	3	12	10	868	450
Spinat	**36**	5	37	20	893	350
Tomaten	**40**	2	10	6	934	220
Äpfel, Birnen	**128**	1	3	4	835	550
Beerenobst	**82**	1	4	5	850	360
Erbsen-, Bohnenmehl	**571**	18	**257**	28	113	3560
Walnüsse, frisch	**107**	**432**	**138**	14	235	5020
Haselnüsse, trocken	**72**	**626**	**174**	25	71	6830

Wie die Tabelle zeigt, enthalten tierische Nahrungsmittel hauptsächlich Fett und Eiweiß, pflanzliche dagegen überwiegend Kohlenhydrate.

Nur Hülsenfrüchte u. Nüsse stehen in ihrer Zusammensetzung den tierisch. Stoffen nahe.

TAFEL 4

Heringssalat
Rezept Seite 163

Spargelsalat
Rezept Seite 157

Weißkohlsalat
Rezept Seite 156

Gefüllte Eier
Rezept Seite 179

Geflügelsalat
mit gefüllten Tomaten
Rezept Seite 162

Milchsuppe mit Pudding-Pulver

1 Päckchen Dr. Oetker Pudding-Pulver Vanille-, Mandel-, Sahne- oder Zitrone-Geschmack, 50–75 g (2–3 gut gehäufte Eßl.) Zucker, 1 ¼ l Milch, etwas Salz.

Man rührt das Pudding-Pulver und 2 gut gehäufte Eßl. Zucker mit 6 Eßl. von der Milch an. Die übrige Milch wird erhitzt. In die kochende, von der Flamme genommene Milch rührt man das angerührte Pudding-Pulver und läßt noch einmal kurz aufkochen. Die Suppe wird mit Zucker und Salz abgeschmeckt.

Wenn die Suppe als Kaltschale gereicht werden soll, nimmt man die Anrührflüssigkeit nicht von den 1 ¼ Litern Milch, sondern gibt sie extra hinzu.

Veränderung: Wer einen kräftigeren Vanille-Geschmack liebt, kann an Stelle von 1 Päckchen Pudding-Pulver 3 Päckchen Soßen-Pulver Vanille-Geschmack nehmen. Den Zitronen-Geschmack kann man mit einigen Tropfen Dr. Oetker Backöl Zitrone verstärken.

Karamelsuppe

30 g Dr. Oetker „Gustin", 1 l Milch, 50 g (2 gut gehäufte Eßl.) Zucker, 1 Päckchen Dr. Oetker Vanillin-Zucker, etwas Salz, noch etwas Zucker.

Man rührt das „Gustin" mit 4 Eßl. von der Milch an.

Der Zucker wird in einer Pfanne unter Rühren so lange erhitzt, bis er hellbraun ist. Man löscht ihn mit der übrigen Milch ab und erhitzt die Flüssigkeit. In die kochende, von der Flamme genommene Milch rührt man das angerührte „Gustin" und läßt noch einmal kurz aufkochen. Der Vanillin-Zucker wird in die Suppe gegeben. Man schmeckt sie mit Salz und Zucker ab.

Wenn die Suppe als Kaltschale gereicht werden soll, nimmt man nur 25 g „Gustin"

Schneemilch

25 g Dr. Oetker „Gustin", 1 l Milch, 20 g geriebene Mandeln (1 bittere), etwas Salz, 25–50 g (1–2 gut gehäufte Eßl.) Zucker, 1 Eigelb, 2 Eßl. kaltes Wasser, 1 Eiweiß, 2 Teel. Zucker, etwas geriebene Schokolade.

Man rührt das „Gustin" mit 4 Eßl. von der Milch an. Die übrige Milch wird mit den Mandeln erhitzt. In die kochende, von der Flamme genommene Milch rührt man das angerührte „Gustin" und läßt noch einmal kurz aufkochen. Die Suppe wird mit Salz und Zucker abgeschmeckt und mit Eigelb abgezogen. Man schlägt das Eiweiß zu steifem Schnee und süßt ihn mit 2 Teel. Zucker. Von dem Eierschnee werden kleine Klößchen abgestochen und auf die heiße Suppe gesetzt. Man verschließt den Topf mit einem Deckel und läßt die Klößchen in etwa 5 Minuten fest werden. Die Klößchen werden mit geriebener Schokolade bestreut. (Abb. s. S. 17.)

Wenn die Suppe als Kaltschale gereicht werden soll, nimmt man nur 20 g „Gustin".

Milchgrießsuppe

1 l Milch, 1 Stück Zitronenschale, 40 g Grieß, etwas Salz, 25–50 g (1–2 gut gehäufte Eßl.) Zucker.

Die Milch wird mit der Zitronenschale erhitzt. Sobald sie kocht, streut man den Grieß langsam unter ständigem Rühren ein und läßt auf kleiner Flamme so lange kochen, bis der Grieß gar ist. Die Suppe wird mit Salz und Zucker abgeschmeckt.

Kochzeit: 10–15 Minuten.

Gelbe Grießsuppe

1 Päckchen Dr. Oetker Soßen-Pulver Vanille-Geschmack, 40 g Grieß, 50–75 g (2–3 gut gehäufte Eßl.) Zucker, 1½ l Milch, etwas Salz.

Man rührt das Soßen-Pulver, den Grieß und 2 gut gehäufte Eßl. Zucker mit 6 Eßl. von der Milch an. Die übrige Milch wird erhitzt. In die kochende, von der Flamme genommene Milch rührt man das angerührte Soßen-Pulver und läßt 2 Minuten kochen. Die Suppe wird mit Salz und Zucker abgeschmeckt.

Wenn die Suppe als Kaltschale gereicht werden soll, nimmt man an Stelle von 40 g 30 g Grieß.

Kochzeit: Etwa 2 Minuten.

Veränderung: Man kann 1–2 Eßl. gewaschene Rosinen oder Korinthen mitkochen.

Reis- oder Sagosuppe

1 l Milch, 40–60 g Reis oder Sago, 1 Päckchen Dr. Oetker Vanillin-Zucker, etwas Salz, 25–50 g (1–2 gut gehäufte Eßl.) Zucker.

Die Milch wird erhitzt. Sobald sie kocht, streut man den gewaschenen Reis oder den Sago ein, rührt um und läßt ihn bei schwacher Hitze ausquellen. Der Vanillin-Zucker wird in die Suppe gegeben. Man schmeckt sie mit Salz und Zucker ab.

Kochzeit: Reis etwa 30 Minuten,
Sago etwa 10 Minuten.

Haferflockensuppe

1 l Milch, 40 g Haferflocken, etwas Salz, 25–50 g (1–2 gut gehäufte Eßl.) Zucker (nach Belieben), etwas Butter.

Die Milch wird erhitzt. Sobald sie kocht, streut man die Haferflocken ein und läßt sie bei schwacher Hitze ausquellen. Die Suppe wird mit Salz und nach Belieben mit Zucker abgeschmeckt. Man rührt die Butter darunter.

Kochzeit: 10–15 Minuten.

Schokoladensuppe (mit Kakao)

30 g Dr. Oetker „Gustin", 25–30 g Kakao, 50–75 g (2–3 gut gehäufte Eßl.) Zucker, 1 l Milch, 1 Päckchen Dr. Oetker Vanillin-Zucker.

Man rührt das „Gustin", den Kakao und 2 Eßl. Zucker mit 6 Eßl. von der Milch an. Die übrige Milch wird erhitzt. In die kochende, von der Flamme genommene Milch rührt man das angerührte „Gustin" und läßt noch einmal kurz aufkochen. Der Vanillin-Zucker wird in die Suppe gegeben. Man schmeckt sie mit Zucker ab.

Schokoladensuppe mit Pudding-Pulver

1 Päckchen Dr. Oetker Gala- oder Schokoladen-Pudding-Pulver, 2–3 gehäufte Teel. Kakao (nach Belieben), 75–100 g (3–4 gut gehäufte Eßl.) Zucker, 1½ l Milch.

Man rührt das Pudding-Pulver, den Kakao und 3 Eßl. Zucker mit 6 Eßl. von der Milch an. Die übrige Milch wird erhitzt. In die kochende, von der Flamme genommene Milch rührt man das angerührte Pudding-Pulver und läßt noch einmal kurz aufkochen. Die Suppe wird mit Zucker abgeschmeckt.

Falsche Schokoladensuppe

50 g Weizenmehl, 10 g Kakao, 25–50 g (1–2 gut gehäufte Eßl.) Zucker, 1 l Milch, 1 Päckchen Dr. Oetker Vanillin-Zucker, etwas Salz.

Man erhitzt das Mehl unter Rühren so lange, bis es hellgelb geworden ist. Das erkaltete Mehl, der Kakao und 1 Eßl. Zucker werden mit einem Teil der Milch angerührt. Man bringt die übrige Milch zum Kochen. In die kochende, von der Flamme genommene Milch wird das angerührte Mehl unter Rühren hineingegeben und einige Male aufgekocht. Man gibt den Vanillin-Zucker in die Suppe und schmeckt sie mit Salz und Zucker ab.

Buttermilchsuppe

35 g Dr. Oetker „Gustin", 50–75 g (2–3 gut gehäufte Eßl.) Zucker, $\frac{1}{4}$ l Milch, $\frac{3}{4}$ l Buttermilch, etwas Salz, einige Tropfen Dr. Oetker Backöl Zitrone.

Das „Gustin" und 2 Eßl. von dem Zucker werden mit dem $\frac{1}{4}$ l Milch angerührt, unter ständigem Rühren mit einem Schneebesen auf großer Flamme zum Kochen gebracht und einmal kurz aufgekocht. Unter die gedickte, von der Flamme genommene Milch schlägt man die Buttermilch und erhitzt sie unter ständigem Schlagen bis kurz vor dem Kochen (nicht kochen lassen!). Die Suppe wird mit etwas Salz, mit dem restlichen Zucker und mit dem Backöl abgeschmeckt.

Buttermilchkaltschale

1 l Buttermilch, 50 g geriebenes Schwarzbrot, 30 g gequollene Korinthen oder Rosinen, etwa 50 g Zucker, 1 Zitronenscheibe.

Sämtliche Zutaten werden gut verquirlt. Man schmeckt die Suppe ab und stellt sie möglichst kühl.

Sauermilchkaltschale

1 l dicke saure Milch, 75–100 g (3–4 gut gehäufte Eßl.) Zucker, $\frac{1}{2}$ Teel. Zimt, 50 g geriebenes Schwarzbrot.

Die saure Milch wird mit 3 Eßl. Zucker schaumig geschlagen. Man gibt den Zimt und das Schwarzbrot hinzu und schmeckt sie mit Zucker ab.

II. Wassersuppen

Hafer-, Gersten- oder Reisschleim

50 g Haferflocken, Gerstengraupen oder Bruchreis, 1 l Wasser, etwas Salz.

Die Haferflocken, die Graupen oder der Reis werden mit kaltem Wasser aufgesetzt, langsam zum Kochen gebracht und bei schwacher Hitze gar gekocht. Dann rührt man sie durch ein feines Sieb und schmeckt sie mit Salz ab.

Man kann die Suppe mit Eigelb abziehen, mit Rotwein oder Zucker abschmecken, Obst- oder Gemüsesäfte dazugeben (Diät) oder 1 Stückchen Butter darunter rühren.

Kochzeit: Haferflocken etwa 10 Minuten,
Gerstengraupen etwa 50 Minuten,
Reis etwa 40 Minuten.

Graupensuppe mit Pflaumen

50 g Graupen, 1 l Wasser, 100–150 g Backpflaumen, etwas Salz, 25–50 g (1–2 gut gehäufte Eßl.) Zucker, etwas Butter.

Die Graupen werden mit dem Wasser aufgesetzt und bei schwacher Hitze fast gar gekocht. Dann gibt man die eingeweichten Pflaumen hinzu und läßt die Graupen und die Pflaumen gar kochen. Die Suppe wird mit Salz und Zucker abgeschmeckt und mit der Butter verrührt.

Kochzeit: Etwa 1 Stunde.

Brotsuppe

200–250 g alte Brotreste (Weiß-, Grau- und Schwarzbrot), 1 l Wasser, etwas Anis, etwas Fenchel, etwas Salz, etwas Zucker, 1 Päckchen Dr. Oetker Vanillin-Zucker.

Die Brotreste werden in kleine Stücke gebrochen und mit dem Wasser gut eingeweicht (am besten einige Stunden!). Anschließend gibt man den Anis und den Fenchel hinzu und läßt die Suppe so lange bei schwacher Hitze kochen, bis das Brot weich ist. Dann wird sie durch ein Sieb gestrichen und mit Salz, Zucker und Vanillin-Zucker abgeschmeckt. Sehr zu empfehlen ist die Zugabe von etwa 100 g getrocknetem Obst, das für sich gekocht wurde, und von etwas Milch oder Büchsenmilch.

Kochzeit: Etwa 30 Minuten.

III. Obstsuppen

Obstsuppe von frischem Obst
(Apfel-, Birnen-, Kirsch-, Pflaumen-, Stachelbeer-, Rhabarber- oder Heidelbeersuppe)

500 g Obst, 1 l Wasser, 1 Stück Zitronenschale, 20 g Dr. Oetker „Gustin" (bei Rhabarber und Pflaumen 30 g) und 2 Eßl. Wasser oder 30 g Sago oder Grieß (bei Rhabarber und Pflaumen 40 g), etwas Zimt oder 1 Päckchen Dr. Oetker Vanillin-Zucker, 50–125 g Zucker, evtl. etwas Zitronensaft, Wein oder Most.

Man setzt das gut gewaschene, zerkleinerte Obst mit dem kalten Wasser und der Zitronenschale auf und kocht es auf kleiner Flamme gar. Das Obst wird durch ein Sieb gerührt (Rhabarber nicht, bei Kirschen einige als Einlage zurücklassen!). Man bringt die Flüssigkeit wieder zum Kochen, gibt das mit Wasser angerührte „Gustin" oder den Sago oder Grieß unter Rühren hinein und läßt gar kochen. Die Suppe wird mit Zimt oder Vanillin-Zucker, Zucker und gegebenenfalls mit Zitronensaft, Wein oder Most abgeschmeckt.

Die Suppe kann warm oder kalt gereicht werden.

Als Einlage eignen sich Zwieback, geröstete Semmelwürfel, Suppenmakronen, arme Ritter, Mandelreis, Schwemm- oder Grießklößchen.

Kochzeit: 10–20 Minuten.

Holundersuppe

400 g schwarze Holunderbeeren, 1 l Wasser, 1 Stück Zitronenschale, 20 g Dr. Oetker „Gustin" und 2 Eßl. Wasser oder 30 g Sago, 1–2 Eßl. Zitronensaft, etwa 100 g Zucker.

Die Holunderbeeren werden gewaschen, abgestreift, mit Wasser und Zitronenschale aufgesetzt und weich gekocht. Man rührt die Suppe durch ein feines Sieb, bringt sie wieder zum Kochen, gibt das mit Wasser angerührte „Gustin" oder den Sago unter Rühren hinein und läßt gar kochen. Die Suppe wird mit Zitronensaft und Zucker abgeschmeckt. Sie kann warm oder kalt gereicht werden.

Als Einlage eignen sich 200 g in Scheiben geschnittene Äpfel oder entsteinte Pflaumen. Sie werden in der Suppe weich gekocht.

Kochzeit: Etwa 20 Minuten.

Kürbissuppe

500–750 g Kürbis, 1 l Wasser, Zimt, Zitronenschale, 10 g Dr. Oetker „Gustin", 1 Eßl. Wasser, $\frac{1}{8}$ l Wein, Saft von $\frac{1}{2}$ Zitrone, 50–75 g (2–3 gut gehäufte Eßl.) Zucker.

Man schält den Kürbis, schabt das Weiche aus, schneidet ihn in kleine Stücke und setzt ihn mit Wasser, Zimt und Zitronenschale auf. Wenn der Kürbis weich ist, wird er durch ein feines Sieb gestrichen, wieder zum Kochen gebracht und mit dem angerührten „Gustin" gedickt. Man gibt den Wein in die Suppe und schmeckt sie mit Zitronensaft und Zucker ab.

Veränderung: Apfelstückchen und Apfelschalen mitkochen.

Kochzeit: Etwa 30 Minuten.

Saftsuppe

1 l mit Wasser verdünnter Fruchtsaft, Zucker nach Geschmack, 10 g Dr. Oetker „Gustin", 1 Eßl. kaltes Wasser, 40 g Sago, etwas Zitronensaft nach Belieben.

Der Fruchtsaft wird mit Zucker abgeschmeckt und zum Kochen gebracht. In den kochenden, von der Flamme genommenen Fruchtsaft rührt man das mit Wasser angerührte „Gustin" und streut dann den Sago unter Rühren hinein. Die Suppe wird bei schwacher Hitze etwa 10 Minuten gekocht. Man schmeckt sie, wenn erforderlich, mit etwas Zitronensaft ab. Sie kann kalt oder warm gereicht werden.

Als Einlage eignen sich Zwieback, geröstete Semmelwürfel, Suppenmakronen oder Schneeklößchen.

Kochzeit: Etwa 10 Minuten.

Zitronensuppe

40 g Dr. Oetker „Gustin", 1 l Wasser, Schale von 1 Zitrone, Saft von 2 Zitronen, 100 g Zucker, 1 Eigelb, 2 Eßl. kaltes Wasser, 1 Eiweiß, 2 Teel. Zucker.

Man rührt das „Gustin" mit 4 Eßl. von dem Wasser an. Das übrige Wasser wird mit der Zitronenschale auf großer Flamme zum Kochen gebracht, das kalt angerührte „Gustin" hineingegeben und auf kleiner Flamme gar gemacht. Man würzt mit Zitronensaft und Zucker und zieht mit 1 Eigelb ab.

Die Suppe wird mit Schneeklößchen verziert (Herstellung s. Schneeklöße S. 40).

Wenn die Suppe kalt gereicht werden soll, nimmt man nur 30 g „Gustin".

Obstsuppe von getrocknetem Obst

100 g Backobst (Äpfel, Aprikosen oder Pflaumen), 1 ¼ l Wasser, 3 Tropfen Dr. Oetker Backöl Zitrone, etwas Zimt, 20 g Dr. Oetker „Gustin", 1 Eßl. Wasser, 1 Päckchen Dr. Oetker Vanillin-Zucker, 50–75 g (2–3 gut gehäufte Eßl.) Zucker.

Das Obst wird gewaschen und in den 1 ¼ l Wasser 12 Stunden eingeweicht. Man setzt es mit dem Einweichwasser, dem Backöl Zitrone und dem Zimt auf und kocht es weich. Die Suppe wird durch ein feines Sieb gestrichen, wieder zum Kochen gebracht und mit dem angerührten „Gustin" gedickt. Man gibt den Vanillin-Zucker hinein und schmeckt sie mit Zucker ab.

Kochzeit: Etwa 30 Minuten.

IV. Wein- und Biersuppen

Weißweinsuppe

½ l Wasser, Zimt, 2–3 Tropfen Dr. Oetker Backöl Zitrone, 30 g Dr. Oetker „Gustin", 2 Eßl. Wasser, ½ l Weiß- oder Apfelwein, etwa 75 g (3 gut gehäufte Eßl.) Zucker, 1 Eigelb und 2 Eßl. Wasser.

Das Wasser wird mit Zimt und Backöl Zitrone zum Kochen gebracht. In das kochende, von der Flamme genommene Wasser rührt man das angerührte „Gustin" und läßt noch einmal kurz aufkochen. Der Wein wird hinzugefügt, die Suppe wird mit Zucker abgeschmeckt und bis kurz vor dem Kochen erhitzt (nicht kochen lassen!). Man zieht sie mit dem Eigelb ab.

Wenn die Suppe als Kaltschale gereicht werden soll, nimmt man nur 25 g „Gustin".

Rotweinsuppe

½ l Wasser, etwas Zimt, 2 Nelken, 40 g Sago oder Reis, ½ l Rotwein, 50–75 g (2–3 gut gehäufte Eßl.) Zucker.

Man kocht das Wasser mit Zimt und Nelken auf, streut den Sago oder den gewaschenen Reis hinein, rührt um und läßt ihn auf kleiner Flamme ausquellen. Der Wein wird hinzugegossen, die Suppe wird mit Zucker abgeschmeckt und bis kurz vor dem Kochen erhitzt (nicht kochen lassen!).

Die Suppe kann warm oder kalt gereicht werden. Als Einlage eignen sich Suppenmakronen und Zwiebackwürfel.

Kochzeit: 20–30 Minuten.

Biersuppe

½ l Milch, 1 Stück Zimt, 2 Päckchen Dr. Oetker Soßen-Pulver Vanille-Geschmack, 3 Eßl. Wasser, ½ l Bier, 75–100 g (3–4 gut gehäufte Eßl.) Zucker, etwas Zitronensaft, 1 Eigelb und 1 Eßl. Wasser, 1 Eiweiß, 2 Teel. Zucker.

Die Milch wird mit dem Zimt zum Kochen gebracht. In die kochende, von der Flamme genommene Milch rührt man das angerührte Soßen-Pulver und läßt noch einmal kurz aufkochen. Das Bier wird hinzugegossen, die Suppe wird mit Zucker und Zitronensaft abgeschmeckt und bis kurz vor dem Kochen erhitzt (nicht kochen lassen!). Man zieht sie mit Eigelb ab und quirlt sie kurze Zeit bei schwacher Hitze, sie darf jedoch nicht kochen. Die Suppe kann warm oder kalt gereicht werden. Die Suppe wird mit Schneeklößchen verziert (Herstellung s. Schneeklöße S. 40).

Suppeneinlagen und -beigaben

Regeln

1. Will man eine klare Brühe haben, so werden die Einlagen gesondert in Salzwasser gar gekocht und kurz vor dem Anrichten in die fertige Suppe gegeben (Kloßbrühe anderweitig verwenden!). In gebundener Suppe können auch die Einlagen gar gemacht werden.
2. Beim Einlauf hat man darauf zu achten, daß die Brühe stark kocht, damit das Ei sofort gerinnt und große Flocken entstehen. Nach dem Aufkochen muß die Brühe im zugedeckten Topf so lange stehen (nicht kochen), bis die Brühe wieder klar ist.
3. Will man die Klößchen ausstechen, so taucht man den Löffel vorher in die kochende Flüssigkeit, damit sich der Teig gut ablöst; will man die Klößchen formen, so benutzt man zweckmäßig 2 mehlbestaubte Holzlöffel.
4. **Alle Klößchen gibt man in kochende Flüssigkeit, man läßt sie im offenen Topf auf kleiner Flamme gar ziehen.**

Einlauf

20 g Weizenmehl, 1 Eßl. Milch, 1 Ei, etwas Salz, etwas Muskat.

Mehl, Milch, Ei, Salz und Muskat werden gut verquirlt und tropfenweise (über einen Quirl oder durch die Löcher eines Schaumlöffels) in die s t a r k kochende Brühe gegeben.

Das Ei muß sofort gerinnen, es müssen große Flocken entstehen.

Nach dem Aufkochen läßt man die Brühe im zugedeckten Topf so lange stehen (nicht kochen!), bis sie wieder klar ist.

Kochzeit: Etwa 3 Minuten.

Eierstich

2 Eier, 1/8 l Milch, etwas Salz, etwas Muskat.

Eier, Milch, Salz und Muskat werden gut verquirlt und in ein mit Butter oder Margarine ausgestrichenes Gefäß gefüllt. Man deckt das Gefäß zu und stellt es in heißes, aber nicht kochendes Wasser. Wenn die Masse fest geworden ist, wird sie gestürzt, in Würfel geschnitten und in die Suppe gegeben.

Gerinnungszeit: Etwa 30 Minuten.

Veränderung: Man kann 1 Eßl. feingehackte Kräuter, feingeriebenen Käse oder Tomatenmark mit den Eiern verquirlen.

Suppennudeln

125 g Weizenmehl, etwas Salz, 1 Ei, 1 Eßl. Wasser.

Man siebt das Mehl auf ein Backbrett. In die Mitte wird eine Vertiefung eingedrückt. Salz, Ei und Wasser werden hineingegeben und mit einem Teil des Mehls zu einem dicken Brei verarbeitet. Man verknetet von der Mitte aus alle Zutaten schnell zu einem glatten Teig. Sollte er kleben, gibt man noch etwas Mehl hinzu. Der Teig wird nudeldick ausgerollt und zum Trocknen auf ein Tuch gelegt. Wenn die Teigplatte so weit getrocknet ist, daß sie beim Aufrollen nicht mehr aufeinander klebt, aber auch noch nicht zerbricht, rollt man sie auf und zerschneidet sie in gewünschter Breite. Man läßt die Nudeln so lange an der Luft stehen, bis sie vollkommen trocken sind.

Kochzeit: 15–20 Minuten.

Flädchen

60 g Weizenmehl, etwas Salz, 1 Ei, 1/8 l Wasser, 1 Teel. gehackte Petersilie, etwa 20 g Butter oder Margarine zum Backen.

Man siebt das Mehl in eine Schüssel. In die Mitte wird eine Vertiefung eingedrückt, und Salz und Ei werden hineingegeben. Man verrührt nun von der Mitte aus Ei und Mehl, gibt nach und nach das Wasser hinzu und achtet darauf, daß keine Klümpchen entstehen. Zuletzt wird die gehackte Petersilie darunter gerührt.

Man backt möglichst dünne Eierkuchen, schneidet sie in feine Streifen und legt sie in die Suppe.

Käsekrusten

1/8 l Milch, 1/2 Ei, einige dünne Weißbrotschnitten (etwa 100 g), 40 g Semmelmehl, 40 g geriebener Käse, etwas Salz, etwa 40 g Fett zum Braten.

Milch und Ei werden gut verquirlt. Man wendet die Weißbrotschnitten zunächst in der Eiermilch und dann in dem mit geriebenem Käse und Salz vermischten Semmelmehl.

In einer Stielpfanne wird etwas Fett erhitzt. Man gibt die Semmelschnitten hinein, brät sie auf beiden Seiten goldbraun, schneidet sie in Würfel und legt sie in die Suppe.

Veränderung: Man kann den geriebenen Käse fortlassen.

Mandelreis

1/4 l Milch, 1 Eßl. gemahlene Mandeln oder 3 Tropfen Dr. Oetker Backöl Bittermandel, 2 Tropfen Dr. Oetker Backöl Zitrone, etwas Salz, 10 g Zucker, 1 Teel. Butter, 60 g Reis.

Man bringt die Milch mit den gemahlenen Mandeln, den Gewürzen und der Butter zum Kochen, gibt den gewaschenen Reis hinein und läßt ihn bei schwacher Hitze in etwa 30 Minuten ausquellen. Der heiße Reis wird in ein gefettetes Schüsselchen gedrückt, einige Minuten warm gestellt, gestürzt und an Stelle von Klößen zu Obstsuppen gereicht.

Schneeklöße

2 Eiweiß, 2 Teel. Zucker, etwas Zimt, mit Zucker vermischt, oder etwas geriebene Schokolade.

Das Eiweiß wird zu steifem Schnee geschlagen. Er muß so fest sein, daß ein Schnitt mit einem Messer sichtbar bleibt. Darunter schlägt man teelöffelweise den Zucker. Vom Eierschnee werden kleine Klößchen auf die kochend heiße Suppe oder das kochend heiße Wasser gesetzt. Man verschließt den Topf mit einem Deckel (Flamme ausdrehen!) und läßt die Klößchen in etwa 5 Minuten fest werden (Flüssigkeit darf nicht kochen!). Man bestreut sie mit Zucker und Zimt oder geriebener Schokolade.

Schwemmklößchen

1/8 l Milch, etwas Butter oder Margarine, etwas Salz, etwas Muskat, 60 g Weizenmehl, 1 Ei.

Man bringt Milch, Fett und Gewürze zum Kochen. Dann nimmt man den Topf von der Flamme, schüttet das gesiebte Mehl auf einmal hinein, rührt es zu einem glatten Kloß und erhitzt diesen unter Rühren noch etwa 1 Minute. Den heißen Kloß gibt man sofort in eine Schüssel und rührt das Ei darunter. Mit einem nassen Löffel werden kleine Klößchen abgestochen und in kochendem Salzwasser oder kochender Brühe gar gekocht.

Kochzeit: Etwa 5 Minuten.

Käseklößchen

1/8 l Milch, etwas Butter oder Margarine, etwas Salz, 50 g geriebener Käse, 60 g Weizenmehl, 1 Ei.

Die Zubereitung erfolgt nach den Angaben für Schwemmklößchen. Der geriebene Käse wird in die Milch gegeben.

Diese Klößchen eignen sich besonders gut als Einlage für Tomatensuppe.

Kochzeit: Etwa 5 Minuten.

Grießklößchen

1/8 l Milch, etwas Butter oder Margarine, etwas Salz, etwas Muskat, 50 g Grieß, 1 Ei.

Man bringt Milch, Fett und Gewürze zum Kochen, dann nimmt man den Topf von der Flamme, schüttet den Grieß auf einmal hinein, rührt ihn zu einem glatten Kloß und erhitzt diesen unter Rühren noch etwa 1 Minute. Den heißen Kloß gibt man sofort in eine Schüssel und rührt das Ei darunter. Mit einem nassen Löffel werden kleine Klößchen abgestochen und in kochendem Salzwasser oder kochender Brühe gar gekocht.

Kochzeit: Etwa 5 Minuten.

Semmelklößchen

30 g Butter oder Margarine, 1 Ei, etwas Salz, etwa 50 g Semmelmehl.

Man rührt das Fett schaumig, gibt das Ei, das Salz und so viel Semmelmehl hinzu, daß ein geschmeidiger Teig entsteht. Er muß 1/2 Stunde stehen, ehe man Klößchen daraus formt. Sie werden in kochendem Salzwasser oder in der kochenden Suppe gar gekocht.

Kochzeit: Etwa 4 Minuten.

Wiener Nockerln

40 g Butter oder Margarine, 1 Ei, etwas Salz, 75 g Weizenmehl, etwa 2 Eßl. Milch.

Man rührt das Fett schaumig und gibt das Ei und das Salz hinzu. Das gesiebte Mehl wird abwechselnd mit der Milch untergerührt. Man verwendet nur so viel Milch, daß ein geschmeidiger Teig entsteht. Er wird als kleine Klößchen in kochendes Salzwasser gegeben. Man läßt sie in etwa 10 Minuten gar ziehen. Dann werden sie in die Suppe gegeben.

Kochzeit: Etwa 10 Minuten.

Pilzklößchen

25–50 g Pilze, 15 g Butter oder Margarine, weitere 30 g Butter oder Margarine, 1 Ei, etwas Salz, 10 g (1 gestrichener Eßl.) Dr. Oetker „Gustin", etwa 40 g Semmelmehl.

Die gereinigten Pilze werden in dem Fett gedünstet und dann fein gehackt.

Man rührt die 30 g Fett schaumig, gibt das Ei, das Salz, das „Gustin", die erkalteten Pilze und so viel Semmelmehl hinzu, daß ein geschmeidiger Teig entsteht. Er muß ½ Stunde stehen, ehe man Klößchen daraus formt. Sie werden in kochendem Salzwasser oder in der kochenden Suppe gar gekocht.

Kochzeit: Etwa 3 Minuten.

Kräuterklößchen

1–2 Eßl. feingehackte Kräuter, z. B. Petersilie, Schnittlauch, Spinat, Kerbel, 30 g Butter oder Margarine, 1 Ei, etwas Salz, etwa 50 g Semmelmehl.

Die Zubereitung erfolgt nach den Angaben für Pilzklößchen, die Kräuter und der Spinat werden jedoch nicht gedünstet.

Kochzeit: Etwa 3 Minuten.

Markklößchen

40 g Mark, 1 Ei, etwas Salz, etwa 50 g Semmelmehl.

Das Mark wird zerlassen, durch ein Sieb gegeben, kalt gestellt und schaumig gerührt. Man gibt das Ei, das Salz und so viel Semmelmehl hinzu, daß ein geschmeidiger Teig entsteht. Er muß ½ Stunde stehen, ehe man Klößchen daraus formt. Sie werden in kochendem Salzwasser oder in der kochenden Suppe gar gekocht.

Kochzeit: Etwa 3 Minuten.

Speckklößchen

40 g fetter Speck, 1 Ei, etwas Salz, etwa 50 g Semmelmehl.

Der Speck wird in kleine Würfel geschnitten, ausgelassen, kalt gestellt und schaumig gerührt. Man gibt das Ei, das Salz und so viel Semmelmehl hinzu, daß ein geschmeidiger Teig entsteht. Er muß ½ Stunde stehen, ehe man Klößchen daraus formt. Sie werden in kochendem Salzwasser oder in der kochenden Suppe gar gekocht.

Kochzeit: Etwa 5 Minuten.

Fleischklößchen

20 g Butter oder Margarine, 50 g gehacktes rohes Fleisch, 1 Eigelb, Salz, Pfeffer, 20 g Semmelmehl.

Man rührt das Fett schaumig. Das gehackte Fleisch, das Eigelb, die Gewürze und das Semmelmehl werden hinzugegeben. Man formt Klößchen daraus, gibt sie in kochendes Salzwasser oder in die kochende Suppe und läßt sie darin gar ziehen.

Kochzeit: Etwa 5 Minuten.

Diese Klößchen eignen sich auch als Einlage in Frikassee und Ragout.

Fischklößchen

20 g Butter oder Margarine, 50 g gehacktes oder durch die Fleischmaschine gedrehtes rohes Fischfleisch, 1 Eigelb, Salz, Pfeffer, 20 g Semmelmehl.

Die Zubereitung erfolgt nach den Angaben für Fleischklößchen.

Leberklößchen

50 g Leber, 20 g Speck, 1 kleine Zwiebel, 1 Eigelb, Salz, Pfeffer, 20 g Semmelmehl.

Die Leber wird aus den Häuten geschabt, mit Speck und Zwiebel durch die Fleischmaschine gedreht oder fein gehackt und mit den übrigen Zutaten gemischt. Man sticht mit einem Teelöffel Klößchen ab, gibt sie in kochendes Salzwasser oder in die kochende Suppe und läßt sie gar ziehen.

Kochzeit: Etwa 10 Minuten.

Zu diesen Klößchen läßt sich gut Gänseleber verwenden.

Käsestangen

Teig: 50 g Weizenmehl, etwas Salz, 50 g Butter oder Margarine, 50 g geriebener Schweizer Käse.

Zum Bestreichen: 1 Eigelb, 1 Teel. Milch.

Man siebt das Mehl auf ein Backbrett. In die Mitte wird eine Vertiefung eingedrückt. Man gibt das Salz und das in Stücke geschnittene, kalte Fett hinein, bestreut es mit dem Schweizer Käse und verknetet von der Mitte aus alle Zutaten schnell zu einem glatten Teig. Sollte er kleben, stellt man ihn eine Zeitlang kalt. Der Teig wird etwa ½ cm dick ausgerollt. Man rädert etwa 2 cm breite und 10 cm lange Streifen daraus und bestreicht sie mit der verschlagenen Eigelb-Milch.

Wer ein schöneres Aussehen der Stangen erzielen will, kann die Stangen vor dem Bestreichen mit Eigelb-Milch spiralenförmig drehen (das eine Ende dreht man nach rechts, das andere nach links herum). Man legt die Käsestangen auf ein Backblech und läßt sie goldgelb backen (dürfen nicht zu dunkel werden, schmecken dann bitter).

Flammenbackofen: Vorheizen 5 Minuten mit großer Flamme, backen mit ½ großer Flamme.

Reglerbackofen: Vorheizen 5 Minuten bei 3–4, backen bei 3–4.

Backzeit: Etwa 14 Minuten.

Salzstangen

Teig: 150 g Weizenmehl, 100 g Dr. Oetker „Gustin", 6 g (2 gestrichene Teel.) Dr. Oetker Backpulver „Backin", 1 gestrichener Teel. Salz, 1 Eiweiß, 4 Eßl. Milch, 100 g Margarine.

Zum Bestreichen: 1 Eigelb, 1 Teel. Milch.

Zum Bestreuen: Etwas Salz, etwas Kümmel.

Mehl, „Gustin" und „Backin" werden gemischt und auf ein Backbrett gesiebt. In die Mitte wird eine Vertiefung eingedrückt. Salz, Eiweiß und Milch werden hineingegeben und mit einem Teil des Mehls zu einem dicken Brei verarbeitet. Darauf gibt man das in Stücke geschnittene, kalte Fett, bedeckt es mit Mehl und verknetet von der Mitte aus alle Zutaten schnell zu einem glatten Teig. Sollte er kleben, gibt man noch etwas Mehl hinzu. Der Teig wird etwa ½ cm dick ausgerollt. Man rädert etwa 2 cm breite und 10 cm lange Streifen daraus, bestreicht sie mit der verschlagenen Eigelb-Milch und bestreut sie mit Salz und Kümmel. Wer ein schöneres Aussehen der Stangen erzielen will, kann die Streifen vor dem Bestreichen mit Eigelb-Milch spiralenförmig drehen (das eine Ende dreht man nach rechts, das andere nach links herum). Man legt die Salzstangen auf ein Backblech und läßt sie goldgelb backen.

Flammenbackofen: Vorheizen 5 Minuten mit großer Flamme, backen mit ½ großer Flamme.

Reglerbackofen: Vorheizen 5 Minuten bei 3–4, backen bei 3–4.

Backzeit: Etwa 10 Minuten.

SOSSEN

Soßen

Soßen sind – wie Suppen – heute vielfach in Verruf. Durchaus mit Unrecht, wenn man sie ihrer Bedeutung gemäß herzustellen weiß. Ursprünglich hatten Soßen lediglich den Zweck, den Eigengeschmack eines Materials hervorzuheben und mit den übrigen Gerichten einer Mahlzeit in Einklang zu bringen. Aus dem Streben nach geschmacklicher Vervollkommnung und Abrundung der Speisen forderte die alte Küche, daß eine Soße „jedes Geschmacksorgan in Tätigkeit versetzen" müsse. Das gilt auch heute, nur sehen wir in dieser anregenden und somit die Verdauung fördernden Wirkung auch eine gesundheitliche Bedeutung. Solche Soßen bestehen freilich nicht nur aus Wasser, Fett und Mehl, wie die heutigen vielfach, die deshalb auch den Vorwurf, sie machten dick, durchaus verdienen. Gute Soßen sind vielmehr wesentlich Extrakte aus Fleisch, Geflügel, Fisch oder Gemüse, die durch Würzen dem jeweiligen Gericht entsprechend geschmacklich abgewandelt sind. Diese Soßen haben auch den wirtschaftlichen, heute nicht gering zu schätzenden Vorzug, daß sie durch den Gehalt an Nährstoff und Eigenwürze eine schmale Fleischbeigabe „strecken", ohne den Mangel besonders fühlbar werden zu lassen. Daß die Hausfrau, wenn sie die Soßen in dieser Hinsicht nützen will, Extrakte nicht eigens herstellt wie die alte Küche, ist selbstverständlich. Der Einwand aber, woher man sie dann nehmen solle, erledigt sich durch den Hinweis auf Bratensatz, Fleisch- und Gemüsebrühe, die ja in jeder Küche immer wieder zur Hand sind. Man muß nur ihre Aufbewahrung und rechtzeitige Verwertung in seinen Kochplan einbeziehen.

A. Warme Soßen

Regeln

1. Die Grundlage der warmen Soße ist im allgemeinen eine helle oder dunkle Mehlschwitze, die mit Fleisch-, Knochen- oder Gemüsebrühe aufgefüllt und 10 Minuten bei schwacher Hitze gekocht werden muß, damit sich der Mehlgeschmack verliert.
2. Für die im Geschmack empfindlichen hellen Soßen verwendet man am besten Butter oder Margarine, während zur Herstellung der dunklen Soßen auch Bratenfett, Speck, Rindertalg oder Kokosfett genommen werden kann.
3. Saure Sahne, Zitronensaft, Wein, Senf, Meerrettich und alle feinen Kräuter dürfen nicht kochen, ihr feines Aroma würde dadurch zerstört werden. Man soll Kräuter nur einige Minuten in der fertigen Soße ziehen lassen, mit Wein und Zitronensaft erst kurz vor dem Anrichten abschmecken. Im übrigen muß man mit der Zugabe von Gewürzen vorsichtig sein, damit der Eigengeschmack jeder Soße voll zur Geltung kommt.
4. Alle warmen Soßen werden im Geschmack sehr verfeinert, wenn man kurz vor dem Auftragen ein Stück Butter hineinrührt.
5. Zur Verfeinerung kann man helle Soßen mit Eigelb abziehen (legieren). Entsprechende Angaben findet man im Kapitel „Eierspeisen" unter Regeln ab Punkt 5 (S. 176).

I. Helle warme Soßen

Helle Grundsoße (Rezept für ½ Liter)

40 g Butter oder Margarine, 40 g Weizenmehl, ½ l Brühe oder Wasser.

Man zerläßt das Fett auf mittlerer Flamme. Das Mehl wird unter Rühren so lange darin erhitzt, bis es hellgelb ist. Man gießt unter Rühren langsam nach und nach Flüssigkeit hinzu. Damit keine Klumpen entstehen, nimmt man kalte Flüssigkeit und schlägt die Mehlschwitze mit einem Schneebesen durch. Die Mehlschwitze muß nach jeder Zugabe von Flüssigkeit wieder zum Kochen kommen. In dieser Weise wird die ganze Flüssigkeit hinzugegeben. Man läßt die fertige Soße etwa 10 Minuten auf kleiner Flamme kochen, ehe man sie abschmeckt.

Kochzeit: Etwa 10 Minuten.

Durch Zugabe verschiedener Geschmackszutaten lassen sich aus dieser hellen Grundsoße die nachfolgenden Soßen herstellen:

Champignonsoße

½ l helle Grundsoße (Rezept s. oben), 125 g Pilze, 15 g Butter oder Margarine, etwas Salz, etwas Zitronensaft, 1 Eigelb und 2 Eßl. kaltes Wasser oder etwas Sahne.

Die geputzten, in Scheiben geschnittenen Pilze werden in dem Fett gar gedünstet und unter die helle Grundsoße gerührt. Man schmeckt sie mit Salz und Zitronensaft ab und legiert die Soße mit dem Eigelb, das man mit Wasser verquirlt hat, oder gibt etwas Sahne hinzu.

Dillsoße

½ l helle Grundsoße (Rezept s. oben), gut 1 Eßl. feingehackter Dill, etwas Salz.

In die helle Grundsoße gibt man den feingehackten Dill und läßt 10 Minuten ziehen. Dann wird die Soße mit Salz abgeschmeckt.

Helle Senfsoße

½ l helle Grundsoße (Rezept s. oben), 1–2 Eßl. Senf, etwas Salz, etwas Essig, etwas Zucker.

Die helle Grundsoße wird mit Senf, Salz, Essig und Zucker abgeschmeckt.

Helle Zwiebelsoße

40 g Fett (evtl. Speck), 40 g Weizenmehl, 2–3 Zwiebeln, ½ l Brühe, 1 Teel. Kümmel, etwas Salz, nach Belieben etwas Zucker und Essig.

Man zerläßt das Fett. Das Mehl wird mit den feingehackten Zwiebeln unter Rühren so lange darin erhitzt, bis es hellgelb ist. Man gießt unter ständigem Rühren nach und nach die kalte Brühe hinzu. Danach wird der Kümmel untergerührt. Man bringt die Soße zum Kochen und läßt sie etwa 10 Minuten auf kleiner Flamme kochen. Sie wird durch ein Sieb gestrichen und mit Salz, nach Wunsch außerdem mit Zucker und Essig abgeschmeckt.

Kochzeit: Etwa 10 Minuten.

Kapernsoße

½ l helle Grundsoße (Rezept s. oben), 1 Eßl. Kapern, etwas Salz, etwas Zitronensaft, 1 Eigelb (nach Belieben), 2 Eßl. kaltes Wasser.

In die helle Grundsoße gibt man die Kapern und läßt sie etwa 10 Minuten auf kleiner Flamme darin ziehen. Dann wird die Soße mit Salz und Zitronensaft abgeschmeckt. Man legiert die Soße mit dem mit Wasser verquirlten Eigelb.

Käsesoße

½ l helle Grundsoße (Rezept s. S. 44), 150 g geriebener Käse, etwas Salz, etwas Zitronensaft.

In die helle Grundsoße gibt man den Käse und schmeckt sie dann mit Salz und Zitronensaft ab.

Veränderung: Für die helle Grundsoße kann man an Stelle von ½ l Brühe auch ½ l Milch nehmen.

Kräutersoße

½ l helle Grundsoße (Rezept s. S. 44), 2 Eßl. feingehackte Kräuter (Petersilie, Schnittlauch, Dill), etwas Salz, etwas Zitronensaft.

In die helle Grundsoße gibt man die Kräuter und läßt etwa 10 Minuten auf kleiner Flamme ziehen. Dann wird die Soße mit Salz und Zitronensaft abgeschmeckt.

Meerrettichsoße

½ l helle Grundsoße (Rezept s. S. 44), ¼ Stange Meerrettich, etwas Milch, etwas Salz, etwas Zitronensaft.

Der Meerrettich wird geschält, gerieben, mit etwas Milch vermischt und in die heiße Soße gegeben. Sie darf nicht mehr gekocht werden. Man schmeckt sie mit Salz und Zitronensaft ab.

Veränderung: Zur hellen Grundsoße kann man an Stelle von ½ l Brühe ¼ l Milch und ¼ l Brühe nehmen.

Petersiliensoße

½ l helle Grundsoße (Rezept s. S. 44), etwas Zitronensaft, etwas Salz, 1–2 Eßl. Sahne (nach Belieben), 2 Eßl. feingehackte Petersilie.

Die helle Grundsoße wird mit Zitronensaft, Salz und Sahne abgeschmeckt. Kurz vor dem Anrichten gibt man die Petersilie hinzu.

Sardellen- oder Heringssoße

½ l helle Grundsoße (Rezept s. S. 44), 75 g gehackte, gut gewässerte Sardellen oder 1 gewässerter, entgräteter, abgezogener und feingehackter Hering, evtl. etwas Salz, etwas Zitronensaft.

Unter die helle Grundsoße rührt man die Sardellen oder den Hering und läßt etwa 10 Minuten auf kleiner Flamme ziehen. Die Soße wird evtl. mit Salz und mit Zitronensaft abgeschmeckt.

Schnittlauchsoße

½ l helle Grundsoße (Rezept s. S. 44), 2 Eßl. feingeschnittener Schnittlauch, etwas Salz, etwas Zitronensaft.

In die helle Grundsoße gibt man den Schnittlauch und läßt etwa 10 Minuten auf kleiner Flamme ziehen. Dann wird die Soße mit Salz und Zitronensaft abgeschmeckt.

Bechamelsoße

40 g Butter oder Margarine, 40 g Schinken, 40 g Weizenmehl, 60 g Zwiebeln, 1/4 l Brühe, 1/4 l Milch oder Sahne, etwas Salz, etwas Pfeffer.

Man zerläßt das Fett mit den Schinkenwürfeln. Das Mehl wird mit den feingehackten Zwiebeln so lange darin erhitzt, bis es hellgelb ist. Man gießt unter ständigem Rühren nach und nach kalte oder lauwarme Brühe und Milch (Sahne) hinzu und läßt 10 Minuten auf kleiner Flamme kochen. Die Soße kann durch ein feines Sieb gestrichen werden und wird mit Salz und Pfeffer abgeschmeckt (Rückstand für Hülsenfruchtsuppe verwerten!).

Kochzeit: Etwa 10 Minuten.

Frikasseesoße

40 g Butter oder Margarine, 40 g Weizenmehl, 1/2 l Brühe, 1 Teel. Kapern, einige Champignons (nach Belieben), 1–2 gut gewässerte Sardellen (nach Belieben), etwas Salz, 1 Eßl. Zitronensaft oder 2–3 Eßl. Wein, 1–2 Eigelb, 2 Eßl. kaltes Wasser.

Man zerläßt das Fett. Das Mehl wird unter Rühren so lange darin erhitzt, bis es hellgelb ist. Man gießt unter ständigem Rühren nach und nach die kalte Brühe hinzu. Man läßt die Soße etwa 10 Minuten auf kleiner Flamme kochen, ehe sie abgeschmeckt wird. Die Kapern, die zerschnittenen Champignons und die feingewiegten Sardellen müssen 10 Minuten darin ziehen, bevor die Soße mit Salz und Zitronensaft oder Wein abgeschmeckt wird. Man legiert die Soße mit Eigelb, das man vorher mit kaltem Wasser verquirlt hat.

Kochzeit: Etwa 10 Minuten.

Holländische Soße (einfach)

40 g Butter oder Margarine, 40 g Weizenmehl, 1/2 l Brühe oder 1/4 l Brühe und 1/4 l Milch, 1–2 Eßl. Zitronensaft, etwas Salz, 1 Eigelb, 2 Eßl. kaltes Wasser, 20 g Butter.

Man zerläßt das Fett. Das Mehl wird so lange darin erhitzt, bis es hellgelb ist. Man gießt unter ständigem Rühren nach und nach die kalte Flüssigkeit hinzu und läßt etwa 10 Minuten auf kleiner Flamme kochen. Die Soße wird mit Zitronensaft und Salz abgeschmeckt. Man legiert sie mit dem Eigelb, das man mit kaltem Wasser verquirlt hat, und gibt die Butter hinzu.

Kochzeit: Etwa 10 Minuten.

Holländische Soße (abgeschlagen)

20 g Weizenmehl, 2 Eßl. Wasser, 2 Eier, 1 Eßl. Zitronensaft, 1/4 l Brühe, 60 g Butter, etwas Salz, etwas Muskat.

Das Mehl wird mit dem Wasser glattgerührt. Die Eier, der Zitronensaft und die Brühe werden hinzugegeben. Man quirlt alles tüchtig, gießt es in einen kleinen Kochtopf, erhitzt es auf kleinster Flamme und schlägt es mit einem Schneebesen so lange, bis eine dicke Kochblase aufsteigt. Die Butter wird während des Schlagens in kleinen Stückchen dazugegeben. Man schmeckt die Soße mit Salz und Muskat ab.

Kochzeit: Etwa 15 Minuten.

Tomatensoße mit rohen Tomaten

20 g Butter oder Margarine, 30 g roher Schinken, 1 kleine Zwiebel, 300 g Tomaten, 40 g Weizenmehl, ½ l Brühe, etwas Salz, etwas Zitronensaft, etwas Zucker.

Fett und Schinkenwürfel werden erhitzt. Darin dünstet man die feingehackte Zwiebel und die in Stücke geschnittenen Tomaten. Das Mehl wird dazugegeben. Man erhitzt es kurz, gibt dann unter ständigem Rühren die Brühe hinzu und läßt etwa 10 Minuten auf kleiner Flamme kochen. Die Tomatensoße wird durch ein feines Sieb gerührt, wieder zum Kochen gebracht und mit Salz, Zitronensaft und Zucker abgeschmeckt.

Kochzeit: Etwa 10 Minuten.

Tomatensoße mit Tomatenmark

40 g Butter oder Margarine, 40 g Weizenmehl, ½ l Brühe; etwa 1 Eßl. Tomatenmark, etwas Salz, etwas Zitronensaft, etwas Zucker.

Man zerläßt das Fett. Das Mehl wird unter Rühren so lange darin erhitzt, bis es hellgelb ist. Man gießt unter ständigem Rühren nach und nach die kalte Brühe hinzu, rührt das Tomatenmark darunter und läßt etwa 10 Minuten auf kleiner Flamme kochen. Die Soße wird mit Salz, Zitronensaft und Zucker abgeschmeckt.

Kochzeit: Etwa 10 Minuten.

II. Dunkle warme Soßen

Dunkle Grundsoße (Rezept für ½ Liter)

40 g Fett (Bratenfett, Speck, Mischfett), 50 g Weizenmehl, ½ l Brühe.

Man zerläßt das Fett auf großer Flamme. Das Mehl wird unter Rühren so lange darin erhitzt, bis es hell- bis dunkelbraun ist. Wenn 1 Zwiebel zugegeben werden soll, gibt man sie in das leicht gebräunte Mehl, da sie sonst zu dunkel wird. Man gießt unter Rühren nach und nach die Flüssigkeit hinzu. Damit keine Klumpen entstehen, nimmt man kalte oder lauwarme Flüssigkeit und schlägt die Mehlschwitze mit einem Schneebesen durch. Die Mehlschwitze muß nach jeder Zugabe von Flüssigkeit wieder zum Kochen kommen. In dieser Weise wird die ganze Flüssigkeit hinzugegeben.

Man läßt die fertige Soße etwa 10 Minuten auf kleiner Flamme kochen.

Kochzeit: Etwa 10 Minuten.

Braune Gurkensoße

½ l dunkle Grundsoße (Rezept s. oben), 1 Salzgurke, Salz, etwas Essig, etwas Pfeffer, etwas Zucker.

In die dunkle Grundsoße gibt man die in kleine Würfel geschnittene Salzgurke und läßt einige Minuten ziehen. Dann wird die Soße mit Salz, Essig, Pfeffer und Zucker abgeschmeckt.

Dunkle Pilzsoße

½ l dunkle Grundsoße (Rezept s. oben), 125–200 g geputzte, feingeschnittene Pilze (Pfifferlinge, Trüffeln, Steinpilze), etwas Salz, 15 g Butter, 2–3 Eßl. Madeira.

In die dunkle Grundsoße gibt man die Pilze und läßt die Soße noch 10 Minuten auf kleiner Flamme kochen. Dann wird sie mit Salz, Butter und Madeira abgeschmeckt.

Kochzeit: Etwa 10 Minuten.

Burgundersoße

40 g Perlzwiebeln, 10 g Zucker, etwas Brühe, etwas Zitronensaft, etwas Salz, 40 g Fett, 50 g Weizenmehl, $\frac{3}{8}$ l Brühe, $\frac{1}{8}$ l Burgunder.

Die Zwiebeln werden geschält und mit kochendem Wasser überbrüht. Man bräunt den Zucker, gibt etwas Brühe, etwas Zitronensaft und etwas Salz hinzu und schmort darin die Zwiebeln auf kleiner Flamme, bis sie glasig sind.

Man zerläßt das Fett. Das Mehl wird unter Rühren so lange darin erhitzt, bis es fast dunkelbraun ist. Man gießt unter ständigem Rühren nach und nach die kalte Brühe hinzu. Dann werden die Zwiebeln in die Soße gegeben. Man bringt sie wieder zum Kochen und läßt sie auf kleiner Flamme etwa 10 Minuten kochen. Die Soße wird mit Salz und Burgunder abgeschmeckt.

Kochzeit: Etwa 10 Minuten.

Madeirasoße

40 g Fett, 50 g Weizenmehl, 1 Zwiebel, $\frac{1}{2}$ l Brühe, 50 g roher Schinken, etwas Wurzelwerk (Petersilienwurzel, Sellerie, Mohrrübe), 2 Tomaten, etwas Salz, Zitronensaft, etwas Zucker, 3–4 Eßl. Madeira.

Man zerläßt das Fett. Das Mehl wird unter Rühren so lange darin erhitzt, bis es fast dunkelbraun ist. Die kleingeschnittene Zwiebel wird erst zugegeben, wenn das Mehl leicht gebräunt ist. Man gießt unter ständigem Rühren nach und nach die kalte Brühe hinzu.

Der in Würfel geschnittene Schinken wird ausgelassen. Man gibt das gesäuberte, kleingeschnittene Wurzelwerk und die zerschnittenen Tomaten hinzu, erhitzt kurz und gibt es in die Soße. Diese läßt man $\frac{1}{2}$ Stunde auf kleiner Flamme kochen. Dann wird sie durch ein Sieb gestrichen und mit Salz, Zitronensaft, Zucker und Madeira abgeschmeckt.

Man reicht sie zu gekochter Zunge.

Kochzeit: Etwa $\frac{1}{2}$ Stunde.

Polnische Soße

20 g Fett, 1 gestrichener Eßl. Weizenmehl, $\frac{1}{8}$ l Brühe, $\frac{3}{8}$ l Braunbier, 40 g geriebener Pfefferkuchen, 80 g Zwiebeln, in Scheiben geschnitten, 2 Eßl. kleingeschnittenes Suppengrün, 1 Gewürzdosis (S. 16), etwas Salz, etwas Zitronensaft, etwas Zucker.

Man zerläßt das Fett. Das Mehl wird so lange darin erhitzt, bis es fast dunkelbraun ist. Man gießt unter ständigem Rühren nach und nach die kalte Brühe und das Braunbier hinzu, gibt den Pfefferkuchen, die Zwiebeln, das Suppengrün und die Gewürzdosis hinzu und läßt $\frac{1}{2}$ Stunde auf kleiner Flamme kochen. Die Soße wird durch ein Sieb gerührt und mit Salz, Zitronensaft und Zucker abgeschmeckt.

Die Soße wird gern zu Karpfen gereicht.

Kochzeit: Etwa $\frac{1}{2}$ Stunde.

Rosinensoße

20 g Fett, 20 g Weizenmehl, $\frac{1}{2}$ l Brühe, 20 g geriebener Honigkuchen, 50 g Rosinen, 50 g Korinthen, etwas Zimt, 2 Nelken, 1 Eßl. Essig oder Zitronensaft, etwas Zucker, etwas Salz.

Man zerläßt das Fett. Das Mehl wird unter Rühren so lange darin erhitzt, bis es fast dunkelbraun ist. Man gießt unter ständigem Rühren nach und nach die kalte Brühe hinzu, gibt den geriebenen Honigkuchen, die gewaschenen Rosinen und Korinthen, den Zimt und die Nelken dazu und läßt ½ Stunde auf kleiner Flamme kochen. Dann wird die Soße mit Essig oder Zitronensaft, Zucker und Salz abgeschmeckt. Man reicht sie zu gekochter Zunge oder zu gekochtem Rindfleisch.

Kochzeit: Etwa ½ Stunde.

Veränderung: Man kann 20 abgezogene, in feine Stifte geschnittene Mandeln an die Soße geben und sie mit 1–2 Eßl. Johannisbeergelee verrühren.

Dunkle Senfsoße

40 g Fett, 50 g Weizenmehl, 1 kleine Zwiebel, ½ l Brühe, 1–2 Eßl. Senf, 1 Eßl. Essig oder Zitronensaft, etwas Zucker, etwas Salz.

Man zerläßt das Fett. Das Mehl wird unter Rühren so lange darin erhitzt, bis es hellbraun ist. Die kleingeschnittene Zwiebel wird erst zugegeben, wenn das Mehl bereits leicht gebräunt ist. Man gießt unter ständigem Rühren nach und nach die kalte Brühe hinzu und läßt 10 Minuten auf kleiner Flamme kochen. Dann wird die Soße mit Senf, Essig oder Zitronensaft, Zucker und Salz abgeschmeckt. Man reicht sie zu Rindfleisch, Fisch oder Eiern.

Kochzeit: Etwa 10 Minuten.

Specksoße

50 g Speck, 50 g Zwiebeln, 45 g Weizenmehl, ½ l Brühe, ½ Lorbeerblatt, 2 Nelken, 1–2 Eßl. Essig, Zucker oder Sirup, etwas Salz.

Speck- und Zwiebelwürfel werden unter Rühren so lange erhitzt, bis sie gelblich sind. Man nimmt sie heraus, gibt das Mehl hinein und erhitzt es, bis es braun ist. Man gießt unter ständigem Rühren nach und nach die kalte oder lauwarme Brühe hinzu, gibt Lorbeerblatt, Nelken, Speck- und Zwiebelwürfel dazu und läßt 10 Minuten auf kleiner Flamme kochen. Dann wird die Soße mit Essig, Zucker oder Sirup und Salz abgeschmeckt. Lorbeerblatt und Nelken nimmt man vor dem Anrichten aus der Soße. Sie wird zu Brechbohnen, Kartoffelklößen, Pellkartoffeln oder verlorenen Eiern gereicht.

Kochzeit: Etwa 10 Minuten.

B. Kalte Soßen

Salatsoße I (Marinade)

3 Eßl. Salatöl, 1–2 Eßl. Essig, etwas Salz, 1 Teel. feingehackte Kräuter.

Öl, Essig und Salz schlägt man so lange mit einer Gabel, bis eine dickflüssige Soße entstanden ist. Die feingehackten Kräuter werden darunter gerührt.

Veränderung: Man kann 1 kleine, feingehackte Zwiebel hinzufügen, aber auch mit Selleriesalz, Zucker oder Honig würzen. Bei einigen Salaten kann an Stelle von Essig Zitronensaft genommen werden (bei Kartoffelsalat nur Essig verwenden!).

Salatsoße II (Marinade)

1–2 Eßl. Salatöl, 1–2 Eßl. Essig, etwas Salz, etwas Zucker, 2 Eßl. saure Sahne, 1 kleine Zwiebel, 1 Teel. feingehackte Kräuter.

Öl, Essig, Salz und Zucker schlägt man so lange mit einer Gabel, bis eine dickflüssige Soße entstanden ist. Dann werden die saure Sahne, die feingehackte Zwiebel und die Kräuter hinzugegeben.

Veränderung: Bei einigen Salaten kann an Stelle von Essig Zitronensaft genommen werden.

Soße für Rohkostgemüse

2–3 Eßl. Salatöl, 2 Eßl. Zitronensaft oder Essig, etwas Salz, 2 Eßl. Sahne, 1 kleine Zwiebel, 1 Eßl. feingehackte Kräuter.

Öl, Zitronensaft oder Essig und Salz schlägt man so lange mit einer Gabel, bis eine dickflüssige Soße entstanden ist. Dann werden die Sahne, die feingehackte Zwiebel und die Kräuter hinzugegeben.

Rohe Tomatensoße

250 g reife Tomaten, 1 Teel. Zitronensaft, etwas Salz, etwas Zucker, 2–3 Eßl. Öl oder Sahne, 1 Teel. feingeriebene Zwiebel.

Die gewaschenen Tomaten werden in kleine Stücke geschnitten, durch ein Sieb gestrichen und mit den übrigen Zutaten gründlich vermischt.

Tomatensoße aus Mark

50 g Tomatenmark, ⅛ l Wasser, 1 Teel. Zitronensaft, etwas Salz, etwas Zucker, 2–3 Eßl. Öl oder Sahne, 1 Teel. feingeriebene Zwiebel.

Das Tomatenmark wird mit den übrigen Zutaten gründlich verrührt.

Tomaten-Meerrettichsoße

250 g reife Tomaten, 1 Teel. Zitronensaft, etwas Salz, etwas Zucker, 2–3 Eßl. Öl oder Sahne, 1 Teel. feingeriebene Zwiebel, 3 Eßl. geriebener Meerrettich.

Die gewaschenen Tomaten werden in kleine Stücke geschnitten, durch ein Sieb gestrichen und mit den übrigen Zutaten gründlich vermischt.

Apfel-Meerrettichsoße

⅛ l Apfelwein, Saft von ½ Zitrone, 1 Eßl. Zucker, etwas Salz, 2 geriebene Äpfel, ¼–½ Stange Meerrettich.

Wein, Zitronensaft, Zucker und Salz werden gut verrührt und mit den feingeriebenen Äpfeln vermischt. Dann reibt man so viel Meerrettich hinein, daß die Soße pikant schmeckt. Sie paßt gut zu kaltem Fleisch und Fisch.

Sahnensoße

$\frac{1}{4}$ l saure Sahne, Saft von $\frac{1}{2}$ Zitrone, etwas Zucker, etwas Salz.

Sahne und Zitronensaft werden gut gequirlt und mit Zucker und Salz abgeschmeckt. Man kann die Soße mit 2–3 Eßl. Öl vermischen oder auch mit 2 Eßl. Milch verdünnen.

Dillsahnensoße

$\frac{1}{4}$ l saure Sahne, Saft von $\frac{1}{2}$ Zitrone, 1 kleine Zwiebel, 1–2 Teel. feingewiegter Dill, etwas Salz.

Sahne und Zitronensaft werden gut verrührt. Man gibt die feingehackte Zwiebel und den feingewiegten Dill darunter und schmeckt mit Salz ab.

Kräutersahnensoße (Frühlingssoße)

$\frac{1}{4}$ l saure Sahne, Saft von $\frac{1}{2}$ Zitrone, 2 hartgekochte Eier, 2–3 Eßl. feingehackte Kräuter, etwas Zucker, etwas Salz.

Sahne und Zitronensaft werden gut verrührt, mit den gehackten Eiern und den feingewiegten Kräutern vermischt und mit Zucker und Salz abgeschmeckt.

Diese Soße paßt gut zu gekochtem Rindfleisch.

Meerrettichsahnensoße

$\frac{1}{4}$–$\frac{1}{2}$ Stange Meerrettich, $\frac{1}{4}$ l süße Sahne, etwas Zitronensaft, etwas Salz, etwas Zucker.

Der geschabte Meerrettich wird in etwas Milch gerieben und mit der geschlagenen Sahne vermischt. Man schmeckt mit Zitronensaft, Salz und Zucker ab.

Senfsahnensoße

$\frac{1}{8}$ l süße Sahne, 4–5 Teel. Senf, etwas Salz, etwas Zucker, etwas Zitronensaft.

Alle Zutaten werden gut miteinander verquirlt.

Diese Soße ist ausgezeichnet zu Salat von roten Rüben.

Kalte Senfsoße

3 hartgekochte Eier, 4 Eßl. Senf, 1 Teel. gehackte Zwiebel, 6 Eßl. saure Sahne, 2 geriebene Äpfel.

Die feingehackten Eier werden mit Senf und Zwiebeln vermischt. Nach und nach gibt man die gequirlte saure Sahne und die geriebenen Äpfel dazu. (Siehe Tafel 16.)

Mayonnaise I

1–2 Eigelb, etwas Salz, $\frac{1}{8}$ l Salatöl, 1 Teel. Essig oder Zitronensaft.

Alle Zutaten müssen die gleiche Temperatur haben, am besten lauwarm sein. Sollte das Öl zu kalt sein, stellt man es mit der Flasche etwa 5 Minuten in warmes Wasser.

Das Eigelb wird zunächst mit etwas Salz so gründlich geschlagen, daß es dicklich ist. Erst dann fügt man tropfenweise unter ständigem Rühren oder Schlagen das Öl hinzu. Zunächst wird nur die Hälfte der vorgeschriebenen Ölmenge genommen. Ist die Masse steif, so dürfen die geschmacklichen Zutaten folgen, dann erst gibt man den Rest des Öls hinzu.

Sollte die Mayonnaise gerinnen, so kann man sie manchmal schon durch 1 Teel. kaltes Wasser in Ordnung bringen. Man gibt es tropfenweise unter ständigem Schlagen schnell dazu. Andernfalls rührt man 1 Eigelb gut durch und gibt die geronnene Mayonnaise langsam darunter.

Veränderung: Man kann unter die Mayonnaise 1 Teel. Senf, etwas Selleriesalz oder etwas saure oder süße Sahne rühren.

Mayonnaise II

1 Eigelb, 1–2 Teel. Senf, etwas Salz, 1 Teel. Zucker, 1 Eßl. Zitronensaft oder Essig, ⅛ l Öl.

Eigelb, Senf, Salz, Zucker und Zitronensaft werden in eine Rührschüssel gegeben und mit einem Schneebesen so lange geschlagen, bis eine dicke Masse entstanden ist. Darunter schlägt man das Öl. Bei dieser Zubereitung ist es nicht notwendig, das Öl tropfenweise zuzusetzen, es wird in Mengen von 1–2 Eßl. untergeschlagen. Die an das Eigelb gegebenen Gewürze verhindern nämlich eine Gerinnung.

Veränderung: Wer die Mayonnaise verlängern will, rührt 10 g (1 gestrichenen Eßl.) Dr. Oetker „Gustin" mit ⅛ l Wasser an, bringt es unter ständigem Rühren zum Kochen und schlägt den kochend heißen Brei unter die Mayonnaise.

Kräutermayonnaise

1 Rezept Mayonnaise I oder II (siehe S. 51 oder oben), 2 Eßl. feingewiegte Kräuter oder der Saft von rohen Kräutern (Kerbel, Estragon, Kresse, Schnittlauch usw.).

Man rührt unter eine der beiden Mayonnaisen die Kräuter oder den Saft.

Meerrettichmayonnaise

1 Rezept Mayonnaise I oder II (siehe S. 51 oder oben), etwas Meerrettich.

Man reibt in eine der beiden Mayonnaisen so viel Meerrettich, daß die Mayonnaise gut danach schmeckt.

Tomatenmayonnaise

1 Rezept Mayonnaise I oder II (siehe S. 51 oder oben), 1–2 Eßl. Tomatenmark.

Man schmeckt eine der beiden Mayonnaisen mit Tomatenmark ab.

Remouladensoße

2 hartgekochte Eigelb, 1 rohes Eigelb, etwas Salz, ⅛ l Öl, 2 Eßl. Essig oder Zitronensaft, 1 Teel. Senf, 1 Teel. feingehackte Zwiebel, 1 Eßl. feingewiegte Kapern, 2 kleine feingehackte Gewürzgurken, 1–2 feingehackte, gut gewässerte Sardellen, 1 Eßl. gehackte Kräuter, Salz, Pfeffer, evtl. ⅛ l saure Sahne.

Das hartgekochte Eigelb wird durch ein feines Sieb gestrichen und mit dem rohen Eigelb und etwas Salz gut verrührt. Dann fügt man tropfenweise unter Schlagen das Öl hinzu. Zunächst wird nur die Hälfte der vorgeschriebenen Ölmenge genommen. Ist die Masse steif genug, kommen Essig und Senf hinzu. Dann erst gibt man den Rest des Öls und die übrigen Zutaten hinzu.

Das hartgekochte Eiweiß kann mit in die Soße gegeben oder zur Verzierung von Salat, Sülze und dergleichen verwendet werden.

Man kann die Soße vereinfachen, indem man Sardellen, Gurken und Kapern wegläßt.

Cumberlandsoße

Schale von ½ Apfelsine, 125 g Johannisbeergelee, 4 Eßl. Rotwein, Saft von 1 Apfelsine, 1 Teel. Senf, etwas Salz.

Die Apfelsinenschale wird von der weißen Schale befreit, in feine Streifen geschnitten, mit kochendem Wasser übergossen und auf ein Sieb zum Abtropfen gegeben.

Man zerläßt das Johannisbeergelee vorsichtig, rührt Rotwein, Apfelsinensaft und Senf darunter, schmeckt mit Salz ab und gibt die Apfelsinenschale hinzu.

Die Soße paßt gut zu Wild, kaltem Fleisch und Pasteten.

Teufelssoße

2 hartgekochte Eigelb, etwas Salz, 2 Eßl. Salatöl, 1 Eßl. Senf, 1–2 Eßl. Zitronensaft, 1 Messerspitze gehackte Zwiebel, etwas Pfeffer, etwas Zucker, 1 Teel. feingehackter Estragon, 1 Eßl. geriebener Apfel, 3 Eßl. Rotwein.

Das hartgekochte Eigelb wird durch ein feines Sieb gestrichen. Man rührt die übrigen Zutaten nach und nach darunter.

Die Soße paßt gut zu Sülze oder kaltem Roastbeef.

C. Süße Soßen (warm und kalt)

Vanillesoße I

1 Päckchen Dr. Oetker Soßen-Pulver Vanille-Geschmack, 30 g (2 gestrichene Eßl.) Zucker, ½ l Milch.

Das Soßen-Pulver und der Zucker werden mit 3 Eßl. von der Milch angerührt. Man erhitzt die übrige Milch. In die kochende, von der Flamme genommene Milch rührt man das angerührte Soßen-Pulver und läßt noch einmal kurz aufkochen. Danach stellt man die Soße kalt. Damit sich keine Haut bildet, rührt man die Soße während des Erkaltens häufig um.

Vanillesoße II

10 g Dr. Oetker „Gustin", 1 Päckchen Dr. Oetker Vanillin-Zucker, 30 g (2 gestrichene Eßl.) Zucker, etwas Salz, 2 Eßl. Wasser zum Anrühren, ½ l Milch, 1 Eigelb, 2 Eßl. kaltes Wasser.

Das „Gustin", der Vanillin-Zucker, der Zucker und das Salz werden mit dem Wasser angerührt. Man erhitzt die Milch. In die kochende, von der Flamme genommene Milch rührt man das angerührte „Gustin" und läßt noch einmal kurz aufkochen. Die Soße wird mit dem Eigelb, das man mit Wasser verquirlt hat, abgezogen. Damit sich keine Haut bildet, rührt man die Soße während des Erkaltens häufig um.

Karamelsoße

50 g (2 gut gehäufte Eßl.) Zucker, ½ l Milch, 10 g Dr. Oetker „Gustin", 2 Eßl. Wasser zum Anrühren, 1 Eigelb, 2 Eßl. Wasser, etwas Zucker zum Abschmecken.

Der Zucker wird unter Rühren so lange erhitzt, bis er hellbraun ist. Man löscht ihn mit Milch ab und bringt sie zum Kochen. Inzwischen rührt man das „Gustin" mit dem Wasser an. Sobald die Karamel-Milch kocht, nimmt man sie von der Flamme, gibt das angerührte „Gustin" unter Rühren hinein und läßt noch einmal kurz aufkochen. Die Soße wird mit dem Eigelb, das man mit Wasser verquirlt hat, abgezogen. Man schmeckt sie mit Zucker ab. Damit sich keine Haut bildet, rührt man die Soße während des Erkaltens häufig um.

Veränderung: Wenn man die Soße nicht mit Eigelb abziehen will, muß das „Gustin" auf 15 g erhöht werden.

Mandelsoße

10 g Dr. Oetker „Gustin", 30 g (2 gestrichene Eßl.) Zucker, etwas Salz, 2 Eßl. Wasser zum Anrühren, ½ l Milch, 1 Eigelb, 2 Eßl. kaltes Wasser, 3–4 Tropfen Dr. Oetker Backöl Bittermandel.

Das „Gustin", der Zucker und das Salz werden mit dem Wasser angerührt. Man erhitzt die Milch. In die kochende, von der Flamme genommene Milch rührt man das angerührte „Gustin" und läßt noch einmal kurz aufkochen. Die Soße wird mit dem Eigelb, das man mit Wasser verquirlt hat, abgezogen. Man schmeckt sie mit dem Backöl Bittermandel ab. Damit sich keine Haut bildet, rührt man die Soße während des Erkaltens häufig um.

Schokoladensoße

1 Päckchen Dr. Oetker Soßen-Pulver Vanille-Geschmack, 15 g (1 gehäufter Eßl.) Kakao, 45–60 g Zucker, 6 Eßl. Wasser, ½ l Milch.

Das Soßen-Pulver, der Kakao und 2 gestrichene Eßl. Zucker werden mit dem Wasser angerührt. Man erhitzt die Milch. In die kochende, von der Flamme genommene Milch rührt man das angerührte Soßen-Pulver und läßt noch einmal kurz aufkochen. Die Soße wird mit Zucker abgeschmeckt. Damit sich keine Haut bildet, rührt man die Soße während des Erkaltens häufig um.

Veränderung: Die Soße kann auch mit Dr. Oetker Soßen-Pulver Schokolade hergestellt werden.

Fruchtsaftsoße

5 g (2 gestrichene Teel.) Dr. Oetker „Gustin", 2 Eßl. Wasser zum Anrühren, ⅛ l Fruchtsaft, ⅛ l Wasser, etwas Zitronensaft, evtl. etwas Zucker.

Das „Gustin" wird mit dem Wasser angerührt. Man erhitzt den mit Wasser gemischten Fruchtsaft. In den kochenden, von der Flamme genommenen Fruchtsaft rührt man das angerührte „Gustin" und läßt noch einmal kurz aufkochen. Die Soße wird mit Zitronensaft und, wenn erforderlich, mit Zucker abgeschmeckt. Damit sich keine Haut bildet, rührt man die Soße während des Erkaltens häufig um.

Rohe Fruchtsaftsoße

¼ l Saft, 100–125 g Zucker.

Gewaschene, reife Johannisbeeren, Himbeeren oder Kirschen werden durch die Fruchtpresse oder durch ein Tuch gedrückt. Man schmeckt den Saft mit Zucker ab und rührt ihn, bis der Zucker gelöst ist.

Sehr gut als Beigabe zu Puddingen oder Reisspeisen geeignet.

Weinsoße

10 g Dr. Oetker „Gustin", 30 g (2 gestrichene Eßl.) Zucker, 2 Eßl. Wasser zum Anrühren, ⅛ l Wasser, 1 Stück Zimt, 1–2 Tropfen Dr. Oetker Backöl Zitrone, ⅛ l Rotwein.

Das „Gustin" und der Zucker werden mit dem Wasser angerührt. Man erhitzt das ⅛ l Wasser mit Zimt und Backöl Zitrone. In das kochende, von der Flamme genommene Wasser rührt man das angerührte „Gustin", läßt noch einmal kurz aufkochen und rührt danach den Wein darunter. Damit sich keine Haut bildet, rührt man die Soße während des Erkaltens häufig um.

Apfelsinenschaumsoße

½ Päckchen Dr. Oetker Soßen-Pulver Vanille-Geschmack, 60 g (3 schwach gehäufte Eßl.) Zucker, 1 Ei, 1 Eigelb, ⅛ l Wasser, ⅛ l Apfelsinensaft, 1 Eßl. Zitronensaft.

Soßen-Pulver, Zucker, Ei und Eigelb werden mit Wasser, Apfelsinensaft und Zitronensaft gut verquirlt. Man gießt die Flüssigkeit in einen kleinen Kochtopf, erhitzt sie auf kleinster Flamme und schlägt sie mit einem Schneebesen so lange, bis eine dicke Kochblase aufsteigt. Anschließend wird sie in kaltes Wasser gestellt und bis zum Erkalten durchgeschlagen.

Kochzeit: Etwa 20 Minuten.

Weinschaumsoße

½ Päckchen Dr. Oetker Soßen-Pulver Vanille-Geschmack, 50 g (2 gut gehäufte Eßl.) Zucker, 1 Ei, 1 Eigelb, ⅛ l Wasser, ⅛ l Wein, 1 Eßl. Zitronensaft.

Soßen-Pulver, Zucker, Ei und Eigelb werden mit Wasser, Wein und Zitronensaft gut verquirlt. Man gießt die Flüssigkeit in einen kleinen Kochtopf, erhitzt sie auf kleinster Flamme und schlägt sie mit einem Schneebesen so lange, bis eine dicke Kochblase aufsteigt. Anschließend wird sie in kaltes Wasser gestellt und bis zum Erkalten durchgeschlagen.

Kochzeit: Etwa 20 Minuten.

Zitronenschaumsoße

½ Päckchen Dr. Oetker Soßen-Pulver Vanille-Geschmack, 60 g (3 schwach gehäufte Eßl.) Zucker, 1 Ei, 1 Eigelb, ⅛ l Wasser, Saft von 1 Zitrone.

Soßen-Pulver, Zucker, Ei und Eigelb werden mit Wasser und Zitronensaft gut verquirlt. Man gießt die Flüssigkeit in einen kleinen Kochtopf, erhitzt sie auf kleinster Flamme und schlägt sie mit einem Schneebesen so lange, bis eine dicke Kochblase aufsteigt. Anschließend wird sie in kaltes Wasser gestellt und bis zum Erkalten durchgeschlagen.

Kochzeit: Etwa 20 Minuten.

FLEISCHGERICHTE

Unter den tierischen Nahrungsmitteln steht das Fleisch an erster Stelle, und zwar seines Eiweißgehaltes wegen. Er beträgt durchschnittlich 20%, wobei Geflügel und Wild im allgemeinen einen höheren Prozentsatz aufweisen als Schlachttiere. Damit zählt das Fleisch zu den eiweißreichsten Nahrungsmitteln. Als einziger Stickstoffträger ist Eiweiß derjenige Baustoff unseres Körpers, der durch keinen anderen ersetzt werden kann.

Abgesehen von dem Eiweiß ist auch der Fettgehalt des Fleisches bedeutend, wenngleich mit Unterschied, sowohl bei Schlachttieren, Geflügel und Wild als auch bei den einzelnen Tieren ein und derselben Gattung: Rasse, Alter und Fütterung bedingen hier namhafte Abweichungen. So hat mageres Rindfleisch durchschnittlich 4% Fett, fettes Rindfleisch dagegen 25%, Knochenmark besteht sogar zu 90% aus vollwertigem Fett. Der Fettgehalt gemästeter Gänse beträgt rund 45%, während Wild infolge seiner Lebensweise nur 2–3% Fett aufweist. Je besser ein Tier ernährt wird, desto größer ist in der Regel der Fettgehalt. Davon abhängig ist wieder der Wassergehalt des Fleisches: je reicher an Fett, desto ärmer an Wasser, desto höher aber auch sein Nährwert. Das fetteste Fleisch ist zugleich das kalorienreichste.

Kohlenhydrate sind im Fleisch kaum enthalten, nur die Leber besitzt 2–3% Glykogen, einen tierischen Stärkestoff. Dagegen enthalten Knochen, Knorpel, Haut und Sehnen noch eiweißähnliche Stoffe, die man als Leimstoffe bezeichnet. Sie sind erst durch längeres Kochen löslich und gelieren beim Erkalten, eine Eigenschaft, die wir uns bei der Bereitung von Sülze zunutze machen. Leimstoffe können allerdings das Eiweiß des Muskelfleisches nicht ersetzen, weil sie unvollständig sind. Trotzdem sollten auch sie in der Küche Beachtung finden. Die leimstoffhaltigen Teile müssen mit kaltem Wasser aufgesetzt und so lange gekocht werden, bis sie ausgelaugt sind, Knochen möglichst zweimal. Diese Brühe ergibt eine gute Grundlage für Suppen und Soßen. — Wie Knochen und Bindegewebe sollte man auch die inneren Organe der Tiere schätzen und verwenden. Sie sind gleich ergiebige Eiweiß- und Fettspender und vitaminreicher als Muskelfleisch. Blut und Leber enthalten auch wertvolle Salze, z. B. Eisen. Den meisten Hausfrauen ist Wert und Verwendung der inneren Organe unbekannt und Nachfrage und Preis daher gering; ein Umstand, den sich die interessierte Hausfrau zunutze machen sollte.

Mit Eiweiß und Fett ist der eigentliche Nährgehalt des Fleisches im wesentlichen erschöpft. Es kann deshalb niemals Hauptnahrung sein, man sollte es vielmehr nur in mäßigen Mengen genießen und stets in Verbindung mit reichlich Kartoffeln, Gemüse und Obst.

Außer den Nährstoffen enthält das Fleisch jedoch noch andere wichtige Stoffe, die sogenannten Extraktivstoffe. Es sind Geruchs- und Geschmacksstoffe, die Magendrüsen und Nieren zu erhöhter Tätigkeit anregen, den Appetit reizen und die Verdauung fördern.

Will man dem Fleisch diese Stoffe beim Kochen und Braten erhalten, so muß man es in kochendes Wasser oder heißes Fett geben. In der Hitze kommen die in der Außenschicht gelagerten Eiweißstoffe zum Gerinnen und verstopfen die durchschnittenen Zellen, so daß das Innere nicht ausgelaugt werden kann. Will man dagegen Brühe herstellen, so muß man für möglichst vollständige Auslaugung sorgen und also das Fleisch mit kaltem Wasser ansetzen. Da Eiweiß in nennenswerter Menge dabei nicht austritt, so ist die sprichwörtlich „kräftige" Fleischbrühe eine Täuschung, sie hat kaum Nährwert; um so größer aber ist infolge des reichen Gehaltes an Extraktivstoffen ihre appetitanregende und verdauungsfördernde Wirkung. Ein Teller Fleischbrühe zu Beginn der Mahlzeit hat also durchaus seinen Wert. Gute Brühe gewinnt man aus dem Fleisch älterer Tiere, da es mehr Extraktivstoffe enthält als das der Jungtiere.

Überhaupt ist die Qualität des Fleisches vom Alter der Tiere stark bedingt: das der Jungtiere ist zarter und von feinerer Faser, die Knorpeln innerhalb der Muskelschichten sind noch nicht verknöchert, das Bindegewebe ist noch verhältnismäßig weich. Die Garzeiten des Jungtierfleisches sind deshalb geringer, und seine Ausnützung im Körper ist gründlicher, da die Verdauungssäfte leicht eindringen können. Im übrigen läßt sich sagen, daß die Verdaulichkeit des Fleisches stets von der jeweiligen Struktur der Muskelfaser abhängt.

Da Fleisch nicht nur ein wertvolles und nahrhaftes, sondern auch ein teures Nahrungsmittel ist, so muß die Hausfrau besondere Sorge tragen, daß alle Nähr- und Geschmacksstoffe erhalten bleiben und möglichst vollzählig für die Verdauung erschlossen werden. Sie muß deshalb wissen, welche Garmethoden für die verschiedenen Teile des Tieres in Frage kommen; unter Umständen muß sie die Zubereitung den einzelnen Stücken anpassen.

Voraussetzung für einen saftigen Braten ist stets ein gut abgehangenes Stück Fleisch. Frisch geschlachtetes Fleisch ist zähe, da nach dem Schlachten die sogenannte Muskelstarre eintritt, die erst nach 24–36 Stunden weicht.

Fleisch wird gewaschen und schnell abgetrocknet; es darf nicht länger im Wasser liegen, damit es nicht ausgelaugt wird. Man darf es auch nicht auf ein Holzbrett legen, da die Holzfaser den Fleischsaft aufsaugt. Nach dem Waschen wird es geklopft, um die Gewebe zu lockern und es leichter verdaulich zu machen. Haut und Sehnen werden entfernt, weil sie unverdaulich sind. Um den Verlust von Fleischsaft zu vermeiden, wird Fleisch nicht mehr gespickt, sondern mit Speckscheiben umwickelt oder belegt. Salz gebraucht man nur wenig; die im Fleisch enthaltenen Extraktivstoffe sind als Hauptwürze zu betrachten. Man salzt auch erst kurz vor der Verwendung oder gar erst nach dem Bräunen, da Salz den Fleischsaft ansaugt.

Will man Fleisch braten, so braucht man anfangs starke Hitze, um – wie erwähnt – das Eiweiß zum Gerinnen zu bringen, damit es die Zellen verschließt. So bleibt das Innere saftig, das Fleisch schwillt auf und wird locker. Bei mittlerer Hitze wird es dann fertig gebraten; andauernde große Hitze beeinträchtigt den Geschmack und vermindert das Gewicht. Man brät auch nicht länger als notwendig, das Fleisch wird sonst hart und faserig. Fleisch wird mit zwei Löffeln gewendet, man sticht nicht mit der Gabel hinein, damit kein Fleischsaft herausquillt.

Muß man Frischfleisch aufbewahren, so ist es kühl zu lagern. Die ideale Gelegenheit dazu bietet natürlich der Kühlschrank, und man sollte ihn mehr als bisher bei Anlage neuer Siedlungen von vornherein einbauen, um die Hausfrau in ihrem Kampf gegen den Verderb praktisch zu unterstützen. Vorläufig wird sie sich begnügen müssen, durch feuchte Tücher und Kellertemperatur eine kühle Lagerung zu erreichen.

Vor den lästigen „Brummern" kann sie das Fleisch durch Gazebeutel und Drahtkörbe schützen, falls sie nicht über einen Fliegenschrank verfügt. Am sichersten ist das Einlegen in Essig oder Buttermilch, dabei wird das Fleisch außerdem mürbe; zum Kochen kann man es dann allerdings nicht mehr gebrauchen. Schnittflächen von Schinken und Wurst bestreicht man praktischerweise mit Schmalz.

Trotz aller Vorsicht kommt es vor, daß Fleisch verdirbt. Bemerkt man die ersten Anzeichen der Zersetzung, so ist es manchmal noch dadurch zu retten, daß man es scharf abschabt und in Wasser wäscht, dem man so viel übermangansaures Kali zugesetzt hat, daß es blaßviolette Farbe annimmt. Man muß das Fleisch danach mit klarem Wasser abspülen, dann abtrocknen und selbstverständlich gleich verbrauchen.

Schlachttiere

(Tafel 9—12)

Rindfleisch

Das Hochrippenstück liefert das beliebte Roastbeef und Rumpsteak, die Lende, auch Filet genannt, den zarten Lendenbraten und die vielbegehrten Filetsteaks. Zum Grillen eignet sich besonders gut die Lende. Zu Schmor- oder Sauerbraten nimmt man aus der Keule die Blume (Rose). Die Brust, frisch oder gepökelt, gibt das beste Kochfleisch. Bauch, Hessen und Kamm werden zur Herstellung von Suppen oder Fleischbrühen verwendet. Zart und fettarm ist der Bug. Die Zunge wird, frisch gekocht, mit Kapern- oder Rosinensoße und, gepökelt gekocht, mit Meerrettich- oder Madeirasoße gereicht.

Kalbfleisch

Fleisch von Mastkälbern ist immer zart und von heller Farbe, wogegen mehr rot aussehendes trocken ist. Zum Braten wählt man das Nieren- oder das Kotelettstück oder auch die zarten Frikandeaus aus der Keule. Zum Grillen nimmt man das Filet. Die Brust wird meist gefüllt gebraten, sonst in Stücke geschnitten und zu Frikassee gekocht. Das Blatt (Schulter) wird zu Braten, Ragout, Würzfleisch oder Gulasch verwendet. Hirn, Zunge und Milch (Bries) werden gekocht, gebraten oder zu Frikassee genommen. Kalbfleisch wird gern in der Krankenküche verwandt.

Schweinefleisch

Gutes Schweinefleisch erhält man am besten von jüngeren und gemästeten Schweinen. Das Fleisch ist zwar etwas fett, aber äußerst zart. Am besten ist es, wenn es eine helle (keineswegs bleiche) Farbe hat wie gutes Kalbfleisch. Zum Braten wie zum Räuchern wählt man Rücken und Keule, in manchen Gegenden auch den Kamm. Das Filet wird zum Grillen genommen. Zum Kochen mit Gemüse ist durchwachsenes Fleisch (Bauchspeck) zu empfehlen. Schulter, Kamm und Bauchfleisch werden meist zur Wurstbereitung verwendet. Ohren, Schnauze und Füße dienen gepökelt als Beilagefleisch zu Gemüsen und Suppen und zur Bereitung von Sülze.

Hammelfleisch

Gutes Hammelfleisch erkennt man an der dunklen, bräunlich-roten Farbe (Lammfleisch ist heller), dem festen, weißen Fett und der Zartheit der Fasern. Wenn Hammelfleisch schmackhaft und saftig sein soll, so muß es mindestens 8, besser 14 Tage abhängen. Das beste Stück ist der Rücken. Man brät ihn ganz oder schneidet Kotelette daraus. Die Schulter verwendet man, nachdem die Knochen ausgelöst sind, zu Roulade oder, in Stücke geschnitten, zu Ragout. Keulen und Brust brät man meist ganz.

Das Ausbraten der Fette

Rinderfett wird von den äußeren Häuten befreit und mehrere Stunden gewässert. Es muß fein zerkleinert werden, am besten mit der Fleischmaschine, damit viel Fett ausbrät und wenig Rückstände (Grieben) bleiben. Es wird mit Wasser oder Milch aufgesetzt (man rechnet auf 1 kg Fett ⅛–¼ l Flüssigkeit) und langsam zum Kochen gebracht, damit sich der Talg vollständig aus den Häuten lösen kann. Man läßt es 30 Minuten im geschlossenen Topf kochen, dann im offenen Topf ausbraten. Das Fett ist erst schmackhaft und haltbar, wenn die Grieben gelb geworden sind; man gießt es dann durch ein Sieb in einen vorgewärmten Steintopf, der mit Pergamentpapier zugebunden wird. Es muß im kühlen Raum aufbewahrt werden.

Kalbsfett wird ebenso zubereitet.

Schweinefett (Flomen) wird wie Rinderfett, aber ohne Zusatz von Flüssigkeit, ausgebraten. Falls man es als Brotaufstrich verwenden will, kann man Apfelscheiben oder Zwiebelwürfel hineingeben, wenn die Grieben gelb geworden sind.

Hammelfett wird wie Rinderfett ausgebraten. Man mischt es am besten mit Schweinefett und rechnet auf 500 g Hammelfett 125 g Schweineschmalz.

Ein ausgezeichnetes Fett erhält man durch Mischung verschiedener Sorten. Dazu eignen sich Rindertalg, Flomen und Margarine. Auf je 1 kg Schweine- und Rinderfett rechnet man ½ kg Margarine. Statt Margarine kann man aber auch Kalbsfett, Öl oder Pflanzenfett (Kokosfett) nehmen. Mischfett ist schmackhaft und billig. Sein besonderer Vorzug besteht darin, daß Geruch und Geschmack einer einzelnen Fettart nicht vorherrschen und es sich dadurch vielseitig verwenden läßt.

Will man Mischfett herstellen, so gibt man zuerst das Rinderfett in den Topf. Wenn alle Flüssigkeit verdampft ist, kommen die Schweineflomen dazu. Will man auch Rüböl verwenden, so muß es ausgeglüht werden: man erhitzt es mit einer geschälten rohen Kartoffel oder Zwiebel so lange, bis es nicht mehr schäumt. Dann gibt man das heiße Öl zu dem übrigen Fett.

Mischfett kann man zu Hülsenfruchtsuppen, zum Braten großer und kleinerer Fleischstücke, zu Mehlschwitzen für Suppen und Soßen, für Kartoffelgerichte und Gemüse (Sauerkraut, Rotkohl, Grünkohl) und zum Backen von Mehlpfannkuchen, Plinsen usw. gebrauchen. Als Bratenfett ist es besonders zu empfehlen, da es infolge seines geringen Wassergehaltes nicht spritzt.

A. Gekochtes Fleisch

I. Große Fleischstücke gekocht

Regeln

1. Größere Fleischstücke müssen zusammengerollt und gebunden werden, damit sie dem Wasser wenig Oberfläche bieten.
2. **Das Wasser muß auf großer Flamme kochen, wenn das Fleisch hineingelegt wird, damit das Eiweiß der äußeren Schicht gerinnt.**
3. **Während der Kochzeit darf das Wasser nur leise sieden, weil sonst das Fleisch hart und die Brühe trübe wird. Man kocht deswegen auf kleiner Flamme.**
4. Der austretende Schaum ist Eiweiß und braucht nicht abgeschöpft zu werden.

5. Suppengrün soll nur 1 Stunde mitkochen, damit Vitamine, Geschmacks- und Aromastoffe nicht zerstört werden.
6. Das Fleisch bleibt saftiger, wenn es nach dem Kochen 10 Minuten in der Brühe liegen bleibt.

Gekochtes Rindfleisch

500–750 g Rindfleisch (Brust-, Schwanzstück oder Rippe), 1½ l Wasser, etwas Salz, 1 geröstete Zwiebel, 30 g Suppengrün (Möhre, Sellerie, Porree).

Das Fleisch wird kurz gewaschen, schnell abgetrocknet, geklopft und evtl. gebunden, damit es saftiger bleibt und sich gut schneiden läßt. Hat man Knochen als Beilage, so setzt man sie mit dem kalten Wasser auf und läßt sie eine Stunde vorkochen. Das Fleisch wird in das kochende, gesalzene Wasser gegeben und 1 Stunde auf kleiner Flamme gekocht, ehe man die geröstete Zwiebel und das gewaschene, nicht zerkleinerte Suppengrün hinzugibt.

Wenn das Fleisch gar ist, läßt man es noch etwa 10 Minuten in der heißen Brühe liegen, bevor man es herausnimmt. Es wird dann in Scheiben geschnitten, mit etwas heißer Brühe übergossen und mit Petersilie und geschnittenem Suppengrün garniert.

Man reicht es zu gedünstetem Gemüse oder mit einer Meerrettich-, Tomaten-, Schnittlauch-, Senf- oder Sardellensoße zu Salzkartoffeln.

Die Brühe wird zu Suppen und Soßen verwendet.

Kochzeit: 2–2½ Stunden.

Gekochtes Kalbfleisch

500–750 g Kalbfleisch (Kamm, Brust oder Blatt), 1½ l Wasser, etwas Salz, 30 g Suppengrün (Möhre oder Porree).

Die Herstellung erfolgt nach den Angaben für gekochtes Rindfleisch. Man reicht das gekochte Kalbfleisch mit Petersilien-, Kapern- oder Bechamelsoße zu Salzkartoffeln.

Kochzeit: 1–1½ Stunden.

Gekochtes Schweinefleisch

500–750 g Schweinefleisch (Nacken, Rippen, Blatt oder Bauch), 1½ l Wasser, etwas Salz, 30 g Suppengrün (Möhre, Sellerie, Porree).

Das Fleisch wird nicht entschwartet. Die Herstellung erfolgt nach den Angaben für gekochtes Rindfleisch (s. oben).

Man reicht es mit Senf-, Sardellen- oder Schnittlauchsoße zu Salzkartoffeln.

Kochzeit: 1½ Stunden.

Gekochtes Pökelfleisch

500–750 g Pökelfleisch, 1½ l Wasser, 1 Zwiebel.

Stark gesalzenes Fleisch legt man 2–3 Stunden in Wasser, bevor man es ohne Salz aufsetzt und kocht wie Rindfleisch (s. oben). Das gepökelte Kammstück (Kasseler Rippespeer) wird mit Sauerkraut und Erbsenbrei gereicht. Die Brühe verwendet man zu Hülsenfruchtsuppen.

Kochzeit: 1½–2 Stunden.

Gekochtes Hammelfleisch

500–750 g Fleisch (Brust, Blatt oder Rippe), 1 ½ l Wasser, etwas Salz, 50 g geröstete Zwiebel, 1 Teel. Kümmel.

Die Herstellung erfolgt nach den Angaben für gekochtes Rindfleisch (S. 60).

Man reicht das Hammelfleisch mit Kartoffelbrei, sauren Gurken und Zwiebelsoße (Brühe dazu verwenden!). Dill-, Schnittlauch- und Tomatensoße sind auch dazu geeignet.

Kochzeit: 1 ½–2 Stunden.

Gekochte Rinderzunge (für 10–12 Personen)

1 frische Rinderzunge, 2–2½ l Wasser, etwas Salz, 50 g Sellerie oder Porree.

Man schneidet den Schlund ab und wäscht und bürstet die Zunge so lange, bis der Schleim entfernt ist. Sie wird in das kochende, gesalzene Wasser gegeben. Eine Stunde vor Beendigung der Kochzeit gibt man Sellerie oder Porree hinzu. Die Zunge ist gar, wenn sich die Spitze weich ansticht. Man nimmt sie aus der Brühe und zieht die Haut ab, so lange die Zunge heiß ist. Das obere, knorpelige Ende löst man ab. Die Zunge wird bis zum Anrichten wieder in die heiße Brühe gelegt. Dann schneidet man sie in fingerdicke Scheiben und reicht sie mit Salzkartoffeln und Schnittlauch-, Dill-, Champignon-, Tomaten- oder Sardellensoße. Die Brühe wird in Tassen gereicht.

Gepökelte Zunge wird genau so zubereitet, nur muß sie vor dem Kochen einige Stunden gewässert und ohne Salz gekocht werden. Sehr gut schmeckt eine Meerrettichsoße dazu.

Kochzeit: 3–4 Stunden.

Gekochte Kalbszunge

1–2 Kalbszungen, 1–1 ½ l Wasser, etwas Salz, Suppenkräuter.

Man schneidet den Schlund ab und wäscht und bürstet die Zunge so lange, bis der Schleim entfernt ist. Sie wird mit den gewaschenen, gebündelten Suppenkräutern in das kochende, gesalzene Wasser gegeben. Die Zunge ist gar, wenn sich die Spitze weich ansticht. Man nimmt sie aus der Brühe und zieht die Haut ab, so lange die Zunge heiß ist. Die Zunge wird bis zum Anrichten wieder in die heiße Brühe gelegt. Dann schneidet man sie längs in Hälften oder schräg in Scheiben und reicht sie mit Sardellen-, Champignon- oder Tomatensoße.

Kochzeit: 1–1 ¾ Stunden.

Gekochtes Kalbsgeschlinge

1 Kalbsgeschlinge (Lunge und Herz), 3 l Wasser, etwas Salz, 1 Gewürzdosis (S. 16), Suppengrün.

Man schneidet die Luftröhre aus der Lunge, halbiert das Herz, wäscht beides gründlich und zerschneidet alles in handgroße Stücke. Diese werden mit der Gewürzdosis in das kochende, gesalzene Wasser gegeben und gar gekocht. Nach einer Stunde Kochzeit gibt man das gewaschene, gebündelte Suppengrün hinzu. Aus Lunge und Herz macht man Haschee (S. 66) oder Ragout (S. 66). Die Brühe verwendet man zu Suppen.

Kochzeit: Etwa 2 Stunden.

Gekochtes Kalbshirn

3 Kalbshirne, ½ l Wasser, etwas Salz, etwas Essig, einige feine Kräuter.

Das Hirn wird so lange in kaltes Wasser gelegt, bis das Blut ausgezogen ist. Man befreit es von Haut und Adern, gibt es mit dem Salz, etwas Essig und einigen Kräutern in kochendes Wasser. Man läßt es mehr ziehen als kochen. Es wird mit brauner Butter übergossen und zu Tomatensalat gereicht. Soll es gebraten werden, läßt man es in der Brühe erkalten.

Veränderung: Man kann Kalbshirn auch zur Verfeinerung von Frikassee (s. unten) und Ragout (S. 63) verwenden.

Kochzeit: 5–6 Minuten.

Gekochte Kalbsmilch

3 Kalbsmilch, ½ l Wasser, etwas Salz.

Die Kalbsmilch wird mehrere Stunden gewässert, damit sie weiß wird. Danach übergießt man sie zunächst mit kochendem und dann mit kaltem Wasser, damit sie erstarrt und die Blutäderchen besser entfernt werden können. Sie wird in Salzwasser gar gekocht und mit einer Sardellen- oder Madeirasoße gereicht.

Sie kann auch zur Verfeinerung von Frikassee (s. unten) und Ragout (S. 63) verwendet werden.

Kochzeit: Etwa 15 Minuten.

II. Kleine Fleischstücke gekocht

Regeln

1. **Das Wasser muß auf großer Flamme kochen, wenn das Fleisch hineingelegt wird.**
2. **Während der Kochzeit darf das Wasser nur leise sieden. Man kocht deswegen auf kleiner Flamme.**
3. Die Soße wird aus der Brühe hergestellt, in der das Fleisch gar gemacht wurde.
4. Für helles Fleisch nimmt man helle Soßen (Frikassee); dunkles Fleisch kommt in dunkle Soßen (Ragout).
5. **Man gibt das gare Fleisch in die kochende Soße und läßt es darin 10 Minuten auf kleiner Flamme ziehen.**

Kalbfleischfrikassee

375–500 g Kalbfleisch, ½ l Wasser, etwas Salz, 40 g Butter oder Margarine, 40 g Weizenmehl, 1 Teel. Kapern, 1 Eßl. Zitronensaft oder Wein, evtl. 1 Eigelb und 2 Eßl. Wasser.

Das in Stücke geschnittene Fleisch wird in das leicht gesalzene, kochende Wasser gegeben und in etwa 30 Minuten gar gekocht. Man mißt von der Brühe ½ Liter ab. Das Fett wird zerlassen. Man erhitzt das Mehl so lange darin, bis es hellgelb ist. Dann gibt man unter ständigem Rühren die kalte Brühe hinzu und läßt 10 Minuten auf kleiner Flamme kochen. Die Kapern werden hinzugegeben. Man schmeckt mit Zitronensaft oder Wein und Salz ab und legiert evtl. mit dem mit Wasser verquirlten Eigelb. Das Fleisch wird in die Soße gelegt.

Man richtet das Frikassee im allgemeinen in einem Reisrand an oder schichtet den Reis (mit 2 Löffeln) als Kranz um das Gericht.

Kochzeit: 30–40 Minuten.

Das Frikassee kann durch kleine Fleischklöße, gedämpfte Blumenkohlröschen, Spargelköpfchen, Champignons und gehackte Sardellen verfeinert werden.

Kalbszungenfrikassee

1–2 Kalbszungen, 1–1½ l Wasser, etwas Salz, 40 g Butter oder Margarine, 40 g Weizenmehl, 1 Teel. Kapern, 1 Eßl. Zitronensaft oder Wein, evtl. 1 Eigelb und 2 Eßl. kaltes Wasser.

Man schneidet den Schlund ab und wäscht und bürstet die Zunge so lange, bis der Schleim entfernt ist. Sie wird in das kochende, gesalzene Wasser gegeben. Die Zunge ist gar, wenn sich die Spitze weich ansticht. Man nimmt sie aus der Brühe und zieht die Haut ab, so lange die Zunge heiß ist. Sie wird schräg in Scheiben geschnitten. Dann mißt man ½ Liter von der Brühe ab und richtet sich weiter nach den Angaben für Kalbfleischfrikassee (S. 62).

Kochzeit: 1–1¾ Stunden.

Ragout fin in Muscheln

1 gekochte Kalbszunge (S. 61), 1 gekochtes Kalbshirn oder Kalbsmilch (S. 62), 250 g gekochtes Kalbfleisch (S. 60), ½ l Brühe, 40 g Butter oder Margarine, 50 g Weizenmehl, 1 Teel. Kapern, 50 g Büchsenchampignons, etwas Zitronensaft oder Wein, etwas Salz, 1–2 Eigelb und 2 Eßl. Wasser, 2 Eßl. Semmelmehl, 2 Eßl. geriebener Käse, 40 g Butter.

Die Kalbszunge, das Kalbshirn oder die Kalbsmilch und das Kalbfleisch werden in Streifen oder Würfel geschnitten. Man mißt ½ l Brühe ab. Das Fett wird zerlassen. Man erhitzt das Mehl so lange darin, bis es hellgelb ist. Dann gibt man unter ständigem Rühren die kalte Brühe hinzu und läßt 10 Minuten auf kleiner Flamme kochen. Die Kapern und die kleingeschnittenen Büchsenchampignons werden untergerührt. Man schmeckt mit Zitronensaft (Wein) und Salz ab, legiert mit dem verquirlten Eigelb und gibt das Fleisch hinzu. 12 Muscheln werden mit Butter ausgestrichen. Das Fleisch wird hineingegeben, mit Semmelmehl und geriebenem Käse bestreut und mit Butterflöckchen belegt. Man überbackt die Muscheln im Backofen. (Siehe Tafel 16.)

Flammenbackofen: Vorheizen 5 Minuten mit großer Flamme, überbacken mit großer Flamme.

Reglerbackofen: Vorheizen 10 Minuten auf 8, überbacken auf 8.

Backzeit: 11–13 Minuten.

Zitronenscheiben und Weißbrot werden zum Ragout fin gereicht.

Rindfleischragout

375–500 g Rindfleisch, ½ l Wasser, etwas Salz, 40 g Fett, 50 g Weizenmehl, 1 Zwiebel, Salz, Pfeffer, 1 Eßl. Essig oder Zitronensaft, 1 Prise Zucker, 1 saure Gurke.

Das in Stücke geschnittene Fleisch wird in das kochende, gesalzene Wasser gegeben und in etwa 1½ Stunden gar gekocht. Man mißt von der Brühe ½ Liter ab und stellt damit die dunkle Soße folgendermaßen her: Man zerläßt das Fett. Das Mehl wird darin so lange erhitzt, bis es mittelbraun ist. Die kleingeschnittene Zwiebel kommt erst hinzu, wenn das Mehl hellgelb ist. Dann gibt man unter ständigem Rühren die kalte Brühe hinzu und läßt 10 Minuten auf kleiner Flamme kochen. Die Soße wird mit Salz, Pfeffer, Essig oder Zitronensaft und Zucker abgeschmeckt. Man rührt das Fleisch darunter und läßt es vor dem Anrichten noch 10 Minuten darin auf kleiner Flamme ziehen. Dann wird die in Würfel oder Scheiben geschnittene Gurke hinzugegeben.

Kochzeit: Etwa 1 ½ Stunden.

Kalbfleischragout

375–500 g Kalbfleisch, ½ l Wasser, etwas Salz, 40 g Fett, 50 g Weizenmehl, 1 Zwiebel, Salz, Pfeffer, 1 Eßl. Zitronensaft oder Wein, 2–3 Eßl. Rotwein, 1 Prise Zucker.

Die Zubereitung ist dieselbe wie für Rindfleischragout (S. 63), nur macht man, der hellen Fleischart entsprechend, eine hellbraune Grundsoße.

Kochzeit: 30–40 Minuten.

Pikantes Kalbfleischragout (für etwa 10 Personen)

1 l Wasser, etwas Salz, 1 Zwiebel, etwas Suppengrün, 750 g Kalbfleisch, 1 Kalbszunge, 1 Kalbsmilch, 125–250 g Ragoutwürstchen, 1 kleine Dose Champignons, 1 kleine Dose Spargel.

80 g Butter, 80 g Weizenmehl, etwa ¾ l Kalbsbrühe, mit Champignon- und Spargelwasser auf 1 l auffüllen, 1–2 Eigelb, 3 Eßl. Weißwein, etwa 1 Eßl. Zitronensaft, etwas Salz, etwa 40 g Krebsbutter.

Man bringt das Wasser mit etwas Salz, der in Viertel geschnittenen Zwiebel und dem gewaschenen, in Scheiben geschnittenen Suppengrün zum Kochen. Das Kalbfleisch und die gut gewaschene, gebürstete, vom Schlund befreite Zunge werden hineingegeben und gar gekocht. Man nimmt das gare Kalbfleisch aus der Brühe, läßt es erkalten und schneidet es in etwa 2 cm große Würfel. Die gare Zunge wird aus der Brühe genommen und mit kaltem Wasser übergossen. Man zieht die Haut ab und schneidet die Zunge in Scheiben.

Die Kalbsmilch wird mehrere Stunden gewässert, danach wird sie zunächst mit kochendem und dann mit kaltem Wasser übergossen, damit sie erstarrt und die Blutäderchen entfernt werden können. Anschließend gibt man die Kalbsmilch in kochendes Salzwasser, kocht sie gar und schneidet sie in Scheiben. Die Ragoutwürstchen werden in kochendes Salzwasser gegeben. Man läßt sie darin ziehen, nimmt sie heraus und schneidet sie in Scheiben.

Für die Soße wird das Mehl in der Butter hell geschwitzt, mit dem 1 l Brühe abgelöscht und noch etwa 5 Minuten schwach kochen gelassen. Man verrührt das Eigelb mit dem Weißwein, zieht die Soße damit ab und schmeckt sie anschließend mit Zitronensaft, Salz und Krebsbutter ab. Das Fleisch, die Champignons und die Spargelstücke werden in die Soße gegeben, das Gericht wird bei schwacher Hitze warm gehalten (nicht kochen lassen!).

Kochzeit: Kalbfleisch und Zunge etwa 1 ¼ Stunden,
Kalbsmilch etwa 20 Minuten.

Schweinefleischragout

375–500 g Schweinefleisch, ½ l Wasser, etwas Salz, 40 g Fett (evtl. Speck), 50 g Weizenmehl, 1 Zwiebel, 1–2 Eßl. Zitronensaft oder Essig, etwas Zucker, etwas Salz, 200 g getrocknetes Obst oder 400 g frische Äpfel.

Makkaroniauflauf mit Schinken
Rezept Seite 216

Eier auf Toast
Rezept Seite 179

TAFEL 6

Falscher Hase
oder Hackbraten
Rezept Seite 75

Schnitzel, angerichtet
Rezept Seite 82

Nieren
mit Kartoffelbrei
Rezepte Seite 80
und Seite 145

Spargel
mit Schinkenrollen
Rezept Seite 122

TAFEL 7

Brathuhn
mit grünem Salat
angerichtet

Rezept Seite 90

Linsen
mit Würstchen

Rezept Seite 139

Gedünsteter Fisch

Rezept Seite 96

Sülze

Rezept Seite 84

Bauernfrühstück
Rezept Seite 144

Spiegeleier auf Schinken
Rezept Seite 182

Die Zubereitung ist dieselbe wie bei Rindfleischragout. Das gewaschene, getrocknete Obst wird knapp mit Wasser bedeckt und über Nacht zum Quellen stehengelassen. Man bringt es auf großer Flamme zum Kochen und dünstet es auf kleiner Flamme in etwa 20 Minuten gar. Die geschälten, in kleine Stücke geschnittenen Äpfel werden mit 1 Eßl. Wasser auf großer Flamme unter ständigem Rühren zum Kochen gebracht und auf kleiner Flamme etwa 5 Minuten gedünstet. Das Obst wird mit dem Fleisch in die Soße gegeben. Man reicht Pellkartoffeln oder Kartoffelklöße dazu.

Kochzeit: Etwa 60 Minuten.

Das Obst kann auch wegbleiben.

Zungenragout (für 10–12 Personen)

1 Rinderzunge, 2–2½ l Wasser, etwas Salz, 50 g Sellerie oder Porree, 80 g Butter oder Margarine, 100 g Weizenmehl, 1 l Brühe, ⅛ l Rotwein oder 2–3 Eßl. Zitronensaft, Zucker, Salz, Fleisch- oder Semmelklößchen.

Man schneidet den Schlund ab und wäscht und bürstet die Zunge so lange, bis der Schleim entfernt ist. Sie wird in das kochende, gesalzene Wasser gegeben. Eine Stunde vor Beendigung der Kochzeit gibt man Sellerie oder Porree hinzu. Die Zunge ist gar, wenn sich die Spitze weich ansticht. Man nimmt sie aus der Brühe, zieht die Haut ab, solange die Zunge heiß ist, und schneidet die Zunge in Scheiben. Man mißt von der Zungenbrühe 1 Liter ab und stellt die dunkle Soße folgendermaßen her: Das Fett wird zerlassen. Man erhitzt das Mehl so lange darin, bis es mittelbraun ist. Dann gibt man unter ständigem Rühren die kalte Brühe hinzu und läßt 10 Minuten auf kleiner Flamme kochen. Die Soße wird mit Rotwein (Zitronensaft), Zucker und Salz abgeschmeckt. Man gibt die Zungenscheiben und die Hälfte der für sich gekochten Klößchen in die Soße. Der Rest der Klößchen wird zum Garnieren verwendet. Man richtet das Ragout auf einer runden Schüssel an und garniert mit Blätterteighalbmonden und den zurückgelegten Klößchen.

Kochzeit: 3–4 Stunden.

Veränderung: Verfeinert wird das Ragout, wenn man 250 g Champignons oder Steinpilze hinzufügt.

Nierenragout

375–500 g Schweine- oder Hammelnieren, ½ l Wasser, Salz, 1 Zwiebel, Suppengrün, 40 g Fett, 50 g Weizenmehl, 1 Eßl. Zitronensaft.

Man schneidet die Nieren auf, entfernt die Röhren, wäscht sie gründlich, übergießt die Nieren mit kochend heißem Wasser, läßt sie ½ Stunde stehen und nimmt sie dann aus dem Wasser. Anschließend werden die Nieren mit der Zwiebel und dem gewaschenen, gebündelten Suppengrün in das ½ l kochende, gesalzene Wasser gegeben und gar gekocht. Man mißt von der Nierenbrühe ½ Liter ab und stellt die dunkle Soße folgendermaßen her: Man zerläßt das Fett. Das Mehl wird so lange darin erhitzt, bis es mittelbraun ist. Dann gibt man unter ständigem Rühren die kalte Brühe hinzu und läßt 10 Minuten auf kleiner Flamme kochen. Die Soße wird mit Zitronensaft und Salz abgeschmeckt. Man gibt die in Scheiben geschnittenen Nieren hinzu. Makkaroni oder Kartoffelbrei wird dazu gereicht.

Kochzeit: Etwa 30 Minuten.

Veränderung: Die Soße kann durch Tomatenmark, feingewiegte Sardellen oder einige Eßl. Madeira verfeinert werden.

Westfälischer Pfeffer-Potthast

750 g Rindfleisch (kurze Rippe), ½ l Wasser, etwas Salz, 3 kleingeschnittene Zwiebeln, 1 Teel. Pfefferkörner, 6 Nelken, 2 Lorbeerblätter, 2 Eßl. Essig oder ½ entkernte Zitrone, 40 g Fett, 40 g Weizenmehl, 1 Eßl. Kapern.

Das Fleisch wird gewaschen. Man bringt das Wasser mit den Gewürzen zum Kochen, gibt das Fleisch hinein, kocht es auf kleiner Flamme gar, löst es von den Knochen und schneidet es in nicht zu kleine Würfel. Die Brühe wird durch ein Sieb gegossen und evtl. mit Wasser auf ½ Liter ergänzt. Man stellt die Soße folgendermaßen her: Das Fett wird zerlassen. Man erhitzt das Mehl so lange darin, bis es hellgelb ist. Dann gibt man unter ständigem Rühren die Brühe hinzu und läßt sie durchkochen. Die Kapern werden untergerührt, die Soße wird, wenn erforderlich, noch mit Salz und Zitronensaft oder Essig abgeschmeckt. Das Fleisch wird in die Soße gegeben. Man reicht das Gericht mit Salz- oder Pellkartoffeln.

Kochzeit: Etwa 2½ Stunden.

Ragout von Rinderherz (Kalbsherz)

375–500 g Rinderherz, ¾ l Wasser, 40 g Fett, 50 g Weizenmehl, 1 Zwiebel, ½ l Brühe, Salz, Pfeffer, 1 Eßl. Essig oder Zitronensaft, 1 Prise Zucker, 1 saure Gurke.

Die Herstellung erfolgt nach den Angaben für Rindfleischragout (S. 63).

Kochzeit: Rinderherz etwa 3½ Stunden,
Kalbsherz 1–1¼ Stunden.

Lungenmus (Lungenhaschee)

500 g Kalbslunge, ¾ l Wasser, etwas Salz, 40 g Fett, 50 g Weizenmehl, 2 Zwiebeln, 1 Eßl. Zitronensaft oder Essig, Salz, Pfeffer, Zucker, 1 saure Gurke.

Die Lunge wird von der Luftröhre befreit, gründlich gewaschen, in handgroße Stücke geteilt und in dem kochenden, gesalzenen Wasser gar gekocht. Man mißt von der Lungenbrühe ½ Liter ab und macht die dunkle Brühe folgendermaßen: Das Fett wird zerlassen. Man erhitzt das Mehl so lange darin, bis es mittelbraun ist. Die in kleine Würfel geschnittene Zwiebel kommt in das hellgelbe Mehl. Dann gibt man unter ständigem Rühren die kalte Brühe hinzu und läßt 10 Minuten auf kleiner Flamme kochen. Die Soße wird mit Zitronensaft, Salz, Pfeffer und Zucker abgeschmeckt. Man rührt die in kleine Würfel geschnittene Gurke und die feingehackte oder durch die Fleischmaschine gedrehte Lunge darunter.

Pellkartoffeln oder Kartoffelsalat werden dazu gereicht.

Kochzeit: Etwa 1½ Stunden.

Rindfleischhaschee (Resteverwertung)

250–375 g gekochtes Rindfleisch (Reste), 40 g Fett, 50 g Weizenmehl, 2 Zwiebeln, ½ l Brühe oder Wasser, Salz, Pfeffer, 2 Teel. Senf oder 2 Eßl. Essig.

Die Zubereitung ist dieselbe wie bei Lungenmus (s. oben). Das Gericht schmeckt sehr gut mit Brühreis oder Kartoffelbrei und grünem Salat.

Veränderung: Man kann Gurkenwürfel oder Pilze in die Soße geben.

Wurstebrei

2 Schweinenieren oder 1 Herz, 1 l Wasser, etwas Salz, 125 g frische Schwarte oder Bauchfleisch, 100 g Gerstengrütze, 1 Eßl. Grieben, Pfeffer, Piment, Thymian.

Man schneidet die Nieren auf, entfernt die Röhren, übergießt die Nieren mit kochend heißem Wasser, läßt sie ½ Stunde stehen und nimmt sie dann aus dem Wasser. Das Herz wird halbiert, die inneren und äußeren Häute werden entfernt. Man wäscht es gründlich. Die Schwarten und die Nieren oder das Herz werden in das kochende, leicht gesalzene Wasser gegeben und auf kleiner Flamme gar gekocht. Von der Fleischbrühe wird 1 l abgemessen (evtl. mit Wasser ergänzen!). Man bringt sie zum Kochen, streut die Grütze ein und kocht sie auf kleiner Flamme gar. Das weichgekochte Fleisch wird mit den Grieben fein gehackt, mit dem Grützebrei vermischt und mit Salz, Pfeffer, Piment und Thymian abgeschmeckt.

Der Wurstebrei wird zu Pellkartoffeln mit Apfelmus oder mit sauren Gurken gereicht.

Kochzeit: Fleisch etwa 1½ Stunden,
Grütze etwa 2 Stunden.

Königsberger Klops

400 g gehacktes Rind- und Schweinefleisch, 1 altes Brötchen, 1 Eiweiß, 1 Zwiebel, ½ Salzhering (nach Belieben), Salz, Pfeffer, 40 g Butter oder Margarine, 40 g Weizenmehl, ½ l Brühe oder Wasser, 1 Eßl. Kapern, 1 Teel. Zitronensaft, 1 Eigelb und 2 Eßl. Wasser.

Aus dem gehackten Fleisch, dem eingeweichten, ausgedrückten Brötchen, dem Eiweiß, der feingehackten Zwiebel und dem feingewiegten Salzhering wird ein geschmeidiger Teig hergestellt. Man schmeckt ihn mit Salz und Pfeffer ab und formt runde Klößchen daraus.

Das Fett wird zerlassen. Man erhitzt das Mehl so lange darin, bis es hellgelb ist. Dann gibt man unter ständigem Rühren die kalte Brühe hinzu und läßt mit den Klößen 15 Minuten auf kleiner Flamme kochen. Erst dann wird die Soße mit Kapern, Zitronensaft und Salz abgeschmeckt und mit Eigelb legiert.

Kochzeit: Etwa 15 Minuten.

Leberknödel

400 g (etwa 10) alte Brötchen, ½ l kochend heiße Milch, 250 g Kalbs- oder Rinderleber, 1 mittelgroße Zwiebel, 1 Eßl. gehackte Petersilie, 2 Eier, 3 g (1 gestrichener Teel.) Dr. Oetker Backpulver „Backin", etwas Salz, Majoran, Pfeffer und abgeriebene Zitronenschale.

Man schneidet die Semmeln in knapp 2 mm dicke Blättchen, übergießt sie mit der kochend heißen Milch und läßt sie 1 Stunde quellen.

Die aus der Haut geschabte Leber und die Zwiebel werden durch den Fleischwolf gedreht und mit Petersilie, den Eiern und dem „Backin" unter die gut durchweichte Semmelmasse gerührt. Man schmeckt die Knödelmasse mit den Gewürzen ab. Mit nassen Händen werden Knödel geformt und in kochendes Salzwasser gegeben. Man läßt sie in 20 Minuten gar ziehen.

B. Geschmortes Fleisch

Regeln

1. Unter Schmoren versteht man, daß Fleisch in heißem Fett im offenen Topf gut gebräunt und dann unter Zusatz von etwas Wasser im geschlossenen Topf gar gemacht wird. Für diese Zubereitungsweise eignen sich besonders kleinere Fleischstücke (unter 1 kg) und solche mit derberer Fleischfaser.
2. **Das Fleisch wird in das auf großer Flamme erhitzte Fett gegeben und im offenen Topf von allen Seiten gut gebräunt.** Falls Zwiebeln, Tomaten oder kleingeschnittenes Suppengrün an das Fleisch gegeben werden sollen, kommen sie in das Fett, wenn das Fleisch fast fertig gebräunt ist.
3. **Sobald das Fleisch gut gebräunt ist, gießt man etwa ¼ l kochend heißes Wasser oder Brühe zu, salzt das Fleisch und schmort es im geschlossenen Topf auf kleiner Flamme gar.**
4. Um die Soße herzustellen, nimmt man das gare Fleisch aus dem Topf und gießt so viel Wasser hinzu, wie man Soße haben will. Dann wird die Platte ausgeschaltet, die Soße mit angerührtem „Gustin" gedickt und, wenn erforderlich, durch ein Sieb gegossen. Man kann die Soße durch Zugabe von Sahne oder Büchsenmilch verfeinern.

I. Große Fleischstücke geschmort

Rinderschmorbraten

¾–1 kg Rindfleisch (Schwanz, Blume), 80 g Fett, etwas Salz, Suppengrün, 1 Zwiebel, evtl. 1 Tomate, ¼–½ l Wasser, 1 Teel. Dr. Oetker „Gustin", 1 Eßl. kaltes Wasser, evtl. 2 Eßl. saure Sahne oder Büchsenmilch.

Das Fleisch wird gewaschen, geklopft und nötigenfalls zu guter Form gebunden. Man erhitzt das Fett auf großer Flamme und legt das Fleisch hinein. Es wird im offenen Topf von allen Seiten gut gebräunt und dann gesalzen. Das kleingeschnittene Suppengrün, die zerkleinerte Zwiebel und die zerschnittene Tomate erhitzt man kurz mit. Dann wird vorsichtig vom Rand aus heißes Wasser zugegossen, vorerst nur ¼ Liter. Man läßt das Fleisch auf kleiner Flamme im zugedeckten Topf schmoren. Es muß von Zeit zu Zeit gewendet werden, verkochtes Wasser wird ersetzt.

Wenn das Fleisch gar ist, löst man den Faden und richtet das Fleisch an. Die Soße wird durch ein Sieb gegeben, entfettet, wenn nötig, mit kalt angerührtem „Gustin" gebunden und mit etwas Sahne verrührt.

Salzkartoffeln, Kartoffelbrei, Makkaroni, Gemüse und Salat sind passende Beigaben.

Schmorzeit: Gut 2½ Stunden.

Sauerbraten

¾–1 kg Rindfleisch,
1 Zwiebel, 1 Gewürzdosis (S. 16), ⎫
¼ l Essig und ¼ l Wasser. ⎭ Marinade
50 g Fett, Salz, ¼–½ l Brühe oder Wasser, ein Stück Brotrinde oder etwas Honigkuchen, evtl. 1 Teel. Dr. Oetker „Gustin", 1 Eßl. kaltes Wasser.

Man legt das gewaschene und gut abgetropfte Fleisch in eine irdene Schüssel, gibt Zwiebelscheiben und Gewürze dazu und gießt den verdünnten Essig darüber. Es muß 4–6 Tage an einem kühlen Ort stehen und täglich gewendet werden.

Das genügend gesäuerte Fleisch wird abgetrocknet und in das erhitzte Fett gelegt. Man bräunt es auf großer Flamme im offenen Topf von allen Seiten gut an und salzt es dann.

¼ l heißes Wasser oder Marinade wird vorsichtig vom Rand aus hinzugegossen und etwas Brotrinde oder Honigkuchen als Würze zugesetzt. Man läßt das Fleisch bei schwacher Hitze im zugedeckten Topf schmoren. Das Fleisch wird von Zeit zu Zeit gewendet und verkochtes Wasser evtl. ersetzt.

Wenn das Fleisch gar ist, richtet man es an.

Die Soße wird, wenn erforderlich, mit kalt angerührtem „Gustin" gebunden.

Kartoffelklöße schmecken gut zu Sauerbraten.

Schmorzeit: Etwa 1½ Stunden.

Hammelschmorbraten

¾–1 kg Hammelfleisch, ¼–½ l Wasser, 40 g Zwiebeln, etwas Salz, 1 gestrichener Eßl. Dr. Oetker „Gustin", 1 Eßl. kaltes Wasser.

Die Zubereitung ist die gleiche wie bei Schweineschmorbraten. Man kann Steinpilze, Morcheln oder Mousserons kurze Zeit mitschmoren lassen (s. unten).

Schmorzeit: 1 Stunde.

Kalbsschmorbraten

¾–1 kg Kalbfleisch (Keule, Brust oder Blatt), 80 g Nierenfett, etwas Salz, Suppengrün, ¼–½ l Wasser, evtl. einige Wacholderbeeren, 1 Teel. Dr. Oetker „Gustin", 1 Eßl. kaltes Wasser, evtl. 1–2 Eßl. saure Sahne oder Büchsenmilch.

Das Fleisch wird gewaschen, geklopft und nötigenfalls zu guter Form gebunden. Man legt es in das auf großer Flamme erhitzte Fett, bräunt es von allen Seiten gut an und salzt es. Das kleingeschnittene Suppengrün wird kurze Zeit miterhitzt. Dann wird vorsichtig vom Rand aus heißes Wasser zugegossen, vorerst nur ¼ Liter. Man läßt das Fleisch bei schwacher Hitze im zugedeckten Topf schmoren. Es muß von Zeit zu Zeit gewendet werden, verkochtes Wasser wird evtl. ersetzt. – Wenn das Fleisch gar ist, löst man den Faden und richtet das Fleisch an. Die Soße wird entfettet, durch ein Sieb gegeben und, wenn nötig, mit kalt angerührtem „Gustin" gebunden und mit etwas Sahne verrührt.

Schmorzeit: Etwa 1 Stunde.

Schweineschmorbraten

¾–1 kg Schweinefleisch, bei magerem Schweinefleisch 50 g Fett, etwas Salz, 1 Zwiebel, Suppengrün, ¼–½ l Wasser, 1 gestrichener Eßl. Dr. Oetker „Gustin", 1 Eßl. kaltes Wasser.

Fettes Schweinefleisch bräunt man im eigenen Fett. Damit es sich im Anfang nicht ansetzt, muß es häufig gewendet werden. Mageres Schweinefleisch legt man in erhitztes Fett, bräunt es von allen Seiten gut an und salzt es. Die kleingeschnittene Zwiebel und das gewaschene Suppengrün werden kurze Zeit miterhitzt. Man gießt vorsichtig vom Rand aus ¼ l heißes Wasser hinzu. Das Fleisch wird im zugedeckten Topf auf kleiner Flamme geschmort. Man wendet es ab und zu und ersetzt verkochtes Wasser. Wenn das Fleisch gar ist, wird die Soße entfettet, durch ein Sieb gegossen und, wenn es erforderlich ist, mit kalt angerührtem „Gustin" gebunden.

Sehr wohlschmeckend ist als Beigabe Tomatensalat.

Schmorzeit: Etwa 1½ Stunden.

II. Kleine Fleischstücke geschmort

Rinderrouladen

4 Scheiben Rindfleisch, etwas Senf, etwas Salz, 1 Messerspitze Pfeffer, 60 g fetter Speck, 60 g Zwiebeln, 50 g Fett, ½ l Wasser, 1–2 Teel. Dr. Oetker „Gustin", 1 Eßl. kaltes Wasser, etwas Salz.

Die vom Schlachter geschnittenen Fleischscheiben werden leicht geklopft, mit Senf bestrichen und mit Salz und Pfeffer bestreut. Man vermischt den in Würfel geschnittenen Speck und die gehackten Zwiebeln miteinander, verteilt sie auf die Fleischscheiben, rollt diese von der schmalen Seite her auf und hält sie mit einer Bratennadel zusammen (evtl. mit einem Faden umwickeln!). Die Rouladen werden in dem erhitzten Fett gut gebräunt. Man gibt kochendes Wasser (¼ Liter) hinzu und schmort sie im zugedeckten Topf bei schwacher Hitze weich.

Die Soße wird evtl. mit Wasser aufgefüllt, mit kalt angerührtem „Gustin" gebunden und mit Salz abgeschmeckt.

Weiße Bohnen, Blumenkohl, Schwarzwurzeln und Makkaroni sind passende Beigaben.

Veränderung: Man kann die Soße mit Paprika, Tomatenmark, Zitronensaft oder saurer Sahne würzen.

Schmorzeit: 2–2½ Stunden.

Kalbsrouladen I

Fleischfüllung: 150–200 g Fleisch (halb Rind- und Schweinefleisch, auch Reste von Braten, Wild und Geflügel), 1 altes Brötchen oder 2–3 gekochte Kartoffeln, Zwiebel, 1 Ei, Salz, Pfeffer.

4 Scheiben Kalbfleisch (Keule), 60 g Butter oder Margarine, ¼–½ l Wasser, 1 Teel. Dr. Oetker „Gustin", 1 Eßl. kaltes Wasser, Salz.

Das Fleisch, das eingeweichte, ausgedrückte Brötchen oder die Kartoffeln und die Zwiebel werden durch die Fleischmaschine gedreht, mit dem Ei verrührt und mit Salz und Pfeffer abgeschmeckt. Man verteilt die Füllung gleichmäßig auf den Kalbfleischscheiben, rollt diese von der schmalen Seite auf und hält sie mit einer Nadel, Klemme oder einem Faden zusammen. Die Rouladen werden in dem erhitzten Fett gut gebräunt. Man gibt zunächst nur ¼ l Wasser hinzu und schmort die Rouladen im zugedeckten Topf bei schwacher Hitze weich. Die Soße wird mit kalt angerührtem „Gustin" gebunden und mit Salz abgeschmeckt.

Veränderung: Statt der Fleischfüllung kann man dünne Rauchspeckscheiben, saure Gurken oder Tomaten einrollen.

Die Soße kann durch einige Eßl. saure Sahne oder etwas Zitronensaft und durch Champignons oder gehackte Sardellen verfeinert werden.

Schmorzeit: Etwa 1 Stunde.

Kalbsrouladen II (Schwalbennester)

4 Scheiben Kalbfleisch, 4 Scheiben roher Schinken, 4 Scheiben Speck, 4 hartgekochte Eier, 60 g Butter oder Margarine, ¼–½ l Wasser, 1 gut gehäufter Teel. Dr. Oetker „Gustin", 1 Eßl. kaltes Wasser, 2 Eßl. saure Sahne oder Büchsenmilch, etwas Salz.

Auf jede Kalbfleischscheibe legt man 1 Scheibe Schinken, 1 Scheibe Speck und dann 1 hartgekochtes Ei. Das Fleisch wird von der schmalen Seite her aufgerollt und festgeklammert oder gebunden. Man bräunt sie in dem erhitzten Fett gut. Zunächst wird ¼ l Wasser hinzugegeben, und die Rouladen werden im zugedeckten Topf bei schwacher Hitze weich geschmort. Man bindet die Soße mit dem kalt angerührten „Gustin", gibt die saure Sahne (Büchsenmilch) dazu und schmeckt sie mit Salz ab.

Die Rouladen werden in Hälften geschnitten und in der Soße angerichtet. Man reicht sie zu Kartoffelbrei.

Veränderung: Man kann die Soße durch feingehackte Sardellen oder Champignons verfeinern.

Schmorzeit: Etwa 1 Stunde.

Schweinerouladen

4 Scheiben Schweinefleisch (Keule), 1 Eßl. Senf, etwas Salz, 50 g Fett, ½ l Wasser, 1 gut gehäufter Teel. Dr. Oetker „Gustin", 1 Eßl. kaltes Wasser, etwas Salz.

Das Fleisch wird leicht geklopft, mit Senf bestrichen, mit Salz bestreut, von der schmalen Seite her aufgerollt und zusammengeklammert oder gebunden. Man bräunt die Rouladen in dem erhitzten Fett gut. Man gibt zunächst nur ¼ l Wasser hinzu und schmort die Rouladen im zugedeckten Topf auf kleiner Flamme weich. Die Soße wird mit kalt angerührtem „Gustin" gebunden und mit Salz abgeschmeckt.

Schmorzeit: Etwa 1½ Stunden.

Gulasch

375–500 g schieres Rind-, Kalb-, Schweine- oder Hammelfleisch, 50 g Fett (evtl. Speck) – bei Schweinefleisch weniger –, 1 große Zwiebel, ½ l Wasser, Salz, 1 Prise Pfeffer, 1 Messerspitze Paprika, 1 Teel. Dr. Oetker „Gustin", 1 Eßl. kaltes Wasser.

Das Fleisch wird in 2 cm große Würfel geschnitten und in dem erhitzten Fett gebräunt. Man gibt die kleingeschnittene Zwiebel hinzu und läßt beides bräunen. Dann werden das kochend heiße Wasser, etwas Salz und Pfeffer hinzugegeben. Man läßt das Fleisch auf kleiner Flamme gar schmoren, schmeckt mit Paprika und Salz ab und bindet die Soße mit kalt angerührtem „Gustin".

Rindergulasch reicht man mit Kartoffelbrei, Reis oder Nudeln und mit Tomaten-, Gurken- oder Blattsalat.

Kalbsgulasch wird im Reisrand angerichtet oder mit Spätzle gereicht.

Veränderung: Rindergulasch kann man mit 2 Eßl. Tomatenmark oder saurer Sahne abschmecken.

Schweinegulasch kann durch saure Sahne, 2–3 Eßl. Madeira oder 2 mitgeschmorte Tomaten verfeinert werden.

Hammelgulasch wird noch besser im Geschmack, wenn man Stücke von frischen, geschälten und entkernten Gurken oder 4 enthäutete Tomaten kurze Zeit mitschmoren läßt.

Schmorzeit: Rindergulasch 1½–2 Stunden, Schweinegulasch etwa 1 Stunde,
Kalbsgulasch etwa 1 Stunde, Hammelgulasch etwa 1 Stunde.

Saure Nieren

375–500 g Nieren, 50 g Fett (evtl. Speck), 1 Zwiebel, ¼–⅜ l Wasser, etwas Salz, 1 Prise Pfeffer, 1–2 Eßl. Essig, 1 Prise Zucker, 1 Teel. Dr. Oetker „Gustin", 1 Eßl. kaltes Wasser.

Die Nieren werden aufgeschnitten, die Röhren entfernt, gewaschen, mit kochend heißem Wasser übergossen und $\frac{1}{2}$ Stunde daringelassen. Man trocknet die Nieren gründlich ab, schneidet sie in Würfel oder Scheiben und bräunt sie mit der kleingeschnittenen Zwiebel in dem erhitzten Fett. Dann werden das kochend heiße Wasser, etwas Salz und etwas Pfeffer hinzugegeben. Man läßt die Nieren gar schmoren, schmeckt mit Essig, Salz und Zucker ab und bindet die Soße mit kalt angerührtem „Gustin".

Reis, Nudeln, Makkaroni und Semmelklöße passen dazu.

Schmorzeit: 10–15 Minuten.

C. Gebratenes Fleisch

I. Fleisch im Backofen

Zum Braten von Fleisch ist der Gasbackofen außerordentlich gut geeignet. Im allgemeinen sollte man jedoch kein Fleisch unter einem Gewicht von 1 kg im Backofen braten, in derartigen Fällen ist die Zubereitung auf der Kocherflamme wirtschaftlicher. Für die Zubereitung im Backofen kommen das Fleisch unserer Schlachttiere – vorausgesetzt, daß es gut abgehangen und von Haut und Sehnen befreit ist – sowie Wild und Geflügel in Frage.

Man legt das Fleisch auf die gefetteten Stäbe der Rostbratpfanne, in die gefettete Rostbratpfanne oder in eine gefettete Jenaer Glasform, die einen niedrigen Rand aufweist und nicht mit einem Deckel verschlossen wird.

Das Fleisch kann kurz vor dem Einschieben in den Backofen mit Salz eingerieben werden oder man salzt es erst nach dem Bräunen.

Um eine bessere Bräunung bei magerem Fleisch zu erzielen, bestreicht man es mit weicher Butter oder Margarine oder mit Öl und belegt oder umwickelt es mit Speckscheiben. Bei fettem Fleisch gibt man kein Fett hinzu. Ist die Fettschicht dick und zusammenhängend, ritzt man sie in gleichmäßig kleinen Vierecken ein. Hierdurch löst sich das Fett besser aus dem Fettgewebe und die obere Schicht zieht sich nicht zusammen.

Eine gute Soße erzielt man, wenn man die Knochen aus dem Fleisch löst und von vornherein mit in die Fettfängerschale legt und anbräunen läßt oder wenn man die Knochen für sich auf der Kocherflamme mit Zwiebel und Tomaten anbräunt. In beiden Fällen empfiehlt es sich, die Knochen in Wasser auszukochen und die Brühe mit dem Bratensatz aus der Rostbratpfanne zur Soße zu verwenden. Sind keine Knochen vorhanden, kann man, um einen kräftigen Geschmack zu erzielen, Zwiebeln, Tomaten und Pilze in die Rostbratpfanne geben. Bei kurz gebratenem Fleisch gibt man diese Zutaten sofort mit in die Rostbratpfanne, hat das Fleisch dagegen eine längere Bratzeit, empfiehlt sich die Zugabe erst, wenn der Bratensatz anfängt zu bräunen. Dann ist auch der Zeitpunkt gekommen, Wasser in die Rostbratpfanne zu geben, da andernfalls der Bratensatz zu dunkel würde.

Ob der Braten in den kalten oder vorgeheizten Backofen gegeben wird, richtet sich nach der Größe und Beschaffenheit des Fleisches. Fettes Fleisch stellt man in den kalten Backofen, damit das Fett besser ausbrät. Mageres Fleisch, solches mit kurzer Bratzeit (unter 1 Stunde) und Fleisch, das innen rot bleiben soll, kommt in den vorgeheizten Backofen, damit das Eiweiß an den Schnittflächen schneller gerinnt und der Fleischsaft nicht mehr austreten kann.

Das Braten im Backofen kann auf verschiedene Weise geschehen, je nachdem ob man das Fleisch während des Bratens wenden will oder nicht.

Soll es gewendet werden, wird das Fleisch mit der Rostbratpfanne so hoch wie möglich eingeschoben, wobei jedoch berücksichtigt werden muß, daß es während des Bratens noch quillt. Die obere Seite wird mit starker Hitze gebräunt, dann wendet man das Fleisch, bräunt es von der anderen Seite, schiebt danach die Rostbratpfanne so tief wie möglich ein und stellt die Hitze während der weiteren Bratzeit möglichst schwach ein.

Will man ohne Wenden auskommen, schiebt man das Fleisch von Anfang an so ein, daß es sich in der Mitte des Backofens befindet, stellt die Hitze mittelstark ein und läßt es so bräunen und garen.

Ob man sich beim Braten des Fleisches nach Methode I oder II richtet, sei jedem selbst überlassen. Hat man aber einen Backofen mit schwenkbarem Brenner, muß darauf geachtet werden, daß der Brenner nach dem Anzünden auf Braten bzw. auf Oberhitze eingestellt wird.

Die Länge der Bratzeit richtet sich nach der Höhe des Fleisches. Man rechnet 10 Minuten je cm Höhe, wenn das Fleisch gut durchgebraten sein soll; 5–6 Minuten je cm Höhe, wenn es innen noch rosig gewünscht wird.

Gut durchgebratenes Fleisch ist gar, wenn es dem Druck eines Löffels nicht mehr nachgibt.

Das fertige Fleisch soll nicht sofort angeschnitten werden, sondern nach etwa 10 Minuten, andernfalls tritt der Saft sehr stark aus dem Fleisch. Man bewahrt es während dieser Zeit am besten im noch heißen Backofen auf und bereitet inzwischen die Soße aus den ausgekochten Knochen und dem gelösten Bratensatz oder nur allein aus dem Bratensatz. Die Soße wird durch ein Sieb gegossen, mit kalt angerührtem „Gustin" gedickt und durch Zugabe von Büchsenmilch oder Sahne verfeinert.

Roastbeef (Rinderrücken)

1 kg Rinderrücken, etwas Salz, 40 g Butter oder Margarine, etwa ¼ l heißes Wasser, 1 Zwiebel, nach Belieben 1 Tomate, 4–5 Eßl. saure Sahne oder Büchsenmilch, 1–2 Teel. Dr. Oetker „Gustin", 1 Eßl. kaltes Wasser zum Anrühren.

Das gut abgehangene Fleisch wird von Knochen und Sehnen befreit. Man ritzt die Haut ein, salzt das Fleisch, bestreicht es mit Butter oder Margarine und legt es mit der Fettschicht nach oben auf den gefetteten Rost der mit Wasser ausgespülten Rostbratpfanne. Das Fleisch wird so in den Backofen geschoben, daß es sich in der Mitte befindet.

Sobald der abtropfende Bratensatz bräunt, wird etwas heißes Wasser in die Rostbratpfanne gegossen. Man gibt die abgezogene, in Viertel geschnittene Zwiebel und die gewaschene, in Stücke geschnittene Tomate 15 Minuten vor Beendigung der Bratzeit in die Rostbratpfanne.

Wenn der Braten gar ist, stellt man aus dem losgekochten Bratensatz, der erforderlichen Wassermenge, Sahne und dem kalt angerührten „Gustin" auf der Kocherflamme die Soße her.

Flammenbackofen: Vorheizen 15 Minuten mit großer Flamme, braten mit großer Flamme.

Reglerbackofen: Vorheizen 10 Minuten bei 6–7, braten bei 6–7.

Bratzeit: Etwa 45 Minuten.

Rinderfilet

1 kg Lende, etwas Salz, 40 g Butter oder Margarine, einige Speckscheiben, etwa ¼ l heißes Wasser, 1 Zwiebel, nach Belieben 1 Tomate, 4–5 Eßl. saure Sahne oder Büchsenmilch, 1–2 Teel. Dr. Oetker „Gustin", 1 Eßl. kaltes Wasser zum Anrühren.

Das gut abgehangene Fleisch wird enthäutet, von den Sehnen befreit, mit Salz eingerieben, mit Butter oder Margarine bestrichen, mit Speckscheiben belegt und auf den gefetteten Rost der mit Wasser ausgespülten Rostbratpfanne gelegt. Man schiebt das Fleisch so in den Backofen, daß es sich in der Mitte befindet. Sobald der abtropfende Bratensatz bräunt, wird etwas heißes Wasser in die Rostbratpfanne gegossen. Man gibt die abgezogene, in Viertel geschnittene Zwiebel und die gewaschene, in kleine Stücke geschnittene Tomate 15 Minuten vor Beendigung der Bratzeit in die Rostbratpfanne.

Wenn der Braten gar ist, stellt man aus dem losgekochten Bratensatz, der erforderlichen Wassermenge, der Sahne und dem kalt angerührten „Gustin" auf der Kocherflamme die Soße her.

Flammenbackofen: Vorheizen 15 Minuten mit großer Flamme, braten mit großer Flamme.

Reglerbackofen: Vorheizen 10 Minuten bei 6–7, braten bei 6–7.

Bratzeit: Etwa 45 Minuten.

Schweinefilet

2 Schweinefilets (etwa 1 kg), etwas Salz, 40 g Butter oder Margarine, einige Speckscheiben, etwa ¼ l heißes Wasser, 1 Zwiebel, nach Belieben 1 Tomate, 4–5 Eßl. saure Sahne oder Büchsenmilch, 1–2 Teel. Dr. Oetker „Gustin", 1 Eßl. kaltes Wasser.

Die Filets werden entfettet, enthäutet, mit Salz eingerieben, mit Butter oder Margarine bestrichen, mit Speckscheiben belegt und auf den gefetteten Rost der mit Wasser ausgespülten Rostbratpfanne gelegt. Man schiebt das Fleisch so in den Backofen, daß es sich in der Mitte befindet.

Sobald der abtropfende Bratensatz bräunt, wird etwas heißes Wasser in die Rostbratpfanne gegossen. 15 Minuten vor Beendigung der Bratzeit gibt man die in Viertel geschnittene Zwiebel und die gewaschene, in kleine Stücke geschnittene Tomate in die Rostbratpfanne. Wenn der Braten gar ist, wird aus dem losgekochten Bratensatz, der erforderlichen Wassermenge, der Sahne und dem kalt angerührten „Gustin" auf der Kocherflamme die Soße hergestellt.

Flammenbackofen: Vorheizen 15 Minuten mit großer Flamme, braten mit großer Flamme.

Reglerbackofen: Vorheizen 10 Minuten bei 6–7, braten bei 6–7.

Bratzeit: 35–40 Minuten.

Kasseler Rippespeer

1½ kg Rippespeer, ¼ l heißes Wasser, 1 Zwiebel, 1 Tomate, 4–5 Eßl. saure Sahne oder Büchsenmilch, 1–2 Teel. Dr. Oetker „Gustin", 1 Eßl. kaltes Wasser.

Die Knochen werden aus dem Kasseler gelöst, und die Fettschicht wird mit einem scharfen Messer in kleine Vierecke eingeritzt. Man legt das Fleisch mit der Fettschicht nach oben auf den Rost der mit Wasser ausgespülten Rostbratpfanne und schiebt es so in den Backofen, daß es sich in der Mitte befindet.

Sobald das abtropfende Fett bräunt, gießt man etwas Wasser in die Rostbratpfanne. Die geschälte, in Viertel geschnittene Zwiebel und die gewaschene, zerkleinerte Tomate werden 15 Minuten vor Beendigung der Bratzeit in die Rostbratpfanne gegeben.

Wenn der Braten gar ist, stellt man aus dem losgekochten Bratensatz, der erforderlichen Wassermenge, der Sahne und dem kalt angerührten „Gustin" auf der Kocherflamme die Soße her.

Flammenbackofen: Knapp ½ große Flamme.

Reglerbackofen: 3½–4½.

Bratzeit: Etwa 1½ Stunden.

Falscher Hase (Abb. Tafel 6)

750 g Gehacktes (halb Rind-, halb Schweinefleisch), 1–2 alte Brötchen, 1 Ei, 1 Zwiebel, etwas Salz, etwas Paprika, 1 Eßl. Semmelmehl, 50 g Butter oder Margarine, 30 g in Streifen geschnittener Speck, etwa ¼ l heißes Wasser, 1 Teel. Dr. Oetker „Gustin", 1 Eßl. kaltes Wasser.

Aus dem Fleisch, den eingeweichten, gut ausgedrückten Brötchen, dem Ei und der in kleine Würfel geschnittenen Zwiebel macht man einen Fleischteig, schmeckt ihn mit Salz und Paprika ab, formt ihn zu einem länglichen Kloß und wälzt ihn in Semmelmehl. Der Kloß wird in die dick mit Butter oder Margarine ausgestrichene Rostbratpfanne gelegt und mit den Speckstreifen belegt. Diese werden mit einem Messer gut in den Kloß eingedrückt. Man schiebt das Fleisch so in den Backofen, daß es sich in der Mitte befindet.

Sobald das Fett stark bräunt, wird etwas heißes Wasser in die Rostbratpfanne gegeben.

Wenn der falsche Hase gar ist, stellt man aus dem losgekochten Bratensatz, der erforderlichen Wassermenge und dem kalt angerührten „Gustin" auf der Kocherflamme die Soße her.

Flammenbackofen: ½ große Flamme.

Reglerbackofen: 4–5.

Bratzeit: Etwa 60 Minuten.

Kalbsbraten

1 kg Kalbfleisch (Keule), etwas Salz, 40 g Butter oder Margarine, einige Speckscheiben, etwa ¼ l heißes Wasser, 4–5 Eßl. saure Sahne oder Büchsenmilch, 1–2 Teel. Dr. Oetker „Gustin", 1 Eßl. kaltes Wasser.

Das Fleisch wird gewaschen, enthäutet, mit Salz eingerieben, mit Butter oder Margarine bestrichen, mit Speckscheiben belegt und auf den gefetteten Rost der mit Wasser ausgespülten Rostbratpfanne gelegt. Man schiebt das Fleisch so in den Backofen, daß es sich in der Mitte befindet.

Sobald der abtropfende Bratensatz bräunt, wird etwas heißes Wasser in die Rostbratpfanne gegossen.

Wenn der Braten gar ist, stellt man aus dem losgekochten Bratensatz, der erforderlichen Wassermenge, der Sahne und dem kalt angerührten „Gustin" auf der Kocherflamme die Soße her.

Flammenbackofen: ½ große Flamme.

Reglerbackofen: 3–4.

Bratzeit: Etwa 1¾ Stunden.

Kalbsnierenbraten

1 kg Nierenstück, etwas Salz, 40 g Butter oder Margarine, einige Speckscheiben, etwa ¼ l heißes Wasser, 4–5 Eßl. saure Sahne oder Büchsenmilch, 1–2 Teel. Dr. Oetker „Gustin", 1 Eßl. kaltes Wasser.

Man löst die Knochen aus dem Stück, reibt die Innenseite mit Salz ein und legt die Nieren darauf. Dann wird das Fleisch zusammengerollt, mit dünnem Bindfaden umschnürt, von außen gesalzen, mit Fett bestrichen, mit Speckscheiben belegt und auf den gefetteten Rost der mit Wasser ausgespülten Rostbratpfanne gelegt. Man schiebt das Fleisch so in den Backofen, daß es sich in der Mitte befindet.

Sobald der abtropfende Bratensatz bräunt, wird etwas heißes Wasser in die Rostbratpfanne gegossen.

Wenn der Braten gar ist, stellt man aus dem losgekochten Bratensatz, der erforderlichen Wassermenge, der Sahne und dem kalt angerührten „Gustin" auf der Kocherflamme die Soße her.

Flammenbackofen: ½ große Flamme.

Reglerbackofen: 3–4.

Bratzeit: Etwa 1¾ Stunden.

Gefüllte Kalbsbrust

Füllung: 375 g Gehacktes (halb Rind-, halb Schweinefleisch), 1 Ei, 1 Brötchen, 1 kleine Zwiebel, 1 Eßl. gehackte Kräuter, etwas Salz, Paprika.

Fleisch: 1½ kg Kalbsbrust, etwas Salz, 40 g Butter oder Margarine, einige Speckscheiben, etwa ¼ l heißes Wasser, 4–5 Eßl. saure Sahne oder Büchsenmilch, 1–2 Teel. Dr. Oetker „Gustin", 1 Eßl. kaltes Wasser.

Für die Füllung rührt man unter das Gehackte das Ei, das in Wasser eingeweichte, gut ausgedrückte Brötchen, die in kleine Würfel geschnittene Zwiebel und die gehackten Kräuter. Die Füllung wird mit Salz und Paprika abgeschmeckt.

Die Knochen werden aus der Kalbsbrust gelöst. Man reibt das Fleisch von innen und außen mit Salz ein, gibt die Füllung in die entstandene Tasche und vernäht sie. Die Kalbsbrust wird mit Butter oder Margarine bestrichen, mit Speckscheiben belegt und auf den gefetteten Rost der mit Wasser ausgespülten Rostbratpfanne gelegt. Man schiebt das Fleisch so in den Backofen, daß es sich in der Mitte befindet.

Sobald der abtropfende Bratensatz bräunt, wird etwas heißes Wasser in die Rostbratpfanne gegossen.

Wenn der Braten gar ist, stellt man aus dem losgekochten Bratensatz, der erforderlichen Wassermenge, der Sahne und dem kalt angerührten „Gustin" auf der Kocherflamme die Soße her.

Flammenbackofen: Knapp ½ große Flamme.

Reglerbackofen: 3–4.

Bratzeit: Etwa 2¼ Stunden.

Kalbsherz

2 Kalbsherzen, etwas Salz, etwas Pfeffer, etwas Senf, 50 g Butter oder Margarine, 50 g Speck, 1 Zwiebel, ¼ l heißes Wasser, 1 gut gehäufter Teel. Dr. Oetker „Gustin", 5 Eßl. saure Sahne oder Büchsenmilch zum Anrühren.

Die Herzen werden quer in Hälften geschnitten. Man entfernt Adern, Haut und Blut, wäscht die Herzen sorgfältig, würzt sie mit Salz und Pfeffer und bestreicht sie mit Senf. Das Fett wird in eine flache Jenaer Glasform gegeben. Man legt die Herzen darauf und belegt sie mit Speckscheiben. Die Form wird mit Rost in die Mitte des Backofens geschoben. Nach ½ Stunde Bratzeit gibt man die abgezogene Zwiebel hinzu und nach weiteren etwa 15 Minuten das Wasser. Nach 1 Stunde Bratzeit wird die Soße abgegossen, mit dem angerührten „Gustin" gebunden und mit Salz abgeschmeckt.

Flammenbackofen: ½ große Flamme.

Reglerbackofen: 4–5.

Bratzeit: Etwa 60 Minuten.

Schweinenacken

1 kg Schweinenacken, etwas Salz, 1 Zwiebel, 1 Tomate, ¼ l heißes Wasser, 2–3 Eßl. saure Sahne oder Büchsenmilch, 1–2 Teel. Dr. Oetker „Gustin", 1 Eßl. kaltes Wasser.

Das gesalzene Fleisch wird auf den Rost der mit Wasser ausgespülten Rostbratpfanne gelegt. Man schiebt das Fleisch so in den Backofen, daß es sich in der Mitte befindet.

Sobald das abtropfende Fett bräunt, werden die geschälte, in Viertel geschnittene Zwiebel und die gewaschene, zerkleinerte Tomate in die Rostbratpfanne gegeben. Außerdem gießt man etwas Wasser hinzu.

Wenn der Braten gar ist, stellt man aus dem losgekochten Bratensatz, der erforderlichen Wassermenge, der Sahne und dem kalt angerührten „Gustin" auf der Kocherflamme die Soße her.

Flammenbackofen: ½ große Flamme.

Reglerbackofen: 3½–4½.

Bratzeit: Etwa 1¾ Stunden.

Schweinebraten mit Kruste

1 kg Schweinefleisch mit Schwarte (Keule oder Schulter), etwas Salz, etwa ¼ l heißes Wasser, 1 Zwiebel, 1 Tomate, 2–3 Eßl. Sahne oder Büchsenmilch, 1–2 Teel. Dr. Oetker „Gustin", 1 Eßl. kaltes Wasser zum Anrühren.

Das Fleisch wird gewaschen, abgetrocknet und auf der Unterseite gesalzen. Man schneidet die Schwarte gitterartig ein und legt das Fleisch mit der Schwarte nach oben auf den Rost der mit Wasser ausgespülten Rostbratpfanne. Das Fleisch wird so in den Backofen geschoben, daß es sich in der Mitte befindet.

Sobald der abtropfende Bratensatz bräunt, gießt man etwas heißes Wasser in die Rostbratpfanne.

Die abgezogene, in Viertel geschnittene Zwiebel und die gewaschene, zerkleinerte Tomate werden erst in den letzten 15 Minuten der Bratzeit in die Rostbratpfanne gelegt.

Wenn der Braten gar ist, stellt man aus dem losgekochten Bratensatz, der erforderlichen Wassermenge, der Sahne und dem kalt angerührten „Gustin" auf der Kocherflamme die Soße her.

Flammenbackofen: ½ große Flamme.

Reglerbackofen: 3½–4½.

Bratzeit: Etwa 2 Stunden.

Gefüllte Schweinerippe

Füllung: 3–4 Äpfel (etwa 300 g), 250 g getrocknete Pflaumen, 2 Eßl. Semmelmehl, 20 g Zucker, etwas Salz.

1 kg Schweinerippe, etwas Salz, etwa $\frac{1}{4}$ l heißes Wasser, 1–2 Teel. Dr. Oetker „Gustin", 1 Eßl. kaltes Wasser.

Die Äpfel werden geschält und in Scheiben geschnitten. Man gibt die eingeweichten Pflaumen, das Semmelmehl, den Zucker und etwas Salz hinzu und vermischt alles gut miteinander.

Dünne Schweinerippe, wie man sie zum Einsalzen verwendet, schlägt man vorsichtig quer durch, so daß sich die beiden Hälften zusammenlegen lassen. Die Füllung wird auf die untere Hälfte der Schweinerippe gelegt. Man klappt die obere darauf und näht die beiden Rippen aufeinander. Die gesalzene Schweinerippe wird auf den gefetteten Rost der mit Wasser ausgespülten Bratpfanne gelegt. Man schiebt das Fleisch so in den Backofen, daß es sich in der Mitte befindet.

Sobald der abtropfende Bratensatz bräunt, wird etwas heißes Wasser in die Rostbratpfanne gegossen.

Wenn der Braten gar ist, stellt man aus dem losgekochten Bratensatz, der erforderlichen Wassermenge und dem kalt angerührten „Gustin" auf der Kocherflamme die Soße her.

Flammenbackofen: $\frac{1}{2}$ große Flamme.
Reglerbackofen: $3\frac{1}{2}$–$4\frac{1}{2}$.
Bratzeit: Etwa 2 Stunden.

Hammelrücken

1 kg Hammelrücken, etwas Salz, 1 Zwiebel, 1 Tomate, etwa $\frac{1}{4}$ l heißes Wasser, 1–2 Teel. Dr. Oetker „Gustin", 1 Eßl. kaltes Wasser zum Anrühren.

Der gesalzene Hammelrücken wird auf den Rost der mit Wasser ausgespülten Bratpfanne gelegt. Man schiebt das Fleisch so in den Backofen, daß es sich in der Mitte befindet.

Sobald der abtropfende Bratensatz bräunt, werden die abgezogene, in Viertel geschnittene Zwiebel, die gewaschene, in Stücke geschnittene Tomate und etwas Wasser in die Rostbratpfanne gegeben.

Wenn der Braten gar ist, stellt man aus dem losgekochten Bratensatz, der erforderlichen Wassermenge und dem kalt angerührten „Gustin" auf der Kocherflamme die Soße her.

Flammenbackofen: $\frac{1}{2}$ große Flamme.
Reglerbackofen: $3\frac{1}{2}$–$4\frac{1}{2}$.
Bratzeit: $1\frac{1}{2}$–$1\frac{3}{4}$ Stunden.

Veränderung: Man kann alles Fett entfernen, das Fleisch einige Tage in Buttermilch legen, mit Wacholderbeeren würzen und wie einen mageren Braten zubereiten. Verwendet man saure Sahne, erzielt man Rehbratengeschmack.

II. Kleine Fleischstücke in der Pfanne

Regeln

1. Kleine Fleischstücke können gebraten werden, man darf jedoch dazu nur Fleisch mit zarter Muskelfaser verwenden.
2. Sie können unpaniert oder paniert zubereitet werden. Durch das Panieren schafft man jedoch eine Schutzschicht, die verhindert, daß Fleischsaft verlorengeht.

3. Das Panieren geschieht folgendermaßen: Das Fleisch wird gesalzen, in Mehl gewälzt, durch verschlagenes Ei gezogen und dann in Semmelmehl gewälzt.
4. Wenn die Fleischstücke paniert sind, werden sie sofort gebraten, damit der Belag nicht aufweicht und das Bräunen nicht erschwert wird.
5. Unpanierte Fleischstücke werden gern in Butter oder Margarine gebraten. Schmalz und Mischfett sind jedoch geeigneter, da sie nicht so schnell bräunen. Verwendet man diese Fette zum Braten, so empfiehlt es sich, kurz vor Beendigung des Bratprozesses etwas Butter an das Fleisch zu geben.
6. **Das Fett muß sehr heiß sein, wenn das Fleisch in die Pfanne gelegt wird, damit die äußere Schicht schnell bräunt und kein Fleischsaft verdunstet. Man erhitzt deswegen das Fett in der Pfanne sehr stark auf großer Flamme, ehe man die Fleischstücke hineingibt.**
7. Während des Bratens darf Fett nicht nachgelegt werden, um ein Abkühlen zu vermeiden.
8. Die fertiggebratenen Fleischstücke muß man sofort zu Tisch geben, da sie sonst hart und unansehnlich werden.
9. Sie werden in der Regel nur mit dem losgekochten Bratensatz übergossen; wird eine Soße gewünscht, so muß der Bratensatz mit Wasser oder Brühe verlängert und mit kalt angerührtem „Gustin" gedickt werden.

a) Unpanierte Fleischstücke

Filetbeefsteak

600 g Rindslende, 60 g Butter oder Margarine, etwas Salz, $^1/_{10}$ l Wasser, 1 in Scheiben geschnittene Zwiebel.

Die Filetscheiben müssen 2 cm dick geschnitten sein, damit sie saftig bleiben. Sie werden mit dem flachen Messer leicht geklopft, zusammengedrückt und in das stark erhitzte Fett gelegt. Man muß sie dauernd begießen, damit sie saftig bleiben, darf sie aber erst, nachdem die untere Seite gebräunt ist, wenden und salzen. Filetbeefsteaks sollen nicht ganz durchgebraten sein. Sie werden auf einer heißen Schüssel angerichtet. Den mit Wasser von der Pfanne losgekochten Bratensatz gießt man über die Fleischscheiben. Sie werden mit gebräunten Zwiebelringen oder mit Tomaten- und Zitronenscheiben garniert.

Veränderung: Man kann die Fleischscheiben ohne Fett in der stark erhitzten Pfanne braten und die Butter nachher bräunen und darüber gießen (Ersatz für Grillen).

Bratzeit: Etwa 8 Minuten.

Kalbssteak

4 Scheiben Kalbfleisch aus der Keule (etwa 500 g), 60 g Butter oder Margarine, etwas Salz, evtl. etwas Wasser.

Die Fleischscheiben werden mit dem flachen Messer leicht geklopft. Man drückt die Scheiben etwas zusammen und legt sie in das stark erhitzte Fett. Man muß sie dauernd begießen, damit sie saftig bleiben. Sie werden, aber erst nachdem die untere Seite gebräunt ist, gewendet und gesalzen. Man richtet sie auf einer heißen Schüssel an. Den mit etwas Wasser von der Pfanne losgekochten Bratensatz gießt man über die Fleischscheiben.

Bratzeit: Etwa 4 Minuten.

Rumpsteak

4 Scheiben Roastbeef (etwa 600 g), 60 g Butter oder Margarine, etwas Salz, etwas Pfeffer, $^{1}/_{10}$ l Wasser, 30 g Meerrettich.

Die Fleischscheiben werden mit dem flachen Messer leicht geklopft und die Sehnen an den Rändern eingeschnitten. Man drückt die Scheiben etwas zusammen und legt sie in das stark erhitzte Fett. Man muß sie dauernd begießen, damit sie saftig bleiben, sie werden, aber erst nachdem die untere Seite gebräunt ist, gewendet und gesalzen. Man richtet sie auf einer heißen Schüssel an. Der mit etwas Wasser von der Pfanne losgekochte Bratensatz wird über die Fleischscheiben gegossen.

Man reicht sie mit geriebenem Meerrettich.

Bratzeit: 6–8 Minuten.

Leber

400–500 g Kalbs- oder Rinderleber, etwas Salz, 20 g Weizenmehl, 60 g Butter oder Margarine, 2 in Scheiben geschnittene Zwiebeln, $^{1}/_{8}$ l Wasser.

Die Leber wird gewaschen und von der feinen Haut befreit. Man entfernt nach Möglichkeit die Sehnen und Röhren, schneidet die Leber in Scheiben, salzt sie, wendet sie in Mehl und brät sie in dem stark erhitzten Fett. Gleichzeitig werden an der Seite in der Pfanne die Zwiebelringe gebräunt. Man wendet die Leber, wenn die untere Seite gebräunt ist.

Die Leber wird auf einer heißen Schüssel angerichtet. Den mit etwas Wasser losgekochten Bratensatz gießt man über die Scheiben und garniert mit den gebräunten Zwiebelscheiben.

Man gibt Kartoffelbrei, Bechamel- oder Apfelkartoffeln dazu.

Bratzeit: Etwa 6–8 Minuten.

Veränderung: Rinderleber ist zarter, wenn man sie, in Stücke geschnitten, eine Stunde in Milch legt.

Gebratene Nieren (Abb. Tafel 6)

400–500 g Kalbs- oder Schweinenieren, etwas Salz, 60 g Butter oder Margarine, $^{1}/_{8}$ l Wasser, 1–2 gehäufte Teel. Dr. Oetker „Gustin", 1 Eßl. kaltes Wasser, Paprika, Zitronensaft.

Die Nieren werden aufgeschnitten und die Röhren entfernt. Man wäscht die Nieren gründlich, übergießt sie mit kochend heißem Wasser, läßt sie $^{1}/_{2}$ Stunde darin liegen, schneidet sie in Scheiben (Schweinenieren evtl. ganz braten!), salzt sie und brät sie unter Wenden in dem erhitzten Fett. Der mit Wasser losgekochte Bratensatz wird mit kalt angerührtem „Gustin" gebunden und mit Paprika und Zitronensaft abgeschmeckt.

Man reicht Kartoffelbrei und Selleriesalat dazu.

Bratzeit: 5–10 Minuten.

Deutsches Beefsteak

400 g gehacktes Rindfleisch, 2 Eßl. kaltes Wasser oder 20 g Butter, etwas Salz, 60 g Butter oder Margarine zum Braten, 2 in Scheiben geschnittene Zwiebeln, $\frac{1}{8}$ l Wasser, 1 Teel. Dr. Oetker „Gustin", 1 Eßl. kaltes Wasser.

Unter das feingehackte Fleisch rührt man 2 Eßl. Wasser oder die zerlassene Butter, salzt nach Geschmack, formt flache Klöße und kerbt sie mit einem Messer gitterartig ein. Sie werden in der heißen Butter oder Margarine schnell gebraten. Gleichzeitig bräunt man am Rand in der Pfanne die Zwiebelringe, mit denen man sie anrichtet. Der mit Wasser losgekochte Bratensatz wird als Soße gegeben, man dickt ihn mit etwas kalt angerührtem „Gustin".

Veränderung: Man mengt ein eingeweichtes, gut ausgedrücktes Brötchen oder 40 g geriebene, kalte Kartoffeln unter das Fleisch.

Bratzeit: Etwa 8 Minuten.

Bratklops (Bouletten)

400 g gehacktes Rind- und Schweinefleisch, 1 altes Brötchen, 1 Ei, Salz, etwas Pfeffer, 20 g Weizenmehl, 50 g Fett, 1 gestrichener Eßl. Mehl zum Bräunen, $\frac{1}{4}$ l Wasser.

Unter das feingehackte Fleisch rührt man das eingeweichte, gut ausgedrückte Brötchen, das Ei und Salz und Pfeffer nach Geschmack, formt ovale Klöße daraus, wälzt sie in Mehl und brät sie in dem heißen Fett. Der Eßl. Mehl wird in dem Bratensatz gebräunt, das Wasser wird hinzugegeben. Man läßt die Soße sämig kochen.

Bratzeit: Etwa 10 Minuten.

Frikadellen (Resteverwertung)

400 g Fleischreste (gekocht oder gebraten), 1 altes Brötchen, 1 kleine Zwiebel, 1 Ei, etwas Salz, etwas Pfeffer, 20 g Weizenmehl, 50 g Fett, 1 gestrichener Eßl. Mehl zum Bräunen, $\frac{1}{4}$ l Wasser.

Das Fleisch, das eingeweichte, gut ausgedrückte Brötchen und die Zwiebel werden durch die Fleischmaschine gedreht. Man rührt das Ei darunter, schmeckt mit Salz und Pfeffer ab, formt flache Klöße, wälzt sie in Mehl und brät sie in dem heißen Fett. Der Eßl. Mehl wird in dem Bratensatz gebräunt, das Wasser wird hinzugegeben. Man läßt die Soße sämig kochen.

Bratzeit: Etwa 10 Minuten.

Bratwurst

400–500 g Bratwurst, 50 g Fett, 1 gestrichener Eßl. Weizenmehl zum Bräunen, $\frac{1}{4}$ l Wasser.

Die Bratwurst wird an beiden Enden fest zugedreht, mit einer Gabel mehrmals durchstochen und mit heißem Wasser übergossen, damit sie nicht platzt. Man brät sie in dem heißen Fett von allen Seiten gut. Dann wird der Eßl. Mehl in dem Bratensatz gebräunt, das Wasser wird hinzugegeben und die Soße sämig gekocht.

Bratzeit: Etwa 10 Minuten.

b) Panierte Fleischstücke

Kotelette

4 Kotelette (Schweine- oder Kalbfleisch), etwas Salz, 1 gestrichener Eßl. Weizenmehl, 1 Ei, 40 g Semmelmehl, 50 g Fett, 1 gestrichener Eßl. Weizenmehl zum Bräunen, ¼ l Wasser.

Die Fleischstücke werden leicht geklopft, mit Salz bestreut und paniert. Man brät sie in dem heißen Fett auf beiden Seiten braun. Dann wird das Mehl in dem Bratensatz gebräunt, mit Wasser aufgefüllt und zur Soße sämig gekocht.

Bratzeit: Schweinekotelette 10–15 Minuten,
Kalbskotelette 8–10 Minuten.

Hammelkotelette

4 Kotelette, etwas Salz, 1 gestrichener Eßl. Weizenmehl, 1 Ei, 40 g Semmelmehl, 50 g Fett, 1 gestrichener Eßl. Mehl zum Bräunen, ¼ l Wasser.

Man entfernt Fett, Haut und Knochen. Die Fleischstücke werden leicht geklopft, mit Salz bestreut und paniert. Man brät sie in dem heißen Fett auf beiden Seiten braun. Dann wird das Mehl in dem Bratensatz gebräunt, mit Wasser aufgefüllt und die Soße sämig gekocht.

Hammelkotelette sind eine feine Beigabe zu jungen Bohnen.

Bratzeit: 10–15 Minuten.

Hammelkotelette lassen sich auch unpaniert wie Filetbeefsteak herstellen (S. 79).

Kalbsschnitzel (Abb. Tafel 6)

4 Scheiben schieres Kalbfleisch (Keule), etwas Salz, 1 gestrichener Eßl. Weizenmehl, 1 Ei, 40 g Semmelmehl, 50 g Fett, ⅛ l Wasser, 2–3 Eßl. saure Sahne.

Das Fleisch wird mit Salz bestreut und paniert. Man brät es in dem heißen Fett auf beiden Seiten braun. Der mit Wasser und Sahne losgekochte Bratensatz wird über die Schnitzel gegossen. Man garniert sie mit Zitronenscheiben, Sardellen und Kapern.

Bratzeit: Etwa 10 Minuten.

D. Fleisch in Gelee

Die in den Knochen, Knorpeln und Sehnen enthaltenen Leimstoffe werden in der Küche zur Herstellung von Sülzen und Gelees (Aspik) benutzt. Man kann sie selbst durch langes Kochen aus den Knochen lösen, kann aber auch Gelatine verwenden, was viel billiger und einfacher ist. Gelatine ist nämlich die reinste Form solcher Leimstoffe, sie wird aus Knochen hergestellt. Der Hausfrau ist damit das lange Kochen der Knochen zum Auslaugen der schwerlöslichen Leimstoffe durch die Industrie abgenommen, die ihr diese Stoffe in hygienisch einwandfreier Form in Päckchen oder Beuteln liefert.

Regeln

1. Zum Gelieren von ½ l Flüssigkeit gebraucht man 1 Päckchen Dr. Oetker „Regina"-Gelatine gemahlen oder 6 Blatt „Regina"-Gelatine. Der Inhalt eines Päckchens entspricht 6 Blatt Gelatine.

2. Gemahlene Gelatine mit etwas kaltem Wasser anrühren, 10 Minuten zum Quellen stehenlassen und unter Rühren auf kleiner Flamme erwärmen, bis sich alles gelöst hat, dann an die zu steifende Speise geben.

   Blatt-Gelatine in kaltem Wasser einweichen, dann in heiße Flüssigkeit geben.

3. Flüssigkeit mit gelöster Gelatine wird erst dann fest, wenn sie genügend abgekühlt ist und lange genug gestanden hat. Falls die Zimmertemperatur über 23° C beträgt, erstarrt gelöste Gelatine nicht mehr. Daraus ergibt sich folgendes:

   Gelatine-Speisen einige Stunden vor Genuß, am besten am Abend vorher, herstellen und kalt stellen (Kühlschrank, Keller, Topf mit kaltem Wasser).

4. Wenn Speisen mit Gelatine gestürzt werden sollen, füllt man sie in Formen, die mit kaltem Wasser ausgespült oder mit zerlassener Margarine ausgepinselt sind. Damit sich die Speisen gut stürzen lassen, löst man sie vom Rand mit einem Messer und hält die Form einen Augenblick in heißes Wasser.

Gelee (Aspik) für Fisch, Fleisch, Geflügel, Eier und Gemüse

3/8 l Fleisch- oder Gemüsebrühe, 1/10 l Essig oder Wein, 1 Eiweiß, 1 Eierschale, 3 Eßl. kaltes Wasser, 1 Päckchen Dr. Oetker „Regina"-Gelatine gemahlen, weiß, 5 Eßl. kaltes Wasser.

Man entfettet die erkaltete Brühe und schmeckt sie mit Essig oder Wein ab. Das Eiweiß, die zerdrückte Eierschale und das Wasser werden geschlagen, zur Brühe gegeben und unter ständigem Schlagen bis kurz vor dem Kochen erhitzt. Dabei gerinnt das Eiweiß und bindet die in der Brühe enthaltenen trüben Bestandteile. Man stellt die Brühe kalt und läßt sie so lange ruhig stehen, bis sie klar ist. Der Schaum wird abgenommen und die Brühe durch ein sauberes Tuch gegossen. Anschließend bringt man die Brühe wieder zum Kochen, gibt die nach Vorschrift in den 5 Eßl. Wasser gequollene Gelatine hinein und rührt so lange, bis alles gelöst ist.

Sehr hübsch sieht es aus, wenn man auf dem Boden der mit Margarine ausgestrichenen Form einen sogenannten Spiegel herstellt. Man gibt so viel von der Brühe in die Form, daß der Boden bedeckt ist. Wenn diese Schicht erstarrt ist, verziert man sie mit Gurkenstückchen, Tomaten- und Eierscheiben und gießt vorsichtig einige Eßlöffel Brühe darüber. Ist sie erstarrt, werden die betreffende Einlage und der Rest der schon etwas dicklichen Brühe dazugegeben und recht kalt gestellt. Wenn das Gelee schnittfest geworden ist, löst man es mit einem Messer vorsichtig vom Rand der Form, stürzt es auf eine Platte (evtl. die Form vorher einen Augenblick in heißes Wasser halten!) und verziert es mit Petersilie, Tomaten, Gurken und geviertelten Eiern.

Sülzkotelette

500 g Schweinerücken, 1 l Wasser, etwas Salz, Zwiebel, Suppengrün, 1 Gewürzdosis (S. 16), 1/8 l Essig, 1 Eiweiß, 1 Eierschale, 3 Eßl. kaltes Wasser, 1 Päckchen Dr. Oetker „Regina"-Gelatine gemahlen, weiß, 5 Eßl. kaltes Wasser, Gurkenstückchen, Tomaten- und Eierscheiben.

Das Fleisch wird in das kochende Salzwasser gegeben. Wenn es erforderlich ist, schäumt man die Brühe ab. Nach 1 Stunde Kochzeit gibt man die Zwiebel, das gebündelte Suppengrün, die Gewürzdosis und den Essig hinein. Wenn das Fleisch weich ist, wird es aus der Brühe genommen und in 4 gleich dicke Scheiben geschnitten.

Man entfettet die erkaltete Brühe und schmeckt sie, wenn erforderlich, mit Salz und Essig ab. Das Eiweiß, die zerdrückte Eierschale und das Wasser werden geschlagen, zur Brühe gegeben und unter ständigem Schlagen bis kurz vor dem Kochen erhitzt. Dabei gerinnt das Eiweiß und bindet die in der Brühe enthaltenen trüben Bestandteile. Man stellt die Brühe kalt und läßt sie so lange ruhig stehen, bis sie klar ist. Der Schaum wird abgenommen und die Brühe durch ein sauberes Tuch gegossen. Anschließend mißt man 3/8 l Brühe ab, bringt sie wieder zum Kochen, gibt die nach Vorschrift in den 5 Eßl. Wasser gequollene Gelatine hinein und rührt so lange, bis alles gelöst ist.

4 Kotelettformen werden mit zerlassener Margarine ausgestrichen. Man gibt so viel von der erkalteten Brühe in die Form, daß der Boden bedeckt ist. Wenn diese Schicht erstarrt ist, verziert man sie mit Gurkenstückchen, Tomaten- und Eierscheiben und gießt vorsichtig einige Eßlöffel Brühe darüber. Ist sie erstarrt, wird in jede Form 1 Kotelett gelegt und 1/4 der restlichen, schon etwas dicklichen Brühe darüber gegossen und recht kalt gestellt. Wenn das Gelee schnittfest geworden ist, löst man es mit einem Messer vorsichtig vom Rand der Form und stürzt es auf eine Platte (evtl. die Form vorher einen Augenblick in heißes Wasser halten).

Sülze (Abb. Tafel 7)

1 l Wasser, 1 Lorbeerblatt, 3–4 Pfefferkörner, knapp 1 Eßl. Salz, etwas Suppengrün, 1 Zwiebel, 250 g Kalbfleisch, 250 g Schweinefleisch, 1/8 l Essig, Salz und Zucker nach Geschmack, 1 Päckchen Dr. Oetker „Regina"-Gelatine gemahlen, weiß, 5 Eßl. kaltes Wasser, etwas Petersilie.

Man bringt das Wasser mit Gewürzen, Suppengrün und Zwiebel zum Kochen, gibt das Fleisch hinein und kocht es gar. Das erkaltete Fleisch wird in Würfel geschnitten. Man gießt die Brühe durch ein Sieb, mißt 3/8 Liter davon ab, fügt den Essig hinzu und schmeckt mit Salz und Zucker ab. Die Brühe wird wieder zum Kochen gebracht, die nach Vorschrift in den 5 Eßl. Wasser gequollene Gelatine wird darunter gerührt, bis alles gelöst ist. Die Fleischwürfel werden hinzugegeben. Man füllt Fleisch und Brühe in kalt ausgespülte Förmchen oder Tassen und stellt sie kalt. Wenn die Sülze schnittfest ist, löst man sie mit einem Messer vorsichtig vom Rand des Gefäßes, stürzt sie auf eine Platte und verziert sie mit Petersilie.

Wild

Der Hase

Ein junger Hase hat leicht einreißbare Löffel. Er muß einige Tage abhängen, ehe er in der Küche verwendet werden kann. Will man ihn abziehen, so hängt man ihn mit den Hinterläufen an 2 starken Nägeln auf, den Rücken zur Wand, schneidet das Fell rund um die 4 Pfoten ein, schlitzt es auf der Innenseite der Keulen bis zum Schlußdarm auf und macht auch auf der Bauchseite, von der Blume ausgehend, einen kleinen Einschnitt. Dann streift man das Fell von den Hinterläufen und über den Körper herunter bis zum Kopf. Nun werden die Vorderläufe von unten nach oben herausgedrückt und die Pfoten abgebrochen. Zuletzt wird das Fell über den Kopf gezogen, wobei man die Ohren von innen her abschneidet und auch sonst mit dem Messer nachhilft, besonders an den Augen.

Um den Hasen auszuweiden, wird er auf ein Brett gelegt und der Bauch der Länge nach aufgeschnitten. Man nimmt das Eingeweide heraus bis auf die Nieren, die im Hasen bleiben. Von der Leber löst man vorsichtig die unbrauchbare Galle und hebt nur Leber, Herz und Lunge auf.

Den Kopf, die Bauchhaut mit den Rippen sowie die Vorderläufe hackt man ab, sie werden mit Leber, Herz und Lunge zu Hasenpfeffer oder Ragout verwandt. Rücken und Hinterläufe werden enthäutet, die Hinterläufe, die längere Garzeit haben als der Rücken, am besten abgetrennt. Die Rückenwirbel knickt man ein, um den Hasen besser braten und zerteilen zu können.

Hasenbraten

1 Hase (Rücken, Keulen, Läufe), etwas Salz, 50 g Butter oder Margarine, etwa 125 g Speck, 1/8 l saure Sahne oder 5 Eßl. Büchsenmilch, etwa 1/4 l Wasser, 1 gestrichener Eßl. Dr. Oetker „Gustin", 2 Eßl. kaltes Wasser zum Anrühren.

Der Hase wird leicht gewaschen, enthäutet und von allem Fett befreit. Man reibt ihn mit Salz ein, bestreicht ihn mit Fett, legt ihn auf Speckscheiben in die mit Wasser ausgespülte Rostbratpfanne und bedeckt ihn mit Speckscheiben.

Der Hase wird so in den Backofen geschoben, daß er sich in der Mitte befindet. Man kann den Rücken 15 Minuten später in die Bratpfanne legen, da er am zartesten ist und leicht trocken wird. 10 Minuten vor Beendigung der Bratzeit wird der Hase mit Sahne oder Büchsenmilch übergossen.

Wenn er gar ist, stellt man aus dem losgekochten Bratensatz, der erforderlichen Wassermenge und dem kalt angerührten „Gustin" auf der Kocherflamme die Soße her.

Flammenbackofen: 1/2 große Flamme.
Reglerbackofen: 2 3/4–3 3/4.
Bratzeit: Für junge Tiere 1–1 1/4 Stunden,
für alte Tiere 1 1/2 Stunden und mehr.

Hasen- oder Kaninchenpfeffer

1 Hasen- oder Kaninchenklein (gespaltener Kopf, Hals, Rippen, Lunge und Herz), 50 g in kleine Würfel geschnittener Speck, 1 kleine, in Würfel geschnittene Zwiebel, 50 g Weizenmehl, 1/2 l Wasser, Salz, Pfeffer, Zitronensaft oder Rotwein, Zucker.

Das Hasen- oder Kaninchenklein wird kurz gewaschen, in 2 cm große Stücke geteilt und mit der Zwiebel in dem ausgelassenen Speck angebraten. Man stäubt das Mehl darüber, bräunt es, füllt mit dem Wasser auf und gibt Salz und Pfeffer hinzu. Man läßt das Fleisch langsam weich schmoren. Die Soße wird vor dem Anrichten mit Zitronensaft oder Rotwein und Zucker abgeschmeckt. Sie muß pikant süßsauer schmecken.

Man reicht Kartoffelbrei zum Hasenpfeffer.

Veränderung: Man kann das Hasenklein vor dem Schmoren einige Tage in Buttermilch legen, damit es zarter wird.

Schmorzeit: 1 1/4–1 1/2 Stunden.

Kaninchenbraten

1 Kaninchen (Rücken, Keulen, Läufe), etwas Salz, 50 g Butter oder Margarine, etwa 125 g Speck, 1/8 l saure Sahne oder 5 Eßl. Büchsenmilch, etwa 1/4 l Wasser, 1 gestrichener Eßl. Dr. Oetker „Gustin", 2 Eßl. kaltes Wasser zum Anrühren.

Das Kaninchen wird leicht gewaschen, enthäutet und von allem Fett befreit. Man reibt es mit Salz ein, bestreicht es mit Fett, legt es auf Speckscheiben in die mit Wasser ausgespülte Rostbratpfanne und bedeckt es mit Speckscheiben.

Das Kaninchen wird so in den Backofen geschoben, daß es sich in der Mitte befindet. Man kann den Rücken 15 Minuten später in die Bratpfanne legen, da er am zartesten ist und leicht trocken wird. 10 Minuten vor Beendigung der Bratzeit wird das Kaninchen mit Sahne oder Büchsenmilch übergossen.

Wenn es gar ist, stellt man aus dem losgekochten Bratensatz, der erforderlichen Wassermenge und dem kalt angerührten „Gustin" auf der Kocherflamme die Soße her.

Flammenbackofen: ½ große Flamme.

Reglerbackofen: 2¾–3¾.

Bratzeit: Für junge Tiere 1–1¼ Stunden,
für alte Tiere 1½ Stunden und mehr.

Hirschrücken

1–1¼ kg Hirschrücken, etwas Salz, 40 g Butter oder Margarine, etwa 100 g Speck, etwas Wasser, ⅛ l saure Sahne oder 5 Eßl. Büchsenmilch, 1 gestrichener Eßl. Dr. Oetker „Gustin", 2 Eßl. kaltes Wasser.

Der Rücken wird enthäutet, mit Salz eingerieben und mit Fett bestrichen. Man legt ihn auf Speckscheiben in die mit Wasser ausgespülte Rostbratpfanne und bedeckt ihn mit Speckscheiben. Der Hirschrücken wird so in den Backofen geschoben, daß er sich in der Mitte befindet.

Sobald der abtropfende Bratensatz bräunt, gibt man etwas heißes Wasser in die Rostbratpfanne. 10 Minuten vor Beendigung der Bratzeit wird der Hirschrücken mit Sahne oder Büchsenmilch übergossen.

Wenn der Braten gar ist, stellt man aus dem losgekochten Bratensatz, der erforderlichen Wassermenge, der Sahne und dem kalt angerührten „Gustin" auf der Kocherflamme die Soße her.

Flammenbackofen: ⅓ große Flamme.

Reglerbackofen: 3–4.

Bratzeit: Etwa 2 Stunden.

Veränderung: Wer den Wildgeschmack nicht so sehr liebt, legt den enthäuteten Rücken 1–2 Tage in 1–1¼ l Buttermilch, dadurch wird das Fleisch etwas mürber.

Rehrücken

1–1½ kg Rehrücken, etwas Salz, 40 g Butter oder Margarine, etwa 75 g Speck, etwa ¼ l Wasser, ⅛ l saure Sahne oder saure Milch, 1 gestrichener Eßl. Dr. Oetker „Gustin", 2 Eßl. kaltes Wasser.

Der Rücken wird enthäutet, mit Salz eingerieben, mit Fett bestrichen, mit Speckscheiben bedeckt und in die mit Wasser ausgespülte Rostbratpfanne gelegt. Man schiebt den Rehrücken so ein, daß er sich in der Mitte befindet.

Damit der Bratensatz nicht zu stark bräunt, wird bei Bedarf etwas heißes Wasser in die Rostbratpfanne gegossen. 10 Minuten vor Beendigung der Bratzeit übergießt man den Braten mit saurer Sahne oder Milch.

Wenn der Rehrücken gar ist, wird die Soße auf der Kocherflamme aus dem losgekochten Bratensatz, der erforderlichen Wassermenge und dem kalt angerührten „Gustin" hergestellt.

Flammenbackofen: ½ große Flamme.

Reglerbackofen: 3½–4½.

Bratzeit: 45–60 Minuten.

Rehkeule

1 kg Rehkeule, etwas Salz, 40 g Butter oder Margarine, etwa 75 g Speck, etwa ¼ l heißes Wasser, ⅛ l saure Sahne oder saure Milch, 1 gestrichener Eßl. Dr. Oetker „Gustin", 2 Eßl. kaltes Wasser.

Die Rehkeule wird enthäutet, mit Salz eingerieben, mit Fett bestrichen, mit Speckscheiben bedeckt und in die mit Wasser ausgespülte Rostbratpfanne gelegt. Man schiebt die Rehkeule so ein, daß sie sich in der Mitte befindet.

Damit der Bratensatz nicht zu stark bräunt, wird bei Bedarf etwas heißes Wasser in die Rostbratpfanne gegossen. 10 Minuten vor Beendigung der Bratzeit übergießt man den Braten mit saurer Sahne oder Milch.

Wenn die Rehkeule gar ist, wird die Soße auf der Kocherflamme aus dem losgekochten Bratensatz, der erforderlichen Wassermenge und dem kalt angerührten „Gustin" hergestellt.

Flammenbackofen: ½ große Flamme.

Reglerbackofen: 3½–4½.

Bratzeit: Etwa 2 Stunden.

Rehblatt

¾–1 kg Rehblatt, 20 g Weizenmehl, 30 g Speck, 50 g Fett, etwas Salz, 1 Zwiebel, ¼–½ l Wasser, 1 Teel. Dr. Oetker „Gustin", 1 Eßl. kaltes Wasser.

Das Fleisch wird kurz gewaschen, in Mehl gewendet und mit Speckscheiben belegt oder umwickelt. Dann legt man es in das erhitzte Fett, bräunt es im offenen Topf von allen Seiten gut an und salzt es. Die kleingeschnittene Zwiebel wird kurz in heißem Fett miterhitzt. Dann gießt man vorsichtig vom Rand aus heißes Wasser zu, vorerst aber nur ¼ l. Man läßt das Fleisch auf kleiner Flamme im zugedeckten Topf schmoren. Es muß von Zeit zu Zeit gewendet und verkochtes Wasser ersetzt werden.

Wenn das Fleisch gar ist, gibt man die Soße durch ein Sieb, dickt sie mit kalt angerührtem „Gustin" und schmeckt sie mit Salz ab.

Veränderung: Vor dem Schmoren kann man das Fleisch 3–4 Tage in Buttermilch legen. Es wird dadurch zarter.

Schmorzeit: Etwa 2 Stunden.

Reh- oder Hirschragout

500 g Reh- oder Hirschfleisch, ½ l Wasser, etwas Salz, etwas Paprika, 2 Nelken, 1 Lorbeerblatt, 3–4 Pfefferkörner, 1 Zwiebel, 40 g Fett, 50 g Weizenmehl, 1 Zwiebel, etwas Salz, 1 Eßl. Essig oder Zitronensaft, etwas Rotwein, 1 Prise Zucker, 1 saure Gurke.

Das in Stücke geschnittene Fleisch wird in das kochende Wasser, in das man die Gewürze und die in Viertel geschnittene Zwiebel gegeben hat, gelegt. Man kocht das Fleisch auf kleiner Flamme im zugedeckten Topf weich. Von der Brühe wird ½ l abgemessen. Man stellt aus Fett, Weizenmehl und Zwiebel eine dunkle Grundsoße (S. 47) her. Die Soße wird mit Salz, Säure, etwas Rotwein und Zucker abgeschmeckt. Man rührt das Fleisch darunter und läßt es noch etwa 10 Minuten in der Soße ziehen. Dann wird die in Würfel geschnittene Gurke hinzugegeben.

Kochzeit: 1–2 Stunden, je nach Alter.

Veränderung: Wer den Wildgeschmack nicht so liebt, legt das Fleisch 1 Nacht in ¼ l Essig und ½ l Wasser. Das Fleisch wird wie oben zubereitet (Marinade nicht verwenden!), man darf dann jedoch nicht mehr mit Zitronensaft oder Essig abschmecken.

Wildschweinbraten

1 ½ kg Wildschweinfleisch vom Frischling (Rücken), etwas Salz, etwa ¼ l heißes Wasser, ¼ l Rotwein, 2 Zwiebeln, 1–2 Eßl. Johannisbeergelee, 1 gut gehäufter Eßl. Dr. Oetker „Gustin", 1 Eßl. kaltes Wasser zum Anrühren, 2 Eßl. saure Sahne oder Büchsenmilch.

Das Fleisch wird gewaschen, abgetrocknet und mit Salz eingerieben. Man schneidet das Fett gitterartig ein und legt das Fleisch mit dem Fett nach oben in die gefettete, mit Wasser ausgespülte Rostbratpfanne. Es wird so eingeschoben, daß es sich in der Mitte befindet.

Damit der Bratensatz nicht zu stark bräunt, werden während des Bratens ab und zu nach Bedarf etwas heißes Wasser und Rotwein in die Rostbratpfanne gegossen. Man gibt die in Viertel geschnittene Zwiebel erst in den letzten 15 Minuten der Bratzeit in die Rostbratpfanne. Sollte während des Bratens sehr viel Fett aus dem Braten ausgetreten sein, schöpft man vor der Herstellung der Soße das Fett ab und stellt dann aus dem losgekochten Bratensatz, der erforderlichen Wassermenge, Rotwein und Johannisbeergelee auf der Kocherflamme nach Geschmack die Soße her. Sie wird mit „Gustin" gedickt, das man mit Wasser und Sahne angerührt hat.

Flammenbackofen: ½ große Flamme.
Reglerbackofen: 3½–4½.
Bratzeit: Etwa 2¼ Stunden.

Geflügel

Vorbereitung

Man unterscheidet zahmes und wildes Geflügel. Zahmes Geflügel wird nach dem Schlachten in der Regel sofort gerupft, während Wildgeflügel in den Federn abhängen muß.

Beim Einkauf hat man darauf zu achten, daß man junges und zartes Geflügel bekommt, falls man es braten will. Altes Geflügel verwendet man zu Suppen, Frikassee oder Ragout.

Das Alter eines Hahnes ist am leichtesten erkennbar am Sporn, der, je älter das Tier, desto länger und härter ist. Beim Huhn ist das sicherste Merkmal der Tritt, der beim jungen Huhn glatte und weiche Haut, beim älteren unter den Zehen harte Ballen aufweist. Eine junge Gans erkennt man am gelben, weichen Schnabel; die Schwimmhäute sind dünn und leicht einzureißen.

Alles Geflügel soll trocken gerupft werden. Man faßt die Federn unmittelbar an der Haut und zieht sie nach dem Schwanz zu vorsichtig aus, um die Haut nicht einzureißen.

Nach dem Rupfen wird das Tier an offener Flamme gesengt, damit alle Federreste verschwinden; die Stoppeln werden mit scharfem Messer entfernt. Dann wird es mit lauwarmem Wasser und Weizenkleie gewaschen, um ihm eine zarte Farbe zu geben, kalt abgespült und abgetrocknet.

Das Ausnehmen beginnt am Kopfe. Falls man nicht vorzieht ihn abzuschlagen, schneidet man Schnabel und Zunge weg und sticht Augen und Ohren aus. Dann macht man am unteren Teil des Halses einen Schnitt und holt Gurgel und Schlund heraus. Man schneidet den Afterring ab und macht von da aus einen Einschnitt in die Bauchhaut, entfernt vorsichtig das Bauchfett, faßt hinter den Magen und zieht mit diesem die Eingeweide heraus. Nun löst man vom Darm die Leber ab und entfernt von dieser vorsichtig die Galle. Der Magen wird an der weißen Haut aufgeschnitten und die inwendige harte Haut abgezogen. (Von den Därmen der Gans löst man vorsichtig das Fett ab und wässert es, ebenso das Bauch- oder Flomenfett. Es wird später ausgebraten.)

Nachdem das Geflügel noch einmal gewaschen ist, wird es gebunden. Man legt es auf den Rücken, drückt die Keulen fest an den Körper und zieht mittels einer Nadel einen Bindfaden durch Keulen, Leib, Flügel und Rücken. Die Bindfadenenden werden fest angezogen und verknotet. Das Geflügel läßt sich so besser braten und zerlegen.

Bei der Zubereitung des Geflügels richte man sich nach den Regeln, die für die verschiedenen Arten des Garmachens von Fleisch im vorhergehenden Abschnitt angegeben sind und auf die im folgenden nur hingewiesen wird.

Huhn mit Reis

1 Suppenhuhn (von 1–1 ¼ kg), 2 l Wasser, etwas Salz, 1 Petersilienwurzel, 1 Möhre, 250 g Reis, 1 kleine Zwiebel, 60 g Butter oder Margarine, 60 g Weizenmehl, Salz, Zitronensaft, 1 Eigelb, 2 Eßl. kaltes Wasser.

Das Huhn wird gerupft, gesengt, ausgenommen und gewaschen. Man gibt es mit dem Herzen, dem aufgeschnittenen Magen und dem Hals in das kochende, gesalzene Wasser und kocht es auf kleiner Flamme langsam weich. Die Petersilienwurzel und die Möhre werden nach etwa 1 Stunde Kochzeit dazugegeben.

Wenn das Huhn weich ist, schöpft man von dem Fett der Brühe etwas in einen Topf, gibt den gewaschenen Reis und 1 kleine Zwiebel dazu und röstet beides leicht an. Dann wird 1 Liter heiße Brühe darauf gegossen. Man läßt den Reis ohne Umrühren quellen und gar werden.

Die 60 g Fett werden zerlassen. Man erhitzt das Mehl so lange darin, bis es hellgelb ist. Dann gibt man unter ständigem Rühren ¾ l kalte Hühnerbrühe hinzu und läßt 10 Minuten kochen. Die Soße wird mit Salz und Zitronensaft abgeschmeckt und mit Eigelb legiert.

Man zerlegt das Huhn, gibt es auf eine runde Schüssel und gießt die Soße darüber. Der Reis wird als Kranz darumgelegt.

Kochzeit: Für das Huhn 2–4 Stunden,
für den Reis etwa 30 Minuten.

Feines Hühnerfrikassee (für 6–8 Personen)

1 Huhn, 2 l Wasser, etwas Salz, 1 Petersilienwurzel, 1 Möhre, 80 g Butter oder Margarine, 80 g Weizenmehl, Fisch- oder Fleischklößchen, Blumenkohl oder Spargel, Kapern, Champignons, Zitronensaft oder Wein, 1–2 Eigelb, 2 Eßl. kaltes Wasser.

Das Huhn wird gerupft, gesengt, ausgenommen und gewaschen. Man gibt es mit dem Herzen, dem aufgeschnittenen Magen und dem Hals in das kochende, gesalzene Wasser und kocht es langsam weich. Die Petersilienwurzel und die Möhre werden etwa nach 1 Stunde Kochzeit dazugegeben. Wenn das Huhn weich ist, mißt man 1 Liter Brühe ab und verwendet sie zu einer hellen Grundsoße.

Das Fett wird zerlassen. Man erhitzt das Mehl so lange darin, bis es hellgelb ist. Dann gibt man unter ständigem Rühren die abgekühlte Hühnerbrühe hinzu und läßt die Klößchen darin gar ziehen.

Die anderen Einlagen werden ebenfalls dazugegeben, dann wird die Soße abgeschmeckt und mit Eigelb legiert. Man gibt sie über das zerlegte oder aus den Knochen gelöste Huhn, garniert nach Belieben mit Blätterteighalbmonden und einigen zurückgelassenen Klößchen.

Das Frikassee kann aber auch in einem Reisrand angerichtet werden.

Kochzeit: Für das Huhn 2–4 Stunden.

Gebratenes Huhn (Abb. Tafel 7)

1 junges Huhn oder 2 Hähnchen, etwas Salz, 40 g Speck, 60 g Butter oder Margarine, Brühe oder Wasser nach Bedarf, 3–5 Eßl. saure Sahne oder Büchsenmilch, 1 Teel. Dr. Oetker „Gustin", 1 Eßl. kaltes Wasser.

Das gut gerupfte, gesengte und ausgenommene Huhn oder die Hähnchen werden kurz gewaschen, von innen gesalzen und mit Speckscheiben umwickelt. Man erhitzt die Butter oder Margarine in der Bratpfanne, bräunt das Huhn von allen Seiten gut, gibt nach Bedarf etwas Brühe oder Wasser hinzu und brät es unter fleißigem Begießen. Wenn das Huhn weich ist, kocht man den Bratensatz mit der sauren Sahne und etwas Wasser los, dickt mit dem kalt angerührten „Gustin" und schmeckt mit Salz ab.

Bratzeit: ¾–1 Stunde.

Gefülltes Huhn

Herz, Magen und Leber werden fein gehackt, mit ½ Ei, 1 eingeweichten, gut ausgedrückten Brötchen und feingewiegter Petersilie vermischt und mit Salz abgeschmeckt. Man füllt die Masse in das vorbereitete Huhn, näht Hals- und Bauchöffnung zu und brät nun wie oben beschrieben.

Die Taube

Der ausgenommenen Taube wird der Hals nach hinten gelegt. Die Flügel biegt man auf den Rücken, so daß der eine den Hals hält. Den Bauch schneidet man nicht lang, sondern quer ein und steckt beide Beine in den Einschnitt. So läßt sich das Tier besser braten.

Man legt Magen, Herz und Leber mit einem Stück Butter in den Bauch, kann sie aber auch fein hacken, mit eingeweichtem Weißbrot, Ei, Salz, Muskat und Petersilie vermengen und als Füllung verwenden.

Zutaten und Zubereitung im übrigen wie beim Huhn. Man rechnet 1 Taube für die Person.

Gebratene Gans (für 8–10 Personen)

1 Gans (4½–6 kg), etwas Salz, etwa ½ l Wasser, etwas Salzwasser, 1–2 gestrichene Eßl. Dr. Oetker „Gustin", 2 Eßl. kaltes Wasser zum Anrühren.

Die gut ausgenommene Gans wird kurz gewaschen und gut abgetrocknet. Man befestigt Keulen und Flügel mit einem Bindfaden am Körper (s. Vorbereitungen S. 88) und salzt die Gans von innen und außen. Soll sie gefüllt werden, gibt man die Füllung in das Innere und näht sie anschließend zu. Die Gans wird mit dem Rücken nach unten auf den Rost der Bratpfanne gelegt, auf die untere Schiene in den Backofen geschoben und bei ⅓ großer Flamme oder Reglerstellung 3–4 gebraten. Während des Bratens sticht man ab und zu unterhalb der Flügel und Keulen in die Gans, damit das Fett besser ausbraten kann. Das in der Bratpfanne sich sammelnde Fett wird hin und wieder abgeschöpft. Sobald der Bratensatz anfängt zu bräunen, gießt man zunächst ⅛ l heißes Wasser zu. Wenn das Wasser verdampft ist, wird nochmals ⅛ l nachgegeben. 10 Minuten vor Beendigung der Bratzeit bestreicht man die Gans mit Salzwasser und stellt die Flamme auf groß oder den Regler auf 8, damit die Haut recht schön kroß wird.

Die fertig gebratene Gans wird auf eine heiße Platte gelegt, die Fäden werden herausgezogen und die Füllung herausgenommen. Anschließend zerlegt man die Gans. Aus dem mit Wasser losgekochten Bratensatz und dem kalt angerührten „Gustin" wird die Soße hergestellt. Rotkohl, Grünkohl, Thüringer Klöße und Apfelmus sind passende Beilagen.

Flammenbackofen: ⅓ große Flamme.
Reglerbackofen: 3–4.
Bratzeit: 2½–3 Stunden.

Füllungen:

1. 1 kg Äpfel, nicht geschält, aber entkernt.
2. 500 g in Scheiben geschnittene Äpfel, mit 500 g vorgeweichten, entsteinten Backpflaumen, etwas Zucker und Semmelmehl gemischt.
3. 1 kg in Scheiben oder Würfel geschnittene Pellkartoffeln, mit Salz, Butterflöckchen, evtl. auch mit feingehacktem Magen und Herz vermischt.
4. 500 g Kastanien, von Schalen und Haut befreit und halbweich gedünstet, mit 1 kg geschälten, in Scheiben geschnittenen Äpfeln vermischt.

Gänse- oder Entenklein

1 Gänse- oder Entenklein (Kopf, Hals, Flügel, Magen, Herz und Füße), ¾ l Wasser, Wurzelwerk, etwas Salz, 60 g Butter oder Margarine, 60 g Weizenmehl, 1–2 Eßl. gehackte Petersilie, evtl. etwas Weißwein.

Die Füße müssen gebrüht und enthäutet und die übrigen Teile sauber geputzt werden (Schnabel abschlagen und Augen ausstechen!). Man bringt das Wasser mit Wurzelwerk und Salz zum Kochen, gibt das Klein hinein und kocht es auf kleiner Flamme weich.

Man mißt ¾ Liter von der Brühe ab. Das Fett wird zerlassen, das Mehl wird so lange darin erhitzt, bis es hellgelb ist. Dann gibt man unter ständigem Rühren die abgekühlte Brühe hinzu, schmeckt sie mit Salz ab, gibt das abgelöste Fleisch hinein und läßt noch 10 Minuten ziehen. Kurz vor dem Auftragen wird die Petersilie unter das Gänseklein gerührt, und es wird nach Belieben mit Weißwein abgeschmeckt. Man reicht Salzkartoffeln oder Brühreis dazu.

Veränderung: Das Klein kann durch Fleisch- oder Semmelklößchen verlängert werden. Man läßt sie in der Soße gar ziehen.

Kochzeit: 1½–2 Stunden.

Gänse-Schwarzsauer

1 Gänseklein (Kopf, Hals, Flügel, Magen, Herz und Füße), 1–1½ l Wasser, etwas Salz, Majoran, 3 Nelken, 250 g gemischtes Backobst, Kartoffelklöße (S. 146), Gänseblut, 1 gestrichener Eßl. Weizenmehl, Essig, Zucker.

Die Füße müssen gebrüht und enthäutet und die übrigen Teile sauber geputzt werden (Schnabel abschlagen und Augen ausstechen!). Man bringt das Wasser mit Salz, Majoran und Nelken zum Kochen, gibt das Klein hinein und kocht es auf kleiner Flamme weich. Das gare Klein wird aus der Brühe genommen, das gut vorgequollene Backobst wird hineingegeben und nach einiger Zeit die nach Vorschrift hergestellten Kartoffelklöße. Wenn auch diese gar sind, wird das Mehl mit dem Gänseblut verquirlt und in die kochende Soße gegeben.

Man schmeckt sie mit Essig und Zucker ab. Sie muß angenehm süßsauer schmecken. Das aus den Knochen gelöste Fleisch, Obst und Klöße werden in eine Schüssel gegeben, die Soße wird darüber gegossen.

Veränderung: Hat man kein Blut zur Verfügung, dann bereitet man aus der Brühe eine dunkle Grundsoße und würzt sie mit 1 Eßl. Apfelkraut oder Rotwein, Essig und Zucker.

Garzeit: 1½–2 Stunden.

Gefüllter Gänsehals

1 Gänsehalshaut, 1 Gänseleber, 250 g fettes Schweinefleisch, 1 geriebene Zwiebel, 1 Ei, Salz, Pfeffer, evtl. etwas Cellophan-Darm.

Man zieht vom Hals die dicke Haut ab, ohne sie zu zerreißen, und näht sie an einem Ende zu. Aus der feingewiegten Gänseleber (man kann auch Herz und Magen mitverwenden!), dem feingehackten Schweinefleisch, der Zwiebel, dem Ei, Salz und Pfeffer macht man eine Füllung, unter die man noch 3 Eßl. feingewiegte Pilze rühren kann. Der Hals wird locker damit gefüllt, zugenäht, in kochendes Salzwasser gegeben und auf kleiner Flamme gar gekocht oder in Gänsefett gebraten. (Falls zu viel Füllung, den Rest in Cellophan-Darm füllen!) Während des Erkaltens bedeckt man den Gänsehals mit einem leicht beschwerten Brettchen; er stellt einen vorzüglichen Aufschnitt dar.

Kochzeit: Etwa 30 Minuten.

Gänseschmalz

Die Flomen geben das beste Schmalz, aber auch das Darmfett ist brauchbar. Es wird in kaltem Wasser gewaschen und eine Nacht in Milch oder Wasser gelegt. Man schneidet es in kleine Würfel und setzt es mit wenig Wasser an, es muß langsam in offener Pfanne ausbraten. Wenn die Grieben gelb sind, ist das Schmalz fertig. Man gießt es durch ein feines Sieb in vorgewärmte kleine Steintöpfe.

Gänseschmalz kann man gut als Brotaufstrich verwenden oder zum Schmoren von Grünkohl.

Veränderung: Man kann 1–2 Äpfel oder Zwiebeln mitkochen lassen. Soll das Fett fester werden, setzt man Schweine- oder Nierenfett zu.

Die Ente

Man richte sich nach den für die Zubereitung der Gans gegebenen Rezepten (S. 90).
1 Ente reicht für 5–7 Personen.

Flammenbackofen: ⅓ große Flamme.
Reglerbackofen: 3–4.
Bratzeit: Etwa 2 Stunden.

Die Pute

Die Pute wird vorbereitet und gebraten wie die Gans (S. 90). Ist sie mager, bestreicht man sie mit Butter oder Margarine und bindet Speckscheiben auf die Keulen. Der Kropf kann gefüllt werden, man nimmt dazu eine Fleischfüllung (S. 133) und gibt feingehacktes Herz, Magen und Leber hinzu.

Flammenbackofen: ⅓ große Flamme.
Reglerbackofen: 3–4.
Bratzeit: Etwa 2½ Stunden.

FISCHGERICHTE

Im Fisch, und zwar hauptsächlich im Seefisch, steht uns ein preiswertes, eiweißhaltiges Nahrungsmittel zur Verfügung, das leider heute noch in weiten Kreisen unseres Volkes wenig beachtet und in seinen Vorzügen nicht erkannt wird. Der Eiweißgehalt der Fische entspricht ungefähr dem unserer Schlachttiere, und da es sich um biologisch vollwertiges Eiweiß handelt, das von unserem Körper leicht verdaut und fast völlig ausgenutzt wird, gehören Fische zur Gruppe der wertvollen Eiweißspender unter den Nahrungsmitteln. Sie enthalten allerdings wenig Fett (mit Ausnahme von Hering, Lachs und Aal), dagegen sind sie reich an Mineralsalzen; Phosphor, Eisen, Kalk und Jod sind im Fisch enthalten. Die fetten Seefische sind reich an Vitaminen, besonders an dem für das Wachstum und allgemeine Gedeihen wichtigen Vitamin A, das vornehmlich der Hering, auch in geräuchertem Zustande, enthält; Lebertran z. B., das vitaminreichste Produkt der Fischindustrie, wird aus der Leber des Dorsches (Kabeljau) hergestellt.

Die geringe Bewertung des Fischfleisches ist um so bedauerlicher, als der Fisch auch aus volkswirtschaftlichen Gründen größte Beachtung verdient. Bisher wenigstens hindert das allgemeine Vorurteil gegen seinen Genuß, daß der uns zu Gebote stehende Reichtum des Meeres voll ausgenutzt wird.

Geht man den Gründen nach, die zur Ablehnung oder Minderbewertung der Fische führen, so ergibt sich, daß sie in den meisten Fällen auf einem gleichsam ererbten Vorurteil, bei vielen Hausfrauen leider auch auf Unkenntnis der vielseitigen Verwendungsmöglichkeiten beruhen. Die Abneigung gegen den Fischgenuß im Sommer ist heute deswegen völlig unbegründet, weil die Fänge, mustergültig in Eis verpackt, so schnell von der Küste an den Verbrauchsort gelangen, daß sie völlig frisch und einwandfrei auf dem Markt angeboten werden. Die meisten Fische sind im Sommer sogar am schmackhaftesten, weil sie sich von den Anstrengungen der winterlichen Laichzeit erholt haben und außerdem reichlich Nahrung finden.

Allerdings geht Fischfleisch wegen seines hohen Wassergehaltes leichter in Zersetzung über als das fettreichere und deshalb wasserärmere Fleisch unserer Schlachttiere; deshalb muß im Sommer der eisgelagerte Fisch unmittelbar nach dem Einkauf verwertet werden.

Das Kennzeichen guter Fische ist immer der frische, arthafte Geruch, straffe Haut und festes Fleisch, das dem Druck des Fingers elastisch nachgeben muß, ohne daß die Druckstelle lange sichtbar bleibt. Die vielfach angeführten Merkmale, klare Augen und rote Kiemen kommen bei den Seefischen als Kennzeichen meist in Wegfall, da die größeren Fische ohne Kopf geliefert werden, viele Fischarten auch anders gefärbte Kiemen besitzen, im übrigen aber durch die Berührung mit dem Schmelzwasser des Eises die Kiemen gebleicht und die Augen getrübt werden.

Was nun den Einwand betrifft, Fisch mache nicht satt, so besteht er nur dann zu Recht, wenn der Fisch nicht richtig zubereitet wird, wofür aber nicht der Fisch, sondern die Hausfrau verantwortlich zu machen ist. 100 g mageres Fischfleisch haben ungefähr den gleichen Nähr- und Sättigungswert wie 70 g mageres Rindfleisch oder 85 g Kalbfleisch. Das Sättigungsgefühl nach dem Genuß von Fischfleisch ist in der Hauptsache deswegen geringer, weil Fisch vom Magen rascher verarbeitet und in den Darm abgeschoben wird, ein Umstand übrigens, den man sich in der Ernährung Magenkranker zunutze macht.

Die lockere Fischfaser in Verbindung mit dem größeren Wassergehalt verlangt allerdings eine überlegte Behandlung in der Küche, wenn alle Nährstoffe der menschlichen Ernährung zugute kommen sollen. Man darf den Fisch nicht stundenlang im Wasser liegen lassen, um den ihm eigentümlichen Geruch zu entfernen. 1–2 Eßl. Zitronensaft oder Essig auf den gereinigten Fisch geträufelt, erfüllen denselben Zweck und machen das Fleisch außerdem fester und würziger.

Da Salz Wasser an sich reißt, soll man Fisch nie längere Zeit eingesalzen liegen lassen, weil mit dem austretenden Fischsaft wertvolle Mineralstoffe verlorengehen. Veraltet ist auch die Methode, den Fisch in kaltes bzw. heißes Wasser zu geben und darin gar zu kochen. Er wird dadurch ausgelaugt und so stark entwertet, daß man sich nicht wundern darf, wenn sich bei Tisch kein Sättigungsgefühl einstellen will. Die vielen und zum Teil scharfen Gewürze, die man dem Fisch mitgab: Lorbeerblatt, Pfefferkörner, Salz und Essig, konnten nicht gutmachen, was der Fisch bei dieser Art des Garmachens an natürlichen Salzen und Säuren einbüßte. Fisch muß in seinem eigenen Saft, ohne Zugabe von Wasser, gar gemacht werden, und seinen feinen Eigengeschmack behält er nur, wenn man ihm nicht viel Gewürz zusetzt. Im übrigen sollte man vom Fisch nicht mehr erwarten als von anderem Fleisch, an dem man sich in der Regel ja auch nicht satt ißt; man sollte also Fisch ebenso wie Fleisch mit Kartoffeln und Gemüse reichen. Wenn man dann 250 g Fisch pro Kopf und Mahlzeit rechnet, so bedeutet das bei dem niedrigen Preis der meisten Fische noch keine Verteuerung gegenüber anderem Fleisch.

Daß Fische sich vielseitig in der Küche verwenden lassen, daß man sie dämpfen, dünsten, braten und backen kann, daß sie als Klopse, Frikadellen, Kotelette, Rouladen, Frikassee, Ragout, Auflauf und Pudding erscheinen können, ja mit Gemüse (Sauerkraut!) und Kartoffeln oder Nudeln sogar als Eintopf vorzüglich sind, wird leider auch heute von vielen Hausfrauen nicht gewußt oder bei der Aufstellung des Küchenzettels nicht berücksichtigt. Aus Gewohnheit halten sie an der alten Methode des Garmachens von Fisch im Wasser fest, um ihn nachher mit ausgelassener Butter zu Tisch zu geben. Nur der Hering macht eine Ausnahme und ist in seiner mannigfachen Verwendbarkeit, gepökelt (Salzhering), geräuchert (Bückling), gebraten (Brathering) und mariniert (eingelegter Hering), bekannt und geschätzt. Aber auch andere Fischarten lassen sich vielseitig verwenden. Während Scholle und Rotzunge echte Bratfische und als solche am schmackhaftesten sind, lassen sich Schellfisch, Kabeljau, Seelachs und Goldbarsch auf die verschiedenste Weise zubereiten, wie überhaupt die beiden letztgenannten Fischarten stärkere Beachtung verdienen, als sie gewöhnlich finden. Da auch das Grätengerüst des Fisches wertvolle Salze enthält, sollte es nicht weggeworfen, sondern zusammen mit anderen Abfällen (Kopf, Haut) ausgekocht und die Brühe zu Fischsuppe verwandt werden.

Der hohe Eiweißgehalt in Verbindung mit der leichten Verdaulichkeit macht den Fisch auch zu einem wertvollen Bestandteil der Krankenkost. Durch Fischnahrung kann man dem Körper wichtige Nährstoffe und wertvolle Nährsalze zuführen, ohne eine Überlastung der Verdauungsorgane befürchten zu müssen, ein Vorzug, der in der Diätkost eine große, nicht selten ausschlaggebende Rolle spielt.

So können Fische dazu beitragen, unsere Kost nahrhaft und abwechslungsreich zu gestalten, wenn wir nur dafür Sorge tragen, daß ihnen bei der Zubereitung in der Küche und im Kochtopf keine Nährstoffe verlorengehen, und wenn wir Kenntnis und Können genug besitzen, um sie in immer neuer Form auf den Tisch zu bringen.

Regeln

1. Seefische müssen geschuppt werden. Man faßt den Schwanz von unten, hält ihn hoch und schuppt mit flach gehaltenem Messer oder mit einem Fischschupper vom Schwanz zum Kopf hin.
2. Zarthäutige Fische und solche, die blau gekocht werden sollen, dürfen nicht geschuppt werden. Die blaue Farbe entsteht durch den Farbstoff und Schleimgehalt der Haut, die deshalb nicht verletzt werden darf. Man reinigt solche Fische, ohne sie viel anzufassen, im Wasser oder auf einem nassen Küchenbrett.
3. Flossen und Schwanz der Fische, besonders größerer, werden mit einer Schere beschnitten.
4. Bei Seezungen wird auch die äußere Haut abgezogen. Man lockert sie am Schwanz und zieht sie mit einem kräftigen Ruck zum Kopf hin ab.
5. Bei Rotzungen wird die rote Haut abgezogen, aber vom Kopf zum Schwanz hin, die weiße nur geschuppt.
6. Um Fische ausnehmen zu können, schneidet man unterhalb des Kopfes den Bauch bis zum Ende der Bauchhöhle mit einem scharfen Messer auf. Dann werden die Eingeweide entfernt, man muß aber darauf achten, daß die Galle nicht verletzt wird.
7. Sowohl die innere schwarze Haut als auch die bei einigen Fischen vorhandene weiße, lederartige Haut längs des Rückgrats sowie das geronnene Blut müssen restlos entfernt werden.
8. Bei Seefischen werden die Kiemen (unter den Kiemendeckeln) herausgenommen.
9. Fische werden in kaltem Wasser gründlich innen und außen abgewaschen, dürfen aber nicht im Wasser liegen, damit keine Nährstoffverluste auftreten.
10. Sie werden innen und außen mit Salz eingerieben und mit Zitronensaft oder Essig beträufelt (Fleisch wird fester, Fischgeruch verschwindet!).
11. Zum Würzen verwendet man Zwiebeln, Tomaten und Suppengrün.
12. Filet schneidet man folgendermaßen:

    Mit einem größeren, scharfen Messer macht man am Kopfende im Rücken einen Einschnitt und achtet darauf, daß das Messer direkt über den Gräten liegt. Man legt die linke Hand auf den Fisch und zieht das Messer immer vom Kopf zum Schwanz hin; dabei wird das Fleisch von den Gräten gelöst.

    Danach entfernt man die Fischhaut. Die entgrätete Fischhälfte wird auf ein Brett gelegt (Haut nach unten!). Am Schwanzende löst man ein Stück Haut ab, nun hält man das Messer leicht schräg, schiebt das Messer weiter und trennt dabei die Haut vom Fisch.
13. Will man Fisch braten, so trocknet man ihn vor dem Panieren sorgfältig ab (wird knuspriger!) und klopft außerdem das Semmelmehl gut an.
14. Fische sind gar, wenn man die Rückenflosse leicht ausziehen kann.

A. Gedünsteter Fisch

Gedünsteter Fisch (auf der Kocherflamme)

1 kg See- oder Süßwasserfisch (z. B. Schellfisch, Kabeljau, Rotbarsch, Seelachs, Karpfen, Forelle, Schleie, Hecht, Zander), etwas Salz, etwas Zitronensaft oder Essig, etwas Butter, Margarine oder Öl.

Der Fisch wird ausgenommen, gewaschen, innen und außen gesalzen, mit Zitronensaft oder Essig beträufelt und etwa ½ Stunde stehengelassen. Dann gibt man ihn, ganz oder in Stücke geteilt, in einen gefetteten Kochtopf. Der Topf wird mit einem gut schließenden Deckel verschlossen und auf möglichst kleiner Flamme erhitzt.

Zu gedünstetem Fisch reicht man Salzkartoffeln und zerlassene Butter; Senf-, Tomaten-, Petersilien- oder Meerrettichsoße paßt ebenfalls dazu (den beim Dünsten des Fisches sich bildenden Saft verwenden!). Zu Karpfen gibt man aber auch gern Apfel- oder Sahnemeerrettichsoße, zu Schleie Dill-, zu Hecht Kapern- oder Petersiliensoße.

Dünstzeit: Etwa 35 Minuten.

Dünsten von Fisch im Backofen (Abb. Tafel 7)

1 kg Fisch, etwas Salz, etwas Zitronensaft oder Essig, etwas Butter oder Margarine, 30 g in Scheiben geschnittener Speck.

Alle Fische eignen sich zum Dünsten im Backofen. Die Benutzung des Backofens lohnt sich jedoch nur von 1 kg Fisch ab.

Der Fisch wird geschuppt, ausgenommen, gewaschen, innen und außen mit Salz eingerieben, mit Zitronensaft oder Essig beträufelt und etwa ½ Stunde stehengelassen. Dann trocknet man den Fisch ab, bestreicht ihn von allen Seiten mit Fett, legt ihn auf eine gefettete Porzellanplatte oder in die gefettete Rostbratpfanne und belegt ihn mit Speckscheiben. Der Fisch wird auf die unterste Schiene geschoben.

Flammenbackofen: ⅓ große Flamme.
Reglerbackofen: 2½–3½.
Dünstzeit: Etwa 40 Minuten.

Fisch blau gedünstet (Karpfen, Aal, Forelle, Schleie)

1 kg Fisch, etwas Salz, etwas Essig, etwas heiße Butter.

Fisch, der blau gedünstet werden soll, darf nicht geschuppt und von außen gesalzen werden, da dann der Schleim, der die Blaufärbung hervorruft, verletzt würde. Der Fisch wird am besten auf einem nassen Küchenbrett gereinigt und nur innen gesalzen. Man setzt den Fisch in die Rostbratpfanne, übergießt ihn mit ½ l kochend heißem Essigwasser, setzt ihn der Zugluft aus und stellt ihn dann aufrecht auf eine Porzellanplatte (Karpfen wird auf eine geschälte rohe Kartoffel gesetzt, Forelle und Schleie werden rund gebunden). Die Rostbratpfanne mit dem Essigwasser wird auf die untere Schiene geschoben. Die Porzellanplatte mit dem Fisch stellt man auf den Rost der Bratpfanne. Der Fisch ist gar, wenn sich die Rückenflosse leicht herausziehen läßt. 5 Minuten vor Beendigung der Dünstzeit übergießt man den Fisch vorsichtig mit zerlassener Butter, damit die Farbe erhalten bleibt. Blau gedünstete Fische dürfen nicht der Nachhitze ausgesetzt werden, da sie sonst ihre Farbe verlieren würden. Man muß sie sofort reichen.

Flammenbackofen: Knapp ⅓ große Flamme.
Reglerbackofen: 2–3.
Dünstzeit: 40–50 Minuten.

Veränderung: Kleine Mengen Fisch übergießt man zweckmäßig mit heißem Essigwasser, setzt sie der Zugluft aus und dünstet sie dann im Kochtopf auf der Kocherflamme (s. oben).

TAFEL 9

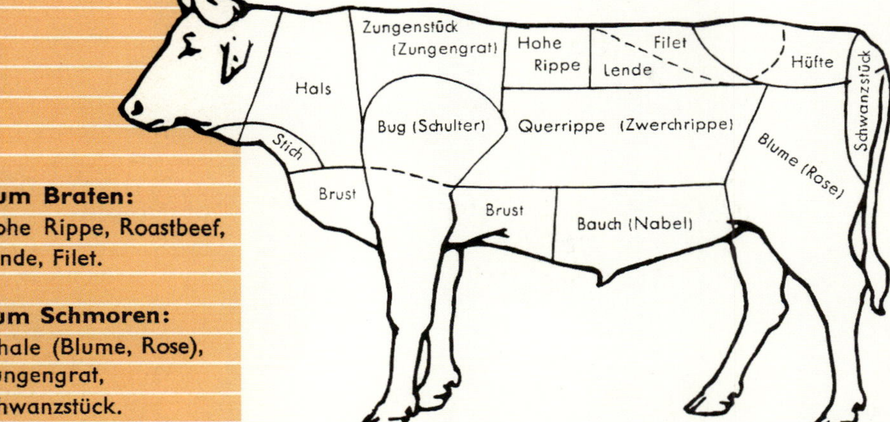

Zum Braten:
Hohe Rippe, Roastbeef, Lende, Filet.

Zum Schmoren:
Schale (Blume, Rose), Zungengrat, Schwanzstück.

Zum Kochen:
Brust, Bug (Schulter) Beinfleisch, Querrippe, (Zwerchrippe).

Rind

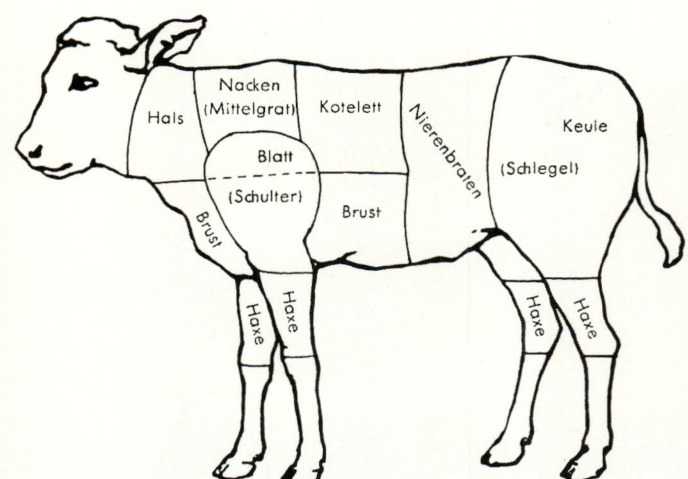

Zum Braten:
Schulter, Bug, Brust zum Füllen, Keule (Schlegel), Kotelett, Blatt (Schulter).

Zum Kochen:
Hals, Brust, Haxe, (dann überbraten), Nierenbraten.

Kalb

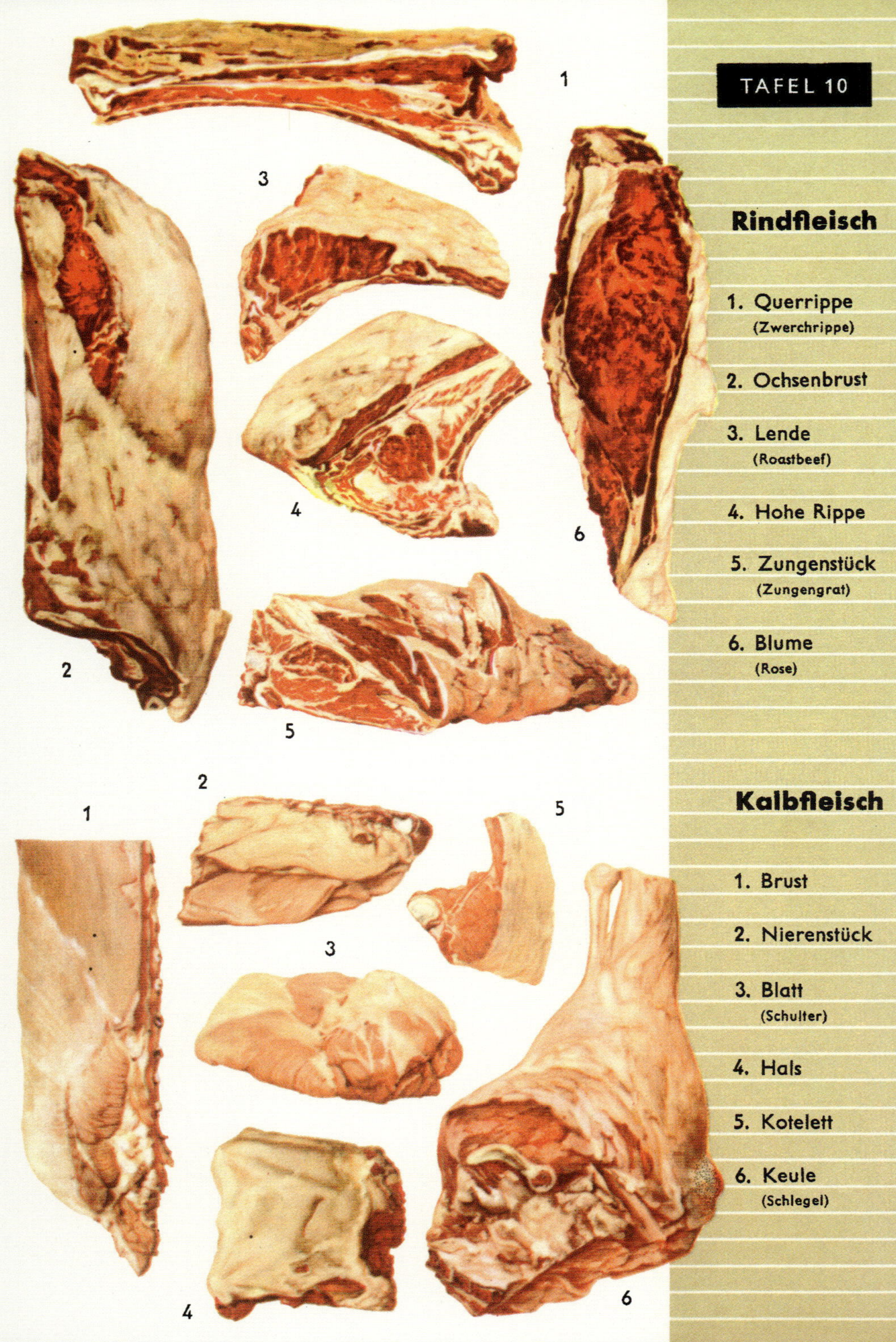
TAFEL 10
Rindfleisch
1. Querrippe
(Zwerchrippe)
2. Ochsenbrust
3. Lende
(Roastbeef)
4. Hohe Rippe
5. Zungenstück
(Zungengrat)
6. Blume
(Rose)
Kalbfleisch
1. Brust
2. Nierenstück
3. Blatt
(Schulter)
4. Hals
5. Kotelett
6. Keule
(Schlegel)
1
2
3
4
5
6
1
2
3
4
5
6

TAFEL 11

Schweinefleisch

1. Vorderschinken (Schulter)
2. Bauch
3. Keule (Schlegel)
4. Kotelett
5. Nacken (Kamm)

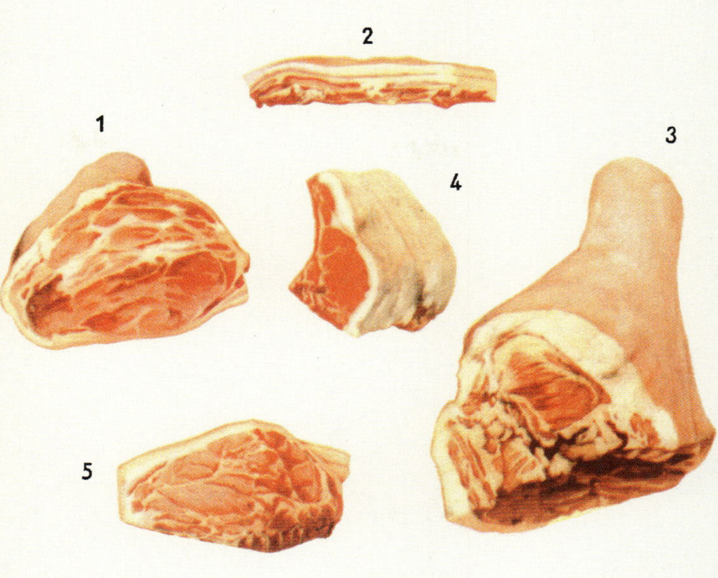

Hammelfleisch

1. Keule (Schlegel)
2. Schulter
3. Brust
4. Rücken (Nierenstück)
5. Hals

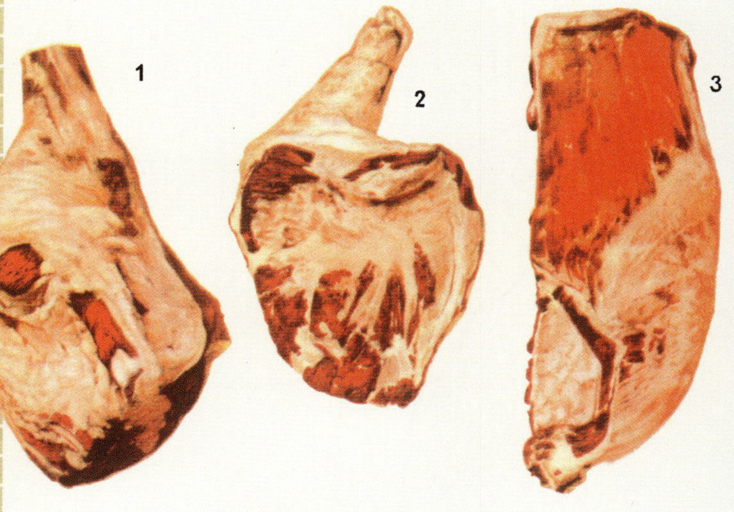

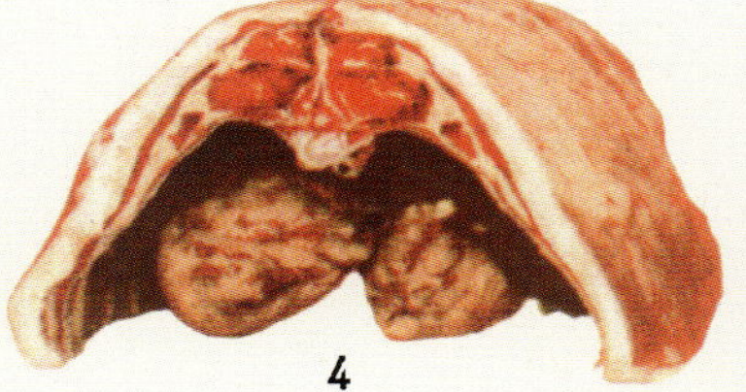

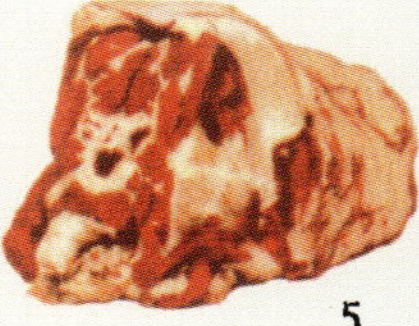

TAFEL 12

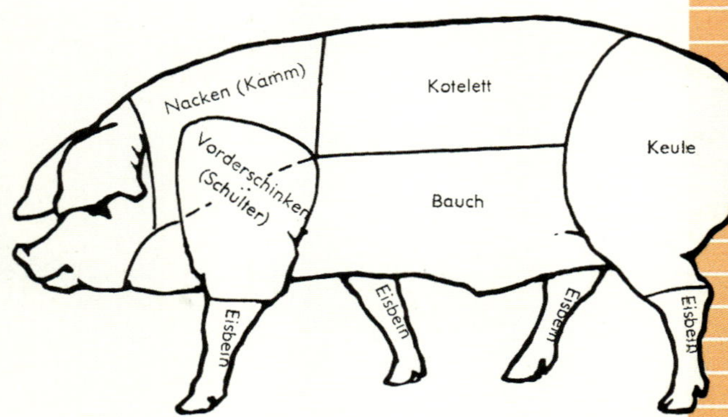

Schwein

Zum Braten:
Rücken (Karbonade, Kotelett),
Keule (Schinken),
Nacken (z. Pökeln).

Zum Schmoren:
Rippchen,
Nacken (Kamm).

Zum Kochen:
Eisbein (Haxe),
Bauch.

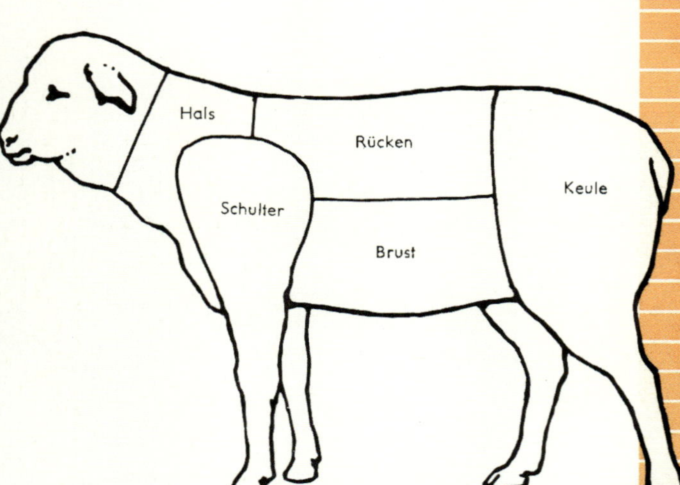

Hammel

Zum Braten:
Keule,
Rücken (Kotelett),
Rippchen.

Zum Schmoren:
Schulter (Bug),
Hals (Ragout),
Bauch.

Zum Kochen:
Brust.

Fisch in Soße

750 g Aal – ½ l Kräutersoße (S. 45)
750 g Hecht – ½ l Frikasseesoße (S. 46)
750 g Karpfen – ½ l Polnische Soße (S. 48)
750 g Schellfisch – ½ l Petersiliensoße (S. 45)
750 g Schleie – ½ l Dillsoße (S. 44)
750 g Seezunge – ½ l Tomatensoße (S. 47)

Der Fisch wird gereinigt, in Portionsstücke geschnitten, mit Salz eingerieben, mit Zitronensaft oder Essig beträufelt, ½ Stunde stehengelassen und gut abgetrocknet. Man stellt die der Fischart entsprechende Soße her, nimmt aber nicht 40 g, sondern 50 g Mehl, da der Fisch noch Saft abgibt und dann die Soße zu dünn werden würde. Die Soße wird in dem Topf, in dem sie hergestellt wird, gelassen. Man legt den Fisch in die kochend heiße Soße und läßt ihn bei kleiner Flamme im verschlossenen Topf gar ziehen. Die zu einigen Soßen notwendigen feingehackten Kräuter werden am besten erst kurz vor dem Anrichten untergerührt.

Dünstzeit: 20–30 Minuten.

Fischfrikassee

1 kg Fisch oder 750 g Fischfilet, etwas Salz, etwas Zitronensaft oder Essig.

Frikasseesoße: 40 g Butter oder Margarine, 50 g Weizenmehl, ½ l Wasser, 1 Teel. Kapern, etwas Salz, etwa 1 Eßl. Zitronensaft oder Wein, 1–2 Eigelb, 2 Eßl. Wasser.

Wenn man ganzen Fisch verwendet, wird er zunächst entgrätet und enthäutet. Dann salzt man das Filet, beträufelt es mit Zitronensaft oder Essig und läßt es ½ Stunde stehen. Danach wird es gut abgetrocknet und in nicht zu kleine Stücke geschnitten.

Für die Frikasseesoße zerläßt man das Fett und erhitzt das Mehl so lange unter Rühren darin, bis es hellgelb ist. Man rührt das Wasser nach und nach darunter und läßt gut durchkochen. Die Fischwürfel werden in die kochend heiße Soße gegeben. Man läßt sie bei kleiner Flamme im verschlossenen Topf darin gar ziehen. Anschließend rührt man die Kapern unter das Frikassee, schmeckt es mit Salz und Zitronensaft oder Wein ab und legiert es mit verquirltem Eigelb.

Man richtet das Frikassee im Reisrand an und verziert es mit Zitronenvierteln, Petersilie und Tomaten.

Dünstzeit: 15–20 Minuten.

Fischragout

1 kg Fisch oder 750 g Fischfilet, etwas Salz, etwas Zitronensaft oder Essig.

Soße: 40 g Speck, 60 g Weizenmehl, 1 kleine Zwiebel, ½ l Wasser, etwas Salz, etwas Zitronensaft oder Essig, etwas Zucker, 1 saure Gurke.

Wenn man ganzen Fisch verwendet, wird er zunächst entgrätet und enthäutet. Dann salzt man das Filet, beträufelt es mit Zitronensaft oder Essig und läßt es ½ Stunde stehen. Danach wird es gut abgetrocknet und in nicht zu kleine Stücke geschnitten.

Für die dunkle Soße zerläßt man den in kleine Würfel geschnittenen Speck. Das Mehl wird so lange darin erhitzt, bis es mittelbraun ist. Die kleingeschnittene Zwiebel kommt erst hinzu, wenn das Mehl hellgelb ist. Dann gibt man unter ständigem Rühren das Wasser hinzu und läßt gut durchkochen. Die Fischwürfel werden in die kochend heiße Soße gegeben, man läßt sie bei kleiner Flamme darin gar ziehen. Anschließend wird das Ragout mit Salz, Zitronensaft oder Essig und Zucker abgeschmeckt und die in kleine Stücke geschnittene Gurke darunter gerührt.

Dünstzeit: 15–20 Minuten.

Fischrouladen in Tomatensoße

1 kg Fisch oder 750 g Fischfilet, Salz, Zitronensaft oder Essig, 1 Eßl. Senf oder Sardellenpaste.

Tomatensoße: 40 g Butter oder Margarine, 1 kleine Zwiebel, 250–375 g Tomaten, 50 g Weizenmehl, knapp ½ l Wasser, etwas Salz, etwas Zitronensaft.

Wenn man ganzen Fisch verwendet, wird er zunächst entgrätet und enthäutet. Dann salzt man das Filet, beträufelt es mit Zitronensaft und läßt es ½ Stunde stehen. Das Filet wird in nicht zu kleine Stücke geschnitten, diese werden mit Senf oder Sardellenpaste bestrichen, zusammengerollt und mit einem Hölzchen durchstochen.

Für die Tomatensoße erhitzt man das Fett kurze Zeit mit der kleingeschnittenen Zwiebel und den zerschnittenen Tomaten. Das Mehl wird hinzugegeben. Man läßt es unter Rühren durchschwitzen, gibt das Wasser hinzu und kocht kurz auf. Die Soße wird durch ein Sieb gegeben, abgeschmeckt und wieder zum Kochen gebracht. Man legt die Rouladen hinein und läßt sie in der Soße auf kleiner Flamme gar ziehen.

Garzeit: 15–20 Minuten.

Fischklopse (Resteverwertung)

500 g rohes oder gekochtes Fischfleisch, 1 eingeweichtes Brötchen, etwas Butter oder Margarine, 1 Zwiebel, 1 Ei, Salz.

Kapernsoße: 40 g Butter oder Margarine, 50 g Weizenmehl, ½ l Wasser, etwas Salz, etwas Zitronensaft, 1 Eßl. Kapern.

Das Fischfleisch und das eingeweichte, gut ausgedrückte Brötchen werden durch die Fleischmaschine gedreht. Man rührt die in der Butter gedünstete Zwiebel, das Ei und Salz nach Geschmack darunter. Sobald eine geschmeidige Masse entstanden ist, werden runde Klöße daraus geformt.

Für die Kapernsoße wird das Fett zerlassen. Man erhitzt das Mehl so lange unter Rühren darin, bis es hellgelb ist. Man rührt das Wasser nach und nach darunter, läßt gut durchkochen, schmeckt mit Salz und Zitronensaft ab und rührt die Kapern darunter. Die Soße wird zum Kochen gebracht, die Klöße werden hineingegeben, man läßt sie darin auf kleiner Flamme gar ziehen.

Kartoffelbrei, Brühreis und alle Arten Salat, auch Salzgurken und rote Beeten passen dazu.

Veränderung: Statt der Kapernsoße kann man auch eine süßsaure Specksoße dazugeben (S. 49).

Garzeit: 15–20 Minuten.

B. Gebratener Fisch

I. Fisch in der Pfanne

Gebratene kleine Fische (kleine Schellfische, Flundern, Schollen, Forellen)

1 kg Fisch, Salz, Zitronensaft oder Essig, 20 g Weizenmehl, 1 Ei, etwa 80 g Semmelmehl, 80 g Fett zum Braten.

Die Fische werden geschuppt und gereinigt; Kopf, Flossen und Schwanz schneidet man ab. Nach dem Waschen werden die Fische gut abgetrocknet, von innen und außen mit Salz eingerieben, mit Zitronensaft beträufelt und ½ Stunde stehengelassen. Man wendet sie zuerst in Mehl, dann in geschlagenem Ei, zuletzt in Semmelmehl und brät sie in heißem Fett goldbraun. Die Fische sind gar, wenn die gebratene Seite Blasen wirft.

Man reicht Kartoffelsalat oder Salzkartoffeln und grünen Salat dazu.

Bratzeit: 6–8 Minuten.

Gebratene grüne Heringe

1 kg grüne Heringe, 20 g Weizenmehl, Salz, Pfeffer, 80 g Fett (evtl. Öl) zum Braten.

Die Heringe werden ausgenommen und gründlich gewaschen, wobei man die Schuppen durch Streichen entfernt. Man trocknet sie ab, wendet sie in dem mit Salz und Pfeffer gewürzten Mehl und brät sie in dem heißen Fett.

Kartoffelsalat oder Pellkartoffeln passen gut dazu.

Bratzeit: 6–8 Minuten.

Fischkotelette (Kabeljau, Seelachs, Rotbarsch, Schellfisch)

750 g Fisch, Salz, Zitronensaft oder Essig, 20 g Weizenmehl, 1 Ei, 40 g Semmelmehl, 80 g Fett zum Braten.

Der Fisch wird geschuppt und gereinigt. Man schneidet ihn (mit Haut und Gräten) in dicke Scheiben, reibt sie mit Salz ein, beträufelt sie mit Zitronensaft und läßt sie ½ Stunde stehen. Die Fischscheiben werden abgetrocknet und zuerst in Mehl, dann in geschlagenem Ei und zuletzt in Semmelmehl gewendet. Man brät sie in dem heißen Fett von beiden Seiten goldbraun.

Bratzeit: 8–10 Minuten.

Gebratenes Fischfilet (Seelachs, Kabeljau, Rotbarsch, Seezunge)

750 g Filet, Salz, Zitronensaft oder Essig, 20 g Weizenmehl, 1 Ei, 40 g Semmelmehl, 80 g Fett zum Braten.

Die gewaschenen Filets werden mit Salz eingerieben, mit Zitronensaft beträufelt und ½ Stunde stehengelassen. Man trocknet die Filets ab, wendet sie zuerst in Mehl, dann in geschlagenem Ei und zuletzt in Semmelmehl. Sie werden in dem heißen Fett auf beiden Seiten goldbraun gebraten.

Man reicht das Fischfilet zu Kartoffelsalat und Mayonnaise.

Bratzeit: 5–10 Minuten.

Fischfrikadellen (Resteverwertung)

500 g Fischfleisch (Reste), 1 eingeweichtes Brötchen, etwas Butter oder Margarine, 1 Zwiebel, 1 Ei, etwas Salz, etwa 25 g Semmelmehl, 80 g Fett zum Braten.

Das Fischfleisch wird fein gehackt oder mit dem eingeweichten, gut ausgepreßten Brötchen durch die Fleischmaschine gedreht. Man rührt die in dem Fett gedünstete, kleingeschnittene Zwiebel, das Ei und nach Geschmack Salz darunter. Sobald eine geschmeidige Masse entstanden ist, werden runde Klöße daraus geformt. Man wendet sie in Semmelmehl und brät sie in dem heißen Fett goldbraun.

Man reicht sie zu Kartoffelsalat oder zu Salzkartoffeln und Gemüse.

Bratzeit: 6–8 Minuten.

II. Fisch im Backofen gebraten

Pikanter Fischbraten

1 kg Fischfilet, etwas Salz, etwas Zitronensaft oder Essig, 65 g in Würfel geschnittener Speck, 1 gehackte Zwiebel, 1 kleine Dose Büchsenmilch, Saft einer Zitrone, 1 in Würfel geschnittene Essiggurke, etwas gehackte Petersilie, etwas Senf, etwas Salz, 1 gut gehäufter Eßl. Dr. Oetker „Gustin", 1–2 Eßl. Tomatenmark, 2 Eßl. Semmelmehl, 50 g geriebener Hartkäse, 20 g Butter.

Das Filet wird in 2 gleich große Stücke geschnitten, gewaschen, mit Salz und Zitronensaft eingerieben und ½ Stunde stehengelassen. Man läßt den Speck aus, wenn er fast gebräunt ist, gibt man die Zwiebel hinzu und läßt sie ebenfalls bräunen. Unter die mit Zitronensaft gedickte Milch werden der erkaltete Speck, die Gurke und die Petersilie gerührt. Man schmeckt die Füllung mit Senf und Salz ab und rührt das „Gustin" darunter. Die Filets werden gut abgetrocknet. Man legt die eine Hälfte in eine gefettete Auflaufform und bestreicht sie mit der Füllung. Das restliche Filet wird dünn mit Tomatenmark bestrichen, auf die Füllung gelegt (bestrichene Seite nach oben!), mit dem Semmelmehl und dem geriebenen Käse bestreut und mit Butterflöckchen belegt.

Flammenbackofen: Vorheizen 10 Minuten mit großer Flamme, braten mit großer Flamme.

Reglerbackofen: Vorheizen 10 Minuten bei 6–7, braten bei 6–7.

Bratzeit: Etwa 30 Minuten.

Fisch-Hackbraten

750 g Fischfilet, 2 eingeweichte, gut ausgedrückte Brötchen, 40 g Butter oder Margarine, 1 Zwiebel, 1–2 Eier, etwas Salz, 20 g Semmelmehl, einige Speckstreifen, weitere 40 g Butter oder Margarine zum Braten, 4–5 Eßl. saure Sahne, etwa ¼ l Wasser, 1–2 Teel. Dr. Oetker „Gustin", 1 Eßl. kaltes Wasser.

Das Fischfilet wird gewaschen und mit den Brötchen durch die Fleischmaschine gedreht. Man dünstet die in Würfel geschnittene Zwiebel in dem Fett an, gibt sie zu dem Fischfleisch und rührt die Eier und das Salz darunter. Der Fischteig wird zu einem länglichen Kloß geformt, in Semmelmehl gewendet, mit Speckstreifen belegt, in die mit Wasser ausgespülte Rostbratpfanne gelegt und mit der gebräunten Butter übergossen. Man schiebt den Hackbraten so ein, daß er sich in der Mitte des Backofens befindet. 10 Minuten vor Beendigung der Bratzeit wird der Braten mit der verquirlten sauren Sahne übergossen.

Für die Soße füllt man den Bratensatz mit Wasser auf und dickt ihn mit kalt angerührtem „Gustin".

Flammenbackofen: 10 Minuten vorheizen mit großer Flamme, braten mit großer Flamme.

Reglerbackofen: 10 Minuten vorheizen bei 6–7, braten bei 6–7.

Bratzeit: 25–40 Minuten.

C. Gebackener Fisch

Überbackener Fisch (Resteverwertung)

500–750 g garer Fisch, ½ l Bechamel-, Tomaten- oder Käsesoße (S. 45/47), 2 Eßl. geriebener Käse, etwas Butter oder Margarine.

Man gibt den gedämpften oder gedünsteten, aus Haut und Gräten gelösten Fisch in eine Auflaufform oder eine feuerfeste Schüssel und übergießt ihn mit einer der oben angegebenen Soßen. Mit geriebenem Käse bestreut und Butterflöckchen belegt, wird das Gericht im Backofen goldgelb überbacken. Man reicht Bratkartoffeln und Salat dazu.

Flammenbackofen: Gut ½ große Flamme.

Reglerbackofen: 5–6.

Backzeit: Etwa 30 Minuten.

Ausgebackener Fisch

750 g Fischfilet (Schellfisch, Kabeljau, Seelachs), Salz, Zitronensaft oder Essig, 100 g Weizenmehl, 1 Ei, etwas Salz, ⅛ l Milch, 1 Eßl. Öl oder zerlassene Butter (Margarine), Ausbackfett (Öl, Kokosfett, Schweineschmalz, Rinderfett).

Das Filet wird gewaschen, mit Salz eingerieben, mit Zitronensaft beträufelt und ½ Stunde stehengelassen. Dann trocknet man es gut ab und schneidet es in Portionsstücke. Den Ausbackteig bereitet man folgendermaßen: Das Mehl wird in eine Schüssel gesiebt, in die Mitte wird eine Vertiefung eingedrückt und das mit Salz und etwas Milch gut verquirlte Ei wird hineingegeben. Man verrührt nun von der Mitte aus Ei und Mehl, gibt nach und nach die Milch und das Öl oder das zerlassene Fett hinzu und achtet darauf, daß keine Klümpchen entstehen. Die Filetstücke werden mit einer Gabel in den Ausbackteig getaucht, dann legt man sie in stark erhitztes Ausbackfett, in dem sie schwimmend braun und knusprig gebraten werden. Sie werden auf ein Sieb zum Abtropfen gelegt und mit Kartoffelsalat und Mayonnaise zu Tisch gegeben.

Backzeit: Etwa 10 Minuten.

Fischauflauf mit Kartoffeln

500–750 g gares Fischfleisch, 750 g Pellkartoffeln.

Helle Soße: 40 g Butter oder Margarine, 40 g Weizenmehl, ½ l Wasser oder Brühe, etwas Salz, 2 Eßl. Semmelmehl oder geriebener Käse, etwas Butter.

Man zieht von dem garen Fisch die Haut ab und löst die Gräten aus. Die Kartoffeln werden nicht zu weich gekocht, abgepellt und in Scheiben geschnitten. Die helle Soße stellt man folgendermaßen her: Man zerläßt das Fett; das Mehl wird so lange darin erhitzt, bis es hellgelb ist. Man gibt unter ständigem Rühren nach und nach das kalte Wasser oder die Brühe hinzu, läßt gut durchkochen und schmeckt mit Salz ab.

Fisch und Kartoffelscheiben werden abwechselnd lagenweise in eine gefettete Auflaufform gefüllt, die oberste Schicht muß aus Kartoffeln bestehen. Die Soße wird darüber gegossen. Man bestreut den Auflauf mit Semmelmehl oder geriebenem Käse, belegt ihn mit Butterflöckchen und schiebt ihn auf die unterste oder zweitunterste Schiene des Backofens.

Flammenbackofen: ½ große Flamme.

Reglerbackofen: 5–6.

Garzeit: Etwa 40 Minuten.

Man reicht den Auflauf mit grünem Salat, Tomaten- oder Bohnensalat.

Veränderung: Statt der hellen Soße kann man eine Bechamel-, eine Tomatensoße mit Speck (S. 46/47) oder ½ l saure Milch, verquirlt mit 2 Eßl. „Gustin", nehmen.

Fischröllchen in pikanter Soße

750 g Fischfilet, etwas Salz, etwas Zitronensaft oder Essig.

Pikante Soße: 50 g in Würfel geschnittener Speck, 1 gehackte Zwiebel, 1 kleine Dose Büchsenmilch, Saft einer Zitrone, 2–3 in Würfel geschnittene Essiggurken, 2 Teel. Senf, etwas Zucker, etwas Salz, etwa 2 Eßl. Madeira, 1 gut gehäufter Eßl. Dr. Oetker „Gustin", 30 g geriebener Hartkäse, 20 g Butter.

Man salzt das Filet, reibt es mit Zitronensaft ein und läßt es ½ Stunde stehen. Es wird dann mit einem sauberen Tuch abgetrocknet, in nicht zu kleine Stücke geschnitten, zusammengerollt, mit einem Hölzchen durchstochen und in eine gefettete Auflaufform gelegt.

Für die Soße läßt man den Speck aus, wenn er fast gebräunt ist, gibt man die Zwiebel hinzu und läßt sie hellbraun werden. Unter die mit dem Zitronensaft gedickte Büchsenmilch werden der erkaltete Speck, die Gurken und der Senf gerührt. Man schmeckt mit Zucker, Salz und Madeira ab und rührt dann das „Gustin" darunter. Die Soße wird über die Fischröllchen gegossen. Man bestreut den Auflauf mit Käse, belegt ihn mit Butterflöckchen und schiebt ihn auf die unterste oder zweitunterste Schiene des Backofens.

Flammenbackofen: ⅓ große Flamme.
Reglerbackofen: 2½–3½.
Garzeit: Etwa 35 Minuten.

Fischröllchen in Weinsoße

750 g Fischfilet, etwas Salz, etwas Zitronensaft oder Essig.

Soße: 30 g Butter oder Margarine, 30 g Weizenmehl, ¼ l Wasser, 5 Eßl. Weißwein, etwas Salz, Zitronensaft, Zucker und Senf zum Abschmecken.

Man salzt das Filet, reibt es mit Zitronensaft ein und läßt es ½ Stunde stehen. Es wird dann mit einem sauberen Tuch abgetrocknet, in nicht zu kleine Stücke geschnitten, zusammengerollt, mit einem Hölzchen durchstochen und in eine gefettete Auflaufform gelegt.

Für die Soße zerläßt man das Fett. Das Mehl wird unter Rühren so lange darin erhitzt, bis es hellgelb ist. Man gießt unter Rühren langsam das Wasser hinzu und läßt die Soße bei schwacher Hitze etwa 10 Minuten kochen. Der Wein wird an die Soße gegeben. Man schmeckt sie mit Salz, Zitronensaft, Zucker und Senf ab und gießt sie über die Fischröllchen. Die Auflaufform wird auf die unterste oder zweitunterste Schiene in den Backofen gesetzt.

Flammenbackofen: ⅓ große Flamme.
Reglerbackofen: 2½–3½.
Garzeit: Etwa 35 Minuten.

Fischrouladen in Senfsahnensoße

Zutaten: 750–1000 g Fischfilet, etwas Salz, etwas Zitronensaft oder Essig, etwa 1 Eßl. Senf.

Senfsahnensoße: 35 g Dr. Oetker „Gustin", ⅜ l Milch, ⅛ l süße Sahne, etwas Salz, etwas Zitronensaft, etwas Senf.

Zum Bestreuen: Etwa 25 g geriebener Käse.

Das Filet wird kurz gewaschen, mit Salz und mit Zitronensaft oder Essig eingerieben und ½ Stunde stehengelassen. Man trocknet das Filet gut ab und schneidet es in so große Streifen, daß man daraus Rouladen herstellen kann. Die Fischstreifen werden mit Senf bestrichen, zusammengerollt, mit Hölzchen durchstochen und in eine gefettete Auflaufform gelegt.

Für die Senfsahnensoße rührt man das „Gustin" mit 3 Eßl. von der Milch an. Die übrige Milch wird erhitzt. In die kochende, von der Kochstelle genommene Milch rührt man das angerührte „Gustin" und läßt einmal kurz aufkochen. Die verquirlte Sahne wird an die mit „Gustin" gedickte Milch gegeben. Man schmeckt die Soße mit Salz, Zitronensaft und Senf ab, gibt sie über die Fischrouladen und bestreut sie mit geriebenem Käse.

Flammenbackofen: ⅓ große Flamme.
Reglerbackofen: 2½–3½.
Backzeit: Etwa 25 Minuten.
Beigabe: Salzkartoffeln und grüner Salat.

Fischauflauf mit Sauerkraut (Resteverwertung)

40 g Schweineschmalz, 1 Zwiebel, 500 g Sauerkraut, 1/4 l Wasser, 500–750 g garer oder ungarer Fisch.

Helle Soße: 40 g Butter oder Margarine, 50 g Weizenmehl, 1/2 l Wasser, etwas Salz; 2 Eßl. Semmelmehl oder geriebener Käse, etwas Butter.

In dem heißen Schweineschmalz wird die feingeschnittene Zwiebel kurz gedünstet, man gibt das ungewaschene Sauerkraut mit dem Wasser locker hinein und dünstet es gar.

Dünstzeit: Etwa 1 Stunde.

Die weitere Herstellung erfolgt nach den Angaben für Fischauflauf mit Kartoffeln (S. 101).

Flammenbackofen: 1/2 große Flamme.
Reglerbackofen: 5–6.
Garzeit: Etwa 40 Minuten.

Heringsauflauf

3–4 Salzheringe, 750 g Pellkartoffeln.

Helle Soße: 40 g Butter oder Margarine, 40 g Weizenmehl, 1/2 l Wasser, etwas Salz, 2 Eßl. Semmelmehl oder geriebener Käse, etwas Butter.

Die Heringe werden 1 Tag gewässert, entgrätet und in kleine Würfel geschnitten. Die weitere Herstellung erfolgt nach den Angaben für Fischauflauf mit Kartoffeln (S. 101).

Flammenbackofen: 1/2 große Flamme.
Reglerbackofen: 5–6.
Garzeit: Etwa 40 Minuten.

D. Marinierter Fisch

Eingelegte Heringe

4–6 Salzheringe, 2–3 Zwiebeln, 2 kleine Lorbeerblätter, 6–8 Pfefferkörner, 1/4 l Essig, 1/8 l Wasser.

Die Salzheringe werden ausgenommen, 12–24 Stunden gewässert und danach mehrere Male gründlich gewaschen, damit die Schuppen sich lösen. Man entfernt Kiemen und Kiemendeckel und zieht die innere schwarze Haut ab. Die Heringe werden nun noch einmal gewaschen und danach mit den Zwiebelscheiben und Gewürzen in einen kleinen Steintopf geschichtet. Die Heringsmilch rührt man durch ein Haarsieb, vermischt sie mit dem Essig, evtl. mit einigen Eßl. saurer Sahne und zuletzt mit dem abgekühlten, gekochten Wasser. Die Marinade wird über die Heringe gegossen, man läßt sie zugedeckt 2–3 Tage durchziehen.

Eingelegte Bratheringe

1 kg grüne Heringe, etwas Salz, 20 g Weizenmehl, 80 g Fett, 50 g Zwiebelscheiben, 1 Eßl. Senfkörner, 6–8 Pfefferkörner, 1/4 l Essig, 1/8 l Wasser.

Man nimmt die Heringe aus, wäscht sie, schneidet ihnen die Köpfe ab, trocknet sie ab und reibt sie von innen und außen mit Salz ein. Danach werden sie in Mehl gewendet und in dem heißen Fett von beiden Seiten goldbraun gebraten. Man legt sie mit Zwiebelscheiben, Senfkörnern und Pfefferkörnern in einen Steintopf, vermischt den Essig mit dem abgekühlten, gekochten Wasser und gießt ihn über die Bratheringe. Nach 4–6 Tagen können sie gegessen werden.

Rollmöpse

4–6 Salzheringe, 1 Eßl. Senf, 2 kleine Gurken, 2 Zwiebeln, 1 Eßl. Kapern, 6–8 Pfefferkörner, 2 kleine Lorbeerblätter, $\frac{1}{4}$ l Essig, $\frac{1}{8}$ l Wasser.

Die Salzheringe werden ausgenommen, 12–24 Stunden gewässert, entgrätet und gewaschen. Man bestreicht die Hälften mit Senf, belegt sie mit Gurkenstücken, feingeschnittener Zwiebel und Kapern, rollt sie vorsichtig auf und hält sie mit einem Hölzchen zusammen. Die Rollmöpse werden mit den Pfefferkörnern und Lorbeerblättern in einen kleinen Steintopf gelegt; man vermischt den Essig mit dem abgekühlten, gekochten Wasser und schüttet ihn über die Rollmöpse. Sie können nach 4–6 Tagen gegessen werden.

Heringe in saurer Sahne

4–6 Salzheringe, $\frac{1}{4}$ l saure Sahne, 1 kleine Zwiebel, Salz, Pfeffer, Essig oder Zitronensaft.

Die Salzheringe werden ausgenommen, 12–24 Stunden gewässert (Wasser ab und zu erneuern!). Man entgrätet sie, zieht ihnen die Haut ab und schneidet sie in kleine appetitliche Streifen. Die Sahne, die durch ein Haarsieb gestrichene Heringsmilch, die geriebene Zwiebel, etwas Salz und etwas Pfeffer werden gut miteinander verquirlt, pikant mit Essig oder Zitronensaft abgeschmeckt und über die Heringsfilets gegossen. Sie müssen einige Stunden darin ziehen.

Veränderung: Man kann einige feingeschnittene oder geraspelte Äpfel dazugeben.

E. Fisch in Gelee

Fisch in Gelee (Schellfisch, Kabeljau, grüne Heringe)

500 g Fisch, $\frac{1}{2}$ l Wasser, 1 Teel. Salz, 2–3 Gewürzkörner, 1 Lorbeerblatt, Suppengrün, 1 Zwiebel, knapp $\frac{1}{8}$ l Essig, evtl. noch etwas Salz, 1 Eiweiß, 1 Eierschale, 3 Eßl. kaltes Wasser, 1 Päckchen Dr. Oetker „Regina"-Gelatine gemahlen, weiß, 5 Eßl. kaltes Wasser, 1 Gurke, 1 Tomate, evtl. 1 hartgekochtes Ei.

Der Fisch wird gereinigt. Man läßt das Wasser mit Salz, Gewürzen, Suppengrün und Zwiebel $\frac{1}{4}$ Stunde schwach kochen. Dann wird der Fisch hinzugegeben. Man läßt ihn in 10–15 Minuten gar ziehen. Er wird aus der Brühe herausgenommen und kalt gestellt. Man gießt die Brühe durch ein Sieb, mißt $\frac{3}{8}$ Liter davon ab (gegebenenfalls mit Wasser ergänzen!) und schmeckt mit Essig und Salz ab. Sollte die Brühe stark trübe sein, ist es ratsam, sie zu klären, und zwar folgendermaßen: Man entfettet die erkaltete Brühe. Das Eiweiß, die zerdrückte Eierschale und das Wasser werden mit einer Gabel geschlagen, zur Brühe gegeben und unter ständigem Schlagen bis kurz vor dem Kochen erhitzt; dabei gerinnt das Eiweiß und bindet die in der Brühe enthaltenen trüben Bestandteile. Man stellt die Brühe kalt und läßt sie so lange ruhig stehen, bis sie klar ist. Der Schaum wird abgenommen und die Brühe durch ein sauberes Tuch gegossen. Man bringt sie wieder zum Kochen, rührt die nach Vorschrift in den 5 Eßl. Wasser gequollene Gelatine darunter, und zwar so lange, bis alles gelöst ist. In eine gut mit zerlassener Margarine ausgestrichene Form wird so viel von der Brühe gegossen, daß der Boden bedeckt ist. Wenn die Schicht erstarrt ist, verziert man sie mit Gurkenstückchen, Tomaten- und Eierscheiben und gießt vorsichtig einige Eßlöffel Brühe darüber. Ist sie erstarrt, werden der in Würfel geschnittene, erkaltete Fisch und der Rest der schon etwas dicklichen Brühe dazugegeben und recht kalt gestellt. Wenn das Gelee schnittfest geworden ist, löst man es mit einem Messer vorsichtig vom Rand der Form und stürzt es auf eine Platte (evtl. die Schüssel vorher einen Augenblick in heißes Wasser halten!).

EINTOPFGERICHTE

Das Eintopfgericht ist heute allgemein bekannt, ob ebenso geschätzt, ist eine Frage der Einsicht und Gewöhnung, denn dem verfeinerten Geschmack sagt es nicht ohne weiteres zu. Nicht selten aber ist Geschmacksverfeinerung zugleich Entfernung von den natürlichen Bedürfnissen, denen das Eintopfgericht entstammt und entspricht.

Als tägliche Nahrung des Bauern, in den Grenzen eines einfachen und natürlichen Lebens zu Hause, besteht das Eintopfgericht ursprünglich und meist noch aus Fleisch, Gemüse und Kartoffeln; es wird bei mäßiger Hitze in ein und demselben Topf gar gemacht. „Durcheinander", wie es in Westfalen heißt, ist einfach und bequem herzustellen und sparsam im Brennstoffverbrauch wie in der Fleischverwendung. An Fleisch nämlich – und damit kommen wir auf die wesentlichen Vorzüge – genügt eine geringere Menge, da durch die Art der Zusammenstellung und Zubereitung die Geschmacks- und Extraktivstoffe das ganze Gericht durchdringen. Auch an Salz ist nur sehr wenig nötig, der Dampf entwickelt die Eigenwürze des Gerichts kräftig genug, und setzt man dann noch Küchenkräuter zu, so entsteht der runde, volle herzhafte Geschmack, der dem Gehalt des einfachen und doch vollwertigen Gerichts entspricht.

Zwar ist der größte Teil des deutschen Volkes dem bäuerlichen Leben entwachsen und die einfache, natürliche Ernährungsweise nicht mehr selbstverständlich. Um so mehr haben wir deshalb das Eintopfgericht als Bestand wie als Maßstab echter Volkskost zu schätzen. Es ist ja auch weit mehr als nur ein landschaftlich gebundenes Nationalgericht wie etwa „Thüringer Klöße" oder Bayrische „Schmarren".

Aber es muß sich den Platz noch erobern, den es verdient, besonders in der feineren Küche, in der es heute vielfach nur als gelegentlicher derber Reiz willkommen ist. Es gibt Eintopfgerichte genug, auch feinere; und wir führen auch solche auf, die zwar als Eintopfgerichte im strengen Sinne nicht zu bezeichnen sind, da sie wie die gebackenen aus bereits vorbereiteten Nahrungsmitteln hergestellt werden, aber doch dem echten Eintopf näher stehen als anderen Gerichten und somit seiner Eingewöhnung dienen können, damit er immer mehr wird, was er zu sein verdient: Volkskost.

A. Gekochte Eintopfgerichte

I. Suppeneintopf

Rindfleischsuppe mit Reis

250–375 g Rindfleisch, 2–2½ l Wasser, etwas Salz, Suppengrün, 150–200 g Reis, 500 g Kartoffeln, etwas Fleischextrakt oder Suppenwürze.

Das gewaschene Fleisch wird in das kochende, gesalzene Wasser gegeben und bei schwacher Hitze gekocht. Nach 1½ Stunden Kochzeit gibt man das gewaschene, gebündelte Suppengrün, den gewaschenen Reis und die geschälten, kleingeschnittenen Kartoffeln hinein. Wenn Fleisch, Reis und Kartoffeln gar sind, wird die Suppe mit Salz und Fleischextrakt oder Suppenwürze abgeschmeckt. Man kann das Fleisch allein anrichten oder in kleine Stücke schneiden und in die Suppe geben.

Kochzeit: Etwa 2 Stunden.

Veränderung: Man kann 250 g Spargelstückchen, Blumenkohlröschen oder Kohlrabistreifen mit dem Reis in die Brühe geben.

Rindfleischsuppe mit Graupen

250–375 g Rindfleisch, 2–2½ l Wasser, etwas Salz, 150–200 g Graupen, Suppengrün, 500 g Kartoffeln, etwas Fleischextrakt oder Suppenwürze.

Das gewaschene Fleisch wird in das kochende, gesalzene Wasser gegeben und bei schwacher Hitze gekocht. Nach 1½ Stunden Kochzeit gibt man die Graupen hinein und läßt sie weiterkochen. Wenn die Graupen fast gar sind, werden das gewaschene, gebündelte Suppengrün und die geschälten, kleingeschnittenen Kartoffeln zugegeben. Wenn alles gar ist, wird die Suppe mit Salz, Fleischextrakt oder Suppenwürze abgeschmeckt. Man kann das Fleisch allein anrichten oder in kleine Stücke schneiden und in die Suppe geben.

Kochzeit: 2½–3 Stunden.

Veränderung: Statt Rindfleisch kann man Hammelfleisch nehmen.

Rindfleischsuppe mit Nudeln

250–375 g Rindfleisch, 2–2½ l Wasser, etwas Salz, Suppengrün, 150 g Nudeln, etwas Fleischextrakt oder Suppenwürze.

Das gewaschene Fleisch wird in das kochende, gesalzene Wasser gegeben und bei schwacher Hitze gar gekocht. Nach 1½ Stunden Kochzeit kommt das gewaschene, gebündelte Suppengrün erst in die Suppe. Wenn das Fleisch gar ist, wird es herausgenommen, und die Nudeln werden hineingegeben und gar gekocht. Man schmeckt die Suppe mit Salz und Fleischextrakt oder Suppenwürze ab. Man kann das Fleisch allein anrichten oder in kleine Stücke schneiden und in die Suppe geben.

Kochzeit: Etwa 2 Stunden.

Rindfleischsuppe mit Gemüse

250–375 g Rindfleisch, 2–2½ l Wasser, etwas Salz;

750 g Gemüse (Erbsen, Wurzeln, Kohlrabi, Blumenkohl, Rosenkohl), 500 g Kartoffeln, Suppengrün, etwas Fleischextrakt oder Suppenwürze.

Das gewaschene Fleisch wird in das kochende, gesalzene Wasser gegeben, bei schwacher Hitze gar gekocht und herausgenommen. Die Erbsen werden ausgepahlt, die Wurzeln geschrappt und in kleine Würfel oder Streifen geschnitten, die Kohlrabi geschält und ebenfalls in kleine Würfel oder Streifen geschnitten, der Blumenkohl in Röschen zerteilt und der Rosenkohl von schlechten Stellen befreit. Man gibt das so vorbereitete Gemüse, nachdem das Fleisch herausgenommen wurde, mit den geschälten, kleingeschnittenen Kartoffeln und dem gewaschenen, gebündelten Suppengrün in die kochende Brühe und läßt alles auf kleiner Flamme gar werden. Die Suppe wird mit Salz und Fleischextrakt oder Suppenwürze abgeschmeckt. Man kann das Fleisch allein anrichten oder in kleine Stücke schneiden und in die Suppe geben.

Kochzeit: Etwa 2½ Stunden.

Veränderung: Statt der Kartoffeln kann man Grieß- oder Schwemmklößchen (S. 40) in die Suppe geben.

Rindfleischsuppe mit Kartoffeln

250–375 g Rindfleisch, 2–2½ l Wasser, etwas Salz, Suppengrün, 1½ kg Kartoffeln oder 1 kg Kartoffeln und 500 g Möhren, etwas Fleischextrakt oder Suppenwürze.

Das gewaschene Fleisch wird in das kochende, gesalzene Wasser gegeben, bei schwacher Hitze gar gekocht und herausgenommen. Nach 1½ Stunden Kochzeit kommen das gewaschene, gebündelte Suppengrün, die geschälten, kleingeschnittenen

Kartoffeln und gegebenenfalls die geschrappten, in kleine Würfel oder Streifen geschnittenen Möhren in die kochende Brühe und werden weich gekocht. Man schmeckt die Suppe mit Salz und Fleischextrakt oder Suppenwürze ab. Das Fleisch wird allein angerichtet oder in kleine Stücke geschnitten und in die Suppe gegeben.

Kochzeit: 2–2½ Stunden.

Hühnersuppe mit Reis oder Graupen

1 Suppenhuhn, 2–2½ l Wasser, etwas Salz, Suppengrün, 150–200 g Reis oder Graupen, 500 g Kartoffeln, etwas Fleischextrakt oder Suppenwürze.

Das Huhn wird gerupft, gesengt, ausgenommen und gewaschen. Man gibt es mit dem Herzen, dem aufgeschnittenen Magen und dem Hals in das kochende, gesalzene Wasser, kocht es langsam weich und nimmt es aus der Brühe. Dann werden das gewaschene Suppengrün, der gewaschene Reis oder die Graupen und die geschälten, kleingeschnittenen Kartoffeln in die kochende Brühe gegeben und darin gar gekocht. In den letzten Minuten gibt man die Leber hinzu. Vor dem Anrichten wird das kleingeschnittene Hühnerfleisch in die Suppe gegeben. Man schmeckt sie mit Salz und Fleischextrakt oder Suppenwürze ab.

Kochzeit: Mit Reis etwa 3½ Stunden,
mit Graupen etwa 4 Stunden.

Gänse- oder Entenkleinsuppe mit Reis, Graupen oder Kartoffeln

Gänse- oder Entenklein: Kopf, Hals, Flügel, Füße, Magen und Herz von 1 Gans oder 1 Ente; 2–2½ l Wasser, etwas Salz, 1 Zwiebel, Suppengrün, 150–200 g Reis oder Graupen oder 1 kg Kartoffeln, etwas Fleischextrakt oder Suppenwürze, 1 Eßl. gehackte Petersilie.

Das sauber geputzte Gänse- oder Entenklein (Füße brühen und enthäuten, Schnabel abschlagen und Augen ausstechen!) wird mit der Zwiebel und dem gewaschenen, kleingeschnittenen Suppengrün in das kochende, gesalzene Wasser gegeben, weich gekocht und herausgenommen. Man gießt die Brühe durch ein Sieb, bringt sie wieder zum Kochen und gibt den gewaschenen Reis, die Graupen oder die geschälten, kleingeschnittenen Kartoffeln hinein. Wenn Reis, Graupen oder Kartoffeln gar sind, schmeckt man die Suppe mit Salz und Fleischextrakt oder Suppenwürze ab und gibt das in Würfel geschnittene Fleisch und die gehackte Petersilie hinein.

Kochzeit: Mit Reis oder Kartoffeln etwa 2 Stunden,
mit Graupen etwa 2½ Stunden.

Erbsensuppe mit Pökelfleisch

350–400 g Erbsen, 2–2½ l Wasser, 375 g gepökeltes Schweinefleisch (Ohr, Schnauze, Schwanz oder Nackenstück), 500–750 g Kartoffeln, Suppengrün, Salz, Majoran.

Die verlesenen, gewaschenen Erbsen werden in dem Wasser 12–24 Stunden eingeweicht. Man setzt sie mit dem Einweichwasser und dem gut gewaschenen Pökelfleisch auf und läßt sie bei schwacher Hitze kochen. Wenn die Erbsen fast weich sind, werden die geschälten, kleingeschnittenen Kartoffeln und das gewaschene, zerschnittene Suppengrün in die Brühe gegeben und gar gekocht. Man schmeckt die Suppe mit Salz und 1 Prise Majoran ab. Das Fleisch kann allein gereicht oder kleingeschnitten in die Suppe gegeben werden.

Kochzeit: 2–2½ Stunden.

Veränderung: Statt Pökelfleisch kann man 250 g durchwachsenen, geräucherten Speck nehmen.

Bohnensuppe mit geräucherter Mettwurst

350–400 g weiße Bohnen, 2–2½ l Wasser, 250 g geräucherte Mettwurst, 500–750 g Kartoffeln, Suppengrün, Bohnenkraut, etwas Salz.

Die verlesenen, gewaschenen Bohnen werden in dem Wasser 12–24 Stunden eingeweicht. Man setzt sie mit dem Einweichwasser und der geräucherten Mettwurst auf und läßt bei schwacher Hitze kochen. Wenn die Mettwurst gar ist, wird sie herausgenommen. Wenn die Bohnen fast weich sind, werden die geschälten, kleingeschnittenen Kartoffeln, das gewaschene, zerschnittene Suppengrün und das gewaschene Bohnenkraut an die Brühe gegeben und gar gekocht. Man schmeckt die Suppe mit Salz ab. Die Mettwurst kann allein gereicht oder kleingeschnitten in die Suppe gegeben werden.

Kochzeit: Etwa 1½ Stunden.

Veränderung: Man kann 200 g eingeweichte, getrocknete Pflaumen mit den Kartoffeln in die Suppe geben. Statt Mettwurst kann man Schweine- oder Hammelfleisch nehmen.

Linsensuppe

350–400 g Linsen, 2–2½ l Wasser, 500 g Schweinerippchen, 500–750 g Kartoffeln, Suppengrün, Salz.

Die verlesenen, gewaschenen Linsen werden in dem Wasser 12–24 Stunden eingeweicht. Man setzt sie mit dem Einweichwasser und den gewaschenen Schweinerippchen auf und läßt bei schwacher Hitze kochen. Wenn die Rippchen gar sind, werden sie aus der Suppe genommen. Sobald die Linsen fast gar sind, werden die geschälten, kleingeschnittenen Kartoffeln und das gewaschene, zerschnittene Suppengrün in die Brühe gegeben und gar gekocht. Man schmeckt die Suppe mit Salz ab. Das Fleisch kann allein gereicht oder kleingeschnitten in die Suppe gegeben werden.

Kochzeit: Etwa 1½ Stunden.

Hülsenfruchtsuppe ohne Fleisch

350–400 g Erbsen, Bohnen oder Linsen, 2–2½ l Wasser, 80 g Fett, 1 Zwiebel, Suppengrün, 750 g Kartoffeln oder 500 g Kartoffeln und 250 g Möhren, etwas Salz, Fleischextrakt oder Suppenwürze, 1 Brötchen, 10 g Butter oder Margarine.

Die verlesenen, gewaschenen Hülsenfrüchte werden in dem Wasser 12–24 Stunden eingeweicht. Man setzt sie mit dem Einweichwasser auf, kocht sie weich und streicht sie durch ein Sieb. In dem heißen, zerlassenen Fett werden die kleingeschnittene Zwiebel sowie das gewaschene, zerkleinerte Suppengrün erhitzt. Man füllt mit den durchgestrichenen Hülsenfrüchten auf und kocht die geschälten, kleingeschnittenen Kartoffeln und gegebenenfalls die geschrappten, in kleine Stücke geschnittenen Möhren darin weich. Die Suppe wird mit Salz und Fleischextrakt oder Suppenwürze abgeschmeckt und mit gerösteten Brötchenwürfeln angerichtet.

Kochzeit: Erbsen etwa 2½ Stunden,
Bohnen etwa 1½ Stunden,
Linsen etwa 1 Stunde.

Gemüsesuppe

750 g Gemüse wie junge Erbsen, Möhren, Kohlrabi, Blumenkohl und Wirsing, 80 g Fett (evtl. Rinderfett), 20 g Weizenmehl, 2 l Wasser, 500 g Kartoffeln, etwas Salz, Fleischextrakt oder Suppenwürze, 1 Eßl. gehackte Petersilie.

Das Gemüse wird geputzt, in Streifen oder Scheiben geschnitten (Erbsen ganz lassen, Blumenkohl in kleine Röschen teilen!) und in dem zerlassenen Fett kurze Zeit erhitzt. Man überstäubt es mit dem Mehl, füllt mit Wasser auf, gibt die geschälten, kleingeschnittenen Kartoffeln hinzu, salzt schwach und kocht so lange, bis Gemüse und Kartoffeln weich sind. Die Suppe wird mit Salz und Fleischextrakt oder Suppenwürze abgeschmeckt und mit gehackter Petersilie angerichtet.

Kochzeit: Etwa 1 Stunde.

Veränderung: Man kann Fleisch-, Schwemm- oder Grießklößchen in die Suppe geben und darin gar ziehen lassen.

Erbsensuppe mit Grießklößchen

750 g junge Erbsen (2¼ kg mit Hülsen), 100 g Butter oder Margarine, 40 g Weizenmehl, 2–2½ l Wasser, etwas Salz, 500 g Kartoffeln, 2 Rezepte Grießklößchen (S. 40), 1 Eßl. feingehackte Petersilie.

Die ausgepahlten Erbsen werden in das heiße Fett gegeben und einige Minuten darin erhitzt. Man überstäubt sie mit dem Mehl und erhitzt noch kurze Zeit, bevor man mit dem Wasser auffüllt. Das Wasser wird schwach gesalzen, die geschälten, kleingeschnittenen Kartoffeln werden hinzugegeben. Man kocht Erbsen und Kartoffeln gar und läßt dann die Grießklöße etwa 10 Minuten in der Suppe ziehen. Sie wird mit Salz abgeschmeckt und mit Petersilie angerichtet.

Kochzeit: ¾–1 Stunde.

Kartoffelsuppe

80 g Fett (evtl. Speck), 1 Zwiebel, Suppengrün, 2 l Wasser, etwas Salz, 1½ kg Kartoffeln, Fleischextrakt oder Suppenwürze, 1 Eßl. feingehackte Petersilie.

Das Fett wird zerlassen, die in Scheiben geschnittene Zwiebel und das gewaschene, zerkleinerte Suppengrün werden kurze Zeit darin erhitzt, mit Wasser abgelöscht und gesalzen. In das kochende Wasser gibt man die geschälten, kleingeschnittenen Kartoffeln und läßt so lange kochen, bis sie weich sind. Damit die Suppe recht sämig wird, zerdrückt oder zerstampft man einen Teil der Kartoffeln. Die Suppe wird mit Salz und Fleischextrakt oder Suppenwürze abgeschmeckt und mit Petersilie angerichtet.

Kochzeit: Etwa 45 Minuten.

II. Gemüseeintopf

Westfälisches Blindhuhn

250–375 g durchwachsener Speck, ¾ l Wasser, 500 g grüne Bohnen, 250 g Wurzeln, 2 Äpfel, 2 Birnen, 500 g Kartoffeln, etwas Salz.

Der durchwachsene Speck wird in das kochende Wasser gegeben und bei schwacher Hitze gekocht. Inzwischen zieht man die Fäden von den Bohnen ab, wäscht sie und schneidet sie in kleine Stücke oder schnippelt sie. Die Wurzeln werden geschrappt, gewaschen und in kleine Stücke geschnitten. Man schält die Äpfel und die Birnen, entfernt das Kerngehäuse und schneidet sie in Scheiben. Wenn der Speck ½ Stunde gekocht hat, werden das Gemüse, das Obst und die geschälten, kleingeschnittenen Kartoffeln hinzugegeben. Wenn alles gar ist, schmeckt man mit Salz ab.

Kochzeit: 1–1½ Stunden.

Veränderung: Man kann 200 g gewaschene Bohnen in den ¾ Liter Wasser 12–24 Stunden einweichen, danach mit dem Einweichwasser bei schwacher Hitze kochen und nach ½ Stunde den durchwachsenen Speck hinzugeben. Dann werden nur 250 g grüne Bohnen genommen, sie können aber auch ganz weggelassen werden (längere Kochzeit beachten!).

Äpfel und Kartoffeln („Himmel und Erde")

1½ kg Kartoffeln, ⅜ l Wasser, etwas Salz, 500 g Äpfel, etwas Zucker, etwas Essig, 100 g Speck, 2 Zwiebeln.

Die geschälten, in Würfel geschnittenen Kartoffeln werden in das kochende Salzwasser gegeben und 15 Minuten bei schwacher Hitze gekocht. Dann gibt man die geschälten, in Viertel geschnittenen Äpfel hinzu, bringt wieder zum Kochen, kocht das Gericht auf kleiner Flamme gar und schmeckt mit Salz, Zucker und Essig ab. Der Speck wird in Würfel geschnitten und ausgelassen. Man bräunt die in Scheiben geschnittenen Zwiebeln darin und gibt beides über das fertige Gericht.

Kochzeit: Etwa 45 Minuten.

Veränderung: An Stelle der Äpfel kann man Birnen nehmen.

Backpflaumen mit Kartoffeln

125 g weiße Bohnen, 1 l Wasser, 125 g getrocknete Pflaumen, ¼ l Wasser, 1 Mettwurst, 1 kg Kartoffeln, etwas Zucker, etwas Salz.

Die verlesenen, gewaschenen weißen Bohnen werden in dem 1 l Wasser 12 bis 24 Stunden eingeweicht. Man wäscht die Pflaumen gründlich, gibt das ¼ l Wasser hinzu und läßt sie darin ebenfalls 12–24 Stunden weichen.

Die eingeweichten Bohnen werden mit dem Einweichwasser zum Kochen gebracht, die Mettwurst wird hineingegeben. ¾ Stunden vor dem Anrichten fügt man die geschälten, kleingeschnittenen Kartoffeln und die eingeweichten Pflaumen hinzu. Das Gericht wird mit Zucker und Salz abgeschmeckt.

Kochzeit: Etwa 2 Stunden.

Backobst mit Klößen („Schlesisches Himmelreich")

250 g Backobst, ½ l Wasser zum Einweichen, 250–375 g Schweinefleisch, ½ l Wasser, etwas Salz, 30 g Zucker, Zimt oder Nelken, 1–2 Teel. Dr. Oetker „Gustin", 1 Eßl. Wasser, Kartoffelklöße (S. 146) oder Semmelklöße (S. 209).

Man wäscht das Backobst gründlich, gibt das ½ l Wasser hinzu und läßt es 12 bis 24 Stunden darin weichen.

Das gewaschene Schweinefleisch wird in das gesalzene, kochende Wasser gegeben und fast gar gekocht. Dann gibt man das gequollene Backobst hinzu und läßt beides gar kochen. Das Fleisch wird herausgenommen und in Würfel geschnitten. Man schmeckt die Brühe gut mit Salz, Zucker und Zimt oder Nelken ab, dickt sie mit kalt angerührtem „Gustin" und gibt sie über das zerkleinerte Fleisch und die in Salzwasser gargekochten Klöße.

Kochzeit: Etwa 1½ Stunden.

B. Gedünstete Eintopfgerichte

Regeln

1. Wenn man Fleisch, Gemüse und Kartoffeln dünsten will, muß man einen Kochtopf haben, dessen Deckel so gut schließt, daß während des Kochens kein Dampf entweichen kann (Deckel evtl. beschweren!). Andernfalls reichen die in den folgenden Rezepten angegebenen Wassermengen nicht aus.
2. Man achte deswegen darauf, daß man zum Ankochen stets die große Flamme nimmt. Sobald es kocht, wird die Flamme so klein gestellt, daß es wohl im Topf noch weiterkocht, aber kein Dampf entweicht.

Grundrezept

40 g Butter, Margarine oder Schweineschmalz, 250–500 g Fleisch, evtl. Zwiebel, Suppengrün und Tomaten, etwas Salz, Gewürz, ¾–1 kg Gemüse, 500–750 g Kartoffeln, ⅛–½ l Wasser.

In das auf großer Flamme erhitzte Fett gibt man das in kleine Würfel geschnittene Fleisch und die Knochen und läßt sie schwach bräunen. Kurz bevor sie genügend gebräunt sind, werden die kleingeschnittene Zwiebel, das gewaschene, zerschnittene Suppengrün und evtl. die kleingeschnittenen Tomaten hinzugegeben und kurz erhitzt. Das Fleisch wird gewürzt, das geputzte, in Stücke geschnittene Gemüse und die geschälten, in kleine Stücke geschnittenen Kartoffeln werden hinzugegeben, darüber wird das Wasser gegossen. Man bringt das Gericht im verschlossenen Topf auf großer Flamme zum Kochen. Sobald es kocht, stellt man die Flamme so klein, daß kein Dampf mehr aus dem Topf entweicht und läßt es ohne Umrühren und ohne Nachsehen gar werden.

Falls man das in Würfel geschnittene Fleisch in dem Fett nicht anbräunen will, streicht man das Fett auf den Topfboden und schichtet nacheinander die oben angegebenen Zutaten in den Kochtopf, bringt das Gericht auf großer Flamme zum Kochen und kocht es auf kleiner Flamme gar.

Faßbohnen-Eintopf

20 g Schweineschmalz, 250–375 g Schweinerücken, 1 Zwiebel, 1 kg Faßbohnen, 750 g Kartoffeln, ½ l Wasser.

Die Zubereitung erfolgt nach dem Grundrezept (s. oben).

Dünstzeit: Etwa 3 Stunden.

Grüne Bohnen-Eintopf

40 g Schweineschmalz oder Margarine, 250–375 g Rind- oder Schweinefleisch (bei fettem Fleisch kein Fett zusetzen!), 1 Zwiebel, 1 kg grüne Bohnen, 750 g Kartoffeln, etwas Salz, ½ l Wasser.

Die Zubereitung erfolgt nach dem Grundrezept (s. oben).

Dünstzeit: Etwa 80 Minuten.

Veränderung: Man kann 250 g zerkleinerte Tomaten mit dem Fleisch und der Zwiebel in dem Fett erhitzen, gibt dann aber nur ⅜ l Wasser an den Eintopf.

Grünkohl-Eintopf

40 g Schweineschmalz, 250–375 g Schweinenacken, 1 kg vorbereiteter Grünkohl, 750 g Kartoffeln, etwas Salz, ½ l Wasser.

Die Zubereitung erfolgt nach dem Grundrezept (s. S. 111).

Dünstzeit: Etwa 2 Stunden.

Große Bohnen-Eintopf

40 g Schweineschmalz oder Margarine, 250 g Hammelfleisch oder durchwachsener, geräucherter Speck (bei Speck kein Fett mehr zusetzen!), 750 g ausgepahlte große Bohnen, 750 g Kartoffeln, etwas Bohnenkraut, etwas Salz, ½ l Wasser.

Die Zubereitung erfolgt nach dem Grundrezept (s. S. 111).

Dünstzeit: Etwa 1½ Stunden.

Möhren-Eintopf

100 g weiße Bohnen, ½ l Wasser, 40 g Schweineschmalz, 1–2 Zwiebeln, 250–375 g Rindfleisch oder Schweinebauch (dann ohne Fett!), 1 kg Möhren, 750 g Kartoffeln, etwas Salz, ¼ l Wasser, 250 g Äpfel.

Die verlesenen, gewaschenen Bohnen werden in dem Wasser 12–24 Stunden eingeweicht.

Man setzt sie mit dem Einweichwasser auf, bringt sie zum Kochen und läßt sie auf kleiner Flamme in 1½–2 Stunden weich kochen. Das Kochwasser wird weggeschüttet und die Bohnen unter den garen Möhreneintopf gegeben.

Die Zubereitung des Möhren-Eintopfes erfolgt im übrigen nach dem Grundrezept (s. S. 111).

Dünstzeit: Etwa 1½ Stunden.

Steckrüben-Eintopf

40 g Schweineschmalz, 250–375 g Schweinefleisch, 1–2 Zwiebeln, 1 kg Steckrüben, 750 g Kartoffeln, etwas Salz, ⅜ l Wasser.

Die Zubereitung erfolgt nach dem Grundrezept (s. S. 111).

Dünstzeit: Etwa 60 Minuten.

Streifrüben-Eintopf

40 g Schweineschmalz, 250 g Rindfleisch oder durchwachsener Speck, 750 g vorbereitete Streifrüben, 750 g Kartoffeln, etwas Salz, ¼ l Wasser.

Die Zubereitung erfolgt nach dem Grundrezept (s. S. 111).

Dünstzeit: Etwa 1¾ Stunden.

Weißkohl-Eintopf

40 g Schweineschmalz oder Margarine, 250–375 g Rind- oder Hammelfleisch, 1–2 Zwiebeln, 750 g Weißkohl, 750 g Kartoffeln, etwas Salz, 1 Teel. Kümmel, gut ¼ l Wasser.

Die Zubereitung erfolgt nach dem Grundrezept (s. S. 111).

Dünstzeit: 60–90 Minuten.

Wirsing-Eintopf

40 g Schweineschmalz oder Margarine, 250–375 g Rindfleisch, 1–2 Zwiebeln, 750 g Wirsing, 750 g Kartoffeln, etwas Salz, gut ¼ l Wasser.

Die Zubereitung erfolgt nach dem Grundrezept (s. S. 111).

Dünstzeit: 60–90 Minuten.

Spanisch Frikko

40 g Butter oder Margarine, 375–500 g Rind-, Schweine- und Kalbfleisch, 2–3 Zwiebeln, etwas Salz, Paprika oder Pfeffer, 1½ kg Kartoffeln, gut ⅛ l Wasser, ¼ l saure Sahne.

Die Zubereitung erfolgt nach dem Grundrezept (s. S. 111). Die Sahne wird 10 Minuten vor Beendigung der Kochzeit dazugegeben.

Dünstzeit: 1½–2 Stunden.

Kalbfleisch mit Spargel

40 g Butter oder Margarine, 375–500 g Kalbfleisch, 100 g Pilze, etwas Salz, 500 g Spargel, 200 g Reis, 1 l Wasser.

In das erhitzte Fett gibt man das in kleine Würfel geschnittene Fleisch und läßt es schwach bräunen. Kurz bevor es genügend gebräunt ist, werden die gesäuberten, in Stücke geschnittenen Pilze hinzugegeben und kurz miterhitzt. Man gibt das Salz, den geschälten, in kleine Stücke geschnittenen Spargel, den gewaschenen Reis und das Wasser hinzu. Sobald das Gericht kocht, stellt man die Flamme klein und läßt es gar dünsten.

Dünstzeit: Etwa 50 Minuten.

Kalbfleisch mit Tomaten

40 g Butter oder Margarine, 375–500 g Kalbfleisch, 500 g Tomaten, 2–3 Zwiebeln, 200 g Reis, etwas Salz, Curry, ¾ l Wasser, ⅛ l saure Sahne.

Die Zubereitung erfolgt nach „Kalbfleisch mit Spargel" (s. oben). Die in Stücke geschnittenen Tomaten und Zwiebeln werden an das Fleisch gegeben, kurz bevor es genügend gebräunt ist. Man gießt die Sahne 10 Minuten vor Beendigung der Kochzeit an das Gericht.

Dünstzeit: Etwa 1 Stunde.

Irish stew

40 g Butter oder Margarine, 375–500 g Hammelfleisch, 2–3 Zwiebeln, etwas Salz, Pfeffer, 1 Teel. Kümmel, 1 kg Weißkohl, 500 g Kartoffeln, ¼ l Wasser.

Die Zubereitung erfolgt nach dem Grundrezept (s. S. 111).

Dünstzeit: Etwa 1½ Stunden.

Hammelfleisch mit Bohnen und Tomaten

40 g Fett, 375–500 g Hammelfleisch, 1 Zwiebel, 250 g Tomaten, etwas Salz, 500 g grüne Bohnen, 500 g Kartoffeln, ⅛–¼ l Wasser.

Die Zubereitung erfolgt nach dem Grundrezept (S. 111).

Dünstzeit: Etwa 1½ Stunden.

Pichelsteiner Fleisch

80 g Rindermark oder 60 g Butter (Margarine), 375–500 g Rindfleisch, etwas Salz, Paprika, ½ Knolle Sellerie, 3 Möhren, 1 Petersilienwurzel, 1 kg Kartoffeln, gut ¼ l Wasser.

Die Zubereitung erfolgt nach dem Grundrezept (S. 111).

Dünstzeit: Etwa 1 ½ Stunden.

Pichelsteiner mit Tomaten

40 g Butter oder Margarine, 375–500 g Rind- und Schweinefleisch, 500 g Tomaten, ½ Zwiebel, etwas Salz, Paprika, 500 g Möhren, 500 g Kartoffeln, 5 Eßl. Wasser.

Die Zubereitung erfolgt nach dem Grundrezept (S. 111).

Dünstzeit: Etwa 1 ¼ Stunden.

Vegetarischer Eintopf

250 g Möhren, 250 g Sellerie, 250 g Blumenkohl, 250 g Tomaten, 1 Zwiebel, 50 g Butter (Margarine) oder 3 Eßl. Öl, 500 g Kartoffeln, ¼ l Wasser, Salz, feingehackte Petersilie.

Die Gemüse werden geputzt, gewaschen und in kleine Stücke oder Scheiben geschnitten. Man dünstet sie in dem ausgelassenen Fett 5–10 Minuten, gibt die geschälten, in kleine Stücke geschnittenen Kartoffeln hinzu, gießt das Wasser darüber, salzt und dünstet das Gericht auf kleiner Flamme gar. Die Petersilie wird beim Anrichten über das Gericht gestreut.

Dünstzeit: 40–60 Minuten.

Veränderung: An Stelle der oben angegebenen Gemüse kann man auch eine andere Zusammenstellung wählen.

Rindergulasch mit Kartoffeln

50 g Fett (evtl. Speck), 375–500 g Rindfleisch, 1 Zwiebel, 250 g Tomaten, Salz, Paprika, 1 kg Kartoffeln, gut ¼ l Wasser.

Die Zubereitung erfolgt nach dem Grundrezept (S. 111).

Dünstzeit: Etwa 90 Minuten.

Rindergulasch mit Reis

50 g Fett (evtl. Speck), 375–500 g Rindfleisch, 1 Zwiebel, Suppengrün, evtl. 250 g Tomaten, Salz, Paprika, 1 l Wasser (bei Zugabe von Tomaten nur ¾ l!), 150 g Reis.

Das in 2 cm große Würfel geschnittene Fleisch wird in dem zerlassenen Fett oder in dem ausgelassenen, gewürfelten Speck auf großer Flamme schwach gebräunt. Man erhitzt die zerkleinerte Zwiebel, das in Scheiben geschnittene Suppengrün und die in Stücke geschnittenen Tomaten kurze Zeit in dem Fett. Dann werden Salz, Paprika und Wasser hinzugegeben. Man läßt auf großer Flamme eben aufkochen und 50 Minuten auf kleiner Flamme dünsten. Dann wird der gewaschene Reis hinzugegeben. Man läßt wieder aufkochen und dünstet ihn bei kleiner Flamme.

Dünstzeit: Etwa 90 Minuten.

Kalbsgulasch mit Kartoffeln

50 g Fett (evtl. Speck), 375–500 g Kalbfleisch, 1 Zwiebel, Salz, Paprika, 1 kg Kartoffeln, $\frac{1}{8}$ l Wasser, $\frac{1}{8}$ l saure Sahne.

Die Zubereitung erfolgt nach dem Grundrezept (S. 111). Die saure Sahne wird an das fertige Gericht gegeben.

Dünstzeit: Etwa 1 Stunde.

Kalbsgulasch mit Reis

50 g Butter oder Margarine, 375–500 g Kalbfleisch, 1 Zwiebel, evtl. 250 g Tomaten oder 1 Eßl. Tomatenmark, Salz, Paprika, 1 l Wasser (bei Zugabe von Tomaten nur $\frac{3}{4}$ l!), 150 g Reis.

Die Zubereitung erfolgt nach „Kalbfleisch mit Spargel" (S.113). Nimmt man Tomatenmark, so wird es mit dem Wasser verrührt und zugesetzt.

Dünstzeit: Etwa 1 Stunde.

Kalbsgulasch mit Gemüse

50 g Butter oder Margarine, 375–500 g Kalbfleisch, 1 Zwiebel, 250 g Tomaten, Salz, 500 g grüne Bohnen, 500 g Kartoffeln, knapp $\frac{1}{4}$ l Wasser.

Die Zubereitung erfolgt nach dem Grundrezept (S. 111).

Dünstzeit: Etwa 1 Stunde.

Szegediner Gulasch (Schweinefleisch mit Sauerkraut)

375–500 g Schweinefleisch, evtl. 20 g Fett, 2 Zwiebeln, 500 g Tomaten, 500 g Sauerkraut, Salz, Paprika, 500 g Kartoffeln, $\frac{1}{8}$ l Wasser, $\frac{1}{8}$ l Wein, Apfelsaft oder saure Sahne.

Die Zubereitung erfolgt nach dem Grundrezept (S. 111). Den Wein, den Apfelsaft oder die saure Sahne gibt man an das fertige Gericht.

Dünstzeit: Etwa 1 $\frac{1}{2}$ Stunden.

Serbisches Reisfleisch

20 g Fett, 375–500 g Schweinefleisch, 1 Zwiebel, 500 g Tomaten, Salz, Paprika, gut $\frac{3}{4}$ l Wasser, 150 g Reis.

Die Zubereitung erfolgt nach „Kalbfleisch mit Spargel" (S. 113).

Dünstzeit: Etwa 1 Stunde.

Wiener Kohltopf

20 g Fett, 375–500 g Schweinefleisch, 1 Zwiebel, 250 g Wurzelwerk, Salz, Pfeffer, Majoran, Knoblauch, 750 g Weißkohl, 500 g Kartoffeln, $\frac{1}{4}$ l Wasser.

Die Zubereitung erfolgt nach dem Grundrezept (S. 111).

Dünstzeit: Etwa 1 $\frac{1}{4}$ Stunden.

Hammelgulasch mit weißen Rüben

20 g Fett, 375–500 g Hammelfleisch, 1 Zwiebel, Salz, Pfeffer, 750 g weiße Rüben, 500 g Kartoffeln, ½ l Wasser.

Die Zubereitung erfolgt nach dem Grundrezept (S. 111).

Dünstzeit: Etwa 1¼ Stunden.

Hammelgulasch mit Schwarzwurzeln

20 g Fett, 375–500 g Hammelfleisch, 1 Zwiebel, Salz, Pfeffer, 750 g Schwarzwurzeln, 500 g Kartoffeln, ½ l Wasser.

Die Zubereitung erfolgt nach dem Grundrezept (S. 111).

Dünstzeit: Etwa 1¼ Stunden.

Hammelpillaw

20 g Fett, 375–500 g Hammelfleisch, 2 Zwiebeln, 1 Stück Sellerie, 250 g Tomaten, Salz, Paprika, ¾ l Wasser, 150 g Reis.

Die Zubereitung erfolgt nach „Kalbfleisch mit Spargel" (S. 113).

Dünstzeit: Etwa 1 Stunde.

Fisch mit Kartoffeln im Topf

50 g fetter Speck, 2 Zwiebeln, 750 g Seefisch, ¾–1 kg Kartoffeln, Salz, Pfeffer, ½ l Wasser, 1 Eßl. feingehackte Petersilie.

Der in kleine Würfel geschnittene Speck wird ausgelassen. Man bräunt die in Scheiben geschnittenen Zwiebeln unter ständigem Rühren darin. Dann werden der ausgenommene, gewaschene, entgrätete, in Würfel geschnittene Fisch und die geschälten, kleingeschnittenen Kartoffeln, mit etwas Salz und Pfeffer bestreut, dazugegeben. Man gießt die Flüssigkeit darüber und läßt das Gericht gar dünsten. Vor dem Anrichten bestreut man es mit der feingehackten Petersilie.

Dünstzeit: Etwa 45 Minuten.

C. Gebackene Eintopfgerichte

GEMÜSE

Die Bewertung des Gemüses hat im letzten Jahrzehnt eine völlige Umwandlung erfahren. Während es früher wegen seines geringen Gehaltes an kalorischen Nährstoffen weit hinter Fleisch, Ei und Getreide zurücktrat, stellte es die heutige Ernährungswissenschaft an einen hervorragenden Platz unter den zum Aufbau und zur Erhaltung unseres Körpers notwendigen Nahrungsmitteln. Aber nicht die in dem einen oder anderen Gemüse vorhandenen Kohlenhydrate, Eiweißstoffe oder Fette sind es, die ihm seine große Bedeutung geben – an Brennwerten sind fast alle Gemüse arm –, sondern sein Gehalt an Mineralstoffen und sein Reichtum an Vitaminen machen es zu einem unentbehrlichen Bestandteil einer vollwertigen Kost. Seitdem man erkannt hat, daß der Mensch trotz kalorienreicher Ernährung, d. h. trotz ausreichender Versorgung mit Eiweiß, Fett und Kohlenhydraten, zugrunde gehen muß, wenn ihm die für den Ablauf der gesamten Lebensvorgänge unentbehrlichen Mineralstoffe und Vitamine fehlen, seitdem ist auch die Einsicht in Wesen und Wert der Gemüsenahrung mehr und mehr gewachsen.

Wie gering der Brennwert der Gemüse ist, zeigt schon der hohe Wassergehalt, der durchweg zwischen 80 und 85% liegt. Am unbedeutendsten ist der Fettgehalt, der unter 1% bleibt; wir müssen also Fett zusetzen, um eine Gemüsemahlzeit sättigend zu machen. Der Eiweißgehalt der meisten Gemüse ist ebenfalls gering, nur bei grünen Erbsen, Rosenkohl und grünem Kohl ist er beachtenswert. Das Eiweiß der grünen Gemüse ist allerdings vollwertig, es enthält alle lebenswichtigen Eiweißbaustoffe. Nicht bedeutend ist der Gehalt an Kohlenhydraten, eine Ausnahme machen nur Erbsen, Wintergrünkohl, Rosenkohl und die Wurzelgemüse, von denen die junge Möhre den höchsten Gehalt an Zucker hat. Wegen ihrer Bedeutung für die Verdauung zu erwähnen sind schließlich die Rohfaserstoffe (Zellulose), an denen die meisten Gemüse reich sind.

Der eigentliche Wert aller Gemüse beruht also auf den für unseren Körperhaushalt überaus wichtigen Mineralstoffen und Vitaminen. In reicher Fülle baut die Sonne diese lebenswichtigen Stoffe in der Pflanze auf, vor allem in grünen Blättern, in Wurzeln, Knollen und Früchten, die wir deswegen in unserer Ernährung ausreichend berücksichtigen müssen. Da nun jeder Kochprozeß die Wirkung dieser Stoffe beeinträchtigt, soll man Gemüse auch roh genießen. Verschiedene Geruchs- und Geschmacksstoffe sorgen dafür, daß sie zum Genuß werden; nicht umsonst greifen Kinder zu rohen Wurzeln und Erbsen, die sie gekocht nicht selten ablehnen. Wenn man Gemüse aber kocht, so sorge man dafür, daß es möglichst vollwertig gegessen werden kann, daß Nähr- und Mineralstoffe nicht weggeschüttet und Vitamine nicht im Kochtopf vernichtet werden. Mit keinem anderen Nahrungsmittel ist man in der Vergangenheit so sorglos umgegangen wie mit dem Gemüse. Man wässerte es, um es zu reinigen, dann wurde es abgebrüht, um ihm den strengen Geschmack zu nehmen, man kochte es stundenlang, um es weichzumachen, und brachte es dann wertlos und fade, und nur durch scharfe Gewürze, Fett und Mehl wieder schmackhaft gemacht, auf den Tisch.

Beim Einkauf von Gemüse ist auf frische Ware Wert zu legen, da jedes längere Lagern Vitamine vernichtet. Am wertvollsten ist das Gemüse, das man frisch aus dem Garten holen und verwenden kann. Man kauft deswegen auch nicht mehr ein, als für eine Mahlzeit notwendig ist; der hohe Wassergehalt der meisten Gemüse bewirkt im übrigen ein schnelles Welken und damit viel Abfall. Eine Ausnahme machen nur die widerstandsfähigeren Wintergemüse Rotkohl und Weißkohl. Das Gemüse muß sodann sorgfältig verlesen werden, alle holzigen Teile sind zu entfernen, weil sie unverdaulich sind. Man muß aber darauf achten, daß nicht auch wertvolle Bestandteile der Pflanze in den Mülleimer wandern; dicke Blattrippen und ausgeschnittene Strünke z. B. lassen sich noch zur Herstellung einer Gemüsebrühe verwenden. Das Reinigen muß so schnell wie möglich geschehen, am besten unter fließendem Wasser. Niemals darf zerschnittenes Gemüse längere Zeit im Wasser liegen, es verliert dadurch einen Teil seiner Nährstoffe und Mineralsalze. Nur der Blumenkohl macht hier eine Ausnahme, man muß ihn in Salzwasser legen, um Insekten und Raupen aus dem fest geschlossenen Kopf zu entfernen.

Noch viel nachteiliger als unsachgemäßes Waschen wirkt sich das Abbrühen der Gemüse aus. Man versteht darunter das kürzere oder längere Kochen der gereinigten Gemüse in Wasser, das nachher fortgegossen wird, was leider auch heute noch in vielen Haushaltungen üblich ist. Beim Abbrühen entstehen Verluste an Vitaminen und Mineralstoffen bis zu 50%. Wer den strengen Geschmack mancher Gemüse nicht liebt – er entsteht durch Schwefelverbindungen –, koche das Gemüse kurz im offenen Topf oder hebe einige Male den Deckel vom Topf und wische die an der Unterseite haftenden Wassertropfen ab, die die unangenehmen Geruchsstoffe einschließen. Da manche Vitamine durch lange Kochdauer geschädigt, andere durch den Sauerstoff der Luft zerstört werden, darf man Gemüse nicht länger als notwendig und nur im geschlossenen Topf kochen. Die beste Methode, Gemüse garzumachen, ist das Dünsten im eigenen Saft oder unter Verwendung von wenig Flüssigkeit. Verringert man die Hitze so stark wie möglich, sobald das Gemüse kocht, braucht man ein Anbrennen nicht zu befürchten. Leider lassen sich in den üblichen Kochtöpfen nicht alle Gemüse auf diese Weise zubereiten (Spargel, Blumenkohl); in solchen Fällen wende man das Dämpfen an, wobei nur geringe Nährstoffverluste entstehen. Wenn man Gemüse nun doch in Wasser gar machen will, so gebe man es in kochendes, gesalzenes Wasser, und man nehme nur so viel Wasser, wie man zur Bereitung einer Suppe oder Soße braucht.

Wenn man Gemüse auf diese Weise zubereitet, braucht man nur wenig geschmackgebende Zutaten, da die im Gemüse selbst vorhandenen Geschmacks- und Aromastoffe zur vollen Wirkung kommen.

A. Rohe Gemüse

1. Falls Gemüse roh gegessen werden soll, muß es besonders sorgfältig geputzt werden. Alle welkenden, angefaulten oder nicht verdaulichen Bestandteile sind zu entfernen.
2. Das Waschen erfolgt bei festerem Gemüse am besten unter fließendem Wasser. Um Infektionen vorzubeugen, legt man Blattsalate und Kohlgemüse 10 Minuten in lauwarmes, stark gesalzenes Wasser und spült sie anschließend sorgfältig ab.
3. Je nach ihrer Beschaffenheit und Verdaulichkeit werden die Gemüse gröber oder feiner zerkleinert. Man benutzt dazu Messer, Gemüsehobel, Rohkostraffel (Bircher-Raffel) oder Rohkostmaschine.
4. Man zerkleinert und bereitet die Gemüse erst kurz vor dem Essen.
5. Die zerkleinerten Gemüse werden mit einer einfachen Salatsoße, aber auch mit Sahnensoße oder Mayonnaise vermischt.

6. Durch Beigabe von Gewürzkräutern, Zwiebeln, Knoblauch usw. kann der Geschmack mannigfach abgewandelt werden.
7. Rohgemüse ist besonders sorgfältig und appetitlich anzurichten. Beim Zusammenstellen einer Rohkostplatte muß sowohl Geschmack als auch Farbe der Gemüsearten berücksichtigt werden.

Blumenkohl roh

1 kleiner Blumenkohl, Soße für Rohkostgemüse (S. 50), Sahnensoße (S. 51) oder Mayonnaise (S. 51).

Der Blumenkohl wird geputzt, gründlich gewaschen, geraspelt und mit einer der Soßen oder mit der Mayonnaise vermischt. Zur Verzierung eignen sich Tomaten, grüner Salat und Radieschen.

Junge Erbsen roh

300 g junge, zarte Erbsen (1 kg mit Hülsen), Soße für Rohkostgemüse (S. 50).

Die ausgepahlten Erbsen werden gewaschen, auf ein Sieb gegeben und mit der Soße vermischt.

Kohlrabi roh

300–400 g Kohlrabi (möglichst zart), Soße für Rohkostgemüse (S. 50).

Der Kohlrabi wird geschält, gewaschen, geraspelt und mit der Soße vermischt.

Junge Möhren roh

400 g Möhren (Wurzeln), Soße für Rohkostgemüse (S. 50) oder Mayonnaise (S. 51).

Die Möhren werden gründlich gewaschen, gerieben und mit der Soße oder der Mayonnaise und etwas Zucker vermischt.

Veränderung: Man gibt 1–2 säuerliche Äpfel hinzu, die man auf einer Glasreibe zerkleinert; 1 geraspelter Rettich oder 1 Pfeffergurke paßt auch gut dazu.

Paprikasalat

Etwa 250 g Paprika.

Salatsoße: 3 Eßl. Salatöl, 1–2 Eßl. Zitronensaft oder Essig, etwas Salz, etwas Zucker, 1 Zwiebel.

Man wäscht die Paprikaschoten, entfernt den Stiel, die Kerne und die weißen Scheidewände und schneidet den Paprika in feine Streifen.

Öl, Zitronensaft oder Essig, Salz und Zucker werden so lange mit einer Gabel geschlagen, bis eine dickflüssige Soße entstanden ist. Man mischt die feingehackte Zwiebel und die Paprikastreifen darunter.

Veränderung: Man kann einige in Scheiben geschnittene Tomaten unter den fertigen Salat mischen.

Rosenkohl roh

300 g Rosenkohl, Mayonnaise (S. 51).

Man entfernt von dem Rosenkohl die beschädigten und fleckigen äußeren Blätter, wäscht ihn gründlich, schneidet ihn möglichst fein und vermischt ihn mit der Mayonnaise. Sehr gut schmeckt er, wenn man einige geraspelte rohe Möhren zugibt.

Rote Beeten (Rüben) **roh**

300–400 g rote Beeten, geriebener Meerrettich, 1 Rettich oder säuerlicher Apfel, Soße für Rohkostgemüse (S. 50) oder Mayonnaise (S. 51).

Die rote Beete wird unter fließendem Wasser gründlich gebürstet, geschält, gerieben oder geraspelt und mit den übrigen Zutaten und mit der Soße oder Mayonnaise vermischt.

Sauerkraut roh

300–400 g Sauerkraut, 3 Eßl. Öl, 2–3 Zwiebeln, etwas Kümmel.

Das Sauerkraut wird nicht gewaschen. Man zupft es locker, schneidet es fein, übergießt es mit dem heißen Öl und vermischt es mit der feingeschnittenen oder geriebenen Zwiebel und dem Kümmel.

Veränderung: Man kann das Kraut auch mit einer Mayonnaise anrichten oder mit 2 roh geraspelten Äpfeln, geriebenem Meerrettich und saurer Sahne mischen.

Sellerie roh

300–400 g Sellerie, Soße für Rohkostgemüse (S. 50) oder Mayonnaise (S. 51).

Die Sellerieknolle wird unter fließendem Wasser gründlich gebürstet, geschält und geraspelt oder gerieben. Man vermischt sie mit der Soße oder mit der Mayonnaise. Sehr gut schmeckt eine Mischung von Sellerie, Möhren und Äpfeln oder Tomaten.

B. Gekochte Gemüse

Regeln

1. Man sollte es möglichst vermeiden, Gemüse in Wasser zu kochen, da Nähr- und Geschmacksstoffe ausgelaugt werden. In der neuzeitlichen Küche wird Gemüse gedämpft oder gedünstet.
2. Soll Gemüse gekocht werden, dann nimmt man nur so viel Wasser, daß das Gemüse gerade bedeckt ist, und verwendet das Kochwasser zu Suppen und Soßen.
3. Das Wasser muß gesalzen sein, bevor das Gemüse hineingelegt wird, da Salz die auslaugende Wirkung des Wassers einschränkt.
4. **In einen Kochtopf gibt man die erforderliche Wassermenge, bringt sie auf großer Flamme zum Kochen. Dann legt man das vorbereitete Gemüse hinein und deckt den Topf fest zu. Sobald das Wasser wieder kocht, stellt man die Flamme auf klein. In dem Dampf des siedenden Wassers wird das Gemüse bei dieser kleinen Flamme gar. Nur muß man sich hüten, öfter den Deckel vom Topf abzuheben, da dann der Dampf entweicht und die Hitze, die von der kleinen Flamme abgegeben wird, nicht mehr ausreicht.**
5. Ist das Gemüse gar, so wird es mit einem Schaumlöffel herausgenommen und zum Abtropfen auf ein Sieb gelegt, das ablaufende Kochwasser verdünnt sonst die Soße.

Blumenkohl

1 Kopf Blumenkohl, ½–¾ l Wasser, 1 Teel. Salz, 60 g Butter oder **holländische Soße:** 40 g Butter oder Margarine, 40 g Weizenmehl, ½ l Blumenkohlkochwasser, 1 bis 2 Eßl. Zitronensaft, etwas Salz, 1 Eigelb, 2 Eßl. kaltes Wasser.

Man wählt einen festen, weißen Kopf, entfernt die Blätter und etwaige schlechte Stellen und schneidet den Strunk ab. Anschließend wird der Blumenkohl unter fließendem Wasser gewaschen. Dann legt man ihn einige Zeit in kaltes Salzwasser, um Raupen und Insekten zu entfernen. Er wird mit dem Strunk nach unten in das kochende Salzwasser gelegt, obenauf mit etwas Salz bestreut und darin weich gekocht. Von dem Blumenkohlkochwasser wird ½ l abgemessen, man verwendet es zur Soße. Sie wird folgendermaßen hergestellt: Man zerläßt das Fett. Das Mehl wird so lange darin erhitzt, bis es hellgelb ist. Man gießt unter ständigem Rühren nach und nach das lauwarme Blumenkohlkochwasser hinzu und läßt etwa 10 Minuten kochen. Die Soße wird mit Zitronensaft und Salz abgeschmeckt. Man legiert sie mit dem Eigelb, das man mit kaltem Wasser verquirlt hat. Man reicht den Blumenkohl mit zerlassener oder brauner Butter oder richtet ihn mit der holländischen Soße an.

Kochzeit: 25–30 Minuten.

Rote Beeten (rote Rüben)

2 rote Beeten (etwa 1 kg), 1–1¼ l Wasser, 1 Teel. Salz.

Helle Soße: 40 g Butter oder Margarine, 40 g Weizenmehl, ½ l Wasser oder Brühe, etwas Salz, etwas Zitronensaft.

Man schneidet die Wurzeln und die Blätter etwa 3 cm hoch über der Knolle ab, damit die Knolle nicht zu stark ausgelaugt wird. Dann werden die roten Beeten mit einer Bürste unter fließendem Wasser sorgfältig gereinigt, in das kochende Salzwasser gelegt und darin weich gekocht. Man nimmt sie aus dem Kochwasser und übergießt sie mit kaltem Wasser, damit sich die Schalen besser abziehen lassen. Die lauwarmen Knollen werden geschält und in Scheiben oder Würfel geschnitten. Die helle Soße wird folgendermaßen hergestellt: Man zerläßt das Fett. Das Mehl wird so lange darin erhitzt, bis es hellgelb ist. Man gießt unter ständigem Rühren nach und nach das Wasser oder die Brühe hinzu und läßt etwa 10 Minuten kochen. Die Soße wird mit Salz und Zitronensaft abgeschmeckt, die roten Beeten werden hineingegeben.

Kochzeit: 1–1½ Stunden.

Chicorée-Gemüse

6 Chicorée, 2 l Wasser, etwas Salz, 75 g Butter oder Margarine, 1 gehäufter Eßl. Weizenmehl, ⅛ l Wasser oder Brühe, etwas Salz, etwas Pfeffer, etwas Muskat, evtl. 2 Eßl. Sahne.

Der Chicorée wird von schlechten Blättern befreit und der Strunk keilförmig herausgeschnitten. Man wäscht den Chicorée, gibt ihn in das kochende, schwach gesalzene Wasser und läßt ihn 5 Minuten bei schwacher Hitze kochen. Dann wird das Gemüse zum Abtropfen auf ein Sieb gegeben und danach in feine Streifen geschnitten. Man gibt das Mehl in das zerlassene Fett und erhitzt es darin so lange, bis es hellbraun ist. Es wird mit Wasser oder Brühe abgelöscht und einmal aufgekocht. Man gibt das zerkleinerte Gemüse hinein und läßt es noch etwa 15 Minuten darin dünsten.

Das Gemüse wird mit Salz, Pfeffer und Muskat abgeschmeckt. Die Zugabe von Sahne ist zu empfehlen, da sie den bitteren Geschmack mildert.

Garzeit: Etwa 20 Minuten.

Schwarzwurzeln

750 g Schwarzwurzeln, ¾ l Wasser, 1 Teel. Salz, 2 Eßl. Essig oder Zitronensaft.

Helle Soße: 40 g Butter oder Margarine, 40 g Weizenmehl, ⅜ l Schwarzwurzelkochwasser, ⅛ l Milch, etwas Salz.

Die Schwarzwurzeln werden gründlich unter fließendem Wasser gebürstet, geschabt und kurz abgespült. Dann gibt man sie sofort in kaltes Wasser, das man mit 1–2 Eßl.

Essig und 1 Eßl. Mehl vermischt hat, damit die Stangen weiß bleiben. Die $^3/_4$ l Wasser werden mit Salz und 2 Eßl. Essig oder Zitronensaft zum Kochen gebracht. Man gibt die in Stücke geschnittenen Schwarzwurzeln hinein. Wenn sie weich sind, nimmt man sie mit einem Schaumlöffel heraus. Von dem Kochwasser werden $^3/_8$ l abgemessen, man verwendet es zur Soße. Sie wird folgendermaßen hergestellt: Man zerläßt das Fett. Das Mehl wird so lange darin erhitzt, bis es hellgelb ist. Man gießt unter ständigem Rühren nach und nach das lauwarme Schwarzwurzelkochwasser und die Milch hinzu und läßt etwa 10 Minuten kochen. Die Soße wird mit Salz abgeschmeckt, die Schwarzwurzeln werden hineingegeben.

Kochzeit: 50–60 Minuten.

Sellerie

2–3 Sellerieknollen (1 kg), 1–1$^1/_4$ l Wasser, 1 Teel. Salz, 2–3 Eßl. Essig.

Helle Soße: 40 g Butter oder Margarine, 40 g Weizenmehl, $^1/_2$ l Wasser oder Brühe, etwas Salz, etwas Zitronensaft.

Die Sellerieknollen werden mit einer Bürste unter fließendem Wasser sorgfältig gereinigt, in das kochende, gesalzene Essigwasser gegeben und darin weich gekocht. Man nimmt sie aus dem Kochwasser und übergießt sie mit kaltem Wasser, damit sich die Schalen besser abziehen lassen. Die lauwarmen Knollen werden geschält und in Scheiben oder Würfel geschnitten. Die helle Soße wird folgendermaßen hergestellt: Man zerläßt das Fett. Das Mehl wird so lange darin erhitzt, bis es hellgelb ist. Man gießt unter ständigem Rühren nach und nach die kalte Flüssigkeit hinzu und läßt etwa 10 Minuten kochen. Die Soße wird mit Salz und Zitronensaft abgeschmeckt. Die Selleriescheiben oder -würfel werden hineingegeben.

Kochzeit: 1–2 Stunden.

Veränderung: Man kann die Sellerieknollen auch gleich nach dem Waschen schälen, in feine Scheiben oder Würfel schneiden, in kochendes, gesalzenes Essigwasser (500 g Sellerie, $^1/_4$ l Wasser, etwas Salz, 1 Eßl. Essig) geben und darin weich kochen. Dann nimmt man das Selleriekochwasser zur hellen Soße.

Kochzeit: 20–25 Minuten.

Stangenspargel (Abb. Tafel 6)

1 kg Spargel, knapp 1 l Wasser, 1 Teel. Salz, etwas Zucker, 60 g Butter und 1 Eßl. Semmelmehl oder
holländische Soße: 40 g Butter oder Margarine, 40 g Weizenmehl, $^1/_2$ l Spargelkochwasser, 1–2 Eßl. Zitronensaft, etwas Salz, 1 Eigelb, 2 Eßl. kaltes Wasser, 20 g Butter.

Der Spargel muß zartweiß aussehen, sich leicht brechen lassen und an den Bruchstellen saftig sein. Man schält ihn von oben nach unten und achtet darauf, daß die Schalen vollständig entfernt, die Köpfe aber nicht verletzt werden. Die unteren Enden schneidet man gerade (holzige Teile vollkommen wegschneiden!) und alle Stangen möglichst gleich lang.

Man bündelt den Spargel zu je 8 Stück, gibt ihn in das stark kochende, gesalzene und gezuckerte Wasser und kocht ihn darin weich. Er wird mit dem Schaumlöffel vorsichtig herausgenommen, auf eine flache Schüssel gelegt und von den Fäden befreit. Man richtet ihn mit zerlassener oder brauner Butter, in der man 1 Eßl. Semmelmehl geröstet hat, an.

Gibt man holländische Soße dazu, so bestreut man den angerichteten Spargel nur mit Petersilie und reicht die Soße besonders. Man stellt sie folgendermaßen her:

Man zerläßt das Fett. Das Mehl wird so lange darin erhitzt, bis es hellgelb ist. Man gießt unter ständigem Rühren nach und nach das lauwarme Spargelkochwasser hinzu und läßt etwa 10 Minuten kochen. Die Soße wird mit Zitronensaft und Salz abgeschmeckt. Man legiert sie mit dem Eigelb, das man mit kaltem Wasser verquirlt hat, und gibt die 20 g Butter hinzu.

Kochzeit: Für den Spargel etwa 30 Minuten.
Für die holländische Soße etwa 10 Minuten.

Roher Schinken, Kalbsschnitzel, Kotelette sind passende Beilagen zu Spargel.

Brechspargel

750 g Spargel, $^3/_4$ l Wasser, 1 Teel. Salz, etwas Zucker.

Helle Soße: 20 g Butter oder Margarine, 20 g Weizenmehl, $^1/_4$ l Spargelkochwasser, etwas Zitronensaft, etwas Salz, 1 Eigelb, 1 Eßl. kaltes Wasser.

Der Spargel muß zartweiß aussehen, sich leicht brechen lassen und an den Bruchstellen saftig sein. Man schält ihn von oben nach unten und achtet darauf, daß die Schalen vollständig entfernt, die Köpfe aber nicht verletzt werden, und schneidet ihn in etwa 4 cm lange Stücke. Er wird in das stark kochende, gesalzene und gezuckerte Wasser gegeben und darin weich gekocht. Man nimmt ihn mit einem Schaumlöffel heraus und läßt ihn gut abtropfen. Von dem Spargelkochwasser wird $^1/_4$ Liter abgemessen, man verwendet es zur Soße. Sie wird folgendermaßen hergestellt:

Man zerläßt das Fett. Das Mehl wird so lange darin erhitzt, bis es hellgelb ist. Man gießt unter ständigem Rühren nach und nach das lauwarme Spargelkochwasser hinzu und läßt etwa 10 Minuten kochen. Die Soße wird mit Zitronensaft und Salz abgeschmeckt. Man legiert sie mit dem Eigelb, das man mit kaltem Wasser verquirlt hat. Der Spargel wird in die Soße gegeben.

Kochzeit: 30–40 Minuten.

C. Gedünstete Gemüse

Regeln

1. Das vorbereitete Gemüse wird in Fett angeschwitzt und mit möglichst wenig Wasser im geschlossenen Topf auf kleiner Flamme gar gemacht; bei manchen Gemüsen kann das Wasser ganz fehlen (Spinat).
2. Gemüse soll so kurz wie möglich gedünstet werden, da es durch lange Garzeit entwertet wird.
3. Vor dem Anrichten binde man die noch vorhandene Flüssigkeit mit etwas „Gustin".
4. Man verwende reichlich Küchenkräuter; sie dürfen aber nicht mitkochen, sondern werden an das fertige Gericht gegeben.

Junge Erbsen

750 g ausgepahlte Erbsen (2 kg mit Hülsen), 40 g Butter oder Margarine, $^1/_8$ l Wasser, etwas Salz, etwas Zucker, 1 Eßl. gehackte Petersilie.

Die ausgepahlten Erbsen werden in dem zerlassenen Fett kurze Zeit erhitzt. Dann gibt man das Wasser hinzu und dünstet die Erbsen auf kleiner Flamme gar. Sie werden mit Salz und Zucker abgeschmeckt und mit gehackter Petersilie angerichtet.

Dünstzeit: 15–20 Minuten.

Erbsen und Möhren

500 g Möhren, 40 g Butter oder Margarine, 1/8 l Wasser, 250 g ausgepahlte Erbsen (750 g mit Hülsen), etwas Salz, etwas Zucker, 1 Teel. Dr. Oetker „Gustin", 1 Eßl. kaltes Wasser, 1 Eßl. gehackte Petersilie.

Die Möhren werden geschabt und gewaschen. Wenn sie noch jung und zart sind (Karotten!), bleiben sie ganz, andernfalls schneidet man sie in Scheiben oder Stifte. Die Möhren werden in dem zerlassenen Fett kurze Zeit erhitzt. Man gibt das Wasser hinzu und dünstet sie zunächst 10–15 Minuten, dann kommen die Erbsen dazu. Wenn das Gemüse gar ist, wird es mit Salz und Zucker abgeschmeckt. Man bindet die Flüssigkeit mit dem kalt angerührten „Gustin" und richtet das Gemüse mit Petersilie an.

Dünstzeit: 20–30 Minuten.

Grüne Bohnen

750 g Bohnen, 40 g Fett, 1 kleine Zwiebel, 1 Stengel Bohnenkraut, 1/8 l Wasser, etwas Salz, 1 Teel. Dr. Oetker „Gustin", 1 Eßl. kaltes Wasser, 1 Eßl. gehackte Petersilie.

Wenn man Schnittbohnen wünscht, nimmt man eine flache, breite Sorte, am besten Stangenbohnen. Zu Brechbohnen eignen sich mehr die runden, fleischigen, sogenannten Speckbohnen. Sie werden abgefädelt, gewaschen, geschnitten oder gebrochen und in dem zerlassenen Fett, in dem man schon eine kleingeschnittene Zwiebel hellgelb geröstet hat, mit dem Bohnenkraut kurze Zeit erhitzt. Dann gibt man das Wasser hinzu und dünstet die Bohnen auf kleiner Flamme gar. Die Bohnen werden mit Salz abgeschmeckt. Die Flüssigkeit wird mit kalt angerührtem „Gustin" gebunden. Man richtet die Bohnen mit Petersilie an.

Dünstzeit: 30–40 Minuten.

Veränderung: Man dünstet 250 g zerschnittene Tomaten 10 Minuten mit.

Große Bohnen

750 g Bohnen (3 kg mit Schalen), 40 g Butter, Margarine oder 60 g Speck, 1 Stengel Bohnenkraut, 1/8 l Wasser, etwas Salz, 1 gut gehäufter Teel. Dr. Oetker „Gustin", 1 Eßl. kaltes Wasser, 1 Eßl. gehackte Petersilie.

Die ausgepahlten, noch nicht ausgewachsenen Bohnen werden in der zerlassenen Butter oder in dem in kleine Würfel geschnittenen, ausgelassenen Speck kurze Zeit erhitzt. Dann gibt man das Bohnenkraut und das Wasser hinzu und dünstet die Bohnen auf kleiner Flamme gar. Man schmeckt das Gericht mit Salz ab, bindet es mit kalt angerührtem „Gustin" und streut die gehackte Petersilie auf die in eine Schüssel gefüllten Bohnen.

Dünstzeit: 30–40 Minuten.

Grünkohl

750 g geputzter Kohl, 60 g Schweineschmalz oder Gänsefett, 2 kleine Zwiebeln, 3/8 l Wasser, 2 Eßl. Haferflocken, Salz.

Grünkohl schmeckt am besten, wenn er Frost bekommen hat. Er wird von den Stielen gestreift, gewogen, gründlich gewaschen und grob oder fein geschnitten. Man zerläßt das Fett, gibt die in kleine Würfel geschnittenen Zwiebeln hinein und röstet sie hellgelb.

Dann wird der Kohl zugegeben und kurze Zeit miterhitzt. Das Wasser und die Haferflocken werden zugefügt. Man dünstet den Kohl so lange, bis er gar ist. Er wird mit Salz abgeschmeckt.

Dünstzeit: Etwa 1 1/2 Stunden.

Gurken

3–4 mittelgroße Gurken (etwa 500 g), 1–2 Tomaten, 40 g Butter, Margarine oder 60 g in Würfel geschnittener Speck, 1 Zwiebel, $\frac{1}{8}$ l Wasser, Salz, 1 Eßl. Zitronensaft, Zucker, 1 schwach gehäufter Eßl. Dr. Oetker „Gustin", 1 Eßl. kaltes Wasser, 1 Eßl. gehackte Petersilie, Dill oder Kerbel.

Man schneidet von den Enden der Gurken Stückchen ab und probiert, ob sie bitter sind. Sollte das der Fall sein, schneidet man so viel ab, bis der Geschmack einwandfrei ist. Dann werden die Gurken geschält und halbiert. Man kratzt das Kerngehäuse mit einem Löffel heraus und schneidet sie in 2–3 cm breite Stücke. Man zieht die Tomaten ab und schneidet sie in kleine Stücke. Dann werden Gurken und Tomaten in das zerlassene oder ausgelassene Fett gegeben (Speckgrieben vorher herausnehmen!) und kurze Zeit darin erhitzt. Man gibt das Wasser hinzu und dünstet die Gurken gar. Sie werden mit Salz, Zitronensaft und Zucker abgeschmeckt, die Flüssigkeit wird mit kalt angerührtem „Gustin" gebunden. Man gibt die gehackten Kräuter hinzu. Die herausgenommenen Speckgrieben werden auf das fertige Gericht gestreut.

Veränderung: Man kann die Gurken auch in einer dunklen Grundsoße (S. 47) gar machen oder zubereiten wie Teltower Rübchen (S. 129).

Dünstzeit: Etwa 20 Minuten.

Kastanien

1 kg Kastanien, 40 g Butter oder Margarine, 10 g Zucker, $\frac{1}{8}$–$\frac{1}{4}$ l Wasser, Salz, 1 Eßl. Zitronensaft, 1 Teel. Dr. Oetker „Gustin", 1 Eßl. kaltes Wasser.

Man schält die Kastanien und brüht sie mit kochendem Wasser ab, damit man die gelbe Haut entfernen kann. Das muß aber geschehen, solange die Früchte noch heiß sind. Dann wird das Fett zerlassen, der Zucker wird darin gebräunt. Man gibt die Kastanien hinein, erhitzt sie kurze Zeit darin, gibt das Wasser hinzu und dünstet die Kastanien gar. Sie werden mit Salz und Zitronensaft abgeschmeckt, die Flüssigkeit wird mit kalt angerührtem „Gustin" gebunden.

Veränderung: Das Gericht läßt sich durch 2–3 Eßl. Madeira oder Rotwein, mit denen man das „Gustin" anrührt, verfeinern.

Dünstzeit: Etwa 40 Minuten.

Kohlrabi

1 kg Kohlrabi, 40 g Butter oder Margarine, $\frac{1}{8}$ l Wasser, etwas Salz, 1 Teel. Dr. Oetker „Gustin", 1 Eßl. kaltes Wasser, 1 Eßl. gehackte Petersilie.

Die Kohlrabi werden geschält, gewaschen und in Scheiben oder Streifen geschnitten. Die zarten Blätter werden grob gehackt und für sich wie Spinat zubereitet oder mit dem Gemüse zusammen gar gedünstet. Man zerläßt das Fett und erhitzt die Kohlrabischeiben oder -streifen und die Blätter kurze Zeit darin. Dann gibt man das Wasser hinzu und dünstet die Kohlrabi gar. Man schmeckt sie mit Salz ab, bindet die Flüssigkeit mit kalt angerührtem „Gustin" und bringt die Kohlrabi, mit gehackter Petersilie bestreut, zu Tisch. Das Grüne wird als Kranz um die Scheiben gelegt, falls man es für sich gedünstet hat.

Dünstzeit: 30–60 Minuten.

Veränderung: Man kann die Kohlrabischeiben auch in $\frac{1}{2}$ l Wasser weich kochen und in einer hellen Grundsoße (S. 44) anrichten.

Leipziger Allerlei

125 g ausgepahlte Erbsen (375 g mit Hülsen), 125 g Karotten, 125 g Spargel, 1 Kohlrabi, 1 kleiner Blumenkohl, 40 g Butter oder Margarine, ⅛ l Wasser, etwas Salz, etwas Zucker, 1 Teel. Dr. Oetker „Gustin", 1 Eßl. kaltes Wasser, 1 Eßl. gehackte Petersilie.

Das Gericht schmeckt am besten, wenn alle Gemüse recht jung sind. Die geschabten, gewaschenen Karotten bleiben ganz. Der geschälte Spargel wird in Stücke geschnitten. Der geschälte Kohlrabi wird in Scheiben geschnitten. Man teilt den Blumenkohl in Röschen und wäscht ihn sorgfältig.

Das Fett wird zerlassen, die Gemüse werden kurze Zeit darin erhitzt. Dann gibt man das Wasser hinzu und dünstet die Gemüse gar. Sie werden mit Salz und Zucker abgeschmeckt, die Flüssigkeit wird mit kalt angerührtem „Gustin" gebunden. Man richtet das Leipziger Allerlei mit Petersilie an.

Dünstzeit: Etwa 30 Minuten.

Veränderung: Ansehnlicher bleiben alle Gemüse, wenn man sie einzeln dämpft und dann zusammen in zerlassener Butter schwenkt.

Das Gericht sieht noch appetitlicher aus, wenn man es mit Semmelklößchen verziert.

Jägerkohl

1 kg Weißkohl, 100 g in Würfel geschnittener Speck oder Schmalz, 2 Äpfel, ¼ l Wasser, 1 Teel. Kümmel, etwa 2 Eßl. Essig, Zucker, Salz, 1 Teel. Dr. Oetker „Gustin", 1 Eßl. kaltes Wasser.

Die schlechten äußeren Blätter werden entfernt, der Kopf wird in Achtel geteilt und der Strunk herausgeschnitten. Man wäscht den Kohl und hobelt oder schneidet ihn sehr fein. Der Speck wird ausgelassen oder das Schmalz zerlassen. Man gibt den Kohl hinein, erhitzt ihn kurze Zeit darin. Dann werden die geschälten, kleingeschnittenen Äpfel, das Wasser und der Kümmel hinzugegeben, und der Kohl wird gar gedünstet. Wenn der Kohl gar ist, wird er mit Essig, Zucker und Salz abgeschmeckt, die Flüssigkeit wird mit kalt angerührtem „Gustin" gebunden.

Dünstzeit: Gut 1 Stunde.

Möhren (Karotten oder gelbe Rüben)

750 g Möhren, 40 g Butter, Margarine oder Suppenfett, ⅛ l Wasser, etwas Salz, etwas Zucker, 1 Teel. Dr. Oetker „Gustin", 1 Eßl. kaltes Wasser, 1 Eßl. gehackte Petersilie.

Die Möhren werden geschabt und gewaschen. Wenn sie noch jung und zart sind (Karotten!), bleiben sie ganz, andernfalls schneidet man sie in Scheiben oder Stifte. Die Möhren werden in dem zerlassenen Fett kurze Zeit erhitzt. Dann gibt man das Wasser hinzu und dünstet die Möhren gar. Sie werden mit Salz und Zucker abgeschmeckt, die Flüssigkeit wird mit kalt angerührtem „Gustin" gebunden. Man richtet die Möhren mit Petersilie an.

Dünstzeit: Junge Möhren etwa 25 Minuten, ältere etwa 60 Minuten.

Paprika

250 g Paprika, 250 g Tomaten, 250 g Gurken, 50 g Butter (Margarine) oder 3 Eßl. Öl, etwas Salz, etwas Zucker, 2 schwach gehäufte Teel. Dr. Oetker „Gustin", 2 Eßl. Wasser, etwa 1 Eßl. Essig.

Man wäscht die Paprikaschoten, entfernt die Kerne und die weißen Scheidewände und schneidet die Schoten in feine Streifen. Die Tomaten werden ebenfalls gewaschen und in Stücke geschnitten. Man schält die Gurken und schneidet sie in nicht zu dicke Scheiben. Das Fett wird erhitzt, Paprika, Tomaten und Gurken werden hineingegeben, mit Salz und Zucker gewürzt und im geschlossenen Topf bei kleiner Flamme gedünstet. Wenn das Gemüse gar ist, wird das mit Wasser angerührte „Gustin" untergerührt. Man läßt das Gemüse kurz aufkochen und schmeckt es mit Salz, Zucker und Essig ab.

Dünstzeit: Etwa 30 Minuten.

Pilze

1 kg frische Pilze, 40 g Butter, Margarine oder in Würfel geschnittener Speck, 1 Zwiebel, Salz, Pfeffer, 1–2 Teel. Dr. Oetker „Gustin", 1 Eßl. kaltes Wasser, 1 Eßl. gehackte Petersilie.

Bei größeren Pilzen werden die Lamellen und die Haut entfernt, kleinere werden jedoch nur abgeschabt. Anschließend wäscht man sie. Beim Zerkleinern der Pilze achte man besonders darauf, daß madige Stellen entfernt werden. Man zerläßt oder läßt das Fett aus, röstet eine kleingeschnittene Zwiebel darin hellgelb und erhitzt die Pilze so lange darin, bis sie gar sind. Sie werden mit Salz und Pfeffer abgeschmeckt. Die Flüssigkeit wird mit kalt angerührtem „Gustin" gebunden. Die Pilze werden, mit gehackter Petersilie bestreut, zu Tisch gegeben.

Dünstzeit: 20–30 Minuten.

Veränderung: Man kann das „Gustin" mit 1–2 Eßl. saurer Sahne verrühren und mit den Pilzen verkochen.

Porree

750 g Porree (Lauch), 40 g Butter oder Margarine, $\frac{1}{8}$ l Wasser oder Brühe, Salz, Muskat, 2 Teel. Dr. Oetker „Gustin", 1 Eßl. kaltes Wasser, 1 Eßl. gehackte Petersilie.

Man schneidet die Wurzeln vom Porree ab, entfernt welke und harte Blätter, wäscht die Stangen gründlich und schneidet sie in fingerlange Stücke. Das Fett wird zerlassen. Man erhitzt den Porree kurze Zeit darin. Dann wird das Wasser hinzugegeben, und der Porree wird gar gedünstet. Vor dem Anrichten schmeckt man ihn mit Salz und Muskat ab und bindet die Flüssigkeit mit kalt angerührtem „Gustin". Er wird mit gehackter Petersilie bestreut und zu Tisch gegeben.

Dünstzeit: Etwa 30 Minuten.

Rotkohl

1 kg Rotkohl, 60 g Fett (Schmalz oder Gänsefett), 1 große Zwiebel, nach Belieben 1 Lorbeerblatt und einige Gewürznelken, etwas Salz, 2 Eßl. Essig, $\frac{1}{4}$ l Wasser, 3–4 saure Äpfel, Zucker, Salz, 1 Teel. Dr. Oetker „Gustin", 1 Eßl. kaltes Wasser.

Man entfernt die groben äußeren Blätter, schneidet den Kopf in Viertel, entfernt den Strunk, wäscht den Kohl und schneidet oder hobelt ihn sehr fein. Das Fett wird zerlassen, die in kleine Würfel geschnittene Zwiebel wird darin hellgelb geröstet. Dann gibt man den Kohl hinein und erhitzt ihn kurze Zeit mit. Das Lorbeerblatt, die Gewürznelken, etwas Salz, der Essig, das Wasser und die kleingeschnittenen Äpfel werden zugefügt. Man dünstet den Kohl so lange, bis er gar ist. Er wird mit Zucker und Salz abgeschmeckt und mit kalt angerührtem „Gustin" gebunden.

Veränderung: Statt des Wassers kann man Weiß- oder Rotwein nehmen, man kann auch 1 Eßl. Johannisbeergelee mitkochen.

Dünstzeit: 1–1 ½ Stunden.

Sauerkraut

750 g Sauerkraut, 60 g Schweineschmalz, 2 Zwiebeln, ¼ l Wasser, 1 rohe Kartoffel, etwas Salz, etwas Zucker.

Das Kraut soll nicht gewaschen werden, da wertvolle Nährstoffe dadurch verlorengehen. Man zerläßt das Fett und röstet die kleingeschnittenen Zwiebeln hellgelb darin. Dann wird das Sauerkraut hinzugegeben und kurze Zeit erhitzt. Man gießt das Wasser hinzu und dünstet das Kraut so lange, bis es gar ist. Die geriebene rohe Kartoffel wird an das fertige Gericht gegeben und aufgekocht, damit das Sauerkraut sämig wird. Man schmeckt es mit etwas Salz und Zucker ab.

Veränderung: Man gibt 2 Äpfel oder statt des Wassers halb Weißwein und halb Wasser an das Sauerkraut.

Dünstzeit: Etwa 1 Stunde.

Spinat

1 kg Spinat, 40 g Butter oder Margarine, 1 kleine Zwiebel, etwas Salz, 1 Teel. Dr. Oetker „Gustin", 1 Eßl. kaltes Wasser, nach Belieben etwas Büchsenmilch.

Der Spinat wird verlesen und mehrere Male gründlich gewaschen, damit ihm kein Sand mehr anhaftet. Man bringt ihn ohne Wasser auf ½ großer Flamme zum Kochen. Dann wird er grob oder fein geschnitten oder durch die Fleischmaschine gedreht. In dem erhitzten Fett röstet man die Zwiebel hellgelb, gibt den Spinat und etwas Salz hinzu und dünstet ihn etwa 10 Minuten auf kleiner Flamme. Falls er zu dünn ist, wird er mit kalt angerührtem „Gustin" gedickt. Man kann ihn mit Büchsenmilch abschmecken.

Dünstzeit: Etwa 10 Minuten.

Veränderung: Falls der Spinat etwas bitter ist, gießt man den entstandenen Spinatsaft weg und gibt so viel Milch dazu, wie der Spinat aufnimmt.

Melde wird zubereitet wie Spinat (s. oben).

Mangold

wird zubereitet wie Spinat (s. oben). Man verwendet aber nur die Blätter. Die Stengel werden abgezogen und wie Spargel gedämpft oder in Salzwasser weich gekocht. Man richtet sie mit zerlassener Butter an oder mit einer holländischen Soße, die man mit 1 Eßl. geriebenem Käse abgeschmeckt hat.

Stangenspargel (im Backofen gedünstet)

1 ½ kg Spargel, ⅜ l Wasser, etwas Salz, etwas Zucker.

Der Spargel wird geschält und in die Bratpfanne geschichtet. Man gibt das gesalzene, gezuckerte Wasser hinzu und deckt ihn mit angefeuchtetem Pergamentpapier fest zu. Die Pfanne wird auf die unterste oder zweitunterste Schiene des Backofens geschoben.

Flammenbackofen: ½ große Flamme.
Reglerbackofen: 3–4.
Garzeit: Etwa 60 Minuten.

TAFEL 13

Pfirsichkranz
Rezept Seite 229

Warmer Grießpudding mit Früchten
Rezept Seite 215

Gekochter Nußkuchen mit Schokoladenguß
Rezept Seite 253

Grießauflauf
Rezept Seite 215

Vorkommen der Vitamine

Wasserlösliche Vitamine

hitzeempfindlich

Vitamin C:

Hagebutten,
schwarze Johannisbeeren,
Himbeeren, Brombeeren,
Erdbeeren, Äpfel,
Zitronen, Apfelsinen,
Paprika, Tomaten, Spinat,
Salat, Weißkohl, Rotkohl,
Rosenkohl, Kohlrabi,
Sauerkraut, Petersilie,
Zwiebeln, Kartoffeln.

Milch,
Leber.

Vitamin B:

Vollkornbrot
(Pumpernickel),
Getreidekeimling,
Trockenhefe,
Hülsenfrüchte,
Blattgemüse,
Blumenkohl, Wirsing,
Eigelb.

Schweinefleisch
Herz, Leber, Hirn, Niere.

TAFEL 15

Vorkommen der Vitamine

Fettlösliche Vitamine

Provitamin A (Carotin):

Karotten, Rosenkohl, Spinat, Salat, Grünkohl, Paprika, Sellerie, Petersilie, Aprikosen, Brombeeren, Heidelbeeren, Himbeeren, Johannisbeeren, Tomaten, Kürbis.

Vitamin A:

Lebertran, Milch, Butter, Eigelb, Leber, Niere, fette Fische, Hering, Lachs, Sprotten, Fischrogen.

Vitamin D:

Lebertran, Vollmilch, Sahne, Butter, Eigelb.

Wenig:
Bücklinge, Heringe, Sardinen, Aal, Lachs.

TAFEL 16

Kalte Senfsoße mit Tomaten und Ei
Rezept Seite 51

Ragout fin in Muscheln
Rezept Seite 63

Geflügelsalat in Muscheln
Rezept Seite 162

Steckrüben (Kohlrüben oder Wruken)

1 Steckrübe (etwa 1 kg), 60 g Fett (evtl. Hammelfett), evtl. etwas Zucker, $\frac{1}{4}$ l Wasser, Salz, 1 Teel. Dr. Oetker „Gustin", 1 Eßl. kaltes Wasser.

Die Steckrübe wird geschält und in kleinfingerdicke Stücke von 3–4 cm Länge geschnitten. Man zerläßt das Fett, bräunt den Zucker darin, gibt die Steckrüben dazu und erhitzt sie kurze Zeit mit. Dann wird das Wasser zugefügt. Man dünstet die Steckrüben so lange, bis sie gar sind. Sie werden mit Salz abgeschmeckt und mit kalt angerührtem „Gustin" gebunden.

Dünstzeit: 1–1 $\frac{1}{2}$ Stunden.

Rosenkohl

750 g Rosenkohl, 40 g Butter oder Margarine, $\frac{1}{8}$ l Wasser, Salz, Muskat, 1 Teel. Dr. Oetker „Gustin", 1 Eßl. kaltes Wasser.

Man entfernt die beschädigten und fleckigen äußeren Blätter vom Rosenkohl, schneidet etwas vom Strunk ab und wäscht den Rosenkohl. In das zerlassene, heiße Fett gibt man den Rosenkohl und erhitzt ihn kurze Zeit darin. Man gibt das Wasser hinzu und dünstet den Rosenkohl gar. Er wird mit Salz und Muskat abgeschmeckt und die Flüssigkeit mit kalt angerührtem „Gustin" gebunden.

Veränderung: Man kann Rosenkohl dämpfen oder in Salzwasser gar kochen und vor dem Anrichten in zerlassener Butter schwenken.

Dünstzeit: Etwa 30 Minuten.

Teltower Rübchen

750 g Rübchen, 40 g Butter oder Margarine, etwas Zucker, $\frac{1}{8}$ l Wasser, etwas Salz, 1 Teel. Dr. Oetker „Gustin", 1 Eßl. kaltes Wasser.

Die Rübchen werden sorgfältig geschabt, gewaschen, unzerschnitten in das zerlassene Fett, in dem man den Zucker gebräunt hat, gegeben und darin kurze Zeit erhitzt. Man gibt das Wasser hinzu und dünstet die Rübchen gar. Sie werden vor dem Anrichten mit Salz abgeschmeckt und mit kalt angerührtem „Gustin" gebunden.

Dünstzeit: Etwa 1 Stunde.

Tomaten

500–750 g Tomaten, 40 g Butter oder Margarine, etwas Salz, 1 Eßl. gehackte Petersilie.

Man wäscht die Tomaten, reibt sie mit einem Tuch ab, schneidet sie über Kreuz ein und stellt sie nebeneinander in einen flachen Topf, in dem man das Fett erhitzt hat. Sie werden auf kleiner Flamme gedünstet, vor dem Anrichten gesalzen und mit Petersilie bestreut.

Dünstzeit: 10–20 Minuten.

Weißkohl

1 kg Weißkohl, 60–80 g Fett (Hammel- oder Bratenfett), 1 Zwiebel, 1 Teel. Kümmel, $\frac{1}{8}$ l Wasser, Salz, 1 Teel. Dr. Oetker „Gustin", 1 Eßl. kaltes Wasser.

Die schlechten äußeren Blätter werden entfernt, der Kopf wird in Achtel geteilt, und der Strunk wird herausgeschnitten. Man wäscht den Kohl und teilt ihn einige Male quer durch. Das Fett wird zerlassen und die zerkleinerte Zwiebel darin hellgelb geröstet.

Dann gibt man den Kohl und den Kümmel hinein und erhitzt sie kurze Zeit. Das Wasser wird hinzugegeben und der Kohl gar gekocht. Man schmeckt ihn mit Salz ab und bindet ihn mit kalt angerührtem „Gustin".

Dünstzeit: Junger Weißkohl etwa 50 Minuten, alter 60–90 Minuten.

Wirsing

1 kg Wirsing, 60–80 g Fett, 1 Zwiebel, ⅛ l Wasser, Salz, 1 Teel. Dr. Oetker „Gustin", 1 Eßl. kaltes Wasser, 1 Eßl. gehackte Petersilie.

Die schlechten äußeren Blätter werden entfernt, der Kopf wird in Achtel geteilt und der Strunk herausgeschnitten. Man wäscht den Kohl und schneidet ihn in kleine Stücke. Das Fett wird zerlassen, man röstet die in kleine Würfel geschnittene Zwiebel darin, bis sie hellgelb ist. Dann wird der Wirsing hinzugegeben und kurze Zeit in dem Fett erhitzt. Man gibt das Wasser hinzu und kocht den Wirsing gar. Er wird mit Salz abgeschmeckt und die Flüssigkeit mit kalt angerührtem „Gustin" gebunden. Man richtet ihn in einer Schüssel an und bestreut ihn mit gehackter Petersilie.

Dünstzeit: Junger Kohl etwa 45 Minuten, alter 50–90 Minuten.

Zwiebeln

750 g Zwiebeln, 40 g Butter oder Margarine, etwas Zucker, ⅛ l Wasser, etwas Zitronensaft, etwas Salz, 1 Teel. Dr. Oetker „Gustin", 1 Eßl. kaltes Wasser, 1–2 Eßl. gehackte Kräuter.

Die Zwiebeln werden geschält und gewaschen. Große Zwiebeln werden in Scheiben geschnitten, kleine läßt man ganz. Man zerläßt das Fett, bräunt den Zucker darin und gibt die Zwiebelscheiben oder setzt die kleinen Zwiebeln in das erhitzte Fett. Sie werden kurze Zeit darin erhitzt, dann gibt man das Wasser hinzu und dünstet die Zwiebeln gar. Man schmeckt sie mit Zitronensaft und Salz ab und bindet die Flüssigkeit mit kalt angerührtem „Gustin". Sie werden, mit gehackten Kräutern bestreut, zu Tisch gegeben.

Veränderung: In den letzten 10 Minuten kann man 3–4 halbierte Tomaten hinzutun und mitdünsten lassen.

Dünstzeit: 20–30 Minuten.

D. Gebackene Gemüse

Regeln

1. Gebackene Gemüse dienen hauptsächlich als Abwechslung in der Gemüsekost und sind in der vegetarischen Kost besonders beliebt.
2. Durch die erforderlichen Zutaten gewinnen sie an Nährwert und durch das Backen einen neuen Geschmacksreiz.
3. Es lassen sich gut Gemüsereste verwenden, sie erscheinen in völlig neuer Form auf dem Tisch.
4. Da jedoch diese Gemüse durch das bei den meisten Gerichten erforderliche zweimalige Erhitzen an Wert verlieren, gebe man sie nur gelegentlich.

Ausgebackenes Gemüse

500 g Gemüse wie Schwarzwurzeln, Möhren, Blumenkohl, Rosenkohl, Kohlrabi, Sellerie oder feste Tomaten.

Ausbackteig: 75 g Weizenmehl, 1 Ei, etwas Salz, 5 Eßl. Milch, 1 Teel. Öl oder zerlassene Butter, Fett zum Backen.

Die geschabten, gewaschenen Schwarzwurzeln werden in 5–6 cm lange Stücke geschnitten und bis zur Weiterverarbeitung in Essigwasser, das mit Mehl verrührt wurde (1 ½ l Wasser, 1–2 Eßl. Essig, 1 Eßl. Mehl), gelegt. Man schneidet die geschälten Kohlrabi, die geschälte Sellerieknolle und die gewaschenen Tomaten in Scheiben. Blumenkohl teilt man in Röschen, Rosenkohl befreit man von den fleckigen Blättern und schneidet den Strunk ab. Alle Gemüse, mit Ausnahme der Tomaten, werden zunächst nach Vorschrift fast weich gedämpft. Dann stellt man den Ausbackteig folgendermaßen her: Das Mehl wird in eine Schüssel gesiebt, in die Mitte wird eine Vertiefung eingedrückt, und das mit etwas Salz und etwas Milch verquirlte Ei wird hineingegeben. Man verrührt nun von der Mitte aus Ei und Mehl, gibt nach und nach die Milch und das Öl oder das zerlassene Fett hinzu und achtet darauf, daß keine Klümpchen entstehen. Die gut abgetropften Gemüse werden mit einer Gabel in den Ausbackteig getaucht. Dann legt man sie in das stark erhitzte Fett und backt sie in Fett schwimmend auf etwa ½ großer Flamme goldbraun und knusprig. Sie werden auf ein Sieb zum Abtropfen gelegt und mit Mayonnaise oder Remouladensoße zu grünem Salat oder kaltem Fleisch (Roastbeef) gereicht.

Kochzeit: Etwa 10 Minuten.

Backzeit: 2–5 Minuten.

Gemüsebratlinge I

500 g Gemüse (Weißkohl, Wirsing, Kohlrabi oder Sellerie), 1 Zwiebel, etwas Butter oder Margarine, 1–2 Eier, 60 g Semmelmehl, Flocken oder Grütze, Salz, gehackte Kräuter, 40 g Semmelmehl, 50–60 g Fett zum Braten.

Das Gemüse wird geputzt, gedämpft und fein gehackt oder durch die Rohkostmaschine gedreht. Man gibt die in Butter gedünstete, kleingeschnittene Zwiebel, die Eier, das Semmelmehl (Flocken, Grütze) hinzu, schmeckt mit Salz und gehackten Kräutern ab und formt flache Klöße. Sie werden in Semmelmehl gewendet und in heißem Fett gebraten.

Bratzeit: 5–10 Minuten.

Gemüsebratlinge II (Resteverwertung)

1 Teller Gemüsereste, 3–4 gekochte Kartoffeln, 1–2 Eier, Salz, 1 kleine Zwiebel, etwa 40 g Semmelmehl, 60–80 g Fett zum Braten.

Das Gemüse wird fein gehackt oder durch ein Sieb gestrichen. Man vermischt es mit den durchgestrichenen Kartoffeln, den Eiern, etwas Salz, der feingehackten Zwiebel und so viel Semmelmehl, daß eine geschmeidige Masse entsteht. Flache Klöße werden daraus geformt, in Semmelmehl gewendet und in heißem Fett gebraten.

Bratzeit: 10–12 Minuten.

Pilzbratlinge

250 g Pilze, 20 g Butter oder Margarine, 1 kleine Zwiebel, 1–2 Eier, 4 Brötchen, Salz, Majoran, etwa 40 g Semmelmehl, etwa 50 g Fett zum Braten.

Bei größeren Pilzen werden die Lamellen und die Haut entfernt, kleinere werden jedoch nur abgeschabt. Anschließend wäscht man sie, hackt sie fein und dünstet sie kurze Zeit mit der kleingeschnittenen Zwiebel in der Butter oder Margarine. Die Eier, die eingeweichten, gut ausgepreßten Brötchen und Salz und Majoran nach Geschmack werden hinzugegeben. Falls der Teig ziemlich weich ist, gibt man noch so viel Semmelmehl hinzu, daß man daraus gut flache Klöße formen kann. Sie werden in Semmelmehl gewendet und in heißem Fett knusprig braun gebraten.

Bratzeit: 10–12 Minuten.

Hülsenfruchtbratlinge

300 g Linsen oder Bohnen, $^3/_4$ l Wasser, 1 Brötchen, 1 Zwiebel, etwas Butter oder Margarine, 1–2 Eier, Salz, gehackte Petersilie, 40 g Semmelmehl, 60–80 g Fett zum Backen.

Die Hülsenfrüchte werden gewaschen und in den $^3/_4$ l Wasser 12–24 Stunden eingeweicht. Man bringt sie mit dem Einweichwasser zum Kochen, kocht sie weich und gibt sie auf einen Durchschlag zum Abtropfen. Die Hülsenfrüchte werden mit dem eingeweichten, gut ausgepreßten Brötchen durch die Fleischmaschine gedreht, die kleingehackte, in dem Fett gedünstete Zwiebel und die Eier werden darunter gerührt. Man schmeckt die Masse mit Salz und gehackter Petersilie ab und gibt, wenn sie noch zu weich sein sollte, etwas Semmelmehl hinzu. Es werden flache Klöße daraus geformt. Sie werden in Semmelmehl gewendet und in heißem Fett gebraten. Man reicht sie mit Salat oder als Beilage zu frischen Gemüsen.

Überbackenes Gemüse

500–750 g Gemüse.

Bechamelsoße: 40 g Butter oder Margarine, 40 g Schinken, 60 g Zwiebeln, 40 g Weizenmehl, $^1/_4$ l Gemüsewasser, $^1/_4$ l Milch oder Sahne, Salz, etwas Pfeffer; 2 Eßl. Semmelmehl oder geriebener Käse, etwas Butter.

Man kann alle Gemüse, sehr gut auch Gemüsereste, verwerten. Besonders gut eignen sich Blumenkohl, Rosenkohl, Spargel, Schwarzwurzeln und Wirsing. Die Gemüse werden gedämpft oder in Salzwasser fast weich gekocht und in eine gefettete Auflaufform gegeben.

Die Bechamelsoße wird folgendermaßen hergestellt: Man zerläßt die Butter mit den Schinkenwürfeln. Das Mehl wird mit den feingehackten Zwiebeln so lange darin erhitzt, bis es hellgelb ist. Man gießt unter ständigem Rühren nach und nach das lauwarme Gemüsewasser und die Milch hinzu und läßt 10 Minuten kochen. Die Soße kann durch ein feines Sieb gestrichen werden und wird mit Salz und Pfeffer abgeschmeckt. Man gießt sie über das Gemüse, bestreut den Auflauf mit Semmelmehl oder geriebenem Käse und belegt ihn mit Butterflöckchen.

Flammenbackofen: $^1/_2$ große Flamme.

Reglerbackofen: 3–4.

Backzeit: Etwa 25 Minuten.

Veränderung: An Stelle der Bechamelsoße kann man eine Tomaten- (S. 47) oder holländische Soße (aber ohne Zitronensaft, S. 46) nehmen. Fleisch- oder Fischklößchen, Reste von Schinken, Kasseler oder Fisch, auch Eierscheiben oder zerschnittene Tomaten können mit dem Gemüse eingefüllt werden.

Gemüseauflauf

500–750 g Gemüse, 40 g Butter oder Margarine, 2–3 Eigelb, 3 Brötchen, Salz, gehackte Küchenkräuter, 2–3 Eiweiß, 2 Eßl. Semmelmehl oder geriebener Käse, etwas Butter.

Man kann jedes Gemüse verwenden; besonders eignen sich Spargel, Sellerie und Möhren. Das Gemüse wird geputzt, gedämpft und fein gehackt. Dann rührt man die Butter geschmeidig und gibt das Eigelb, die eingeweichten, gut ausgedrückten Brötchen, das Gemüse, Salz und Küchenkräuter nach Geschmack darunter. Zuletzt wird das zu steifem Schnee geschlagene Eiweiß darunter gehoben. Man füllt die Masse in eine gefettete Auflaufform, bestreut sie mit Semmelmehl oder geriebenem Käse, belegt sie mit Butterflöckchen und backt sie im Backofen.

Flammenbackofen: ½ große Flamme.

Reglerbackofen: 3–4.

Backzeit: Etwa 45 Minuten.

E. Gefüllte Gemüse

Regeln

1. Gefüllte Gemüse bilden eine Abwechslung in der Darbietung, sie können auch sehr gut zur Verzierung größerer Fleisch- und Gemüseplatten verwendet werden.
2. Man füllt ausgehöhlte Knollen (Kohlrabi, Sellerie, Kartoffeln), ausgehöhlte Früchte (Tomaten, Gurken) oder Kohlblätter (Wirsing, Weißkohl).
3. Vor dem Füllen kann man die Gemüse kurze Zeit dämpfen; sie können aber auch roh gefüllt werden.
4. Man wählt gleich große Knollen und Früchte, um ein gleichzeitiges Garwerden zu erreichen.
5. Statt der üblichen Fleischfüllung nehme man hin und wieder eine der vegetarischen Füllmassen. Anregungen dazu sind in den einzelnen Rezepten gegeben.
6. Gefüllte Gemüse (außer Kohlkopf) werden geschmort. Man bräunt sie zunächst auf großer Flamme und schmort sie unter Zugabe von wenig Flüssigkeit auf kleiner Flamme.

Füllungen

1. Fleischfüllung

150–250 g gehacktes Rind- oder Schweinefleisch (auch Reste von Braten, Wild und Geflügel), 30–50 g Speck bei magerem Fleisch, 1 Brötchen oder 2–3 geriebene, gekochte Kartoffeln, Zwiebel, 1 Ei, Salz, Pfeffer.

Das Fleisch, wenn erforderlich der Speck, das eingeweichte, gut ausgedrückte Brötchen oder die Kartoffeln und die Zwiebel werden durch die Fleischmaschine gedreht, mit dem Ei verrührt und mit Salz und Pfeffer abgeschmeckt.

Veränderung: Wenn das vorhandene Fleisch gestreckt werden soll, nimmt man 1 Brötchen mehr oder verwertet feingewiegte Gemüsereste (das Ausgehöhlte von Sellerie- oder Kohlrabiknollen).

2. Pilzfüllung

250 g Pilze (Champignons, Steinpilze, Pfifferlinge), 20 g Butter oder Margarine, 1 Zwiebel, 1 Ei, Salz, Pfeffer, gehackte Petersilie, Semmelmehl.

Bei größeren Pilzen werden die Lamellen und die Haut entfernt; kleinere werden jedoch nur abgeschabt, anschließend werden sie gewaschen. Man hackt die Pilze möglichst fein und dünstet sie in dem erhitzten Fett mit der kleingeschnittenen Zwiebel. Das geschlagene Ei, das Gewürz nach Geschmack, die Petersilie und so viel Semmelmehl werden untergerührt, daß eine geschmeidige Masse entsteht.

3. Semmelfüllung

3 alte Brötchen, knapp 1/4 l Wasser oder Milch, 20 g Butter oder Margarine, 1 kleine Zwiebel, 1 Ei, 1 Eßl. gehackte Kräuter, Salz, Muskat.

Die abgeriebenen, in Würfel geschnittenen Brötchen werden mit dem heißen Wasser oder der heißen Milch übergossen. Wenn sie genügend durchgeweicht sind, rührt man das zerlassene Fett und die feingehackte Zwiebel darunter, setzt die Masse aufs Feuer und erhitzt sie so lange, bis ein zusammenhängender Kloß entstanden ist. Unter den abgekühlten Kloß werden das Ei, die Kräuter und nach Geschmack Salz und Muskat gerührt.

Veränderung: Der Geschmack kann durch 2 Eßl. geriebenen Käse oder 1 Eßl. Tomatenmark verändert werden.

4. Reisfüllung

1/2 l Wasser oder Brühe, etwas Salz, etwas Butter, 120 g Reis, Curry.

Man bringt die Flüssigkeit mit etwas Salz und Butter zum Kochen, gibt den gewaschenen Reis hinein und läßt ihn auf kleiner Flamme ausquellen. Er wird mit 1 Messerspitze Curry gewürzt.

Veränderung: Der Reis kann auch mit geriebenem Käse oder Tomatenmark abgeschmeckt werden.

Kochzeit: Etwa 20 Minuten.

5. Grünkernfüllung

1/2 l Wasser oder Brühe, Salz, 120 g Grünkerngrütze, 1 Eßl. saure Sahne, 1 Zwiebel, etwas Butter, 1 Eßl. gehackte Kräuter.

Man bringt die Flüssigkeit mit etwas Salz zum Kochen, streut die Grünkerngrütze unter Rühren hinein und läßt sie bei schwacher Hitze ausquellen. Dann werden 1 Eßl. saure Sahne, die in etwas Butter gedünstete, kleingehackte Zwiebel und die gehackten Kräuter darunter gerührt.

Kochzeit: 60–90 Minuten.

Gefüllte Gurken

2 große oder 4 kleine Gurken, etwas Salz, etwas Essig, Fleisch-, Pilz- oder Semmelfüllung (s. S. 133 und oben), 60 g Speck, 1 kleine Zwiebel, 1/4 l Wasser, Essig, Zucker, Salz, 1 gestrichener Eßl. Dr. Oetker „Gustin“, 1 Eßl. kaltes Wasser.

Die Gurken werden geschält, halbiert, ausgehöhlt und mit Salz und Essig eingerieben. Man streicht eine der oben angegebenen Füllungen hinein und bindet die Hälften wieder zusammen. Der in kleine Würfel geschnittene Speck wird mit der in Scheiben geschnittenen Zwiebel gebräunt. Man legt die gefüllten Gurken hinein, gibt etwas Wasser hinzu (nicht zuviel, Gurken geben viel Flüssigkeit ab!) und schmort sie weich. Die Soße wird mit Essig, Zucker und Salz abgeschmeckt und mit etwas kalt angerührtem „Gustin" gebunden.

Schmorzeit: 30–40 Minuten.

Veränderung: Man kann 250 g zerschnittene Tomaten 10 Minuten mitschmoren lassen. Die Soße muß dann durchgerührt werden.

Gefüllte Kartoffeln

12 große Kartoffeln, Fleisch-, Pilz- oder Grünkernfüllung (S. 134), 60 g Fett, $\frac{1}{4}$–$\frac{1}{2}$ l Wasser, Salz, 1 gestrichener Eßl. Dr. Oetker „Gustin", 2 Eßl. saure Milch oder saure Sahne.

Man sucht möglichst große Kartoffeln aus. Sie werden geschält und gewaschen. Dann schneidet man oben eine Scheibe ab und höhlt das Innere vorsichtig aus (zur Suppe verwenden!). Die Füllung wird hineingegeben und die Scheibe wieder aufgelegt oder festgebunden. Man stellt die Kartoffeln nun nebeneinander in einen flachen Topf in zerlassenes, heißes Fett und bräunt sie leicht an. Kochendes Wasser wird nach Bedarf zugegossen, und die Kartoffeln werden gar geschmort. Man schmeckt die Soße mit Salz ab und bindet sie mit „Gustin", das mit saurer Milch oder Sahne verquirlt wurde. Sie werden mit einer Fleischfüllung zu jungen Gemüsen und mit Pilz- oder Grünkernfüllung zu Salat gereicht. Tomaten-, Kapern- oder Sardellensoße paßt auch dazu.

Schmorzeit: Etwa 30 Minuten.

Gefüllte Kohlrabi

8 große Kohlrabi, Fleisch- oder Reisfüllung (S.133/134), 60 g Speck- oder Schinkenscheiben, $\frac{1}{4}$–$\frac{1}{2}$ l Wasser, etwas Salz, 1 gestrichener Eßl. Dr. Oetker „Gustin", 2 Eßl. saure Milch oder saure Sahne.

Die Kohlrabi werden geschält, alles Holzige wird entfernt. Man schneidet oben eine Scheibe ab und höhlt das Innere vorsichtig aus (zur Suppe verwenden!). Die Füllung wird hineingegeben und die Scheibe wieder aufgelegt oder festgebunden. Man stellt die Knollen nun nebeneinander in einen flachen Topf auf Speck- oder Schinkenscheiben und bräunt sie leicht an. Kochendes Wasser wird nach Bedarf zugegossen, und die Knollen werden gar geschmort. Man schmeckt die Soße mit Salz ab und bindet sie mit „Gustin", das mit saurer Milch oder Sahne verquirlt wurde. Eine Tomaten- oder Petersiliensoße kann besonders dazu gereicht werden.

Schmorzeit: Etwa 1 Stunde.

Gefüllte Paprikaschoten

6 Paprikaschoten, $\frac{1}{4}$ l Wasser, etwas Salz, 60 g Reis, 375 g gehacktes Rind- und Schweinefleisch, 1 Zwiebel, 1 Ei, etwas Salz, etwas Pfeffer.

20 g Butter oder Margarine, 1 kleine Zwiebel, 200 g Tomaten, $\frac{3}{8}$ l Wasser, 35 g Dr. Oetker „Gustin", $\frac{1}{8}$ l Wasser zum Anrühren, etwas Salz, etwas Zitronensaft, etwas Zucker.

Die Paprikaschoten werden gewaschen und abgetrocknet. Man schneidet am Stiel einen Deckel ab und entfernt die Kerne und die weißen Scheidewände.

Das gesalzene Wasser wird zum Kochen gebracht. Man gibt den gewaschenen Reis hinein und dünstet ihn bei schwacher Hitze gar. Unter das Fleisch werden der abgekühlte Reis, die feingehackte Zwiebel und das Ei gerührt. Man schmeckt es mit Salz und Pfeffer ab. Die Füllung wird in gleichmäßigen Mengen in die Schoten gegeben, und die Deckel werden ohne Stengel aufgesetzt.

Man erhitzt das Fett. Die feingehackte Zwiebel und die in Stücke geschnittenen Tomaten werden kurze Zeit darin gedünstet, dann werden die 3/8 l Wasser zugegossen. Man läßt es kurze Zeit bei kleiner Flamme kochen.

Die Tomatensoße wird durch ein feines Sieb gerührt, zum Kochen gebracht, mit dem angerührten „Gustin" gedickt und mit Salz, Zitronensaft und Zucker abgeschmeckt. Man setzt die gefüllten Paprikaschoten in die Tomatensoße, bringt sie wieder zum Kochen und dünstet die Schoten bei kleiner Flamme gar.

Dünstzeit: Etwa 45 Minuten.

Gefüllte Sellerie

8 kleine Sellerieknollen, Fleisch- oder Reisfüllung (S. 133/134), 60 g Speck- oder Schinkenscheiben, 1/4–1/2 l Wasser, etwas Salz, 1 gestrichener Eßl. Dr. Oetker „Gustin", 2 Eßl. saure Milch oder saure Sahne.

Die Sellerieknollen werden unter fließendem Wasser sauber gebürstet und dann halbweich gedämpft oder gekocht. Anschließend schält man sie, schneidet oben eine Scheibe ab und höhlt das Innere vorsichtig aus (zur Suppe verwenden!). Die Füllung wird hineingegeben und die Scheibe wieder aufgelegt oder festgebunden. Man stellt die Knollen nun nebeneinander in einen flachen Topf auf Speck- oder Schinkenscheiben und bräunt sie leicht an. Kochendes Wasser wird nach Bedarf zugegossen, und die Knollen werden gar geschmort. Man schmeckt die Soße mit Salz ab und bindet sie mit „Gustin", das mit saurer Milch oder Sahne verquirlt wurde.

Schmorzeit: Etwa 1 Stunde.

Gefüllte Tomaten

8–10 große, feste Tomaten, 1 beliebige Füllung (S. 133/134), 60 g Butter oder Margarine, 1 gestrichener Eßl. Weizenmehl, 1/4 l Wasser, etwas Salz.

Die Tomaten werden gewaschen und mit einem Tuch abgetrocknet. Man schneidet mit einem scharfen Messer die Kuppe ab und höhlt das Innere aus. Die Füllung wird hineingegeben und die Scheibe wieder aufgelegt. Man stellt die Tomaten nun nebeneinander in einen flachen Topf in das zerlassene, heiße Fett und schmort sie vorsichtig gar. Die Tomaten werden herausgenommen, das Mehl wird in dem Fett so lange erhitzt, bis es hellgelb ist. Man gibt unter ständigem Rühren das durchgerührte Tomatenmark und das kochende Wasser hinzu und läßt gut durchkochen. Die Soße wird mit Salz abgeschmeckt und über die angerichteten Tomaten gegeben.

Schmorzeit: Etwa 20 Minuten.

Gefüllte Zwiebeln

4–8 große Zwiebeln, Fleisch- oder Semmelfüllung (S. 133/134), 60 g Butter oder Margarine, 10 g Zucker, 1/4–1/2 l Wasser, 1 Eßl. Zitronensaft, Zucker, Salz, 1 Teel. Dr. Oetker „Gustin", 1 Eßl. kaltes Wasser.

Die Zwiebeln werden geschält, ausgehöhlt und gefüllt. Man bräunt den Zucker in dem Fett, gibt Wasser hinzu und stellt die Zwiebeln nebeneinander hinein. Wenn sie weich sind, schmeckt man die Flüssigkeit mit Zitronensaft, Zucker und Salz ab und bindet sie mit kalt angerührtem „Gustin". Die Soße kann mit 2 Eßl. Madeira abgeschmeckt werden.

Schmorzeit: Etwa 30 Minuten.

Gefüllter Kohlkopf (Abb. Tafel 1)

1 Kopf Weißkohl oder Wirsing, 1 beliebige Füllung (S. 133/134).

Kapernsoße: 40 g Butter oder Margarine, 40 g Weizenmehl, ½ l Wasser, 1 Eßl. Kapern, etwas Salz, etwas Zitronensaft.

Die Blätter werden vom Strunk gelöst und die dicken Rippen flach geschnitten. Man gibt die Blätter in kochendes Salzwasser und läßt sie halb weich werden. Eine Puddingform wird mit Fett ausgestrichen und mit den großen, äußeren Blättern ausgelegt. Nun gibt man lagenweise Füllung und Kohlblätter hinein, die oberste Schicht muß aus Kohlblättern bestehen. Die Form wird mit dem Deckel verschlossen und das Gericht im Wasserbad gar gekocht.

Statt der Form kann man auch eine Serviette nehmen. Sie wird in der Mitte eingefettet und die Kohlblätter der Größe nach abwechselnd mit der Füllung eingeschichtet. Die Serviette wird kreuzweise verknotet, an einen über den Topf gelegten Quirl gehängt und der Kohl im Wasserdampf gekocht.

Kochzeit: Etwa 1 Stunde.

Für die Kapernsoße zerläßt man das Fett. Das Mehl wird unter Rühren so lange darin erhitzt, bis es hellgelb ist. Man gießt unter Rühren langsam nach und nach das Wasser hinzu und läßt die Soße 10 Minuten schwach kochen. Die Kapern werden in die Soße gegeben. Diese wird mit Salz und Zitronensaft abgeschmeckt.

Veränderung: An Stelle der Kapernsoße kann man auch eine Tomaten- (S. 47) oder Sardellensoße (S. 45) reichen.

Kohlrollen

1 Kopf Weißkohl oder Wirsing, 1 Fleisch- oder Reisfüllung (S. 133/134), 60 g Fett oder 75 g Speck, ¼–½ l Wasser, Bratensoßenreste, 1 gestrichener Eßl. Dr. Oetker „Gustin", 1 Eßl. kaltes Wasser, etwas Salz.

Die Blätter werden vom Strunk gelöst und die dicken Rippen flach geschnitten. Man gibt die Blätter in kochendes Salzwasser und läßt sie halb weich werden. 2–3 große Blätter werden übereinandergelegt, ein Teil der Füllmasse wird darauf gelegt, und die Blätter werden aufgerollt. Man kann sie mit gebrühtem Faden umwickeln oder mit Rouladennadeln festmachen. Das Fett oder der in kleine Würfel geschnittene Speck wird erhitzt, die Rollen werden hineingelegt und von allen Seiten leicht gebräunt. Nach Bedarf gibt man Wasser hinzu, etwa vorhandene Bratensoßenreste lassen sich ebenfalls gut verwerten. Die Soße wird mit kalt angerührtem „Gustin" gebunden, mit Salz abgeschmeckt und über die angerichteten Rollen gegeben.

Veränderung: Man läßt in den letzten 10 Minuten 250 g zerschnittene Tomaten mitschmoren, muß aber dann die Soße durchrühren. Besonders dann zu empfehlen, wenn man die Kohlblätter mit Reis gefüllt hat.

Schmorzeit: Etwa 45 Minuten.

F. Trockengemüse (Hülsenfrüchte)

Hülsenfrüchte sind die getrockneten Samen der Erbsen, Bohnen und Linsen. Sie zeichnen sich durch einen hohen Gehalt an Eiweiß und Stärkemehl aus. Unter den pflanzlichen Nahrungsmitteln enthalten sie das meiste Eiweiß, nämlich 23–26%; die Erbse ist sogar eiweißreicher als Rindfleisch, allerdings ohne dessen hohen biologischen Wert zu erreichen. Auch der Stärkegehalt der Hülsenfrüchte ist bedeutend, er beträgt nicht viel weniger als der unserer Getreide. Dagegen haben sie, mit Ausnahme der Sojabohne, nur wenig Fett und von den Vitaminen nur das Vitamin B. Sie enthalten aber Phosphor, Schwefel und das für den Aufbau der Nerven wichtige Lezithin.

Hülsenfrüchte sind also ein überaus nahrhaftes – und dabei preiswertes – Nahrungsmittel. Sie müssen allerdings so zubereitet werden, daß ihre Nährstoffe nutzbar werden; denn die zum Teil verholzte Rohfaser erschwert das Eindringen der Verdauungssäfte in solchem Maße, daß Hülsenfrüchte zu den schwerverdaulichen Nahrungsmitteln zählen. Man muß sie deshalb vor dem Kochen mindestens 12 Stunden einweichen, damit die Rohfaser aufgelockert wird. Dazu nimmt man weiches Wasser, da hartes, d. h. kalkhaltiges, die Quellung verhindert. Falls man kein weiches Wasser hat, muß man abgekochtes verwenden. Man muß Hülsenfrüchte auch kalt ansetzen und langsam kochen, weil ihre Stärke schwer quillt, schwerer als die der Getreidekörner. Da schließlich die Ausnutzung der Nährstoffe durch die Schalen stark vermindert wird, soll man Hülsenfrüchte durchstreichen. Im übrigen kann man ihre Verdaulichkeit durch Beigabe von Sauerkraut oder durch Zusatz von Essig oder Zitronensaft erhöhen. Um den Mangel an Mineralstoffen und Vitaminen auszugleichen, koche man reichlich Suppengrün und Zwiebeln oder auch Tomaten und Kartoffeln mit.

Regeln

1. Hülsenfrüchte werden vor dem Gebrauch verlesen, gründlich gewaschen und 12–24 Stunden eingeweicht.
2. Zum Einweichen nimmt man kaltes, weiches Wasser; hartes Wasser muß vorher abgekocht werden.
3. Die Hülsenfrüchte werden mit dem Einweichwasser aufgesetzt, auf großer Flamme zum Kochen gebracht und auf kleiner Flamme gar gekocht.
4. Da die Schalen unverdaulich sind, kann man Hülsenfrüchte durch ein Sieb streichen.

Erbsenbrei

375 g Erbsen, $^3/_4$ l Wasser, Suppengrün, Salz, 50 g in kleine Würfel geschnittener Speck oder 40 g Butter (Margarine), 1 Zwiebel.

Die Erbsen werden verlesen, gründlich gewaschen und 12–24 Stunden in dem Wasser eingeweicht. Man setzt sie mit dem Einweichwasser auf und kocht sie weich. Nach 1½stündiger Kochzeit gibt man das gewaschene, gebündelte Suppengrün hinzu. Die Erbsen werden durchgestrichen, wieder erhitzt, schaumig gerührt, abgeschmeckt und mit der in Speck oder Butter gebräunten Zwiebel angerichtet. Man gibt Sauerkraut und Schweinerippchen oder Pökelfleisch dazu.

Kochzeit: Etwa 2 Stunden.

Weiße Bohnen

300 g weiße Bohnen, $^3/_4$ l Wasser, Suppengrün, 50 g Speck oder Schmalz, 1 Zwiebel, 20 g Weizenmehl, Salz, feingehackte Petersilie.

Die Bohnen werden verlesen, gründlich gewaschen und 12–24 Stunden in dem Wasser eingeweicht. Man setzt sie mit dem Einweichwasser auf und kocht sie weich. Nach

1 ½ stündiger Kochzeit gibt man das gewaschene, gebündelte Suppengrün hinzu. Der in kleine Würfel geschnittene Speck wird ausgelassen oder das Schmalz zerlassen. Die kleingeschnittene Zwiebel und das Mehl werden darin so lange erhitzt, bis sie hellgelb sind. Man gibt die Bohnen hinzu und läßt alles gut durchkochen. Die Bohnen werden mit Salz abgeschmeckt und mit Petersilie angerichtet.

Veränderung: Man kann die Bohnen vor dem Anrichten mit 1–2 Eßl. Essig oder Zitronensaft abschmecken oder mit Tomatenmark mischen.

Kochzeit: Etwa 2 Stunden.

Saures Linsengemüse (Abb. Tafel 7)

375 g Linsen, ¾ l Wasser, Suppengrün, 50 g Speck oder Schmalz, 1 Zwiebel, 20 g Weizenmehl, 2–3 Eßl. Essig oder Zitronensaft, Salz, Zucker.

Die Linsen werden verlesen, gründlich gewaschen und 12–24 Stunden in dem Wasser eingeweicht. Man setzt sie mit dem Einweichwasser und dem gewaschenen, gebündelten Suppengrün auf und kocht sie weich. Der in kleine Würfel geschnittene Speck wird ausgelassen oder das Schmalz zerlassen, die kleingeschnittene Zwiebel und das Mehl werden so lange darin erhitzt, bis sie leicht gebräunt sind. Man gibt die Linsen hinzu und läßt sie damit durchkochen. Die Linsen werden mit Essig oder Zitronensaft, Salz und Zucker abgeschmeckt.

Gebackene Blutwurst oder Frankfurter Würstchen passen dazu.

Kochzeit: 35–40 Minuten.

G. Pilze*)

Während man in früherer Zeit achtlos an Pilzen vorüberging, werden sie heute wegen ihres Gehaltes an Nährstoffen und Mineralsalzen geschätzt, zudem bietet ihre pikante Würze der Hausfrau die Möglichkeit, Fleischgerichte, Suppen und Soßen geschmacklich zu verfeinern. Dabei kosten sie den, der sie selbst sucht, nichts, und hinzu kommt die Freude am Suchen selbst und der gesunde Aufenthalt in frischer Luft.

Es ist natürlich unerläßlich, sich mit den Pilzen genügend vertraut zu machen, um die Gefahr von Verwechslungen zu vermeiden und das wertvolle Nahrungsmittel nicht durch Beigabe von ungeeigneten Pilzen ungenießbar zu machen. Es gibt nur ein zuverlässiges Mittel, die Genußfähigkeit der Pilze zu bestimmen, nämlich die genaue Kenntnis der Arten. Die Meinung, daß die Anwesenheit giftiger Pilze in einem Gericht sich dadurch verrät, daß eine mitgekochte Zwiebel oder ein silberner Löffel schwarz wird, ist irrig. Auch nach dem Geschmack (außer bei den Täublingen) oder der Verfärbung kann man nicht bestimmen, ob ein Pilz eßbar ist oder nicht.

Untrügliches Kennzeichen: Jeder Knollenblätterpilz hat am Stielgrund eine deutliche, dicke Knolle mit meist offener, lappiger Scheide und weiße, höchstens etwas grünliche Blätter.

Kein Täubling, kein Ritterling (Grünling) und kein Champignon (Edelpilz, Egerling) haben am Stiel eine Knolle, jeder Champignon hat gefärbte Blätter, und zwar von blaßrosa bis schwärzlich-braun, je nach Alter und Art. Nur der Perlpilz hat eine ähnliche Knolle, ist jedoch durch seine größere Dicke und seine rosa Tönung deutlich unterschieden.

Der echte Reizker und der Birken- oder Giftreizker lassen sich leicht auseinanderhalten. Beim echten Reizker färbt sich die anfänglich kupferrote Milch grün, während

*) Pilzfreunde erhalten weitere Anregung durch das „Dr. Oetker Pilzkochbuch". Eine Pilzkunde und zugleich ein Kochbuch, in dem Wesen und Wert der Pilze ausführlich dargestellt und ihre Verwendung beschrieben wird.

sie beim Birkenreizker weißlich bleibt. Der Hut des echten Reizkers ist glatt, der des Birkenreizkers am Rande filzig. Wenn man den Birkenreizker längere Zeit kocht und das Wasser abgießt, ist er nicht mehr giftig, doch sind damit auch die meisten Nährstoffe vernichtet. Es muß deshalb von dem Genuß abgeraten werden.

Sehr leicht zu verwechseln mit dem grünblättrigen Schwefelkopf sind Hallimasch und Stockschwamm. Der Schwefelkopf ist allerdings nur schwach giftig, doch schmeckt er widerlich und kann Übelkeit und Durchfall hervorrufen.

Wo durch äußere Einflüsse (Witterung, Standort) oder bei ganz jungen Pilzen die Unterscheidungsmerkmale nicht ganz deutlich sind, lasse man die Pilze lieber fort.

Niemals nehme man abgeschnittene Hüte oder Stiele mit, die andere fortgeworfen haben!

Gefährliche Vergiftungen können auch infolge falscher Behandlung der Pilze hervorgerufen werden. Es ist anzunehmen, daß ein großer Teil der jährlich auftretenden Vergiftungen hierdurch verursacht wird. Auch diese Gefahr ist leicht zu vermeiden, wenn man folgende Regeln genau beachtet:

Man nimmt nur gesunde, nicht zu alte und nicht wässerige oder madige Exemplare.

Die frisch gesammelten Pilze sind sofort von Schmutz, Schneckenfraß usw. zu säubern. Kann man die Pilze nicht am selben Tage zubereiten, so werden sie ungewaschen ausgebreitet und an einem luftigen Ort bis zum nächsten Tage aufbewahrt. Länger als einen Tag darf man Pilze niemals liegenlassen.

Vor der Zubereitung werden die Pilze geputzt und weich gewordene Stellen sowie alle abziehbaren Oberhäute und die harten Teile der Stiele entfernt. Dann wäscht man die Pilze, schneidet sie, wenn man Pilzgemüse bereiten will, in kleine Stücke oder schneidet die Hüte, wenn man sie braten will, in Scheiben.

Ganz falsch wäre es, die Pilze zu überbrühen und das Wasser wegzugießen. Von den hier angeführten Pilzen werden nur die Speiselorcheln vor dem Kochen abgebrüht, weil sie die giftige Helvellasäure enthalten.

Getrocknete Pilze müssen am Tage vor dem Gebrauch abgewaschen und in so viel kaltem Wasser eingeweicht werden, daß sie gerade davon bedeckt sind. Das Einweichwasser wird bei der Zubereitung mitverwendet. Die Pilze quellen durch diese Behandlung auf und werden weich und zart.

Richtige Verwendung der Pilze

Nicht alle Pilze sind für jede Zubereitungsart gleich gut geeignet. Von den hier angeführten Pilzen eignen sich

zu **Suppen:** Nelkenschwindling, Stockschwämmchen, Champignons (Egerlinge), Echter Reizker, eßbare Täublinge, Echter Pfifferling (Geelchen), sämtliche Röhrlinge, Habichtspilz, Parasolpilz, Ziegenbärte, Flaschen-Bovist, Spitzmorchel;

zu **Gemüse:** fast alle eßbaren Pilze;

zum **Würzen:** Küchenschwindling (Mousseron), Nelkenschwindling, Champignons (Egerlinge), Echter Reizker;

zum **Trocknen:** Küchenschwindling (Mousseron), Nelkenschwindling, Stockschwämmchen, Champignons (Egerlinge), Echter Reizker, eßbare Täublinge, Maronenröhrling, Steinpilz, Birkenpilz, Krause Glucke, Flaschen-Bovist, Spitzmorchel, Speiselorchel;

zu **Pilzpulver:** alle zum Trocknen geeigneten Pilze sowie getrockneter Pfifferling (Geelchen) und Habichtspilz.

KARTOFFELGERICHTE

Die Kartoffel war ursprünglich nicht in Europa heimisch und wurde erst im 16. Jahrhundert aus Südamerika eingeführt. Sie ist in Deutschland seit mehr als 100 Jahren eine der wichtigsten Kulturpflanzen. Es gibt wohl kaum ein Nahrungsmittel, das eine ähnliche Bedeutung in unserer Ernährung hat wie die Kartoffel. Reich an Nährstoffen und trotzdem billig, schmackhaft, sättigend (geröstete Kartoffeln haben etwa den gleichen Sättigungswert wie Fleisch) und gut verdaulich, findet sie im Haushalt die vielseitigste Verwendung.

Außer Fett enthält die Kartoffel alle Nährstoffe, die der Körper braucht: bis zu 21% Stärke, hochwertiges Eiweiß, ferner Mineralstoffe und Vitamine. Leider verhindert die unrationelle Küchenbehandlung in vielen Haushaltungen auch heute noch die volle Ausnutzung dieses wichtigen Nahrungsmittels. Durch Schälen allein entsteht ein Abfall bis zu 30%. Nur die in der Schale gargemachte Kartoffel behält fast ihren vollen Nährwert. Die größten Verluste entstehen beim Kochen geschälter Kartoffeln in ungesalzenem Wasser, die geringsten, wenn man die Kartoffeln in der Schale dämpft. Deshalb sollte in jedem Haushalt ein Kartoffeldämpftopf oder zum mindesten ein einsetzbarer Gemüsekorb vorhanden sein. Geschälte Kartoffeln dürfen auch nicht im Wasser liegenbleiben, da sie einen erheblichen Teil ihrer Nährwerte verlieren, und sie sind stets mit Salz zu kochen. Sehr gut ausgenutzt wird die Kartoffel in Form fein durchgeschlagener Breie und Suppen, die man deshalb öfter reichen sollte.

Die Kartoffelsorten werden heute nach ihrem Verwendungszweck eingeteilt in Speisekartoffeln und Wirtschaftskartoffeln. Bei den Speisekartoffeln unterscheidet man frühe, mittelfrühe und späte Sorten. Frühkartoffeln sind nur begrenzt haltbar und weniger stärkemehlhaltig. In der Regel kauft man im Herbst, wenn die Kartoffeln reif und am billigsten sind, seinen Wintervorrat ein: man rechnet für die Person 2–3 Zentner. Die gelbfleischige Kartoffel im Industrietyp ist sehr mehlhaltig und besonders geeignet, als Gemüsekartoffel verwandt zu werden, während zur Salatbereitung die längliche Nierenkartoffel vorzuziehen ist.

Kartoffeln müssen luftig und trocken aufbewahrt werden; sehr zu empfehlen sind Kartoffelkisten, bei denen man die Kartoffeln jeweils von unten fortnimmt. Auf diese Weise bleiben sie in Bewegung, und man verhindert ihr vorzeitiges Keimen. Ehe man die Kartoffeln in ihr Winterlager einschüttet, sind angefaulte, kränkliche und angestochene sorgfältig auszusuchen, um Fäulnisvorgänge möglichst zu verhindern. Mit der Länge der Lagerung und dem Wachsen der Keime verlieren die Kartoffeln erheblich an Nährwert; der Verlust beträgt nach sechsmonatiger Lagerung etwa 30%, die durch den Lebensvorgang in den Knollen vernichtet werden. Da keimende Kartoffeln außerdem in verstärktem Maße einen Giftstoff, das Solanin, entwickeln, sind Keime rechtzeitig zu entfernen.

Kartoffeln sind gegen Kälte empfindlich. Am besten lagert man sie bei einer Temperatur von +2 bis +6° C. Werden Kartoffeln längere Zeit bei 0° aufbewahrt, dann findet in den Knollen eine erhöhte Zuckerbildung statt. Da der Zucker nicht so schnell veratmet werden kann, werden die Knollen süß. Süßgewordene Kartoffeln können ihren Geschmack wieder verlieren, wenn man sie einige Zeit bei 20–30° C aufbewahrt. Im späten Frühjahr ist jedes Umschütten und Umlagern zu vermeiden, da die Kartoffeln dadurch schwarzfleckig und ungenießbar werden.

Regeln

1. Man nehme für ein Gericht möglichst gleich große Kartoffeln, um ein gleichzeitiges Garwerden zu erzielen.
2. Die Kartoffel muß gründlich gewaschen oder gebürstet werden, ehe man sie verwendet, damit beim Kochen kein Schmutz durch die korkartige Schale eindringt.
3. Man sollte es vermeiden, geschälte Kartoffeln in Wasser zu kochen. Man dämpft sie im Kartoffeldämpfer, am besten kocht man sie aber in der Schale.
4. Die Kartoffel muß dünn geschält werden, weil der Abfall sonst zu groß wird.
5. Sie muß nach dem Schälen sofort in kaltes Wasser gelegt werden, weil sie sonst braun wird.
6. Niemals dürfen zerschnittene Kartoffeln längere Zeit im Wasser liegen.
7. Neue Kartoffeln werden mit kochendem Wasser angesetzt. Alte Kartoffeln kommen in kaltes Wasser, um die Stärke langsam zum Quellen zu bringen.
8. Sind Kartoffeln gar, so müssen sie nach dem Abgießen des Wassers abdampfen: sie werden auf großer Flamme bei geöffnetem Topf so oft geschwenkt, bis sie trocken sind.

A. Gekochte und gedämpfte Kartoffeln

Schal- oder Pellkartoffeln

1 kg Kartoffeln, 1 l Wasser, etwas Salz, evtl. 1 Teel. Kümmel.

Man sucht gleich große Kartoffeln einer Sorte aus. Sie werden in kaltem Wasser gründlich gebürstet, sauber gewaschen, mit Wasser, Salz und Kümmel aufgesetzt und gar gekocht. Danach gießt man das Wasser ab und läßt die Kartoffeln im offenen Topf unter öfterem Schütteln an heißer Herdstelle abdampfen.

Kochzeit: 20–30 Minuten.

Salzkartoffeln

1 kg Kartoffeln, etwas Salz.

Die Kartoffeln werden gewaschen und dünn geschält. Man entfernt die Augen und legt die Kartoffeln in kaltes Wasser, bis sie nochmals gewaschen werden. Größere Kartoffeln werden ein- oder zweimal durchgeschnitten. Geschälte Kartoffeln sollte man im Dampf gar machen. Werden sie aber gekocht, so gebe man nur so viel Wasser darauf, daß sie eben bedeckt sind, und salze sofort. Das Wasser muß abgegossen werden, sobald die Kartoffeln weich sind. Man läßt sie unter Schütteln abdampfen; das Kochwasser verwendet man zu Suppen und Soßen.

Kochzeit: Etwa 20 Minuten.

Brühkartoffeln

1 kg Kartoffeln, ½ l Fleisch- oder Gemüsebrühe, etwas Salz, etwas Butter, 1 Eßl. gehackte Petersilie.

Die geschälten, in Würfel geschnittenen Kartoffeln werden in der Brühe gar gekocht, vor dem Anrichten mit Salz abgeschmeckt und mit Butter und Petersilie gewürzt. Sie passen zu Fisch, rohem Schinken oder gekochtem Fleisch.

Veränderung: Man kann in Streifen geschnittene Möhren mitkochen.

Kochzeit: Etwa 20 Minuten.

Petersilienkartoffeln

1 kg Kartoffeln, 40 g Butter oder Margarine, Salz, 1–2 Eßl. gehackte Petersilie.

Möglichst kleine, gleich große Kartoffeln werden in der Schale gekocht, heiß abgepellt und in zerlassenem Fett, etwas Salz und gehackter Petersilie gut durchgeschwenkt. Neue Kartoffeln eignen sich besonders gut.

Kochzeit: 25–30 Minuten.

B. Gebratene Kartoffeln

Kümmelkartoffeln (nach Dr. Bircher-Benner)

1 kg kleinere Kartoffeln, etwas Kümmel, etwas Salz, etwas zerlassene Butter oder Öl.

Die Kartoffeln werden gründlich gewaschen, ungeschält halbiert, mit der Schnittfläche in Kümmel und Salz getaucht und auf ein gefettetes Backblech gesetzt. Man bestreicht sie mit zerlassener Butter oder Öl und backt sie im Ofen gar.

Flammenbackofen: ⅓ große Flamme.

Reglerbackofen: 2½–3½.

Backzeit: 30–40 Minuten.

Sie schmecken besonders gut zu Quark.

Röstkartoffeln

1 kg Kartoffeln, 50 g Fett, etwas Salz.

Man sucht möglichst kleine, etwa pflaumengroße Kartoffeln aus, wäscht sie gründlich und kocht sie in der Schale gar. Sie werden sofort abgezogen und in offener Pfanne, mit Salz bestreut, in heißem Fett dunkelgelb gebraten. Mit etwas Zucker bestreut, sehr beliebt zu Grünkohl.

Kochzeit: Etwa 20 Minuten.

Bratzeit: Etwa 10 Minuten.

Bratkartoffeln I

1 kg Kartoffeln, 75 g Fett, 1 Zwiebel, Salz.

Man wäscht die Kartoffeln gründlich und kocht sie in der Schale gar. Sie werden sofort abgezogen, erkaltet in Scheiben geschnitten und, mit der kleingeschnittenen Zwiebel und etwas Salz bestreut, in heißem Fett schön braun gebraten.

Übriggebliebene Salzkartoffeln können ebenso gebraten werden.

Veränderung: Man kann einige säuerliche, zerteilte Äpfel oder in Scheiben geschnittene Tomaten dazugeben oder 2–3 Eßl. saure Sahne oder geriebenen Käse unterziehen.

Kochzeit: 20–30 Minuten.

Bratzeit: Etwa 10 Minuten.

Bratkartoffeln II

1 kg Kartoffeln, 75 g Speck oder anderes Fett, Salz.

Die rohen Kartoffeln werden geschält, gewaschen, in Scheiben oder Stifte geschnitten und in dem ausgelassenen, kleingeschnittenen Speck oder dem zerlassenen Fett zuerst zugedeckt (vorher mit etwas Salz bestreuen!), dann offen in der Pfanne hellbraun gebraten.

Bratzeit: 20–30 Minuten.

Bauernfrühstück (Abb. Tafel 8)

750 g Salatkartoffeln, 80 g Speck, 3 Eier, 3 Eßl. Milch, etwas Salz, etwa 125 g Schinkenwürfel, evtl. etwas feingeschnittener Schnittlauch.

Man wäscht die Kartoffeln gründlich und kocht sie in der Schale gar. Sie werden sofort abgezogen, erkaltet in Scheiben geschnitten und in dem ausgelassenen, kleingeschnittenen Speck schön braun gebraten. Man verquirlt die Eier mit der Milch und etwas Salz und gibt die Schinkenwürfel und den Schnittlauch hinzu. Die Eiermilch wird über die gebräunten Kartoffeln gegossen. Man rührt einige Male durch und gibt das Gericht zu Tisch, sobald die Eier fest sind.

Grüner Salat, Tomatensalat oder saure Gurken werden dazu gereicht.

Kochzeit: 20–30 Minuten.

Bratzeit: Etwa 10 Minuten.

Tiroler Geröstel

80 g Fett, 200–250 g gekochtes oder gebratenes Rindfleisch, 1–2 Zwiebeln, 1 kg Pellkartoffeln, etwas Salz, etwas Petersilie.

Das in kleine Würfel geschnittene Fleisch und die in kleine Würfel geschnittenen Zwiebeln werden in dem erhitzten Fett leicht gebräunt. Man gibt die in Scheiben geschnittenen Pellkartoffeln hinzu, salzt sie und läßt sie ebenfalls bräunen. Das fertige Gericht wird mit gehackter Petersilie bestreut.

Bratzeit: Etwa 20 Minuten.

Kartoffelomelett

500 g Kartoffeln, 50 g Speck, 1 Zwiebel, ⅛ l Milch, 1 gestrichener Eßl. Weizenmehl, 2 Eier, Salz, feingehackte Petersilie und Schnittlauch.

Man wäscht die Kartoffeln gründlich und kocht sie in der Schale gar. Sie werden sofort abgezogen, erkaltet in Scheiben geschnitten und in dem ausgelassenen, kleingeschnittenen Speck mit der kleingeschnittenen Zwiebel schön braun gebraten. Man verquirlt die Milch, das Mehl, die Eier, etwas Salz und die feingehackten Kräuter gut miteinander. Die Eiermilch wird über die Kartoffeln gegossen. Sie muß fest werden, ohne daß man die Kartoffeln durchrührt oder wendet. Wenn die untere Seite des Kartoffelomeletts gebräunt und die obere fest geworden ist, läßt man das Omelett auf eine Schüssel gleiten.

Man reicht grünen Salat, Kürbis, Senfgurken oder rote Rüben dazu.

Kochzeit: 20–30 Minuten.

Bratzeit: 10–15 Minuten.

Pommes frites

750 g Kartoffeln, Backfett (Rindernierenfett oder Kokosfett), Salz.

Die Kartoffeln werden geschält, gewaschen und in gleich lange, bleistiftdicke Stiftchen geschnitten. Man trocknet sie in einem Leinentuch gut ab, gibt sie in gut erhitztes Backfett und backt sie schwimmend in Fett halb gar. Man darf nicht zuviel Kartoffeln auf einmal nehmen, da sie sich in dem Fettbad nicht berühren dürfen, außerdem kühlt das Fett dann zu stark ab. Sobald sich die Spitzen der Kartoffelstückchen gelb färben, werden diese mit einem Schaumlöffel herausgenommen und auf einen Durchschlag zum Abtropfen gegeben.

Wenn sie abgekühlt sind, gibt man sie noch einmal in das heiße Fett und läßt sie braun und knusprig werden. Mit feinem Salz bestreut, müssen sie schnell zu Tisch gegeben werden.

Backzeit: Zunächst etwa 2 Minuten, später noch etwa 3 Minuten.

Pommes chips

500 g Kartoffeln, Backfett (Öl oder Kokosfett), Salz.

Die Kartoffeln werden geschält, gewaschen, halbiert und in möglichst dünne Scheiben geschnitten. Man trocknet sie in einem Leinentuch gut ab, gibt sie in nicht zu großer Menge in das gut erhitzte Backfett und backt sie darin schwimmend halb gar. Sobald sich die Kartoffelscheiben gelb färben, werden sie mit einem Schaumlöffel aus dem Fett genommen und zum Abtropfen auf einen Durchschlag gegeben.

Wenn die Scheiben abgekühlt sind, gibt man sie noch einmal in das heiße Fett und läßt sie braun und knusprig werden. Wenn sie erkaltet sind, bestreut man sie mit feinem Salz und gibt sie zu Likör oder Wein.

Backzeit: Zunächst etwa 2 Minuten, später noch etwa 3 Minuten.

Gefüllte Kartoffeln

Herstellung siehe S. 135.

C. Kartoffelbrei

Kartoffelschnee

Gut abgedämpfte Salzkartoffeln werden durch die Presse sofort in die Anrichteschüssel gegeben und mit Butterflöckchen belegt.

Kartoffelbrei (Abb. Tafel 6)

1 kg Kartoffeln, etwas Salz, ¼ l Milch, 40 g Butter oder Margarine, etwas Salz, 20 g Butter zum Rösten, 1 Zwiebel oder 1 Eßl. Semmelmehl.

Die geschälten Kartoffeln werden in Wasser mit etwas Salz gekocht. Man gießt das Wasser ab und gibt sie sofort durch die Kartoffelpresse oder zerstampft sie möglichst fein. Dann werden die heiße Milch und das Fett hinzugegeben. Man setzt den Topf wieder auf den Herd und schlägt den Brei so lange, bis er weiß und schaumig ist und schmeckt ihn dann mit Salz ab. Er wird bergartig angerichtet und mit in dem Fett gebräunten Zwiebelringen oder geröstetem Semmelmehl verziert.

Kochzeit: 20–30 Minuten.

Kartoffelring (Abb. Tafel 1)

750 g Kartoffeln, 60 g Butter oder Margarine, 2–3 Eigelb, Salz, Muskat, 2–3 Eiweiß, 20 g Butter oder Margarine zum Ausstreichen der Form.

Die geschälten Kartoffeln werden gedämpft oder gekocht. Man gießt das Wasser ab, gibt die Kartoffeln sofort durch die Kartoffelpresse und läßt sie erkalten. Das Fett wird geschmeidig gerührt, Eigelb, Kartoffelschnee, Salz und Muskat werden nach und nach hinzugegeben. Man hebt das zu steifem Schnee geschlagene Eiweiß zuletzt unter die Kartoffelmasse und füllt sie in eine besonders gut gefettete Ringform. Die Kartoffelmasse wird im Backofen gebacken. Dann stürzt man sie auf eine flache, runde Platte und gibt in die Mitte Fleisch oder Pilzragout.

Flammenbackofen: 1/3 große Flamme.
Reglerbackofen: 2 1/2–3 1/2.
Backzeit: 30–40 Minuten.

Kartoffelkroketten

750 g Salzkartoffeln, 30 g Butter oder Margarine, 1 Ei, 75–100 g Mehl, Salz, Muskat.
Zum Panieren: 1 Ei, etwas Semmelmehl.
Ausbackfett.

Die geschälten Kartoffeln werden gedämpft oder gekocht. Man gießt das Wasser ab, gibt die Kartoffeln sofort durch die Kartoffelpresse und läßt sie erkalten. Das Fett wird geschmeidig gerührt, Ei, Kartoffelschnee, Mehl, Salz und Muskat werden nach und nach hinzugegeben. Man formt 5 cm lange Röllchen aus dem Kartoffelteig, wendet sie in verquirltem Ei, dann in Semmelmehl und backt sie sofort schwimmend in heißem Fett goldbraun. Man kann auch Kugeln oder Kränze formen.

Kartoffelkroketten sind als Beilage zu feinem Gemüse oder Braten beliebt und zum Verzieren geeignet.

Veränderung: Man formt flache Plätzchen und brät sie in offener Pfanne in heißem Fett auf beiden Seiten goldbraun.

Kochzeit: 20–30 Minuten.
Backzeit: 2–3 Minuten.

Kartoffelpudding

750 g Kartoffeln, 60 g Butter oder Margarine, 2–3 Eigelb, 100 g geriebener Käse, Salz, Muskat, 2–3 Eiweiß, 20 g Butter oder Margarine zum Ausstreichen der Form, Semmelmehl; etwas gebräunte Butter.

Die geschälten Kartoffeln werden gedämpft oder gekocht. Man gießt das Wasser ab, gibt die Kartoffeln sofort durch die Kartoffelpresse und läßt sie erkalten. Das Fett wird geschmeidig gerührt, Eigelb, Kartoffelschnee, geriebener Käse, Salz und Muskat werden nach und nach hinzugegeben. Man hebt das zu steifem Schnee geschlagene Eiweiß zuletzt unter die Kartoffelmasse und füllt sie in eine gut gefettete, mit Semmelmehl ausgestreute Puddingform. Die Form darf höchstens 3/4 gefüllt sein. Der Pudding wird im Wasserbad gar gekocht und dann auf eine flache Schüssel gestürzt; er wird mit gebräunter Butter übergossen.

Man reicht ihn zu jungen Erbsen und zu Schmor- oder Sauerbraten.

Der Kartoffelpudding kann auch als selbständiges Gericht mit Tomaten- oder Sardellensoße und grünem Salat zu Tisch gegeben werden.

Veränderung: Dieselbe Masse kann, mit geriebenem Käse bestreut und mit Butterflöckchen belegt, in einer Auflaufform im Ofen gebacken werden.

Kochzeit: Etwa 1 Stunde.

D. Kartoffelteig

Kartoffelklöße (gekochte Kartoffeln)

Gut 1 1/4 kg Kartoffeln, 3 gestrichene Teel. Salz, 250 g Dr. Oetker „Gustin", 1/4 l Milch, 3 g (1 gestrichener Teel.) Dr. Oetker Backpulver „Backin"; 1 Brötchen, etwas Butter oder Margarine.

Man wäscht die Kartoffeln und kocht sie gar. Sie werden sofort abgepellt und durch die Kartoffelpresse gedrückt.

Man wiegt 1 kg von den durchgepreßten Kartoffeln ab und rührt das Salz, das „Gustin" und dann die kochend heiße Milch darunter. Die Masse wird zunächst ziemlich weich, wird aber nach kurzem Stehen wieder fest. Wenn sie lauwarm geworden ist, rührt man das „Backin" darunter. Das Brötchen wird in kleine Würfel geschnitten und in dem heißen Fett hellbraun geröstet.

Man stellt aus dem Kartoffelteig mit bemehlten Händen runde Klöße her und drückt in jeden einige Brötchenwürfel.

Die Klöße werden in nicht zu großer Menge in kochendes Salzwasser gegeben. Man läßt sie bei schwacher Hitze gar ziehen. Sie werden zu fettem Braten oder mit gedünstetem Backobst oder mit Tomaten-, Kräuter- oder Zwiebelsoße gereicht.

Kochzeit: 20–25 Minuten.

Thüringer Klöße

1 ½ kg geschälte, rohe Kartoffeln, ¼ l Milch, knapp 1 Teel. Salz, 50 g Butter oder Margarine, 125 g Grieß, 1 Brötchen, etwas Butter oder Margarine.

Die Kartoffeln werden in eine Schüssel mit Wasser gerieben und in einem Tuch fest ausgepreßt. Milch, Salz und Fett kocht man auf, schüttet den Grieß auf einmal hinein, rührt ihn zu einem Kloß und erhitzt diesen noch etwa 1 Minute. Er wird sofort zu den ausgepreßten Kartoffeln gegeben und darunter gerührt. Danach formt man mit bemehlten Händen etwa faustgroße, runde Klöße daraus, in jeden drückt man einige gebräunte Brötchenwürfel. Die Klöße werden in kochendes Salzwasser gegeben und darin gar gekocht. Man reicht sie zu fettem Braten oder zu Sauerkraut.

Kochzeit: 12–15 Minuten.

Klöße von gekochten und rohen Kartoffeln

750 g Kartoffeln, 500 g große, rohe Kartoffeln (geschält), 1 Ei, 65 g Weizenmehl, 1 Teel. Salz.

Man wäscht die Kartoffeln und kocht sie am Tage vorher in der Schale gar. Sie werden sofort abgezogen, durch die Kartoffelpresse gedrückt und bis zum nächsten Tag kalt gestellt. Man streicht sie dann durch ein feines Sieb. Die geschälten, rohen Kartoffeln werden gerieben, in einem Tuch fest ausgedrückt und zu den gekochten, durchgepreßten Kartoffeln gegeben. Man knetet Ei, Mehl und Salz darunter und formt mit bemehlten Händen etwa faustgroße, runde Klöße daraus. Diese werden in kochendes Salzwasser gegeben und bei schwacher Hitze gar gekocht.

Kochzeit: Etwa 20 Minuten.

Bayrische Zwetschenknödel

Gut 1 ¼ kg Kartoffeln, 2 Eier, 1 Teel. Salz, 60 g Grieß, 80 g Weizenmehl, 16–20 Zwetschen, 60 g gestoßener Zwieback, 30 g Butter zum Bräunen, 20 g Zucker, Zimt.

Man wäscht die Kartoffeln und kocht sie am Tage vorher in der Schale gar. Sie werden sofort abgezogen, durch die Kartoffelpresse gedrückt und bis zum nächsten Tag kalt gestellt. Man wiegt 1 kg von den durchgepreßten Kartoffeln ab, streicht sie durch ein feines Sieb, gibt nach und nach Eier, Salz, Grieß und Mehl hinzu und knetet einen glatten Teig daraus. Mit bemehlten Händen werden aus dem Kartoffelteig runde Klöße geformt, in jeden wird eine entsteinte Zwetsche gedrückt.

Man gibt die Klöße in kochendes Salzwasser, kocht sie darin gar und läßt sie auf einem Sieb gut abtropfen. Dann werden sie in Zwiebackkrumen gewälzt und mit gebräunter Butter, Zucker und Zimt angerichtet.

Veränderung: An Stelle der Zwetschen Reineclauden oder Kirschen nehmen.

Kochzeit: 10–12 Minuten.

Kartoffelplätzchen (Resteverwertung)

500 g gekochte Kartoffeln (Reste), 1 Ei, evtl. etwas Salz, 50–65 g Grieß oder Weizenmehl, 30 g Fett.

Die Kartoffeln werden durch ein Sieb gestrichen. Man gibt das Ei, das Salz und den Grieß oder das Mehl dazu und knetet einen weichen Teig daraus. Aus dem Teig wird eine Rolle geformt. Man schneidet Scheiben davon ab und brät diese in heißem Fett auf beiden Seiten schön braun. Die Plätzchen werden mit Salat oder zur Gemüseplatte und zu Schmor- oder Sauerbraten gereicht.

Bratzeit: 3–4 Minuten.

Kartoffelpfannkuchen (Puffer oder Reibeplätzchen)

1 kg Kartoffeln, etwas Salz, 1 kleine Zwiebel, 1–2 Eier, 20–30 g Weizen- oder Semmelmehl, etwa 100 g Öl oder Schmalz.

Die Kartoffeln werden geschält, gerieben und mit Salz, geriebener Zwiebel, Eiern und Mehl gut verrührt. Man erhitzt das Fett, gibt den Teig löffelweise hinein und drückt ihn flach. Die Plätzchen werden auf beiden Seiten braun und knusprig gebacken. Man reicht sie mit Kompott, Bohnensalat oder Quark.

Sollen die Pfannkuchen ohne Mehl hergestellt werden, dann die geriebenen Kartoffeln auf einem Sieb gut abtropfen lassen.

Lappenpickert

1½ kg Kartoffeln, etwas Salz, 2–4 Eier, 250 g Weizenmehl, ⅛ l Milch.

Die Kartoffeln werden geschält, gerieben und mit Salz, Eiern, Mehl und Milch verrührt.

Lappenpickert wird auf einer Eisenplatte, die mit einer Speckschwarte gründlich gefettet ist, gebacken. Entweder verteilt man den Teig so auf der Platte, daß ein großes, dünnes, zusammenhängendes Gebäck entsteht oder mehrere kleine Plätzchen. Sobald der Lappenpickert auf der unteren Seite gebräunt ist, wird er mit einem möglichst breiten Messer gewendet und auf der anderen Seite gebräunt. Man ißt den Pickert, mit Butter bestrichen, frisch oder aufgewärmt.

Dicker Pickert (westfälisches Originalrezept)

2¼ kg Kartoffeln, 2 Eier, etwas Salz, 1 kg Weizenmehl, 30 g Hefe, 1 Eßl. Zucker, etwas Milch, 250 g Rosinen.

Die Kartoffeln werden geschält, gewaschen und gerieben. Damit der Teig nicht zu weich wird, läßt man von den Kartoffeln die Flüssigkeit ablaufen. Die Eier, das Salz und das gesiebte Mehl werden nach und nach unter die geriebenen Kartoffeln gerührt.

Man löst die Hefe und 1 Eßl. Zucker in etwas lauwarmer Milch auf und rührt sie unter den Teig. Die gewaschenen Rosinen kommen zuletzt in den Teig. Er wird in eine gut gefettete, mit geriebener Semmel ausgestreute Pickertform (große Kastenform) gefüllt und zum Aufgehen an einen warmen Ort gestellt. Wenn der Teig um ⅓ höher als am Anfang ist, wird er in den Backofen geschoben.

Flammenbackofen: ⅓ große Flamme.

Reglerbackofen: 2½–3½.

Backzeit: 1¾–2 Stunden.

Der erkaltete Pickert wird in Scheiben geschnitten und in offener Pfanne in heißer Butter gebräunt.

Er wird mit Kaffee und Butter gereicht.

E. Kartoffeln in Soße

Die folgenden Gerichte, „Kartoffeln in Soße", eignen sich mit Salat, Frikadellen, gebratener Leber, Sülze, Würstchen oder Eiern gut als Abendbrot.

Bechamelkartoffeln

1 kg Kartoffeln.

Bechamelsoße: 30 g Butter oder Margarine, 40 g Schinken, 30 g Weizenmehl, 60 g Zwiebeln, ¼ l Brühe oder Wasser, ¼ l Milch, etwas Salz, etwas Pfeffer.

Man wäscht die Kartoffeln, kocht sie in der Schale gar, pellt sie noch heiß ab und schneidet sie in Scheiben. Die Soße wird folgendermaßen hergestellt:

Man zerläßt die Butter mit den Schinkenwürfeln. Das Mehl wird mit den feingehackten Zwiebeln so lange darin erhitzt, bis es hellgelb ist. Man gießt unter ständigem Rühren nach und nach die Brühe (Wasser) und die Milch hinzu und läßt 10 Minuten auf kleiner Flamme schwach kochen. Die Soße kann durch ein feines Sieb gestrichen werden und wird mit den in Scheiben geschnittenen Kartoffeln wieder zum Kochen gebracht. Dann schmeckt man das Gericht mit Salz und Pfeffer ab.

Schinkenkartoffeln

1 kg Kartoffeln.

Schinkensoße: 30 g Butter oder Margarine, 30 g Weizenmehl, ½ l Wasser oder Brühe, 100 g in Würfel geschnittener roher Schinken, 2–3 kleine Essiggurken, etwas Paprika, etwas Salz.

Man wäscht die Kartoffeln, kocht sie in der Schale gar, pellt sie noch heiß ab und schneidet sie in Scheiben. Die Soße wird folgendermaßen hergestellt: Man zerläßt das Fett. Das Mehl wird so lange darin erhitzt, bis es hellgelb ist. Man gießt unter Rühren nach und nach das Wasser oder die Brühe hinzu und läßt 10 Minuten mit den in Scheiben geschnittenen Kartoffeln und dem Schinken schwach kochen. Dann werden die in kleine Würfel geschnittenen Essiggurken hinzugegeben. Man schmeckt das Gericht mit Paprika und Salz ab.

Kartoffelsalat

Herstellung siehe S. 159.

Pilzkartoffeln

1 kg Kartoffeln.

Champignonsoße: 30 g Butter oder Margarine, 30 g Weizenmehl, ½ l Brühe oder Wasser, 125 g Pilze, 15 g Butter oder Margarine, etwas Salz, etwas Zitronensaft, 1 Eigelb und 2 Eßl. kaltes Wasser.

Man wäscht die Kartoffeln, kocht sie in der Schale gar, pellt sie noch heiß ab und schneidet sie in Scheiben. Die Soße wird folgendermaßen hergestellt:

Man zerläßt das Fett. Das Mehl wird so lange darin erhitzt, bis es hellgelb ist. Man gießt unter Rühren nach und nach die Brühe oder das Wasser hinzu und läßt 10 Minuten mit den in Scheiben geschnittenen Kartoffeln auf kleiner Flamme schwach kochen. Die geputzten, in Scheiben geschnittenen Pilze werden in dem Fett gar gedünstet und unter die Kartoffeln und die Soße gerührt. Man schmeckt mit Salz und Zitronensaft ab und legiert die Soße mit Eigelb, das man mit Wasser verquirlt hat.

Schnittlauchkartoffeln

1 kg Kartoffeln.

Schnittlauchsoße: 30 g Butter oder Margarine, 30 g Weizenmehl, ¼ l Brühe oder Wasser, ¼ l Milch, 2 Eßl. feingeschnittener Schnittlauch, etwas Salz, etwas Zitronensaft.

Man wäscht die Kartoffeln, kocht sie in der Schale gar, pellt sie noch heiß ab und schneidet sie in Scheiben.

Die Soße wird folgendermaßen hergestellt: Man zerläßt das Fett. Das Mehl wird so lange darin erhitzt, bis es hellgelb ist. Man gießt unter Rühren nach und nach die Brühe (Wasser) und die Milch hinzu, gibt den Schnittlauch und die heißen, in Scheiben geschnittenen Kartoffeln hinzu und läßt die Soße 10 Minuten auf kleiner Flamme schwach kochen. Sie wird danach mit Salz und Zitronensaft abgeschmeckt.

Veränderung: Statt Schnittlauchsoße nimmt man Petersilien- oder Dillsoße.

Senfkartoffeln

1 kg Kartoffeln.

Senfsoße: 30 g Butter oder Margarine, 30 g Weizenmehl, ½ l Brühe oder Wasser, 1–2 Eßl. Senf, etwas Salz, etwas Essig, etwas Zucker.

Man wäscht die Kartoffeln, kocht sie in der Schale gar, pellt sie noch heiß ab und schneidet sie in Scheiben. Die Soße wird folgendermaßen hergestellt:

Man zerläßt das Fett. Das Mehl wird so lange darin erhitzt, bis es hellgelb ist. Man gießt unter Rühren nach und nach die Brühe oder das Wasser hinzu und läßt 10 Minuten mit den in Scheiben geschnittenen Kartoffeln auf kleiner Flamme kochen. Das Gericht wird mit Senf, Salz, Essig und Zucker abgeschmeckt.

F. Kartoffelaufläufe

Regeln für das Backen von Aufläufen siehe S. 215.

Kartoffelauflauf mit Schinken

1 kg Kartoffeln, 75 g roher und 75 g gekochter Schinken.

Helle Soße: 40 g Butter oder Margarine, 40 g Weizenmehl, ¼ l Brühe oder Wasser, ¼ l Milch, etwas Salz; 2 Eßl. Semmelmehl oder geriebener Käse, etwas Butter.

Man wäscht die Kartoffeln, kocht sie in der Schale, pellt sie noch heiß ab und schneidet sie in Scheiben. Der Schinken wird in Würfel geschnitten und abwechselnd mit den Kartoffeln lagenweise in eine gut gefettete Auflaufform gefüllt. Die oberste Lage muß aus Kartoffeln bestehen. Die Soße wird folgendermaßen hergestellt:

Man zerläßt das Fett. Das Mehl wird so lange darin erhitzt, bis es hellgelb ist. Man gießt unter Rühren nach und nach die Brühe (Wasser) mit der Milch hinzu und läßt 10 Minuten schwach kochen. Die Soße wird mit Salz abgeschmeckt und über die Kartoffeln gegossen. Man bestreut den Auflauf mit Semmelmehl oder geriebenem Käse, belegt ihn mit Butterflöckchen und stellt ihn in den Backofen.

Flammenbackofen: ½ große Flamme.
Reglerbackofen: 5–6.
Backzeit: Etwa 40 Minuten.

Kartoffelauflauf mit Eiern

1 kg Kartoffeln, 2–3 hartgekochte Eier, etwas feingehackter Schnittlauch, etwas geriebener Käse.

Helle Soße: 40 g Butter oder Margarine, 40 g Weizenmehl, ¼ l Brühe oder Wasser, ¼ l Milch, etwas Salz; 2 Eßl. Semmelmehl oder geriebener Käse, etwas Butter.

Die Herstellung richtet sich nach den Angaben für Kartoffelauflauf mit Schinken (s. oben). Statt des Schinkens schichtet man die in Scheiben geschnittenen, hartgekochten Eier ein und bestreut sie mit Schnittlauch und Käse.

Flammenbackofen: ½ große Flamme.
Reglerbackofen: 5–6.
Backzeit: Etwa 40 Minuten.

Kartoffelauflauf mit Hering

1 kg Kartoffeln, 3 feingeschnittene, gewässerte Heringe.

Helle Soße: 40 g Butter oder Margarine, 40 g Weizenmehl, ¼ l Brühe oder Wasser, ¼ l Milch, etwas Salz; 2 Eßl. Semmelmehl oder geriebener Käse, etwas Butter.

Die Herstellung richtet sich nach den Angaben für Kartoffelauflauf mit Schinken (s. oben). Statt des Schinkens schichtet man den Hering ein.

Flammenbackofen: ½ große Flamme.
Reglerbackofen: 5–6.
Backzeit: Etwa 40 Minuten.

Kartoffelauflauf mit Pilzen

1 kg Kartoffeln, 250 g Pilze, 1–2 Zwiebeln, 40 g Speck, nach Belieben 250 g Tomaten.

Helle Soße: 40 g Butter oder Margarine, 40 g Weizenmehl, ¼ l Brühe oder Wasser, ¼ l Milch, etwas Salz; 2 Eßl. Semmelmehl oder geriebener Käse, etwas Butter.

Die Herstellung richtet sich nach den Angaben für Kartoffelauflauf mit Schinken (S. 150). Statt des Schinkens schichtet man die in Scheiben geschnittenen Pilze, die mit den kleingehackten Zwiebeln in kleingeschnittenem Speck gedünstet wurden, ein. Auf die Pilzschicht können noch in Scheiben geschnittene Tomaten gelegt werden.

Flammenbackofen: ½ große Flamme.
Reglerbackofen: 5–6.
Backzeit: Etwa 40 Minuten.

Prinzeßkartoffeln

750 g Kartoffeln, 3 gut gewässerte Heringe, 125 g gekochter Schinken, 2–3 hartgekochte Eier, 3/8 l saure Sahne oder Milch (bei Milch einen schwach gehäuften Eßl. Dr. Oetker „Gustin" zusetzen!), 2 Eier, 2 Eßl. Semmelmehl oder geriebener Käse, etwas Butter.

Man wäscht die Kartoffeln, kocht sie in der Schale gar, pellt sie noch heiß ab und schneidet sie in Scheiben. Die gewässerten Heringe werden entgrätet, enthäutet und in kleine Stücke geschnitten. Den Schinken schneidet man in Würfel und die Eier in Scheiben. Die Kartoffeln werden abwechselnd lagenweise mit den zerkleinerten Heringen, den Schinkenwürfeln und den Eierscheiben in eine gut gefettete Auflaufform gefüllt. Die oberste Lage muß aus Kartoffeln bestehen. Die Sahne (die Milch und das „Gustin") wird mit den Eiern verquirlt und über die eingeschichteten Kartoffeln gegossen. Man bestreut den Auflauf mit Semmelmehl, belegt ihn mit Butterflöckchen und stellt ihn in den Backofen.

Flammenbackofen: ½ große Flamme.

Reglerbackofen: 5–6.

Backzeit: Etwa 40 Minuten.

Resteauflauf

250 g Fleisch- oder Schinkenreste, 1 feingehackte Zwiebel, etwas Butter oder Margarine, 500–750 g gekochte Kartoffeln (Reste), 1–2 Eier, 20 g Dr. Oetker „Gustin", etwas Salz, ¼ l Milch; 2 Eßl. Semmelmehl oder geriebener Käse, etwas Butter.

Die Fleischreste werden fein gehackt und mit den in Butter gedünsteten Zwiebelwürfeln gut vermischt. Man reibt die Kartoffeln oder streicht sie durch ein feines Sieb (Pellkartoffeln salzen!) und gibt sie abwechselnd lagenweise mit dem Fleisch in eine gut gefettete Auflaufform. Die oberste Lage muß aus Kartoffeln bestehen. Eier, „Gustin", Salz und Milch werden verquirlt und über die eingeschichteten Kartoffeln gegossen. Man bestreut den Auflauf mit Semmelmehl oder geriebenem Käse, belegt ihn mit Butterflöckchen und stellt ihn in den Backofen.

Flammenbackofen: ½ große Flamme.

Reglerbackofen: 5–6.

Backzeit: Etwa 40 Minuten.

Veränderung: Statt der Fleischreste kann man kleingeschnittene, gedämpfte Gemüse wie Blumenkohl, Spargel, Tomaten usw. einschichten.

Schusterpastete (Resteverwertung)

Man schichtet in eine gut gefettete Auflaufform abwechselnd lagenweise in Scheiben geschnittene, gekochte Kartoffeln, 1–2 gewässerte, in Stücke geschnittene Heringe und übriggebliebenes, gekochtes Sauerkraut. Die oberste Lage muß aus Kartoffeln bestehen. Je nach der vorhandenen Menge wird ¼–½ l Milch mit 1–2 Eiern verquirlt und über die eingefüllte Masse gegossen. Man bestreut den Auflauf mit geriebenem Semmelmehl oder geriebenem Käse, belegt ihn mit Butterflöckchen und stellt ihn in den Backofen.

Flammenbackofen: ½ große Flamme.

Reglerbackofen: 5–6.

Backzeit: Etwa 40 Minuten.

SALATE

Als Salat bezeichnet man nicht nur die eigentlichen Salatpflanzen wie Kopf-, Schnitt-, Pflücksalat oder Endivie, sondern auch alle rohen und gekochten Gemüse, Früchte und Fleischarten, die mit einer Salatsoße angerichtet und in der Regel kalt gereicht werden.

Keine Zubereitungsart hat so viele Möglichkeiten der Veränderung wie der Salat. Man kann die verschiedensten Gemüsearten miteinander mischen, rohe und gekochte Gemüse vielfach zusammenstellen, die Soße durch würzige Beigaben abwandeln, ja sogar Gemüse, Obst, Fleisch und Eier zu reizvollen Mischungen vereinigen. Eine Fülle von Möglichkeiten ist somit der Hausfrau gegeben, Abwechslung in ihren Küchenzettel zu bringen, und eine ausgezeichnete Gelegenheit, kleinste Reste nutzbar zu machen.

Außer diesen Vorzügen haben die Salate aber auch ihre große Bedeutung für unsere Ernährung. Rohe Salate sind die beste Form, dem Körper die wichtigen Mineralsalze und Vitamine zuzuführen, die in unseren Gemüsen enthalten sind. Sie werden bei dieser Zubereitungsart durch keinen Kochprozeß vermindert oder in ihrem Wert herabgesetzt. Deshalb sollte man mindestens an solchen Tagen, wo kein Gemüse auf den Tisch kommt, eine Schüssel grünen Salat reichen.

Aber auch alle gekochten Gemüse haben, als Salat angerichtet, ihren besonderen Wert. Nicht nur, daß sie in dieser Form an heißen Tagen erfrischend und deshalb willkommen sind: durch die bei der Zubereitung der Salate verwandten Gewürze werden die Verdauungsorgane zu erhöhter Tätigkeit und zur Absonderung der Verdauungssäfte angeregt, was für die Ausnutzung der Nährstoffe von großer Wichtigkeit ist. Voraussetzung dafür ist allerdings, daß die Salate sorgfältig zubereitet und richtig gewürzt werden.

Alle Salate und Gemüse müssen genau verlesen werden, um faulende, kranke und sonst unbrauchbare Teile zu entfernen. Von Sand und Schmutz sind sie sodann durch gründliches Waschen, am besten unter fließendem Wasser, zu reinigen. Roh zu verwendende Pflanzen soll man, um Infektionen vorzubeugen, sogar 10 Minuten in kochsalzhaltiges Wasser legen. Man hat aber darauf zu achten, daß der Salat wieder vollständig trocken ist, ehe man ihn mit der Soße vermischt, wässeriger Salat schmeckt fade. Er muß deswegen nach dem Waschen auf einem Sieb oder Durchschlag abtropfen oder in einem Tuch oder Drahtkorb ausgeschwenkt werden. Keinesfalls darf man ihn ausdrücken.

Will man gekochte Gemüse zu Salat verwenden, so hat man darauf zu achten, daß ihnen beim Garmachen so wenig wie möglich an Nährstoffen entzogen wird. Man soll sie deswegen dämpfen oder in so wenig Wasser kochen, daß das Gemüsewasser zur Soße verwendet werden kann.

Am meisten gesündigt wird aber heute noch beim Würzen. Nicht nur, daß alle Salate unterschiedslos mit derselben Soße aus Essig, Öl, Salz und Pfeffer angemacht werden und man alle Möglichkeiten der Abwechslung und der natürlichen Würze durch Tomatensaft, geriebenen Meerrettich, gehackte Kräuter usw. außer acht läßt, vielmehr werden Essig, Salz, Pfeffer und häufig auch Zucker in solchen Mengen verwandt, daß jeder Eigengeschmack der Gemüse verlorengeht, vor allem aber ihr hoher Wert für unsere Ernährung vermindert wird. Unsere Salate und Gemüsepflanzen sind selbst so reich an mineralischen Salzen, Geschmacks- und Duftstoffen, daß Gewürze nur in mäßigen Mengen verwendet zu werden brauchen.

Zum Salzen nehme man möglichst Selleriesalz; falls man die Beigabe von Zucker liebt, lasse man es bei einer Prise bewenden. Salatsoßen gewinnen im Geschmack erheblich durch Zugabe von einheimischen Küchenkräutern wie: Petersilie, Schnittlauch, Dill, Kerbel, Estragon, Bibernelle, Borretsch, Majoran und Thymian.

Nicht zuletzt aber achte man auch darauf, durch appetitliches Anrichten und reizvolle Farbenzusammenstellung das Auge der Tischgäste zu erfreuen.

Regeln

1. Alle rohen Salate müssen gründlich gewaschen und gut abgetropft sein, ehe man sie anrichtet. Wässeriger Salat schmeckt fade und nimmt das Öl nicht an.
2. Nie lasse man zerschnittenen Salat im Wasser liegen. Mineralstoffe sind zum Teil wasserlöslich.
3. Blattsalate dürfen nicht ausgedrückt werden; am besten schwenkt man sie nach dem Waschen in einem Tuch oder Drahtkorb aus.
4. Grüne Salate dürfen erst kurz vor dem Gebrauch angerichtet werden, da ihr Aussehen durch längeres Stehen leidet. Man vermischt sie mit 1 Eßl. Öl, ehe man sie mit der Salatsoße anrichtet.
5. Gemüse- und Fleischsalate müssen einige Stunden in der Soße oder Mayonnaise durchziehen.

A. Blattsalate

Kopfsalat

2 Köpfe Salat, Salatsoße I oder II (S. 49/50).

Von den Salatköpfen werden die äußeren Blätter entfernt, die anderen vom Strunk gelöst. Die großen Blätter teilt man, die Herzen läßt man ganz. Der Salat wird in reichlich Wasser sorgfältig gewaschen, aber nicht gedrückt, dann läßt man ihn auf einem Durchschlag abtropfen. Besser noch ist es, ihn in einem Drahtkorb oder Tuch auszuschwingen. Kurz vor dem Anrichten wird er mit einer der angegebenen Salatsoßen gemischt.

Veränderung: Man kann Kopfsalat auch mit Sahnensoße (S. 51) oder Mayonnaise (S. 51/52) anrichten.

Endiviensalat

1–2 Köpfe Endivien, Salatsoße II (S. 50) oder ½ Rezept Sahnensoße (S. 51).

Die Wurzeln und äußeren Blätter werden von der Endivie abgeschnitten. Die übrigen Blätter werden sorgfältig gewaschen, übereinandergelegt und mit den Stengeln in nudelartige Streifen geschnitten. Man vermischt den Salat mit der Soße.

Sollten die Endivien bitter sein, werden sie ½ Stunde in lauwarmes Wasser gelegt.

Feldsalat (Rapunzeln)

200 g Feldsalat, Salatsoße I oder II (S. 49/50).

Die Wurzelenden werden abgeschnitten, fehlerhafte Blätter sorgfältig entfernt. Man wäscht den Salat gründlich, läßt ihn gut abtropfen und mischt ihn kurz vor dem Anrichten mit einer der angegebenen Salatsoßen. Feldsalat eignet sich besonders gut zur Verzierung von Kartoffel- oder Selleriesalat.

Kressesalat

200 g Kresse, Salatsoße I (S. 49).

Die Kresse wird sorgfältig verlesen, in reichlich Wasser gründlich gewaschen, aber nicht gedrückt, dann läßt man gut abtropfen und mischt kurz vor dem Anrichten mit der angegebenen Salatsoße.

B. Gemüsesalate

I. Salate aus rohem Gemüse

Gurkensalat

1 große Gurke, Salatsoße I oder II (S. 49/50).

Die Gurke wird von der Spitze nach dem Stiel hin geschält und probiert, ob sie bitter ist. Sollte das der Fall sein, muß so viel abgeschnitten werden, bis der Geschmack einwandfrei ist. Die Gurke wird in feine Scheiben geschnitten oder gehobelt, mit einer der Salatsoßen gemischt, evtl. noch etwas gesalzen und sofort angerichtet.

Anmerkung: Man salzt die Gurkenscheiben nicht mehr ein, weil dadurch der Salat schwer verdaulich wird und durch das Weggießen des Gurkenwassers wertvolle Nährstoffe verlorengehen.

Veränderung: Man kann die Gurken auch mit einer Sahnensoße aus $\frac{1}{8}$ l saurer Sahne mischen und an die Salatsoße gehackten Dill geben.

Löwenzahnsalat

Etwa 125 g ganz zarte Löwenzahnblätter, Salatsoße I (S. 49).

Die Löwenzahnblätter werden gründlich gewaschen, fein geschnitten und mit der Salatsoße gemischt.

Mangoldsalat

150 g Mangold, Salatsoße II (S. 50).

Man verliest den Mangold sorgfältig, dabei entfernt man sämtliche Wurzeln und Stiele (zu Gemüse verwenden!). Der Mangold wird gründlich gewaschen. Man läßt ihn gut abtropfen, mischt ihn mit der Salatsoße und läßt ihn vor dem Auftragen $\frac{1}{2}$ Stunde durchziehen.

Veränderung: Man kann die Mangoldblätter auch mit Mayonnaise (S. 51/52) oder roher Tomatensoße (S. 50) anrichten.

Radieschensalat

3–4 Bund Radieschen, Salatsoße I (S. 49).

Die Wurzeln und die Blätter der Radieschen werden abgeschnitten. Dann wäscht man die Radieschen und schneidet oder hobelt sie fein. Man vermischt sie mit der Salatsoße und läßt sie, bevor man sie aufträgt, noch einige Zeit stehen.

Rettichsalat

2–3 Rettiche, etwas Zucker, Salatsoße I (S. 49) oder II (S. 50).

Die Rettiche werden geschält, gehobelt oder grob geraspelt und mit einer der angegebenen Soßen vermischt. Man läßt ihn 1 Stunde stehen, bevor er aufgetragen wird.

Rotkohlsalat

500 g Rotkohl, Salatsoße I oder II (S. 49/50), 1 Apfel.

Die äußeren Blätter und die schlechten Stellen werden beim Rotkohl entfernt. Dann halbiert man ihn, entfernt den Strunk, wäscht ihn und schneidet oder hobelt den Rotkohl sehr fein. Er wird mit einem Kartoffelstampfer so lange gestampft, bis er glasig ist. Dadurch wird er mürbe und leicht verdaulich. Dann mischt man ihn mit der Salatsoße (ohne Kräuter herstellen!) und dem geriebenen Apfel.

Sauerampfersalat

150 g Sauerampfer, Salatsoße II (S. 50).

Man verliest den Sauerampfer sorgfältig und wäscht ihn gründlich. Er wird auf ein Sieb zum Abtropfen gelegt und mit der Salatsoße gemischt (Salatsoße ohne Essig oder Zitronensaft herstellen!).

Sauerkrautsalat

300–500 g Sauerkraut, 3 Eßl. Salatöl, evtl. etwas Essig, Salz, Zucker, 1 Eßl. Kapern.

Das Sauerkraut wird ausgedrückt, klein geschnitten, locker gezupft, mit Öl gemischt und mit Essig, Salz und Zucker abgeschmeckt. Man streut die Kapern beim Anrichten darüber.

Veränderung: Man kann den Salat auch mit Sahnensoße (S. 51), roher Tomatensoße (S. 50) oder Mayonnaise (S. 51/52) mischen.

Spinatsalat

150 g Spinat, Salatsoße II (S. 50).

Man verliest den Spinat sorgfältig, dabei entfernt man sämtliche Wurzeln und die besonders großen Stengel. Der Spinat wird sorgfältig gewaschen, mindestens 5–6 mal. Man läßt ihn gut abtropfen, mischt ihn mit der Salatsoße und läßt ihn vor dem Auftragen ½ Stunde durchziehen.

Veränderung: Man kann die Spinatblätter auch mit Mayonnaise (S. 51/52) oder roher Tomatensoße (S. 50) anrichten.

Tomatensalat

500 g feste Tomaten, etwas Salz, 1 Zwiebel, Salatsoße I (S. 49).

Die Tomaten werden gewaschen, abgetrocknet, mit dem Tomatenmesser in Scheiben geschnitten, leicht gesalzen und mit der feingehackten Zwiebel und der Salatsoße vermischt. Am besten schneidet man die Tomaten gleich in die Salatschüssel und gibt gehackte Zwiebel und Soße löffelweise über die einzelnen Schichten.

Weißkohlsalat (Abb. Tafel 4)

500 g Weißkohl, Salatsoße I oder II (S. 49/50).

Die äußeren Blätter und die schlechten Stellen werden beim Weißkohl entfernt. Dann halbiert man ihn, entfernt den Strunk, wäscht ihn und schneidet oder hobelt den Weißkohl sehr fein. Er wird mit einem Kartoffelstampfer so lange gestampft, bis er glasig ist. Dadurch wird er mürbe und leicht verdaulich. Dann mischt man ihn mit der Salatsoße. Er muß einige Stunden gestanden haben, ehe er aufgetragen wird.

II. Salate aus gekochtem (gedämpftem) Gemüse

Spargelsalat (Abb. Tafel 4)

500 g Brechspargel, Salatsoße I (S. 49).

Der Spargel muß zartweiß aussehen, sich leicht brechen lassen und an den Bruchstellen saftig sein. Man schält ihn von oben nach unten und achtet darauf, daß die Schalen vollständig entfernt, die Köpfe aber nicht verletzt werden, und schneidet ihn in 4–5 cm lange Stücke. Er wird in stark kochendes, gesalzenes Wasser gegeben und darin weich gekocht. Man nimmt ihn mit einem Schaumlöffel heraus, vermischt ihn noch warm mit der Salatsoße, läßt ihn gut durchziehen und schmeckt ihn ab. Er wird, mit hartgekochten, in Scheiben geschnittenen Eiern und rohen Tomatenscheiben verziert, angerichtet.

Kochzeit: 30–40 Minuten.

Veränderung: Man kann ihn vor dem Anrichten mit Mayonnaise vermischen und in ausgehöhlte Tomaten füllen.

Blumenkohlsalat

1 Blumenkohl, Salatsoße I oder II (S. 49/50).

Man wählt einen festen, weißen Kopf, entfernt die Blätter und etwaige schlechte Stellen und schneidet den Strunk ab. Anschließend wird der Blumenkohl unter fließendem Wasser gewaschen. Dann legt man ihn einige Zeit in kaltes Salzwasser, um Raupen und Insekten zu entfernen. Er wird in kochendes Salzwasser gelegt und darin weich gekocht. Man zerteilt ihn in Röschen, mischt ihn mit der Salatsoße, läßt ihn vor dem Auftragen gut durchziehen und schmeckt ihn ab.

Kochzeit: 25–30 Minuten.

Veränderung: Man schichtet den Salat auf die Mitte einer Platte, übergießt ihn mit Mayonnaise und legt einen Kranz von grünem Salat oder Tomatensalat ringsum.

Bohnensalat

500 g grüne Bohnen, Salatsoße I (S. 49), 1 feingehackte Zwiebel.

Die Bohnen werden abgefädelt, gewaschen, in etwa 4 cm lange Stücke gebrochen oder geschnitten. Man gibt sie in kochendes Salzwasser, kocht sie gar oder dämpft sie weich, vermischt sie noch heiß mit der Salatsoße und der feingehackten Zwiebel, läßt den Salat gut durchziehen und schmeckt ihn ab. Die Salatsoße kann man mit 2–3 Eßl. Bohnenkochwasser oder saurer Sahne verlängern. Petersilie, Dill oder Bohnenkraut sind passende Kräuter.

Kochzeit: Etwa 30 Minuten.

Wachsbohnensalat

500 g Wachsbohnen, Salatsoße I (S. 49) oder rohe Tomatensoße (S. 50).

Herstellung wie Bohnensalat (siehe oben).

Kochzeit: Etwa 30 Minuten.

Chicorée-Salat

4 Chicorée, 1 ½ l Wasser, etwas Salz.

Soße: 2 Eßl. Öl, Saft von ½ Zitrone, etwas Salz, etwas Pfeffer, 1 Teel. Zucker, 2 Eßl. Sahne, 1 kleine, gehackte Zwiebel.

Der Chicorée wird von schlechten Blättern befreit und der Strunk keilförmig herausgeschnitten. Man wäscht den Chicorée und gibt ihn in das kochende, schwach gesalzene Wasser und läßt ihn 10 Minuten bei schwacher Hitze kochen. Dann wird das Gemüse zum Abtropfen auf ein Sieb gegeben und danach in feine Streifen geschnitten.

Kochzeit: Etwa 10 Minuten.

Für die Soße quirlt man Öl, Zitronensaft, Salz, Pfeffer und Zucker gründlich oder verschlägt sie mit einer Gabel. Dann werden die Sahne und die gehackte Zwiebel hinzugegeben. Man mischt den in feine Streifen geschnittenen Chicorée mit der Soße.

Möhrensalat

500 g Möhren, Salatsoße II (S. 50) oder Sahnensoße (S. 51), 1 Teel. gehackte Petersilie.

Die Möhren werden geschabt, gewaschen und unzerkleinert in kochendem Salzwasser weich gekocht oder weich gedämpft. Man schneidet sie in feine Scheiben oder Stifte, vermischt sie mit einer der angegebenen Salatsoßen und mit der gehackten Petersilie und schmeckt den Salat ab.

Kochzeit: Junge Möhren etwa 25 Minuten,
ältere etwa 60 Minuten.

Salat von roten Beeten (rote Rüben)

500 g rote Beeten, 1–1 ¼ l Wasser, 1 Teel. Salz, 1 kleine Zwiebel, 1 Teel. feinwürflig geschnittener Meerrettich, ⅛ l Essig (verdünnt), Salz, Zucker, evtl. ½ Teel. Kümmel.

Man schneidet die Wurzeln und die Blätter etwa 3 cm hoch über den Knollen ab, damit die Knollen nicht zu stark ausgelaugt werden können. Dann werden die roten Beeten mit einer Bürste unter fließendem Wasser sorgfältig gereinigt, in das kochende Salzwasser gelegt und darin weich gekocht. Man nimmt sie aus dem Kochwasser und übergießt sie mit kaltem Wasser, damit sich die Schalen besser abziehen lassen. Die lauwarmen Knollen werden geschält, in Scheiben geschnitten, mit der feingehackten Zwiebel, dem Meerrettich und dem verdünnten Essig gemischt und mit Salz, Zucker und Kümmel abgeschmeckt. Man läßt den Salat 2–3 Tage durchziehen.

Kochzeit: 1–1 ½ Stunden.

Veränderung: Sehr gut eignet sich zu diesem Salat eine Senfsahnensoße (S. 51).

Selleriesalat

1–2 Knollen Sellerie, 1–1 ¼ l Wasser, 1 Teel. Salz, 2–3 Eßl. Essig, Salatsoße I (S. 49).

Die Sellerieknollen werden mit einer Bürste unter fließendem Wasser sorgfältig gereinigt, in das kochende, gesalzene Essigwasser gegeben und darin weich gekocht. Man nimmt sie aus dem Kochwasser und übergießt sie mit kaltem Wasser, damit sich die Schalen besser abziehen lassen. Die lauwarmen Knollen werden geschält, in Scheiben geschnitten und mit der Salatsoße gemischt. Zur Verzierung eignet sich Feldsalat oder feingehackte rote Beete.

Kochzeit: 1–2 Stunden.

Veränderung: Man kann den Salat auch mit Mayonnaise anrichten.

Weiß- oder Rotkohlsalat

500 g Kohl, 20 g Speck, etwas gesalzenes Wasser, Salatsoße I (S. 49), für Rotkohlsalat: 1 Apfel.

Man entfernt die groben äußeren Blätter, schneidet den Kohl in Hälften oder Viertel, entfernt den Strunk, wäscht den Kohl und schneidet oder hobelt ihn sehr fein. Der in kleine Würfel geschnittene Speck wird ausgelassen, der Kohl wird kurze Zeit darin erhitzt. Dann gibt man etwas gesalzenes Wasser hinzu und dünstet den Kohl halb weich. Noch warm wird er mit der Salatsoße vermischt. Unter Rotkohlsalat gibt man noch einen geriebenen Apfel.

Dünstzeit: 20–30 Minuten.

Kartoffelsalat I

750 g Salatkartoffeln, $\frac{1}{8}$ l Brühe oder Wasser, 1 Zwiebel, Salatsoße I (S. 49).

Man wäscht die Kartoffeln, kocht sie in der Schale gar, pellt sie noch heiß ab, schneidet sie lauwarm in feine Scheiben und übergießt sie mit der warmen Brühe oder mit dem warmen Wasser. Danach werden sie mit der feingehackten Zwiebel und der Salatsoße vermischt. Bevor man den Salat abschmeckt, muß er 1–2 Stunden gestanden haben. Man kann den Salat mit krauser Petersilie, grünem Salat, roten Beeten oder Gurkenscheiben verzieren.

Veränderung: Man kann den Kartoffelsalat auch mit Sahnensoße oder Mayonnaise II anrichten.

Kochzeit: 20–30 Minuten.

Kartoffelsalat II

750 g Salatkartoffeln, $\frac{1}{8}$ l Brühe oder Wasser, 1 Zwiebel, 40 g Speck, Pfeffer, Salz, Essig.

Man wäscht die Kartoffeln, kocht sie in der Schale gar, pellt sie noch heiß ab, schneidet sie lauwarm in feine Scheiben und übergießt sie mit der warmen Brühe oder mit dem warmen Wasser und gibt die kleingeschnittene Zwiebel hinzu. Der Speck wird in kleine Würfel geschnitten, zerlassen und hellgelb gebräunt. Man gibt ihn über die Kartoffeln und schmeckt sie mit Pfeffer, Salz und Essig ab. Der Salat wird warm gereicht.

Kochzeit: 20–30 Minuten.

Makkaronisalat

200 g Makkaroni, 2 l Wasser, etwas Salz, Kräutermayonnaise (S. 52) oder Tomatenmayonnaise (S. 52).

Man bricht die Makkaroni in fingerlange Stücke und schüttet sie in kochendes Salzwasser. Im Anfang zieht man einen Holzlöffel ab und zu über den Boden des Topfes, weil die Makkaroni sich sonst leicht ansetzen. Wenn sie gar sind, werden sie auf ein Sieb geschüttet und mit kaltem Wasser übergossen. Man vermischt sie mit einer der Mayonnaisen. Der Salat wird mit Tomatenscheiben und in Scheiben geschnittenen, hartgekochten Eiern verziert.

Kochzeit: Etwa 20 Minuten.

III. Gemischte Salate

Halbrohkostsalate

Sehr gesund und wohlschmeckend sind Salate aus rohem und gekochtem Gemüse, sog. Halbrohkostsalate. Es folgen einige der gebräuchlichsten Zusammenstellungen:

1. Spargelsalat mit Tomaten.
2. Blumenkohlsalat mit Tomaten.
3. Bohnensalat mit Tomaten.
4. Bohnensalat mit Gurken.
5. Bohnensalat mit Gurken und Tomaten.
6. Selleriesalat mit Tomaten.
7. Selleriesalat mit rohen Äpfeln.
8. Rotkohlsalat mit roten Beeten und geriebenem Meerrettich.
9. Kartoffelsalat mit Gurken.
10. Kartoffelsalat mit Radieschen oder geriebenem Rettich.
11. Kartoffelsalat mit Tomaten.
12. Kartoffelsalat mit Tomaten und Gurken.

Bei der Zubereitung der Salate richte man sich nach den im vorhergehenden Abschnitt angegebenen Regeln. Die rohen Früchte und Gemüse werden erst kurz vor dem Anrichten an den fertigen Salat gegeben.

Gemüsesalat

125 g Brechspargel, 125 g kleine Möhren, 125 g ausgepahlte Erbsen, 125 g zarte Bohnen, evtl. einige Pilze, 1 Teel. feingehackte Kräuter, Mayonnaise (S. 51/52).

Die geputzten Gemüse werden, jedes für sich, gar gedämpft. Man rührt das Gemüse und die Kräuter unter die Mayonnaise.

Der Salat wird mit krauser Endivie verziert oder in ausgehöhlten Tomaten angerichtet.

Veränderung: Man kann den Salat auch mit Remouladensoße mischen.

Bunter Salat

125 g Kartoffeln, 125 g rote Beeten, 125 g Sellerie, 1–2 Essiggurken, 1 kleiner Apfel, 1 Teel. feingehackte Kräuter, Mayonnaise (S. 51/52).

Die gewaschenen Kartoffeln, die gewaschenen roten Beeten und der gewaschene Sellerie werden, jedes für sich, gar gedämpft. Man übergießt sie mit kaltem Wasser und entfernt die Schalen. Die Kartoffeln, die roten Beeten, der Sellerie, die Essiggurken und der geschälte Apfel werden in kleine Würfel geschnitten und in eine Schüssel gegeben. Man rührt die Kräuter und die Mayonnaise darunter.

Tomaten-Zwiebelsalat

500 g Zwiebeln, 750 g Tomaten, etwas Salz, 3 gewässerte Salzheringe, gehackte Petersilie, Mayonnaise (S. 51/52).

Die Zwiebeln werden geschält, in Scheiben geschnitten und in gesalzenem Essigwasser (1 l Wasser, $1\frac{1}{2}$ Eßl. Essig, 1 Teel. Salz) so lange gekocht, bis sie glasig sind. Man

TAFEL 17

Schokoladenpudding

Siehe Seite 226

Götterspeise
mit Früchten

Siehe Seite 226

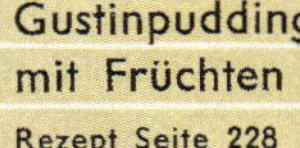

Gustinpudding
mit Früchten

Rezept Seite 228

Quarkgelee

Rezept Seite 232

TAFEL 18

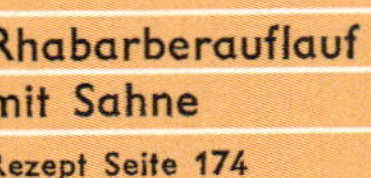
Rhabarberauflauf mit Sahne

Rezept Seite 174

Pudding mit Karamelguß

Rezept Seite 227

TAFEL 19

Kaiserschmarren

Rezept Seite 214

Portugiesischer Krem

Rezept Seite 235

Schokoladenreis

Rezept Seite 238

Rote Grütze mit Vanillesoße

Rezept Seite 230

Fruchtgelee mit rohem Obst

Rezept Seite 233

Ananaskrem

Rezept Seite 234

läßt sie abkühlen und schichtet sie lagenweise abwechselnd mit den in Scheiben geschnittenen Tomaten (leicht mit Salz bestreuen!), den entgräteten, in kleine Würfel geschnittenen Salzheringen und der gehackten Petersilie in eine Glasschale. Zum Schluß gießt man die Mayonnaise darüber und stellt den Salat bis zum Gebrauch möglichst kalt.

Veränderung: An Stelle der Salzheringe kann man 4–5 in Scheiben geschnittene Eier einschichten.

Waldorfsalat

250 g Kartoffeln, 250 g Sellerie, 250 g Äpfel, 1–2 Essiggurken, 1 Eßl. gehackte Nußkerne.

Salatsoße: 3 Eßl. Salatöl, 1–2 Eßl. Zitronensaft oder Essig, etwas Salz, 1 Teel. feingehackte Kräuter, Mayonnaise (S. 51/52).

Die gewaschenen Kartoffeln und der gewaschene Sellerie werden, jedes für sich, gar gedämpft. Man übergießt sie mit kaltem Wasser und entfernt die Schalen. Die Kartoffeln, der Sellerie, die geschälten, entkernten Äpfel und die Gurken werden in kleine Würfel geschnitten und mit den gehackten Nußkernen in eine Schüssel gegeben.

Öl, Zitronensaft oder Essig und Salz schlägt man so lange mit einer Gabel, bis eine dickflüssige Soße entstanden ist. Die feingehackten Kräuter werden darunter gerührt. Man vermischt die Salatsoße mit den kleingeschnittenen Zutaten und läßt alles gut durchziehen, ehe man die Mayonnaise dazugibt.

C. Eier-, Fleisch- und Fischsalate

Eiersalat

4 Eßl. Öl, 2 Eßl. Essig, 1 Teel. Senf, etwas Salz, 1 Eßl. feingehackter Schnittlauch, 4–6 hartgekochte Eier, Tomaten, gekochter Sellerie oder Essiggurken.

Öl, Essig, Senf und Salz schlägt man so lange mit einer Gabel, bis eine dickflüssige Soße entstanden ist. Der feingehackte Schnittlauch wird darunter gerührt.

Man schneidet die hartgekochten Eier, die Tomaten und den Sellerie oder die Gurken vorsichtig in Scheiben, schichtet sie lagenweise abwechselnd in eine Schüssel und gießt die Soße darüber. Der Salat muß einige Stunden durchziehen.

Veränderung: An Stelle von in Scheiben geschnittenen Tomaten kann man 1 Teel. Tomatenmark an die Salatsoße geben.

Gemischter Salat

125 g gekochter Schinken, 65 g roher Schinken, 375 g gekochter Sellerie, 2 mittelgroße rohe Äpfel, 2–3 kleine Essiggurken, 1 Teel. gehackte Kräuter, Mayonnaise (S. 51).

Der gekochte und der rohe Schinken, der gekochte Sellerie, die geschälten, entkernten Äpfel und die Essiggurken werden in kleine Würfel geschnitten und mit den Kräutern unter die Mayonnaise gerührt. Man läßt den Salat, bevor er aufgetragen wird, einige Stunden stehen, damit er gut durchzieht.

Fleischsalat

250 g gekochtes, helles Fleisch, 250 g Äpfel, 2 hartgekochte Eier, 1–2 Essiggurken, 1 Teel. Kapern, 1½ Rezepte Mayonnaise (S. 51), 1 Teel. feingehackte Kräuter.

Das Fleisch, die geschälten, entkernten Äpfel, die hartgekochten Eier und die Essiggurken werden in feine Streifen geschnitten, mit den Kapern in eine Schüssel gegeben und mit der Mayonnaise und den feingehackten Kräutern vermischt.

Veränderung: Der Salat kann mit gekochten Kartoffeln, Sellerie oder roten Beeten verlängert werden.

Geflügelsalat (Abb. Tafel 16 und 4)

250 g Geflügelfleisch (gekocht oder gebraten), 250 g gekochtes Gemüse (Spargel, junge Erbsen oder Sellerie), 1 Teel. feingehackte Kräuter, Mayonnaise oder Tomatenmayonnaise (S. 51/52).

Das Fleisch und der Sellerie werden in längliche Streifen geschnitten, der Spargel in 3 cm lange Stücke. Man gibt die Kräuter und die Mayonnaise dazu und verrührt alles gut miteinander.

Der Salat wird in Muscheln oder auf kleinen Glastellern mit Radieschen und grünem Salat angerichtet.

Japanischer Salat

¼ l Wasser, etwas Salz, 60 g Reis, 250 g gebratenes oder gekochtes Rindfleisch, 2 Apfelsinen.

Mayonnaise: 1 Eigelb, 1 Teel. Senf, etwas Salz, 1 Teel. Zucker, 1 Eßl. Essig, ⅛ l Öl, Saft 1 Apfelsine, mit Wasser auf ⅛ l aufgefüllt, 10 g (1 gestrichener Eßl.) Dr. Oetker „Gustin", zum Abschmecken Salz, Zucker, Zitronensaft und Curry.

In das gesalzene, kochende Wasser streut man den gewaschenen Reis und läßt ihn bei schwacher Hitze etwa 25 Minuten quellen. Sobald er gar ist, wird er auf ein Sieb gegeben und mit kaltem Wasser übergossen.

Man schneidet das Rindfleisch in kleine Würfel. Die Apfelsinen werden geschält und ebenfalls in kleine Würfel geschnitten.

Für die Mayonnaise schlägt man Eigelb, Senf, Salz, Zucker und Essig in einer Rührschüssel so lange mit einem Schneebesen, bis eine dickliche Masse entstanden ist. Darunter wird das Öl 1–2 eßlöffelweise geschlagen.

Man rührt das „Gustin" mit dem ⅛ l Apfelsinenwasser an, bringt es unter ständigem Rühren zum Kochen und schlägt es kochend heiß unter die Mayonnaise. Das Rindfleisch, die Apfelsinen und der erkaltete Reis werden darunter gerührt, und der Salat wird mit Salz, Zucker, Zitronensaft und Curry abgeschmeckt.

Fischsalat

500–750 g garer Fisch.

Salatsoße: 3 Eßl. Salatöl, 1–2 Eßl. Zitronensaft oder Essig, etwas Salz, 1 Teel. Senf, 1 kleingehackte Zwiebel, 1 Teel. feingehackte Kräuter.

Der Fisch wird zerkleinert.

Öl, Zitronensaft oder Essig, Salz und Senf schlägt man so lange mit einer Gabel, bis eine dickflüssige Soße entstanden ist. Die Zwiebel und die Kräuter werden darunter gerührt. Man vermischt die Salatsoße mit dem zerkleinerten Fisch und läßt alles gut durchziehen, ehe man den Salat aufträgt.

Veränderung: Der Salat kann mit Tomaten, Sellerie oder Gurken verlängert werden. An Stelle der oben angegebenen Salatsoße ist auch eine Remouladensoße (S. 52), eine Senfsoße (S. 51) oder eine Tomaten-Meerrettichsoße (S. 50) geeignet.

Fischsalat mit Apfelsinen

250 g garer Fisch, 2 mittelgroße Apfelsinen, 1 Essiggurke, ½ Rezept Mayonnaise II (mit „Gustin" verlängert, S. 52).

Der Fisch wird zerkleinert und mit den geschälten, in Würfel geschnittenen Apfelsinen, der in Würfel geschnittenen Gurke und der Mayonnaise vermischt.

Heringssalat I

2–3 gewässerte Heringe, 500 g Pellkartoffeln, 2 saure Äpfel, 1 Essiggurke.

Salatsoße: 3 Eßl. Salatöl, 1–2 Eßl. Essig, etwas Salz, 1 Teel. Senf, 1 kleingeschnittene Zwiebel, 1 Teel. feingehackte Kräuter.

Die Heringe werden enthäutet, entgrätet und in kleine Würfel geschnitten; die abgezogenen Kartoffeln, die geschälten, entkernten Äpfel und die Essiggurke werden ebenfalls in Würfel geschnitten. Man gibt diese Zutaten in eine Schüssel.

Öl, Essig, Salz und Senf schlägt man so lange mit einer Gabel, bis eine dickflüssige Soße entstanden ist. Die feingehackte Zwiebel und die Kräuter werden darunter gerührt. Man vermischt die Salatsoße mit den übrigen Zutaten und läßt alles gut durchziehen.

Heringssalat II (Abb. Tafel 4)

2–3 gewässerte Heringe, 250 g Kalbsbraten, 2 Essiggurken, 1–2 Äpfel, 1 gekochte rote Beete, 2 Pellkartoffeln, 50 g Haselnuß- oder Walnußkerne, 1 Eßl. Preiselbeerkompott, einige Eßl. heiße Brühe, 1 Teel. feingehackte Kräuter, Mayonnaise (S. 51).

Die enthäuteten, entgräteten Heringe, der Kalbsbraten, die Gurken, die geschälten, entkernten Äpfel, die abgezogene rote Beete, die gepellten Kartoffeln werden in kleine Würfel geschnitten und in eine Schüssel gegeben.

Man gibt die zerkleinerten Nußkerne, das Preiselbeerkompott, die Brühe und die Kräuter dazu. Dann wird die Mayonnaise darunter gerührt.

Der Salat wird mit hartgekochten Eiern, Gurken, Kapern und roten Beeten verziert.

Italienischer Salat

125 g Fleischreste oder gekochter Schinken, 125 g Äpfel, 125 g Essiggurken, 125 g Pellkartoffeln, 100 g gekochte Möhren und Sellerie, 2 gewässerte Sardellen, 1 Teel. Kapern, 1 kleingehackte Zwiebel, 1 Teel. feingehackte Kräuter, Mayonnaise (S. 51).

Das Fleisch oder der gekochte Schinken, die geschälten, entkernten Äpfel, die Essiggurken, die abgepellten Kartoffeln, die Möhren und der Sellerie werden in feine Streifen geschnitten und in eine Schüssel gegeben. Man hackt die Sardellen und gibt sie mit den Kapern, der Zwiebel, den Kräutern und der Mayonnaise dazu.

Der Salat kann mit Gurken, Tomaten und hartgekochten Eiern verziert werden.

Veränderung: Man kann den Salat auch mit Remouladensoße mischen.

OBSTSPEISEN

In einer gesunden Ernährung spielt das Obst eine große Rolle. Sein Gehalt an Fruchtzucker, Fruchtsäuren und Geschmacksstoffen und nicht zuletzt sein Reichtum an Vitaminen und Mineralstoffen machen es zu einem unentbehrlichen Bestandteil unserer täglichen Kost. Sein eigentlicher Nährwert, in Kalorien ausgedrückt, ist zwar gering, da unseren einheimischen Früchten Eiweiß und Fett beinah völlig fehlen, weshalb sie auch als ausschließliche Nahrung niemals genügen können. Besonders vitaminreich sind Beerenobst, Apfelsinen und Zitronen.

Da der Mangel an Vitaminen und Mineralsalzen sich besonders verhängnisvoll beim kindlichen Organismus auswirkt, gibt man Obst in entsprechender Form und Menge schon dem Säugling und Kleinkind, und auch dem wachsenden jugendlichen Menschen sollte zum Aufbau des Knochengerüstes und zur Bildung des Blutes Obst in ausreichendem Maße verabreicht werden.

Eine große Rolle spielt das Obst heute auch in der Krankenkost. Sein hoher Wassergehalt ist ein gutes Mittel zur Durchspülung des Körpers, sein Reichtum an Zellulose fördert und regelt die Darmtätigkeit. Wer kennt nicht bei Verstopfung die ausgezeichnete Wirkung von eingeweichten Pflaumen und Feigen, morgens nüchtern genossen, oder die Heilwirkung getrockneter Heidelbeeren bei Durchfall. Regelmäßiger Genuß von Obst sollte allen Menschen, die an Darmträgheit leiden, zur Lebensgewohnheit werden und andere, nicht immer ganz unschädliche Mittel überflüssig machen.

Den vollen Wert besitzt natürlich nur das rohe, durch Kochen nicht entwertete Obst, deshalb sollte ein gesunder Mensch es möglichst in diesem Zustande genießen. Leichter verdaulich ist gekochtes, durchgerührtes Obst, weil die unverdauliche Rohfaser mehr oder weniger entfernt ist; die geringste Reizwirkung auf Magen und Darm hat der durch Pressen gewonnene Obstsaft. Da die Pektinstoffe des Obstes, die das Gelieren verursachen, im Magen aufquellen, soll man auf rohes Obst kein Wasser trinken.

Alles Obst, besonders aber das zum Rohessen bestimmte, muß sorgfältig gereinigt werden, ehe man es genießt. Es sollte auch so frisch wie möglich verbraucht werden, da der hohe Wassergehalt der meisten Obstsorten ein längeres Liegen nicht gestattet. Nur Äpfel und besonders geeignete Birnen können, falls sie sachgemäß aufbewahrt werden, fast den ganzen Winter hindurch vorrätig sein. Man legt sie im luftigen, aber frostfreien Keller auf Obsthorden nebeneinander, so daß sie sich nicht berühren, und sondert faulende Früchte sofort aus. Um aber auch im Winter und Frühjahr ausreichend mit Obst versorgt zu sein, soll man es einmachen; bei sachgemäßem Einkochen ist die Einbuße an Vitaminen unerheblich.

Regeln

1. Frisches Obst muß schnell gewaschen werden, weniger empfindliches am besten unter fließendem Wasser. Man läßt es auf einem Sieb gut abtropfen oder reibt es mit einem Tuch gut ab (Äpfel, Birnen, Pflaumen).
2. Getrocknetes oder gedörrtes Obst muß in lauwarmem Wasser gewaschen werden, damit der Schmutz entfernt wird. Danach wird es mit kaltem Wasser 12–24 Stunden zum Einweichen hingestellt.

3. Obst darf erst nach dem Waschen entsteint oder geschält werden.
4. Niemals lasse man Obst längere Zeit im Wasser liegen. Äpfel und Birnen bedecke man nach dem Schälen mit einem feuchten Tuch, damit sie nicht braun werden.
5. Besonders saftreiche Obstsorten werden im eigenen Saft gedünstet.
6. Obst, bei dem ein Zusatz von Wasser erforderlich ist, wird mit kochender Zuckerlösung angesetzt, da es sonst zerfällt und an Geschmack verliert.
7. Obstmus wird erst nach dem Durchrühren gesüßt, damit kein Zucker mit dem Rückstand verlorengeht.
8. Gewürze wie Zitronen- und Apfelsinenschalen, Vanilleschoten usw. werden vor dem Anrichten entfernt.

A. Rohes Obst

Gezuckerte Früchte

500–750 g Erdbeeren, Himbeeren, Johannisbeeren, Brombeeren, Zucker nach Bedarf.

Die Früchte werden entstielt, gewaschen (Himbeeren nicht!), auf einem Tuch oder Sieb getrocknet und in eine Glasschale lagenweise abwechselnd mit Zucker gegeben. Man stellt sie kalt und läßt sie durchziehen. Sie können mit Schlagsahne gereicht oder damit verziert werden.

Rohe Früchte mit Milch oder Sahne

Beliebige Früchte (Erdbeeren, Himbeeren, Johannisbeeren oder Brombeeren) werden sorgfältig gereinigt, entstielt, eingezuckert und kurz vor dem Anrichten mit Milch, die mit Dr. Oetker Vanillin-Zucker gewürzt ist, oder mit roher Sahne übergossen.

Rohe Früchte mit Quark

Frischer Quark wird mit Milch oder Sahne, Zucker und Dr. Oetker Vanillin-Zucker schaumig geschlagen und mit gezuckerten rohen Himbeeren, Johannisbeeren, Brombeeren oder in Scheiben geschnittenen Erdbeeren vermischt. Man richtet die Speise bergartig an und verziert sie mit besonders schönen, gezuckerten Früchten.

Fruchtschaum

375 g Früchte, Saft von ½ Zitrone, 2 gehäufte Teel. Dr. Oetker „Regina"-Gelatine gemahlen, weiß, 3 Eßl. Wasser, ¼ l Schlagsahne, Zucker nach Geschmack.

Gewaschene Erdbeeren, Himbeeren, gewaschene Brombeeren, abgezogene Bananen, entsteinte Pfirsiche werden mit einem Löffel zerdrückt, mit dem Zitronensaft schaumig geschlagen und mit der nach Vorschrift gelösten Gelatine vermischt. Die Schlagsahne wird darunter gehoben. Man schmeckt den Fruchtschaum mit Zucker ab, füllt ihn in Gläser und verziert ihn mit Früchten oder mit Gelee.

Fruchtsalat

Fruchtsalate sind besonders wohlschmeckend, wenn man verschiedene Obstsorten mischt. Man nimmt nur tadellose Früchte und reinigt sie sorgfältig. Apfelsinen werden von den Kernen und allen weißen Häuten befreit, Feigen, Korinthen und Rosinen gewaschen und eingeweicht. Man schneidet die Früchte in Scheiben und schichtet sie lagenweise mit Zucker ein. Man kann sie mit etwas Zitronensaft, Wein oder unvergorenem Fruchtsaft übergießen und mit Mandeln, Nüssen und Rosinen verzieren. Puffreis, Flocken, Zwiebäcke oder Makronen können dazu gereicht werden; auch ein Kännchen rohe Sahne oder Vanillesoße, bereitet mit Dr. Oetker Soßen-Pulver Vanille-Geschmack, ist eine beliebte Beigabe. Besonders erfrischend sind folgende Zusammenstellungen:

1. Äpfel, Apfelsinen, Zucker, Zitronensaft, Nüsse.
2. Äpfel, Apfelsinen, Bananen, Zucker, Nüsse.
3. Äpfel, Feigen, Zucker, Zitronensaft.
4. Äpfel, Apfelsinen, Tomaten, Zucker, Zitronensaft.
5. Äpfel, Apfelsinen, Bananen, Ananas, Zucker, Wein.
6. Äpfel, Apfelsinen, Birnen, Ananas, Bananen, Zucker, Saft.
7. Apfelsinen, Bananen, Zucker, Zitronensaft.
8. Pflaumen, Birnen, Pfirsiche, Zucker, Zitronensaft.

Müsli (nach Dr. Bircher-Benner)

4 Eßl. Haferflocken, 12 Eßl. Wasser, Saft von 2 Zitronen, 4 Eßl. süße Sahne oder Milch, 600 g Äpfel, etwas Zucker oder Honig, 4 Eßl. geriebene Nüsse oder Mandeln.

Die Haferflocken werden mit dem Wasser mehrere Stunden eingeweicht. Man gibt kurz vor dem Auftragen den Zitronensaft und die Sahne oder die Milch hinzu. Man reibt die gewaschenen Äpfel mit Schale und Kerngehäuse (Glasreibe) auf die Haferflocken, rührt den Apfelbrei, sobald kleinere Mengen vorhanden sind, unter die Haferflocken, damit der Brei durch den Zitronensaft weiß bleibt. Das Müsli wird mit Zucker oder Honig abgeschmeckt und mit den geriebenen Nüssen oder Mandeln bestreut.

Das Müsli ist eine der nahrhaftesten Fruchtspeisen und eignet sich besonders als Frühstück oder Abendbrot. Ein Stück Vollkornbrot mit Butter oder Honig kann dazu gegessen werden.

Veränderung: Statt der Haferflocken kann man Roggen-, Weizen- oder Reisflocken nehmen, statt der Äpfel Beerenfrüchte aller Art, die man zerdrückt. Im Winter kann man in Ermangelung frischer Frucht getrocknetes Obst, 100 g für die Person, verwenden, das man gut abwäscht, 12 Stunden einweicht und fein hackt oder durch die Rohkostmaschine dreht, ehe man es mit den anderen Zutaten mischt.

B. Gedünstetes Obst

Aprikosenkompott

600 g Aprikosen, 75–100 g (3–4 gut gehäufte Eßl.) Zucker.

Die Früchte werden kurz in kochendes Wasser getaucht, die Haut wird abgezogen, die Steine werden entfernt. Man stößt einige Steine auf, gibt die Kerne zu den Früchten und bestreut diese mit 3 gehäuften Eßl. Zucker. Sobald sie Saft gezogen haben, werden sie zum Kochen gebracht und bei schwacher Hitze gar gedünstet. Man läßt sie erkalten und schmeckt sie, wenn notwendig, mit Zucker ab.

Bananen

4 Bananen, 40 g Butter, Zucker und Zimt.

Die Bananen werden von der Schale befreit, der Länge nach einmal durchgeschnitten und in der Butter goldbraun gedünstet. Sie werden mit Zucker und Zimt bestreut und warm gereicht.

Erdbeerkompott

500 g Erdbeeren, 50–75 g (2–3 gut gehäufte Eßl.) Zucker.

Die Erdbeeren werden entstielt, sorgfältig gewaschen und mit 2 gut gehäuften Eßl. Zucker bestreut. Sobald sie Saft gezogen haben, werden sie zum Kochen gebracht und bei schwacher Hitze weich gedünstet. Man läßt sie erkalten und schmeckt sie, wenn notwendig, mit Zucker ab.

Heidelbeerkompott

500 g Heidelbeeren, 75–100 g (3–4 gut gehäufte Eßl.) Zucker, 1 Stück Zimt oder Zitronenschale.

Die Heidelbeeren werden verlesen, gewaschen und mit 3 gut gehäuften Eßl. Zucker bestreut. Sobald sie Saft gezogen haben, bringt man sie mit dem Zimt oder der Zitronenschale zum Kochen und dünstet sie bei schwacher Hitze weich. Man läßt sie erkalten und schmeckt sie, wenn erforderlich, mit Zucker ab.

Himbeerkompott

500 g Himbeeren, 50–75 g (2–3 gut gehäufte Eßl.) Zucker.

Die Himbeeren werden sorgfältig verlesen und mit 2 gut gehäuften Eßl. Zucker bestreut. Sobald sie Saft gezogen haben, bringt man sie zum Kochen und dünstet sie bei schwacher Hitze weich. Man läßt sie erkalten und schmeckt sie, wenn erforderlich, mit Zucker ab.

Johannisbeerkompott

500 g Johannisbeeren, 100–125 g (4–5 gut gehäufte Eßl.) Zucker.

Die Johannisbeeren werden vorsichtig gewaschen, mit einer Gabel von den Stielen gestreift und mit 4 gut gehäuften Eßl. Zucker bestreut. Sobald sie Saft gezogen haben, bringt man sie zum Kochen und dünstet sie bei schwacher Hitze weich. Man läßt sie erkalten und schmeckt sie, wenn erforderlich, mit Zucker ab.

Pfirsichkompott

600 g Pfirsiche, 50–75 g (2–3 gut gehäufte Eßl.) Zucker.

Die Früchte werden kurz in kochendes Wasser getaucht, die Haut wird abgezogen, die Steine werden entfernt. Man stößt einige Steine auf, gibt die Kerne zu den Früchten und bestreut sie mit 2 gut gehäuften Eßl. Zucker. Sobald sie Saft gezogen haben, werden sie zum Kochen gebracht und bei schwacher Hitze weich gedünstet. Man läßt sie erkalten und schmeckt sie, wenn notwendig, mit Zucker ab.

Rhabarberkompott

500 g Rhabarber, 100–125 g (4–5 gut gehäufte Eßl.) Zucker, 1 Päckchen Dr. Oetker Vanillin-Zucker oder etwas Apfelsinenschale.

Der Rhabarber wird gründlich gewaschen, in etwa 2 cm lange Stücke geschnitten (nicht abziehen!) und mit 4 gut gehäuften Eßl. Zucker bestreut. Sobald er Saft gezogen hat, gibt man den Vanillin-Zucker oder die Apfelsinenschale hinzu, bringt ihn zum Kochen und dünstet ihn bei schwacher Hitze gar, der Rhabarber darf jedoch nicht zerfallen. Man läßt ihn erkalten und schmeckt ihn, wenn notwendig, mit Zucker ab.

Beigabe: Soße, hergestellt mit Dr. Oetker Soßen-Pulver Vanille-Geschmack.

Sauerkirschkompott

500 g Sauerkirschen, 125–150 g (5–6 gut gehäufte Eßl.) Zucker.

Die Kirschen werden gewaschen, entsteint und mit 5 gut gehäuften Eßl. Zucker bestreut. Sobald sie Saft gezogen haben, bringt man sie zum Kochen und dünstet sie bei schwacher Hitze gar. Man läßt sie erkalten und schmeckt sie, wenn erforderlich, mit Zucker ab.

Süßkirschenkompott

500 g Kirschen, 50–75 g (2–3 gut gehäufte Eßl.) Zucker, 1 Teel. Dr. Oetker Vanillin-Zucker.

Die Kirschen werden gewaschen, entsteint und mit 2 gut gehäuften Eßl. Zucker bestreut. Sobald sie Saft gezogen haben, bringt man sie zum Kochen und dünstet sie bei schwacher Hitze gar. Man läßt sie erkalten, gibt den Vanillin-Zucker hinzu und schmeckt sie, wenn erforderlich, mit Zucker ab.

C. Gekochtes Obst

Apfelkompott

500 g Äpfel, ¼ l Wasser, 50–100 g (2–4 gut gehäufte Eßl.) Zucker, 1 Eßl. Zitronensaft oder Weißwein.

Die Äpfel werden gewaschen, dünn geschält, in Viertel oder Achtel geschnitten und entkernt. Man bringt das Wasser mit 2 gut gehäuften Eßl. Zucker zum Kochen, gibt die Äpfel hinein und kocht sie im zugedeckten Topf unter öfterem Schütteln bei schwacher Hitze so lange, bis sie weich und glasig sind. Der Saft wird noch etwas eingekocht, mit Zitronensaft oder Weißwein und evtl. noch mit Zucker abgeschmeckt und über die Apfelstücke gegossen.

Apfelmus

750 g Äpfel, 4 Eßl. Wasser, 50–100 g (2–4 gut gehäufte Eßl.) Zucker.

Die Äpfel werden gewaschen, in kleine Stücke geschnitten, mit dem Wasser im verschlossenen Topf zum Kochen gebracht und auf kleiner Flamme weich gekocht. Man streicht sie durch ein Sieb und schmeckt sie mit Zucker ab.

Das Mus kann folgendermaßen angerichtet werden: Man streicht es mit einem Messer glatt, drückt Verzierungen ein und belegt es mit Geleetupfen oder aufgequollenen Korinthen.

Bohräpfel

750 g Äpfel, $\frac{1}{4}$ l Wasser, $\frac{1}{4}$ l Wein, 100 g Zucker, Zitronenschale oder Zimt.

Man nimmt möglichst gleich große Äpfel, am besten Borsdorfer oder kleine Renetten, schält sie glatt und rund und sticht das Kerngehäuse aus. Wasser und Wein werden mit Zucker und Zitronenschale oder Zimt zum Kochen gebracht, die Äpfel werden nebeneinander hineingelegt. Wenn sie auf der einen Seite weich sind, dreht man sie um und kocht sie im offenen Topf glasig. Die Äpfel werden vorsichtig aus dem Topf genommen und erkaltet mit Gelee oder Marmelade gefüllt. Man kocht den Saft etwa 10 Minuten ein und gibt ihn, wenn er erkaltet ist, über die Äpfel.

Kochzeit: Etwa 10 Minuten.

Birnenkompott

500 g Birnen, $\frac{1}{4}$ l Wasser, etwa 50 g Zucker, etwas Zitronenschale oder 1 Päckchen Dr. Oetker Vanillin-Zucker.

Die Birnen werden gewaschen, geschält, halbiert, und das Kerngehäuse wird ausgestochen. Man bringt das Wasser mit 2 schwach gehäuften Eßl. Zucker und der Zitronenschale oder dem Vanillin-Zucker zum Kochen, gibt die Birnen hinein und kocht sie darin bei schwacher Hitze weich. Man läßt sie erkalten und schmeckt sie, wenn erforderlich, mit etwas Zucker ab.

Brombeerkompott

500 g Brombeeren, $\frac{1}{8}$ l Wasser, 75–100 g (3–4 gut gehäufte Eßl.) Zucker.

Die Beeren werden verlesen und sorgfältig gewaschen. Das Wasser wird mit dem Zucker zum Kochen gebracht. Die Beeren werden hineingegeben und bei schwacher Hitze gar gedünstet. Man läßt sie erkalten und schmeckt sie, wenn notwendig, mit Zucker ab.

Kürbiskompott

500 g Kürbis, $\frac{1}{4}$ l Wasser, 50–75 g (2–3 gut gehäufte Eßl.) Zucker, etwas Zitronenschale, 4–5 Eßl. Essig.

Der Kürbis wird geschält, ausgeschabt und mit dem Buntschneidemesser in gleichmäßige Stücke geschnitten. Man kann auch gleichmäßige Kügelchen ausstechen. Das Wasser wird mit 2 gut gehäuften Eßl. Zucker, der Zitronenschale und dem Essig zum Kochen gebracht. Man gibt den Kürbis hinein und läßt ihn so lange darin kochen, bis er glasig ist. Er wird kalt gestellt und dann noch mit Zucker abgeschmeckt.

Mirabellenkompott

500 g Mirabellen, 50 g Zucker, $\frac{1}{8}$ l Wasser.

Die Mirabellen werden gewaschen und vom Stiel befreit (nicht entsteinen!). Man bringt das Wasser mit dem Zucker zum Kochen, gibt die Mirabellen hinein und dünstet sie bei schwacher Hitze weich. Man läßt sie erkalten und schmeckt sie, wenn erforderlich, mit Zucker ab.

Pflaumenkompott

500 g Pflaumen, $\frac{1}{8}$ l Wasser, 50–75 g (2–3 gut gehäufte Eßl.) Zucker, 1 Stück Zimt, 3 Nelken (nach Geschmack).

Die Pflaumen werden gewaschen, halbiert und entsteint. Man bringt das Wasser mit 2 gut gehäuften Eßl. Zucker zum Kochen, gibt die Pflaumen und die Gewürze hinein und dünstet sie bei schwacher Hitze weich. Man läßt sie erkalten und schmeckt sie, wenn notwendig, mit Zucker ab.

Quittenkompott

500 g Quitten, etwas Wasser, 175–200 g Zucker.

Die Quitten werden in einem Tuch gut abgerieben, geschält, in Viertel oder Achtel geschnitten und entkernt. Man gibt auf die Quitten so viel Wasser, daß sie gerade bedeckt sind, kocht sie bei schwacher Hitze gar und gibt kurz vorher 175 g Zucker hinzu. Man läßt den Saft evtl. noch etwas einkochen und schmeckt ihn noch mit etwas Zucker ab.

Reineclaudenkompott

500 g Reineclauden, $\frac{1}{8}$ l Wasser, 75–100 g (3–4 gut gehäufte Eßl.) Zucker.

Die Reineclauden werden gewaschen und mit einer Nadel mehrmals durchstochen (nicht entsteinen!). Man bringt das Wasser mit 3 gut gehäuften Eßl. Zucker zum Kochen, gibt die Reineclauden hinein und dünstet sie bei schwacher Hitze weich. Man läßt sie erkalten und schmeckt sie, wenn notwendig, mit Zucker ab.

Stachelbeerkompott

500 g halbreife Stachelbeeren, $\frac{1}{8}$ l Wasser, 100–150 g (4–6 gut gehäufte Eßl.) Zucker.

Die Stachelbeeren werden mit der Schere von Stiel und Blüte befreit und gewaschen. Man bringt das Wasser mit 4 gut gehäuften Eßl. Zucker zum Kochen, gibt die Stachelbeeren hinein und dünstet sie bei schwacher Hitze weich. Sie dürfen nicht durchgerührt werden. Man läßt sie erkalten und schmeckt sie, wenn erforderlich, mit Zucker ab.

Tomatenkompott

500 g grüne, feste Tomaten, $\frac{1}{4}$ l Wasser, 250 g Zucker, 1 Stück Ingwer, etwas Zitronenschale.

Die Tomaten werden gewaschen. Damit sie nicht platzen, durchsticht man sie mehrmals mit einer Nadel oder einem Hölzchen. Das Wasser wird mit dem Zucker und den Gewürzen zum Kochen gebracht. Man gibt die Tomaten hinein und kocht sie bei schwacher Hitze in etwa 40 Minuten weich.

Getrocknete Apfelringe

125 g Apfelringe, $\frac{1}{2}$ l Wasser, etwas Zitronen- oder Apfelsinenschale, 50 g (2 gut gehäufte Eßl.) Zucker.

Die Apfelringe werden gründlich gewaschen und mit dem ½ l Wasser 12–24 Stunden eingeweicht. Dann kocht man sie in dem Einweichwasser mit der Zitronen- oder Apfelsinenschale und dem Zucker weich.

Das Kompott kann mit etwas Rotwein abgeschmeckt werden.

Kochzeit: Etwa 15 Minuten.

Getrocknete Aprikosen

125 g Aprikosen, ½ l Wasser, 60 g Zucker, 1 gestrichener Teel. Dr. Oetker „Gustin", etwas kaltes Wasser.

Die Aprikosen werden gründlich gewaschen und mit dem ½ l Wasser 12–24 Stunden eingeweicht. Dann kocht man sie in dem Einweichwasser mit dem Zucker weich. Der Saft wird mit etwas kalt angerührtem „Gustin" gedickt.

Kochzeit: Etwa 15 Minuten.

Getrocknete Pflaumen

250 g Backpflaumen, ½ l Wasser, 30 g Zucker, 1 Stück Zimt, 1 gestrichener Teel. Dr. Oetker „Gustin", etwas kaltes Wasser.

Die Pflaumen werden gründlich gewaschen und mit dem ½ l Wasser 12–24 Stunden eingeweicht. Dann kocht man sie in dem Einweichwasser mit dem Zucker und dem Zimt weich. Der Saft wird mit etwas kalt angerührtem „Gustin" gedickt.

Kochzeit: Etwa 15 Minuten.

Backobst zu Klößen

250 g gemischtes Backobst, ¾ l Wasser, etwas Zitronenschale, etwas Zimt, 60 g Zucker, 2 gehäufte Teel. Dr. Oetker „Gustin", etwas kaltes Wasser.

Das Backobst wird gründlich gewaschen und mit den ¾ l Wasser 12–24 Stunden eingeweicht. Man bringt es mit den Gewürzen und dem Zucker zum Kochen und kocht es bei schwacher Hitze weich. Der Saft wird mit dem kalt angerührten „Gustin" gedickt.

Kochzeit: Etwa 20 Minuten.

D. Gebackenes Obst

Gebratene Äpfel (Puttäpfel)

8 Äpfel, 20 g Butter, etwas Zucker, 1 Päckchen Dr. Oetker Vanillin-Zucker.

Die Äpfel werden gewaschen, nicht geschält und von der Blumenseite her ausgebohrt, aber nicht durchstochen. Man setzt sie in eine flache, gefettete Auflaufform oder auf kleine Teller, füllt sie mit Butter, Zucker und Vanillin-Zucker und backt sie im Ofen weich. Sie können danach mit etwas Wein begossen werden.

Veränderung: Man kann die Äpfel mit Johannisbeergelee füllen und auf Weißbrotscheiben setzen.

Flammenbackofen: Knapp ½ große Flamme.

Reglerbackofen: 3–4.

Backzeit: 30–45 Minuten.

Gebackene Zwetschen

500 g Zwetschen, 50 g Zucker.

Die Zwetschen werden gewaschen, nicht entsteint, in eine gefettete Auflaufform gegeben und mit dem Zucker vermischt. Man stellt sie in einen Backofen.

Flammenbackofen: ⅓ große Flamme.

Reglerbackofen: 2½–3½.

Backzeit: Etwa 25 Minuten.

Überbackene Äpfel

4 mittelgroße Äpfel, ¼ l Wasser, 75–100 g Zucker, etwas Fruchtgelee, 1–2 Eiweiß, 1 Eßl. Zucker.

Die Äpfel werden gewaschen und mit einem Buntschneidemesser geschält. Man bohrt das Kernhaus heraus und setzt die Äpfel in das kochende Zuckerwasser. Sie werden gar gekocht, dürfen aber nicht zerfallen. Man legt sie vorsichtig auf eine gefettete, feuerfeste Platte oder in eine gefettete Auflaufform. Der Saft wird eingekocht und über die Äpfel gegossen. Man füllt in die ausgestochene Mitte etwas Fruchtgelee, gibt das zu steifem Schnee geschlagene, mit Zucker gesüßte Eiweiß gleichmäßig über die Äpfel und stellt sie in den Backofen.

Flammenbackofen: ½ große Flamme.

Reglerbackofen: 3–4.

Backzeit: 10–15 Minuten.

Ausgebackene Apfelscheiben

750 g saure Äpfel.

Teig: 250 g Weizenmehl, 9 g (3 gestrichene Teel.) Dr. Oetker Backpulver „Backin“, 25 g Zucker, 1 Ei, etwa ¼ l Milch, Backfett.

Zum Bestreuen: Etwa 50 g Zucker.

Die Äpfel werden gewaschen, geschält, vom Kernhaus befreit und in 1 cm dicke Ringe geschnitten.

Für den Teig siebt man das mit „Backin“ gemischte Mehl in eine Schüssel, drückt in die Mitte eine Vertiefung und gibt den Zucker und das Ei hinein. Ei und Mehl werden von der Mitte aus verrührt. Es wird so viel Milch hinzugegeben, daß der Teig dickflüssig ist. Man achtet darauf, daß keine Klümpchen entstehen.

Die Apfelscheiben werden in den flüssigen Teig getaucht und in dem heißen Fett schwimmend goldgelb gebacken. Nach dem Backen bestreut man sie mit Zucker und reicht sie noch warm als Nachtisch.

Backzeit: 1–2 Minuten.

Veränderung: Statt der Apfelscheiben kann man Rhabarber- oder Bananenstücke, Aprikosen- oder Pfirsichhälften oder Ananasscheiben nehmen.

E. Obstaufläufe

Regeln

Siehe Regeln für das Backen von Aufläufen S. 215.

Apfelauflauf

500 g Äpfel, 2 Eier, 125 g Zucker, 4 Tropfen Dr. Oetker Backöl Zitrone, 125 g Weizenmehl, 6 g (2 gestrichene Teel.) Dr. Oetker Backpulver „Backin".

Die Äpfel werden gewaschen, geschält, entkernt und in Scheiben geschnitten. Eier und Zucker schlägt man schaumig, fügt das Backöl hinzu und hebt das mit „Backin" gemischte und gesiebte Mehl darunter. Der Teig wird lagenweise abwechselnd mit den Äpfeln in die gefettete Auflaufform geschichtet. Die oberste Lage muß aus Teig bestehen. Man setzt den Auflauf in den Backofen und backt ihn goldbraun.

Flammenbackofen: ⅓ große Flamme.

Reglerbackofen: 2½–3½.

Backzeit: Etwa 30 Minuten.

Veränderung: Statt der Äpfel kann man entsteinte Kirschen, Heidelbeeren oder entsteinte Zwetschen nehmen.

Kirschauflauf

250 g Kuchen-, Weißbrot-, Zwieback- oder Semmelreste, ⅜ l Milch (bei Kuchenresten nur ⅛ l Milch verwenden!), 3 Eier, 25 g Butter oder Margarine, 75–100 g Zucker, 1 Päckchen Dr. Oetker Vanillin-Zucker, 1 gehäufter Teel. Weizenmehl, 3 g (1 gestrichener Teel.) Dr. Oetker Backpulver „Backin", 375 g feste Süßkirschen oder Sauerkirschen.

Die Gebäckreste werden gerieben, mit Milch und Eiern verrührt und zum Durchziehen etwa 10 Minuten stehengelassen. Dann gibt man das zerlassene Fett, den Zucker, den Vanillin-Zucker und das mit „Backin" gemischte Mehl hinzu. Zum Schluß werden die gewaschenen, entsteinten Kirschen darunter gerührt. Die Masse wird in eine gefettete Auflaufform gefüllt und goldbraun gebacken.

Flammenbackofen: ½ große Flamme.

Reglerbackofen: 3–4.

Backzeit: 35–45 Minuten.

Kirschmichel

60 g Butter oder Margarine, 125 g Zucker, 1 Päckchen Dr. Oetker Vanillin-Zucker, 3–4 Tropfen Dr. Oetker Backöl Bittermandel, 2 Eier, 150 g Grieß, 125 g Weizenmehl, 9 g (3 gestrichene Teel.) Dr. Oetker Backpulver „Backin", ¼ l Milch, 500 g dunkle Süßkirschen oder Sauerkirschen.

Man rührt das Fett geschmeidig, gibt nach und nach den Zucker, den Vanillin-Zucker, das Backöl, die Eier und den Grieß hinzu. Das mit „Backin" gemischte und gesiebte Mehl wird abwechselnd mit der Milch untergerührt. Dann hebt man die gewaschenen, entsteinten Kirschen darunter, füllt den Teig in eine Auflaufform und schiebt ihn in den Backofen.

Flammenbackofen: ⅓ große Flamme.

Reglerbackofen: 2½–3½.

Backzeit: 50–60 Minuten.

Veränderung: An Stelle der Kirschen kann beliebiges anderes Obst verwendet werden.

Kompottauflauf mit Schneehaube

100 g (etwa 9) Zwiebäcke, etwa ¼ l Milch, 5 Tropfen Dr. Oetker Rum-Aroma, etwa 500 g gemischtes Kompott, ½ l Milch, 1 Päckchen Dr. Oetker Pudding-Pulver Vanille-Geschmack, 50 g (2 gut gehäufte Eßl.) Zucker, 6 Eßl. Wasser oder Milch zum Anrühren, 1 Eigelb, 1 Eiweiß, 2 Teel. Zucker.

Man weicht die Zwiebäcke in heißer, mit Rum-Aroma vermischter Milch gut ein. Das Kompott wird in eine gut gefettete Auflaufform gegeben; die gut durchweichten Zwiebäcke werden dicht nebeneinander darüber gelegt.

Man bereitet einen Vanille-Pudding nach der Gebrauchsanweisung unter Verwendung eines Eigelbs und gibt ihn auf die Zwiebäcke. Das Eiweiß wird zu steifem Schnee geschlagen, dann gibt man unter Schlagen den Zucker dazu. Der Schnee wird gleichmäßig auf den Pudding gestrichen. Man stellt den Auflauf in den Backofen.

Flammenbackofen: ⅓ große Flamme.

Reglerbackofen: 2½–3½.

Backzeit: Etwa 20 Minuten.

Rhabarberauflauf mit Sahne (Abb. Tafel 18)

300 g Rhabarber, 100 g Zucker, 125 g Zwieback, 50–60 g Butter, 3 Eier, 30 g Zucker, 1 Päckchen Dr. Oetker Vanillin-Zucker, 40 g Dr. Oetker „Gustin", 3 g (1 gestrichener Teel.) Dr. Oetker Backpulver „Backin", 6–7 Eßl. süße oder saure Sahne.

Der Rhabarber wird gewaschen, in 3–4 cm lange Stücke geschnitten (nicht abziehen!) und mit den 100 g Zucker bestreut. Sobald er Saft gezogen hat, bringt man ihn zum Kochen, dünstet ihn bei schwacher Hitze weich und stellt ihn kalt.

Der Zwieback wird von beiden Seiten mit Butter bestrichen und auf den Boden einer gefetteten Auflaufform gelegt. Darauf gibt man den erkalteten Rhabarber und die Eimasse, die man folgendermaßen hergestellt hat: Eigelb, Zucker und Vanillin-Zucker werden schaumig geschlagen. Man gibt das zu steifem Schnee geschlagene Eiweiß auf den Eigelbkrem, siebt das mit „Backin" gemischte „Gustin" darauf und zieht alles vorsichtig unter den Eigelbkrem. Die Sahne wird beim Mischen der Zutaten vorsichtig nach und nach dazugegeben. Man stellt den Auflauf in den Backofen und backt ihn goldbraun.

Flammenbackofen: ⅓ große Flamme.

Reglerbackofen: 2½–3½.

Backzeit: 20–25 Minuten.

EIERSPEISEN

Das Ei enthält, seiner Bestimmung gemäß, alle Stoffe, die ein junger Organismus für seinen Aufbau braucht: biologisch hochwertiges Eiweiß, Fett, Mineralstoffe und fast alle Vitamine; es fehlt nur ein Nährstoff, die Stärke. Damit gehört das Ei zu unseren wertvollsten Nahrungsmitteln.

Ein Ei entspricht in seinem Eiweiß- und Fettgehalt ungefähr einer Tasse Milch oder 40 g guten fetten Fleisches. Die wertvollsten Nährstoffe sind im Eidotter enthalten. Er hat geringeren Wassergehalt als das Eiklar, ist reich an Fetten und enthält vor allem das den Fetten nahestehende, zum Aufbau der Gehirn- und Nervensubstanz unentbehrliche Lezithin in einer Menge wie kein anderes Nahrungsmittel (11–12%). An Mineralstoffen findet sich im Dotter fast doppelt soviel wie im Eiweiß, besonders Phosphor und Kalk; und während das Eiweiß fast vitaminlos ist, enthält das Eigelb, mit Ausnahme des Vitamin C, alle Vitamine. Als Träger so wichtiger und wertvoller Aufbaustoffe sollte man deshalb das Eigelb in der Ernährung der Kinder und Kranken bevorzugen.

Der Dotter enthält auch die Geschmacksstoffe. Der Geschmack des Eies ist abhängig von der Fütterung der Tiere, ebenso wie die Farbe des Dotters, die bei Körnerfütterung hellgelb, bei freilaufenden Hühnern rotgelb ist. Tiefgelbe Farbe zeigt wie auch bei Milch und Butter Grünfütterung an.

Abgesehen vom Wert des Eies als Nahrungsmittel, hat es auch vielfache kochtechnische Bedeutung. Es ist ein feines Bindemittel für viele Gerichte, für Suppen, Soßen und vor allem für Teigwaren. Das Eiweiß dient als vorzügliches Lockerungsmittel bei Gebäcken und süßen Speisen. Durch das Schlagen werden die dünnen Häute der Zellen zerrissen, und durch die eindringende Luft entstehen kleine, luftgefüllte Bläschen, der Eierschnee. Die hineingeschlagene Luft verursacht dann die Lockerung der damit bereiteten Speisen und Gebäcke. Eiweiß dient ferner in der feinen Küche als Klärmittel, da es die unreinen Stoffe der Brühe umschließt; es ist deswegen bei der Herstellung von feinen Aspiks und Gelees unentbehrlich.

Das frisch gelegte Ei ist keimfrei. Beim Lagern treten durch die feinen Poren der äußeren Kalkschicht zusammen mit der Luft Fäulnisbakterien ein, die eine Zersetzung der Eisubstanz verursachen, Wasser verdunstet, und das Ei verliert an Gewicht und Geschmack. Da die poröse Schale auch jeden Nebengeruch weiterleitet, müssen Eier luftig und kühl aufbewahrt werden, wenn sie für den sofortigen Verbrauch im Haushalt bestimmt sind (Eierständer, Eierschränkchen). Man soll sie erst kurz vor dem Gebrauch waschen, da die ihres natürlichen Schutzes beraubte Eischale das Eindringen von Bakterien begünstigt. Sollen Eier für längere Zeit haltbar gemacht werden, so muß man sie vor Luftzutritt schützen. Gute Konservierungsmittel sind Garantol, Kalkmilch oder Wasserglas. Das Einschichten in Häcksel oder Kleie dagegen ist zu verwerfen, da die Eier oft einen muffigen Geschmack annehmen. Nach dem Liegen in Kalkmilch läßt sich allerdings das Eiweiß nur schwer zu Schnee schlagen, und es kann vorkommen, daß die Eier nach Kalk schmecken. Durch die Verwendung einer 10%igen Wasserglaslösung dagegen erleiden die Eier keine Geschmacksverminderung und lassen sich auch zum Schlagen von Eierschnee gebrauchen (1 l Wasserglas, 9 l Wasser genügen für 200 Eier).

Das tadellose Ei ist beim Durchleuchten klar und zeigt eine kleine Luftblase. In einer 10%igen Salzlösung sinken frische Eier auf den Boden. Die Eier des Frühjahres sind die schmackhafteren, deshalb sollte man auch seine Vorräte in dieser Jahreszeit einlegen.

Regeln

1. Eier müssen vor dem Kochen gesäubert werden, Schmutzteilchen sollen mit Salz abgerieben oder mit Wasser abgewaschen werden.
2. Man soll Eier vorsichtig aufschlagen und prüfen, ob sie gut sind (das einzelne Ei erst in eine Tasse gleiten lassen).
3. Ganze Eier muß man verquirlen oder schlagen, ehe man sie einrührt, damit Eiweiß und Eigelb richtig gemischt werden.
4. Verwendet man Eigelb allein, so muß es mit 1 Eßl. Wasser gut verrührt werden, ehe es an die Speise kommt.
5. Will man eine Suppe oder Soße mit einem Ei abziehen (legieren), so verwendet man am besten nur das Eigelb. Es wird mit 2 Eßl. kaltem Wasser verquirlt oder mit einer Gabel gut verschlagen und ein Teil der heißen Flüssigkeit sehr langsam unter stetem Schlagen dazugegeben. Dann rührt man die Eiermasse vorsichtig in die heiße, nicht kochende Flüssigkeit ein. Verwendet man ein ganzes Ei, muß man besonders sorgfältig verfahren. Legierte Speisen dürfen nicht mehr gekocht werden, da sonst das Ei gerinnt. Man erwärmt sie nur vorsichtig, am besten hält man sie im Wasserbad warm. (Siehe S. 227 – „Wie bleiben mit Stärke gedickte Nachspeisen steif und Suppen und Soßen dickflüssig".)
6. Will man Eiweiß zu Schnee schlagen, so trenne man sorgfältig das Weiße vom Eigelb und achte darauf, daß kein Eigelb in die Eiweißmasse läuft. Auf einem Teller oder in einer Porzellanschüssel schlage man das Eiweiß mit der Gabel (bei kleinen Mengen) oder dem Schneebesen so lange, bis ein fester, weißer Schnee entstanden ist. Er darf nicht herausfließen, wenn man das Gefäß umdreht. Da er durch Stehen wieder flüssig wird, muß er sofort verwendet werden.
7. Der Eierschnee muß lose untergezogen, er darf nicht verrührt werden.
8. Eierspeisen dürfen vor dem Auftragen nicht erkalten.
9. Ein übriggebliebenes Eigelb ist, mit Wasser bedeckt, 1–2 Tage haltbar.

A. Rohe Eier

Geschlagenes Ei

1 Ei, etwas Salz oder Zucker.

Das ganze Ei wird mit einem Körnchen Salz oder wenig Zucker gequirlt. Man kann 1 Teel. Weinbrand oder 1 Eßl. Zitronensaft mit verquirlen. (Als Kräftigungsmittel für Kranke und Genesende geschätzt.)

Veränderung: Man kann das Eiweiß zu Schnee schlagen und mit Eigelb und geschmackgebenden Zutaten verquirlen.

Ei mit Brühe

1 Ei, 1 Tasse Fleisch- oder Gemüsebrühe.

Das Ei wird tüchtig geschlagen und nach und nach in die entfettete Brühe gegeben.

Ei mit Milch

1 Ei oder 2 Eigelb, 1 Eßl. Zucker, 1 Glas heiße Milch.

Das mit Zucker verquirlte Ei (Eigelb) wird nach und nach mit heißer Milch aufgefüllt (Linderungsmittel bei Husten und Heiserkeit).

Ei mit Wein

1 Ei oder 2 Eigelb, 2 Eßl. Zucker, 1 Glas Rot- oder Weißwein.

Ei oder Eigelb und Zucker schlägt man stark schaumig und gibt den Wein nach und nach hinzu.

B. Gekochte Eier

Gekochte Eier

Die Eier müssen frisch und sauber sein. Will man mehrere Eier kochen, so gibt man sie am besten in einem Netz oder einem Drahtkorb in das kochende Wasser, damit alle Eier gleichzeitig gerinnen. Die Wassermenge muß reichlich bemessen sein, damit sie nicht zu sehr abkühlt. Sehr kalte Eier wärmt man in lauwarmem Wasser vor, damit die Schale nicht platzt. Sind die Eier fertig, legt man sie kurze Zeit in kaltes Wasser, damit sie nicht nachhärten und besser geschält werden können.

Kochzeit: Für weiche Eier 3–4 Minuten,
für pflaumenweiche 4–5 Minuten,
für harte 8–10 Minuten.

Verlorene Eier

1 l Wasser, etwas Salz, 2 Eßl. Essig, 4–6 Eier.

Man bringt das Wasser mit Salz und Essig zum Kochen. Die Eier werden einzeln in eine Kelle aufgeschlagen und vorsichtig in das kochende Wasser gegeben. Man kann nicht mehr als die oben angegebene Menge auf einmal kochen.

Wenn die Eier gar sind, werden sie mit einem Schaumlöffel herausgenommen und einen Augenblick in kaltes Wasser gehalten. Man beschneidet die Eier ringsherum zu einer hübschen Form.

Verlorene Eier werden als Einlage für Suppen, auf gerösteten Brotscheiben als Vorspeise und mit verschiedenen Soßen als selbständiges Gericht verwendet.

Kochzeit: 3–4 Minuten.

Soleier

Frische Eier werden hart gekocht. Danach knickt man ringsherum die Schale leicht an und legt die Eier mindestens 24 Stunden in so starkes Salzwasser, daß sie darin schwimmen. Die Eier können 6–8 Tage darin aufgehoben werden.

Kochzeit: 10 Minuten.

Eier in warmer Soße

4–8 Eier – $\frac{1}{2}$ l Bechamelsoße (S. 46).
4–8 Eier – $\frac{1}{2}$ l Tomatensoße (S. 47).
4–8 Eier – $\frac{1}{2}$ l Champignonsoße (S. 44).
4–8 Eier – $\frac{1}{2}$ l Senfsoße (S. 44).
4–8 Eier – $\frac{1}{2}$ l Specksoße (S. 49).

Man kann zu den vorstehenden Gerichten sowohl gekochte als auch verlorene Eier verwenden. Verlorene Eier werden ganz gelassen, gekochte werden in Hälften oder Viertel geschnitten. Man legt sie in eine flache Schüssel, übergießt sie mit der warmen Soße und verziert sie hübsch. Sie werden mit Bratkartoffeln und grünem Salat als selbständiges Gericht gereicht.

Veränderung: Man schichtet einige frisch gekochte, in Scheiben geschnittene Kartoffeln mit den gekochten, in dicke Scheiben geschnittenen Eiern in eine Form, läßt das Gericht auf Dampf durchziehen und reicht es mit Salat.

Eier mit kalter Soße

6–8 Eier – 1 Rezept kalte Senfsoße (S. 51).
6–8 Eier – 1 Rezept Mayonnaise (S. 51/52).
6–8 Eier – 1 Rezept Remouladensoße (S. 52).
6–8 Eier – 1 Rezept Teufelssoße (S. 53).

Die gekochten oder verlorenen Eier werden auf gerösteten Brotscheiben, in ausgehöhlten Tomatenhälften oder auf grünen Salatblättern angerichtet und mit einer der Soßen übergossen.

Eierfrikassee

6–8 Eier, gare Spargelköpfe.

Frikasseesoße: 40 g Butter oder Margarine, 40 g Weizenmehl, $\frac{1}{2}$ l Brühe, 1 Teel. Kapern, einige Champignons (nach Belieben), 1–2 gut gewässerte Sardellen (nach Belieben), etwas Salz, 1 Eßl. Zitronensaft oder 2–3 Eßl. Wein, 1–2 Eigelb, 2 Eßl. kaltes Wasser.

Semmelklößchen: 30 g Butter oder Margarine, 1 Ei, etwas Salz, etwa 50 g Semmelmehl.

Die hartgekochten Eier werden geschält, in Scheiben geschnitten und mit den garen Spargelköpfen in die Frikasseesoße gegeben, die man folgendermaßen hergestellt hat:

Man zerläßt das Fett. Das Mehl wird unter Rühren so lange darin erhitzt, bis es hellgelb ist. Man gießt unter ständigem Rühren nach und nach die kalte Brühe hinzu. Man läßt die Soße etwa 10 Minuten schwach kochen, ehe sie abgeschmeckt wird. Die Kapern, die zerschnittenen Champignons und die feingewiegten Sardellen müssen 10 Minuten darin ziehen, bevor die Soße mit Salz und Zitronensaft oder Wein abgeschmeckt wird. Man legiert die Soße mit Eigelb, das man vorher mit kaltem Wasser verquirlt hat.

Für die Semmelklößchen rührt man das Fett schaumig, gibt das Ei, das Salz und so viel Semmelmehl hinzu, daß ein geschmeidiger Teig entsteht. Er muß $\frac{1}{2}$ Stunde stehen, ehe man Klößchen daraus formt. Sie werden in Salzwasser gar gekocht und dann in das Frikassee gegeben.

Kochzeit: Für die Semmelklößchen etwa 3 Minuten.

Veränderung: Man kann das Frikassee in Muscheln anrichten, mit Käse überstreuen und überbacken.

Gefüllte Eier (Abb. Tafel 4)

Hartgekochte, geschälte Eier teilt man der Länge nach in Hälften oder schneidet die Kuppe ab. Das Eidotter wird vorsichtig herausgenommen, durch ein feines Sieb gestrichen, mit Salatöl, Zitronensaft, Senf und Salz zu einer geschmeidigen Masse verrührt und recht hoch in die ganzen Eier oder Eierhälften gefüllt. Die Eier werden auf Salatblättern angerichtet und mit Sardellen oder Gurkenstreifen verziert. Man kann eine Mayonnaise dazu reichen.

Veränderung: Man rührt unter die Eigelbfüllung gedünstete, feingeschnittene Pilze, Tomatenmark, feingewiegte grüne Kräuter, feingehackte Sardellen oder feingehackten rohen Schinken und schmeckt vorsichtig mit Salz ab.

Eiersalat

Rezept siehe S. 161.

C. Gestockte und gerührte Eier

Eierstich

Rezept siehe S. 39.

Gestürzte Eier

60 g gekochter Schinken, 40 g geriebener Käse, etwas Butter oder Margarine zum Ausstreichen der Förmchen, 4 Eier.

Der gekochte Schinken wird fein gewiegt und mit dem geriebenen Käse vermischt (man kann Käsereste verschiedener Sorten verwenden). Man streicht 4 Tassen oder Formen gut mit dem zerlassenen Fett aus, schlägt in jede vorsichtig ein Ei und füllt die Schinkenmasse obenauf. Die Förmchen werden zugedeckt und in heißes, aber nicht kochendes Wasser gestellt. Wenn die Masse fest geworden ist, stürzt man sie auf eine flache Schüssel und gibt sie mit grünem Salat und Tomaten- (S.47) oder Frikasseesoße (S. 46) zu Tisch.

Gerinnungszeit: Etwa 30 Minuten.

Eier auf Toast (Resteverwertung)

4 Eier, $\frac{1}{8}$ l Milch, 1 Teel. Zitronensaft, 250 g Fleischreste (Hühnerfleisch, Kalbfleisch, Kalbshirn, Fisch, Schinken), 1 Teel. Kapern, 1 gewässerte Sardelle, etwas Butter oder Margarine zum Ausstreichen der Förmchen.

Die Eier werden mit Milch und Zitronensaft gut geschlagen oder verquirlt und mit den feingehackten Fleischresten, den Kapern und der feingewiegten Sardelle gemischt. Man schmeckt die Masse gut ab, füllt sie in gut gefettete Förmchen und stellt sie zugedeckt in heißes, aber nicht kochendes Wasser. Wenn die Masse fest geworden ist, stürzt man sie auf geröstete Brotschnitten. (Siehe Tafel 5).

Gerinnungszeit: Etwa 20 Minuten.

Rührei

30 g Butter oder Margarine, 4 Eier, 4 Eßl. Milch, 1 Messerspitze Salz.

In das zerlassene Fett gibt man die mit Milch und Salz verquirlten Eier. Sobald die Masse zu stocken beginnt, wird sie mit einem Löffel strichweise vom Boden der Pfanne losgerührt und so lange weiter erhitzt, bis keine Flüssigkeit mehr vorhanden ist. Rührei muß weich und großflockig, aber nicht trocken sein. Man reicht Schinken, Bücklinge, Pilze, Spargel oder Bratkartoffeln dazu.

Gerinnungszeit: Etwa 5 Minuten.

Veränderung: Man kann Rührei ohne Fett im Wasserbad herstellen wie Eierstich (Diät).

Gestrecktes Rührei

3 Eier, 20 g Weizenmehl, 1 Teel. Salz, $^1/_5$ l Wasser, 30 g Butter oder Margarine.

Eier, Mehl, Salz und Wasser werden gut verrührt oder verquirlt und in das zerlassene Fett gegeben. Sobald die Masse zu stocken beginnt, wird sie mit einem Löffel strichweise vom Boden der Pfanne losgerührt und so lange weiter erhitzt, bis keine Flüssigkeit mehr vorhanden ist.

Rührei muß weich und großflockig, aber nicht trocken sein.

Gerinnungszeit: Etwa 5 Minuten.

Rührei mit Schinken

4 Eier, 4 Eßl. Milch, 1 Messerspitze Salz, 50 g Schinken, 30 g Butter oder Margarine.

Eier, Milch und Salz werden gut miteinander verquirlt, der in kleine Würfel geschnittene Schinken wird dazugegeben. Man zerläßt das Fett und gießt die Eiermilch hinein. Sobald die Masse zu stocken beginnt, wird sie mit einem Löffel strichweise vom Boden der Pfanne losgerührt und so lange weiter erhitzt, bis keine Flüssigkeit mehr vorhanden ist.

Rührei muß weich und großflockig, aber nicht trocken sein.

Gerinnungszeit: Etwa 5 Minuten.

Veränderung: An Stelle des Schinkens kann man 50 g würflig geschnittene Zervelatwurst nehmen.

Rührei mit Speck

50 g Speck, 4 Eier, 4 Eßl. Milch, 1 Messerspitze Salz.

Der in kleine Würfel geschnittene Speck wird erhitzt. Wenn er lichtgelb ist, gießt man die mit Milch und Salz gut verquirlten Eier darüber. Sobald die Masse zu stocken beginnt, wird sie mit einem Löffel strichweise vom Boden der Pfanne losgerührt und so lange weiter erhitzt, bis keine Flüssigkeit mehr vorhanden ist.

Rührei muß weich und großflockig, aber nicht trocken sein.

Gerinnungszeit: Etwa 5 Minuten.

Rührei mit Käse oder Schnittlauch

4 Eier, 4 Eßl. Milch, 1 Messerspitze Salz, 1 Eßl. geriebener Käse oder 1 Eßl. feingehackter Schnittlauch, 30 g Butter oder Margarine.

Eier, Milch und Salz werden gut miteinander verquirlt, der geriebene Käse oder der Schnittlauch wird dazugegeben. Man zerläßt das Fett und gießt die Eiermilch hinein. Sobald die Masse zu stocken beginnt, wird sie mit einem Löffel strichweise vom Boden der Pfanne losgerührt und so lange weiter erhitzt, bis keine Flüssigkeit mehr vorhanden ist.

Rührei muß weich und großflockig, aber nicht trocken sein.

Gerinnungszeit: Etwa 5 Minuten.

Rührei mit Spargel oder mit Bücklingen

4 Eier, 4 Eßl. Milch, 1 Messerspitze Salz, 30 g Butter oder Margarine, 100 g gekochte Spargelstückchen oder 2 enthäutete und entgrätete, in Streifen geschnittene Bücklinge.

Eier, Milch und Salz werden gut miteinander verquirlt. Man zerläßt das Fett, gibt die Spargelstückchen oder die zerkleinerten Bücklinge hinein und gießt die Eiermilch darüber. Sobald die Masse zu stocken beginnt, wird sie mit einem Löffel strichweise vom Boden der Pfanne losgerührt und so lange weiter erhitzt, bis keine Flüssigkeit mehr vorhanden ist.

Rührei muß weich und großflockig, aber nicht trocken sein.

Gerinnungszeit: Etwa 5 Minuten.

Rührei mit Tomaten

4 Eier, 4 Eßl. Milch, 1 Messerspitze Salz, 30 g Butter oder Margarine, 2–3 Tomaten.

Eier, Milch und Salz werden gut miteinander verquirlt. Man zerläßt das Fett und gießt die Eiermilch hinein. In das halbfertige Rührei werden die in Scheiben geschnittenen Tomaten gelegt. Man rührt das Rührei mit einem Löffel strichweise vom Boden der Pfanne los und erhitzt es so lange, bis keine Flüssigkeit mehr vorhanden ist.

Rührei muß weich und großflockig, aber nicht trocken sein.

Gerinnungszeit: Etwa 5 Minuten.

D. Gebackene Eier

Spiegeleier

30 g Butter oder Margarine, 4–6 Eier, etwas Salz.

Man zerläßt das Fett in einer Pfanne, schlägt die Eier vorsichtig auf und läßt sie nebeneinander in das heiße Fett gleiten. Sie werden mit feinem Salz bestreut und so lange erhitzt, bis sie fest sind.

Sehr gut eignen sich zum Backen Pfannen aus feuerfestem Porzellan oder Glas (Jenaer Glas), in denen man sie auch zu Tisch gibt. Will man Spiegeleier auf Spinat, Brotscheiben oder Tomaten legen, so muß man sie mit einem Glas oder einem Blechrand rund ausstechen.

Backzeit: Etwa 5 Minuten.

Veränderung: Man kann die Eier auf einen Teller schlagen und auf Wasserdampf gerinnen lassen (Diät).

Spiegeleier auf Speck oder Schinken (Abb. Tafel 8)

30–40 g Schinken oder geräucherter Speck, 4–6 Eier, etwas Salz.

Der in feine Scheiben geschnittene Schinken oder Speck wird in eine Pfanne gegeben und lichtgelb gebraten. Man schlägt die Eier nebeneinander darauf, bestreut sie mit feinem Salz und erhitzt sie so lange, bis sie fest sind.

Backzeit: Etwa 6 Minuten.

Spiegeleier auf Tomaten

30 g Butter oder Margarine, 2–3 feste Tomaten, 4–6 Eier, etwas Salz.

Man zerläßt das Fett in einer Pfanne, legt die in Scheiben geschnittenen Tomaten hinein, schlägt die Eier darauf und bestreut sie mit feinem Salz. Die Eier werden so lange erhitzt, bis sie fest sind.

Backzeit: Etwa 5 Minuten.

E. Eierkuchen

Omelett

3 Eier, etwas Salz, 1 Eßl. Milch, etwa 30 g Butter oder Margarine.

Eier, Salz und Milch werden gut miteinander verquirlt. Das Fett wird in einer Pfanne erhitzt, aber nicht gebräunt, die verquirlten Eier werden hineingegeben. Man läßt sie bei schwacher Hitze langsam gerinnen. Die untere Seite muß schön bräunlich gebacken sein, die obere muß weich bleiben. Die Hälften werden nach der Mitte zu übereinandergeschlagen. Man läßt das Omelett auf eine erwärmte, längliche Schüssel gleiten und bestreut es, falls man es als Nachtisch reicht, mit Puderzucker. Es darf erst kurz vor dem Anrichten bereitet werden.

Backzeit: Etwa 10 Minuten.

Veränderung: Man kann 1 Eßl. feingehackte Kräuter (Kerbel, Petersilie, Schnittlauch, Spinat, Estragon) oder 20 g geriebenen Käse an die mit Salz und Milch verquirlten Eier geben.

Gefülltes Omelett

3 Eier, etwas Salz, 1 Eßl. Milch, etwa 30 g Butter oder Margarine.

Salzige Füllung: Gedünstete, kleingeschnittene Pilze, Spargelstückchen, Erbsen, gehackte Braten- oder Geflügelreste; oder

Süße Füllung: Gelee oder Marmelade.

Eier, Salz und Milch werden gut miteinander verquirlt, das Fett wird in einer Pfanne erhitzt, aber nicht gebräunt, die verquirlten Eier werden hineingegeben. Man läßt sie bei schwacher Hitze langsam gerinnen. Die untere Seite muß schön bräunlich gebacken sein, die obere muß weich bleiben. Die eine Hälfte der oberen Seite wird mit der betreffenden Füllung bedeckt, die andere Hälfte wird darüber geklappt.

Wenn man das Omelett als Hauptgericht oder als Vorspeise reichen will, nimmt man eine salzige Füllung. Als Nachtisch wird es mit Gelee oder Marmelade gefüllt.

Schaumomelett

3 Eigelb, Schale und Saft von ½ Zitrone, 30 g Zucker, 3 Eiweiß, 1 gehäufter Teel. Dr. Oetker „Gustin", etwa 30 g Butter oder Margarine.

Füllung: Preiselbeerkompott oder Marmelade (nach Belieben).

Zum Bestäuben: Etwas Puderzucker.

Eigelb, abgeriebene Zitronenschale, Zitronensaft und Zucker werden schaumig geschlagen. Man schlägt das Eiweiß zu steifem Schnee, setzt es auf den Eigelbkrem, streut das „Gustin" darüber und hebt beides unter den Eigelbkrem.

Das Fett wird in einer nicht zu kleinen Pfanne zerlassen, der Teig wird hineingegeben (evtl. 2 Omeletts backen!) und die Pfanne mit einem Deckel bedeckt. Man läßt den Teig bei schwacher Hitze von unten goldgelb backen.

Das Omelett wird zur Hälfte übereinandergeklappt und mit Puderzucker bestäubt. Man kann es aber auch vorher mit Preiselbeeren oder Marmelade füllen. Es wird als Nachtisch gereicht.

Eierkuchen I

250 g Weizenmehl, 3 g (1 gestrichener Teel.) Dr. Oetker Backpulver „Backin", 2–3 Eigelb, 1 Teel. Salz, ½ l Milch, 2–3 Eiweiß, etwa 100 g Fett zum Backen.

Mehl und „Backin" werden in eine Schüssel gesiebt, in die Mitte wird eine Vertiefung eingedrückt, das mit Salz und etwas Milch gut verquirlte Eigelb wird hineingegeben. Man verrührt nun von der Mitte aus Eigelb und Mehl, gibt nach und nach die Milch dazu und achtet darauf, daß keine Klümpchen entstehen. Zuletzt wird das zu steifem Schnee geschlagene Eiweiß vorsichtig darunter gehoben.

Man erhitzt etwas Fett in einer Stielpfanne, gibt eine dünne Teiglage hinein und backt sie von beiden Seiten dunkelgelb. Wenn der Pfannkuchen gewendet wird, legt man etwas Fett auf die ungebackene Seite.

Man läßt die gebackenen Pfannkuchen, einen nach dem anderen, auf eine heiße, runde Platte gleiten und bestreut jeden mit etwas feinem Zucker. Kompott oder Salat wird dazu gereicht.

Backzeit: 25–30 Minuten.

Eierkuchen II, goldgelb

225 g Weizenmehl, 1 Päckchen Dr. Oetker Soßen-Pulver Vanille-Geschmack, 6 g (2 gestrichene Teel.) Dr. Oetker Backpulver „Backin", 2–3 Eigelb, 1 Teel. Salz, etwas Zucker, ½ l Milch, 2–3 Eiweiß, etwa 100 g Fett zum Backen.

Das mit Soßen-Pulver und „Backin" gemischte und gesiebte Mehl wird in eine Schüssel gegeben, in die Mitte wird eine Vertiefung eingedrückt, das mit Salz, Zucker und etwas Milch gut verquirlte Eigelb wird hineingegeben. Man verrührt nun von der Mitte aus Eigelb und Mehl, gibt nach und nach die Milch dazu und achtet darauf, daß keine Klümpchen entstehen. Zuletzt wird das zu steifem Schnee geschlagene Eiweiß vorsichtig darunter gehoben.

Man erhitzt etwas Fett in einer Stielpfanne, gibt eine dünne Teiglage hinein und backt sie von beiden Seiten dunkelgelb. Wenn der Pfannkuchen gewendet wird, legt man etwas Fett auf die ungebackene Seite.

Man läßt die gebackenen Pfannkuchen, einen nach dem anderen, auf eine heiße, runde Platte gleiten und bestreut jeden mit etwas feinem Zucker. Kompott oder Salat wird dazu gereicht.

Backzeit: 25–30 Minuten.

Eierkuchen mit Speck oder Schinken

250 g Weizenmehl, 3 g (1 gestrichener Teel.) Dr. Oetker Backpulver „Backin", 2–3 Eigelb, 1 Teel. Salz, ½ l Milch, 2–3 Eiweiß, etwa 100 g geräucherter, durchwachsener Speck oder Schinken, etwa 100 g Fett zum Braten.

Mehl und „Backin" werden in eine Schüssel gesiebt, in die Mitte wird eine Vertiefung eingedrückt, das mit Salz und etwas Milch gut verquirlte Eigelb wird hineingegeben. Man verrührt nun von der Mitte aus Eigelb und Mehl, gibt nach und nach die Milch dazu und achtet darauf, daß keine Klümpchen entstehen. Zuletzt wird das zu steifem Schnee geschlagene Eiweiß vorsichtig darunter gehoben.

Man erhitzt dünne Speck- oder Schinkenscheiben in einer Pfanne in heißem Fett, brät sie bräunlich, gibt eine dünne Lage Eierkuchenteig darauf und backt sie von beiden Seiten dunkelgelb. Sehr beliebt ist Kopfsalat dazu.

Grüner Eierkuchen

250 g Weizenmehl, 3 g (1 gestrichener Teel.) Dr. Oetker Backpulver „Backin", 2–3 Eigelb, 1 Teel. Salz, ½ l Milch, 2–3 Eßl. feingehackte Kräuter, 2–3 Eiweiß, etwa 100 g Fett zum Backen.

Mehl und „Backin" werden in eine Schüssel gesiebt, in die Mitte wird eine Vertiefung eingedrückt, das mit Salz und etwas Milch gut verquirlte Eigelb wird hineingegeben. Man verrührt nun von der Mitte aus Eigelb und Mehl, gibt nach und nach die Milch dazu und achtet darauf, daß keine Klümpchen entstehen. Dann werden die gehackten Kräuter darunter gerührt. Zuletzt hebt man das zu steifem Schnee geschlagene Eiweiß vorsichtig darunter.

Etwas Fett wird in einer Stielpfanne erhitzt. Man gibt eine dünne Teiglage hinein und backt sie von beiden Seiten dunkelgelb. Wenn der Pfannkuchen gewendet wird, legt man etwas Fett auf die ungebackene Seite.

Man läßt die gebackenen Pfannkuchen, einen nach dem anderen, auf eine heiße, runde Platte gleiten und reicht sie mit Pilz- oder Tomatensoße oder als Beilage zu Gemüse.

Veränderung: An Stelle der gehackten Kräuter gibt man 40 g geriebenen Käse in den Teig.

Kartoffeleierkuchen

250 g Weizenmehl, 3 g (1 gestrichener Teel.) Dr. Oetker Backpulver „Backin", 2–3 Eigelb, 1 Teel. Salz, ½ l Milch, 1–2 Eßl. gehackter Schnittlauch, 2–3 Eiweiß, 375–500 g in Scheiben geschnittene Pellkartoffeln, etwa 100 g Fett zum Backen.

Mehl und „Backin“ werden in eine Schüssel gesiebt, in die Mitte wird eine Vertiefung eingedrückt, das mit Salz und etwas Milch gut verquirlte Eigelb wird hineingegeben. Man verrührt nun von der Mitte aus Eigelb und Mehl, gibt nach und nach die Milch dazu und achtet darauf, daß keine Klümpchen entstehen. Dann wird der gehackte Schnittlauch darunter gerührt. Zuletzt hebt man das zu steifem Schnee geschlagene Eiweiß vorsichtig darunter.

Etwas Fett wird in einer Stielpfanne erhitzt. Man gibt eine dünne Teiglage hinein, belegt sie mit Kartoffelscheiben und backt sie von beiden Seiten dunkelgelb. Wenn der Pfannkuchen gewendet wird, legt man etwas Fett auf die ungebackene Seite. Man läßt die gebackenen Pfannkuchen, einen nach dem anderen, auf eine heiße, runde Platte gleiten und reicht sie mit grünem Salat.

Veränderung: Die Zugabe von 100 g gehacktem rohem Schinken ist zu empfehlen. Der Schinken wird auf die Kartoffelscheiben gestreut.

Gefüllte Eierkuchen (salzig)

Teig: 250 g Weizenmehl, 3 g (1 gestrichener Teel.) Dr. Oetker Backpulver „Backin“, 2–3 Eigelb, 1 Teel. Salz, ½ l Milch, 2–3 Eiweiß, etwa 100 g Fett zum Backen.

Gemüsefüllung: Etwa 500 g Gemüse (Spargel, junge Erbsen, Schwarzwurzeln, Pilze und Tomaten), etwas Salz, etwas Fett, etwas Mehl; oder

Fleisch- oder Fischfüllung: Braten-, Schinken-, Geflügel oder Fischreste, etwas Bratensoße oder etwas Flüssigkeit und Mehl, etwas Zitronensaft, feingehackte Petersilie, einige Tropfen engl. Soße.

Mehl und „Backin“ werden in eine Schüssel gesiebt, in die Mitte wird eine Vertiefung eingedrückt. Das mit Salz und etwas Milch gut verquirlte Eigelb wird hineingegeben. Man verrührt nun von der Mitte aus Eigelb und Mehl, gibt nach und nach die Milch dazu und achtet darauf, daß keine Klümpchen entstehen. Zuletzt wird das zu steifem Schnee geschlagene Eiweiß vorsichtig darunter gehoben.

Man erhitzt etwas Fett in einer Stielpfanne, gibt eine dünne Teiglage hinein und backt sie von beiden Seiten dunkelgelb. Wenn der Pfannkuchen gewendet wird, legt man etwas Fett auf die ungebackene Seite.

Man gibt die Füllung auf die eine Hälfte der heißen Eierkuchen und klappt die andere Hälfte darüber. Man kann die Eierkuchen aber auch auf eine runde Platte legen und die Füllung lagenweise dazwischen geben. Diese Eierkuchen können aber auch in schräge Stücke geschnitten, paniert und in Butter gebraten werden.

Für die Gemüsefüllung wird das Gemüse mit etwas Wasser gedünstet. Man schmeckt mit Salz ab, gibt etwas Fett hinzu und bindet mit etwas kalt angerührtem Mehl.

Für die Fleisch- oder Fischfüllung werden die Fleischreste, der Schinken oder die Fischreste fein gehackt. Man bindet sie mit etwas übriggebliebener Bratensoße oder gibt etwas Flüssigkeit hinzu und dickt mit kalt angerührtem Mehl. Dann wird die Füllung mit etwas Zitronensaft, feingehackter Petersilie und evtl. mit einigen Tropfen englischer Soße abgeschmeckt.

Gefüllte Eierkuchen (süß)

Teig: 100 g Weizenmehl, ½ Päckchen Dr. Oetker Soßen-Pulver Vanille-Geschmack, 3 g (1 gestrichener Teel.) Dr. Oetker Backpulver „Backin", 1–2 Eigelb, ½ Teel. Salz, etwas Zucker, knapp ¼ l Milch, 1–2 Eiweiß; etwa 60 g Fett zum Backen.

Füllung: 300 g Quark, 1–2 Eier, 50 g Korinthen, 40–50 g Zucker.

Das mit Soßen-Pulver und „Backin" gemischte und gesiebte Mehl wird in eine Schüssel gegeben, in die Mitte wird eine Vertiefung eingedrückt; das mit Salz, Zucker und etwas Milch gut verquirlte Eigelb wird hineingegeben. Man verrührt nun von der Mitte aus Eigelb und Mehl, gibt nach und nach die Milch dazu und achtet darauf, daß keine Klümpchen entstehen. Zuletzt wird das zu steifem Schnee geschlagene Eiweiß vorsichtig darunter gehoben.

Man erhitzt etwas Fett in einer Stielpfanne, gibt eine dünne Teiglage hinein und backt sie von beiden Seiten dunkelgelb. Wenn der Pfannkuchen gewendet wird, legt man etwas Fett auf die ungebackene Seite.

Für die Füllung wird der Quark durch ein feines Sieb gestrichen. Man rührt die Eier und die gewaschenen Korinthen darunter und schmeckt mit Zucker ab.

Die gebackenen, noch heißen Pfannkuchen werden zur Hälfte damit bestrichen, die andere Hälfte wird darüber geklappt.

Eierkuchen mit Obst

Teig: 225 g Weizenmehl, 1 Päckchen Dr. Oetker Soßen-Pulver Vanille-Geschmack, 6 g (2 gestrichene Teel.) Dr. Oetker Backpulver „Backin", 2–3 Eigelb, 1 Teel. Salz, etwas Zucker, ½ l Milch, 2–3 Eiweiß, etwa 100 g Fett zum Backen.

Obst: ¾–1 kg (Äpfel, Kirschen, Pflaumen, Heidelbeeren oder Johannisbeeren).

Zum Bestreuen: Etwas Zucker.

Das mit Soßen-Pulver und „Backin" gemischte und gesiebte Mehl wird in eine Schüssel gegeben, in die Mitte wird eine Vertiefung eingedrückt, das mit Salz, Zucker und etwas Milch gut verquirlte Eigelb wird hineingegeben. Man verrührt nun von der Mitte aus Eigelb und Mehl, gibt nach und nach die Milch dazu und achtet darauf, daß keine Klümpchen entstehen. Zuletzt wird das zu steifem Schnee geschlagene Eiweiß vorsichtig darunter gehoben.

Eierkuchen mit Äpfeln: Man gießt den Teig sehr dünn in die Pfanne in das zerlassene Fett. Wenn er zum Boden der Pfanne hin etwas trocken wird, legt man die geschälten, in Scheiben geschnittenen Äpfel darauf und backt den Eierkuchen von beiden Seiten dunkelgelb. Man bestreut die fertigen Kuchen mit Zucker.

Eierkuchen mit Kirschen oder Pflaumen: Man gießt den Teig sehr dünn in die Pfanne in das zerlassene Fett. Wenn er zum Boden der Pfanne hin etwas trocken wird, legt man das entsteinte Obst darauf, gießt noch Teig darüber und backt den Eierkuchen auf beiden Seiten dunkelgelb. Gewendet werden darf er erst, wenn er obenauf auch trocken ist. Man bestreut die fertigen Kuchen mit Zucker.

Eierkuchen mit Heidelbeeren oder Johannisbeeren: Man zerläßt etwas Fett in einer Bratpfanne, gibt eine dünne Teiglage hinein, backt sie auf einer Seite dunkelgelb, wendet und belegt sie mit Heidelbeeren oder Johannisbeeren. Man bedeckt die Pfanne mit einem Deckel und läßt das Obst langsam schmoren. Die fertigen Pfannkuchen werden mit Zucker bestreut. Sie sind eine sehr beliebte Nachspeise, können auch kalt zum Kaffee gereicht werden.

Pfitzauf

75 g Weizenmehl, 50 g Dr. Oetker „Gustin", 3 Eier, etwas Salz, ¼ l Milch, 25 g zerlassene Butter oder Margarine.

Mehl und „Gustin" werden gemischt und in eine Schüssel gesiebt. In die Mitte drückt man eine Vertiefung ein. Die mit Salz und etwas von der Milch gut verquirlten Eier werden hineingegeben. Man verrührt von der Mitte aus die Eier mit dem Mehl, gibt nach und nach die restliche Milch und das zerlassene Fett darunter. Die gefetteten Pfitzaufformen werden halbvoll mit Teig gefüllt.

Flammenbackofen: ½ große Flamme.
Reglerbackofen: 2½–3½.
Backzeit: Etwa 35 Minuten.
Beigabe: Birnensuppe oder Suppe aus getrockneten Pflaumen.

F. Eieraufläufe

Eierauflauf (Omelette soufflée)

4 Eigelb, 100 g Zucker, 4 Eiweiß, 20 g Dr. Oetker „Gustin", 10 g Puderzucker.

Eigelb und Zucker werden mit einem Schneebesen schaumig geschlagen; man hebt das zu steifem Schnee geschlagene Eiweiß und das „Gustin" vorsichtig darunter und gibt die Masse bergförmig auf eine gut gefettete ovale Platte.

Flammenbackofen: ⅓ große Flamme.
Reglerbackofen: 2½–3½.
Backzeit: 30–35 Minuten.

Der Auflauf wird mit Puderzucker bestreut und schnell aufgetragen.

Zitronenauflauf

4 Eigelb, abgeriebene Schale einer Zitrone, 100 g Zucker, Saft einer Zitrone, 4 Eiweiß, 20 g Dr. Oetker „Gustin", 10 g Puderzucker.

Eigelb, abgeriebene Zitronenschale und Zucker werden mit einem Schneebesen schaumig geschlagen. Der Zitronensaft wird langsam dazugegeben. Man hebt das zu steifem Schnee geschlagene Eiweiß und das „Gustin" vorsichtig darunter und gibt die Masse bergförmig auf eine gut gefettete, ovale Platte.

Flammenbackofen: ⅓ große Flamme.
Reglerbackofen: 2½–3½.
Backzeit: 30–35 Minuten.

Der Auflauf wird nach dem Backen mit Puderzucker bestreut und möglichst schnell aufgetragen.

Apfel-, Aprikosen- oder Erdbeerauflauf

4 Eigelb, 100 g Zucker, 500 g Äpfel, Aprikosen oder Erdbeeren, 20 g Dr. Oetker „Gustin", 4 Eiweiß, 10 g Puderzucker.

Eigelb und Zucker werden mit einem Schneebesen schaumig geschlagen. Man rührt die gewaschenen, geschälten, auf einer Rohkostreibe geriebenen Äpfel, die gewaschenen, entsteinten, durch ein Sieb gestrichenen rohen Aprikosen oder die gewaschenen, durch ein Sieb gestrichenen rohen Erdbeeren mit dem „Gustin" unter den Eigelbkrem und hebt das zu steifem Schnee geschlagene Eiweiß darunter. Die Masse wird bergförmig auf eine gut gefettete, ovale Platte gefüllt.

Flammenbackofen: ⅓ große Flamme.

Reglerbackofen: 2½–3½.

Backzeit: 25–35 Minuten.

Der Auflauf wird nach dem Backen mit Puderzucker bestäubt und möglichst schnell aufgetragen.

Überbackene Eier

4–8 Eier;

Bechamelsoße: 40 g Butter oder Margarine, 40 g Schinken, 40 g Weizenmehl, 60 g Zwiebeln, ¼ l Brühe oder Wasser, ¼ l Milch oder Sahne, etwas Salz, etwas Pfeffer; etwas geriebener Käse, etwas Butter.

Die Eier werden hart gekocht (etwa 10 Minuten), in Hälften oder Scheiben geschnitten und in eine gefettete Auflaufform gefüllt.

Für die Bechamelsoße zerläßt man das Fett mit den Schinkenwürfeln. Das Mehl wird mit den feingehackten Zwiebeln so lange darin erhitzt, bis es hellgelb ist. Man gießt unter ständigem Rühren nach und nach die kalte Brühe (Wasser) und die kalte Milch (Sahne) hinzu und läßt 10 Minuten schwach kochen. Die Soße kann durch ein feines Sieb gestrichen werden und wird mit Salz und Pfeffer abgeschmeckt. Man gießt sie über die Eier, bestreut sie mit geriebenem Käse, belegt sie mit Butterflöckchen und backt sie goldbraun.

Flammenbackofen: ½ große Flamme.

Reglerbackofen: 3–4.

Backzeit: Etwa 25 Minuten.

Man reicht grünen Salat und gebratene Kartoffeln dazu.

Veränderung: An Stelle der Bechamelsoße kann man eine Tomaten- (S. 47), Champignon- (S. 44), Senf- (S. 44) oder Specksoße (S. 49) nehmen.

Eier in Pastetenform (Resteverwertung)

4 Eßl. Kartoffelbrei, 4 Eier, 4 Eßl. Gemüse- oder Fleischreste (Braten, Schinken, Wild, Geflügel), etwas saure Sahne oder Milch, etwas Salz, evtl. etwas Zitronensaft, 2 Eßl. geriebener Käse, 20 g Butter oder Margarine.

Vier kleine Pastetenformen werden mit zerlassener Butter ausgestrichen. Man legt eine dünne Schicht Kartoffelbrei auf den Boden, jeder Form und läßt darauf vorsichtig ein rohes Ei gleiten. Die Gemüse- oder Fleischreste werden fein gehackt und mit etwas saurer Sahne oder Milch verrührt. Man schmeckt sie pikant ab und bedeckt damit die Eier, streut darauf geriebenen Käse und belegt mit Butterflöckchen.

Die Pastetenförmchen werden in den Backofen geschoben, die Masse wird goldbraun gebacken.

Flammenbackofen: ½ große Flamme.

Reglerbackofen: 3–4.

Backzeit: Etwa 20 Minuten.

MILCH- UND QUARKSPEISEN

Die Milch ist eins unserer wichtigsten Lebensmittel, denn sie enthält alle Stoffe, die der Körper zum Aufbau und zur Erhaltung braucht, in beträchtlichen Mengen und in günstiger Zusammensetzung. So sind in 1 l Kuhmilch etwa 35 g Eiweiß, 30–40 g Fett, 45 g Milchzucker (Kohlenhydrate), reichlich Mineralstoffe und Vitamine enthalten. Kindern in den ersten Lebensmonaten kann sie deswegen als alleinige Nahrung dienen. Für Erwachsene reicht sie ihres großen Flüssigkeitsgehaltes wegen dazu nicht aus.

Das Eiweiß der Milch ist hochwertig und wird vom Körper gut ausgenutzt. Es ist hervorragend geeignet, die eiweißärmeren pflanzlichen Lebensmittel mit Eiweiß anzureichern und sie im Sinne einer Wachstumswirkung zu ergänzen. Das Fett schwebt in Form feinverteilter Tröpfchen in der Milch (Emulsion) und verleiht ihr die gelblichweiße Farbe. Bei längerem Stehen sammelt es sich als Sahne (Rahm, Schmant) an der Oberfläche. Durch Schleudern oder Schlagen gewinnt man daraus die Butter. Der in der Milch enthaltene Milchzucker gibt ihr den süßlichen Geschmack, er verwandelt sich unter der Einwirkung von Bakterien der Luft in Milchsäure und verursacht das Gerinnen des Eiweißstoffes Kasein. Milch enthält außerdem alle Mineralstoffe, die der menschliche Organismus braucht, besonders reichlich Kalk und Phosphor, die für Wachstum und Knochenbildung notwendigen Salze und schließlich alle Vitamine, wenn auch nicht immer in gleicher Höhe. Grünfütterung und Weidegang erhöhen den Vitamingehalt der Milch, wie denn überhaupt Beschaffenheit und Menge der gewonnenen Milch stark abhängig sind von Fütterung, Haltung, Rasse und Alter des Milchtieres. Die Zusammensetzung der Milch ist auch bei den einzelnen Tierarten verschieden; so ist Ziegenmilch fettreicher als Kuhmilch, Eselsmilch dagegen hat einen höheren Gehalt an Milchzucker und Fett, aber weniger Eiweiß.

Als Vollmilch bezeichnet man die Milch in der Zusammensetzung, wie das Tier sie liefert. Sie sieht gelblich-weiß aus, hat guten Geruch und Geschmack und hinterläßt keinen Bodensatz. Ein Tropfen davon darf auf dem Fingernagel nicht zerfließen, sinkt aber infolge seines Gewichtes im Wasser unter.

Magermilch entsteht durch die Entrahmung der Vollmilch bei der Butterherstellung. Sie sieht bläulich-weiß aus, weil ihr das Fett entzogen ist; im übrigen aber ist sie ein wertvolles und billiges Nahrungsmittel, das leider viel zu wenig in der Küche verwandt wird. Sie enthält außer Milchzucker, Mineralstoffen und Vitaminen noch das gesamte Eiweiß. Und da es sich, ebenso wie bei Vollmilch, um biologisch vollwertiges Eiweiß handelt, das in der Regel teuer bezahlt werden muß (Fleisch- oder Eiereiweiß ist 5–8 mal teuerer als Milcheiweiß), sollte Magermilch im Haushalt überall da gebraucht werden, wo es nicht auf den vollen Kaloriengehalt der Vollmilch ankommt. Zur Herstellung von Suppen und Getränken (Kakao), von Milch- und Mehlspeisen wie als Zusatz zu Soßen und Backwerk kann man ebenso gut Magermilch nehmen, da man in der Regel doch Butter oder Fett hinzufügt.

Vollmilch- und Magermilchpulver werden durch ein besonderes Zerstäubungsverfahren gewonnen. Man kann sie, in Wasser aufgelöst, genau wie Milch verwenden.

Buttermilch heißt die bei der Butterbereitung zurückbleibende Flüssigkeit. Sie enthält noch geringe Mengen an Fett und die Hauptanteile an Eiweiß, Milchzucker und Mineralstoffen. Zudem wirkt ihre Milchsäure anregend auf die Absonderung der Verdauungssäfte und unterbindet im Darm auftretende Fäulnisprozesse. Sie ist ein leicht verdauliches Nahrungsmittel, das sich vorzüglich zur Bereitung von Suppen eignet, die mit Brot oder Getreideerzeugnissen hergestellt werden. Sie läßt sich aber auch als Zusatz zu Soßen, Fleisch- und Mehlspeisen verwenden, ergibt, allein oder mit Obstsäften gemischt, ein wohlschmeckendes Erfrischungsgetränk und dient zur Herstellung einer nahrhaften und preiswerten Süßspeise.

Joghurtmilch, Kumyß und Kefir sind von ähnlicher diätetischer Wirkung wie Buttermilch und entstehen durch Zusatz von Hefepilzen, die den Milchzucker vergären.

Sauermilch entsteht durch die Einwirkung von Bakterien der Luft, die den Milchzucker in Milchsäure verwandeln. Dabei erstarrt die Milch zu „Dickmilch". Ihr hoher Milchsäuregehalt und die Umwandlung des Milcheiweiß in eine leicht verdauliche Form machen sie zu einer gesunden und äußerst bekömmlichen Nahrung, die oft besser vertragen wird als gewöhnliche Milch. Die Verdaulichkeit läßt sich noch steigern, wenn man die Dickmilch quirlt, um das geronnene Kasein zu einem feinen Gerinnsel zu verteilen, und sie zu Schwarzbrot oder Kartoffeln ißt. Auch in der Krankenkost hat sich Sauermilch bei einer ganzen Reihe von Erkrankungen als Heilnahrung erwiesen.

Quark wird aus der Sauermilch gewonnen, die erhitzt wird, damit sich das Kasein von den übrigen Bestandteilen trennt. Läßt man diese Flüssigkeit (Molke) durch ein Sieb oder Tuch ablaufen, so erhält man den weißen Käse, den man Quark oder Topfen nennt. Da er über 20% Milcheiweiß enthält, stellt er ein hochwertiges Nahrungsmittel dar, das überdies leicht verdaulich ist und durch seinen geringen Eigengeschmack große Verwendungsmöglichkeiten bietet. Quark kann, süß oder salzig abgeschmeckt, in mancherlei Form auf den Tisch kommen, und da sein Preis niedrig ist, sollte er der Hausfrau mehr als bisher als billige Eiweißquelle dienen. Da er aus entrahmter Milch gewonnen wird, ist seine Verwendung auch aus volkswirtschaftlichen Gründen erwünscht, damit die großen Mengen anfallender Magermilch nutzbringend verwendet werden.

Bei der Verwendung von Milch im Haushalt hat die Hausfrau für peinliche Sauberkeit Sorge zu tragen. Da es trotz sorgfältiger Gewinnung und Behandlung völlig keimfreie Milch nicht gibt, empfiehlt sich das Kochen der Milch vor dem Genuß stets dann, wenn sie offen ausgemessen und verkauft wird. Ein dreimaliges kurzes Aufwallen tötet die Keime, ohne die Vitamine zu schädigen. In den meisten Städten wird die Milch heute vor der Ausgabe an die Verbraucher in den Molkereien pasteurisiert, d. h. kurze Zeit auf ungefähr 70° erhitzt, um vorhandene Krankheitserreger unschädlich und die Milch länger haltbar zu machen. Aber auch diese Milch muß vor nachträglichen Infektionen geschützt und sachgemäß aufbewahrt werden. Man soll sie kühl stellen und gut zudecken, um Schmutz und schädliche Keime fernzuhalten. Da Wärme die Bildung von Bakterien begünstigt, muß man beim Kochen und Aufbewahren der Milch im Sommer besonders sorgfältig verfahren. Ein Kühlschrank leistet hier gute Dienste.

Regeln

1. Rohe Milch soll nach dem Einkauf kurz aufgekocht werden, falls sie nicht sofort verwendet wird.
2. Das Aufkochen muß schnell geschehen, um die Vitamine zu schonen.
3. Um Hautbildung zu verhüten, rühre man während des Erkaltens häufig um.
4. Milch soll nach dem Kochen schnell abkühlen und kalt aufbewahrt werden.

5. Man darf Milch nicht offen stehenlassen und frische Milch nicht mit alter zusammengießen.
6. Man verwende zum Kochen und Aufbewahren besondere Milchtöpfe.
7. Milchtöpfe müssen täglich gründlich gesäubert werden. Man soll sie vor dem Gebrauch kalt ausspülen, um ein Anbrennen zu verhüten.

Milchspeisen

A. Milchgetränke Siehe S. 223/224.
B. Milchsuppen Siehe S. 32/35.
C. Milchsoßen Siehe S. 53/54.
D. Milchbreie Siehe S. 199/200.
E. Milchsüßspeisen Siehe Abschnitt „Süßspeisen".

Quarkspeisen

A. Quark als Brotaufstrich

Weißer Quark

250 g Quark, 3–4 Eßl. Milch oder Sahne, 1 Messerspitze Salz.

Man rührt den Quark durch ein feines Sieb, vermischt ihn mit Milch oder Sahne, schmeckt ihn mit Salz ab und rührt ihn, bis er schaumig ist.

Kräuter- oder Kümmelquark

250 g Quark, 3–4 Eßl. Milch oder Sahne, 1 Messerspitze Salz, 1–2 Eßl. feingehackter Schnittlauch oder gemischte Küchenkräuter oder 1 Eßl. Kümmel.

Man rührt den Quark durch ein feines Sieb, vermischt ihn mit Milch oder Sahne, schmeckt ihn mit Salz ab und rührt ihn, bis er schaumig ist. Zum Schluß wird der gehackte Schnittlauch oder der Kümmel dazugegeben.

Veränderung: An Stelle von Kümmel kann man nach Geschmack geriebene Zwiebel, geriebene rote Beeten, gehackte Krabben, feingewiegten Räucherfisch oder feingehackte Schinkenreste nehmen.

Möhrenquark

250 g Quark, 3–4 Eßl. Milch oder Sahne, 125 g feingeriebene Möhren, 1 Messerspitze Salz, 1 Teel. feingehackter Schnittlauch.

Man rührt den Quark durch ein feines Sieb, vermischt ihn mit der Milch oder Sahne und den Möhren, schmeckt ihn mit etwas Salz ab und rührt ihn, bis er schaumig ist. Zum Schluß wird der gehackte Schnittlauch dazugegeben.

Paprikaquark

250 g Quark, 3–4 Eßl. Milch oder Sahne, etwas Salz, 1 Messerspitze Paprika.

Man rührt den Quark durch ein feines Sieb, vermischt ihn mit Milch oder Sahne, schmeckt ihn mit Salz und Paprika ab und rührt ihn, bis er schaumig ist.

Rettichquark

250 g Quark, 3–4 Eßl. Milch oder Sahne, 1 Messerspitze Salz, geriebener Rettich.

Man rührt den Quark durch ein feines Sieb, vermischt ihn mit Milch oder Sahne und rührt ihn, bis er schaumig ist. Zum Schluß wird er mit Salz und geriebenem Rettich abgeschmeckt.

Sardellenquark

250 g Quark, 3–4 Eßl. Milch oder Sahne, einige gewässerte Sardellen, etwas Salz.

Man rührt den Quark durch ein feines Sieb, vermischt ihn mit Milch oder Sahne und rührt ihn, bis er schaumig ist. Zum Schluß werden die gereinigten, gehackten Sardellen hinzugegeben, der Quark wird mit Salz abgeschmeckt.

Tomatenquark

250 g Quark, 3–4 Eßl. Milch oder Sahne, 1–2 Eßl. Tomatenmark, 1 kleingehackte Zwiebel, etwas Salz.

Man rührt den Quark durch ein feines Sieb, vermischt ihn mit Milch oder Sahne, Tomatenmark und kleingehackter Zwiebel, schmeckt ihn mit Salz ab und rührt ihn, bis er schaumig ist.

Quarkbutter

125 g Quark, 2–3 Eßl. Milch, 125 g Butter oder Margarine, 1 kleine Zwiebel, 1 Teel. feingehackter Schnittlauch, 1 Messerspitze Salz.

Man rührt den Quark durch ein feines Sieb und gibt die Milch darunter. Die Butter wird schaumig gerührt. Die feingehackte Zwiebel, der feingehackte Schnittlauch und der Quark werden hinzugegeben. Man schmeckt die Quarkbutter mit Salz ab. Brote, die mit Quarkbutter bestrichen sind, können mit Gurken-, Tomaten-, Rettich- oder Radieschenscheiben belegt werden.

Liptauer Käse

50 g Butter oder Margarine, 250 g Quark, 1 kleine Zwiebel, 1 Teel. Senf, Salz, Paprika.

Man rührt das Fett schaumig und gibt den durch ein feines Sieb gestrichenen Quark hinzu. Der Quark wird mit geriebener Zwiebel, Senf, Salz und Paprika abgeschmeckt. Man formt kleine Bällchen oder setzt den Quark mit 2 Teelöffeln auf Salatblätter und bestreut ihn mit Paprika.

Veränderung: Man kann geriebenen Schweizer Käse, feingehackte Essiggürkchen oder feingewiegten Hering (Sardelle) dazugeben.

Kochkäse

500 g trockener Quark, 30 g Butter oder Margarine, 1 Teel. Salz, 1–2 gestrichene Teel. Kümmel.

Man streicht den möglichst trockenen Quark durch ein feines Sieb und läßt ihn unter täglichem Umrühren so lange an einem warmen Ort stehen, bis er eine sahnengelbe Farbe hat. Dann wird das Fett zerlassen. Man gibt den Quark und nach Geschmack Salz und Kümmel hinzu und rührt die Masse auf schwachem Feuer, bis sie flüssig und klar ist. Der Käse wird in kleine Porzellanschüsseln gefüllt und muß kühl aufbewahrt werden.

TAFEL 21

Butterkremtorte

Rezept Seite 273

Mohrenköpfe

Rezept Seite 277

TAFEL 22

Pfirsichtorte
siehe Obsttorte
Rezept Seite 262

Apfeltorte gedeckt
Rezept Seite 263

Apfelkuchen mit Streuseln
Rezept Seite 256

TAFEL 23

Haselnußkranz
Rezept Seite 260

Käsekremtorte
Rezept Seite 264

Kaiserin-Friedrich-Torte
Rezept Seite 257

Sahne-Schokoladentorte
Rezept Seite 274

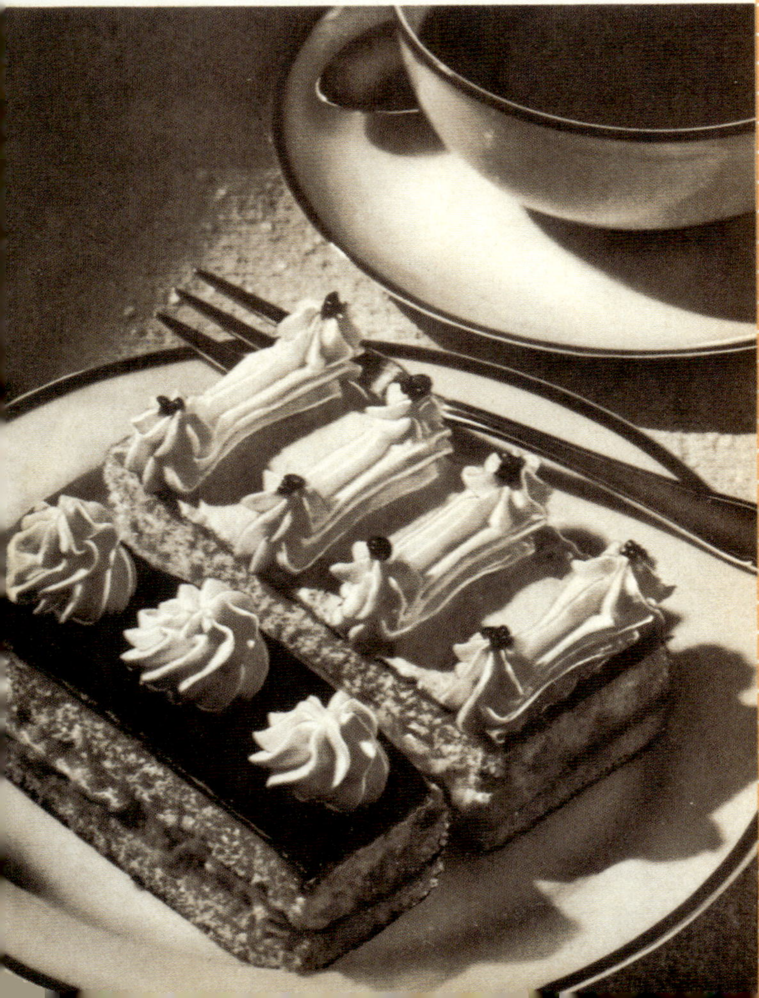

Biskuitschnitten
Rezept Seite 275

B. Quark zum Mittag- und Abendbrot

I. Roh angerichtet

Pellkartoffeln mit Quark

1 kg Kartoffeln.

Weißer Quark: 250 g Quark, 2–3 Eßl. Milch oder Sahne, 1 Messerspitze Salz.

Die Kartoffeln werden gründlich gewaschen und in der Schale gar gekocht. Inzwischen rührt man den Quark durch ein feines Sieb, vermischt ihn mit Milch oder Sahne, schmeckt ihn mit Salz ab und rührt ihn, bis er schaumig ist.

Die Pellkartoffeln werden in einer Schüssel besonders gereicht, der Quark wird mit Tomaten und Radieschen angerichtet.

Veränderung: An Stelle des weißen Quarks kann auch ½ Rezept Quarkbutter (S. 192) genommen werden.

Kümmelkartoffeln mit Quark (nach Dr. Bircher-Benner)

1 kg kleinere Kartoffeln, etwas Kümmel, etwas Salz, etwas Butter oder Öl.

Weißer Quark: 250 g Quark, 2–3 Eßl. Milch oder Sahne, 1 Messerspitze Salz.

Die Kartoffeln werden gründlich gewaschen, ungeschält halbiert, mit den Schnittflächen in Kümmel und Salz getaucht und auf ein gefettetes Backblech gesetzt. Man bestreicht sie mit zerlassener Butter oder Öl und backt sie im Ofen gar.

Flammenbackofen: ⅓ große Flamme.
Reglerbackofen: 2½–3½.
Backzeit: 25–30 Minuten.

Man rührt den Quark durch ein feines Sieb, vermischt ihn mit Milch oder Sahne, schmeckt ihn mit Salz ab und rührt ihn, bis er schaumig ist.

Kartoffelpfannkuchen mit Quark

Pfannkuchen: 1 kg Kartoffeln, etwas Salz, 1 kleine Zwiebel, 1–2 Eier, 20–30 g Weizen- oder Semmelmehl, etwa 100 g Öl oder Schmalz.

Kümmelquark: 250 g Quark, 3–4 Eßl. Milch oder Sahne, 1 Eßl. Kümmel, etwas Salz.

Die Kartoffeln werden geschält, gerieben und mit Salz, geriebener Zwiebel, Eiern und Mehl gut verrührt. Man erhitzt das Fett, gibt den Teig löffelweise hinzu und drückt ihn flach. Die Plätzchen werden auf beiden Seiten braun und knusprig gebacken.

Für den Kümmelquark rührt man den Quark durch ein feines Sieb, vermischt ihn mit Milch oder Sahne und Kümmel, schmeckt ihn mit Salz ab und rührt ihn, bis er schaumig ist.

Veränderung: An Stelle von Kümmelquark kann man auch „Weißen Quark" (S. 191) oder Kräuterquark (S. 191) nehmen.

II. Gekocht

Quarkklöße

100 g Butter oder Margarine, 50 g Zucker, 3 Eier, 1 Teel. Salz, 750 g gut ausgepreßter Quark, 75 g Semmelmehl, 300 g Weizenmehl, 6 g (2 gestrichene Teel.) Dr. Oetker Backpulver „Backin", 30 g Butter zum Bräunen, Zucker und Zimt.

Man rührt das Fett schaumig und gibt nach und nach den Zucker, die Eier, das Salz, den durch ein Sieb gestrichenen Quark und das Semmelmehl hinzu. Das mit

„Backin" gemischte, gesiebte Mehl wird gut zur Hälfte darunter gerührt und der Rest darunter geknetet. Sollte der Teig kleben, kommt etwas Mehl hinzu. Man formt mit bemehlten Händen Klöße, gibt sie in schwach gesalzenes, kochendes Wasser und kocht sie darin gar.

Sie werden mit gebräunter Butter übergossen und mit Zucker und Zimt bestreut.

Kochzeit: Etwa 30 Minuten.

Quarknudeln

450–500 g Weizenmehl, 25 g (1 gut gehäufter Eßl.) Zucker, 1 Teel. Salz, 2 Eier, 375 g Quark, 30 g Butter zum Bräunen.

450 g Mehl werden auf eine Tischplatte gesiebt. In die Mitte wird eine Vertiefung eingedrückt. Zucker, Salz und Eier werden hineingegeben und mit einem Teil des Mehls zu einem dicken Brei verarbeitet. Darauf gibt man den durch ein Sieb gestrichenen Quark, bedeckt ihn mit Mehl, drückt alles zu einem Kloß zusammen und verknetet von der Mitte aus alle Zutaten schnell zu einem glatten Teig. Sollte er kleben, gibt man noch etwas Mehl hinzu.

Der Teig wird dünn ausgerollt und in 6 cm breite Streifen geschnitten. Man legt sie gut mit Mehl bestreut aufeinander und schneidet etwa 1 cm breite Streifen ab. Sie werden in kochendes Salzwasser gegeben. Man zieht im Anfang einen Holzlöffel über den Boden des Topfes, damit sie nicht anhängen. Wenn sie gar sind, gibt man sie auf ein Sieb und übergießt sie mit kaltem Wasser.

Kochzeit: 15–20 Minuten.

Man reicht die Nudeln mit gebräunter Butter zu Salat oder Kompott.

III. In der Pfanne gebacken

Quarkeierkuchen

2 Eigelb, 20 g Zucker, 1 Teel. Salz, 250 g Quark, 250 g Weizenmehl, ½ l Milch, 2 Eiweiß, 60–80 g Fett zum Backen.

Das Eigelb wird nach und nach mit Zucker, Salz und Quark verrührt. Dann gibt man abwechselnd mit der Milch eßlöffelweise das gesiebte Mehl hinzu. Zum Schluß wird das zu steifem Schnee geschlagene Eiweiß darunter gehoben.

Man erhitzt etwas Fett in einer Stielpfanne, gibt eine dünne Teiglage hinein und backt sie von beiden Seiten dunkelgelb. Wenn der Pfannkuchen gewendet wird, legt man etwas Fett auf die ungebackene Seite. Man läßt die gebackenen Pfannkuchen, einen nach dem anderen, auf eine heiße, runde Platte gleiten und bestreut jeden mit etwas feinem Zucker. Obst, Salat oder Gemüse wird dazu gereicht.

Quarkbratlinge

40 g Butter oder Margarine, 2 Eier, 500 g gekochte Kartoffeln (vom Tage vorher!), 250 g Quark, 50 g Weizenmehl, 50 g Dr. Oetker „Gustin", 1 Teel. Salz, etwas Muskat, feingehackte Kräuter, 60–80 g Fett zum Backen.

Fett und Eier werden schaumig gerührt. Die geriebenen Kartoffeln, der durch ein Sieb gestrichene Quark und das mit „Gustin" gemischte, gesiebte Weizenmehl werden nach und nach hinzugegeben. Man schmeckt mit Salz, geriebenem Muskat und feingehackten Kräutern ab, formt flache Plätzchen und backt sie in heißem Fett langsam von beiden Seiten schön braun. Sie werden mit Salat oder Gemüse gereicht.

Backzeit: Etwa 12 Minuten.

Quarkpüfferchen

40 g Butter oder Margarine, 60 g Zucker, 2 Eier, einige Tropfen Dr. Oetker Backöl Bittermandel oder Zitrone, 1 Teel. Salz, 500 g gut ausgepreßter Quark, 250 g Weizenmehl, 9 g (3 gestrichene Teel.) Dr. Oetker Backpulver „Backin", 125 g Korinthen, 60–80 g Fett zum Backen.

Fett, Zucker und Eier werden schaumig gerührt und mit Backöl und Salz gemischt. Dann gibt man den gut ausgepreßten, durch ein Sieb gestrichenen Quark, das mit „Backin" gemischte und gesiebte Mehl hinzu und hebt zuletzt die gewaschenen Korinthen darunter. Der Teig wird in Form von kleinen Püfferchen in heißes Fett gegeben und von beiden Seiten goldbraun gebacken. Man bestreut sie mit Zucker und reicht sie heiß zum Kaffee.

Backzeit: Etwa 6 Minuten.

Quarkschmarren

250 g Quark, 2 Eier, 125 g Weizenmehl, 1 Messerspitze Salz, 60 g Fett zum Backen, 20 g Zucker, etwas Zimt.

Der Quark wird durch ein feines Sieb gestrichen und mit Eiern, Mehl und Salz verrührt. Man streicht jeweils einen Teil des Teiges in Form eines dicken Pfannkuchens in eine Bratpfanne mit zerlassenem, heißem Fett. Der Pfannkuchen wird auf einer Seite hellbraun gebacken, gewendet und dann mit zwei Gabeln in kleine Stücke zerrissen, die gut gebräunt werden.

Man bestreut den Schmarren mit Zucker und Zimt.

Backzeit: 6–8 Minuten.

IV. Im Ofen gebacken

Quarkkrem-Auflauf

2 Päckchen Dr. Oetker Pudding-Pulver Vanille-Geschmack, 2 Eigelb, 200 g Zucker, ½ l Milch, ½ Fläschchen Dr. Oetker Backöl Zitrone, 750 g gut ausgepreßter Quark, 50 g Rosinen, 3 Eiweiß.

Zum Bestreichen: 1 Eigelb, 1 Eßl. Milch.

Die beiden Pudding-Pulver, das Eigelb und ⅔ des Zuckers werden mit ¼ l Milch angerührt. Die übrige Milch bringt man zum Kochen, nimmt den Topf von der Kochstelle, rührt das angerührte Pudding-Pulver mit einem Schneebesen hinein und läßt unter ständigem Rühren noch einige Male aufkochen. Darauf nimmt man den Topf wieder von der Kochstelle, gibt das Backöl und den durch ein Sieb gestrichenen Quark unter den Pudding und läßt ihn unter ständigem Rühren noch einmal aufkochen. Man füllt die heiße Masse in eine Schüssel, gibt sofort die gewaschenen Rosinen hinein und zieht das mit dem Rest des Zuckers zu sehr steifem Schnee geschlagene Eiweiß darunter. Die Quarkmasse wird in eine gefettete Auflaufform gegeben und glattgestrichen. Eigelb und Milch werden verquirlt; damit bestreicht man vorsichtig die Oberfläche des Auflaufs.

Flammenbackofen: ⅓ große Flamme.
Reglerbackofen: 2½–3½.
Backzeit: Etwa 55 Minuten.

Quarkauflauf mit Obst

500 g Äpfel oder Kirschen, Saft von 1 Zitrone, 125 g Zucker, 500 g Quark, 3 Eigelb, 60 g Dr. Oetker „Gustin", 6 g (2 gestrichene Teel.) Dr. Oetker Backpulver „Backin", 3 Eiweiß, 2 Eßl. Semmelmehl, 20 g Butter.

Die gewaschenen Äpfel werden geschält und in feine Scheiben geschnitten, die gewaschenen Kirschen entkernt. Man mischt die Früchte mit dem Zitronensaft und etwas von dem Zucker und läßt alles gut durchziehen. Der Quark wird durch ein Sieb gestrichen, der restliche Zucker, das Eigelb, das mit „Backin" gemischte „Gustin" und die Früchte werden nach und nach untergerührt. Man hebt das zu steifem Schnee geschlagene Eiweiß vorsichtig darunter, füllt die Masse in eine gefettete Auflaufform, bestreut sie mit Semmelmehl und belegt sie mit Butterflöckchen.

Flammenbackofen: $\frac{1}{3}$ große Flamme.
Reglerbackofen: $2\frac{1}{2}$–$3\frac{1}{2}$.
Backzeit: Etwa 50 Minuten.

C. Quark als Süßspeise

Süßer Quark (Stippmilch oder Makai)

250 g Quark, gut $\frac{1}{8}$ l Milch oder Sahne, 40 g Zucker, 1 Päckchen Dr. Oetker Vanillin-Zucker.

Der Quark wird durch ein feines Sieb gestrichen, mit Milch, Zucker und Vanillin-Zucker vermischt und schaumig geschlagen. Man kann ihn beim Anrichten mit Geleestückchen verzieren.

Veränderung: Der Quark kann ohne Vanillin-Zucker zubereitet werden, man bestreut ihn dann mit Zucker und Zimt.

Erdbeerquark

250 g Quark, 250 g Erdbeeren, Zucker nach Geschmack, etwas Zitronensaft oder 1 Päckchen Dr. Oetker Vanillin-Zucker.

Der Quark und die gewaschenen Erdbeeren (einige zurücklassen!) werden nacheinander durch ein feines Sieb gestrichen, mit Zucker und Zitronensaft oder Vanillin-Zucker abgeschmeckt und schaumig geschlagen. Man verziert den Erdbeerquark mit einigen zurückgelassenen Erdbeeren.

Veränderung: Statt der Erdbeeren kann man Himbeeren, Brombeeren oder Preiselbeeren verwenden.

Nußquark

250 g Quark, gut $\frac{1}{8}$ l Milch, 50 g Zucker, 1 Päckchen Dr. Oetker Vanillin-Zucker, 75–100 g gemahlene Haselnußkerne.

Der Quark wird durch ein feines Sieb gestrichen, mit Milch, Zucker und Vanillin-Zucker schaumig geschlagen und mit den Nüssen vermischt.

Schokoladenquark

250 g Quark, gut $\frac{1}{8}$ l Milch oder Sahne, 40 g Zucker, 50 g geriebene Schokolade.

Der Quark wird durch ein feines Sieb gestrichen, mit Milch, Zucker und geriebener Schokolade vermischt und schaumig geschlagen. Man kann ihn beim Anrichten mit geriebener Schokolade bestreuen.

Quark mit Kompott

In eine Glasschüssel füllt man gedünstetes Kompott: Rhabarber, Erdbeeren, Johannisbeeren, Kirschen oder Preiselbeeren, streut gehackte Mandeln oder Nüsse darüber und gibt den schaumig geschlagenen, süßen Quark (s. oben) darauf.

Quark mit Fruchtsaft

250 g Quark, 2–3 Eßl. Milch oder Sahne, 3–4 Eßl. Fruchtsaft, Zucker nach Geschmack.

Der Quark wird durch ein feines Sieb gestrichen, mit Milch und Fruchtsaft vermischt, mit Zucker abgeschmeckt und schaumig geschlagen.

Quarkschaum

2 Eigelb, 30 g Zucker, 1 Päckchen Dr. Oetker Vanillin-Zucker, 250 g Quark, 2 Eiweiß.

Eigelb, Zucker, Vanillin-Zucker und der durch ein Sieb gestrichene Quark werden schaumig gerührt. Man hebt das zu steifem Schnee geschlagene Eiweiß darunter.

Veränderung: Statt des Vanillin-Zuckers kann man einige Tropfen Dr. Oetker Rum-Aroma verwenden.

Quarkkrem (mit „Regina"-Gelatine)

3 Eigelb, 75 g Zucker, 250 g Quark, 3 gestrichene Teel. Dr. Oetker „Regina"-Gelatine gemahlen, weiß, 3 Eßl. kaltes Wasser, Saft von 1 Zitrone, 3 Eiweiß.

Eigelb, Zucker und der durch ein Sieb gestrichene Quark werden schaumig gerührt. Man rührt die Gelatine mit dem Wasser an, läßt sie 10 Minuten zum Quellen stehen und erwärmt sie dann unter Rühren, bis alles gelöst ist. Der Zitronensaft und die gelöste Gelatine werden unter den Quark gegeben. Wenn die Speise anfängt (nach etwa 15 Minuten) steif zu werden, hebt man das zu steifem Schnee geschlagene Eiweiß darunter.

Makronen werden zu dem Quarkkrem gereicht.

Quarkkrem (gekocht)

200 g Quark, 50 g Zucker, 1 Päckchen Dr. Oetker Soßen-Pulver Vanille-Geschmack, 20 g Dr. Oetker „Gustin", 2 Eigelb, $\frac{3}{8}$ l Milch, 25 g Butter oder Margarine, etwas Salz, einige Tropfen Dr. Oetker Rum-Aroma oder Backöl Zitrone, etwa 25 g Zucker, 2 Eiweiß, etwas geriebene Schokolade zum Bestreuen.

Der Quark wird durch ein Sieb gestrichen und mit dem Zucker schaumig geschlagen. Man rührt Soßen-Pulver, „Gustin" und Eigelb mit 6 Eßl. von der Milch an, bringt die übrige Milch mit Fett und Salz zum Kochen, gibt das angerührte Soßen-Pulver hinein, läßt noch einmal kurz aufkochen und rührt die Speise bis zum Erkalten. Dann wird sie löffelweise zu dem Quark gegeben und mit Backöl und Zucker abgeschmeckt. Man hebt das zu steifem Schnee geschlagene Eiweiß darunter und füllt den Krem in eine Glasschale. Er wird mit geriebener Schokolade bestreut. Man bereitet die Speise am besten kurz vor der Verwendung.

D. Quarkgebäck

Bienenstich oder Streuselkuchen
Käsekremtorte
Quarkblätterteig:
a) Kaffeegebäck
b) Apfeltaschen
Rosinenzopf

} Siehe Abschnitt „Backwerk"

GERICHTE AUS GETREIDEERZEUGNISSEN

Unseren großen Bedarf an Kohlenhydraten in der Nahrung decken wir in der Hauptsache aus Getreide bzw. dessen Mahlprodukten, die rund 70% Stärke enthalten. Auch ihr Eiweißgehalt ist nicht unbedeutend, schwankt aber in Abhängigkeit von dem Ausmahlungsgrad des Kornes. „Dunkles Mehl", sog. „Vollkorn", ist infolge seines Gehaltes an Keimen, Schalenbestandteilen und Randschichten (Kleberschicht) zwar reicher an Eiweiß, aber auch gleichzeitig schwerer verdaulich und schlechter ausnutzbar.

Der Fettgehalt aller Getreidearten ist nur gering und beträgt rund 2%, ausgenommen der Hafer mit 6–8% Fett und fettähnlichen Bestandteilen (Lezithin). Hafer nimmt deshalb unter den Getreidearten eine Sonderstellung ein und wird bei uns vornehmlich zur Kranken- und Säuglingsernährung benutzt. Dagegen spielt er in anderen Ländern (England, Schweden, Amerika) auch in der Normalkost, z. B. als Porridge, eine größere Rolle.

Die Mineralstoffe des Getreidekorns sind hauptsächlich Phosphor-, Kali- und Kalksalze, die für die Nerven und Knochenbildung gut sind. Sie befinden sich zum größten Teil in den Randschichten und sind infolgedessen in „hellem", also weitgehend schalenfreiem Mehl bzw. in geschältem Reis nur wenig oder kaum noch enthalten. Das gleiche gilt auch für die Vitamine, insbesondere die Vitamin B-Gruppe (B_1, vgl. S. 317).

Die Getreidekörner sind wegen ihrer unverdaulichen Schalen nicht zum unmittelbaren menschlichen Genuß geeignet und müssen erst durch Schälen und Zerkleinern sowie Aufschluß und Abbau der Stärke (Quellung und Verkleisterung), also durch Mahlen, Walzen, Backen, Rösten, Kochen usw., verdaulich gemacht werden. Durch diese Vorbereitung wird die in Wasser unlösliche Stärke für die Verdauungssäfte leichter angreifbar und ihre rasche Spaltung in lösliche und aufnahmefähige Zucker ermöglicht.

Wir unterscheiden die Brotnahrung (Roggen, Weizen) und die Breinahrung (Hafer, Gerste, Reis und Mais, ferner Buchweizen und Hirse). Die geschälten ganzen Körner (Grünkern, Graupen) und die grob gemahlenen Teile (Grütze) werden vor dem Kochen am besten längere Zeit eingeweicht, da sie nur langsam quellen. Dünn ausgewalzte Flocken werden dagegen schnell gar, und die besonders vorbereiteten, knusprigen Flocken sind schon so tafelfertig. Feine Mahlerzeugnisse können ohne weiteres in kochende Flüssigkeit eingerührt werden, wobei man Grieß trocken einstreuen, Mehl dagegen in kaltem Wasser anrühren muß.

Besonders zu erwähnen ist vielleicht noch der Grünkern. Er ist eine Weizenart (Dinkel oder Spelz genannt), die unreif geerntet wird und durch schonende Trocknung einen kräftigen, charakteristischen Geruch und Geschmack annimmt. Deshalb ist er für viele Zwecke, als ganzes Korn und auch als Grütze und Mehl, gut geeignet.

Für alle Getreideerzeugnisse gibt es eine Fülle von Verwendungsmöglichkeiten: sie schmecken, in Milch oder in Wasser ausgequollen, sowohl süß zubereitet mit Obst als auch salzig mit Gemüse, Fleisch oder Eiern. Gehören sie als Suppe oder Brei auf den Frühstückstisch, so kann man sie zum Mittag- und Abendbrot in Form von Mehlspeisen, Klößen, Nudeln, Pfannengerichten und Aufläufen reichen; sie sind in jeder Form nahrhaft und sättigend.

Es ist nicht zu empfehlen, größere Mengen an Getreideerzeugnissen im Haushalt vorrätig zu halten. Sie werden leicht muffig, falls sie nicht luftig und kühl aufbewahrt werden können. Daneben werden sie bei längerer Aufbewahrung, und besonders im Sommer, von Mehlkäfern, -motten und -milben befallen, die die Ware unappetitlich und ungenießbar machen. (Auftreten von Gespinsten!) Diese Schädlinge entwickeln sich aus den in jedem Mehl vorhandenen Eiern und vermehren sich auf Kosten der Mehlsubstanz. Etwa vorhandene Vorräte müssen also öfter nachgesehen werden. Am besten halten sie sich in Säckchen, die man in einem völlig trockenen Raum frei aufhängt. Mehl muß von Zeit zu Zeit, auf jeden Fall aber unmittelbar vor dem Gebrauch, durchgesiebt werden.

A. Breie

Regeln

1. Breie sind Quellgerichte. Das zu ihrer Herstellung erforderliche Getreideerzeugnis wie Reis, Hirse, Grieß usw. muß bei gleichmäßiger, milder Hitze gar werden.
2. Quellgerichte werden mit großer Flamme zum Kochen gebracht. Sobald sie kochen, stellt man die Flamme unter dem mit einem Deckel verschlossenen Topf so klein wie möglich, damit kein Wasserdampf mehr entweichen kann.
3. Um die Kochdauer der gröberen Mahlerzeugnisse wie Grünkern, Graupen und Grütze abzukürzen, kann man sie einige Stunden in kaltem Wasser vorweichen.
4. Zu Milchbrei kann man sowohl Vollmilch als auch Magermilch verwenden.
5. Quellgerichte eignen sich gut zur Früh- und Abendkost, sie sind besonders geschätzt in der Kinder- und Krankenernährung.

Reisbrei (Milchreis)

1 l Milch, etwas Butter oder Margarine, 1 Teel. Salz, Zitronenschale, 200 g Reis, 50 g Zucker, ½ Teel. Zimt.

Milch, Fett, Salz und Zitronenschale bringt man zum Kochen, gibt den gewaschenen Reis hinein und läßt ihn bei schwacher Hitze ausquellen. Er wird, bergig aufgehäuft, zu Tisch gegeben und mit Zucker und Zimt bestreut.

Kochzeit: Etwa 40 Minuten.

Veränderung: Man kann den Reis mit 30 g Zucker kochen, in einer kalt ausgespülten Form erkalten lassen, stürzen und mit rohem Fruchtsaft, Kompott oder roh eingezuckerten Beerenfrüchten reichen. In diesem Falle wird der Reis nicht mit Zimt, sondern mit Vanillin-Zucker bestreut.

Kochzeit: Etwa 40 Minuten.

Haferflockenbrei

125 g Haferflocken, 1 l Milch, etwas Salz, Zitronenschale, etwas Butter oder Margarine.

Man gibt die Haferflocken in einen Kochtopf und rührt die Milch und das Salz dazu. Mit Zitronenschale und Fett wird die Milch unter häufigem Umrühren zum Kochen gebracht. Man läßt die Haferflocken bei schwacher Hitze ausquellen.

Kochzeit: 5–10 Minuten.

Beigabe: Etwas Sahne, Kompott oder Fruchtsaft.

Hirsebrei

1 l Milch, etwas Butter oder Margarine, etwas Salz, Zitronenschale, 200 g Hirse, 50 g Zucker, ½ Teel. Zimt.

Milch, Fett, Salz und Zitronenschale bringt man zum Kochen, gibt die gewaschene Hirse hinein und läßt sie bei schwacher Hitze ausquellen. Sie wird, bergig aufgehäuft, zu Tisch gegeben und mit Zucker und Zimt bestreut.

Kochzeit: Etwa 45 Minuten.

Grieß- oder Sagobrei

1 l Milch, etwas Butter oder Margarine, etwas Salz, Zitronenschale, 125 g Grieß oder Sago.

Milch, Fett, Salz und Zitronenschale bringt man zum Kochen, streut den Grieß oder den Sago hinein und läßt ihn bei schwacher Hitze ausquellen.

Kochzeit: 10–15 Minuten.

Beigabe: Saft oder Kompott.

Hafergrütze

125 g Hafergrütze, 1 l Milch oder Wasser, etwas Salz, 20 g Butter oder Margarine.

Die Grütze wird einige Stunden vor der Verwendung in kaltes Wasser gegeben, damit sie vorweicht. Man bringt die Milch oder das Wasser mit dem Salz zum Kochen, gibt die Hafergrütze hinein und läßt sie bei schwacher Hitze ausquellen. Vor dem Anrichten rührt man das Fett hinein.

Kochzeit: Etwa 30 Minuten.

Beigabe: Sahne, Milch, Fruchtsaft oder Kompott.

Buchweizengrütze

125 g Buchweizengrütze, 1 l Milch oder Wasser, etwas Salz, 20 g Butter oder Margarine.

Die Grütze wird einige Stunden vor der Verwendung in kaltes Wasser gegeben, damit sie vorweicht. Man bringt die Milch oder das Wasser mit dem Salz zum Kochen, gibt die Buchweizengrütze hinein und läßt sie bei schwacher Hitze ausquellen. Vor dem Anrichten rührt man das Fett hinein.

Kochzeit: Etwa 30 Minuten.

Beigabe: Milch.

Brühreis

1 l Brühe, etwas Salz, Paprika oder Zwiebel, 250 g Reis.

Die gesalzene Brühe bringt man mit Paprika oder Zwiebel zum Kochen, gibt den gewaschenen Reis hinein und läßt ihn bei schwacher Hitze ausquellen. Er darf nicht gerührt werden, da er sonst breiig wird.

Man schichtet ihn locker in eine Schüssel und reicht ihn als Ersatz für Kartoffeln zu gekochtem oder gebratenem Fleisch.

Kochzeit: Etwa 25 Minuten.

Veränderung: Statt der Brühe kann man Wasser nehmen, muß dann aber 20 g Butter dazugeben.

Tomatenreis

1 l Brühe, etwas Salz, Paprika oder Zwiebel, 250 g Reis, 250 g Tomaten und etwas Butter oder Margarine oder 1–2 Eßl. Tomatenmark.

Die gesalzene Brühe bringt man mit Paprika oder Zwiebel zum Kochen, gibt den gewaschenen Reis hinein und läßt ihn bei schwacher Hitze ausquellen. Er darf nicht gerührt werden, da er sonst breiig wird. Inzwischen werden die gewaschenen, zerschnittenen Tomaten in dem Fett gedünstet, durch ein feines Sieb gestrichen und unter den Reis gerührt. An Stelle der frischen Tomaten kann man auch 1–2 Eßl. Tomatenmark unter den Reis geben.

Kochzeit: Etwa 35 Minuten.

Curryreis

Man mischt den fertigen Brühreis (S. 200) mit 1 Teel. Currypulver.

Reisring

1 l Brühe, etwas Salz, Paprika oder Zwiebel, 250 g Reis.

Die gesalzene Brühe bringt man mit Paprika oder Zwiebel zum Kochen, gibt den gewaschenen Reis hinein und läßt ihn bei schwacher Hitze ausquellen. Er darf nicht gerührt werden, da er sonst breiig wird.

Man füllt den fertigen Brühreis in eine mit Wasser ausgespülte Ringform und stellt ihn 15 Minuten in den Backofen oder in leicht kochendes Wasser. Danach wird er auf eine heiße, runde Platte gestürzt. Man füllt die Mitte mit Frikassee, Ragout oder Gemüse (Pilze).

Kochzeit: Etwa 35 Minuten.

Flammenbackofen: ⅓ große Flamme.

Reglerbackofen: 2½–3½.

Backzeit: Etwa 15 Minuten.

Risotto

250 g Reis, 20 g Butter oder Margarine, 1 kleine Zwiebel, 1 l Brühe, etwas Salz, Schnittlauch oder Petersilie.

Der trocken abgeriebene Reis wird mit der kleingeschnittenen Zwiebel in dem Fett hellgelb geröstet, mit kochender, leicht gesalzener Brühe aufgefüllt und bei schwacher Hitze ausgequollen. Er darf nicht gerührt werden, da er sonst breiig wird. Man schichtet ihn locker in eine Schüssel und bestreut ihn mit gehackten Kräutern.

Kochzeit: Etwa 30 Minuten.

Veränderung: An Stelle von Reis kann man Graupen nehmen.

Grünkernring

250 g Grünkerngrütze, 1 l Brühe oder Wasser, etwas Salz, 20 g Butter oder Margarine.

Die Grünkerngrütze wird gewaschen, mit Wasser bedeckt und mehrere Stunden eingeweicht. Man bringt die Brühe oder das Wasser mit Salz und Fett zum Kochen, gibt den auf ein Sieb geschütteten Grünkern hinein und läßt ihn bei schwacher Hitze ausquellen.

Die fertige Grünkerngrütze wird in eine mit Wasser ausgespülte Ringform gefüllt und ½ Stunde in leicht kochendes Wasser gestellt. Dann stürzt man den Ring auf eine heiße, runde Platte und füllt ihn mit Fleischragout oder Gemüse.

Kochzeit: Etwa 30 Minuten.

Veränderung: Man kann 2–3 Eßl. geriebenen Käse oder 1–2 Eßl. Tomatenmark unter den Brei mengen, ehe man ihn in die Form füllt.

Apfelreis

1 l Wasser, etwas Salz, 50–75 g Zucker, etwas Butter oder Margarine, 2 Tropfen Dr. Oetker Backöl Zitrone, 200 g Reis, 500 g Äpfel.

Zum Bestreuen: 50 g Zucker, ½ Teel. Zimt.

Man bringt das Wasser mit Salz, 50 g Zucker, Fett und Backöl zum Kochen, gibt den gewaschenen Reis und die geschälten, entkernten, in Scheiben geschnittenen Äpfel hinein und läßt beides bei schwacher Hitze gar werden. Der Apfelreis wird mit Zucker abgeschmeckt und mit Zucker und Zimt gereicht.

Kochzeit: Etwa 40 Minuten.

Veränderung: Man kann Reis und Äpfel für sich kochen und schichtweise in eine Schüssel füllen. An Stelle von Reis kann man Hirse oder Graupen nehmen.

Apfelsinenreis

1 l Wasser, etwas Salz, 75 g Zucker, etwas Butter oder Margarine, etwas abgeriebene Apfelsinenschale, 200 g Reis, 3 Apfelsinen, 25 g Zucker.

Zum Bestreuen: Etwas Zucker.

Man bringt das Wasser mit Salz, Zucker, Fett und abgeriebener Apfelsinenschale zum Kochen, gibt den gewaschenen Reis hinein und läßt ihn bei schwacher Hitze ausquellen. Inzwischen werden die Apfelsinen geschält, in kleine Stücke geschnitten und mit dem Zucker vermischt, damit sie gut durchziehen. Man vermengt den garen Reis mit den gezuckerten Apfelsinenscheiben und reicht ihn mit Zucker.

Kochzeit: Etwa 40 Minuten.

Rhabarberreis

1 l Wasser, etwas Salz, 150 g Zucker, etwas Butter oder Margarine, 2 Tropfen Dr. Oetker Backöl Zitrone, 250 g Reis, 500 g Rhabarber.

Zum Bestreuen: 50 g Zucker, ½ Teel. Zimt.

Man bringt das Wasser mit Salz, Zucker, Fett und Backöl zum Kochen, gibt den gewaschenen Reis und den gewaschenen, nicht abgezogenen, in kleine Stücke geschnittenen Rhabarber hinein und läßt beides bei schwacher Hitze gar werden. Der Rhabarberreis wird mit Zucker und Zimt gereicht.

Kochzeit: Etwa 40 Minuten.

Veränderung: An Stelle von Reis kann man Graupen oder Hirse nehmen.

Kirschenreis

1 l Wasser, etwas Salz, 50 g Zucker, etwas Butter oder Margarine, 2 Tropfen Dr. Oetker Backöl Zitrone, 200 g Reis, 500 g Kirschen.

Zum Bestreuen: 50 g Zucker, ½ Teel. Zimt.

Man bringt das Wasser mit Salz, Zucker, Fett und Backöl zum Kochen, gibt den gewaschenen Reis und die gewaschenen, entsteinten Kirschen hinein und läßt beides bei schwacher Hitze gar werden. Der Kirschenreis wird mit Zucker und Zimt gereicht.

Kochzeit: Etwa 40 Minuten.

Reis mit getrocknetem Obst

200 g getrocknete Aprikosen, Pfirsiche oder Apfelringe, ½ l Wasser, ¾ l Wasser, etwas Salz, 50–100 g Zucker, etwas Butter oder Margarine, 2 Tropfen Dr. Oetker Backöl Zitrone, 200 g Reis.

Zum Bestreuen: Etwas Zucker.

Das getrocknete Obst wird gründlich gewaschen und 12–24 Stunden in dem ½ Liter Wasser eingeweicht. Man bringt die ¾ Liter Wasser mit Salz, 50 g Zucker, Fett und Backöl zum Kochen, gibt den gewaschenen Reis und das eingeweichte Obst mit dem Einweichwasser hinein und läßt Reis und Obst bei schwacher Hitze gar werden. Man schmeckt den Reis mit Zucker ab, reicht ihn mit Zucker und kann ihn mit einigen zurückbehaltenen Früchten verzieren.

Kochzeit: Etwa 40 Minuten.

Veränderung: Wenn man getrocknete Pflaumen verwendet, kocht man sie für sich gar, legt sie um den angerichteten Reis und gibt den Saft darüber.

An Stelle von Reis kann man Graupen nehmen.

B. Teigwaren

Regeln

1. Teigwaren werden trocken in kochendes Wasser gestreut.
2. Sie gebrauchen viel Kochwasser, um genügend quellen zu können.
3. Da sie sich im Anfang leicht zusammenballen und auf dem Boden des Topfes festsetzen, muß man sie einige Male mit einem Löffel aufrühren.
4. Teigwaren sollen nach dem Aufkochen mindestens 20 Minuten bei schwacher Hitze quellen.
5. Wenn Nudeln gar sind, gibt man sie auf ein Sieb, übergießt sie mit kaltem Wasser, damit sie nicht aneinanderkleben, und läßt sie abtropfen.

Hausmachernudeln

Rezept 1: 600 g Weizenmehl, 1 Teel. Salz, 1 Eßl. Essig, 1/4 l Wasser.

oder

Rezept 2: 250 g Weizenmehl, 1/2 Teel. Salz, 2 Eier, 2–3 Eßl.*) Wasser.

*) Bei großen Eiern nimmt man 2 Eßl. Wasser und bei kleinen 3 Eßl.

Bei Rezept 1 werden 2/3 des Mehls in eine Schüssel gesiebt. In die Mitte macht man eine Vertiefung, gibt das Salz und den Essig hinein und verrührt das Wasser nach und nach von der Mitte aus mit dem Mehl. Dem Rest des Mehls knetet man unter den Teigbrei. Sollte der Teig kleben, gibt man noch etwas Mehl hinzu.

Bei Rezept 2 wird das Mehl auf ein Backbrett gesiebt. In die Mitte wird eine Vertiefung eingedrückt, die mit Salz und Wasser verquirlten Eier werden hineingegeben und mit einem Teil des Mehls zu einem dicken Brei verarbeitet. Man verknetet von der Mitte aus alle Zutaten schnell zu einem glatten Teig. Sollte er kleben, gibt man noch etwas Mehl hinzu.

Der Teig (1 oder 2) wird in nicht zu großen Stücken nudeldick ausgerollt. Man legt die Teigplatten zum Trocknen auf Tücher. Wenn die Teigplatten so weit getrocknet sind, daß sie beim Aufrollen nicht mehr aufeinanderkleben, aber auch noch nicht zerbrechen, rollt man sie auf und zerschneidet sie in gewünschter Breite. Man läßt die Nudeln so lange locker ausgebreitet an der Luft stehen, bis sie vollkommen trocken sind.

Milchnudeln

1 l Milch, etwas Salz, etwas Butter oder Margarine, 250 g Nudeln, 50 g Zucker, 60 g Rosinen oder 1/2 Teel. Zimt.

Man bringt die Milch mit Salz und Fett zum Kochen, gibt die Nudeln hinein und läßt sie bei schwacher Hitze ausquellen. Die Nudeln werden mit Zucker und aufgequollenen Rosinen gemischt oder mit Zucker und Zimt bestreut.

Kochzeit: Etwa 30 Minuten.

Veränderung: Man kann die Nudeln ohne Zucker und Rosinen mit Semmelbröseln anrichten und Backobst dazu reichen.

Apfelnudeln

2 l Wasser, etwas Salz, 250 g Nudeln; 500 g Äpfel, 4 Eßl. Wasser, 50 g Zucker, 2 Tropfen Dr. Oetker Backöl Zitrone, etwas Butter.

Zum Bestreuen: 50 g Zucker, 1/2 Teel. Zimt.

Man bringt das Wasser mit dem Salz zum Kochen, gibt die in kleine Stücke gebrochenen Nudeln hinein und läßt sie bei schwacher Hitze ausquellen.

Die Äpfel werden geschält, entkernt, in Stücke geschnitten und mit Wasser, Zucker und Backöl gar gedünstet. Man vermischt die Nudeln mit etwas Butter und den gedünsteten Äpfeln und bestreut sie mit Zucker und Zimt.

Kochzeit: Für die Nudeln etwa 30 Minuten.

Veränderung: Statt der Äpfel frische Pflaumen nehmen, dann aber nur 4 Eßl. Wasser.

Gemüsenudeln

2 l Wasser, etwas Salz, 250 g Nudeln, 20 g Butter oder Margarine.

Man bringt das Wasser mit dem Salz zum Kochen, gibt die Nudeln hinein und läßt sie bei schwacher Hitze ausquellen. Sie werden auf ein Sieb gegeben und mit kaltem Wasser übergossen. Ehe man sie anrichtet, schwenkt man sie in dem zerlassenen Fett.

Kochzeit: Etwa 30 Minuten.

Veränderung: Man kann die Nudeln vor dem Anrichten mit Tomatenbrei oder geriebenem Käse mischen oder braune Butter oder Semmelbrösel darüber geben.

Makkaroni

2 l Wasser, etwas Salz, 200–250 g Makkaroni, 20–40 g Butter, 20 g geriebener Käse, evtl. etwas Pfeffer oder Paprika.

Man bringt das Wasser mit dem Salz zum Kochen, gibt die in fingerlange Stücke gebrochenen Makkaroni hinein und läßt sie bei schwacher Hitze ausquellen. Sie werden auf ein Sieb gegeben und mit kaltem Wasser übergossen. Ehe man sie anrichtet, schwenkt man sie in dem zerlassenen Fett und vermischt sie mit dem Käse und evtl. mit dem Pfeffer oder Paprika.

Kochzeit: Etwa 30 Minuten.

Veränderung: An Stelle von Käse nimmt man 1–2 Eßl. Tomatenmark.

Gefüllte Nudeln

Nudelteig: 250 g Weizenmehl, ½ Teel. Salz, 2 Eier, 3–4 Eßl. Wasser*).

Füllung 1: 125 g Schinken- oder Bratenwürfel, 1 Eigelb, 2 Eßl. geriebener Käse, 1–2 Eßl. Milch.

oder

Füllung 2: Spinat, Pilze oder Tomaten, leicht gedünstet und gehackt.

Zum Bestreichen: 1 Eiweiß.

Zum Bräunen: 20 g Butter.

*) Bei großen Eiern nimmt man 3 Eßl. Wasser und bei kleinen 4 Eßl.

Das Mehl wird auf ein Backbrett gesiebt. In die Mitte wird eine Vertiefung eingedrückt; die mit Salz und Wasser verquirlten Eier werden hineingegeben und mit einem Teil des Mehls zu einem dicken Brei verarbeitet. Man verknetet von der Mitte aus alle Zutaten schnell zu einem glatten Teig. Sollte er kleben, gibt man noch etwas Mehl hinzu.

Für die Füllung 1 gibt man an die Schinken- oder Bratenwürfel das Eigelb, den geriebenen Käse und so viel Milch, daß eine geschmeidige Masse entsteht.

Der Nudelteig wird in kleinen Mengen messerrückendick ausgerollt. Man schneidet 6–8 cm große Quadrate daraus, legt auf jeden Nudelfleck 1 Teel. der betreffenden Füllmasse und bestreicht die Ränder mit verschlagenem Eiweiß. Die Ecken der Nudelflecke werden so übereinandergeschlagen, daß Dreiecke entstehen. Man drückt die Ränder fest zusammen. Die gefüllten Nudeln werden in kochendes Salzwasser gegeben und bei schwacher Hitze gar gekocht. Man übergießt sie mit gebräunter Butter und reicht Salat oder Kompott dazu.

Kochzeit: Etwa 20 Minuten.

Dampfnudeln

350 g Weizenmehl, 1 Päckchen Dr. Oetker Backpulver „Backin", etwas Salz, 25 g Zucker, 1 Päckchen Dr. Oetker Vanillin-Zucker, 2 Eier, 1/5 l Milch.

Zum Bräunen: 20 g Butter.

Das mit „Backin" gemischte Mehl wird in eine Schüssel gesiebt. In die Mitte macht man eine Vertiefung, gibt das Salz, den Zucker, den Vanillin-Zucker und die Eier hinein. Man verrührt nun von der Mitte aus Eier und Gewürze mit dem Mehl, gibt nach und nach die Milch dazu und achtet darauf, daß keine Klümpchen entstehen. In eine mit zerlassenem Fett ausgestrichene Bratpfanne wird etwa 1 cm hoch Milch gegossen. Man bringt sie zum Kochen und setzt den Teig mit 2 Eßlöffeln in 8 gleichmäßig großen Häufchen hinein. Die Pfanne wird fest zugedeckt. Die Nudeln müssen bei schwacher Hitze so lange kochen, bis sie gar sind.

Man reicht sie, mit brauner Butter übergossen, zu gedünstetem Obst oder mit einer Pflaumensoße.

Kochzeit: Etwa 20 Minuten.

Übriggebliebene Dampfnudeln werden in Scheiben geschnitten und in heißer Butter gebraten.

Spätzle

500 g Weizenmehl, etwas Salz, 2 Eier, 3/8 l Wasser oder Milch, zum Bräunen 20 g Butter.

Das Mehl wird in eine Schüssel gesiebt, in die Mitte wird eine Vertiefung eingedrückt, die mit Salz verquirlten Eier werden hineingegeben. Man verrührt nun von der Mitte aus die Eier mit dem Mehl, gibt nach und nach die Flüssigkeit dazu und achtet darauf, daß keine Klümpchen entstehen. Der Teig wird so lange mit einem Holzlöffel geschlagen, bis er Blasen wirft. Entweder gibt man den Teig durch einen Spatzenseiher oder durch ein groblöcheriges Sieb (Gemüsedämpfer) in kochendes Salzwasser. Man kann ihn aber auch auf ein Holzbrett streichen und mit einem Messer kleine Stückchen in kochendes Salzwasser schaben. Die Spätzle werden in gebräunter Butter geschwenkt oder mit gebräunten Semmelbröseln angerichtet.

Kochzeit: 5–8 Minuten.

Veränderung: Man kann 200 g feingehackten, gedünsteten Spinat oder 150 g geriebenen Käse in den Teig geben.

Gebackene Spätzle

500 g Weizenmehl, etwas Salz, 2 Eier, 3/8 l Wasser oder Milch, 60 g Butter oder Margarine zum Braten.

Die Spätzle werden nach den Angaben des vorhergehenden Rezeptes hergestellt. Nach dem Kochen übergießt man sie mit kaltem Wasser und brät sie in dem erhitzten Fett unter öfterem Wenden hellgelb. Sie werden zu geschmortem Obst, zu Salat oder Fleisch gereicht.

C. Klöße

Regeln

1. Der Kloßteig muß eine geschmeidige Masse sein, wenn er beim Kochen nicht auseinanderfallen soll, er ist deshalb kräftig durchzuarbeiten.
2. Er muß vor dem Formen abgeschmeckt werden.
3. Um sich von der Festigkeit der Teigmasse zu überzeugen, koche man einen Probekloß.

   Sollte er zu fest sein, lockert man ihn durch die Zugabe von **gekochten** Zutaten wie gekochtem Fleisch, Kartoffeln, Grießbrei, geriebener Semmel usw.

   Klöße die auseinanderfallen, müssen durch Zusatz von **rohen** Zutaten wie Ei, Kartoffeln, Grieß, Mehl usw. gebunden werden.
4. Will man Klöße abstechen, so tauche man den Löffel vorher in kochendes Salzwasser.
5. Läßt sich der Teig formen, so mache man davon auf einem bemehlten Holzbrett eine Rolle, schneide sie in gleichmäßige Scheiben und rolle sie mit mehlbestäubten Händen zu Klößen.
6. Man lege die Klöße bis zum Kochen auf bemehlte Holzbretter.
7. Klöße kommen in kochendes, leicht gesalzenes Wasser.
8. Man gibt nur so viel Klöße in den Topf, wie nebeneinander Platz haben, wobei man ihr Aufgehen berücksichtigen muß.
9. **Klöße sollen niemals stark, sondern nur schwach kochen, mehr ziehen.** Sie werden im offenen Topf gekocht, weil der Dampf sie sonst auseinanderreißen würde.
10. Eine Ausnahme davon machen Hefeklöße, die man am besten im Dämpftopf gar macht.
11. Um zu prüfen, ob der Kloß gar ist, reißt man ihn mit zwei Gabeln auseinander; er muß innen trocken und locker sein.
12. Man nimmt die fertigen Klöße vorsichtig mit einem Schaumlöffel heraus und läßt sie gut abtropfen, ehe man sie anrichtet.

Mehlklöße

40 g Butter oder Margarine, 3 Eier, etwas Salz, 400 g Weizenmehl, 3 g (1 gestrichener Teel.) Dr. Oetker Backpulver „Backin", gut 1/8 l Milch, 30 g Butter zum Rösten, 20 g Semmelmehl.

Man rührt das Fett schaumig, gibt die Eier, das Salz und nach und nach abwechselnd mit der Milch das mit „Backin" gemischte und gesiebte Mehl hinzu. Der Teig wird mit einem Rührlöffel so lange geschlagen, bis er Blasen wirft. Man sticht mit einem in heißes Wasser getauchten Eßlöffel Klöße ab und kocht sie in siedendem Salzwasser bei mittlerer Hitze gar.

Sie werden mit geröstetem Semmelmehl angerichtet und zu Backobst oder Fleisch gereicht.

Kochzeit: Etwa 10 Minuten.

Großer Mehlkloß mit Backpulver

Kloß: 50 g Butter oder Margarine, 75 g Zucker, 3 Eier, etwas Salz, 3 Tropfen Dr. Oetker Backöl Zitrone, 500 g Weizenmehl, 1 Päckchen Dr. Oetker Backpulver „Backin", knapp ¼ l Milch.

Backobst: 250 g gemischtes Backobst, ¾ l Wasser, 60 g Zucker.

Man rührt das Fett schaumig und gibt nach und nach den Zucker, die Eier und die Gewürze hinzu. Das mit „Backin" gemischte und gesiebte Mehl wird abwechselnd mit der Milch untergerührt. Man formt aus dem Teig einen großen Kloß. Er wird auf das kochende Backobst gelegt (gewaschenes Backobst 12–24 Stunden mit den ¾ l Wasser einweichen, mit dem Einweichwasser und dem Zucker zum Kochen bringen!) und 1¼ Stunden im zugedeckten, dann noch ¼ Stunde im offenen Topf gekocht.

Kochzeit: 1½ Stunden.

Hefeklöße

30 g Hefe, 1 Teel. Zucker, knapp ¼ l Milch, 500 g Weizenmehl, 30 g Zucker, 1–2 Eier, 30 g Butter oder Margarine, 1 Teel. Salz, 3 Tropfen Dr. Oetker Backöl Zitrone, 30 g Butter oder Margarine zum Bräunen oder 1 Päckchen Dr. Oetker Vanillin-Zucker.

Die Hefe wird mit dem Teel. Zucker und mit 5 Eßl. von der lauwarmen Milch angerührt. Man siebt ⅔ des Mehls in eine Schüssel, drückt in die Mitte eine Vertiefung ein, gibt die Hefe hinein und bestreut sie ½ cm dick mit Mehl. Der Zucker, die Eier, das gelöste, lauwarme Fett und die Gewürze werden an den Rand des Mehls gegeben (sie dürfen nicht mit der Hefe unmittelbar in Berührung kommen!). Sobald das auf die Hefe gestreute Mehl stark rissig wird, verrührt man von der Mitte aus die Hefe mit dem Mehl und den übrigen Zutaten und gibt nach und nach die restliche Milch hinzu.

Der Teig wird mit dem Rührlöffel so lange geschlagen, bis er Blasen wirft. Dann knetet man das restliche Drittel Mehl darunter. Sollte der Teig kleben, wird noch Mehl hinzugegeben. Man läßt den Teig an einem warmen Ort etwa 1 Stunde zum Aufgehen stehen, knetet ihn gut durch und formt dann Klöße daraus. Sie müssen nochmals kurze Zeit stehen und wieder aufgehen. Sie werden in kochendes Salzwasser gegeben und darin gar gekocht. Schöner werden sie, wenn man sie im Dampf gar macht. Man benutzt dazu den Gemüsedämpfer oder bindet ein weißes Tuch über einen Topf mit kochendem Wasser, legt die Klöße darauf und verschließt den Topf mit einem Deckel.

Nach dem Herausnehmen werden die Klöße mit zwei Gabeln aufgerissen, damit der Dampf entweichen kann. Man reicht sie, mit brauner Butter übergossen oder mit Vanillin-Zucker bestreut, zu Backobst oder Apfelbrei oder mit Pflaumensoße.

Kochzeit: Etwa 10 Minuten.

Veränderung: Als „Dicker Michel" wird der ganze Hefeteig auf kochendes Dörrobst gelegt und mit ihm gar gemacht.

Grießklöße

¾ l Milch, 20 g Butter oder Margarine, 1 Teel. Salz, 3 Tropfen Dr. Oetker Backöl Zitrone oder 2 Tropfen Backöl Bittermandel, 250 g Grieß, 2 Eier, 30 g Butter zum Rösten, 20 g Semmelmehl.

Die Milch wird mit dem Fett und den Gewürzen zum Kochen gebracht. Dann nimmt man den Topf von der Kochstelle, streut den Grieß langsam unter Rühren hinein, rührt ihn zu einem glatten Kloß und erhitzt diesen unter Rühren noch etwa 1 Minute. Den heißen Kloß gibt man sofort in eine Schüssel und rührt nacheinander die Eier darunter. Wenn die Masse erkaltet ist, wird sie zu Klößen geformt, diese werden in kochendes Salzwasser gegeben und bei mittlerer Hitze gar gekocht. Man reicht sie, mit geröstetem Semmelmehl überstreut, als selbständiges Gericht zu Kompott oder als Beilage zu Schmorbraten, muß dann aber an Stelle von Backöl Zitrone und Backöl Bittermandel gehackten Schnittlauch oder Petersilie zum Würzen nehmen.

Kochzeit: Etwa 10 Minuten.

Grünkernklöße

250 g Grünkerngrütze, 1 l Brühe, 2–3 Eier, 40 g Fett, 2 Brötchen, 1 kleine Zwiebel, Petersilie, Salz.

Die Grünkerngrütze wird gewaschen, mit Wasser bedeckt und mehrere Stunden eingeweicht. Man bringt die Brühe zum Kochen, gibt den auf ein Sieb geschütteten Grünkern hinein und läßt ihn bei schwacher Hitze ausquellen. Dann werden die Eier darunter gerührt. Das Fett wird zerlassen, die in Würfel geschnittenen Brötchen, die gehackte Zwiebel und die feingehackte Petersilie werden darin geröstet. Man gibt sie zu dem Grünkern und schmeckt ihn gut ab. Mit einem in heißes Wasser getauchten Eßlöffel werden Klöße abgestochen, diese werden in kochendes Salzwasser gelegt und bei mittlerer Hitze gar gekocht.

Man richtet sie in einer Tomatensoße oder mit zerlassener Butter an und reicht Salat dazu.

Kochzeit für die Grünkerngrütze: 1–1 ¼ Stunden.

Kochzeit für die Klöße: Etwa 10 Minuten.

Veränderung: 250 g gesäuberte Pilze werden gedünstet, fein gehackt und in den Teig gegeben.

Semmelklöße mit Speck (Semmelknödel)

250 g (etwa 6) alte Semmeln, ⅜ l kochend heiße Milch, 60 g Speck, 1 Zwiebel, 100 g Dr. Oetker „Gustin", 2 Eier, 1–2 Teel. feingehackte Kräuter, 6 g (2 gestrichene Teel.) Dr. Oetker Backpulver „Backin".

Die Semmeln werden in knapp 2 mm dicke Blättchen geschnitten, mit der kochend heißen Milch übergossen und 1 Stunde quellen gelassen.

Man zerläßt den in kleine Würfel geschnittenen Speck, bräunt ihn mit der in kleine Würfel geschnittenen Zwiebel, läßt ihn abkühlen und rührt ihn mit dem „Gustin" unter die gequollenen Semmeln. Die Semmelmasse wird kurz erhitzt und zum Kloß abgebrannt. Man läßt die Masse abkühlen, rührt nach und nach die Eier, die gehackten Kräuter und das „Backin" darunter und schmeckt mit Salz ab.

Mit nassen Händen werden gleichmäßig glatte Knödel geformt, sie werden in kochendes Salzwasser gegeben. Man läßt sie bei mittlerer Flamme 20 Minuten ziehen.

Semmelklöße (Semmelknödel)

300 g (etwa 8) alte Semmeln, 50 g Butter- oder Schweineschmalz, ½ l kochend heiße Milch, 2 Eier, 3 g (1 gestrichener Teel.) Dr. Oetker Backpulver „Backin", etwas Salz.

Die Semmeln werden in knapp 2 mm dicke Blättchen geschnitten, mit dem heißen Fett und der kochend heißen Milch übergossen und 1 Stunde stehengelassen. Dann rührt man die Eier und das „Backin" gut darunter und schmeckt die Masse mit Salz ab.

Aus der Masse werden mit nassen Händen glatte Klöße geformt. Man gibt sie in kochendes Salzwasser und bringt sie wieder zum Kochen. Man läßt sie bei mittlerer Flamme gar ziehen. Die Klöße werden mit gebräunter Butter übergossen. Sie passen gut zu Fruchtsoßen oder hellem Fleisch (Kalbfleisch, Hühnerfleisch).

Kochzeit: Etwa 20 Minuten.

Quarkklöße

Herstellung siehe S. 193.

Apfelklöße

50 g Butter oder Margarine, 2 Eier, 2 eingeweichte Brötchen, etwas Salz, 250 g Weizenmehl, 3 Eßl. Milch, 500 g Äpfel; Zucker und Zimt zum Bestreuen.

Man rührt die Butter schaumig und gibt nach und nach die Eier, die eingeweichten, gut ausgedrückten Brötchen, das Salz und abwechselnd mit dem gesiebten Mehl die Milch hinzu. Dann werden die geschälten, in ganz kleine Stücke geschnittenen Äpfel darunter gerührt. Man sticht mit einem in heißes Wasser getauchten Löffel Klöße ab, legt sie in kochendes Salzwasser und läßt sie bei mittlerer Hitze gar werden. Man bestreut sie mit Zucker und Zimt.

Kochzeit: Etwa 15 Minuten.

Kirschklöße

500 g Kirschen, 60 g Zucker, 40 g Butter oder Margarine, etwas Salz, 2 Tropfen Dr. Oetker Backöl Zitrone, 3 Eier, 50 g Weizenmehl, etwa 200 g Semmelmehl; Zucker zum Bestreuen.

Die Kirschen werden entsteint, gezuckert und im eigenen Saft gedünstet. Wenn sie abgekühlt sind, rührt man das zerlassene Fett, etwas Salz, das Backöl, die Eier, das Mehl und so viel Semmelmehl darunter, daß ein fester Teig entsteht, und formt Klöße daraus. Diese werden in kochendes, schwach gesalzenes Wasser gegeben und bei mittlerer Hitze gar gekocht. Man bestreut sie mit Zucker und reicht eine Weinschaumsoße dazu.

Kochzeit: Etwa 8 Minuten.

D. Pfannengerichte

Regeln

1. Das Gelingen der in der Pfanne gebackenen Gerichte hängt von der zweckmäßigen Auswahl und der richtigen Temperatur des Backfettes ab.
2. Butter und Margarine sind zum Backen der meisten Pfannengerichte ungeeignet, da sie leicht schwarz werden.
3. Man verwendet am besten Öl, Schmalz, Kokosfett oder Mischfett (S. 59).
4. Das Fett muß heiß sein, wenn man den Teig hineingibt, damit sich sofort eine Kruste bildet und das Fett nicht eindringen kann.
5. Wenn das Gebäck von unten goldgelb oder braun geworden ist, wird es gewendet.
6. Die Garzeit richtet sich nach der Dicke des Gebäcks. Je länger es backen muß, um so gelinder muß die Backhitze sein, damit es innen gar wird.

Grießschnitten

½ l Milch, 20 g Butter oder Margarine, 20 g Zucker, etwas Salz, 2 bittere Mandeln, 150 g Grieß, 1–2 Eier, 40 g Semmelmehl, 60–80 g Fett zum Backen.

Die Milch wird mit dem Fett, dem Zucker, dem Salz und den gehackten Mandeln zum Kochen gebracht. Dann nimmt man den Topf von der Kochstelle, streut den Grieß langsam unter Rühren hinein und läßt ihn bei schwacher Hitze ausquellen. Man rührt die Eier unter den heißen Brei, füllt ihn in eine mit nassem Papier ausgelegte Kastenform und läßt ihn erkalten. Dann wird er in Scheiben geschnitten, mit Semmelmehl paniert und in offener Pfanne in heißem Fett gebacken. Man reicht die Schnitten mit Aprikosenkompott.

Kochzeit: Etwa 10 Minuten.

Haferflockenschnitten

½ l Milch, 20 g Butter oder Margarine, 20 g Zucker, etwas Salz, 2 bittere Mandeln, 175 g Haferflocken, 1–2 Eier, 40 g Semmelmehl, 60–80 g Fett zum Backen.

Die Herstellung richtet sich nach den Angaben für Grießschnitten (s. oben).

Reisschnitten

½ l Milch, 20 g Butter oder Margarine, etwas Salz, 3 Tropfen Dr. Oetker Backöl Zitrone, 20 g Zucker, 100 g Reis, 50 g Rosinen, 1–2 Eier; 40 g Semmelmehl, 60–80 g Fett zum Backen.

Milch, Fett, Salz, Backöl Zitrone und Zucker bringt man zum Kochen, gibt den gewaschenen Reis und die gewaschenen Rosinen hinein und läßt den Reis bei schwacher Hitze ausquellen. Die Eier werden unter den heißen Brei gerührt. Man füllt ihn in eine mit nassem Papier ausgelegte Kastenform und läßt ihn erkalten. Dann wird er in Scheiben geschnitten, mit Semmelmehl paniert und in offener Pfanne in heißem Fett hellbraun gebacken. Besonders gut schmeckt Preiselbeerkompott dazu.

Kochzeit: Etwa 40 Minuten.

Veränderung: Man kann auf diese Weise Reste von Milchreis oder Apfelreis verwenden.

Sagoschnitten

½ l Milch, 20 g Butter oder Margarine, 20 g Zucker, etwas Salz, 2 bittere Mandeln, 125 g Sago, 1 Päckchen Dr. Oetker Soßen-Pulver Vanille-Geschmack, 2 Eßl. kaltes Wasser, 1–2 Eier; 40 g Semmelmehl, 60–80 g Fett zum Backen.

Die Herstellung richtet sich nach den Angaben für Grießschnitten (s. oben).

Nachdem der Sago ausgequollen ist, rührt man das mit dem Wasser angerührte Soßen-Pulver unter den Sagobrei und läßt ihn kurz aufkochen.

Mehlpüfferchen

2 Eier, 40 g Zucker, 1 gestrichener Teel. Salz, 2–3 Tropfen Dr. Oetker Backöl Zitrone, 250 g Weizenmehl, 9 g (3 gestrichene Teel.) Dr. Oetker Backpulver „Backin", ¼ l Milch, 50 g Korinthen; 80–100 g Fett zum Backen.

Eier und Zucker werden schaumig gerührt. Dann gibt man die Gewürze und eßlöffelweise das mit „Backin" gemischte und gesiebte Mehl abwechselnd mit der Milch hinzu. Zuletzt werden die gewaschenen Korinthen darunter gehoben. Man gibt den Teig löffelweise in das heiße Fett, streicht ihn flach und backt ihn bei schwacher Hitze auf beiden Seiten braun. Die Püfferchen werden, mit Zucker bestreut, zum Kaffee gereicht oder mit gedünstetem Obst als Nachtisch oder zum Abendbrot.

Haferflockenpüfferchen

3/8 l Wasser, 250 g Haferflocken, 1–2 Eßl. Zucker, 1 gestrichener Teel. Salz, 50 g Weizenmehl, 9 g (3 gestrichene Teel.) Dr. Oetker Backpulver „Backin", 60–80 g Fett zum Backen.

Man weicht die Haferflocken 1–2 Stunden in dem Wasser ein und rührt dann den Zucker, das Salz und das mit „Backin" gemischte und gesiebte Mehl darunter. Die Püfferchen werden mit einem nassen Löffel abgestochen, in heißem Fett auf beiden Seiten braun gebacken und mit Fruchtsoße gereicht.

Haferflockenbratlinge

1/2 l Brühe oder Wasser, etwas Salz, 250 g Haferflocken, etwas Butter oder Margarine, 1 Zwiebel, 1–2 Eier, 1–2 Eßl. gehackte Petersilie; 40 g Semmelmehl, 60–80 g Fett zum Backen.

Die Haferflocken werden in die kochende, gesalzene Brühe gegeben und dann unter Rühren zu einem Brei gekocht. Man erhitzt das Fett, röstet die kleingehackte Zwiebel darin, gibt es zu dem Haferflockenbrei und rührt die verquirlten Eier und die Petersilie darunter. Der Brei wird in eine mit nassem Papier ausgelegte Kastenform gefüllt und nach dem Erkalten in Scheiben geschnitten. Man wendet diese in dem Semmelmehl und brät sie in dem Fett.

Tomaten- oder Kräutersoße und Salat werden dazu gereicht. Man kann die Bratlinge aber auch an Stelle von Fleisch zu Gemüse oder Kartoffelsalat reichen.

Kochzeit: Etwa 5 Minuten.

Veränderung: Statt der Petersilie kann man 2–3 Eßl. feingewiegte Küchenkräuter, 100 g geriebene Gemüse (Sellerie, Tomatenmark) oder geriebenen Käse nehmen.

Buchweizenbratlinge

werden hergestellt wie Haferflockenbratlinge (s. oben), man nimmt 250 g Buchweizengrütze.

Kochzeit: Etwa 30 Minuten.

Grünkernbratlinge

werden hergestellt wie Haferflockenbratlinge (s. oben), man nimmt 250 g Grünkerngrütze.

Kochzeit: Etwa 30 Minuten.

Graupenbratlinge

werden hergestellt wie Haferflockenbratlinge (s. S. 212), man nimmt 250 g Graupen.

Kochzeit: Etwa 60 Minuten.

Reisbratlinge

werden hergestellt wie Haferflockenbratlinge (s. S. 212), man nimmt 250 g Reis, weicht ihn jedoch nicht ein, sondern gibt ihn nach dem Waschen in die kochende, gesalzene Brühe.

Kochzeit: Etwa 35 Minuten.

Arme Ritter

¼–½ l Milch, 1–2 Eier, 20 g Zucker, 2–3 Tropfen Dr. Oetker Backöl Zitrone, etwas Salz, 12 kleine Scheiben Weißbrot, 60 g Semmelmehl, 80–100 g Fett zum Backen, 50 g Zucker, ½ Teel. Zimt.

Milch, Eier, Zucker, Backöl Zitrone und Salz werden gut verquirlt. Man übergießt die Weißbrotscheiben damit, läßt sie etwas darin weichen (dürfen aber nicht zu weich werden!), wendet sie in Semmelmehl und backt sie in dem erhitzten Fett. Sie werden mit Zucker und Zimt bestreut und mit Weinschaum- oder Zitronenschaumsoße gereicht.

Karthäuser Klöße

8 alte Brötchen, ½ l Milch, 1–2 Eier, 20 g Zucker, etwas Salz, 2 Tropfen Dr. Oetker Backöl Bittermandel, etwa 125 g Fett zum Backen, 50 g Zucker, ½ Teel. Zimt.

Die abgeriebenen Brötchen werden in Hälften oder Viertel geschnitten. Milch, Eier, Zucker, Salz und Backöl Bittermandel werden gut verquirlt und darüber gegossen. Man wendet die Brötchen fleißig, damit sie gut durchziehen (evtl. noch etwas Milch nachgeben!). Sie werden in der Brötchenrinde paniert und in reichlich Fett in der offenen Pfanne schön braun gebacken. Man reicht sie, mit Zucker und Zimt bestreut, mit einer Weinschaum- oder Zitronenschaumsoße.

Apfelbettelmann

200 g geriebenes Graubrot, 30 g Zucker, 2 Tropfen Dr. Oetker Backöl Zitrone, 500 g Äpfel, 1 Eßl. Wasser, 50 g Zucker, 15 g Korinthen, 15 g Mandeln; 50 g Fett zum Backen.

Das Brot wird mit Zucker und Backöl Zitrone vermischt. Man dünstet die geschälten, in Scheiben geschnittenen Äpfel mit dem Wasser, dem Zucker, den gewaschenen Korinthen und den gehackten Mandeln gar. Die Hälfte des geriebenen Brotes wird in das heiße Fett gegeben und gut angedrückt, darauf wird das Apfelmus verstrichen, dieses wird mit dem restlichen Brot zugedeckt. Man backt den Apfelbettelmann auf beiden Seiten bei schwacher Hitze und bestreut ihn mit Zucker.

Backzeit: Etwa 20 Minuten.

Mehlschmarren (süddeutsche Mehlspeise)

250 g Weizenmehl, 3–5 Eigelb, etwas Salz, 20 g Zucker, 1 Päckchen Dr. Oetker Vanillin-Zucker, ½ l Milch, 3–5 Eiweiß; 60 g Butter oder Margarine zum Backen; etwas Zucker zum Bestreuen.

Das Mehl wird in eine Schüssel gesiebt, in die Mitte wird eine Vertiefung eingedrückt, das mit Salz, Zucker, Vanillin-Zucker und etwas von der Milch verquirlte Eigelb wird hineingegeben. Man verrührt nun von der Mitte aus Eigelb und Mehl, gibt nach und nach die Milch dazu und achtet darauf, daß keine Klümpchen entstehen. Zuletzt wird das zu steifem Schnee geschlagene Eiweiß vorsichtig darunter gehoben.

Man erhitzt das Fett in einer Stielpfanne, gibt den Eierkuchenteig jeweils knapp 1 cm dick hinein und backt ihn auf der Unterseite hellgelb. Dann wird er mit 2 Gabeln in kleine Stücke zerrissen, diese werden unter häufigem Wenden gut gebräunt. Man gibt sie, mit Zucker bestreut, zu Tisch.

Backzeit: Etwa 5 Minuten.

Apfelschmarren

5 mürbe Äpfel, etwas Butter, 250 g Weizenmehl, 3–5 Eigelb, etwas Salz, 20 g Zucker, 1 Päckchen Dr. Oetker Vanillin-Zucker, ½ l Milch, 3–5 Eiweiß, 60 g Butter oder Margarine; etwas Zucker zum Bestreuen.

Man schält die Äpfel, schneidet sie in Würfel, dünstet sie in etwas Butter und stellt sie kalt. Das Mehl wird in eine Schüssel gesiebt, in die Mitte wird eine Vertiefung eingedrückt, das mit Salz, Zucker, Vanillin-Zucker und etwas von der Milch verquirlte Eigelb wird hineingegeben. Man verrührt nun von der Mitte aus Eigelb und Mehl, gibt nach und nach die Milch dazu und achtet darauf, daß keine Klümpchen entstehen. Die erkalteten Äpfel werden danach unter den Teig gerührt. Zuletzt hebt man das zu steifem Schnee geschlagene Eiweiß vorsichtig darunter.

Das Fett wird in einer Stielpfanne erhitzt, der Eierkuchenteig wird jeweils etwa 1 cm dick hineingegeben. Man backt ihn auf der Unterseite hellgelb. Dann wird er mit 2 Gabeln in kleine Stücke zerrissen, diese werden unter häufigem Wenden gut gebräunt. Man gibt sie, mit Zucker bestreut, zu Tisch.

Backzeit: Etwa 10 Minuten.

Kaiserschmarren (Abb. Tafel 19)

100 g Weizenmehl, 4 Eigelb, etwas Salz, 2 Tropfen Dr. Oetker Backöl Zitrone, ¼ l Milch oder Sahne, 75 g Korinthen, 75 g geriebene Mandeln, 4 Eiweiß, 60 g Butter zum Backen; etwas Zucker zum Bestreuen.

Das Mehl wird in eine Schüssel gesiebt, in die Mitte wird eine Vertiefung eingedrückt, das mit Salz, Backöl Zitrone und etwas von der Milch (Sahne) verquirlte Eigelb wird hineingegeben. Man verrührt nun von der Mitte aus Eigelb und Mehl, gibt nach und nach die Milch oder die Sahne dazu und achtet darauf, daß keine Klümpchen entstehen. Zuletzt werden die gewaschenen Korinthen, die geriebenen Mandeln und das zu steifem Schnee geschlagene Eiweiß darunter gehoben. Man erhitzt das Fett in einer Stielpfanne, gibt den Teig jeweils etwa 1 cm dick hinein und backt ihn auf der Unterseite hellgelb. Dann wird er mit 2 Gabeln in kleine Stücke zerrissen, diese werden unter häufigem Wenden gut gebräunt. Man gibt sie, mit Zucker bestreut, zu Tisch.

Backzeit: 8–10 Minuten.

E. Aufläufe

Regeln

1. Zum Backen von Aufläufen gebraucht man eine feuerfeste Form aus Porzellan, Steingut oder Jenaer Glas.
2. Die Form muß vor dem Einfüllen gut eingefettet werden.
3. Bei allen Aufläufen, die aufgehen (auflaufen) sollen, darf die Form nur $\frac{3}{4}$ gefüllt werden.
4. Die Oberfläche bestreut man mit Semmelmehl oder geriebenem Käse und verteilt Butterflöckchen darauf.
5. Der Rand der Form muß nach dem Einfüllen gesäubert werden, um ein Verbrennen der Reste zu vermeiden.
6. Die Auflaufform wird bei einem Backofen mit 3 Schiebeleisten mit dem Rost auf die unterste und bei 4 Schiebeleisten mit dem Rost auf die zweitunterste gesetzt.
7. **Besteht der Auflauf aus vorwiegend gekochten Zutaten, so wird er im Flammenbackofen mit gut $\frac{1}{2}$ großer Flamme und im Reglerbackofen bei 5—6 überbacken.**
8. **Sind die Zutaten roh eingeschichtet oder soll der Auflauf aufgehen, so stellt man im Flammenbackofen die Flammen $\frac{1}{2}$ groß und den Reglerbackofen auf 3—4 ein.
Bei Aufläufen mit vielen Eiern oder aus Kuchenteig wird die Flamme im Flammenbackofen $\frac{1}{3}$ groß und der Reglerbackofen auf $2\frac{1}{2}$—$3\frac{1}{2}$ eingestellt.**
9. Man gibt die Aufläufe in der Form, in der sie gebacken wurden, zu Tisch.

Grießauflauf (Abb. Tafel 13)

$\frac{1}{2}$ l Milch, etwas Salz, 125 g Grieß, 40 g Butter oder Margarine, 60–80 g Zucker, 2–3 Eigelb, 3–4 Tropfen Dr. Oetker Backöl Zitrone, 6 g (2 gestrichene Teel.) Dr. Oetker Backpulver „Backin", 2–3 Eiweiß, 2 Eßl. Semmelmehl, etwas Butter.

Die Milch bringt man mit dem Salz zum Kochen, nimmt den Topf von der Kochstelle, streut den Grieß langsam unter Rühren hinein und läßt ihn bei schwacher Hitze ausquellen. Das Fett wird schaumig gerührt, der Zucker, das Eigelb, das Backöl, das „Backin" und der abgekühlte Grießbrei werden nach und nach hinzugegeben. Zuletzt hebt man das zu steifem Schnee geschlagene Eiweiß darunter und füllt die Masse in eine gut gefettete Auflaufform. Sie wird mit Semmelmehl bestreut, mit Butterflöckchen belegt und dann in den Backofen gestellt.

Flammenbackofen: $\frac{1}{2}$ große Flamme.

Reglerbackofen: 3–4.

Backzeit: Etwa 35 Minuten.

Beigabe: Fruchtsaft, Fruchtsoße oder gedünstetes Obst.

Veränderung:

a) Man kann 500 g frisches Obst (entsteinte Kirschen, Aprikosen oder Pflaumen) oder 125 g eingeweichtes, getrocknetes Obst oder Marmelade mit einschichten.

b) Die Masse kann auch in einer Puddingform gekocht werden (Warmer Grießpudding mit Früchten, Tafel 13).

Haferflockenauflauf

Herstellung wie Grießauflauf (S. 215). An Stelle von Grieß nimmt man 125 g Haferflocken.

Graupenauflauf

Herstellung wie Grießauflauf (S. 215). An Stelle von Grieß nimmt man 125 g Graupen.

Reisauflauf

Herstellung wie Grießauflauf (S. 215). An Stelle von Grieß nimmt man 125 g Reis. Man kann 60 g gewaschene Rosinen oder Korinthen dazugeben, ehe man den Eierschnee unterzieht. Die Masse eignet sich auch sehr gut zum Kochen in der Puddingform.

Nudelauflauf

Herstellung wie Grießauflauf (S. 215). An Stelle von Grieß nimmt man 125 g Fadennudeln. Man zerdrückt sie fein, ehe man sie in die Milch gibt. Zum Würzen nimmt man Dr. Oetker Rum-Aroma.

Semmelauflauf

4–5 alte Semmeln, 3/8 l Milch, 40 g Butter oder Margarine, 60–80 g Zucker, 2–3 Eigelb, 3–4 Tropfen Dr. Oetker Backöl Zitrone, etwas Salz, 3 g (1 gestrichener Teel.) Dr. Oetker Backpulver „Backin", 2–3 Eiweiß, 2 Eßl. Semmelmehl, etwas Butter.

Man schneidet die Semmeln in kleine Würfel, übergießt sie mit der kochend heißen Milch, läßt sie darin gut quellen und rührt sie dann glatt.

Das Fett wird schaumig gerührt, der Zucker, das Eigelb, das Backöl Zitrone, das Salz, das „Backin" und die glattgerührten, eingeweichten Semmeln werden nach und nach dazugegeben. Zuletzt hebt man das zu steifem Schnee geschlagene Eiweiß vorsichtig darunter und füllt die Masse in eine gut gefettete Auflaufform. Der Auflauf wird mit Semmelmehl bestreut, mit Butterflöckchen belegt und in den Backofen gestellt.

Flammenbackofen: Gut 1/2 große Flamme.
Reglerbackofen: 5–6.
Backzeit: Etwa 40 Minuten.
Beigabe: Weinschaum- oder Zitronenschaumsoße.

Makkaroniauflauf mit Schinken (Abb. Tafel 5)

2 l Wasser, etwas Salz, 250 g Makkaroni, 125–250 g gekochter Schinken, 60 g geriebener Käse, 2 Eier, 1/4 l Milch oder saure Sahne, etwas Salz, 2 Eßl. Semmelmehl oder geriebener Käse, etwas Butter.

Man bringt das Wasser mit dem Salz zum Kochen, gibt die in fingerlange Stücke gebrochenen Makkaroni hinein und läßt sie bei schwacher Hitze ausquellen. Sie werden auf ein Sieb gegeben und mit kaltem Wasser übergossen.

Kochzeit: Etwa 30 Minuten.

Man füllt die erkalteten Makkaroni abwechselnd lagenweise mit dem in kleine Würfel geschnittenen Schinken und dem geriebenen Käse in eine gefettete Auflaufform. Die oberste Schicht muß aus Makkaroni bestehen. Eier, Milch oder Sahne und etwas

Salz werden verquirlt und darüber gegossen. Obenauf wird das Semmelmehl oder der geriebene Käse gestreut, die Butterflöckchen werden darauf gelegt.

Flammenbackofen: Gut ½ große Flamme.
Reglerbackofen: 5–6.
Backzeit: Etwa 40 Minuten.

Man reicht grünen Salat dazu.

Veränderung:

a) Statt des gekochten Schinkens kann man halbgar gedünstete Pilze oder rohe Tomatenscheiben einschichten.

b) Statt der verquirlten Eier kann man eine Tomatensoße verwenden.

Makkaroniauflauf mit Käse

2 l Wasser, etwas Salz, 250 g Makkaroni oder Spaghetti, 125 g geriebener Käse.

Helle Soße: 40 g Butter oder Margarine, 40 g Weizenmehl, ½ l Brühe oder saure Milch, 1–2 Eigelb, 1–2 Eiweiß, 2 Eßl. Semmelmehl, etwas Butter.

Man bringt das Wasser mit dem Salz zum Kochen, gibt die in fingerlange Stücke gebrochenen Makkaroni oder die Spaghetti hinein und läßt sie bei schwacher Hitze ausquellen. Sie werden auf ein Sieb gegeben und mit kaltem Wasser übergossen.

Kochzeit: Etwa 30 Minuten.

Man füllt die erkalteten Nudeln abwechselnd lagenweise mit dem geriebenen Käse in eine gefettete Auflaufform. Die oberste Lage muß aus Nudeln bestehen.

Für die helle Soße zerläßt man das Fett. Das Mehl wird unter Rühren so lange darin erhitzt, bis es hellgelb ist. Man gießt unter Rühren langsam nach und nach die kalte Brühe oder die saure Milch hinzu und läßt sie kurz aufkochen. Die Soße wird mit Eigelb abgezogen. Das zu steifem Schnee geschlagene Eiweiß wird vorsichtig darunter gehoben. Man gießt die Soße über den Auflauf, bestreut ihn mit Semmelmehl und belegt ihn mit Butterflöckchen.

Flammenbackofen: Gut ½ große Flamme.
Reglerbackofen: 5–6.
Backzeit: Etwa 40 Minuten.

Reisauflauf mit Schinken

1 l Brühe, etwas Salz, Paprika oder Zwiebel, 250 g Reis; 125–250 g gekochter Schinken, 60 g geriebener Käse, 2 Eier, ¼ l Milch oder saure Sahne, etwas Salz, 2 Eßl. Semmelmehl oder geriebener Käse, etwas Butter.

Die gesalzene Brühe bringt man mit Paprika oder Zwiebel zum Kochen, gibt den gewaschenen Reis hinein, läßt ihn bei schwacher Hitze ausquellen und dann erkalten. Er darf während des Quellens nicht gerührt werden, da er sonst breiig wird.

Kochzeit: Etwa 35 Minuten.

Man füllt den erkalteten Reis abwechselnd lagenweise mit dem in kleine Würfel geschnittenen Schinken und dem geriebenen Käse in eine gefettete Auflaufform. Die oberste Schicht muß aus Reis bestehen. Eier und Milch oder Sahne und etwas Salz werden verquirlt und darüber gegossen. Obenauf wird das Semmelmehl oder der geriebene Käse gestreut, die Butterflöckchen werden darauf gelegt.

Flammenbackofen: Gut ½ große Flamme.
Reglerbackofen: 5–6.
Backzeit: Etwa 40 Minuten.

Man reicht grünen Salat dazu.

GETRÄNKE

Getränke führen dem Körper einen Teil der notwendigen Flüssigkeitsmenge zu. Nach ihrer Wirkung unterscheidet man durststillende, anregende, erwärmende, nährende und heilende Getränke. Da einige wie Kaffee, Tee, Bier und Wein Stoffe enthalten, die schädliche Nebenwirkungen für Herz und Nerven haben können (Koffein, Tein, Alkohol), sollte man ihren Genuß möglichst einschränken. An Stelle von Bohnenkaffee gebe man besonders Kindern Milch, Malz- oder Kornkaffee; an Stelle alkoholischer Getränke reiche man unvergorene Obst- und Traubensäfte.

A. Warme Getränke

Regeln

1. Zur Herstellung von Kaffee, Tee und Kakao verwende man nur gute Sorten, da sie am ergiebigsten und deswegen am billigsten sind.
2. Sie müssen in luftdicht verschlossenen Behältern aufbewahrt werden, da sie sonst ihr Aroma einbüßen. Man soll auch nur kleine Mengen kaufen und Kaffee erst kurz vor dem Gebrauch mahlen.
3. Zum Aufbrühen der Getränke gebrauche man nur für diesen Zweck bestimmtes Geschirr, für Kaffee und Tee niemals Metallgefäße.
4. Alles Geschirr muß kurz vor dem Gebrauch heiß ausgespült und während des Ziehens in heißes Wasser gestellt werden.
5. Man verwende frisches Wasser und lasse es nur einmal aufkochen.
6. Die fertigen Getränke dürfen nicht mehr kochen, dadurch verlieren sie ihr Aroma.

Bohnenkaffee

20–30 g Kaffeebohnen, 1 l Wasser.

Das nicht zu fein gemahlene*) Kaffeemehl gibt man in eine heiß ausgespülte Porzellan- oder Steingutkanne, übergießt es mit frisch kochendem Wasser und rührt es um. Man läßt den Kaffee 4–6 Minuten ziehen, ehe man ihn durch ein Sieb in die vorgewärmte Kaffeekanne gießt. Etwas Salz hebt den Geschmack, man kann auch etwas Kaffeegewürz zusetzen. Man reicht heiße Milch oder Sahne und Zucker dazu.

Veränderung:

a) Man gibt die gemahlenen Bohnen in einen Kaffeefilter (Melitta, Karlsbader) und gießt das kochende Wasser zum Durchlaufen in kleinen Mengen darauf. Das Wasser muß immer wieder zum Kochen gebracht werden, die Kanne während des Filtrierens in heißem Wasser stehen (Wiener Art).

b) Unter „Mokka" versteht man einen besonders kräftigen Kaffee (60–80 g auf 1 Liter).

*) Kaffee wird sonst zu bitter.

Zur Zubereitung eines türkischen Kaffees (mocca turc) setzt man besonders fein gemahlenen Kaffee mit kaltem Wasser und Zucker auf, läßt einmal aufwallen und darauf 5 Minuten ziehen.

c) Zur Herstellung eines guten Kaffees kann man eine der im Handel befindlichen elektrischen Kaffeemaschinen oder die Sintrax-Kaffeemaschine aus Jenaer Glas verwenden.

Mischkaffee (Sparrezept)

10 g Bohnenkaffee, 10 g Kaffee-Ersatz-Mischung oder 20 g Malzkaffee, 1 l Wasser.

Das nicht zu fein gemahlene Kaffeemehl und die Kaffee-Ersatz-Mischung oder den Malzkaffee gibt man in eine heiß ausgespülte Porzellan- oder Steingutkanne, übergießt sie mit frisch kochendem Wasser und rührt sie um. Man läßt den Kaffee 4–6 Minuten ziehen, ehe man ihn durch ein Sieb in die vorgewärmte Kaffeekanne gießt. Etwas Salz hebt den Geschmack, man kann auch etwas Kaffeegewürz zusetzen.

Dieser Mischkaffee ist gut als Familiengetränk zu verwenden, das Mischverhältnis kann, je nach Geschmack, verändert werden.

Kaffeegetränk aus Kaffeemitteln

Die Marken-Kaffeemittel sind darauf abgestimmt, allein als schmackhaftes und bekömmliches Kaffeegetränk verwendet zu werden. Sie haben den Vorzug größter Wirtschaftlichkeit. Die Kaffeemittel werden vielfach auch aus gesundheitlichen Gründen verwendet.

Man nimmt zu Malzkaffee: 30–35 g auf 1 Liter,
Kornkaffee (kandiert): 20–25 g auf 1 Liter,
Kaffee-Ersatz-Mischung: 12–15 g auf 1 Liter.

Die Zubereitung aller dieser Kaffeemittel erfolgt im allgemeinen wie bei Bohnenkaffee. Bitte die Gebrauchsanweisungen auf den Packungen beachten!

Veränderungen für Malzkaffee:

Für Kinder und Kranke empfiehlt sich folgendes Getränk: Man nimmt ½ Liter doppelt starken Malzkaffee (½ l Wasser, 30–35 g Malzkaffee) und vermischt ihn mit der gleichen Menge heißer Milch („Milch-Kathreiner").

Durch Mitverwendung guter Kaffee-Zusätze und Würzen (Frank, Weber's Karlsbader u. ä.) wird jedes Kaffeegetränk voller und kräftiger im Geschmack.

Tee (Schwarzer chinesischer)

2–3 Teel. Tee (4–6 g), 1 l Wasser.

Man gibt die Teeblätter in ein heiß ausgespültes Tongefäß, das nur für diesen Zweck bestimmt ist, gießt zuerst ¼ l und nach 2 Minuten den Rest des kochenden Wassers darauf. Nach kurzem Ziehen wird der Tee durch ein Sieb in die vorgewärmte Teekanne gegossen. Man reicht ihn mit Zucker, Zitrone, Rum oder auch Milch.

Veränderung:

a) Man gibt den Tee in ein Tee-Ei, hängt es in die Kanne und gießt kochendes Wasser auf. Das Ei muß einige Male hin- und hergeschwenkt und herausgenommen werden, wenn der Tee goldbraun ist.

b) Man kann einen Tee-Extrakt herstellen und bei Tisch mit heißem Wasser beliebig verdünnen, wobei man am besten den elektrischen Samowar benutzt.

Deutscher Kräutertee

2 Eßl. Kräutertee*) (6 g), 1 l Wasser.

Man überbrüht den Tee mit kochendem Wasser, läßt ihn 5 Minuten ziehen und gießt ihn durch ein Sieb.

*) Anmerkung: Deutscher Kräutertee ist in der Regel eine Mischung aus verschiedenen Kräutern und Pflanzenteilen. So benutzt man Blätter der Erdbeere, Himbeere, Brombeere, Heidelbeere, Kirsche, Rose, Blüten von Heidekraut, Thymian, Waldmeister usw.

Apfelschalentee

20 g getrocknete Apfelschalen, 1 l Wasser.

Die Schalen werden mit kaltem Wasser übergossen, zum Kochen gebracht und 10–15 Minuten gekocht. Man gießt den Tee durch ein Sieb und würzt ihn mit Honig oder Zucker.

Hagebuttentee

20 g Hagebuttenkerne, 1 l Wasser.

Die Kerne werden mit kaltem Wasser aufgesetzt und ¾–1 Stunde bei schwacher Hitze gekocht. Man gießt den Tee durch ein Sieb.

Pfefferminztee

10 g Tee, 1 l Wasser.

Man gießt das kochende Wasser auf die Teeblätter und läßt 5–10 Minuten ziehen. Dann wird der Tee durch ein Sieb gegossen.

Kamillentee,
Brombeerblättertee,
Lindenblütentee
und Fliedertee } werden wie Pfefferminztee hergestellt.

Kakao

30–40 g Kakao, 50 g Zucker, ¼ l Wasser, ¾ l Voll- oder Magermilch.

Kakao und Zucker werden mit ¼ l heißem Wasser verrührt, in die kochende Milch gegeben und einmal aufgekocht.

Veränderung: Man kann den Kakao ganz aus Wasser bereiten oder zur Hälfte Milch nehmen.

Schokolade

100 g Bruchschokolade, 4 Eßl. Wasser, knapp 1 l Voll- oder Magermilch, etwas Zucker.

Die Schokolade wird in kleine Stücke gebrochen und mit etwas kaltem Wasser langsam zum Kochen gebracht, dabei rührt man ständig, damit ein glatter Brei entsteht. Dann wird die Milch dazugegossen, sie wird unter Rühren kurz aufgekocht. Man schmeckt die Schokolade, wenn erforderlich, noch mit Zucker ab.

Veränderung: Statt der Milch kann man Wasser verwenden, muß dann aber mehr Schokolade nehmen oder das Getränk zum Schluß mit 1 Eßl. kalt angerührtem Dr. Oetker „Gustin“ sämig machen.

Eierbier

1 l Bier, hell oder dunkel, 100–120 g Zucker, 1 Stück Zitronenschale, Zimt oder Ingwer, 2–3 Eigelb, 2 Eßl. kaltes Wasser.

Das Bier wird nach Geschmack gesüßt und mit Zitronenschale und 1 Stück Zimt oder Ingwer fast bis zum Kochen gebracht. Man verquirlt das Eigelb mit dem Wasser, zieht das Bier damit ab und schlägt es mit einem Schneebesen schaumig.

Veränderung: Man kann ¼ l kochende Milch mit 1 Eßl. Dr. Oetker „Gustin" dicken, mit 1–2 Eigelb abziehen und unter Rühren zu dem heißen Bier geben.

Glühwein

¼ l Wasser, 1 Stück Zimt, 4 Nelken, 1 Stück Zitronenschale, 60–80 g Zucker, ½ l Rotwein.

Die Gewürze werden mit dem Wasser 5 Minuten bei schwacher Hitze gekocht, dann wird der Zucker darin aufgelöst. Man gibt den Rotwein dazu und erhitzt fast bis zum Kochen. Die Gewürze werden herausgenommen, bevor der Wein gereicht wird. Man kann in jedes Glas eine dünne Zitronenscheibe geben.

Veränderung: Man kann das Wasser weglassen und ¾ l Rotwein mit den Gewürzen erhitzen.

Grog

½ l Wasser, 30–100 g Zucker, ¼ l Rum oder Arrak.

Wasser und Zucker werden aufgekocht und mit dem Rum oder Arrak gemischt.

Rotweinpunsch

½ l starker Tee, 75–150 g Zucker, ¼ l Rotwein, ⅛ l Arrak oder Rum, Saft von 1 Zitrone.

Der heiße, durch ein Sieb gegossene Tee wird auf den Zucker gegossen. Man gibt den Rotwein, den Arrak oder Rum und den Zitronensaft dazu und erhitzt die Flüssigkeit fast bis zum Kochen.

B. Kalte Getränke

Regeln

1. Kalte Getränke müssen recht kalt zubereitet und gereicht werden, im Sommer möglichst eisgekühlt.
2. Alle Zutaten müssen gut vermischt, am besten miteinander verquirlt werden.
3. Statt des Zuckers verwende man Zuckersirup (500 g Zucker mit ¼ l Wasser langsam erhitzen, klar kochen und kalt stellen), da der Zucker bereits gelöst ist.
4. Hat man einen Kühlschrank, so gebe man nach dem Quirlen einige Eisstückchen in das Getränk.
5. Kalte Getränke (außer Bowle) reicht man in hohen Gläsern mit Glasröhrchen oder Strohhalm.
6. Sehr zu empfehlen sind Mischgetränke aus Sauer- oder Buttermilch, da sie nicht nur erfrischend, sondern auch nahrhaft sind.

Apfelsinenlimonade I

5–7 Apfelsinen, ½ Zitrone, 1 l Wasser, 80–100 g Zucker.

Die Apfelsinen und die Zitrone werden ausgepreßt, der Saft wird durch ein feines Sieb gegeben und mit dem recht kalten Wasser und dem Zucker vermischt. In jedes Glas legt man eine dünne Apfelsinenscheibe.

Apfelsinenlimonade II

½ l Wasser, 1 Päckchen Dr. Oetker Soßen-Pulver Apfelsinen-Geschmack, 125 g (5 gut gehäufte Eßl.) Zucker, 1 Flasche Selterswasser.

Von dem Wasser nimmt man 3 Eßl. ab und rührt damit den Inhalt des Päckchens und den Zucker an. Das übrige Wasser wird in einem emaillierten Topf zum Kochen gebracht. Sobald es kocht, nimmt man es von der Kochstelle, gibt das angerührte Soßen-Pulver unter Rühren hinein und läßt die Flüssigkeit kurz aufkochen. Sie wird während des Erkaltens häufig umgerührt, damit sich keine Haut bildet. Kurz vor dem Auftragen mischt man sie mit dem Selterswasser.

Apfelsinentrank

3–4 Apfelsinen, etwas Zucker, 1 Flasche Apfelsaft, 1 Flasche Sprudel.

Die Apfelsinen werden geschält, quer in feine Streifen geschnitten und mit Zucker bestreut. Wenn sie durchgezogen sind, gießt man den Apfelsaft hinzu und zuletzt den Sprudel.

Apfelsinen- oder Zitronenextrakt

Schale von 6 Apfelsinen oder Zitronen, 1 l Wasser, 1½ kg Zucker, 30 g kristallisierte Zitronensäure.

Das Gelbe wird von den Schalen gerieben und mit den übrigen Zutaten gemischt. Die Zitronensäure kann man vorher in etwas lauwarmem Wasser auflösen. Man rührt so lange, bis der Zucker aufgelöst ist. Die Mischung wird in kleine Fläschchen gefüllt, diese werden verkorkt.

Eine erfrischende Limonade erhält man, wenn man 2 Teel. dieses Extraktes mit 1 Glas Wasser mischt.

Fruchtlimonade

¼ l Fruchtsaft (Himbeer-, Johannisbeer-, Kirsch- oder Holundersaft), ¾ l Wasser, etwas Zitronensaft.

Man mischt den Fruchtsaft mit dem Wasser und schmeckt mit Zitronensaft ab oder legt in jedes Glas eine dünne Zitronenscheibe.

Veränderung: Statt des Wassers kann man Selterswasser nehmen.

Obstsaft

Man preßt beliebige Früchte, am besten Erdbeeren, Himbeeren, Brombeeren, Heidelbeeren oder Weintrauben, roh aus, verdünnt den Saft mit Wasser oder Selterswasser und süßt nach Geschmack.

Zitronenlimonade

3–4 Zitronen, 1 l Wasser, 60–80 g Zucker.

Die Zitronen werden ausgepreßt, der Saft wird durch ein feines Sieb gegeben und mit dem recht kalten Wasser und dem Zucker vermischt. In jedes Glas legt man eine dünne Zitronenscheibe.

Veränderung: Will man das Getränk bei Erkältungen reichen, so nimmt man kochendes Wasser und süßt mit Honig.

Teelimonade

1–2 Zitronen, 1 l kalter Tee, etwa 40 g Zucker.

Die Zitronen werden ausgepreßt. Der Saft wird durch ein feines Sieb gegeben und mit dem recht kalten Tee und mit Zucker nach Geschmack vermischt.

Bowle

500 g Früchte (Erdbeeren, Pfirsiche oder Ananas), 100–150 g Zucker, 2 Flaschen Weißwein, 1–2 Flaschen Selterswasser.

Die Erdbeeren werden gewaschen und entstielt, die Pfirsiche gewaschen und entsteint oder die Ananas wird geschält. Man schneidet die Früchte in Scheiben, gibt sie abwechselnd mit dem Zucker in eine Bowle oder Suppenterrine und übergießt sie mit ¼ l Wein. Sie müssen fest zugedeckt 1–2 Stunden stehen, am besten auf Eis oder im Kühlschrank, dann werden der übrige Wein und das Selterswasser dazugegossen. Man reicht Bowle recht kalt.

Veränderung: Statt des Weißweins kann man Most verwenden.

Apfelsinenmilch

1 l gekochte Milch, 40–50 g Zucker, Saft von 6 Apfelsinen.

Milch und 40 g Zucker werden gemischt und gut verquirlt. Dann gibt man nach und nach unter ständigem Quirlen den durch ein Sieb gegebenen Apfelsinensaft hinzu und schmeckt mit Zucker ab.

Erdbeermilch

250 g Erdbeeren, ¾ l gekochte Milch, 50 g Zucker.

Die Erdbeeren werden gewaschen, entstielt, durch ein feines Sieb gestrichen, langsam mit der möglichst kalten Milch vermischt und mit Zucker abgeschmeckt.

Zitronenmilch

1 l gekochte Milch, 50–75 g Zucker, Saft von 4 Zitronen.

Milch und 50 g Zucker werden gemischt und gut verquirlt. Dann gibt man nach und nach unter ständigem Quirlen den durch ein Sieb gegebenen Zitronensaft hinzu und schmeckt mit Zucker ab.

Eiermilch (Diät)

1 Eigelb, 1 Teel. Zucker, 1 Teel. Zitronensaft, 1/4 l gekochte Milch, 1 Eßl. Kognak, 1 Eiweiß.

Eigelb, Zucker und Zitronensaft werden schaumig geschlagen. Man gießt die kochende Milch nach und nach hinzu und schlägt so lange, bis sie abgekühlt ist. Nach dem völligen Erkalten wird der Kognak hinzugegeben und das zu steifem Schnee geschlagene Eiweiß darunter gehoben.

Veränderung: Man kann den Kognak auch fortlassen.

Mandelmilch

50–75 g süße Mandeln, 3–4 bittere Mandeln, 1 l gekochte Milch, 50–75 g Zucker.

Man gibt die Mandeln in kochendes Wasser und läßt sie darin ziehen. Nachdem sie abgetropft sind, werden die Schalen abgezogen und die Mandeln zerkleinert. Man trocknet sie, reibt sie möglichst fein und übergießt sie mit der kalten oder kochenden Milch. Die Mandelmilch wird einige Stunden kalt gestellt (Kühlschrank), vor dem Gebrauch durch ein feines Sieb gegossen und gesüßt.

Milchlimonade

3/4 l gekochte Milch, 1/4 l Obstsaft, etwa 50 g Zucker.

Milch und Obstsaft werden gemischt, tüchtig verquirlt und mit Zucker abgeschmeckt. Das Getränk wird kalt gestellt und nach Belieben mit Selterswasser gereicht.

Eiskaffee

40 g Kaffeebohnen, 3/4 l Wasser, 1/4 l Vanilleeis (s. S. 239), 1/8–1/4 l Schlagsahne.

Man übergießt die gemahlenen Kaffeebohnen mit dem kochenden Wasser und rührt sie häufig um. Nachdem der Kaffee 4–6 Minuten gezogen hat, wird er durch ein Sieb gegossen und möglichst kalt gestellt (Eis- oder Kühlschrank!). Man füllt die Gläser zu 2/3 mit dem erkalteten Kaffee, gibt Vanilleeis darauf und bespritzt es dicht mit Schlagsahne.

Eisschokolade

100 g Schokolade, 1/8 l Wasser, 1/2 l Milch, 1/8 l süße Sahne, 1/4 l Vanilleeis (s. S. 239), 1/8–1/4 l Schlagsahne.

Die in kleine Stücke gebrochene Schokolade wird mit Wasser langsam erhitzt und zu einem Brei gerührt. Man gibt nach und nach die Milch und zuletzt die Sahne hinzu und bringt die Flüssigkeit fast bis zum Kochen. Sie wird, wenn sie lauwarm ist, zum stärkeren Abkühlen in den Eis- oder Kühlschrank gestellt.

Man füllt die Gläser zu 2/3 mit der erkalteten Schokolade, gibt Vanilleeis darauf und bespritzt es dicht mit Schlagsahne.

TAFEL 25

Makronen
Rezept Seite 286

Schwarzweiß-Gebäck
Rezept Seite 271

Eberswalder Spritzkuchen
Rezept Seite 280

TAFEL 26

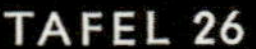

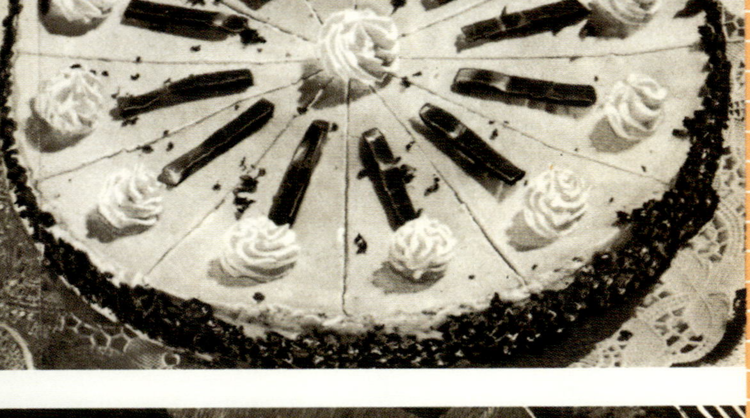

Herrentorte

Rezept Seite 265

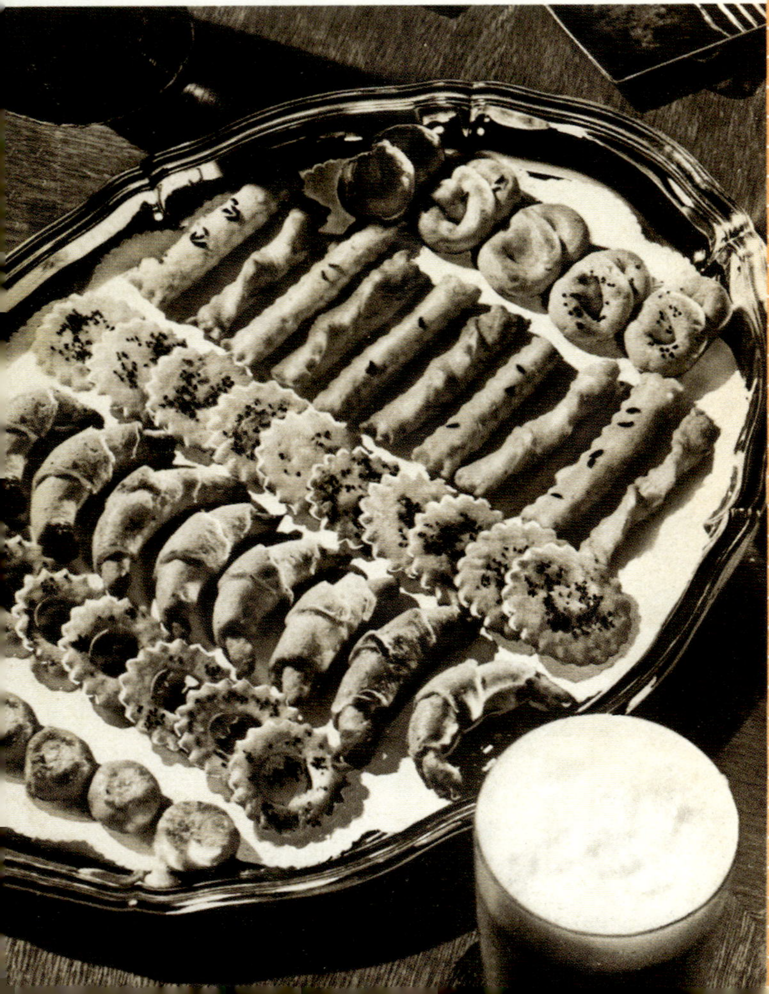

Gemischtes Käsegebäck

Rezept Seite 271

TAFEL 27

Springerle
Rezept Seite 285

Nußtaler
Rezept Seite 270

Stollen
Rezept Seite 282

Napfkuchen
mit Schokoladenstückc
Rezept Seite 251

Marmorkuchen
Rezept Seite 251

SÜSS-SPEISEN

Jedes Mittagsmahl wird noch einmal so hoch geschätzt, wenn eine süße Nachspeise den Abschluß bildet. Das gilt nicht nur für Kinder, sondern in hohem Maße auch für die Erwachsenen. Vielfach allerdings wird die süße Nachspeise nur als ein dem Gaumen angenehmer Genuß betrachtet. Sehen wir uns aber die Zusammensetzung einmal näher an, so stellen wir fest, daß die Nachspeise einen nicht zu unterschätzenden Bestandteil der Mahlzeit darstellt.

Von großer Bedeutung sind auf diesem Gebiet die aus Pudding-Pulver hergestellten Nachspeisen, weil sie von hervorragendem Wohlgeschmack sind und leicht und schnell zubereitet werden können. Die Erzeugnisse der Firma Dr. August Oetker stehen auf diesem Gebiet an führender Stelle und haben eine besonders große Verbreitung gefunden, weil sie mit erstklassigen Rohstoffen hergestellt werden und ihre hygienische Verarbeitung und Verpackung vorbildlich sind.

Die Grundlage dieser Pudding-Pulver bilden Speisestärken aus Mais, Kartoffeln oder Gemische von Speisestärken und Weizengrieß in Verbindung mit würzenden und aromatischen Stoffen oder Fruchtbestandteilen. Vielfach enthalten die Pudding-Pulver auch Gelatine, Sago, Kakao, Schokolade oder Zucker. Rohstoffe wie Fertigerzeugnisse unterliegen einer ständigen Kontrolle durch erfahrene Chemiker.

Unter Verwendung von Milch, Wasser, Zucker und zum Teil auch Butter und Eiern werden aus den Pudding-Pulvern Süßspeisen hergestellt, die durch Zugabe von Obst oder Fruchtsäften noch eine Bereicherung erfahren, so daß in ihnen alle Nährstoffe enthalten sind: Kohlenhydrate in Form von Speisestärke, Grieß, Sago und Zucker, ferner Eiweiß, Fett, Mineralstoffe und Vitamine. Hiermit ist der Wert der Nachspeise aber noch nicht erschöpft. Das appetitliche Aussehen und die in ihr enthaltenen Aromastoffe regen die Verdauungsdrüsen zu erhöhter Tätigkeit an, so daß nicht nur der als Nachspeise gereichte Pudding*) selbst, sondern auch die übrigen Speisen leichter und besser verdaut werden. Müttern, die über mangelnden Appetit ihrer Kinder zu klagen haben, kann nur empfohlen werden, ihnen zu jeder Hauptmahlzeit eine Portion Dr. Oetker-Pudding zu geben, um die Eßlust anzuregen und ihnen die notwendigen Nährstoffe in besonders angenehmer Form zuzuführen. Auch als Abendgericht ist ein Pudding, besonders bei kleinen Kindern, sehr zu empfehlen, weil er durch seine leichte Verdaulichkeit den Organismus nicht belastet. In jedem Falle bietet der Pudding selbst für den Erwachsenen eine erwünschte Abwechslung im Speisezettel und läßt in seinem farbenfreudigen und leicht zu variierenden Aussehen auch das Auge nicht zu kurz kommen.

*) Pudding wird in einigen Kochbüchern als „Flammeri" bezeichnet. Das Wort Flammeri ist tatsächlich die ältere Bezeichnung für kalte, süße Speisen, während man unter dem Wort „Pudding" **zunächst** nur **heiße,** süße oder salzige, meistens gestürzte Speisen verstand. Das Wort „Pudding" hat aber im Laufe der Jahrzehnte eine Begriffswandlung, eine Begriffserweiterung, erfahren, so daß man heute auch **kalte,** süße Speisen darunter versteht. Diese Begriffserweiterung setzte bereits um das Jahr 1885 ein, wo schon „Puddingpulver" hergestellt wurde. Dieses Wort hat sich derartig eingebürgert, daß es schon von der Jahrhundertwende ab in den erlassenen Gesetzen

verankert wurde. Außerdem hat es in der einschlägigen Literatur weitgehend Eingang gefunden. Man hat sich heute bereits so daran gewöhnt, daß in einigen Gegenden Deutschlands das Wort „Flammeri" nicht mehr verstanden wird.

Die Dr. Oetker Erzeugnisse zur Herstellung von Süßspeisen werden eingeteilt in:

1. Stärke-Pudding-Pulver:

Pudding-Pulver in verschiedenen Geschmacksarten, z. B.:
Mandel-, Sahne-, Vanille-, Karamel-, Himbeer-, Erdbeer- und Zitrone-Geschmack,
Mandella Pudding-Pulver,
Rote Grütze, Rote Grütze mit Sago,
Schokoladen-Pudding-Pulver (s. Tafel 17),
Gala Schokoladen-Pudding-Pulver,
Schokoladenspeise mit gehackten Mandeln,
Fruttina Pudding-Pulver Aprikose-, Kirsch- und Zitrone-Geschmack.

2. Geleespeisen mit Gelatine:

Götterspeise Himbeer-, Kirsch-, Waldmeister- und Zitrone-Geschmack (s. Tafel 17).

3. Soßen-Pulver:

Soßen-Pulver Vanille-Geschmack, Schokoladen-Soßen-Pulver.

4. Reine Speisestärke:

„Gustin".

5. Gemahlene Gelatine:

„Regina"-Gelatine gemahlen, weiß oder rot.

A. Puddinge

Regeln:

1. Dr. Oetker Pudding-Pulver wird nach der auf jeder Packung aufgedruckten Gebrauchsanweisung verwendet.
2. Dr. Oetker Pudding-Pulver oder Speisestärke wie Dr. Oetker „Gustin" und Zucker werden zusammen mit kalter Flüssigkeit angerührt und in die kochende Flüssigkeit gegeben. Das Anrühren geht schnell und gut mit einer Gabel. Damit sich beim Hineinrühren in die kochende Flüssigkeit keine Klümpchen bilden, nimmt man den Topf von der Kochstelle. Danach muß die Speise noch einmal kurz aufkochen.
3. Eigelb kann man mit dem Dickungsmittel anrühren und aufkochen. Will man es ohne Bindemittel zusetzen, wird es mit kalter Flüssigkeit verquirlt und dann nach und nach unter Rühren in die heiße, nicht mehr kochende Speise gegeben.
4. Eiweiß wird zu steifem Schnee geschlagen und sofort nach dem Kochen unter die heiße Speise gehoben.
5. Wenn ein Pudding nach dem Erkalten gestürzt werden soll, wird er sofort nach dem Kochen in eine mit kaltem Wasser ausgespülte Sturzform gefüllt. Bevor man ihn auf eine Platte stürzt, bestreicht man seine obere Seite mit Wasser, damit man ihn verschieben kann, falls er nicht in der Mitte liegt.

Wie bleiben mit Stärke gedickte Nachspeisen steif und Suppen und Soßen dickflüssig?

Hin und wieder kann man beobachten, daß eine nach dem Kochen einwandfrei gedickte Suppe, Soße oder Nachspeise sich schon während des Abkühlens oder bei längerem Aufbewahren verflüssigt. Die Qualität der zum Dicken verwendeten Stärke kann keinesfalls dafür verantwortlich gemacht werden. Gekochte Stärke wird nämlich nur von einem stärkeabbauenden Wirkstoff (Enzym) verflüssigt. Von diesem Wirkstoff muß man wissen, daß er bei Temperaturen über 80° C abgetötet und unter 10° C unwirksam wird. Der günstigste Temperaturbereich für seine Wirksamkeit liegt etwa zwischen 30–75° C.

Da mit Stärke gedickte Speisen im allgemeinen gekocht werden, ist in ihnen nach dem Kochen kein wirksamer stärkeabbauender Wirkstoff mehr enthalten. Wird eine derartige Speise nach dem Kochen trotzdem weich oder sogar flüssig, kann der Wirkstoff nur nachträglich in die betreffende Speise gelangt sein, was z. B. durch Zugabe von rohem Eigelb, rohem Eiweiß, roher, nicht pasteurisierter Milch und zerkleinerten Walnußkernen geschehen kann. Diese Lebensmittel enthalten nämlich im rohen Zustand stärkeabbauende Wirkstoffe. Man muß deswegen darauf achten, falls man verquirltes rohes Eigelb, Eierschnee zum Lockern, Milch zum Verdünnen oder Walnußkerne an mit Stärke gedickte Speisen gibt, daß die Temperatur dieser Speisen bei der Zugabe nicht unter 78° C absinkt. Sollen größere Mengen Eierschnee unter eine Speise gegeben werden, empfiehlt es sich, diese nach der Zugabe noch einmal kurz zu erhitzen. Will man eine Speise durch Zugabe von kalter Milch schneller abkühlen, tritt eine Verflüssigung nicht ein, wenn gekochte, erkaltete Milch verwendet wird.

Eine weitere Ursache für die Verflüssigung von gekochter Stärke ist ein unvorschriftsmäßiges Probieren. Rührt man eine mit Stärke gedickte Speise nach der Herstellung mit einem Löffel durch, den man vorher im Mund gehabt hat, gelangen nämlich kleine Speichelmengen in die Speise. Die darin enthaltenen Wirkstoffe bauen bei günstigen Bedingungen die gekochte Stärke ebenfalls ab und verflüssigen sie.

Pudding mit Karamelguß (Abb. Tafel 18)

Pudding: 1 Päckchen Dr. Oetker Pudding-Pulver Vanille- oder Sahne-Geschmack, 40 g (2 schwach gehäufte Eßl.) Zucker, 1–2 Eier, 6 Eßl. kalte Milch oder kaltes Wasser, ½ l Milch. **Guß:** 75 g (3 gut gehäufte Eßl.) Zucker.

Das Pudding-Pulver, der Zucker und das Eigelb werden mit den 6 Eßl. Flüssigkeit verquirlt. Man schlägt das Eiweiß zu steifem Schnee. Danach wird die Milch erhitzt. In die kochende, von der Flamme genommene Milch rührt man das verquirlte Pudding-Pulver und läßt noch einmal kurz aufkochen. Der steife Eierschnee wird nach dem Kochen unter den noch heißen Pudding gehoben.

Für den Guß erhitzt man den Zucker in einer eisernen Pfanne unter ständigem Rühren, bis er hellbraun geworden ist, und gibt ihn in 4–5 mit heißem Wasser ausgespülte Tassen. Sobald in eine Tasse etwas Karamel gefüllt ist, wird sie so gedreht, daß sich der Karamel in möglichst dünner Schicht verteilt (mit dem Rührlöffel verstreichen!). Der heiße Pudding wird in die Tassen gegeben. Danach stellt man ihn einige Stunden kalt (aber nicht in kaltes Wasser, Karamel löst sich sonst nicht). Der Pudding wird auf Tellerchen gestürzt (nicht zu früh, da Pudding leicht reißt).

Pudding mit Karamel- oder Schokoladensoße

Pudding: 1 Päckchen Dr. Oetker Pudding-Pulver Vanille-, Mandel- oder Sahne-Geschmack, 40 g (2 schwach gehäufte Eßl.) Zucker, 1–2 Eier, 6 Eßl. Milch oder Wasser zum Anrühren, ½ l Milch.

Karamelsoße: 50 g (2 gut gehäufte Eßl.) Zucker, ½ l Milch, 1 Päckchen Dr. Oetker Soßen-Pulver Vanille-Geschmack, 2 Eßl. Milch oder Wasser, noch etwas Zucker.

Schokoladensoße: ½ l Milch, 1 Päckchen Dr. Oetker Soßen-Pulver Vanille-Geschmack, 15 g (1 gehäufter Eßl.) Kakao, 50 g (2 gut gehäufte Eßl.) Zucker, 3 Eßl. Milch oder Wasser zum Anrühren.

Das Pudding-Pulver, der Zucker und das Eigelb werden mit den 6 Eßl. Flüssigkeit verquirlt. Man schlägt das Eiweiß zu steifem Schnee. Danach wird die Milch erhitzt. In die kochende, von der Flamme genommene Milch rührt man das verquirlte Pudding-Pulver und läßt noch einmal kurz aufkochen. Der steife Eierschnee wird nach dem Kochen unter den noch heißen Pudding gehoben.

Für die Karamelsoße erhitzt man den Zucker unter Rühren so lange, bis er hellbraun ist. Er wird mit dem ½ l Milch abgelöscht und zum Kochen gebracht. Inzwischen rührt man das Soßen-Pulver mit der Milch an. In die kochende, von der Flamme genommene Karamel-Milch rührt man das angerührte Soßen-Pulver und läßt einmal kurz aufkochen. Danach stellt man die Soße kalt. Damit sich keine Haut bildet, wird sie während des Erkaltens häufig umgerührt. Man schmeckt sie, wenn sie völlig erkaltet ist, mit Zucker ab.

Für die Schokoladensoße bringt man die Milch zum Kochen. Inzwischen werden Soßen-Pulver, Kakao und Zucker mit der Milch oder dem Wasser angerührt. In die kochende, von der Flamme genommene Milch rührt man das angerührte Soßen-Pulver und läßt einmal kurz aufkochen. Danach wird die Soße kalt gestellt. Damit sich keine Haut bildet, rührt man die Soße während des Erkaltens häufig um.

„Gustin"-Pudding mit Früchten (Abb. Tafel 17)

40 g Dr. Oetker „Gustin", 50 g (2 gehäufte Eßl.) Zucker, 1 Päckchen Dr. Oetker Vanillin-Zucker, 1 Eigelb, 6 Eßl. Milch oder Wasser zum Anrühren, ½ l Milch, 1 Eiweiß, nach Belieben frisches oder eingemachtes Kompott (z. B. Aprikosen-, Äpfel-, Birnen-, Kirschen-, Pflaumen- oder gemischtes Kompott).

„Gustin", Zucker, Vanillin-Zucker und Eigelb werden mit der Anrührflüssigkeit verquirlt. Die Milch wird erhitzt. In die kochende, von der Flamme genommene Milch rührt man das verquirlte „Gustin" und läßt einmal kurz aufkochen. Das zu steifem Schnee geschlagene Eiweiß wird nach dem Kochen unter den noch heißen Pudding gezogen.

Man gibt das Kompott in eine Glasschale, füllt den heißen Pudding darüber und verziert nach dem Erkalten mit einzelnen Fruchtstücken.

Karamelpudding

1 Päckchen Dr. Oetker Pudding-Pulver Vanille-Geschmack, 1–2 Eier, 6 Eßl. Milch zum Anrühren, 100 g Zucker, ½ l Milch.

Das Pudding-Pulver und das Eigelb werden mit den 6 Eßl. Milch verquirlt. Man schlägt das Eiweiß zu steifem Schnee.

Der Zucker wird unter ständigem Rühren so lange erhitzt, bis er hellbraun geworden ist. Man löscht ihn mit der Milch ab und bringt sie zum Kochen.

In die kochende, von der Flamme genommene Milch rührt man das verquirlte Pudding-Pulver und läßt noch einmal kurz aufkochen. Der steife Eierschnee wird nach dem Kochen unter den noch heißen Pudding gehoben.

Beigabe: Soße, hergestellt mit Dr. Oetker Soßen-Pulver Vanille-Geschmack.

Grießpudding

1 Päckchen Dr. Oetker Soßen-Pulver Vanille-Geschmack, 30 g Grieß, 50 g (2 gehäufte Eßl.) Zucker, 1–2 Eigelb, 6 Eßl. Milch oder Wasser, 1–2 Eiweiß, ½ l Milch.

Soßen-Pulver, Grieß, Zucker und Eigelb werden mit den 6 Eßl. Flüssigkeit verquirlt. Man schlägt das Eiweiß zu steifem Schnee. Das ½ l Milch wird erhitzt. In die kochende, von der Flamme genommene Milch wird das verquirlte Soßen-Pulver gerührt und 2 Minuten gekocht.

Unter den heißen Pudding hebt man den steifen Eierschnee. Der Pudding wird in eine Glasschale oder in eine mit kaltem Wasser ausgespülte Sturzform gefüllt.

Beigabe: Gedünstetes Obst (Kirschen, Aprikosen) oder Fruchtsaft.

Pfirsichkranz (Abb. Tafel 13)

500 g Pfirsiche (rohe oder eingemachte), ⅜ l Wasser und 175 g Zucker bei rohen Pfirsichen, ⅜ l Weiß- oder Apfelwein, 65 g Dr. Oetker „Gustin", 3 Eigelb, 6 Eßl. Wasser zum Verquirlen, 3 Eiweiß.

Rohe Pfirsiche werden halbiert und in den ⅜ l Wasser mit dem Zucker weich gekocht. Man nimmt sie vorsichtig heraus, zieht sie ab und legt sie zum Abtropfen auf ein Sieb. Eingemachte Pfirsiche läßt man ebenfalls abtropfen. Dann wird entweder von dem Zuckerwasser oder von dem Saft der eingemachten Pfirsiche ¼ Liter abgemessen, der Wein wird dazugegossen. Falls der Saft der eingemachten Pfirsiche nicht genügend süß ist, muß noch mit Zucker abgeschmeckt werden. Das „Gustin" und das Eigelb werden mit den 6 Eßl. Wasser verquirlt, das Eiweiß wird zu steifem Schnee geschlagen. Dann erhitzt man die mit Wein vermischte Flüssigkeit. In die kochende, von der Flamme genommene Flüssigkeit wird das verquirlte „Gustin" unter Rühren hineingegeben. Man läßt die Flüssigkeit einmal kurz aufkochen. Der steife Eierschnee wird nach dem Kochen unter die heiße Speise gehoben, sie wird nochmals kurz aufgekocht.

Man pinselt eine Kranzform mit Öl aus, legt die Pfirsiche mit der Wölbung nach unten hinein und füllt die heiße Speise darauf. Wenn sie fest geworden ist, löst man sie vorsichtig vom Rand und stürzt sie auf eine runde Platte.

Veränderung: An Stelle von Pfirsichen kann man Pflaumen, Birnen, Aprikosen und andere Früchte verwenden.

Tuttifrutti

375–500 g gezuckertes rohes oder gedünstetes Obst, etwa 75 g Keks, 1 Päckchen Dr. Oetker Pudding-Pulver Vanille- oder Mandel-Geschmack, 40 g (2 schwach gehäufte Eßl.) Zucker, 6 Eßl. Milch zum Anrühren, ½ l Milch.

Man gibt die Früchte in eine Glasschale oder in kleine Schälchen und bedeckt sie mit einer Schicht Keks.

Das Pudding-Pulver und der Zucker werden mit den 6 Eßl. Milch angerührt. Das ½ l Milch wird erhitzt. In die kochende, von der Flamme genommene Milch rührt man das angerührte Pudding-Pulver und läßt noch einmal kurz aufkochen. Der Pudding wird auf das mit Keks bedeckte Obst gegeben.

Rote Grütze (Abb. Tafel 20)

40 g Dr. Oetker „Gustin", 6 Eßl. Wasser zum Anrühren, ½ l beliebiger, mit Wasser verdünnter Fruchtsaft, Zucker nach Geschmack.

Man rührt das „Gustin" mit den 6 Eßl. Wasser an. Der mit Zucker abgeschmeckte Fruchtsaft wird erhitzt. In den kochenden, von der Flamme genommenen Fruchtsaft rührt man das angerührte „Gustin" und läßt noch einmal kurz aufkochen. Die Speise wird in kleine, mit kaltem Wasser ausgespülte Formen gegeben und nach dem Erkalten gestürzt. Man kann sie auch in einer Glasschale anrichten.

Beigabe: Soße, hergestellt mit Dr. Oetker Soßen-Pulver Vanille-Geschmack.

Apfelgrütze

500 g Äpfel, ⅜ l Wasser, 100 g Zucker, 1 Päckchen Dr. Oetker Rote Grütze, ⅛ l Wein.

Die Äpfel werden geschält, in Stücke geschnitten und in dem Wasser mit dem Zucker fast weich gekocht. Man nimmt sie heraus, rührt den mit Wein angerührten Inhalt des Rote Grütze-Päckchens in das Zuckerwasser und läßt noch einmal kurz aufkochen. Die Apfelstücke werden darunter gerührt. Man füllt die Apfelgrütze in eine kalt ausgespülte Sturzform, in eine Glasschale oder in Gläser. Sie kann mit einigen zurückbehaltenen Apfelstücken verziert werden.

Beigabe: Soße, hergestellt mit Dr. Oetker Soßen-Pulver Vanille-Geschmack.

Königin-Reis

½ l Milch, etwas Salz, 1 Päckchen Dr. Oetker Vanillin-Zucker, 2–3 Tropfen Dr. Oetker Backöl Zitrone, 100 g Reis, ½ Päckchen Dr. Oetker Pudding-Pulver Vanille-Geschmack, 40–50 g Zucker, 3 Eßl. Wasser zum Anrühren, ¼ l Milch.

Man bringt das ½ l Milch mit den Gewürzen zum Kochen, gibt den gewaschenen Reis hinein und läßt ihn bei schwacher Hitze in etwa 30 Minuten ausquellen (er muß noch körnig sein!).

Das Pudding-Pulver und der Zucker werden mit dem Wasser angerührt. Die Milch wird erhitzt. In die kochende, von der Flamme genommene Milch rührt man das angerührte Pudding-Pulver und läßt noch einmal aufkochen. Der Pudding wird mit dem Reis vermengt, in eine Glasschale gefüllt und kalt gestellt.

Beigabe: Beliebiger Fruchtsaft.

Weinspeise

¼ l Wasser, ⅜ l Weiß- oder Apfelwein, 1 Päckchen Dr. Oetker Pudding-Pulver Vanille-Geschmack, 100 g (4 gut gehäufte Eßl.) Zucker, 1–2 Eier.

Man bringt das Wasser mit der Hälfte des Weins eben zum Kochen. Inzwischen werden das Pudding-Pulver und der Zucker mit dem restlichen Wein und dem Eigelb verquirlt. Sobald das Wasser gerade anfängt zu kochen, nimmt man es von der Flamme, gibt das verquirlte Pudding-Pulver unter Rühren hinein und läßt noch einmal kurz aufkochen. Das zu steifem Schnee geschlagene Eiweiß rührt man nach dem Kochen darunter. Man füllt die Speise vorsichtig in eine Glasschale und läßt sie erkalten.

B. Geleespeisen

Regeln

1. Der Inhalt eines Päckchens Dr. Oetker „Regina"-Gelatine gemahlen reicht für ½ l Flüssigkeit und entspricht 6 Blatt Gelatine.
2. Gemahlene Gelatine wird mit etwas kaltem Wasser angerührt, 10 Minuten zum Quellen stehengelassen und **dann unter ständigem Rühren auf kleiner Flamme erwärmt, bis sich alles gelöst hat.** Man gibt die Gelatinelösung lauwarm an die zu bereitende Speise. Sollte sie vor der Zugabe fest geworden sein, kann man sie durch erneutes Erwärmen wieder verflüssigen.
3. Die gelöste Gelatine darf jedoch nicht an zu kalte Speisen gegeben werden, da sie bei Temperaturen unter 10° C sofort erstarrt und sich in Strängen oder Klumpen absetzt. Falls Sahne, Milch oder andere Flüssigkeiten, die im Kühlschrank standen, damit gesteift werden sollen, müssen sie erst wieder etwas wärmer werden, bevor die gelöste Gelatine zugesetzt wird.
4. Bei Zimmertemperaturen über 23° C wird gelöste Gelatine, die auch in Götterspeise enthalten ist, nicht genügend fest, kann sogar flüssig bleiben; festgewordene Gelatinespeise kann sich bei längerem Stehen in der Wärme wieder verflüssigen. Man muß sie deshalb zum Festwerden möglichst kühl stellen, z. B. in den Keller, in einen Topf mit kaltem Wasser (dieses häufig erneuern!) oder in den Kühlschrank.
5. Geleespeisen (Götterspeisen) werden in der Regel in Glasschalen oder Gläser gefüllt. Will man sie stürzen, muß man sie in kalt ausgespülte Formen geben.

   Vor dem Stürzen löst man die Speise mit einem Messer vom Rand und hält die Form einen Augenblick in heißes Wasser. Sehr hübsch sieht es aus, wenn ein Teil der Götterspeise auf einem flachen Teller erstarrt, gehackt wird und auf die übrige erstarrte Götterspeise gegeben wird.

Buttermilchspeise

½ l Buttermilch, 50–75 g (2–3 gehäufte Eßl.) Zucker, abgeriebene Zitronenschale, Saft von ½ Zitrone, ½ Fläschchen Dr. Oetker Rum-Aroma, 1 Päckchen Dr. Oetker „Regina"-Gelatine gemahlen, weiß, 5 Eßl. kaltes Wasser.

Man schmeckt die Buttermilch mit Zucker, Zitronenschale, Zitronensaft und Aroma ab. Die Gelatine wird mit dem Wasser angerührt, 10 Minuten zum Quellen stehengelassen und dann unter Rühren erwärmt, bis sie vollkommen gelöst ist. Man rührt die lauwarme Gelatinelösung an die Buttermilch. Die Speise wird in eine Glasschale oder in Schälchen gefüllt und kalt gestellt, damit sie fest wird.

Beigabe: Soße, hergestellt mit Dr. Oetker Soßen-Pulver Vanille-Geschmack.

Veränderung: An Stelle der Buttermilch kann man saure Milch nehmen.

Saure Milchspeise

1 Päckchen Dr. Oetker Götterspeise Himbeer-Geschmack, ¼ l Wasser, 125 g (5 gut gehäufte Eßl.) Zucker, ½ l dicke saure Milch.

Der Inhalt des Päckchens wird in einen kleinen Kochtopf gegeben, mit dem ¼ l kalten Wasser angerührt und 10 Minuten stehengelassen. Dann gibt man den Zucker hinzu, erhitzt das Ganze unter Rühren (nicht kochen lassen!), bis alles gelöst ist und stellt die Flüssigkeit dann in kaltes Wasser. Sobald sie dickflüssig ist, wird die verquirlte saure Milch mit einem Schneebesen darunter geschlagen. Man gibt die Milchspeise in eine Glasschale und stellt sie mehrere Stunden, am besten über Nacht, möglichst kalt, bis sie fest geworden ist.

Joghurtgelee

Gelee: 1 Päckchen Dr. Oetker „Regina"-Gelatine gemahlen, weiß, 5 Eßl. kaltes Wasser, ⅛ l Milch, 75 g Zucker, 1 Päckchen Dr. Oetker Vanillin-Zucker, Saft von ½ Zitrone, abgeriebene gelbe Schale ½ Zitrone, 2 Fläschchen Joghurt (⁴/₁₀ l).

Zum Verzieren: Schokoladenstreusel.

Man rührt die Gelatine mit dem Wasser an, läßt sie 10 Minuten quellen und erwärmt sie unter ständigem Rühren auf kleiner Flamme, bis sich alles gelöst hat. Die Gelatinelösung wird weiter verarbeitet, wenn sie lauwarm ist.

Man rührt die Milch, den Zucker, den Vanillin-Zucker, den Zitronensaft, die Schale und die noch flüssige, lauwarme Gelatine unter das Joghurt. Die Flüssigkeit wird in eine Glasschale oder in Schälchen gefüllt und kalt gestellt, damit sie fest wird. Man bestreut das erstarrte Gelee am Rand mit Schokoladenstreuseln.

Quarkgelee (Abb. Tafel 17)

4 gestrichene Teel. Dr. Oetker „Regina"-Gelatine gemahlen, weiß, 3 Eßl. kaltes Wasser, 250 g Quark, 50 g Zucker, ¼ l Milch, evtl. etwas Zitronensaft.

Man rührt die Gelatine mit dem Wasser an, läßt sie 10 Minuten quellen und erwärmt sie dann unter ständigem Rühren auf kleiner Flamme, bis sich alles gelöst hat.

Der Quark wird durch ein Sieb gestrichen, mit dem Zucker schaumig geschlagen und mit der Milch verrührt. Man mischt die lauwarme Gelatinelösung unter den Quark. Der Quark wird, wenn erforderlich, noch mit Zitronensaft abgeschmeckt und in eine kalt ausgespülte Sturzform gegeben. Man läßt ihn fest werden.

Beigabe: Fruchtsaft oder Kompott.

Veränderung: An Stelle von ¼ l Milch kann man nur ⅛ l Milch und noch ⅛ l Obstsaft nehmen. Die Zugabe von geriebener Schokolade ist auch zu empfehlen.

Fruchtsaftgelee

1 Päckchen Dr. Oetker „Regina"-Gelatine gemahlen, weiß, ¼ l kaltes Wasser, 1 Stück Zitronenschale, ¼ l Fruchtsaft, Zucker und Zitronensaft nach Geschmack.

Die gemahlene Gelatine wird mit 5 Eßl. von dem Wasser angerührt und 10 Minuten zum Quellen stehengelassen. Man bringt das übrige Wasser mit der Zitronenschale zum Kochen, gibt die gut gequollene Gelatine in das heiße Wasser und rührt so lange, bis sich die Gelatine vollkommen aufgelöst hat. Der Fruchtsaft wird hinzugegeben und die Flüssigkeit, wenn erforderlich, mit Zucker und Zitronensaft abgeschmeckt. Man gießt die abgekühlte Flüssigkeit in eine Glasschale oder in Stielgläser. Sie wird mehrere Stunden, am besten über Nacht, möglichst kalt gestellt, bis sie fest geworden ist.

Beigabe: Soße, hergestellt mit Dr. Oetker Soßen-Pulver Vanille-Geschmack.

Fruchtgelee mit eingemachtem Obst

1 l-Glas mit eingemachtem Obst, 1 Päckchen Dr. Oetker Vanillin-Zucker, Zucker nach Geschmack, 1 Päckchen Dr. Oetker „Regina"-Gelatine gemahlen, weiß oder rot.

Man gibt das Obst auf ein Sieb und läßt es gut abtropfen. Von dem Saft wird ½ l abgemessen. Sollte weniger vorhanden sein, ergänzt man den Saft mit Wasser auf ½ l.

Der Saft wird mit Vanillin-Zucker gewürzt und mit Zucker abgeschmeckt. Man rührt die Gelatine mit knapp der Hälfte des Saftes an, läßt sie 10 Minuten quellen und erwärmt sie dann unter ständigem Rühren auf kleiner Flamme, bis sich alles gelöst hat. Die gelöste Gelatine wird an den restlichen Fruchtsaft gegeben und kalt gestellt. Wenn der Saft dicklich ist, hebt man die gut abgetropften Früchte darunter. Größere Früchte zerkleinert man vorher am besten. Das Gelee wird kalt gestellt, damit es fest wird.

Fruchtgelee mit rohem Obst (Abb. Tafel 20)

1 mittelgroßer Apfel, 1 mittelgroße Apfelsine, 1 Banane, 1 gut gehäufter Eßl. Zucker, 1 Eßl. Kirschwasser, ¼ l Wasser, 1 Päckchen Dr. Oetker Götterspeise Zitrone-Geschmack, 100 g (4 gut gehäufte Eßl.) Zucker, ¼ l Weißwein.

Das geschälte Obst wird in Stücke oder feine Scheiben geschnitten, mit dem Zucker und dem Kirschwasser vermischt und in 6 Schälchen verteilt. Man stellt die Götterspeise nach Vorschrift, aber nur mit ¼ l Wasser, her und läßt sie erkalten. Zur erkalteten, noch flüssigen Götterspeise wird der Wein gegeben und über das Obst gegossen. Man stellt das Obstsalatgelee mehrere Stunden, am besten über Nacht, kalt, bis es fest ist.

Beigabe: Soße, hergestellt mit Dr. Oetker Soßen-Pulver Vanille-Geschmack oder Schlagsahne.

Weingelee

1 Päckchen Dr. Oetker „Regina"-Gelatine gemahlen, weiß, Saft von 1 Zitrone, mit Wasser auf ¼ l ergänzt, 1 Stück Zitronenschale, 100 g (4 gut gehäufte Eßl.) Zucker, ¼ l Rot-, Weiß- oder Apfelwein.

Die gemahlene Gelatine wird mit 5 Eßl. von dem Zitronenwasser angerührt und mindestens 10 Minuten zum Quellen stehengelassen. Man bringt das übrige Zitronenwasser mit der Schale und dem Zucker zum Kochen, gibt die gut gequollene Gelatine hinzu und rührt so lange, bis sich die Gelatine vollkommen aufgelöst hat. Der Wein wird hinzugegeben. Man gießt die Flüssigkeit in eine Glasschale oder in Stielgläser. Sie wird mehrere Stunden, am besten über Nacht, möglichst kalt gestellt, bis sie fest geworden ist.

Beigabe: Soße, hergestellt mit Dr. Oetker Soßen-Pulver Vanille-Geschmack oder Schlagsahne, gesüßt mit Dr. Oetker Vanillin-Zucker.

Falls das Gelee bei Weiß- oder Apfelwein rot aussehen soll, nimmt man von „Regina"-Gelatine gemahlen ½ Päckchen weiße und ½ Päckchen rote.

C. Kremspeisen

Regeln

1. Der Krem ist eine halbsteife Süßspeise, die nicht gestürzt werden kann.
2. Als Bindemittel verwendet man sowohl Speisestärke als auch Gelatine.
3. Kremspeisen, die mit Gelatine und geschlagenem Eiweiß oder Sahne bereitet werden, müssen dicklich sein, bevor der Eierschnee oder die Schlagsahne darunter gehoben wird; andernfalls steigt Schnee oder Sahne an die Oberfläche, und die gelöste Gelatine setzt sich als Geleeschicht am Boden ab.
4. Krem darf nicht im Aluminiumtopf gerührt oder geschlagen werden, da er sonst grau wird.

Ananaskrem (Abb. Tafel 20)

50 g Dr. Oetker „Gustin", 75 g Zucker, 1 Päckchen Dr. Oetker Vanillin-Zucker, den Ananassaft aus der Büchse mit Wasser auf ½ l ergänzen, 2 Eßl. Zitronensaft, ⅛–¼ l süße Sahne, 200 g Ananas (3–6 Scheiben Büchsen-Ananas).

Man rührt das „Gustin", den Zucker und den Vanillin-Zucker mit 6 Eßl. von dem Ananassaft an. Der übrige Saft wird erhitzt. In den kochenden, von der Flamme genommenen Saft rührt man langsam das angerührte „Gustin" und läßt noch einmal kurz aufkochen. Der Gustinkrem wird während des Erkaltens ab und zu durchgerührt.

Unter den lauwarmen, noch nicht festgewordenen Gustinkrem rührt man den Zitronensaft. Die steife Sahne und die in Stücke geschnittene Ananas werden darunter gehoben. Man füllt den Krem in eine Glasschale oder in Gläser und stellt ihn kalt, damit er fester wird.

Der Krem wird nach Belieben mit Ananasstückchen und Sahne verziert, die von der oben angegebenen Menge abgenommen werden.

Apfelsinenkrem

6 Eßl. Wasser zum Auflösen, 1 Päckchen Dr. Oetker „Regina"-Gelatine gemahlen, weiß; 3 Eier, 4 Eßl. warmes Wasser, 100 g Zucker, Saft von 2 Apfelsinen und ½ Zitrone.

Man rührt die Gelatine mit dem Wasser an, läßt sie 10 Minuten zum Quellen stehen und erwärmt sie dann unter ständigem Rühren, bis sich alles gelöst hat. Die gelöste Gelatine wird beiseite gestellt.

Man schlägt das Eigelb und das warme Wasser stark schaumig und gibt nach und nach ⅔ des Zuckers dazu. Danach schlägt man so lange, bis eine kremartige Masse entstanden ist. Darunter werden der Apfelsinen- und der Zitronensaft und die gelöste Gelatine geschlagen. Dann stellt man den Eigelbkrem kalt.

Man schlägt das Eiweiß zu steifem Schnee und gibt unter ständigem Schlagen nach und nach den Rest des Zuckers hinzu. Wenn der Eigelbkrem dicklich ist, wird der Eierschnee darunter gehoben. Man füllt den Krem in eine Glasschale oder in Gläser und stellt ihn kalt, damit er fester wird. Besonders gut schmeckt Kleingebäck dazu.

Götterkrem

1 Päckchen Dr. Oetker Götterspeise Himbeer-, Kirsch-, Waldmeister- oder Zitrone-Geschmack, ½ l Wasser, 100 g Zucker, ½ kleine Dose Büchsenmilch, 1 Eßl. Zitronensaft.

Die Götterspeise wird nach Vorschrift hergestellt. Man stellt die flüssige Götterspeise kalt. Wenn sie dicklich ist, wird sie schaumig geschlagen, dann werden die Büchsenmilch und der Zitronensaft langsam darunter geschlagen. Danach füllt man den Krem in eine Schale oder in Schälchen und läßt ihn vollkommen fest werden.

Veränderung: An Stelle von ½ l Wasser nur ¼ l Wasser und ¼ l Wein nehmen. Die Götterspeise wird dann nach Vorschrift, aber nur mit ¼ l Wasser, hergestellt. Den Wein gibt man zur erkalteten, noch flüssigen Götterspeise.

Kaffeekrem mit Eiern

1 Päckchen Dr. Oetker „Regina"-Gelatine gemahlen, weiß, 3 Eßl. kaltes Wasser, ½ l Milch, 2 schwach gehäufte Teel. Nescafe, 2 Eier, 75 g Zucker, 1 Päckchen Dr. Oetker Vanillin-Zucker, 25–50 g geraspelte Schokolade.

Man rührt die Gelatine mit dem kalten Wasser an und läßt sie 10 Minuten zum Quellen stehen. Die Milch wird erhitzt. In die kochend heiße, von der Flamme genommene Milch gibt man die gequollene Gelatine und rührt so lange, bis alles gelöst ist. Der Nescafe wird unter die Milch gegeben und kalt gestellt.

Das Eigelb, der Zucker und der Vanillin-Zucker werden schaumig geschlagen. Dann gibt man den kalten Kaffee hinzu und stellt den Eigelbkrem kalt. Wenn die Speise dicklich ist, werden das zu steifem Schnee geschlagene Eiweiß und die geraspelte Schokolade darunter gehoben.

Nußkrem

1 Päckchen Dr. Oetker „Regina"-Gelatine gemahlen weiß, 4 Eßl. kaltes Wasser, 1 Päckchen Dr. Oetker Soßen-Pulver Vanille-Geschmack, 75 g Zucker, 1 Päckchen Dr. Oetker Vanillin-Zucker, 2 Eier, ¾ l Milch; 125 g gemahlene Haselnußkerne.

Man rührt die Gelatine mit dem Wasser an und läßt sie 10 Minuten quellen.

Das Soßen-Pulver, der Zucker, der Vanillin-Zucker und das Eigelb werden mit 6 Eßl. von der Milch verquirlt. Man erhitzt die übrige Milch. In die kochende, von der Flamme genommene Milch rührt man das verquirlte Soßen-Pulver und läßt noch einmal kurz aufkochen. Die gequollene Gelatine wird unter die gedickte Milch gerührt. Man stellt sie kalt; wenn sie dicklich ist, hebt man die gemahlenen Haselnußkerne und das zu steifem Schnee geschlagene Eiweiß darunter. Der Krem wird in eine Glasschale oder in Schälchen gefüllt.

Beigabe: Fruchtsaft oder Soße, hergestellt mit Dr. Oetker Soßen-Pulver Apfelsinen-Geschmack.

Portugiesischer Krem (Abb. Tafel 19)

3 gestrichene Teel. Dr. Oetker „Regina"-Gelatine gemahlen, weiß, 2 Eßl. kaltes Wasser; 2–3 Eier, 75 g Zucker, ⅛ l Apfelwein, abgeriebene gelbe Schale und Saft von ½ Zitrone, ⅛ l süße Sahne, etwa 50 g Makronen, ½ Fläschchen Dr. Oetker Rum-Aroma, 2 Eßl. Wasser.

Die mit dem kalten Wasser angerührte Gelatine wird 10 Minuten zum Quellen stehengelassen und dann unter Rühren erwärmt, bis sich alles gelöst hat.

Eigelb, Zucker, Apfelwein, Zitronenschale, Zitronensaft und gelöste Gelatine werden gut verquirlt. Man stellt die Flüssigkeit auf kleinste Flamme und schlägt sie mit einem Schneebesen so lange, bis eine dicke Kochblase aufsteigt. Dann wird das zu steifem Schnee geschlagene Eiweiß darunter gehoben. Die steifgeschlagene Sahne (etwas zurücklassen!) zieht man erst unter, wenn der Krem abgekühlt ist. Der Krem und die mit dem verdünnten Aroma getränkten Makronen werden schichtweise in eine Glasschale oder in Gläser gefüllt und mit Makronen und Schlagsahne verziert.

Schokoladenkrem

1 Päckchen Dr. Oetker Schokoladenspeise mit gehackten Mandeln, 100 g Zucker, 1–2 Eigelb, $^3/_4$ l Milch, 1–2 Eiweiß, Schale einer Apfelsine.

Das Pudding-Pulver, der Zucker und das Eigelb werden mit 6 Eßl. von der Milch verquirlt. Man schlägt das Eiweiß zu steifem Schnee. Danach wird die übrige Milch mit der Apfelsinenschale erhitzt. In die kochende, von der Flamme genommene Milch rührt man das verquirlte Pudding-Pulver und läßt noch einmal kurz aufkochen (Apfelsinenschale herausnehmen!). Der steife Eierschnee wird vorsichtig unter den heißen Krem gehoben. Man füllt ihn in eine Glasschale.

Beigabe: Soße, hergestellt mit Dr. Oetker Soßen-Pulver Vanille-Geschmack.

Veränderung: Unter die fertige Speise kann man 20–30 g gewaschene Rosinen rühren.

Vanille-Quarkkrem

1 Päckchen Dr. Oetker Pudding-Pulver Vanille-Geschmack, 40 g Zucker, 6 Eßl. Milch, $^1/_2$ l Milch, 250 g Quark, 60 g Zucker, 1 Päckchen Dr. Oetker Vanillin-Zucker.

Man stellt den Pudding nach der Gebrauchsanweisung auf dem Beutel her, stellt ihn kalt und rührt ihn während des Erkaltens ab und zu durch.

Der Quark wird durch ein feines Sieb gestrichen. Man gibt den Zucker und den Vanillin-Zucker hinzu und rührt den lauwarmen Pudding eßlöffelweise darunter. Anschließend wird der Krem in eine Glasschale oder in Gläser gefüllt. Da Quark leicht säuert, muß der Krem frisch gegessen werden.

Veränderung: Man gibt den Krem über 500 g beliebiges, gezuckertes, weiches Obst.

Weinkrem

4 Eßl. Wasser zum Auflösen, 1 Päckchen Dr. Oetker „Regina"-Gelatine gemahlen, weiß; 3 Eier, $^1/_4$ l Wein, 75 g Zucker, 2 Eßl. Zitronensaft.

Man rührt die Gelatine mit dem Wasser an, läßt sie 10 Minuten zum Quellen stehen und erwärmt sie dann auf kleiner Flamme unter ständigem Rühren, bis sich alles gelöst hat. Die gelöste Gelatine wird kalt gestellt.

Man schlägt das Eigelb mit dem Wein stark schaumig und gibt nach und nach $^2/_3$ des Zuckers dazu. Danach schlägt man so lange, bis eine kremartige Masse entstanden ist. Darunter werden der Zitronensaft und die gelöste Gelatine geschlagen. Dann stellt man den Eigelbkrem kalt.

Das Eiweiß schlägt man zu steifem Schnee und gibt unter ständigem Schlagen nach und nach den Rest des Zuckers hinzu. Wenn der Eigelbkrem dicklich ist, wird der Eierschnee darunter gehoben. Man füllt den Krem in eine Glasschale oder in Gläser und stellt ihn kalt, damit er fester wird. Besonders gut schmeckt Kleingebäck dazu.

Zitronenkrem

6 Eßl. Wasser zum Auflösen, 1 Päckchen Dr. Oetker „Regina"-Gelatine gemahlen, weiß; 3 Eier, 4 Eßl. warmes Wasser, 100 g Zucker, Saft von 2–2$^1/_2$ Zitronen.

Man rührt die Gelatine mit dem Wasser an, läßt sie 10 Minuten zum Quellen stehen und erwärmt sie dann unter ständigem Rühren auf kleiner Flamme, bis sich alles gelöst hat. Die gelöste Gelatine wird kalt gestellt.

Man schlägt das Eigelb und das warme Wasser stark schaumig und gibt nach und nach ⅔ des Zuckers dazu. Danach schlägt man so lange, bis eine kremartige Masse entstanden ist. Darunter werden der Zitronensaft und die gelöste Gelatine geschlagen. Dann stellt man den Eigelbkrem kalt.

Man schlägt das Eiweiß zu steifem Schnee und gibt unter ständigem Schlagen nach und nach den Rest des Zuckers hinzu. Wenn der Eigelbkrem dicklich ist, wird der Eierschnee darunter gehoben. Man füllt den Krem in eine Glasschale oder in Gläser und stellt ihn kalt, damit er fester wird. Besonders gut schmeckt Kleingebäck dazu.

Zitronenkrem mit Milch

1 Päckchen Dr. Oetker „Regina"-Gelatine gemahlen, weiß, 5 Eßl. kaltes Wasser, 2 Eier, 1 Eßl. warmes Wasser, Saft von 2 Zitronen, 100 g Zucker, 1 Päckchen Dr. Oetker Vanillin-Zucker, abgeriebene gelbe Schale von ½ Zitrone, ⅜ l kalte Milch.

Man rührt die Gelatine mit dem kalten Wasser an, läßt sie 10 Minuten quellen, erwärmt sie dann unter ständigem Rühren auf kleiner Flamme, bis sich alles gelöst hat, und stellt sie beiseite.

Eigelb, warmes Wasser und Zitronensaft werden stark schaumig geschlagen und nach und nach ⅔ des Zuckers mit dem Vanillin-Zucker dazugegeben. Danach schlägt man so lange, bis eine kremartige Masse entstanden ist. Darunter werden die abgeriebene Zitronenschale, die lauwarme Gelatinelösung und nach und nach die Milch geschlagen. Man stellt den Eigelbkrem kalt.

Das Eiweiß wird zu steifem Schnee geschlagen. Man gibt unter ständigem Schlagen nach und nach den Rest des Zuckers hinzu. Wenn der Eigelbkrem dicklich ist, wird der Eierschnee darunter gehoben. Man füllt den Krem in eine Glasschale oder in Gläser und stellt ihn kalt, damit er fest wird.

Rhabarberspeise

500 g Rharbarber, ⅜ l Wasser, 125 g Zucker, 1 Päckchen Dr. Oetker Pudding-Pulver Vanille-Geschmack, 1 Ei, 6 Eßl. Wasser zum Verquirlen.

Der gewaschene, in Stücke geschnittene Rhabarber (nicht abziehen!) wird mit dem Wasser und ⅔ des Zuckers weich gekocht. Man gibt das mit Wasser und Eigelb verquirlte Pudding-Pulver unter Rühren dazu, läßt noch einmal kurz aufkochen und schmeckt mit dem restlichen Zucker ab. Das zu steifem Schnee geschlagene Eiweiß wird dann unter die noch heiße Speise gehoben.

Eier-Reis

⅛ l kaltes Wasser, 1 Päckchen Dr. Oetker „Regina"-Gelatine gemahlen, weiß, ¾ l Milch, ⅛ l Wasser, 50 g Zucker, etwas Salz, 125 g Reis; 2–3 Eier, 1 Eßl. warmes Wasser, 50 g Zucker, 3–4 Tropfen Dr. Oetker Backöl Zitrone.

Die Gelatine wird mit dem kalten Wasser angerührt und zum Quellen stehengelassen. Milch, Wasser, Zucker und Salz bringt man zum Kochen, gibt den gewaschenen Reis hinein und läßt ihn bei schwacher Hitze in etwa 30 Minuten ausquellen (er muß noch körnig sein!). Die gequollene Gelatine wird unter den Reis gerührt, und zwar so lange, bis sich die Gelatine aufgelöst hat. Dann stellt man den Reis kalt.

Man schlägt das Eigelb mit dem Wasser stark schaumig und gibt nach und nach den Zucker und das Backöl dazu. Danach schlägt man so lange, bis eine kremartige Masse entstanden ist. Der Reis wird darunter gerührt. Wenn diese Masse dicklich ist, hebt man das zu steifem Schnee geschlagene Eiweiß darunter (Eiweiß erst kurz vor dem Unterheben schlagen!). Man füllt den Eier-Reis in eine Glasschale oder in Gläser und stellt ihn kalt, damit er fester wird.

Schokoladen-Reis (Abb. Tafel 20)

⅛ l kaltes Wasser, 3 gehäufte Teel. Kakao, 1 Päckchen Dr. Oetker „Regina"-Gelatine gemahlen, weiß, ¾ l Milch, ⅛ l Wasser, 50 g (2 gehäufte Eßl.) Zucker, 1 Päckchen Dr. Oetker Vanillin-Zucker, etwas Salz, 125 g Reis, 2 Eier, 1 Eßl. warmes Wasser, 50 g (2 gehäufte Eßl.) Zucker.

Der gesiebte Kakao und die Gelatine werden mit dem Wasser angerührt und zum Quellen stehengelassen. Milch, Wasser, Zucker, Vanillin-Zucker und Salz bringt man zum Kochen, gibt den gewaschenen Reis hinein und läßt ihn bei schwacher Hitze in etwa 30 Minuten ausquellen (er muß noch körnig sein!).

Die gequollene Gelatine wird unter den gekochten Reis gegeben und kalt gestellt.

Man schlägt das Eigelb mit dem Wasser stark schaumig und gibt nach und nach den Zucker dazu. Danach schlägt man so lange, bis eine kremartige Masse entstanden ist. Der Reis wird darunter gerührt. Wenn diese Masse dicklich ist, hebt man das zu steifem Schnee geschlagene Eiweiß darunter (Eiweiß erst kurz vor dem Unterheben schlagen!). Man füllt den Schokoladen-Reis in eine Glasschale oder in Gläser und stellt ihn kalt, damit er fester wird.

Beigabe: Vanillesoße, hergestellt mit Dr. Oetker Soßen-Pulver Vanille-Geschmack.

D. Eisspeisen

Eis gehört zu den beliebtesten Erfrischungen bei festlichen Gelegenheiten. Seine Herstellung ist einfach, wenn eine Eismaschine vorhanden ist; und wer häufiger Veranlassung hat, Gefrorenes herzustellen, sollte sich zur Anschaffung einer solchen Maschine entschließen. Aber auch ohne Eismaschine kann man im Haushalt ein gutes Speiseeis herstellen. Voraussetzung ist in jedem Fall, daß das Roheis sehr fein zerkleinert (in einem Sack oder Aufnehmer mit dem Hammer zerschlagen) und mit Salz richtig gemischt wird. Man rechnet auf 4 Teile Roheis 1 Teil Salz und verwendet am besten Viehsalz.

In der Eismaschine wird das in Stücke geschlagene Eis abwechselnd mit dem Salz rings um die Gefrierbüchse geschichtet. Nachdem man sich überzeugt hat, daß diese innen völlig sauber ist, füllt man die erkaltete Speise ein (die Büchse darf nur ⅔ voll sein). Nun dreht man gleichmäßig 20–30 Minuten, entfernt das Rührwerk und läßt danach die Büchse noch ½–1 Stunde im Eise stehen.

Hat man keine Eismaschine, so belegt man den Boden eines kleinen Eimers oder einer Schüssel mit zerkleinertem Roheis und stellt die gefüllte Eisbüchse oder Puddingform oder ein Marmeladeneimerchen darauf. Dann wird ringsherum bis zu ⅔ Höhe Roheis und Viehsalz geschichtet und das Gefäß hin- und hergedreht. Von Zeit zu Zeit löst man mit einem flachen Holzlöffel die an den Innenwänden des Gefäßes gefrorene Speise und mischt sie in die übrige Masse, bis alles gleichmäßig gefroren ist.

Für die Speiseeisbereitung in der Eislade des Kühlschrankes eignen sich mit Wasser zubereitete Speisen weniger, da sie stark kristallisieren. Man wählt deshalb solche, die aus Milch und Eigelb hergestellt sind.

Die gefrorene Speise kann man löffelweise abstechen und zierlich übereinandergelegt anrichten oder in Gläser füllen. Will man sie aber als Bombe auf den Tisch bringen, so preßt man sie in die Bombenform, gräbt diese fest in Eis ein und läßt sie 2–3 Stunden stehen. Um zu verhüten, daß Eiswasser in die Form eindringt, schlägt man sie fest in Pergamentpapier ein. Damit das Eis sich beim Stürzen gut löst, hält man die Form einen Augenblick in warmes Wasser.

Vanilleeis I

1 Päckchen Dr. Oetker Soßen-Pulver Vanille-Geschmack oder ½ Päckchen Dr. Oetker Pudding-Pulver Vanille-Geschmack, 75 g (3 gehäufte Eßl.) Zucker, 1 Päckchen Dr. Oetker Vanillin-Zucker, ½ l Milch.

Das Soßen-Pulver (Pudding-Pulver), der Zucker und der Vanillin-Zucker werden mit 6 Eßl. von der Milch angerührt. Man erhitzt die übrige Milch. In die kochende, von der Flamme genommene Milch rührt man das angerührte Soßen-Pulver und läßt noch einmal kurz aufkochen. Damit sich keine Haut bildet, wird die Speise während des Erkaltens häufig umgerührt. Man füllt sie in die Eisbüchse und läßt sie gefrieren.

Veränderung: Zur Herstellung von Vanilleeis mit Früchten gibt man 150 g kleingeschnittene, gezuckerte rohe oder gekochte Früchte wie Erdbeeren, Kirschen oder Mirabellen in die halbgefrorene Speise.

Vanilleeis II

10 g (1 gestrichener Eßl.) Dr. Oetker „Gustin", 75 g (3 gehäufte Eßl.) Zucker, 2 Päckchen Dr. Oetker Vanillin-Zucker, 2 Eigelb, ½ l Milch.

Das „Gustin", der Zucker und der Vanillin-Zucker werden mit dem Eigelb und mit 6 Eßl. von der Milch verquirlt. Man erhitzt die übrige Milch. In die kochende, von der Flamme genommene Milch rührt man das verquirlte „Gustin" und läßt noch einmal kurz aufkochen. Damit sich keine Haut bildet, wird die Speise während des Erkaltens häufig umgerührt. Man füllt sie in die Eisbüchse und läßt sie gefrieren.

Himbeereis

½ Päckchen Dr. Oetker Pudding-Pulver Himbeer-Geschmack, 75 g (3 gehäufte Eßl.) Zucker, ½ l Milch, 125 g Himbeermarmelade oder frische, gezuckerte Himbeeren.

Das Pudding-Pulver und der Zucker werden mit 6 Eßl. von der Milch angerührt. Man erhitzt die übrige Milch. In die kochende, von der Flamme genommene Milch rührt man das angerührte Pudding-Pulver und läßt noch einmal kurz aufkochen. Damit sich keine Haut bildet, wird die Speise während des Erkaltens häufig umgerührt. Man füllt sie in die Eisbüchse und läßt sie gefrieren. Die Marmelade oder die Früchte werden unter die halbgefrorene Speise gegeben.

Veränderung: Man kann auch andere Pudding-Pulver verwenden, z. B. Dr. Oetker Pudding-Pulver Zitrone- oder Mandel-Geschmack, muß dann aber auch der Geschmacksart entsprechende Marmelade oder frische Früchte wählen.

Karamel-Eis mit Nüssen

10 g (1 gestrichener Eßl.) Dr. Oetker „Gustin", 2 Eigelb, 1 Päckchen Dr. Oetker Vanillin-Zucker, ½ l Milch, 100 g Zucker, 30 g gemahlene Haselnußkerne.

Man verquirlt das „Gustin", das Eigelb und den Vanillin-Zucker mit 6 Eßl. von der Milch.

Der Zucker wird unter ständigem Rühren so lange erhitzt, bis er hellbraun geworden ist. Man löscht ihn mit der Milch ab und erhitzt sie. In die kochende, von der Flamme genommene Milch rührt man das verquirlte „Gustin", läßt noch einmal kurz aufkochen und gibt die Haselnußkerne darunter. Damit sich keine Haut bildet, wird die Speise während des Erkaltens häufig umgerührt. Man füllt sie in eine Eisbüchse und läßt sie gefrieren.

Schokoladeneis

½ Päckchen Dr. Oetker Schokoladenspeise mit gehackten Mandeln oder ½ Päckchen Dr. Oetker Pudding-Pulver Vanille-Geschmack und 10 g Kakao, 100 g (4 gehäufte Eßl.) Zucker, 1 Päckchen Dr. Oetker Vanillin-Zucker, ½ l Milch.

Das Schokoladenspeise-Pulver oder das Pudding-Pulver und der Kakao, der Zucker und der Vanillin-Zucker werden mit 6 Eßl. von der Milch angerührt. Man erhitzt die übrige Milch. In die kochende, von der Flamme genommene Milch rührt man das angerührte Pudding-Pulver und läßt noch einmal kurz aufkochen. Damit sich keine Haut bildet, wird die Speise während des Erkaltens häufig umgerührt. Man füllt sie in die Eisbüchse und läßt sie gefrieren.

Mokkaeis

½ Päckchen Dr. Oetker Pudding-Pulver Sahne-Geschmack, 100 g Zucker, ½ l Milch, 2 schwach gehäufte Teel. Nescafe.

Das Pudding-Pulver und der Zucker werden mit 6 Eßl. von der Milch angerührt. Man erhitzt die übrige Milch. In die kochende, von der Flamme genommene Milch rührt man das angerührte Pudding-Pulver, läßt noch einmal kurz aufkochen und rührt danach den Nescafe darunter. Damit sich keine Haut bildet, wird die Speise während des Erkaltens häufig umgerührt. Man füllt sie in die Eisbüchse und läßt sie gefrieren.

Götterspeise-Fruchteis

½ Päckchen Dr. Oetker Götterspeise Kirsch-Geschmack, ¼ l Wasser, 50 g Zucker, ¼ l Kirschsaft, 75 g (3 gehäufte Eßl.) Zucker; 125 g entsteinte Sauerkirschen, ¼ l süße Sahne oder 1–2 Eiweiß, 25 g (1 gehäufter Eßl.) Zucker.

Den halben Inhalt des Götterspeise-Päckchens gibt man in einen kleinen Kochtopf, rührt ihn mit dem ¼ l kalten Wasser an und läßt ihn 10 Minuten zum Quellen stehen. Dann werden die 50 g Zucker hinzugegeben und das Ganze wird unter Rühren erhitzt (aber nicht kochen lassen!), bis sich alles gelöst hat. Dann werden der Kirschsaft und die 75 g Zucker hinzugegeben. Man gießt die erkaltete Götterspeise in die Eisbüchse. Unter die halbgefrorene Götterspeise mengt man die Kirschen und die mit Zucker geschlagene Sahne oder den steifen Eierschnee und läßt sie weiter gefrieren.

Veränderung: Man kann auch eine Götterspeise in anderer Geschmacksart wählen, muß dann aber dazu passende Früchte nehmen.

BACKWERK

Ein wohlgelungenes Gebäck aus der eigenen Küche ist der Stolz jeder Hausfrau und eine Freude für Angehörige und Gäste. Die nachfolgenden Dr. Oetker-Backvorschriften wollen der Hausfrau eine wertvolle Hilfe sein.

Der Zweck des Backens ist, die Zutaten, vor allem das Mehl, in eine leicht verdauliche Form zu bringen. Das Aufgehen des Teiges wird durch Triebmittel bewirkt, von denen sich im Laufe der Zeit für die Hausbäckerei das Backpulver als das bequemste und sicherste erwiesen hat. Seine Wirkung beruht darauf, daß sich durch die Einflüsse von Feuchtigkeit und Wärme Kohlensäure bildet. Sie wird in Form von unzähligen kleinen Bläschen vom Teig festgehalten, wobei sie ihn hebt und lockert. Gleichzeitig bewirkt die Backhitze das Festwerden des Teiges und gibt hierdurch dem Gebäck seine endgültige Form. Außen bildet sich die Kruste, die dem Gebäck sein appetitliches Aussehen verleiht. Durch die beim Backen entwickelten Geruchs- und Geschmacksstoffe in Verbindung mit den zugefügten Aromastoffen erhält das Gebäck den so geschätzten Wohlgeschmack.

Die handliche Verpackung, jeweils auf ½ kg Mehl berechnet, und die leichte und bequeme Anwendungsweise waren vor allen Dingen für die weitgehende Einführung des Backpulvers als Triebmittel entscheidend. Nur ein Backpulver von hochwertiger Zusammensetzung wie Dr. Oetker „Backin" gewährt die höchste Sicherheit beim Backen. Es ist deshalb kein Wunder, daß gerade dieses Backpulver in den meisten deutschen Haushaltungen gebraucht wird und bei der Hausfrau unbegrenztes Vertrauen genießt.

Bei der Verwendung von Dr. Oetker Backpulver „Backin" beachte man, daß es von Anfang an zum Mehl gegeben und damit gemischt und gesiebt werden soll. Hierdurch tritt eine gleichmäßige Verteilung und damit Lockerung ein. Da neben der Feuchtigkeit die Wärme die Triebkraft des „Backin" auslöst, verwendet man bei der Herstellung der Teige niemals heiße, sondern stets kalte Flüssigkeit. Wenn im Rezept vorgeschrieben ist, daß Honig und Fett oder Mehl und Wasser (bei Brandteig) erhitzt werden sollen, müssen sie auf Handwärme abkühlen, bevor man sie mit dem Mehl-„Backin"-Gemisch oder mit dem „Backin" zusammenbringt. Im übrigen richte man sich genau nach den Angaben der Dr. Oetker-Backrezepte, die auf die besonders gute Triebwirkung des „Backin" eingestellt und vielfach erprobt sind.

Allgemeine Backregeln

Zweckmäßige Geräte

Neben einer Waage sollte in jedem Haushalt ein Litermaß vorhanden sein. Die Zutaten für Gebäcke dürfen nicht geschätzt, sondern müssen genau gewogen bzw. gemessen werden, andernfalls sind Mißerfolge nicht ausgeschlossen.

Teige sollen in Ton-, Steingut- oder Porzellanschüsseln mit innen abgerundetem Boden hergestellt werden. Emaille- und Aluminiumschüsseln sind dafür ungeeignet, da Emaille absplittern kann und Aluminium die Teige grau färbt. Damit sich die

Schüssel beim Rühren nicht verschiebt, nimmt man einen Schüsselhalter oder stellt sie auf ein feuchtes Tuch.

Zur Herstellung von Biskuitteigen ist ein Schneebesen unbedingt erforderlich.

Ein Schüttelsieb darf zum Sieben von Mehl und Puderzucker nicht fehlen.

Bei den in diesem Buch angegebenen Springform-Gebäcken reichen die Teige für Formen mit einem Durchmesser von 24–26 cm, bei Blechgebäcken sind im allgemeinen Bleche in einer Größe von 32×46 cm geeignet. Alle Backformen, Bleche und Ausstechformen sollen nach jedem Gebrauch gewaschen und sorfältig getrocknet werden.

Backen im Flammenbackofen

Je nach Gewohnheit werden die Teige in den kalten oder vorgeheizten Backofen gestellt. Das Einschieben in den kalten Ofen ist vor allem bei Hochgebäcken wie Napf-, Sand- und Königskuchen zu empfehlen. Flach-, Klein- und stollenähnliche Gebäcke sowie Brand- und Blätterteig werden dagegen zweckmäßig im vorgeheizten Ofen gebacken, damit sie nicht austrocknen und nicht ihre Form verlieren.

Beim Einstellen des Backgutes ist darauf zu achten, daß es waagerecht steht. Formen werden stets auf einen Backrost und niemals auf das Blech oder auf den Backofenboden gesetzt.

Gebäcke in Formen schiebt man so ein, daß sie in der Mitte des Backofens stehen, also hohe Formen mit Rost auf die unteren Schiebeleisten und mittelhohe Formen wie Spring- und Kranzkuchenformen oder halbhohe Gebäcke wie Stollen, Kranzkuchen usw. etwas höher. Bleche mit flachen Gebäcken schiebt man im allgemeinen auf die obersten oder zweitobersten Schiebeleisten.

Im Flammenbackofen haben sich vier bestimmte Flammeneinstellungen besonders bewährt:

Leichte Hitze	für Baiser und Makronen	perlgroße Flamme
Schwache Mittelhitze	für Rührteige in hohen und mittelhohen Formen	eindrittel große Flamme
Gute Mittelhitze	für mittelhohe Rührteige mit Obst und Torten (Biskuitteig)	einhalb große Flamme
Starke Hitze	für flache Kuchen und Kleingebäck	den Ofen 5 Minuten mit großer Flamme vorheizen, backen mit einhalb großer Flamme.

Die Backzeiten hängen von Umständen ab, die von Haushalt zu Haushalt verschieden sind. Kuchen in niederen oder dunklen Formen backen schneller als in hohen oder hellen Formen. Feste Rührteige erfordern weniger Zeit als solche, die mit mehr Milch angerührt wurden und dadurch weicher sind. Da alle diese Dinge entscheidenden Einfluß auf die Länge der Backzeit haben, ist es ratsam, gegen Ende der Backzeit öfter nach dem Gebäck zu sehen. Bei Rührteigen empfiehlt es sich, bevor man das Gebäck aus dem Ofen nimmt, die Garprobe zu machen. Man sticht mit einem spitzen Holzstäbchen in die Mitte des Gebäcks, wenn kein Teig mehr daran hängenbleibt, ist der Kuchen gar.

Backtabelle für Herde mit Temperaturregler

Teigart	Gebäckart	Einstellung des Reglers
Rührteig	in Formen	2½–3½ schwere Teige 2—3 (Sandkuchen, Engl. Kuchen)
	in Springformen mit Belag oder Obst im Teig	3—4
	Blechkuchen	
	Blechkuchen mit Obstbelag	Vorheizen 5 Minuten bei 3—4, backen bei 3—4
	Kleingebäck	
Knetteig	in mittelhohen Formen, z. B. Apfeltorte, gedeckt	
	Blechkuchen (Quarkölteig)	3—4
	Blechkuchen (Quarkölteig) mit Obst	Vorheizen 5 Minuten bei 3—4, backen bei 3—4
	gefüllter Blechkuchen, z. B. gedeckter Apfelkuchen	
	Tortenböden, Torteletts	
	Kranzkuchen	3—4
	Quarkblätterteig	Vorheizen 10 Minuten bei 4—5, backen bei 4—5
	Kleingebäck	Vorheizen 5 Minuten bei 3—4, backen bei 3—4
	Stollen, Osterzopf	2—3½
Biskuitteig	in Formen	3—4
	auf Blechen, Rollen, Schnitten, Platten	Vorheizen 5 Minuten bei 3½—4½, backen bei 3½—4½
	Kleingebäck	2½—3½
Brandteig	Windbeutel, Eclairs	Vorheizen 5 Minuten bei 4—5, backen bei 4—5
Eiweißteig	Baiser, Baiserböden	knapp 1—1½
	Makronen, Wespennester	knapp 1—2
Teig mit schaumig geschlagenem Ei	Springerle, Anisplätzchen, Elisenlebkuchen	
Hefeteig	Hefenapfkuchen	2½—3½
	Blechkuchen mit und ohne Obst	Vorheizen 5 Minuten b 3½—4½, backen b 3½—4½
	Kranzkuchen	3—4

Backen im Reglerbackofen

Backöfen mit Temperaturreglern können mit Hilfe eines Wählers auf bestimmte Temperaturen eingestellt werden. Da die eingestellte Temperatur automatisch so geregelt wird, daß sie immer auf der gleichen Höhe bleibt, wird ein gleichmäßiges Abbacken und Bräunen der Gebäcke erreicht. Der gasbeheizte Reglerbackofen besitzt für die Einstellung der verschiedenen Temperaturbereiche einen Schalter mit einer Zahleneinteilung von 8–1, wobei 8 die Bezeichnung für die stärkste Hitze ist.

Ein Vorheizen dieser Backöfen ist nicht unbedingt erforderlich. Es empfiehlt sich jedoch, dann kurz vorzuheizen, wenn die Teige andernfalls breit laufen oder zu stark austrocknen würden. In der nachfolgenden Tabelle ist darauf besonders hingewiesen, außerdem sind entsprechende Angaben auch unter den einzelnen Rezepten zu finden.

Das Einsetzen der Gebäcke richtet sich nach den Angaben, die für den Flammenbackofen gemacht wurden.

Die Einstellung des Reglers ist immer in einer Spanne angegeben. Am besten wählt man zunächst die mittlere Einstellung, um dann bei zu schneller oder zu langsamer Bräunung auf die niedrigere oder höhere Zahl überzugehen, so daß man nach einigen Backversuchen festgestellt hat, ob man grundsätzlich die niedrigste, mittlere oder höchste Zahl bei der Einstellung des Temperaturreglers berücksichtigen muß.

A. Herstellung von Teigen in Küchenmaschinen

Gerade in der letzten Zeit gehen mehr und mehr Haushaltungen dazu über, sich die Arbeit in der Küche durch elektrische Maschinen zu erleichtern. Dazu gehört auch die Herstellung von Teigen. Damit Gebäcke, die nach Rezepten dieses Buches hergestellt werden, einwandfrei gelingen, empfiehlt es sich, die Gebrauchsanweisungen und besonders die angegebenen Zeiten für die einzelnen Maschinen und Teigarten genau zu beachten. Dazu gehört, daß bei sämtlichen Maschinen, wenn Butter oder Margarine verarbeitet wird, ganz besonders auf die Beschaffenheit des Fettes geachtet werden muß. Festes Fett und solches, das gerade aus dem Kühlschrank kommt, kann nicht sofort verarbeitet werden, sondern muß unbedingt so lange im Zimmer liegen, bis es streichfähig ist und keine festen Stellen mehr enthält. Auf der anderen Seite soll es aber auch nicht zu weich oder sogar flüssig sein. Es empfiehlt sich, Eier stets mit einer Gabel durchzuschlagen, bevor man sie an die übrigen Zutaten gibt.

Alexanderwerk-Küchenmotor „Super“

I. Rührteig

1. Das streichfähige Fett, den Zucker, die Eier und die Gewürze in die Alexanderwerk-Rührschüssel geben, **bei Teigen von 500 g Mehl ab 10 Minuten und bei Teigen unter 500 g Mehl 8 Minuten auf Stufe II mit einem Rührwerkzeug und einem Schlagbesen schlagen lassen und dann die Maschine ausschalten.**
2. Das mit „Backin“ gemischte, gesiebte Mehl an der einen Seite und ungefähr die erforderliche Milchmenge an der anderen Seite in die Rührschüssel geben. **Die Maschine kurz auf I schalten, wieder ausschalten und nochmals so lange auf I schalten, bis Mehl und Milch gut untergearbeitet sind.** Anschließend die Teigbeschaffenheit prüfen. Der Teig hat genug Milch, wenn er schwer (reißend) vom Löffel fällt.
3. Wenn Rosinen, Korinthen, Zitronat oder Mandeln an den Teig kommen, sie auf den fertigen Teig streuen und **auf Stufe I kurz unterrühren lassen.**

Ausnahmen zu Punkt 1:

Falls das Verhältnis von Fett und Eiern so ist, daß auf je 50 g Fett mehr als ein Ei kommt, die Eier mit Fett und Zucker nicht auf einmal in die Schüssel geben, sondern auf je

50 g Fett nur 1 Ei*). Diese Masse mit dem Zucker gut 9 bzw. gut 7 Minuten auf Stufe II schlagen lassen. Die restlichen Eier dann hinzugeben und auf II kurz unterschlagen lassen. Die weitere Verarbeitung erfolgt ab Punkt 2.

Auch bei Sandkuchen die unter Punkt 1 angegebene Verarbeitung wählen, Fett nicht zerlassen!

*) Sind z. B. in einem Rezept 100 g Fett, 150 g Zucker und 3 Eier angegeben, gibt man Fett und Zucker zunächst nur mit 2 Eiern in die Schüssel. Nachdem diese Zutaten 9 bzw. 7 Minuten geschlagen sind, folgt das dritte Ei.

II. Knetteig*)

1. Mehl und „Backin" mischen, sieben und mit den übrigen Zutaten in die Alexanderwerk-Rührschüssel geben. Darauf achten, daß das Fett vollkommen streichfähig ist.
2. **Die Zutaten mit den Rührwerkzeugen auf Stufe III, je nach Menge, 1–2 Minuten durcharbeiten lassen, und zwar so lange, bis 2–3 zusammenhängende Teigklumpen entstanden sind.** Den Teig zu einer Rolle formen.

*) Auf diese Weise werden auch die Teige, die Quark enthalten, mit dem Küchenmotor „Super" gearbeitet. Darauf achten, daß sie nicht zu lange durchgearbeitet werden, da sie dann stark kleben.

III. Biskuitteig

1. Eier und warmes Wasser in die Alexanderwerk-Rührschüssel geben, **mit den Schlagbesen auf Stufe III 1 Minute schlagen lassen, dann den mit dem Vanillin-Zucker gemischten Zucker langsam (in etwa 1 Minute) in das laufende Gerät streuen, von Beginn der Zuckerzugabe an Gerät noch 6 Minuten laufen lassen, dann ausschalten.**
2. Auf den Eierkrem die Hälfte des mit „Gustin" und „Backin" gemischten, gesiebten Mehls streuen. **Das Gerät kurz auf I und dann wieder auf 0 schalten. Diesen Vorgang wiederholen, bis kein Mehl mehr zu sehen ist, keinesfalls das Gerät zu lange eingeschaltet lassen, da Teig dann fest und zäh wird und das Gebäck nicht genügend aufgehen kann.** Den Rest des Mehls auf dieselbe Weise unterarbeiten.

IV. Hefeteig

1. Den Hefeteig, wie im Rezept angegeben, entweder mit der gesamten oder nur mit ⅔ der Mehlmenge in der Alexanderwerk-Rührschüssel ansetzen. Wenn die Hefe aufgegangen ist, erfolgt die weitere Verarbeitung.
2. **Den Hefeteig, der sofort mit der gesamten Mehlmenge angesetzt wurde, mit den Rührwerkzeugen auf Stufe III 3 Minuten durcharbeiten lassen.** Dann wieder gehen lassen. **Anschließend auf Stufe I kurz durcharbeiten lassen,** Rosinen und Korinthen zugeben und nochmals in der Form gehen lassen.

   Den Hefeteig, der mit ⅔ der Mehlmenge angesetzt wurde, mit den Rührwerkzeugen auf Stufe III 2 Minuten durcharbeiten lassen, ausschalten, die restliche Mehlmenge hinzugeben, auf Stufe I noch 1–2 Minuten durcharbeiten lassen.

V. Butterkrem

1. Den erkalteten Pudding in die Alexanderwerk-Rührschüssel geben und mit den beiden Schlagbesen **auf Stufe III kurz durchschlagen lassen. Die streichfähige Butter oder Margarine in Flöckchen in das laufende Gerät geben. Den Krem so lange durcharbeiten lassen, bis keine Fettflöckchen mehr zu sehen sind.**

   Sollte beim Butterkrem eine Gerinnung auftreten, 2–3 Eßl. kochend heißes Kokosfett auf Stufe III unter den Krem schlagen lassen.

Bauknecht-„Allfix“-Küchenmaschine

I. Rührteig mit Rührbesen

1. Den Zucker, das streichfähige, zimmerwarme Fett, die Eier, die Gewürze und 2 Eßl. von dem Mehl **in die Rührschüssel geben und mit dem Rührbesen auf Stufe II 4–5 Minuten (bei Sandkuchen 6–7 Minuten) rühren lassen.**
2. **Dann auf Stufe I schalten und eßlöffelweise abwechselnd mit der Milch das mit „Backin“ gemischte, gesiebte Mehl in das laufende Gerät geben und darunter rühren lassen. Immer nur so lange rühren lassen, bis kein Mehl oder keine Milch mehr zu sehen ist.**

   Die Teigbeschaffenheit prüfen. Der Teig hat genug Milch, wenn er schwer (reißend) vom Löffel fällt.
3. Wenn Rosinen, Korinthen, Zitronat oder Mandeln an den Teig kommen, sie auf den fertigen Teig streuen und **auf Stufe I kurz unterrühren lassen.**

II. Knetteig*) mit Knetrolle

1. Mehl und „Backin“ mischen, sieben und mit den übrigen Zutaten in die Rührschüssel geben. Darauf achten, daß das zerkleinerte Fett vollkommen streichfähig ist. Die Knetrolle bei Mehlmengen bis 500 g am Rand und bei Mengen über 500 g 2–3 cm vom Rand entfernt feststellen.
2. **Das Gerät auf Stufe II schalten und so lange in Betrieb lassen, bis sich die Zutaten in 2–3 dicken Klumpen zusammenballen, was in 1–5 Minuten, je nach Menge und Verhältnis der Zutaten, geschieht.** Den Teig zu einer Rolle formen.

*) Auf diese Weise werden auch die Teige, die Quark enthalten, mit der „Allfix“-Maschine gearbeitet. Darauf achten, daß sie nicht zu lange durchgearbeitet werden, da sie dann stark kleben.

III. Biskuitteig mit Rührbesen

1. Eier und warmes Wasser in die Rührschüssel geben und **auf Stufe II 3 Minuten anschlagen lassen, dann den mit dem Vanillin-Zucker gemischten Zucker langsam (in gut 1 Minute) in das laufende Gerät streuen, von Beginn der Zuckerzugabe an Gerät noch 7 Minuten laufen lassen, dann ausschalten.**
2. Auf den Eierkrem die Hälfte des mit „Gustin“ und „Backin“ gemischten, gesiebten Mehls streuen und **auf Stufe I bei 4–5 maligem, kurzem Einschalten des Motors unterrühren lassen (Motor nicht zu lange einschalten, Teig wird sonst zäh und fest, Gebäck geht nicht genügend auf!).** Den Rest des Mehls auf dieselbe Weise unterarbeiten.

IV. Biskuitteig mit Schwingbesen

1. Eier und warmes Wasser in die Rührschüssel geben und **auf Stufe II 1 Minute anschlagen lassen, dann den mit Vanillin-Zucker gemischten Zucker langsam (in gut 1 Minute) in das laufende Gerät streuen, von Beginn der Zuckerzugabe an Gerät noch 5 Minuten laufen lassen, dann ausschalten.**
2. Auf den Eierkrem die Hälfte des mit „Gustin“ und „Backin“ gemischten, gesiebten Mehls streuen und **auf Stufe I bei 4–5 maligem kurzem Einschalten des Motors unterrühren lassen (Motor nicht zu lange einschalten, Teig wird sonst zäh und fest, Gebäck geht nicht genügend auf!).** Den Rest des Mehls auf dieselbe Weise unterarbeiten.

V. Biskuitteig mit Doppelschwinger

1. Eier und warmes Wasser in einen geeigneten Topf oder in eine geeignete Schüssel geben, **auf Stufe II 2 Minuten schaumig schlagen lassen, Gerät ausschalten, den mit Vanillin-Zucker gemischten Zucker einstreuen und nochmals auf Stufe II 3 Minuten schlagen lassen.**
2. Den Eierkrem in eine Rührschüssel geben, das mit „Gustin" und „Backin" gemischte Mehl darauf sieben und mit einem Schneebesen darunter heben (nicht rühren!).

VI. Hefeteig mit Knetrolle

1. Den Hefeteig, wie im Rezept angegeben, entweder mit der gesamten oder nur mit $\frac{2}{3}$ der Mehlmenge in der „Allfix"-Rührschüssel ansetzen. Wenn die Hefe aufgegangen ist, erfolgt die weitere Verarbeitung.
2. **Den Hefeteig, der sofort mit der gesamten Mehlmenge angesetzt wurde, mit der Knetrolle (am Rand feststellen!) kurz auf Stufe I und dann auf Stufe II gut 2 Minuten durcharbeiten lassen. Gerät ausschalten, Knetrolle 2–3 cm vom Rand entfernt feststellen und Teig auf Stufe II nochmals 2 Minuten durcharbeiten lassen.**

   Den Hefeteig, der mit $\frac{2}{3}$ der Mehlmenge angesetzt wurde, mit der Knetrolle (am Rand feststellen!) kurz auf Stufe I und dann auf Stufe II gut 2 Minuten durcharbeiten lassen. Gerät ausschalten. Knetrolle 2–3 cm vom Rand entfernt feststellen und Abstreifer herausnehmen. Das restliche Mehl zu dem Teig geben und ihn auf Stufe II nochmals etwa 2 Minuten durcharbeiten lassen.

VII. Butterkrem mit Rühr- oder Schwingbesen

1. Den erkalteten Pudding in „Allfix"-Rührschüssel geben und **auf Stufe II kurz durchschlagen lassen. Die streichfähige Butter oder Margarine in Flöckchen in das laufende Gerät geben. Den Krem so lange durcharbeiten lassen, bis keine Fettflöckchen mehr vorhanden sind.**

   Sollte beim Butterkrem eine Gerinnung auftreten, 2–3 Eßl. kochend heißes Kokosfett **auf Stufe II** unter den Krem schlagen lassen.

Bosch-Küchenmaschine

I. Rührteig in der Rührschüssel

1. Zucker und Eier in die Bosch-Rührschüssel geben und **mit dem Rührarm auf Stufe II 2 Minuten schaumig rühren lassen.**
2. **In das laufende Gerät das kleingeschnittene, streichfähige Fett und 3 Eßl. von dem Mehl geben und 8 Minuten rühren lassen. Dann auf Stufe I schalten.**
3. **Das Mehl eßlöffelweise abwechselnd mit der Milch in das laufende Gerät geben, immer nur so lange rühren lassen, bis weder Mehl noch Milch zu sehen sind. Den fertigen Teig noch knapp 1 Minute durchrühren lassen. Falls Früchte in den Teig kommen, sie kurz auf Stufe I unterrühren lassen.**

II. Sandkuchen und Rührteiggebäck bis zu 250 g Mehl, die keine Milch enthalten, im Schlaggerät.

1. Die Eier in die Schlagschüssel geben, **auf Stufe II kurz aufschlagen lassen, dann den mit Zucker gemischten Vanillin-Zucker in das laufende Gerät streuen und vom Beginn der Zuckerzugabe 2 Minuten schlagen lassen.**

2. **In das laufende Gerät das kleingeschnittene, streichfähige Fett (bei Sandkuchen zerlassenes, dickflüssiges Fett verwenden!) und 3 Eßl. von dem Mehl geben, 8 Minuten schlagen lassen und die Masse ab und zu mit einem Teigschaber vom Rand streichen. Dann auf Stufe I schalten.**

3. **Das mit „Gustin" und „Backin" gemischte, gesiebte Mehl eßlöffelweise in das laufende Gerät geben,** immer nur so lange rühren lassen, bis kein Mehl mehr zu sehen ist. Den fertigen Teig noch kurz durchschlagen lassen.

III. Knetteig in der Rührschüssel

1. Das streichfähige Fett in kleinen Flöckchen, gleichmäßig verteilt, in die Bosch-Rührschüssel geben und auf Stufe I ½ Minute verrühren lassen. Dann den Zucker am Rand ins laufende Gerät streuen; danach gegebenenfalls verschlagenes Ei und Flüssigkeit hinzugeben und gut unterrühren lassen.

2. Das mit „Backin" gemischte und gesiebte Mehl eßlöffelweise hinzugeben. Das Gerät so lange arbeiten lassen, bis einheitlicher Teig entstanden ist. Dann ausschalten, Schüssel am Rand säubern, Gerät nochmals kurz einschalten und Teig zu einer Rolle formen.

   Bei Strudelteig Wasser (Ei) und Fett auf Stufe I kurz durchschlagen lassen, dann langsam eßlöffelweise das Mehl hinzugeben.

IV. Quarkteig in der Rührschüssel

1. Mehl und „Backin" mischen, sieben und mit den übrigen Zutaten in die Bosch-Rührschüssel geben (Fett muß vollkommen streichfähig sein).

2. Das Gerät auf Stufe I schalten und knapp 1 Minute arbeiten lassen, nicht zu lange, Teig klebt sonst!

V. Biskuitteig im Schlaggerät

1. Eier und warmes Wasser in die Bosch-Schlagschüssel geben und **auf Stufe II 1 Minute schlagen lassen. Dann den mit Vanillin-Zucker gemischten Zucker langsam (in etwa 1 Minute) in das laufende Gerät streuen, vom Beginn der Zuckerzugabe Gerät noch 5 Minuten laufen lassen.**

2. **Das Gerät auf I umschalten, das Mehl mit dem Dr. Oetker-Mehlsieb in 1 ½–2** Minuten **langsam auf den Eierkrem sieben. Es darf nicht zu schnell geschehen, da das Mehl dann klumpen würde. Zu langsam darf es jedoch auch nicht vor sich gehen, da dann der Teig zäh und das Gebäck nicht genügend aufgehen würde. Zum Schluß den Teig mit einem Teigschaber kurz vom Rand abstreichen, dann Gerät ausschalten.**

VI. Hefeteig in der Rührschüssel

1. Den Hefeteig, wie im Rezept angegeben, entweder mit der gesamten oder nur mit ⅔ der Mehlmenge in der Bosch-Rührschüssel ansetzen. Wenn die Hefe aufgegangen ist, erfolgt die weitere Verarbeitung.

2. **Den Hefeteig, der sofort mit der gesamten Mehlmenge angesetzt wurde, mit dem Rührarm kurz auf Stufe I durcharbeiten lassen, dann auf II umschalten und etwa 3 Minuten durcharbeiten lassen.**

   Den Hefeteig, der mit ⅔ der Mehlmenge angesetzt wurde, mit dem Rührarm kurz auf Stufe I durcharbeiten lassen, auf II umschalten und 2 Minuten durcharbeiten lassen. Das Gerät ausschalten, das restliche Mehl zum Teig geben und ihn auf Stufe II nochmals gut 1 Minute durcharbeiten lassen, bis sich ein zusammenhängender Teig gebildet hat und die Schüssel vollkommen sauber ist.

VII. Butterkrem im Schlaggerät

1. Ein Viertel des erkalteten Puddings in die Bosch-Schlagschüssel geben und **auf Stufe II kurz aufschlagen lassen.** Anschließend ein Viertel des streichfähigen Fettes in Flöckchen in das laufende Gerät geben. Den Krem so lange durcharbeiten lassen, bis keine Flöckchen mehr zu sehen sind (evtl. Krem in der Mitte ein- bis zweimal mit einem Messer durchrühren).
2. Den restlichen Pudding und das restliche Fett in je drei gleiche Teile teilen und abwechselnd, mit dem Pudding beginnend – wie oben beschrieben –, in die Schlagschüssel geben. Sollte beim Butterkrem eine Gerinnung auftreten, 2–3 Eßl. kochend heißes Kokosfett auf Stufe II unter den Krem schlagen, bis Gerinnung verschwunden ist.

Starmix-Küchenmaschine

I. Rührteig im Mixbecher

1. Eier, Zucker, streichfähiges Fett und Gewürze in den Mixbecher geben, **auf Stufe III 2–2½ Minuten schaumig schlagen.**

   Kleine Mengen Milch sofort mit in den Mixbecher geben. Handelt es sich dagegen um eine größere Menge – etwa von ⅛ l ab –, **sie während des Betriebs – fast zum Schluß – an die bereits schaumig geschlagene Masse geben und das Gerät noch etwa ½ Minute laufen lassen.**
2. Den Becherinhalt langsam in eine Rührschüssel auf das mit „Backin" gemischte, gesiebte Mehl geben und darunter rühren. Falls Früchte in den Teig kommen, sie zum Schluß darunter heben.

II. Rührteig im Starmix-Rührwerk

1. Das streichfähige Fett, den Zucker, den Vanillin-Zucker, die Hälfte der Eier und die Gewürze in das Starmix-Rührwerk geben, **auf Stufe III 3 Minuten schaumig rühren, das Gerät abstellen, die übrigen Eier hinzugeben und noch 1 Minute auf III rühren.**
2. Die Hälfte des mit „Backin" gemischten, gesiebten Mehls und die Hälfte der erforderlichen Milch zu der Fett-Eier-Zucker-Masse geben. **Das Gerät auf Stufe III einstellen und nur so lange laufen lassen, bis weder Mehl noch Milch zu sehen sind. Den Rest von Mehl und Milch hinzugeben. Das Gerät auf Stufe III einschalten, wenn Mehl und Milch untergearbeitet sind, das Gerät noch ½ Minute arbeiten lassen, dann ausschalten.**
3. Die Beschaffenheit des Teiges prüfen. Er hat genug Milch, wenn er schwer (reißend) vom Löffel fällt.

   Wenn Rosinen, Korinthen, Zitronat oder Mandeln an den Teig kommen, sie auf den fertigen Teig streuen und **auf Stufe I kurz unterrühren lassen.**

III. Knetteig im Starmix-Knetwerk

1. Mehl und „Backin" mischen, sieben und mit den übrigen Zutaten in das Starmix-Knetwerk geben (Knetarm vorher einsetzen!). Darauf achten, daß das Fett vollkommen streichfähig ist und in kleinen Stücken zugesetzt wird.
2. **Den Deckel auf das Gerät setzen und es auf Stufe III schalten. Es so lange in Betrieb lassen, bis 2–3 zusammenhängende Teigklumpen entstanden sind.** Die genaue Zeit kann für diesen Arbeitsgang nicht angegeben werden, da sie von den Zutaten und ihrem Verhältnis untereinander abhängt. **Das Gerät während des Betriebs am Deckel festhalten, da es vor allem in der letzten Phase der Zubereitung leicht ins Schwanken kommen kann.** Den Teig zu einer Rolle formen.

IV. Biskuitteig im Starmix-Rührwerk

1. Die Eier in das Starmix-Rührwerk geben und **auf Stufe II kurz durchschlagen lassen.** Dann das warme Wasser hinzufügen **und Ei und Wasser auf Stufe III gut 2½ Minuten schlagen lassen.**
2. **Das Gerät ausschalten.** Anschließend Zucker und Vanillin-Zucker hinzugeben. **Das Gerät wieder auf Stufe III schalten, nochmals 1 Minute schlagen lassen und ausschalten.**
3. Auf den Eierkrem das mit „Gustin" und „Backin" gemischte, gesiebte Mehl geben und es **ganz leicht darunter ziehen, indem man den Momentschalter 5–6 mal 1 Sekunde betätigt. Zu langes Rühren ist auf alle Fälle zu vermeiden, da der Teig dann zäh und fest wird, und das Gebäck geht nicht genügend auf.**

V. Hefeteig im Starmix-Knetwerk

1. Die nach Vorschrift mit Zucker und Milch angerührte Hefe in der Tasse gehen lassen.

   Nach Rezept entweder die gesamte oder nur ⅔ der Mehlmenge in das Starmix-Knetwerk geben. **Die aufgegangene Hefe dazugeben und kurz mit dem Momentschalter unter das Mehl arbeiten lassen.** Die übrigen Zutaten hinzugeben (das Fett vorher zerlassen!).
2. **Den Hefeteig, der sofort mit der gesamten Mehlmenge angesetzt wurde, auf Stufe III 3–4 Minuten durcharbeiten lassen, bis er sich von der Rührschüssel löst. Den Hefeteig, der mit ⅔ der Mehlmenge angesetzt wurde, zunächst auf Stufe III 2 Minuten durcharbeiten lassen, dann das Gerät ausschalten, das restliche Mehl hinzugeben und den Teig auf Stufe III nochmals 1–2 Minuten durcharbeiten lassen.**

VI. Butterkrem

1. Den erkalteten Pudding in das Starmix-Rührwerk geben und **auf Stufe III kurz durchschlagen lassen. Dann die streichfähige Butter oder Margarine in 3–4 Portionen in Flöckchen dazugeben und auf Stufe III nach jeder Fettzugabe kurz durchschlagen lassen, bis sich alles gut vermischt hat.**

   Sollte der Butterkrem geronnen sein, streicht man zunächst alles sorgfältig vom Rand ab und läßt dann den Krem auf Stufe III noch 2–3 Minuten durchschlagen, bis Gerinnung verschwunden ist oder schlägt 2–3 Eßl. kochend heißes Kokosfett darunter.

B. Rührteig

I. Gebäcke in Formen

Topfkuchen mit Guß

Teig: 200 g Butter oder Margarine, 200 g Zucker, 1 Päckchen Dr. Oetker Vanillin-Zucker, 3–4 Eier, ½ Fläschchen Dr. Oetker Backöl Zitrone oder 1 Fläschchen Dr. Oetker Rum-Aroma, etwas Salz, 500 g Weizenmehl, 1 Päckchen Dr. Oetker Backpulver „Backin", gut ⅛ l Milch, 100 g Korinthen, 100 g Rosinen, 50 g Zitronat (Sukkade).

Guß: 200 g Puderzucker, 25 g Kakao, etwa 3 Eßl. heißes Wasser.

Man rührt das Fett schaumig und gibt nach und nach Zucker, Vanillin-Zucker, Eier und Gewürze hinzu. Das mit „Backin" gemischte und gesiebte Mehl wird abwechselnd mit der Milch untergerührt. Man verwendet nur so viel Milch, daß der Teig schwer (reißend) vom Löffel fällt. Die gewaschenen, gut abgetropften Korinthen und Rosinen sowie das in kleine Würfel geschnittene Zitronat werden zuletzt unter den Teig gehoben. Man füllt ihn in eine gefettete, mit geriebener Semmel ausgestreute Napfkuchenform und stellt ihn mit Rost auf die unterste Schiene in den Backofen.

Flammenbackofen: ⅓ große Flamme.
Reglerbackofen: 2½–3½.
Backzeit: Etwa 70 Minuten.

Für den Guß rührt man den mit Kakao gesiebten Puderzucker mit so viel heißem Wasser glatt, daß eine dickflüssige Masse entsteht. Man bestreicht den gut ausgekühlten Kuchen damit.

Napfkuchen mit Schokoladenstückchen (Abb. Tafel 28)

Teig: 250 g Butter oder Margarine, 250 g Zucker, 1 Päckchen Dr. Oetker Vanillin-Zucker, 3–4 Eier, etwas Salz, 375 g Weizenmehl, 125 g Dr. Oetker „Gustin", 1 Päckchen Dr. Oetker Backpulver „Backin", gut ⅛ l Milch, 1 Tafel (100 g) bittere Schokolade.

Zum Bestäuben: Etwas Puderzucker.

Man rührt das Fett schaumig und gibt nach und nach Zucker, Vanillin-Zucker, Eier und Salz hinzu. Das mit „Gustin" und „Backin" gemischte und gesiebte Mehl wird abwechselnd mit der Milch untergerührt. Man verwendet nur so viel Milch, daß der Teig schwer (reißend) vom Löffel fällt. Zuletzt wird die in kleine Stücke geschnittene Schokolade darunter gehoben. Man füllt den Teig in eine gefettete, mit geriebener Semmel ausgestreute Napfkuchenform und stellt ihn mit Rost auf die unterste Schiene in den Backofen.

Flammenbackofen: ⅓ große Flamme.
Reglerbackofen: 2½–3½.
Backzeit: Etwa 70 Minuten.

Man bestäubt den erkalteten Kuchen mit Puderzucker.

Marmorkuchen (Abb. Tafel 28)

250 g Butter oder Margarine, 250 g Zucker, 1 Päckchen Dr. Oetker Vanillin-Zucker, 3–4 Eier, 1 Fläschchen Dr. Oetker Rum-Aroma, etwas Salz, 500 g Weizenmehl, 1 Päckchen Dr. Oetker Backpulver „Backin", etwa ⅛ l Milch; 30 g Kakao, 25 g Zucker, 2–3 Eßl. Milch.

Man rührt das Fett schaumig und gibt nach und nach Zucker, Vanillin-Zucker, Eier und Gewürze hinzu. Das mit „Backin" gemischte und gesiebte Mehl wird abwechselnd mit der Milch untergerührt. Man verwendet nur so viel Milch, daß der Teig schwer (reißend) vom Löffel fällt. Etwa ⅔ des Teiges werden in eine gefettete, mit geriebener Semmel ausgestreute Napfkuchen- oder Kastenform gefüllt. Unter den Rest des Teiges mengt man Kakao, Zucker und so viel Milch, daß er wieder schwer vom Löffel fällt. Man verteilt den dunklen Teig auf dem hellen. Um ein Marmormuster zu erzielen, zieht man eine Gabel spiralenförmig durch die beiden Teigschichten. Die Kuchenform wird mit dem Rost auf die unterste Schiene in den Backofen gesetzt.

Flammenbackofen: ⅓ große Flamme.
Reglerbackofen: 2½–3½.
Backzeit: Etwa 75 Minuten.

Omnibuskuchen

Teig: 200 g Butter oder Margarine, 250 g Zucker, 3 Eier, ½ Fläschchen Dr. Oetker Backöl Zitrone, etwas Salz, 1 Päckchen Dr. Oetker Pudding-Pulver Vanille-Geschmack, etwa ⅛ l Milch, 450 g Weizenmehl, 1 Päckchen Dr. Oetker Backpulver „Backin", 65 g gehackte, abgezogene Mandeln, 50 g Rosinen.

Zum Bestäuben: Etwas Puderzucker.

Man rührt das Fett schaumig und gibt nach und nach Zucker, Eier, Gewürze und das mit 3 Eßl. von der Milch angerührte Pudding-Pulver hinzu. Das mit „Backin" gemischte und gesiebte Mehl wird eßlöffelweise untergerührt. Man verwendet nur so viel Milch, daß der Teig schwer (reißend) vom Löffel fällt. Die Mandeln und die gewaschenen Rosinen werden zuletzt unter den Teig gehoben. Man füllt ihn in eine gefettete, mit geriebener Semmel ausgestreute Napfkuchenform und setzt ihn mit Rost auf die unterste Schiene in den Backofen.

Flammenbackofen: ⅓ große Flamme.
Reglerbackofen: 2½–3½.
Backzeit: Etwa 70 Minuten.

Der erkaltete Kuchen wird mit Puderzucker bestäubt.

Ottilienkuchen

Teig: 250 g Butter oder Margarine, 200 g Zucker, 1 Päckchen Dr. Oetker Vanillin-Zucker, 4 Eier, ½ Fläschchen Dr. Oetker Rum-Aroma, etwas Salz, 200 g Weizenmehl, 50 g Dr. Oetker „Gustin", 3 g (1 gestrichener Teel.) Dr. Oetker Backpulver „Backin", 100 g gemahlene, abgezogene Mandeln, 75 g in kleine Stücke gebrochene Schokolade, 50 g Zitronat (Sukkade).

Zum Bestäuben: Etwas Puderzucker.

Man rührt das Fett schaumig und gibt nach und nach Zucker, Vanillin-Zucker, Eier und Gewürze hinzu. Das mit „Gustin" und „Backin" gemischte und gesiebte Mehl wird eßlöffelweise untergerührt. Die gemahlenen Mandeln, die Schokolade und das in kleine Würfel geschnittene Zitronat werden zuletzt unter den Teig gehoben.

Man füllt ihn in eine gefettete, mit Papier ausgelegte Kastenform und stellt ihn mit Rost auf die unterste Schiene in den Backofen.

Flammenbackofen: Knapp ⅓ große Flamme.
Reglerbackofen: 2–3.
Backzeit: 70–80 Minuten.

Der erkaltete Kuchen wird mit Puderzucker bestäubt.

Königskuchen

Teig I: 250 g Butter oder Margarine, 200 g Zucker, 1 Päckchen Dr. Oetker Vanillin-Zucker, 4 Eier, ½ Fläschchen Dr. Oetker Backöl Zitrone oder 1 Fläschchen Dr. Oetker Rum-Aroma, etwas Salz, 500 g Weizenmehl, 12 g (4 gestrichene Teel.) Dr. Oetker Backpulver „Backin", knapp ⅛ l Milch, 250 g Korinthen, 100 g Rosinen, 50 g Zitronat (Sukkade).

oder

Teig II: 250 g Butter oder Margarine, 200 g Zucker, 1 Päckchen Dr. Oetker Vanillin-Zucker, 5 Eier, ½ Fläschchen Dr. Oetker Backöl Zitrone oder 1 Fläschchen Dr. Oetker Rum-Aroma, etwas Salz, 500 g Weizenmehl, 12 g (4 gestrichene Teel.) Dr. Oetker Backpulver „Backin", knapp ⅛ l Milch, 250 g Korinthen, 150 g Rosinen, 125 g Zitronat.

Man rührt das Fett schaumig und gibt nach und nach Zucker, Vanillin-Zucker, Eier und Gewürze hinzu. Das mit „Backin" gemischte und gesiebte Mehl wird abwechselnd mit der Milch untergerührt. Man verwendet nur so viel Milch, daß der Teig schwer (reißend) vom Löffel fällt. Die gewaschenen, gut abgetropften Korinthen und Rosinen sowie das in kleine Würfel geschnittene Zitronat werden zuletzt unter den Teig gehoben. Man füllt ihn in eine gefettete, mit Papier ausgelegte Kastenform und stellt ihn mit Rost auf die unterste Schiene in den Backofen.

Flammenbackofen: ⅓ große Flamme.
Reglerbackofen: 2¼–3¼.
Backzeit: 80–100 Minuten.

Gekochter Nußkuchen (Abb. Tafel 13)

Teig: 150 g Zucker, 1 Ei, etwas Salz, 3–4 Tropfen Dr. Oetker Backöl Bittermandel, 125 g Haselnußkerne, 250 g Weizenmehl, 9 g (3 gestrichene Teel.) Dr. Oetker Backpulver „Backin", ⅛ l Milch.

Guß: 200 g Puderzucker, 30 g Kakao, etwa 3 Eßl. heiße Milch, 25 g flüssiges Kokosfett.

Zucker, Ei, Salz und Backöl werden gut miteinander verrührt; die gemahlenen Haselnußkerne und das mit „Backin" gemischte und gesiebte Mehl werden abwechselnd mit der Milch hinzugegeben. Man füllt den Teig in eine gefettete, mit geriebener Semmel ausgestreute Puddingform. Sie darf nur ¾ voll sein und muß fest verschlossen werden. Man stellt sie in kochendes Wasser, das nur 3 cm unter den Deckelrand reichen darf, da es beim Kochen hochsprudelt. Der Kuchen wird 1¼ Stunden gekocht.

Der fertige Kuchen wird vorsichtig gestürzt. Nach dem Erkalten überzieht man ihn mit Schokoladenguß, den man folgendermaßen hergestellt hat: Man rührt den mit Kakao gesiebten Puderzucker mit so viel heißer Milch und mit dem zerlassenen Fett glatt, daß eine dickflüssige Masse entsteht.

Englischer Kuchen (Abb. Tafel 30)

Teig: 200 g Butter oder Margarine, 250 g Zucker, 1 Päckchen Dr. Oetker Vanillin-Zucker, 4 Eier, 1 Fläschchen Dr. Oetker Rum-Aroma, 4 Tropfen Dr. Oetker Backöl Zitrone, etwas Salz, 250 g Weizenmehl, 125 g Dr. Oetker „Gustin", 6 g (2 gestrichene Teel.) Dr. Oetker Backpulver „Backin", 125 g Rosinen, 50 g Mandeln, 75 g Zitronat.

Zum Bestreichen: 50 g Johannisbeergelee, 150 g Puderzucker, 5 Tropfen Dr. Oetker Rum-Aroma, 2–3 Eßl. heißes Wasser.

Man rührt das Fett schaumig und gibt nach und nach Zucker, Vanillin-Zucker, Eier und Gewürze hinzu. Das mit „Gustin" und „Backin" gemischte und gesiebte Mehl wird eßlöffelweise untergerührt. Die gewaschenen Rosinen, die abgezogenen, gehackten Mandeln und das in Stücke geschnittene Zitronat werden zuletzt unter den Teig gehoben. Man füllt ihn in eine gefettete, mit Papier ausgelegte Kastenform und stellt ihn mit Rost auf die unterste Schiene in den Backofen.

Flammenbackofen: Knapp ⅓ große Flamme.
Reglerbackofen: 2–3.
Backzeit: 75–85 Minuten.

Den erkalteten Kuchen bestreicht man mit dem kochend heißen Gelee und dann mit dem Puderzuckerguß, den man folgendermaßen hergestellt hat: Der gesiebte Puderzucker wird mit dem Aroma und so viel heißem Wasser glattgerührt, daß eine dickflüssige Masse entsteht.

Sandkuchen

Teig: 250 g Butter oder Margarine, 200 g feinkörniger Zucker, 1 Päckchen Dr. Oetker Vanillin-Zucker, 4 Eier, ½ Fläschchen Dr. Oetker Rum-Aroma, etwas Salz, 125 g Weizenmehl, 125 g Dr. Oetker „Gustin", 1½ g (½ gestrichener Teel.) Dr. Oetker Backpulver „Backin".

Guß (nach Belieben): 125 g Puderzucker, 25 g Kakao, 1–2 Eßl. heißes Wasser, 25 g Kokosfett (nach Belieben).

In das zerlassene, abgekühlte Fett gibt man den Zucker und den Vanillin-Zucker und rührt so lange, bis Fett und Zucker weißschaumig geworden sind. Dann gibt man die Eier und die Gewürze nach und nach hinzu. Das mit „Gustin" und „Backin" gemischte und gesiebte Mehl wird eßlöffelweise untergerührt. Man füllt den Teig in eine gefettete, mit Papier ausgelegte Kastenform und stellt ihn mit Rost auf die unterste Schiene in den Backofen.

Flammenbackofen: ⅓ große Flamme.
Reglerbackofen: 2–3.
Backzeit: 60–75 Minuten.

Für den Guß rührt man den mit Kakao gesiebten Puderzucker mit so viel heißem Wasser und dem gelösten Kokosfett glatt, daß eine dickflüssige Masse entsteht. Man bestreicht den gut ausgekühlten Kuchen damit.

Veränderung: Man kann den Sandkuchen auch in einer Kranzform backen und mit Schokoladenguß überziehen.

Frankfurter Kranz

Teig: 100 g Butter oder Margarine, 150 g Zucker, 3 Eier, 4 Tropfen Dr. Oetker Backöl Zitrone oder ½ Fläschchen Rum-Aroma, etwas Salz, 150 g Weizenmehl, 50 g Dr. Oetker „Gustin", 6 g (2 gestrichene Teel.) Dr. Oetker Backpulver „Backin".

Butterkrem: 1 Päckchen Dr. Oetker Pudding-Pulver Vanille-Geschmack, 100 g Zucker, ½ l Milch, 200 g Butter oder Margarine.

Krokant: 1 Messerspitze Butter, 50 g (2 gehäufte Eßl.) Zucker, 100 g abgezogene, in kleine Stücke geschnittene Mandeln oder Haselnußkerne.

Man rührt das Fett schaumig und gibt nach und nach Zucker, Eier und Gewürze hinzu. Das mit „Gustin" und „Backin" gemischte und gesiebte Mehl wird eßlöffelweise untergerührt. Man füllt den Teig in eine gefettete Kranzform und stellt ihn mit Rost auf die unterste Schiene in den Backofen.

Flammenbackofen: ⅓ große Flamme.
Reglerbackofen: 2½–3½.
Backzeit: 30–35 Minuten.

Für den Butterkrem werden das Pudding-Pulver und der Zucker mit 6 Eßl. von der Milch angerührt. Die übrige Milch erhitzt man. In die kochende, von der Flamme genommene Milch rührt man das angerührte Pudding-Pulver und läßt noch einmal kurz aufkochen. Damit sich keine Haut bildet, rührt man den Pudding während des Erkaltens häufig um.

Die Butter wird schaumig gerührt. Man gibt den erkalteten Pudding löffelweise darunter (darauf achten, daß weder Butter noch Pudding zu kalt sind, da dann die sogenannte „Gerinnung" eintritt!).

Für den Krokant werden Butter und Zucker zerlassen und unter Rühren so lange erhitzt, bis der Zucker schwach gebräunt ist. Man rührt die Mandeln darunter, erhitzt unter ständigem Rühren, bis der Krokant genug gebräunt ist, und gibt dann die Masse auf eine geölte Platte. Nach dem Erkalten wird die Masse, wenn erforderlich, in kleine Stücke zerstoßen.

Man schneidet den erkalteten Kuchen zweimal durch und füllt ihn mit Butterkrem. Der Kranz wird mit Butterkrem bestrichen (etwas zurücklassen!), mit Krokant bestreut und mit zurückgelassenem Krem verziert.

Das Gebäck schmeckt am besten, wenn es einen Tag vor dem Verzehr gefüllt wird.

Apfelschichtkuchen

Teig: 1 Päckchen Dr. Oetker Pudding-Pulver Vanille-Geschmack, 4 Eßl. Milch, 150 g Butter oder Margarine, 150 g Zucker, 2 Eier, etwas Salz, 250 g Weizenmehl, 9 g (3 gestrichene Teel.) Dr. Oetker Backpulver „Backin", evtl. noch 1–2 Eßl. Milch, 500 g Äpfel.

Zum Bestreuen: Etwas Puderzucker.

Das Pudding-Pulver wird mit der Milch angerührt. Man rührt das Fett schaumig und gibt nach und nach Zucker, Eier und Salz hinzu. Das mit „Backin" gemischte und gesiebte Mehl wird abwechselnd mit dem angerührten Pudding-Pulver untergerührt. Wenn der Teig etwas fest sein sollte, gibt man noch 1–2 Eßl. Milch hinzu.

Die Hälfte des Teiges wird in eine gefettete Springform (Durchmesser etwa 26 cm) gefüllt und glattgestrichen. Man streut die Hälfte der geschälten, in Scheiben geschnittenen Äpfel darauf, gibt den Rest des Teiges darüber und bestreut mit dem Rest der Äpfel. Die Form wird mit Rost auf die unterste oder zweitunterste Schiene gestellt.

Flammenbackofen: ½ große Flamme.
Reglerbackofen: 3–4.
Backzeit: 45–60 Minuten.

Man bestäubt den erkalteten Kuchen mit Puderzucker.

Apfelkuchen mit Streuseln (Abb. Tafel 22)

Teig: 100 g Butter oder Margarine, 100 g Zucker, 1 Päckchen Dr. Oetker Vanillin-Zucker, 2 Eier, etwas Salz, 4 Tropfen Dr. Oetker Backöl Zitrone, 150 g Weizenmehl, 50 g Dr. Oetker „Gustin", 6 g (2 gestrichene Teel.) Dr. Oetker Backpulver „Backin", etwa 4 Eßl. Milch.

Belag: 500 g Äpfel.

Streusel: 100 g Weizenmehl, 75 g Zucker, 1 Päckchen Dr. Oetker Vanillin-Zucker, 75 g Butter oder Margarine.

Zum Bestreuen: Etwas Puderzucker.

Man rührt das Fett schaumig und gibt nach und nach Zucker, Vanillin-Zucker, Eier und Gewürze hinzu. Das mit „Gustin" und „Backin" gemischte und gesiebte Mehl wird abwechselnd mit der Milch untergerührt. Man verwendet nur so viel Milch, daß der Teig schwer (reißend) vom Löffel fällt. Er wird in eine gefettete Springform (Durchmesser etwa 26 cm) gefüllt und mit einem Eßlöffel, den man häufig in Wasser taucht, glattgestrichen.

Für den Belag schält man die Äpfel und schneidet sie in Scheiben. Sie werden kranzförmig auf den Teig gelegt. Man achtet darauf, daß ein Rand von 1 cm Teig frei bleibt.

Für die Streusel wird das Mehl in eine Schüssel gesiebt und mit Zucker und Vanillin-Zucker vermischt. Man gibt das Fett in kleinen Flöckchen hinzu und vermengt alle Zutaten mit den Händen oder mit 2 Gabeln zu Streuseln. Sie werden gleichmäßig auf den mit Äpfeln belegten Teig gestreut. Die Form wird mit Rost auf die unterste oder zweitunterste Schiene gestellt.

Flammenbackofen: ½ große Flamme.
Reglerbackofen: 3–4.
Backzeit: Etwa 40 Minuten.

Nach dem Backen wird der Kuchen mit Puderzucker bestäubt.

Prinzregententorte (Abb. Tafel 32)

Teig: 250 g Butter oder Margarine, 250 g Zucker, 1 Päckchen Dr. Oetker Vanillin-Zucker, 4 Eier, etwas Salz, 200 g Weizenmehl, 50 g Dr. Oetker „Gustin", 3 g (1 gestrichener Teel.) Dr. Oetker Backpulver „Backin".

Füllung: 1 Päckchen Dr. Oetker Gala Schokoladen-Pudding-Pulver, 1 Eßl. Kakao, 100 g Zucker, ½ l Milch, 50 g Kokosfett (nach Belieben), 200 g Butter oder Margarine.

Guß: 150 g Puderzucker, 25 g Kakao, 20 g zerlassene Butter oder Kokosfett, 2–3 Eßl. heißes Wasser.

Man rührt das Fett schaumig und gibt nacheinander Zucker, Vanillin-Zucker, Eier und Salz hinzu. Das mit „Gustin" und „Backin" gemischte und gesiebte Mehl wird nach und nach untergerührt. Man stellt aus dem Teig etwa 8 Böden her. Knapp 2 Eßl. des Teiges werden jeweils in eine gefettete Springform (Durchmesser 26 cm) gestrichen. (Darauf achten, daß der Teig am Rand nicht zu dünn ist, damit der Boden dort nicht zu dunkel wird!)

Man backt jeden Boden ohne Springformrand auf der zweituntersten Schiene, bis er hellbraun ist.

Flammenbackofen: ½ große Flamme.
Reglerbackofen: 3–4.
Backzeit: 12–14 Minuten.

Sobald der gebackene Boden soweit abgekühlt ist, daß er lauwarm ist, bestreicht man ihn mit Schokoladen-Butterkrem. Man setzt jeweils den nächstfolgenden darauf und bestreicht ihn ebenfalls mit Butterkrem. Die oberste Schicht muß aus einem Boden bestehen.

Für den Schokoladen-Butterkrem werden das Pudding-Pulver, der Kakao und der Zucker mit 6 Eßl. von der Milch angerührt. Man erhitzt die übrige Milch. In die kochende, von der Flamme genommene Milch rührt man das angerührte Pudding-Pulver und läßt noch einmal kurz aufkochen. Falls Kokosfett verwendet werden soll, gibt man es in den heißen Pudding. Damit sich keine Haut bildet, wird der Pudding während des Erkaltens häufig umgerührt.

Man rührt das Fett schaumig und gibt den erkalteten Pudding eßlöffelweise darunter (darauf achten, daß weder Fett noch Pudding zu kalt sind, da dann die sogenannte Gerinnung eintritt!).

Für den Guß rührt man den mit Kakao gesiebten Puderzucker mit dem zerlassenen Fett und so viel heißem Wasser glatt, daß eine dickflüssige Masse entsteht. Die Torte wird damit überzogen.

Kaiserin-Friedrich-Torte (Abb. Tafel 23)

Teig: 250 g Kokosfett, 300 g Zucker, 1 Päckchen Dr. Oetker Vanillin-Zucker, 5 Eier, 1 Eigelb, ½ Eiweiß, etwas Salz, 3 Tropfen Dr. Oetker Backöl Bittermandel, ½ Fläschchen Dr. Oetker Rum-Aroma, 300 g Weizenmehl, 75 g Dr. Oetker „Gustin", 6 g (2 gestrichene Teel.) Dr. Oetker Backpulver „Backin", 125 g Zitronat (Sukkade).

Guß: 175 g Puderzucker, ½ Eiweiß, etwa 3 Eßl. Zitronensaft, 50 g Zitronat.

In das zerlassene, abgekühlte Fett gibt man den Zucker und den Vanillin-Zucker und rührt so lange, bis Fett und Zucker weißschaumig geworden sind. Dann gibt man die Eier, das Eigelb, das ½ Eiweiß und die Gewürze nach und nach hinzu. Das mit „Gustin" und „Backin" gemischte und gesiebte Mehl wird eßlöffelweise untergerührt. Das in kleine Würfel geschnittene Zitronat wird vorsichtig unter den Teig gehoben. Man füllt ihn in eine gefettete Springform (Durchmesser etwa 26 cm) und stellt ihn mit Rost auf die unterste oder zweitunterste Schiene in den Backofen.

Flammenbackofen: ⅓ große Flamme.
Reglerbackofen: 2–3½.
Backzeit: Etwa 60 Minuten.

Man rührt den gesiebten Puderzucker mit dem Eiweiß und so viel Zitronensaft glatt, daß eine dickflüssige Masse entsteht. Die Torte wird damit überzogen, obenauf wird sie mit dem in kleine Würfel oder Streifen geschnittenen Zitronat bestreut.

Veränderung: An Stelle des angegebenen Kokosfettes kann man 300 g Butter oder Margarine nehmen, dann Fett nicht zerlassen!

II. Kuchen auf dem Blech

Teig für Kuchen auf dem Blech

Teig I: 100–150 g Butter oder Margarine, 150 g Zucker, 1–2 Eier, etwas Salz, 500 g Weizenmehl, 1 Päckchen Dr. Oetker Backpulver „Backin", etwa ¼ l Milch.

oder

Teig II: 200 g Butter oder Margarine, 200 g Zucker, 2 Eier, etwas Salz, 500 g Weizenmehl, 1 Päckchen Dr. Oetker Backpulver „Backin", knapp ¼ l Milch.

Man rührt das Fett schaumig und gibt nach und nach Zucker, Ei oder Eier und Salz hinzu. Das mit „Backin" gemischte und gesiebte Mehl wird abwechselnd mit der Milch untergerührt. Man verwendet nur so viel Milch, daß der Teig schwer (reißend) vom Löffel fällt. Er wird auf ein gefettetes Backblech gegeben und mit einem Teigschaber glattgestrichen. Damit der Teig an der offenen Seite des Backblechs nicht auslaufen kann, legt man ein mehrfach umgeknifftes, gefettetes Papier vor den Teig.

Butter- oder Zuckerkuchen auf dem Blech

Teig: 1 Rezept „Teig für Kuchen auf dem Blech" I oder II s. oben.

Belag: 50–125 g Butter oder Margarine, 75 g Zucker, 1 Päckchen Dr. Oetker Vanillin-Zucker, 50 g in Scheiben geschnittene oder gehackte Mandeln oder Haselnußkerne.

Man kann das Fett in kleinen Flöckchen gleichmäßig auf den Teig setzen oder zerlassen darauf streichen. Der Zucker, der Vanillin-Zucker und die Mandeln oder Nußkerne werden gemischt und gleichmäßig auf den Teig gestreut. Man schiebt das Blech auf die oberste oder zweitoberste Schiene in den Backofen.

Flammenbackofen: ½ große Flamme.
Reglerbackofen: 3–4.
Backzeit: 20–25 Minuten.

Streuselkuchen auf dem Blech

Teig: 1 Rezept „Teig für Kuchen auf dem Blech" I oder II s. oben.

Belag: 200 g Weizenmehl, 100–125 g Zucker, 1 Päckchen Dr. Oetker Vanillin-Zucker, 1 Messerspitze Zimt, 100–125 g Butter oder Margarine.

Für den Streusel wird das Mehl in eine Schüssel gesiebt und mit Zucker, Vanillin-Zucker und Zimt vermischt. Man gibt das Fett in kleinen Flöckchen dazu und vermengt alle Zutaten mit den Händen oder mit 2 Gabeln zu Streuseln. Sie werden gleichmäßig auf dem Teig verteilt. Man schiebt das Blech auf die oberste oder zweitoberste Schiene in den Backofen.

Flammenbackofen: ½ große Flamme.
Reglerbackofen: 3–4.
Backzeit: 20–25 Minuten.

Obstkuchen auf dem Blech

Teig: 1 Rezept „Teig für Kuchen auf dem Blech" I s. oben.

Belag: 1–1½ kg Äpfel oder Pflaumen.

Zum Bestreuen: Etwas Zucker.

Für den Belag werden die Äpfel geschält und in Scheiben oder Viertel (besonders große in Achtel!) geschnitten oder die Pflaumen gewaschen und entsteint. Man legt das Obst gleichmäßig auf den Teig (Pflaumen stets mit der Innenseite nach oben legen!). Man schiebt das Blech auf die oberste oder zweitoberste Schiene in den Backofen.

Flammenbackofen: Vorheizen 5 Minuten mit großer Flamme, backen mit ½ großer Flamme.
Reglerbackofen: Vorheizen 5 Minuten bei 3½–4½, backen bei 3½–4½.
Backzeit: 30–35 Minuten.

Nach dem Backen bestreut man den etwas ausgekühlten Kuchen mit Zucker.

III. Kleingebäck

Amerikaner

Teig: 100 g Butter oder Margarine, 100 g Zucker, 1 Päckchen Dr. Oetker Vanillin-Zucker, 2 Eier, etwas Salz, 1 Päckchen Dr. Oetker Pudding-Pulver Sahne- oder Mandel-Geschmack, 3 Eßl. Milch, 250 g Weizenmehl, 9 g (3 gestrichene Teel.) Dr. Oetker Backpulver „Backin".

Zum Bestreichen: Etwas Milch.

Heller Guß: 100 g Puderzucker, 1–2 Eßl. heißes Wasser.
oder
Dunkler Guß: 100 g Puderzucker, 15 g Kakao, 1–2 Eßl. heißes Wasser.

Man rührt das Fett schaumig und gibt nach und nach Zucker, Vanillin-Zucker, Eier, Salz und das mit der Milch angerührte Pudding-Pulver hinzu. Das mit „Backin" gemischte und gesiebte Mehl wird nach und nach ebenfalls darunter gerührt. Der Teig muß sehr fest sein; andernfalls rührt man noch etwas Mehl darunter, sonst läuft das Gebäck breit. Mit 2 Eßlöffeln setzt man nicht zu große Teighäufchen auf ein gefettetes Backblech und backt sie auf der zweituntersten Schiene goldbraun.

Flammenbackofen: Vorheizen 5 Minuten mit großer Flamme, backen mit ½ großer Flamme.
Reglerbackofen: Vorheizen 5 Minuten bei 3–4, backen bei 3–4.
Backzeit: Etwa 18 Minuten.

Nach 8 Minuten Backzeit bestreicht man die Oberfläche der Amerikaner mit Milch.

Für den hellen Guß rührt man den gesiebten Puderzucker mit so viel Wasser glatt, daß eine dickflüssige Masse entsteht.

Für den dunklen Guß verfährt man ebenso, nur wird der Puderzucker mit dem Kakao gesiebt.

Man bestreicht die Unterseite der heißen Amerikaner gleichmäßig mit dem hellen oder dunklen Guß.

Heidesand

275 g Butter, 250 g feinkörniger Zucker, 1 Päckchen Dr. Oetker Vanillin-Zucker, 2 Eßl. Milch, 375 g Weizenmehl, 3 g (1 gestrichener Teel.) Dr. Oetker Backpulver „Backin".

Die Butter wird zerlassen, stark gebräunt und kalt gestellt. Man rührt das erstarrte Fett schaumig, gibt nach und nach Zucker, Vanillin-Zucker und Milch hinzu und rührt so lange, bis die Masse weißschaumig geworden ist. ⅔ des mit „Backin" gemischten und gesiebten Mehls werden eßlöffelweise untergerührt. Den Rest des Mehls verknetet man mit dem Teigbrei zu einem glatten Teig. Man formt etwa 3 cm dicke Teigrollen daraus und stellt sie so lange kalt, bis sie hart geworden sind, und schneidet dann ½ cm dicke Scheiben davon ab. Sie werden auf ein Backblech gelegt und auf der obersten oder zweitobersten Schiene hellgelb gebacken.

Flammenbackofen: Vorheizen 5 Minuten mit großer Flamme, backen mit ⅓ großer Flamme.
Reglerbackofen: Vorheizen 5 Minuten bei 3–4, backen bei 3–4.
Backzeit: 8–14 Minuten.

Waffeln (Abb. Tafel 31)

Teig: 125 g Butter oder Margarine, 25–50 g (1–2 gehäufte Eßl.) Zucker, 1 Päckchen Dr. Oetker Vanillin-Zucker, 3 Eier, ½ Fläschchen Dr. Oetker Rum-Aroma oder einige Tropfen Backöl Zitrone, 125 g Weizenmehl, 125 g Dr. Oetker „Gustin", 6 g (2 gestrichene Teel.) Dr. Oetker Backpulver „Backin", etwa ¼ l Milch.

Zum Backen: Speckschwarte oder etwas Öl.

Zum Bestreuen: Etwas Puderzucker.

Man rührt das Fett schaumig und gibt nach und nach Zucker, Vanillin-Zucker, Eier und Aroma (Backöl) hinzu. Das mit „Gustin" und „Backin" gemischte und gesiebte Weizenmehl wird abwechselnd mit der Milch untergerührt. Man verwendet so viel Milch, daß der Teig gerade anfängt dünnflüssig zu werden. Er wird in nicht zu großer Menge in ein gut erhitztes und gefettetes Waffeleisen gefüllt und von beiden Seiten goldbraun gebacken. Man bestreut die Waffeln mit Puderzucker und ißt sie möglichst frisch, da Waffeln im allgemeinen schnell weich werden. (Gegebenenfalls nochmals kurz im Eisen erhitzen!)

Eiserkuchen (Abb. Tafel 29)

Teig I: 25 g Butter oder Margarine, 250 g Zucker, 1 Päckchen Dr. Oetker Vanillin-Zucker, 1 Ei, 250 g Weizenmehl, gut ⅜ l Wasser.

oder

Teig II: 65 g Butter oder Margarine, 250 g Zucker, 1 Päckchen Dr. Oetker Vanillin-Zucker, 2 Eier, 250 g Weizenmehl, etwa ⅜ l Wasser.

Zum Backen: Speckschwarte oder etwas Öl.

Man rührt das Fett schaumig und gibt nach und nach etwas von dem Zucker, den Vanillin-Zucker, das Ei (die Eier) und den Rest des Zuckers hinzu. Das gesiebte Mehl wird abwechselnd mit dem Wasser untergerührt. Man verwendet so viel Wasser, daß der Teig ziemlich dünn ist. Man füllt nicht zu viel Teig in ein gut erhitztes und gut gefettetes Eiserkucheneisen und backt ihn von beiden Seiten goldbraun. Die Blättchen werden schnell aus dem Eisen gelöst und noch heiß zu Röllchen oder Tüten gewickelt.

Damit die Eiserkuchen knusprig bleiben, bewahrt man sie in gut schließenden Blechdosen auf. – Dieser Teig läßt sich nur für ein Spezial-Eiserkucheneisen verwenden.

C. Der Knetteig

I. Geformte Kuchen und Brot

Haselnußkranz (Abb. Tafel 23)

Teig: 300 g Weizenmehl, 6 g (2 gestrichene Teel.) Dr. Oetker Backpulver „Backin", 100 g Zucker, 1 Päckchen Dr. Oetker Vanillin-Zucker, 1 Ei, 2 Eßl. Milch oder Wasser, 125 g Butter oder Margarine.

Füllung: 200 g Haselnußkerne, 100 g Zucker, 4–5 Tropfen Dr. Oetker Backöl Bittermandel, 1 Eiweiß, 4–5 Eßl. Wasser.

Zum Bestreichen: 1 Eigelb, 1 Eßl. Milch.

Mehl und „Backin" werden gemischt und auf ein Backbrett gesiebt. In die Mitte wird eine Vertiefung eingedrückt. Zucker, Vanillin-Zucker, Ei und Milch werden hineingegeben und mit einem Teil des Mehls zu einem dicken Brei verarbeitet. Darauf gibt man das in Stücke geschnittene, kalte Fett, bedeckt es mit Mehl, drückt alles zu einem Kloß zusammen und verknetet von der Mitte aus alle Zutaten schnell zu einem glatten Teig. Sollte er kleben, stellt man ihn eine Zeitlang kalt. Der Teig wird zu einem Rechteck in der Größe von etwa 35×45 cm ausgerollt.

Für die Füllung verrührt man die gemahlenen Haselnußkerne, den Zucker, das Backöl und das Eiweiß mit so viel Wasser, daß eine geschmeidige Masse entsteht. Sie wird mit einem Teigschaber, den man häufig in Wasser taucht, auf den ausgerollten Teig gestrichen. Man rollt den Teig von der längeren Seite her auf, legt ihn als Kranz auf ein gefettetes Backblech, bestreicht ihn mit verquirltem Eigelb und schneidet den Außenrand in gleichmäßigen Abständen etwa ½ cm tief ein.

Das Backblech wird auf die zweitunterste Schiene in den Backofen geschoben.

Flammenbackofen: ½ große Flamme.
Reglerbackofen: 3–4.
Backzeit: 25–30 Minuten.

Rosinenzopf

Teig: 200 g gut ausgepreßter Quark (Topfen), ⅛ l Milch, ⅛ l Öl, 100 g Zucker, etwas Salz, 400 g Weizenmehl, 1 Päckchen und 6 g (2 gestrichene Teel.) Dr. Oetker Backpulver „Backin", 65 g Rosinen.

Zum Bestreichen: Etwas Milch.

Der durch ein Sieb gestrichene Quark wird mit Milch, Öl, Zucker und Salz gut verrührt. Danach gibt man die Hälfte des mit „Backin" gemischten und gesiebten Mehls eßlöffelweise dazu. Der Rest des Mehls und die gewaschenen Rosinen werden darunter geknetet. Aus dem Teig formt man 3–4 etwa 40 cm lange Rollen, legt sie als Zopf auf ein gefettetes Backblech, bestreicht ihn dünn mit Milch und schiebt ihn auf die zweitunterste Schiene in den Backofen.

Flammenbackofen: Vorheizen 5 Minuten mit großer Flamme, backen mit ⅓ großer Flamme.
Reglerbackofen: 2½–4.
Backzeit: 25–50 Minuten.

Wiener Apfelstrudel

Teig: 250 g Weizenmehl, etwas Salz, 7 Eßl. lauwarmes Wasser, 50 g zerlassene Butter, Margarine, Schweineschmalz oder 3 Eßl. Öl.

Füllung: 1–1½ kg Äpfel, 1 Fläschchen Dr. Oetker Rum-Aroma, 3 Tropfen Dr. Oetker Backöl Zitrone, 50 g Semmelmehl, 100 g Zucker, 1 Päckchen Dr. Oetker Vanillin-Zucker, 50 g Rosinen, 50 g Mandeln.

Zum Bestreichen: 50 g zerlassene Butter oder Margarine.

Das Mehl wird auf ein Backbrett gesiebt. In die Mitte wird eine Vertiefung eingedrückt. Das Salz wird hineingegeben und unter langsamer Zugabe des Wassers und des zerlassenen Fettes oder des Öls mit einem Teil des Mehls zu einem dicken Brei verarbeitet. Man bedeckt ihn mit Mehl und verknetet von der Mitte aus alle Zutaten zu einem glatten Teig. Er wird auf Pergamentpapier in einen heißen, trockenen Emaille-Kochtopf (vorher Wasser darin kochen!) gelegt. Man verschließt den Topf mit einem Deckel und läßt den Teig ½ Stunde ruhen.

Für die Füllung werden die Äpfel geschält, vom Kerngehäuse befreit und in feine Scheiben geschnitten; die Gewürze werden darunter gemischt.

Man rollt den Strudelteig etwas auf einem bemehlten, großen weißen Tuch (Tischtuch) aus, bestreicht ihn dünn mit etwas zerlassenem Fett und zieht ihn dann mit den Händen zu einem Rechteck (in einer Größe von etwa 50×70 cm) aus; er muß durchsichtig sein. Sollten die Ränder dicker als der Teig in der Mitte sein, müssen sie abgeschnitten werden. Man bestreicht den Strudelteig mit gut ⅔ des zerlassenen Fettes, dann streut man das Semmelmehl, von einer der längeren Seiten ausgehend, auf ⅔ des ausgezogenen Strudelteiges (an den kürzeren Seiten dabei etwa 3 cm Teig frei lassen!). Die Äpfel werden auf das Semmelmehl gegeben und mit Zucker, Vanillin-Zucker, gewaschenen, abgetrockneten Rosinen und abgezogenen, gehackten Mandeln bestreut. Man schlägt die etwa 3 cm breiten, freigebliebenen Teigränder auf die Füllung und rollt den Strudelteig von der längeren Seite her, mit der Füllung beginnend, auf. Der Strudelteig wird an den Enden gut angedrückt, auf ein gefettetes Backblech gelegt, mit etwas zerlassenem Fett bestrichen und auf die zweitunterste Schiene in den Backofen geschoben.

Flammenbackofen: ½ große Flamme.
Reglerbackofen: 3–4.
Backzeit: Etwa 40 Minuten.

Damit der Strudel eine mürbere Kruste bekommt, bestreicht man ihn während des Backens ab und zu mit dem Rest des zerlassenen Fettes.

Veränderung: Man kann auch aus den angegebenen Zutaten an Stelle eines großen Strudels zwei kleinere herstellen. Sie werden nebeneinander auf ein Backblech gelegt und zusammen gebacken.

II. Gebäcke in Springformen

Obsttorte (Abb. Tafel 22)

Teig: 150 g Weizenmehl, 1½ g (½ gestrichener Teel.) Dr. Oetker Backpulver „Backin", 65 g Zucker, 1 Päckchen Dr. Oetker Vanillin-Zucker, 1 kleines Ei, 65 g Butter oder Margarine, 1 Eßl. Mehl für den Teigrand.

Belag: 500-750 g rohes, gedünstetes oder eingemachtes Obst (z. B. Äpfel, Aprikosen, Erdbeeren, Kirschen, Pfirsiche, Stachelbeeren usw.).

Guß: ¼ l Obstsaft, 20–40 g (1–2 schwach gehäufte Eßl.) Zucker, 1 Päckchen Dr. Oetker „Tortenguß".

Verzierung: Einige Mandeln oder Haselnußkerne.

Mehl und „Backin" werden gemischt und auf ein Backbrett gesiebt. In die Mitte wird eine Vertiefung eingedrückt. Zucker, Vanillin-Zucker und Ei werden hineingegeben und mit einem Teil des Mehls zu einem dicken Brei verarbeitet. Darauf gibt man das in Stücke geschnittene, kalte Fett, bedeckt es mit Mehl, drückt alles zu einem Kloß zusammen und verknetet von der Mitte aus alle Zutaten schnell zu einem glatten Teig.

Sollte er kleben, stellt man ihn eine Zeitlang kalt. ⅔ des Teiges rollt man auf dem Boden einer Springform (Durchmesser etwa 26 cm) aus. Unter den Teigrest knetet man einen gestrichenen Eßl. Mehl, formt ihn zu einer Rolle, legt sie als Rand auf den Boden und drückt sie so an die Form, daß der Rand knapp 3 cm hoch wird. Der Teigboden wird mehrmals mit einer Gabel eingestochen. Man backt den Boden auf der zweiten oder untersten Schiene goldgelb.

Flammenbackofen: Vorheizen 5 Minuten mit großer Flamme, backen mit ½ großer Flamme.

Reglerbackofen: Vorheizen 5 Minuten bei 3–4, backen bei 3–4.

Backzeit: 20–25 Minuten.

Für den Belag kann man weiches Obst roh verwenden. Man bereitet es folgendermaßen vor: Aprikosen, Erdbeeren und Pfirsiche werden gewaschen, gut abgetropft und entsteint oder entstielt.

Gedünstetes Obst (Äpfel schälen, in Viertel oder Achtel schneiden und in Zuckerwasser vorsichtig gar kochen!) oder eingemachtes Obst läßt man auf einem Sieb gut abtropfen.

Die vorbereiteten Früchte werden dann auf den Tortenboden gelegt.

Den Guß stellt man nach der Vorschrift auf dem Beutel her und gibt ihn dann auf die Torte.

Zur Verzierung kann man in Scheiben geschnittene Mandeln oder Haselnußkerne am Rand auf die Torte streuen.

Apfeltorte, gedeckt (Abb. Tafel 22)

Teig: 300 g Weizenmehl, 6 g (2 gestrichene Teel.) Dr. Oetker Backpulver „Backin", 100 g Zucker, 1 Päckchen Dr. Oetker Vanillin-Zucker, etwas Salz, 1 Eiweiß, ½ Eigelb, 1 Eßl. Milch, 150 g Butter oder Margarine.

Füllung: 1–1 ½ kg Äpfel, 1 Eßl. Wasser, 50–75 g (2–3 gehäufte Eßl.) Zucker, ½ Teel. gemahlener Zimt, 1–2 Eßl. Rosinen, einige Tropfen Dr. Oetker Rum-Aroma oder Backöl Zitrone.

Zum Bestreichen: ½ Eigelb und 1 Eßl. Milch.

Mehl und „Backin" werden gemischt und auf ein Backbrett gesiebt. In die Mitte wird eine Vertiefung eingedrückt, Zucker, Vanillin-Zucker, Salz, Eiweiß, ½ Eigelb und Milch werden hineingegeben und mit einem Teil des Mehls zu einem dicken Brei verarbeitet. Darauf gibt man das in Stücke geschnittene, kalte Fett, bedeckt es mit Mehl, drückt alles zu einem Kloß zusammen und verknetet von der Mitte aus alle Zutaten schnell zu einem glatten Teig. Sollte er kleben, stellt man ihn eine Zeitlang kalt. Gut die Hälfte des Teiges rollt man auf dem Boden einer gefetteten Springform (Durchmesser etwa 26 cm) aus. Der Teigboden wird mehrmals mit einer Gabel eingestochen und auf der zweit- oder untersten Schiene hellgelb gebacken.

Flammenbackofen: Vorheizen 5 Minuten mit großer Flamme, backen mit ½ großer Flamme.

Reglerbackofen: Vorheizen 5 Minuten bei 3–4, backen bei 3–4.

Backzeit: 15–20 Minuten.

Für die Füllung werden die Äpfel geschält, vom Kerngehäuse befreit, in Stücke geschnitten und mit Wasser, 50 g Zucker, Zimt und den gewaschenen Rosinen unter

Rühren kurz gedünstet. Danach stellt man die Füllung kalt. Die erkalteten Äpfel werden mit Zucker und Aroma oder Backöl abgeschmeckt.

Aus dem übrigen Teig rollt man eine Platte in der Größe der Springform, außerdem formt man aus den Teigresten eine fingerdicke Rolle. Sie wird als Rand auf den vorgebackenen Boden gelegt und so an die Form gedrückt, daß der Rand etwa 3 cm hoch wird. Man streicht die kalte Füllung auf den Boden. Die Teigplatte wird darauf gelegt, mit der verquirlten Eigelbmilch bestrichen und mit einer Gabel mehrmals eingestochen oder mit einem Backrädchen leicht eingerädert.

Flammenbackofen: ½ große Flamme.
Reglerbackofen: 3–4.
Backzeit: Etwa 25 Minuten.

Kirschtorte, gedeckt

Teig: Zutaten und Herstellung siehe Apfeltorte, gedeckt, S. 263

Füllung: 1 kg Sauerkirschen, 100–125 g Zucker, einige Tropfen Dr. Oetker Backöl Zitrone, 25 g Dr. Oetker „Gustin".

Zum Bestreichen: ½ Eigelb und 1 Eßl. Milch.

Für die Füllung werden die Kirschen entsteint, gezuckert und einige Zeit zum Saftziehen stehengelassen. Danach bringt man sie nur eben zum Kochen, gibt sie auf ein Sieb zum Abtropfen und läßt Saft und Kirschen kalt werden. Man mißt ¼ l von dem abgelaufenen, kalten Kirschsaft ab (gegebenenfalls mit Wasser ergänzen!), schmeckt mit Backöl Zitrone ab und rührt mit 4 Eßl. von dem Saft das „Gustin" an. Danach wird der Kirschsaft erhitzt. In den kochenden, von der Flamme genommenen Kirschsaft rührt man das angerührte „Gustin" und läßt noch einmal kurz aufkochen. Man gibt die gut abgetropften Kirschen darunter und stellt die Masse kalt.

Gut die Hälfte des Teiges rollt man auf dem Boden einer gefetteten Springform (Durchmesser etwa 26 cm) aus. Der Teigboden wird mehrmals mit einer Gabel eingestochen und auf der zweit- oder untersten Schiene hellgelb gebacken.

Flammenbackofen: Vorheizen 5 Minuten mit großer Flamme, backen mit ½ großer Flamme.
Reglerbackofen: Vorheizen 5 Minuten bei 3–4, backen bei 3–4.
Backzeit: 15–20 Minuten.

Nach dem Backen rollt man aus dem übrigen Teig eine Platte in der Größe der Springform, außerdem formt man aus den Teigresten eine fingerdicke Rolle. Sie wird als Rand auf den vorgebackenen Boden gelegt und so an die Form gedrückt, daß der Rand etwa 3 cm hoch wird. Man streicht die kalte Füllung auf den Boden. Die Teigplatte wird darauf gelegt, mit der verquirlten Eigelbmilch bestrichen und mit einer Gabel mehrmals eingestochen oder mit einem Backrädchen leicht eingerädert.

Flammenbackofen: ½ große Flamme.
Reglerbackofen: 3–4.
Backzeit: Etwa 25 Minuten.

Käsekremtorte (Abb. Tafel 23)

Teig: 150 g Weizenmehl, 3 g (1 gestrichener Teel.) Dr. Oetker Backpulver „Backin", 65 g Zucker, 2 Eigelb, 1 Eßl. Milch oder Wasser, 50 g Butter oder Margarine, 1 gestrichener Eßl. Weizenmehl (für den Teigrand).

Belag: 2 Päckchen Dr. Oetker Pudding-Pulver Vanille-Geschmack, 200 g Zucker, ½ l Milch oder ¼ l Milch und ¼ l Quarkmolke*), ½ Fläschchen Dr. Oetker Backöl Zitrone, 750 g gut ausgepreßter Quark (Topfen)*), 30 g Korinthen oder Rosinen, 3 Eiweiß.

Zum Bestreichen: 1 Eigelb, 1 Eßl. Milch.

*) Der Quark muß in einem Tuch gut ausgedrückt werden, erst dann wird er gewogen (deswegen mehr kaufen, bei sehr feuchtem Quark etwa die doppelte Menge!). Die ausgepreßte Flüssigkeit, die Quarkmolke, kann mit zum Belag verwendet werden.

Mehl und „Backin" werden gemischt und auf ein Backbrett gesiebt. In die Mitte wird eine Vertiefung eingedrückt, Zucker, Eigelb und Flüssigkeit werden hineingegeben und mit einem Teil des Mehls zu einem dicken Brei verarbeitet. Darauf gibt man das in Stücke geschnittene, kalte Fett, bedeckt es mit Mehl und verknetet von der Mitte aus alle Zutaten schnell zu einem glatten Teig. ⅔ des Teiges rollt man auf dem Boden einer Springform aus. Unter den übrigen Teig knetet man einen Eßl. Mehl, formt ihn zu einer Rolle und legt sie als Rand auf den Boden. Man drückt sie so an die Form, daß der Rand etwa 3 cm hoch wird. Der Teigboden wird mehrmals mit einer Gabel eingestochen. Man backt den Boden auf der zweit- oder untersten Schiene goldgelb.

Flammenbackofen: Vorheizen 5 Minuten mit großer Flamme, backen mit ½ großer Flamme.
Reglerbackofen: Vorheizen 5 Minuten bei 3–4, backen bei 3–4.
Backzeit: 15–20 Minuten.

Für den Belag werden die Pudding-Pulver und ⅔ des Zuckers mit ¼ l Milch angerührt. Die übrige Milch oder die Molke erhitzt man. In die kochende, von der Flamme genommene Milch rührt man (am besten mit einem Schneebesen) das angerührte Pudding-Pulver und läßt unter ständigem Rühren noch einige Male aufkochen. Darauf nimmt man den Topf wieder von der Kochstelle, gibt das Backöl und den durch ein Sieb gestrichenen Quark unter den Pudding und läßt ihn unter ständigem Rühren noch einmal aufkochen. Man füllt die heiße Masse in eine Schüssel, gibt sofort die gereinigten Korinthen (Rosinen) hinein und zieht das mit dem Rest des Zuckers zu sehr steifem Schnee geschlagene Eiweiß darunter. Die Quarkmasse wird auf den Boden gegeben und glattgestrichen. Eigelb und Milch werden verquirlt; damit bestreicht man vorsichtig die Oberfläche des Kuchens und stellt ihn in den Backofen.

Flammenbackofen: Perlgroße Flamme.
Reglerbackofen: 1–1½.
Backzeit: 40–60 Minuten.

Der Kuchen darf während des Backens kaum aufgehen, andernfalls stellt man die Hitze geringer ein. Nach dem Backen löst man den Kuchen sofort mit einem Messer vom Springformrand. Man läßt ihn jedoch in der Form erkalten.

Herrentorte (Abb. Tafel 26)

Teig: 200 g Weizenmehl, 100 g Dr. Oetker „Gustin", 6 g (2 gestrichene Teel.) Dr. Oetker Backpulver „Backin", 1 gestrichener Teel. Salz, 1 Ei, 2 Eßl. Milch oder Wasser, 200 g Butter oder Margarine.

Schinkenfüllung: 100 g roher Schinken, 150 g gekochter Schinken, 1 kleine Zwiebel, ⅛ l Wasser, 15 g (1½ gestrichene Eßl.) Dr. Oetker „Gustin", 4 Eßl. süße Sahne oder Milch.

Käsefüllung: 125 g Gervais, 2–3 Eßl. Milch, 100 g Butter.

Zur Verzierung: 1 Scheibe Pumpernickel, etwas gehackte Petersilie oder Schnittlauch.

Mehl, „Gustin“ und „Backin“ werden gemischt und auf ein Backbrett gesiebt. In die Mitte wird eine Vertiefung eingedrückt, Salz, Ei und Flüssigkeit werden hineingegeben und mit einem Teil des Mehls zu einem dicken Brei verarbeitet. Darauf gibt man das in Stücke geschnittene, kalte Fett, bedeckt es mit Mehl, drückt alles zu einem Kloß zusammen und verknetet von der Mitte aus alle Zutaten schnell zu einem glatten Teig. Sollte er kleben, stellt man ihn eine Zeitlang kalt. Der Teig wird in 3 gleiche Teile geteilt, jedes einzelne Stück wird auf dem ungefetteten Boden einer Springform (Durchmesser etwa 26 cm) ausgerollt. Man sticht jeden Boden mehrmals mit einer Gabel ein und backt ihn auf der zweit- oder untersten Schiene hellgelb.

Flammenbackofen: Vorheizen 5 Minuten mit großer Flamme, backen mit ½ großer Flamme.

Reglerbackofen: Vorheizen 5 Minuten bei 3½–4½, backen bei 3½–4½.

Backzeit: 10–15 Minuten.

Für die Schinkenfüllung werden der rohe und der gekochte Schinken fein gewiegt (von dem rohen Schinken etwas zum Verzieren zurücklassen!), die Zwiebel wird in kleine Würfel geschnitten. Man erhitzt den rohen Schinken mit der Zwiebel unter Rühren so lange, bis das Fett etwas ausgebraten ist, gibt dann den gekochten Schinken und das Wasser hinzu und bringt es zum Kochen. Sobald das Wasser kocht, wird das mit der Sahne angerührte „Gustin“ unter Rühren hinzugegeben und einmal kurz aufgekocht.

Für die Käsefüllung rührt man den Gervais mit so viel Milch glatt, daß er sich gut verstreichen läßt. Danach wird die Butter geschmeidig gerührt und der Gervais eßlöffelweise dazugegeben.

Man bestreicht einen der drei Böden mit der Schinkenfüllung, legt einen weiteren Boden darauf, bestreicht diesen mit ¾ der Käsefüllung und bedeckt mit dem dritten Boden. Rand und obere Seite der Torte werden dünn und gleichmäßig mit der Käsefüllung bestrichen (1 gut gehäuften Eßl. zurücklassen!). Man verziert den Rand der Torte mit dem in kleine Stücke zerkrümelten Pumpernickel, spritzt den Rest der Käsefüllung auf die Torte, bestreut sie mit der gehackten Petersilie (Schnittlauch) und verziert mit dem zurückgelassenen Schinken.

Die Torte schmeckt am besten, wenn sie gut durchgezogen ist.

III. Kuchen auf dem Blech

Gedeckter Apfelkuchen

Teig: 375 g Weizenmehl, 12 g (4 gestrichene Teel.) Dr. Oetker Backpulver „Backin“, 75 g Zucker, 1 Päckchen Dr. Oetker Vanillin-Zucker, 1 Eiweiß, ½ Eigelb, 5 Eßl. Milch oder Wasser, 100 g Butter oder Margarine.

Füllung: 1500 g Äpfel, 50–125 g Zucker, 50 g Rosinen oder Korinthen, einige Tropfen Dr. Oetker Rum-Aroma.

Zum Bestreichen: ½ Eigelb, 1 Eßl. Milch.

Mehl und „Backin“ werden gemischt und auf ein Backbrett gesiebt. In die Mitte wird eine Vertiefung eingedrückt, Zucker, Vanillin-Zucker, Eiweiß, Eigelb und Flüssigkeit werden hineingegeben und mit einem Teil des Mehls zu einem dicken Brei verarbeitet. Darauf gibt man das in Stücke geschnittene, kalte Fett, bedeckt es mit Mehl und verknetet von der Mitte aus alle Zutaten schnell zu einem glatten Teig. Sollte er kleben, gibt man noch etwas Mehl hinzu. Knapp die Hälfte des Teiges rollt man dünn aus und rädert für die Decke eine Teigplatte in der Größe des Backblechs (etwa 30×40 cm) aus. Der Rest des Teiges wird ausgerollt. Man legt das Backblech darauf und rädert die Teigplatte so aus, daß sie an den hochstehenden Seiten des Bleches je 5 cm übersteht. Damit belegt man vorsichtig das gefettete Backblech. (Der ausgerollte Teig wird am besten locker auf einen Holzstab oder auf Papier gewickelt und dann auf das Backblech gerollt.)

Für die Füllung werden die Äpfel geschält, vom Kerngehäuse befreit, in Stücke geschnitten und mit 50 g Zucker und den gereinigten Rosinen (Korinthen) unter Rühren kurz gedünstet. Man läßt sie etwas abkühlen und schmeckt mit dem Rest des Zuckers und dem Rum-Aroma ab.

Die erkaltete Füllung wird auf das mit Teig belegte Backblech gestrichen, wobei an der offenen Seite des Blechs etwa 2 cm Teig frei gelassen werden. Man verquirlt Eigelb und Milch und bestreicht damit die über die Füllung geschlagenen Teigränder. Die Teigdecke wird darauf gelegt, mit der verquirlten Eigelbmilch bestrichen und mit einer Gabel mehrmals eingestochen. Man schiebt das Blech auf die oberste oder zweitoberste Schiene in den Backofen.

Flammenbackofen: Vorheizen 5 Minuten mit großer Flamme, backen mit ½ großer Flamme.

Reglerbackofen: Vorheizen 5 Minuten bei 3–4, backen bei 3–4.

Backzeit: 20–30 Minuten.

Quark-Ölteig für Bienenstich oder Streuselkuchen

200 g gut ausgepreßter Quark (Topfen), ⅛ l Milch, ⅛ l Öl, 100 g Zucker, etwas Salz, 400 g Weizenmehl, 1 Päckchen und 6 g (2 gestrichene Teel.) Dr. Oetker Backpulver „Backin", 75 g Rosinen für Streuselkuchen.

Der durch ein Sieb gestrichene Quark wird mit Milch, Öl, Zucker und Salz gut verrührt. Danach gibt man die Hälfte des mit „Backin" gemischten und gesiebten Mehls eßlöffelweise dazu. Der Rest des Mehls und gegebenenfalls die gewaschenen Rosinen werden darunter geknetet.

Bienenstich

Teig: 1 Rezept Quark-Ölteig (s. oben).

Belag: 100 g Butter oder Margarine, 200 g Zucker, 1 Päckchen Dr. Oetker Vanillin-Zucker, 2 Eßl. Milch, 200–250 g abgezogene, gehackte oder in Scheiben geschnittene Mandeln.

Der Quark-Ölteig wird knapp ½ cm dick auf einem gefetteten Backblech ausgerollt.

Für den Belag zerläßt man das Fett mit Zucker, Vanillin-Zucker und Milch, mengt die Mandeln darunter und stellt alles kalt. Die gut abgekühlte Masse wird gleichmäßig auf dem Teig verteilt. Sollte sie zu fest sein, wird noch etwas Milch hinzugegeben. Man schiebt das Blech auf die oberste oder zweitoberste Schiene in den Backofen.

Flammenbackofen: ½ große Flamme.

Reglerbackofen: 3–4.

Backzeit: Etwa 20 Minuten.

Streuselkuchen

Teig: 1 Rezept Quark-Ölteig (s. S. 267).

Belag: 300 g Weizenmehl, 150 g Zucker, 1 Päckchen Dr. Oetker Vanillin-Zucker, 1 Messerspitze Zimt, 150 g Butter oder Margarine.

Der Quark-Ölteig wird knapp ½ cm dick auf einem gefetteten Backblech ausgerollt.

Für den Streusel siebt man das Mehl in eine Schüssel und vermischt es mit Zucker, Vanillin-Zucker und Zimt. Das Fett wird in kleinen Flöckchen dazugegeben, alle Zutaten werden mit den Händen oder mit 2 Gabeln zu Streuseln vermengt und gleichmäßig auf dem Teig verteilt. Man schiebt das Blech auf die oberste oder zweitoberste Schiene in den Backofen.

Flammenbackofen: ½ große Flamme.
Reglerbackofen: 3–4.
Backzeit: Etwa 20 Minuten.

IV. Kleingebäck

Quarkblätterteig (Topfenblätterteig)

250 g Weizenmehl, 9 g (3 gestrichene Teel.) Dr. Oetker Backpulver „Backin", 1 Päckchen Dr. Oetker Vanillin-Zucker, 250 g gut ausgepreßter Quark (Topfen), 200–250 g Butter oder Margarine.

Mehl und „Backin" werden gemischt und auf ein Backbrett gesiebt. In die Mitte wird eine Vertiefung eingedrückt, der Vanillin-Zucker, der durch ein Sieb gestrichene Quark und das in Stücke geschnittene, kalte Fett werden hineingegeben. Man bedeckt das Fett mit Mehl und verknetet von der Mitte aus alle Zutaten schnell zu einem glatten Teig. Er wird etwa ½ cm dick ausgerollt, mehrfach übereinandergeschlagen und wieder ausgerollt. Das Übereinanderschlagen und das Ausrollen werden noch ein- bis zweimal wiederholt, danach stellt man ihn eine Zeitlang kalt (am besten über Nacht).

Aus diesem Quarkblätterteig macht man das nachfolgende Kleingebäck.

Kaffeegebäck

Teig: 1 Rezept Quarkblätterteig (s. oben).

Füllung: Etwas Marmelade.

Guß (nach Belieben): 100 g Puderzucker, 1–2 Eßl. heißes Wasser.

Man rollt den Teig knapp ½ cm dick aus und teilt ihn mit einem Kuchenrädchen in Vierecke. Diese werden in der Mitte mit Marmelade belegt, zu beliebigen Formen, Dreiecken, Kuverts usw. zusammengeschlagen, auf ein kalt abgespültes Backblech gelegt und auf die oberste oder zweitoberste Schiene in den Backofen geschoben.

Flammenbackofen: Vorheizen 10 Minuten mit großer Flamme, backen mit ½ großer Flamme.
Reglerbackofen: Vorheizen 10 Minuten bei 4–5, backen bei 4–5.
Backzeit: Etwa 15 Minuten.

Für den Guß rührt man den gesiebten Puderzucker mit so viel heißem Wasser glatt, daß eine dickflüssige Masse entsteht. Man bestreicht die noch warmen Gebäckteilchen damit.

Apfeltaschen (Abb. Tafel 31)

Teig: 1 Rezept Quarkblätterteig (s. S. 268).

Füllung: 500 g Äpfel, 50 g Rosinen und Korinthen, 75 g Zucker, einige Tropfen Dr. Oetker Rum-Aroma.

Zum Bestreichen: 1 Eigelb.

Zum Bestreuen: Etwas Puderzucker.

Man stellt den nach Rezept hergestellten Quarkblätterteig kalt.

Für die Füllung werden die Äpfel geschält, in Viertel geschnitten, vom Kernhaus befreit, gerieben oder geraspelt und mit den übrigen Zutaten vermischt. Man rollt den Quarkblätterteig etwa ½ cm dick aus und schneidet in Größe einer Untertasse Scheiben daraus. Die eine Hälfte der Scheibe wird mit etwas Füllung belegt, die andere wird darüber geklappt und an den Rändern gut angedrückt.

Man bestreicht die Teilchen mit verquirltem Eigelb, legt sie auf ein kalt abgespültes Backblech und schiebt sie auf die oberste oder zweitoberste Schiene in den Backofen.

Flammenbackofen: Vorheizen 10 Minuten mit großer Flamme, backen mit ½ großer Flamme.

Reglerbackofen: Vorheizen 10 Minuten bei 4–5, backen bei 4–5.

Backzeit: Etwa 15 Minuten.

Nach dem Backen bestreut man sie mit Puderzucker.

Albertkeks

250 g Weizenmehl, 125 g Dr. Oetker „Gustin", 3 g (1 gestrichener Teel.) Dr. Oetker Backpulver „Backin", 125 g Zucker, 1 Päckchen Dr. Oetker Vanillin-Zucker, 2 Eier, 125 g Butter oder Margarine.

Mehl, „Gustin" und „Backin" werden gemischt und auf ein Backbrett (Tischplatte) gesiebt. In die Mitte wird eine Vertiefung eingedrückt, Zucker, Vanillin-Zucker und Eier werden hineingegeben und mit einem Teil des Mehls zu einem dicken Brei verarbeitet. Darauf gibt man das in Stücke geschnittene, kalte Fett, bedeckt es mit Mehl und verknetet von der Mitte aus alle Zutaten schnell zu einem glatten Teig. Sollte er kleben, stellt man ihn eine Zeitlang kalt.

Der Teig wird knapp ½ cm dick ausgerollt, mit einer runden Form (Durchmesser etwa 5–6 cm) werden Plätzchen ausgestochen. Man legt sie auf ein Backblech, sticht sie mit einer Gabel oder mit einem Hölzchen mehrmals ein und schiebt sie auf die oberste Schiene in den Backofen.

Flammenbackofen: Vorheizen 5 Minuten mit großer Flamme, backen mit ½ großer Flamme.

Reglerbackofen: Vorheizen 5 Minuten bei 3–4, backen bei 3–4.

Backzeit: Etwa 10 Minuten.

Dukaten-Plätzchen (Abb. Tafel 30)

Teig: 250 g Weizenmehl, 3 g (1 gestrichener Teel.) Dr. Oetker Backpulver „Backin", 75 g Zucker, 1 Päckchen Dr. Oetker Vanillin-Zucker, 1 Ei, 1 Eßl. Milch oder Wasser, 125 g Butter oder Margarine.

Füllung: 125 g Kokosfett, 65 g Puderzucker oder feiner Zucker, 1 Päckchen Dr. Oetker Vanillin-Zucker, 25 g Kakao, einige Tropfen Dr. Oetker Rum-Aroma, 1 Ei.

Guß: 50 g Puderzucker, 15 g (1 gut gehäufter Eßl.) Kakao, 1–2 Eßl. heißes Wasser, 1 Eßl. zerlassene Butter oder Margarine.

Mehl und „Backin" werden gemischt und auf ein Backbrett gesiebt. In die Mitte wird eine Vertiefung eingedrückt, Zucker, Vanillin-Zucker, Ei und Flüssigkeit werden hineingegeben und mit einem Teil des Mehls zu einem dicken Brei verarbeitet. Darauf gibt man das in Stücke geschnittene, kalte Fett, bedeckt es mit Mehl und verknetet von der Mitte aus alle Zutaten schnell zu einem glatten Teig. Sollte er kleben, stellt man ihn eine Zeitlang kalt. Der Teig wird dünn ausgerollt, mit einem kleinen runden Förmchen ausgestochen, auf ein gefettetes Backblech gelegt und auf der obersten Schiene gebacken.

Flammenbackofen: Vorheizen 5 Minuten mit großer Flamme, backen mit ½ großer Flamme.

Reglerbackofen: Vorheizen 5 Minuten bei 3–4, backen bei 3–4.

Backzeit: Etwa 10 Minuten.

Für die Füllung wird das Kokosfett zerlassen und kalt gestellt. Man gibt den Zucker (Puderzucker vorher sieben!), den Vanillin-Zucker, den gesiebten Kakao und das Rum-Aroma in eine Rührschüssel und verrührt alles nach und nach mit dem Ei und dem lauwarmen Kokosfett. Die Füllung wird kalt gestellt. Sobald sie etwas fester ist, bestreicht man die Hälfte der Plätzchen auf der Unterseite damit und legt die übrigen mit der Unterseite darauf. Bevor die obere Seite der Plätzchen zur Hälfte mit Guß bestrichen wird, muß die Füllung etwas fester sein, damit sich die Plätzchen nicht verschieben.

Den Guß stellt man folgendermaßen her: Der mit Kakao gesiebte Puderzucker wird mit so viel Wasser und dem zerlassenen Fett glattgerührt, daß eine dickflüssige Masse entsteht.

Nußtaler (Abb.Tafel 27)

375 g Weizenmehl, 125 g Dr. Oetker „Gustin", 6 g (2 gestrichene Teel.) Dr. Oetker Backpulver „Backin", 250 g Zucker, 1 Päckchen Dr. Oetker Vanillin-Zucker, 3 Tropfen Dr. Oetker Backöl Bittermandel, 2 Eier, 250 g Butter oder Margarine, 250 g Haselnußkerne.

Mehl, „Gustin" und „Backin" werden gemischt und auf ein Backbrett gesiebt. In die Mitte wird eine Vertiefung eingedrückt, Zucker, Vanillin-Zucker, Backöl und Eier werden hineingegeben und mit einem Teil des Mehls und des „Gustin" zu einem dicken Brei verarbeitet. Darauf gibt man das in Stücke geschnittene, kalte Fett und die in Viertel geschnittenen Haselnußkerne, bedeckt sie mit Mehl und verknetet von der Mitte aus alle Zutaten schnell zu einem glatten Teig. Man formt gut 2½ cm dicke Teigrollen daraus, stellt sie so lange kalt, bis sie gut hart geworden sind, und schneidet dann mit einem scharfen Messer gut ½ cm dicke Scheiben davon. Sie werden auf ein Backblech gelegt und auf der obersten Schiene gebacken.

Flammenbackofen: Vorheizen 5 Minuten mit großer Flamme, backen mit ½ großer Flamme.

Reglerbackofen: Vorheizen 5 Minuten bei 3–4, backen bei 3–4.

Backzeit: 10–20 Minuten.

Schwarzweiß-Gebäck (Abb. Tafel 25)

Heller Teig: 250 g Weizenmehl, 3 g (1 gestrichener Teel.) Dr. Oetker Backpulver „Backin", 150 g Zucker, 1 Päckchen Dr. Oetker Vanillin-Zucker, 1 Ei, 125 g Butter oder Margarine.

Dunkler Teig: 20 g (1 gut gehäufter Eßl.) Kakao, 15 g Zucker, 1 Eßl. Milch.

Zum Bestreichen: Etwas Eiweiß oder Wasser.

Mehl und „Backin" werden gemischt und auf ein Backbrett (Tischplatte) gesiebt. In die Mitte wird eine Vertiefung eingedrückt, Zucker, Vanillin-Zucker und Ei werden hineingegeben und mit einem Teil des Mehls zu einem dicken Brei verarbeitet. Darauf gibt man das in Stücke geschnittene, kalte Fett, bedeckt es mit Mehl und verknetet von der Mitte aus alle Zutaten schnell zu einem glatten Teig. Sollte er kleben, gibt man noch etwas Mehl hinzu. Unter eine Teighälfte wird der mit Zucker und Milch verrührte Kakao geknetet. Die beiden Teige kann man folgendermaßen zusammensetzen:

Für ein Schneckenmuster werden der helle und der dunkle Teig zu gleichmäßig großen Rechtecken ausgerollt. Man bestreicht eines dünn mit Eiweiß oder Wasser, legt das zweite darauf, bestreicht wieder mit Eiweiß und wickelt beide fest zusammen.

Für ein Schachbrettmuster schneidet man aus dem je 1 cm dick ausgerollten hellen Teig 5 und aus dem dunklen 4 je 1 cm breite Streifen von gleicher Länge, bestreicht sie mit Eiweiß (Wasser), legt abwechselnd je drei neben- und übereinander und wickelt sie in dünn ausgerolltem Teig ein.

Folgende Plätzchen lassen sich einfacher herstellen: Aus der einen Teighälfte werden etwa 3 cm dicke Rollen geformt und mit Eiweiß (Wasser) bestrichen. Man wickelt sie in dem übrigen ausgerollten Teig ein.

Sämtliche Teigrollen werden eine Zeitlang kalt gestellt, damit sie fester werden. Man schneidet sie in gleichmäßige Scheiben, legt sie auf ein gefettetes Blech und backt sie auf der obersten Schiene.

Flammenbackofen:	Vorheizen 5 Minuten mit großer Flamme, backen mit ½ großer Flamme.
Reglerbackofen:	Vorheizen 5 Minuten bei 3–4, backen bei 3–4.
Backzeit:	Etwa 10 Minuten.

Gemischtes Käsegebäck (Abb. Tafel 26)

Teig: 300 g Weizenmehl, 75 g Dr. Oetker „Gustin", 9 g (3 gestrichene Teel.) Dr. Oetker Backpulver „Backin", 150 g geriebener alter Schweizer Käse, je 1 Messerspitze Paprika und Pfeffer, ½ gestrichener Teel. Salz, 1 Ei, 1 Eiweiß, ½ Eigelb, 2 Eßl. Milch oder Wasser, 200 g Butter oder Margarine.

Zum Bestreichen: ½ Eigelb, 1 Eßl. Wasser oder Milch.

Zum Bestreuen: Etwas grobes Salz, etwas Kümmel, etwas Mohn, 1 Röhrchen (15 g) Parmesankäse, etwas Paprika.

Mehl, „Gustin" und „Backin" werden gemischt, auf ein Backbrett gesiebt und mit dem geriebenen Käse vermischt. In die Mitte wird eine Vertiefung eingedrückt, Gewürze, Ei, Eiweiß, Eigelb (das halbe Eigelb zum Bestreichen zurücklassen!) und Flüssigkeit werden hineingegeben und mit einem Teil des Mehls zu einem dicken Brei verarbeitet. Darauf gibt man das in Stücke geschnittene, kalte Fett, bedeckt es mit Mehl und verknetet von der Mitte aus alle Zutaten schnell zu einem glatten Teig. Sollte er kleben, wird er eine Zeitlang kalt gestellt.

Man teilt den Teig am besten in 6 gleichmäßig große Stücke und stellt aus je einem eins der folgenden Gebäcke her:

Käseplätzchen

Man rollt den Teig dünn aus, sticht mit einer kleinen Form runde Plätzchen aus, bestreicht sie mit verquirltem Eigelb, sticht sie etwa zweimal mit einer Gabel ein und bestreut sie mit etwas Salz und Kümmel. Sie werden auf ein Backblech gelegt und goldgelb gebacken.

Ringplätzchen

Man rollt den Teig dünn aus, sticht Ringe aus, bestreicht sie mit verquirltem Eigelb, sticht sie etwa zweimal mit einer Gabel ein, bestreut sie mit Mohn und legt sie auf ein Backblech. Sie werden goldgelb gebacken.

Brezeln

Der Teig wird zu dünnen Röllchen (dünner als Bleistifte!) geformt, in etwa 15 cm lange Stücke geschnitten, diese werden zu Brezeln gelegt. Man bestreicht sie mit verquirltem Eigelb und legt sie auf ein Backblech. Einige der Brezeln können mit etwas Kümmel oder Mohn bestreut werden.

Käsehörnchen

Man rollt den Teig dünn aus und rädert Platten in der Größe eines Desserttellers (Durchmesser 18–20 cm) daraus, bestreicht sie mit Eigelb und bestreut sie mit Parmesankäse und etwas Paprika. Die Platten werden viermal durchgeschnitten, und zwar so, daß zunächst Hälften, dann Viertel und dann Achtel entstehen. Sie werden von der kürzeren Seite her aufgerollt, in Hörnchenform auf ein Backblech gelegt, mit Eigelb bestrichen und goldgelb gebacken.

Käsestangen

Der Teig wird gut 2 mm dick ausgerollt. Man rädert etwa 1 cm breite und 8 cm lange Streifen daraus, bestreicht sie mit verquirltem Eigelb und bestreut sie mit Kümmel. Wer ein schöneres Aussehen der Stangen erzielen will, kann die Streifen vor dem Bestreichen mit Eigelb spiralenförmig drehen; das eine Ende dreht man nach rechts, das andere nach links herum. Die Käsestangen werden auf ein Backblech gelegt und goldgelb gebacken.

Käsekugeln

Man macht daumendicke Rollen aus dem Teig, schneidet sie in gleichmäßige Stücke, formt diese zu gut kirschgroßen Kugeln, drückt in jede mit einem Dr. Oetker Aroma-Fläschchen eine Vertiefung ein, legt sie auf ein Backblech, bestreicht sie mit verquirltem Eigelb und gibt in die Vertiefung etwas geriebenen Parmesankäse. Die Kugeln werden auf der obersten Schiene goldgelb gebacken.

Flammenbackofen: Vorheizen 5 Minuten mit großer Flamme, backen mit ½ großer Flamme.
Reglerbackofen: Vorheizen 5 Minuten bei 3–4, backen bei 3–4.
Backzeit: 10–15 Minuten.

D. Der Biskuitteig

I. Torten

Butterkremtorte (Abb. Tafel 21)

Teig I: 3 Eier, 3–4 Eßl. warmes Wasser*), 150 g Zucker, 1 Päckchen Dr. Oetker Vanillin-Zucker, 100 g Weizenmehl, 100 g Dr. Oetker „Gustin", 9 g (3 gestrichene Teel.) Dr. Oetker Backpulver „Backin".

*) Bei großen Eiern nimmt man 3 Eßl. Wasser und bei kleinen 4 Eßl.

oder

Teig II: 4 Eier, 2 Eßl. warmes Wasser, 150 g Zucker, 1 Päckchen Dr. Oetker Vanillin-Zucker, 100 g Weizenmehl, 100 g Dr. Oetker „Gustin", 6 g (2 gestrichene Teel.) Dr. Oetker Backpulver „Backin".

Butterkrem: 1 Päckchen Dr. Oetker Pudding-Pulver Vanille-, Mandel-, Sahne- oder Zitrone-Geschmack, 75–100 g Zucker, ½ l Milch; 200 g Butter oder Margarine.

Füllung: 2–3 Eßl. rote Marmelade.

Für den Rand: In Scheiben geschnittene Mandeln (Haselnußkerne).

Man schlägt Eigelb und Wasser mit einem Schneebesen schaumig und gibt nach und nach ⅔ des Zuckers mit dem Vanillin-Zucker dazu. Danach schlägt man so lange, bis eine kremartige Masse entstanden ist. Das Eiweiß wird zu steifem Schnee geschlagen. Dann gibt man unter ständigem Schlagen nach und nach den Rest des Zuckers dazu. Der Schnee muß so fest sein, daß ein Schnitt mit einem Messer sichtbar bleibt. Er wird auf den Eigelbkrem gegeben, darüber wird das mit „Gustin" und „Backin" gemischte Mehl gesiebt. Man zieht alles vorsichtig (nicht rühren!) unter den Eigelbkrem und füllt den Teig in eine mit Papier ausgelegte Springform (Durchmesser etwa 26 cm). Er muß sofort auf der zweiten oder untersten Schiene gebacken werden.

Flammenbackofen: ½ große Flamme.
Reglerbackofen: 3–4.
Backzeit: 25–30 Minuten.

Der Boden wird am besten am nächsten Tag verwendet und die Füllung erst dann hergestellt.

Für den Butterkrem werden das Pudding-Pulver und der Zucker mit 6 Eßl. von der Milch angerührt. Die übrige Milch erhitzt man. In die kochende, von der Flamme genommene Milch rührt man das angerührte Pudding-Pulver und läßt noch einmal kurz aufkochen. Damit sich keine Haut bildet, wird der Pudding während des Erkaltens häufig umgerührt.

Man rührt das Fett schaumig und gibt den Pudding eßlöffelweise darunter (darauf achten, daß weder Fett noch Pudding zu kalt sind, da dann die sogenannte „Gerinnung" eintritt!).

Der Tortenboden wird zweimal durchgeschnitten. Man bestreicht den untersten Boden erst dünn mit Marmelade und dann mit gut ¼ des Butterkrems, legt den zweiten darauf, bestreicht mit knapp der Hälfte des restlichen Krems und bedeckt mit dem dritten. Rand und obere Seite der Torte werden dünn und gleichmäßig mit etwas von dem zurückgelassenen Butterkrem bestrichen.

Der Rand der Torte wird mit den in Scheiben geschnittenen Mandeln (Haselnußkernen) bestreut. Man spritzt den Rest des Butterkrems auf die Torte.

Veränderung: Will man eine Schokoladen-Butterkremtorte herstellen, nimmt man für den Butterkrem an Stelle von 1 Päckchen Dr. Oetker Pudding-Pulver Vanille-Geschmack 1 Päckchen Schokoladen-Pudding-Pulver.

Sahne-Schokoladentorte (Abb. Tafel 24)

Teig: 2 Eier, 2–3 Eßl. warmes Wasser*), 100 g Zucker, 75 g Weizenmehl, 50 g Dr. Oetker „Gustin", 3 g (1 gestrichener Teel.) Dr. Oetker Backpulver „Backin".

*) Bei großen Eiern nimmt man 2 Eßl. Wasser und bei kleinen 3 Eßl.

Guß: 100 g Puderzucker, 15 g (1 schwach gehäufter Eßl.) Kakao, etwa 2 Eßl. heißes Wasser, 20 g gelöstes, heißes Kokosfett.

Sahnefüllung: 3 schwach gehäufte Teel. Dr. Oetker „Regina"-Gelatine gemahlen, weiß, 4 Eßl. kaltes Wasser, ¾ l süße Sahne, 100 g Puderzucker, 1 Päckchen Dr. Oetker Vanillin-Zucker, 30 g Kakao.

Für den Rand: 25 g (½ kleine Tafel) geraspelte Schokolade.

Man schlägt Eigelb und Wasser mit einem Schneebesen schaumig und gibt nach und nach ⅔ des Zuckers dazu. Danach schlägt man so lange, bis eine kremartige Masse entstanden ist. Das Eiweiß wird zu steifem Schnee geschlagen, dann gibt man unter ständigem Schlagen nach und nach den Rest des Zuckers dazu. Der Schnee muß so fest sein, daß ein Schnitt mit einem Messer sichtbar bleibt. Er wird auf den Eigelbkrem gegeben, darüber wird das mit „Gustin" und „Backin" gemischte Mehl gesiebt. Man zieht alles vorsichtig (nicht rühren!) unter den Eigelbkrem, füllt den Teig in eine mit Papier ausgelegte Springform (Durchmesser etwa 26 cm). Er muß sofort auf der zweiten oder untersten Schiene gebacken werden.

Flammenbackofen: ½ große Flamme.
Reglerbackofen: 3–4.
Backzeit: 20–25 Minuten.

Der Boden wird am besten am nächsten Tag verwendet und die Füllung erst dann hergestellt.

Man schneidet den Tortenboden einmal durch.

Für den Guß wird der mit dem Kakao gemischte Puderzucker gesiebt. Man rührt ihn mit so viel Wasser und gelöstem Kokosfett glatt, daß eine dickflüssige Masse entsteht. Der Biskuitboden, der als oberste Lage für die Torte gedacht ist, wird auf der oberen Seite gleichmäßig mit dem Guß bestrichen.

Für die Sahnefüllung wird die Gelatine mit den 4 Eßl. Wasser angerührt, etwa 10 Minuten zum Quellen stehengelassen und dann unter ständigem Rühren auf kleiner Flamme so lange erwärmt, bis sich alles gelöst hat. Man gibt die lauwarme, flüssige Gelatine an die fast steifgeschlagene Sahne, schlägt diese steif, gibt den gesiebten Puderzucker und den Vanillin-Zucker dazu, nimmt 3 Eßl. weiße Sahne ab und schlägt den gesiebten Kakao unter die übrige Sahne.

Der mit Guß bestrichene Biskuitboden wird in 12 gleichmäßige Stücke geschnitten. Man bestreicht den anderen Boden gleichmäßig mit der braunen Sahne (etwa 2 Eßl. zurücklassen!), legt den in 12 Stücke geschnittenen Biskuitboden sorgfältig darauf und bestreicht den Tortenrand mit der zurückgelassenen braunen Sahne. Die 3 Eßl. weiße Sahne werden in Form von dicken Sternen auf die Torte gespritzt. Man verziert den Rand der Torte mit der geraspelten Schokolade und bestreut die Sterne damit.

Veränderung: Wer die Torte in einer anderen Geschmacksart herstellen will, nimmt für die Sahnefüllung an Stelle des Kakaos eine kleine Dose Nescafe (3,5 g).

II. Rollen und Schnitten

Bismarckeiche (Abb. Tafel 32)

Teig: 4 Eier, 3–4 Eßl.*) warmes Wasser, 125 g Zucker, 1 Päckchen Dr. Oetker Vanillin-Zucker, 75 g Weizenmehl, 50 g Dr. Oetker „Gustin", 1 Messerspitze Dr. Oetker Backpulver „Backin".

Füllung: 1 Päckchen Dr. Oetker Gala Schokoladen-Pudding-Pulver, 75–100 g Zucker, ½ l Milch, 175–200 g Butter oder Margarine.

*) Bei großen Eiern nimmt man 3 Eßl. Wasser und bei kleinen 4 Eßl.

Man schlägt Eigelb und Wasser mit einem Schneebesen schaumig und gibt nach und nach ⅔ des Zuckers mit dem Vanillin-Zucker dazu. Danach schlägt man so lange, bis eine kremartige Masse entstanden ist. Das Eiweiß wird zu steifem Schnee geschlagen, dann gibt man unter ständigem Schlagen nach und nach den Rest des Zuckers dazu. Der Schnee muß so fest sein, daß ein Schnitt mit einem Messer sichtbar bleibt. Er wird auf den Eigelbkrem gegeben. Darüber wird das mit „Gustin" und „Backin" gemischte Mehl gesiebt. Man zieht alles vorsichtig (nicht rühren!) unter den Eigelbkrem. Der Teig wird etwa 1 cm dick auf ein mit dünnem Papier belegtes Backblech gestrichen. Damit er an der offenen Seite des Bleches nicht auslaufen kann, knifft man das Papier unmittelbar vor dem Teig zur Falte, so daß ein Rand entsteht. Das Blech wird auf die oberste oder zweitoberste Schiene in den Backofen geschoben.

Flammenbackofen: Vorheizen 5 Minuten mit großer Flamme, backen mit ½ großer Flamme.
Reglerbackofen: Vorheizen 5 Minuten bei 3½–4½, backen bei 3½–4½.
Backzeit: Etwa 15 Minuten.

Nach dem Backen wird der Biskuit auf ein mit Zucker bestreutes Papier gestürzt, das Backpapier wird mit kaltem Wasser bestrichen und vorsichtig, aber schnell abgezogen. Dann rollt man den Biskuit mit der Papierunterlage auf und stellt ihn kalt.

Für den Butterkrem werden das Pudding-Pulver und der Zucker mit 6 Eßl. von der Milch angerührt. Die übrige Milch erhitzt man. In die kochende, von der Flamme genommene Milch rührt man das angerührte Pudding-Pulver und läßt noch einmal kurz aufkochen. Damit sich keine Haut bildet, wird der Pudding während des Erkaltens häufig umgerührt.

Man rührt das Fett schaumig und gibt den Pudding eßlöffelweise darunter (darauf achten, daß weder Fett noch Pudding zu kalt sind, da dann die sogenannte „Gerinnung" eintritt!).

Die ausgekühlte Biskuitrolle wird vorsichtig auseinandergerollt und mit Butterkrem (etwas zum Bestreichen zurücklassen!) gleichmäßig bestrichen und aufgerollt. Man bestreicht die Biskuitrolle von außen mit Krem und zieht mit einer Gabel wellenförmige Längsstriche darin, wodurch ein baumstammähnliches Aussehen erzielt wird.

Biskuitschnitten (Abb. Tafel 24)

Teig: 3 Eier, 5–6 Eßl.*) warmes Wasser, 150 g Zucker, 1 Päckchen Dr. Oetker Vanillin-Zucker, 100 g Weizenmehl, 50 g Dr. Oetker „Gustin", 3 g (1 gestrichener Teel.) Dr. Oetker Backpulver „Backin".

Füllung: 1. 2–3 Eßl. Marmelade. – 2. Butterkrem: 1 Päckchen Dr. Oetker Pudding-Pulver Vanille-Geschmack, 50 g Zucker, ½ l Milch; 100 g Butter oder Margarine.

*) Bei großen Eiern nimmt man 5 Eßl. Wasser und bei kleinen 6 Eßl.

Man schlägt Eigelb und Wasser mit einem Schneebesen zu einem starken Schaum und gibt nach und nach ⅔ des Zuckers mit dem Vanillin-Zucker dazu. Danach schlägt man so lange, bis eine **dicke, kremartige** Masse entstanden ist. Das Eiweiß wird zu steifem Schnee geschlagen. Dann gibt man unter ständigem Schlagen nach und nach den Rest des Zuckers dazu. Der Schnee muß so fest sein, daß ein Schnitt mit einem Messer sichtbar bleibt. Er wird auf den Eigelbkrem gegeben. Darüber wird das mit „Gustin" und „Backin" gemischte Mehl gesiebt. Man zieht alles vorsichtig unter den Eigelbkrem (nicht rühren!). Der Teig wird etwa 1 cm dick auf ein mit dünnem Papier belegtes Backblech gestrichen. Damit er an der offenen Seite des Blechs nicht auslaufen kann, knifft man das Papier unmittelbar vor dem Teig zur Falte, so daß ein Rand entsteht. Das Blech wird auf die oberste oder zweitoberste Schiene in den Backofen geschoben.

Flammenbackofen: Vorheizen 5 Minuten mit großer Flamme, backen mit ½ großer Flamme.
Reglerbackofen: Vorheizen 5 Minuten bei 3½–4½, backen bei 3½–4½.
Backzeit: Etwa 15 Minuten.

Nach dem Backen wird der Biskuit sofort auf ein mit Zucker bestreutes Papier gestürzt, das Backpapier wird mit kaltem Wasser bestrichen und vorsichtig, aber schnell abgezogen.

Für den Butterkrem werden das Pudding-Pulver und der Zucker mit 6 Eßl. von der Milch angerührt. Die übrige Milch erhitzt man. In die kochende, von der Flamme genommene Milch rührt man das angerührte Pudding-Pulver und läßt noch einmal kurz aufkochen. Damit sich keine Haut bildet, wird der Pudding während des Erkaltens häufig umgerührt.

Man schneidet den Biskuit in zwei Hälften, bestreicht die eine mit Marmelade und mit der Hälfte des erkalteten Puddings und legt die andere Biskuit-Hälfte darüber.

Man rührt das Fett schaumig und gibt den restlichen Pudding vorsichtig eßlöffelweise darunter. (Darauf achten, daß weder Fett noch Pudding zu kalt sind, da dann die sogenannte „Gerinnung" eintritt!)

Die Oberfläche des Gebäcks wird dünn mit Butterkrem bestrichen. Man schneidet den Biskuit in Schnitten von etwa 4½×8½ cm und verziert jede mit Butterkrem.

Veränderung: Die Schnitten sehen noch appetitlicher aus, wenn man einige, bevor man den Butterkrem darauf spritzt, mit Schokoladenguß überzieht.

Der Schokoladenguß wird folgendermaßen hergestellt:

75 g Puderzucker und 1 gehäufter Teel. Kakao werden gesiebt und mit etwa 1 Eßl. heißem Wasser angerührt. Man gibt nur so viel Wasser hinzu, daß der Guß dickflüssig ist.

III. Kleingebäck

Anisplätzchen

3 Eier, 200 g feiner Zucker, 1 Päckchen Dr. Oetker Vanillin-Zucker, 15 g gemahlener Anissamen, 125 g Weizenmehl, 125 g Dr. Oetker „Gustin".

Man schlägt die Eier mit einem Schneebesen schaumig und gibt nach und nach den Zucker mit dem Vanillin-Zucker dazu. Danach schlägt man so lange, bis eine dicke, kremartige Masse entstanden ist (nach etwa 15 Minuten!). Der Anissamen und das mit „Gustin" gesiebte Mehl werden eßlöffelweise darunter gerührt. Mit 2 Teelöffeln setzt man kleine Teighäufchen auf ein gefettetes, leicht mit Mehl bestäubtes Backblech (genügend Zwischenraum lassen!). Man läßt sie über Nacht in einem warmen Raum trocknen. Am anderen Tag backt man die Plätzchen auf der obersten oder zweitobersten Schiene.

Flammenbackofen: Perlgroße Flamme.
Reglerbackofen: 1–1½.
Backzeit: 25–35 Minuten.

Mohrenköpfe (Abb. Tafel 21)

Teig: 3 Eier, 1 Eßl. warmes Wasser, 150 g Zucker, 1 Päckchen Dr. Oetker Vanillin-Zucker, 150 g Weizenmehl, 50 g Dr. Oetker „Gustin", 3 g (1 gestrichener Teel.) Dr. Oetker Backpulver „Backin".

Füllung: 1 Päckchen Dr. Oetker Pudding-Pulver Vanille-Geschmack, 50 g Zucker, ½ l Milch.

Zum Bestreichen: 2 Eßl. durch ein Sieb gestrichene Aprikosenmarmelade.

Guß: 200 g Puderzucker, 25 g Kakao, 3–4 Eßl. heißes Wasser, 1 Eßl. zerlassenes Kokosfett (nach Belieben).

Man schlägt Eigelb und Wasser mit einem Schneebesen schaumig und gibt nach und nach ⅔ des Zuckers mit dem Vanillin-Zucker dazu. Danach schlägt man so lange, bis eine kremartige Masse entstanden ist. Das Eiweiß wird zu steifem Schnee geschlagen. Dann gibt man unter ständigem Schlagen nach und nach den Rest des Zuckers dazu. Der Schnee muß so fest sein, daß ein Schnitt mit einem Messer sichtbar bleibt. Er wird auf den Eigelbkrem gegeben, darüber wird das mit „Gustin" und „Backin" gemischte Mehl gesiebt. Man zieht alles vorsichtig unter den Eigelbkrem (nicht rühren!). Mit 2 Teelöffeln oder mit einem Spritzbeutel setzt man gleichmäßige Teighäufchen (Durchmesser 3–5 cm) nicht zu dicht nebeneinander auf ein gefettetes, leicht mit Mehl bestäubtes Backblech und backt sie auf der obersten oder zweitobersten Schiene goldgelb.

Flammenbackofen: Vorheizen 5 Minuten mit großer Flamme, backen mit ½ großer Flamme.
Reglerbackofen: 2½–3½.
Backzeit: 10–15 Minuten.

Für die Füllung werden Pudding-Pulver und Zucker mit 6 Eßl. von der Milch angerührt. Die übrige Milch erhitzt man. In die kochende, von der Flamme genommene Milch rührt man das angerührte Pudding-Pulver und läßt noch einmal kurz aufkochen. Damit sich keine Haut bildet, wird der Pudding während des Erkaltens häufig umgerührt.

Nach dem Erkalten wird die Hälfte der Plätzchen auf der Unterseite dick mit Pudding bestrichen, und die übrigen werden darauf gesetzt.

Für den Guß rührt man den mit Kakao gesiebten Puderzucker mit so viel heißem Wasser glatt, daß eine dickflüssige Masse entsteht. Dazu gibt man das zerlassene Kokosfett. Bevor das Gebäck damit bestrichen oder übergossen wird, bestreicht man es dünn mit kochend heißer Aprikosenmarmelade.

Löffelbiskuits

2 Eier, 50 g Zucker, 1 Päckchen Dr. Oetker Vanillin-Zucker, 50 g Weizenmehl, 25 g Dr. Oetker „Gustin", 3 g (1 gestrichener Teel.) Dr. Oetker Backpulver „Backin".

Man schlägt das Eigelb mit einem Schneebesen etwas an und gibt nach und nach ⅔ des Zuckers mit dem Vanillin-Zucker dazu. Danach schlägt man so lange, bis eine kremartige Masse entstanden ist. Das Eiweiß wird zu steifem Schnee geschlagen. Dann gibt man unter ständigem Schlagen nach und nach den Rest des Zuckers dazu. Der Schnee muß so fest sein, daß ein Schnitt mit einem Messer sichtbar bleibt. Er wird auf den Eigelbkrem gegeben. Darüber wird das mit „Gustin" und „Backin" gemischte Mehl gesiebt. Man zieht alles vorsichtig (nicht rühren!) unter den Eigelbkrem. Der Teig wird in einen Spritzbeutel gefüllt und in Form von Löffelbiskuits (nicht zu groß, Teig geht noch auf!) auf ein gefettetes, mit Mehl bestäubtes Backblech gespritzt. Man backt die Biskuits auf der obersten oder zweitobersten Schiene goldgelb.

Flammenbackofen: Vorheizen 5 Minuten mit großer Flamme, backen mit ½ großer Flamme.

Reglerbackofen: 2½–3½.

Backzeit: Etwa 10 Minuten.

E. Brandteig

Windbeutel, mit Kirschen und Sahne gefüllt (Abb. Tafel 29)

Teig: ¼ l Wasser, 50 g Butter, Margarine oder Schweineschmalz, 150 g Weizenmehl, 25 g Dr. Oetker „Gustin", 4–6 Eier, 3 g (1 gestrichener Teel.) Dr. Oetker Backpulver „Backin".

Füllung: 500 g Sauerkirschen, 40–50 g (2 schwach bzw. 2 gut gehäufte Eßl.) Zucker, 25 g Dr. Oetker „Gustin", 2 gestrichene Teel. Dr. Oetker „Regina"-Gelatine gemahlen, weiß, 3 Eßl. Wasser, ½ l süße Sahne, 1 Päckchen Dr. Oetker Vanillin-Zucker, 1 Eßl. Zucker.

Zum Bestäuben: Etwas Puderzucker.

Man bringt Wasser und Fett in einem Stieltopf auf großer Flamme zum Kochen, dann nimmt man den Topf von der Kochstelle, schüttet das mit dem „Gustin" gemischte, gesiebte Mehl auf einmal hinein, rührt es zu einem glatten Kloß und erhitzt diesen unter Rühren noch etwa 1 Minute. Den heißen Kloß gibt man sofort in eine Schüssel und rührt nach und nach die Eier darunter. Weitere Eizugabe erübrigt sich, wenn der Teig stark glänzt und so vom Löffel abreißt, daß lange Spitzen hängenbleiben. Danach gibt man das „Backin" in den erkalteten Teig. Mit 2 Löffeln oder mit einem Spritzbeutel werden gut walnußgroße Teighäufchen auf ein gefettetes, leicht mit Mehl bestäubtes Backblech gesetzt und auf der zweituntersten Schiene gebacken.

Flammenbackofen: Vorheizen 5 Minuten mit großer Flamme, backen mit ½ großer Flamme.

Reglerbackofen: Vorheizen 5 Minuten bei 4–5, backen bei 4–5.

Backzeit: Etwa 25 Minuten.

Während der ersten 20 Minuten Backzeit nicht in den Ofen sehen, Gebäck fällt sonst. Die Windbeutel werden gleich nach dem Backen aufgeschnitten.

Für die Füllung wäscht man die Kirschen, entsteint sie, vermischt sie mit 1 gut gehäuften Eßl. Zucker und läßt sie kurze Zeit zum Saftziehen stehen. Danach werden sie nur eben zum Kochen gebracht und auf ein Sieb zum Abtropfen gegeben. Wenn Saft und Kirschen kalt sind, mißt man ⅛ l von dem Kirschsaft ab (gegebenenfalls mit Wasser ergänzen!) und rührt damit das „Gustin" an. Danach wird der Kirschsaft unter ständigem Rühren erhitzt und einmal kurz aufgekocht. Man rührt die Kirschen darunter, stellt die Masse kalt und schmeckt sie mit dem restlichen Zucker ab.

Die Gelatine wird mit den 3 Eßl. Wasser angerührt, 10 Minuten quellen gelassen und dann unter Rühren auf kleiner Flamme erwärmt, bis sich alles gelöst hat. Man gibt die lauwarme, flüssige Gelatine zu der fast steifgeschlagenen Sahne, schlägt diese steif und schmeckt mit Vanillin-Zucker und Zucker ab.

Man gibt in jeden Windbeutel eine gut fingerdicke Schicht von den erkalteten Kirschen. Darauf füllt man die Sahne, legt auf jeden Windbeutel den abgeschnittenen Deckel und bestäubt ihn mit Puderzucker.

Eclairs oder Liebesknochen

Teig: ¼ l Wasser, 50 g Butter, Margarine oder Schweineschmalz, 150 g Weizenmehl, 25 g Dr. Oetker „Gustin", 4–6 Eier, 3 g (1 gestrichener Teel.) Dr. Oetker Backpulver „Backin".

Füllung: Kaffeekrem: 1½ gestrichene Teel. Dr. Oetker „Regina"-Gelatine gemahlen, weiß, 1 Eßl. kaltes Wasser, ½ Päckchen Dr. Oetker Schokoladen-Pudding-Pulver, 30–50 g Zucker, ⅜ l Milch, 1 gut gehäufter Teel. Nescafe.

Guß: 100 g Puderzucker, ½ Fläschchen Dr. Oetker Rum-Aroma, 1–2 Eßl. heißes Wasser.

Man bringt Wasser und Fett, am besten in einem Stieltopf, auf großer Flamme zum Kochen, dann nimmt man den Topf von der Kochstelle, schüttet das mit dem „Gustin" gemischte, gesiebte Mehl auf einmal hinein, rührt es zu einem glatten Kloß und erhitzt diesen unter Rühren noch etwa 1 Minute. Den heißen Kloß gibt man sofort in eine Schüssel und rührt nach und nach die Eier darunter. Weitere Eizugabe erübrigt sich, wenn der Teig stark glänzt und so vom Löffel abreißt, daß lange Spitzen hängenbleiben. Danach gibt man das „Backin" in den erkalteten Teig.

Er wird in einen Spritzbeutel (weite Tülle) gefüllt und auf ein gefettetes, mit Mehl bestäubtes Backblech gespritzt. Für jeden einzelnen Eclair spritzt man zwei etwa fingerlange Streifen dicht nebeneinander und setzt einen dritten darauf. Das Blech wird auf die zweitunterste Schiene in den Backofen geschoben.

Flammenbackofen:	Vorheizen 5 Minuten mit großer Flamme, backen mit ½ großer Flamme.
Reglerbackofen:	Vorheizen 5 Minuten bei 4–5, backen bei 4–5.
Backzeit:	15–20 Minuten.

Während der ersten 15 Minuten soll man nicht in den Ofen sehen, da das Gebäck sonst fällt. Die Eclairs werden sofort nach dem Backen aufgeschnitten.

Für den Krem rührt man die Gelatine mit dem kalten Wasser an und läßt sie 10 Minuten quellen. Das Pudding-Pulver und der Zucker werden mit 4 Eßl. von der Milch angerührt. Die übrige Milch wird erhitzt. In die kochende, von der Kochstelle genommene Milch rührt man das angerührte Pudding-Pulver und läßt noch einmal kurz aufkochen. Der Nescafe und die gequollene Gelatine werden an den heißen Krem gegeben. Man rührt so lange, bis sich die Gelatine gelöst hat. Damit sich keine Haut bildet, wird der Krem während des Erkaltens häufig umgerührt. Man füllt die Eclairs mit dem erkalteten Krem.

Für den Guß wird der gesiebte Puderzucker mit dem Rum-Aroma und so viel heißem Wasser glattgerührt, daß eine dickflüssige Masse entsteht. Damit bestreicht man die Eclairs.

F. Fettgebackenes

Bei der Herstellung von Fettgebackenem wird das Fett auf großer Flamme erhitzt, der Teig wird auf mittlerer Flamme ausgebacken.

Für das gute Gelingen des Gebäcks ist ein richtig erhitztes Fett Voraussetzung. Falls das Fett zu heiß ist, bräunt es zu schnell und wird von innen nicht gar. Zu kaltes Fett ergibt ein mit Fett vollgesogenes Gebäck oder es tritt ein starkes Schäumen des Fettes ein. Das Fett ist richtig erhitzt, wenn sich um einen ins Fett gehaltenen Holzlöffelstiel sofort Bläschen bilden. Es empfiehlt sich, bei jeder Zugabe von neuem Teig die Probe mit dem Holzlöffelstiel zu wiederholen.

Eberswalder Spritzkuchen (Abb. Tafel 25)

Teig: $^1/_5$ l Wasser, 100 g Butter oder Margarine, 175 g Weizenmehl, 25 g Dr. Oetker „Gustin", 25 g Zucker, 1 Päckchen Dr. Oetker Vanillin-Zucker, 4–6 Eier, 4 g (1 schwach gehäufter Teel.) Dr. Oetker Backpulver „Backin".

Ausbackfett: Öl, Schweineschmalz oder Kokosfett.

Guß: 200 g Puderzucker, 4 Tropfen Dr. Oetker Backöl Zitrone, etwa 3 Eßl. heißes Wasser.

Man bringt Wasser und Fett in einem Stieltopf auf großer Flamme zum Kochen. Dann nimmt man den Topf von der Kochstelle, schüttet das mit „Gustin" gemischte, gesiebte Mehl auf einmal hinein, rührt es zu einem glatten Kloß und erhitzt diesen unter Rühren noch etwa 1 Minute. Den heißen Kloß gibt man sofort in eine Schüssel und rührt nach und nach den Zucker, den Vanillin-Zucker und die Eier darunter. Weitere Eizugabe erübrigt sich, wenn der Teig stark glänzt und so vom Löffel abreißt, daß lange Spitzen hängenbleiben. Danach gibt man das „Backin" in den erkalteten Teig. Er wird in einen Spritzbeutel (weite Tülle) gefüllt und auf ein mit Margarine bestrichenes Pergamentpapier in Form von Kränzen gespritzt. Man backt sie sofort schwimmend in siedendem Fett auf beiden Seiten hellbraun, dann nimmt man sie mit einem Hölzchen oder einer Stricknadel heraus und läßt das Fett gut abtropfen.

Für den Guß wird der Puderzucker mit Backöl und so viel heißem Wasser glattgerührt, daß eine dickflüssige Masse entsteht. Man bestreicht die Spritzkuchen damit.

Hobelspäne oder Räderkuchen

Teig: 500 g Weizenmehl, 3 g (1 gestrichener Teel.) Dr. Oetker Backpulver „Backin", 100 g Zucker, einige Tropfen Dr. Oetker Backöl Zitrone, 1 Fläschchen Dr. Oetker Rum-Aroma, 3 Eier, 4 Eßl. Milch oder Wasser, 125 g Butter oder Margarine.

Zum Ausbacken: Öl, Schweineschmalz oder Kokosfett.

Zum Bestäuben: Etwas Puderzucker.

Mehl und „Backin" werden gemischt und auf ein Backbrett gesiebt. In die Mitte wird eine Vertiefung eingedrückt, Zucker, Gewürze, Eier und Flüssigkeit werden hineingegeben und mit einem Teil des Mehls zu einem dicken Brei verarbeitet. Darauf gibt man das in Stücke geschnittene, kalte Fett, bedeckt es mit Mehl und verknetet von der Mitte aus alle Zutaten schnell zu einem glatten Teig. Er wird dünn ausgerollt und in Streifen gerädert. Man schneidet sie in der Mitte ein und zieht das eine Ende einmal durch. Die Hobelspäne werden schwimmend in siedendem Fett goldbraun gebacken. Man läßt sie abtropfen und bestäubt sie mit Puderzucker.

G. Weihnachtsgebäcke

Pfefferkuchen auf dem Blech

Teig: 300 g Honig oder Sirup, 150 g Zucker, 50 g Butter oder Margarine, etwas Salz, ⅛ l Kaffee, 500 g Weizenmehl, 1 Päckchen Dr. Oetker Backpulver „Backin", 1 Ei, 4–6 Tropfen Dr. Oetker Backöl Bittermandel, 1 Fläschchen Dr. Oetker Rum-Aroma, ½ gestrichener Teel. gemahlener Nelkenpfeffer, 1 gestrichener Teel. gemahlener Zimt.

Guß: 50 g Puderzucker, etwa 1 Eßl. heißes Wasser.

Honig, Zucker, Fett und Salz werden mit dem Kaffee langsam erwärmt, zerlassen und kalt gestellt.

Das mit „Backin" gemischte Mehl wird in eine Schüssel gesiebt. In die Mitte macht man eine Vertiefung, gibt das Ei und die Gewürze hinein und verrührt sie und die kalte Honigmasse nach und nach von der Mitte aus mit dem Mehl. Der Teig muß leicht vom Löffel abreißen, andernfalls gibt man noch etwas Kaffee hinzu. Der Teig wird mit einem nassen Teigschaber gut 1 cm dick auf ein gefettetes Backblech gestrichen. Man legt ein mehrfach umgeknifftes, gefettetes Papier vor den Teig. Das Backblech wird auf die oberste oder zweitoberste Schiene in den Backofen geschoben.

Flammenbackofen: Vorheizen 5 Minuten mit großer Flamme, backen mit ½ großer Flamme.
Reglerbackofen: 2½–3½.
Backzeit: Etwa 20 Minuten.

Der gesiebte Puderzucker wird mit so viel heißem Wasser angerührt, daß ein dickflüssiger Guß entsteht. Sofort nach dem Backen bestreicht man den Kuchen damit und zerschneidet ihn anschließend in rechteckige Stücke.

Man bewahrt das Gebäck in einer gut schließenden Blechdose auf, damit es frisch bleibt.

Baseler Leckerli

Teig: 250 g Honig, 100 g Zucker, etwas Salz, 1 Ei, ½ Fläschchen Dr. Oetker Rum-Aroma, 3 Tropfen Dr. Oetker Backöl Zitrone, 1 Messerspitze geriebene Muskatnuß, 1 Messerspitze gemahlene Nelken, 1 gestrichener Teel. gemahlener Zimt, 325 g Weizenmehl, 12 g (4 gestrichene Teel.) Dr. Oetker Backpulver „Backin", 75 g grobgehackte Mandeln, 75 g grobgehacktes Zitronat, gemischt mit Orangeat.

Guß: 50 g (2 gut gehäufte Eßl.) Zucker, 2 Eßl. Wasser.

Honig, Zucker und Salz werden erwärmt, zerlassen, in eine Rührschüssel gegeben und kalt gestellt. Wenn die Masse fast erkaltet ist, rührt man das Ei, die Gewürze und nach und nach ⅔ des mit „Backin" gemischten und gesiebten Mehls darunter. Die zerkleinerten Mandeln und das zerkleinerte Zitronat sowie das Orangeat werden unter den Teig gehoben. Man verknetet den Rest des Mehls mit dem Teigbrei zu einem weichen Teig. Sollte er kleben, gibt man noch etwas Mehl hinzu. Der Teig wird gut ½ cm dick ausgerollt, auf ein gefettetes Backblech gelegt und auf die oberste oder zweitoberste Schiene in den Backofen geschoben.

Flammenbackofen: ½ große Flamme.
Reglerbackofen: 3½–4½.
Backzeit: 15–20 Minuten.

Für den Guß werden Zucker und Wasser unter Rühren auf großer Flamme so lange gekocht, bis das Wasser verdampft ist und sich im Topf starke Blasen bilden (Zucker darf jedoch nicht bräunen!). Das heiße Gebäck wird schnell damit bestrichen. Wenn es erkaltet ist, schneidet man es in etwa 2½ × 5 cm große Rechtecke.

Stollen (Abb. Tafel 28)

Teig: 500 g Weizenmehl, 1 Päckchen Dr. Oetker Backpulver „Backin", 200 g Zucker, 1 Päckchen Dr. Oetker Vanillin-Zucker, etwas Salz, 4 Tropfen Dr. Oetker Backöl Bittermandel, 1 Fläschchen Dr. Oetker Rum-Aroma, 4 Tropfen Dr. Oetker Backöl Zitrone, 1 Messerspitze gemahlener Kardamom, 1 Messerspitze Muskatblüte, 2 Eier, 125 g Butter oder Margarine, 50 g Rinderfett, 250 g gut ausgepreßter Quark (Topfen), 125 g Korinthen, 125 g Rosinen, 125 g Mandeln oder Haselnußkerne, 40 g Zitronat (Sukkade).

Zum Bestreichen: 50 g Butter oder Margarine.

Zum Bestreuen: 50 g Puderzucker.

Mehl und „Backin" werden gemischt und auf ein Backbrett gesiebt. In die Mitte wird eine Vertiefung eingedrückt. Zucker, Gewürze und Eier werden hineingegeben und mit einem Teil des Mehls zu einem dicken Brei verarbeitet. Darauf gibt man die in Stücke geschnittene, kalte Butter, das feingehackte Rinderfett, den durch ein Sieb gestrichenen Quark, die gereinigten Korinthen und Rosinen, die gemahlenen Mandeln (Haselnußkerne) und das in kleine Würfel geschnittene Zitronat. Man bedeckt die Früchte mit Mehl, drückt alles zu einem Kloß zusammen und verknetet von der Mitte aus alle Zutaten schnell zu einem glatten Teig. Sollte er kleben, gibt man noch etwas Mehl hinzu. Der Teig wird zu einem Stollen geformt, auf ein mit gefettetem Pergamentpapier belegtes Backblech gelegt und auf die zweitunterste Schiene geschoben.

Flammenbackofen: Vorheizen 5 Minuten mit großer Flamme, backen mit ⅓ großer Flamme.

Reglerbackofen: 2–3½.

Backzeit: Etwa 75 Minuten.

Sogleich nach dem Backen bestreicht man den Stollen mit zerlassenem Fett und bestäubt ihn mit Puderzucker.

Hutzelbrot (Abb. Tafel 30)

Teig: 500 g Hutzelbirnen (getrocknete Birnen), 500 g getrocknete Pflaumen, 375 g Feigen, ¾ l Wasser, 500 g Weizenmehl, 2 Päckchen Dr. Oetker Backpulver „Backin", 65 g Zucker, 1 Päckchen Dr. Oetker Vanillin-Zucker, 5 Tropfen Dr. Oetker Backöl Zitrone, ½ gestrichener Teel. gemahlener Ingwer, ½ gestrichener Teel. gemahlene Nelken, 1 gestrichener Teel. gemahlener Zimt, 2 Eßl. Kirschwasser oder Kognak, 5 Eßl. Kochwasser von dem gekochten Trockenobst, 125 g grobgehackte Haselnußkerne, 125 g in kleine Würfel geschnittenes Zitronat (Sukkade), 200 g Rosinen.

Backstreiche: 1 schwach gehäufter Teel. Kartoffelmehl, 6 Eßl. Wasser.

Man wäscht das Obst, übergießt es mit den ¾ l Wasser und läßt es über Nacht quellen. Das gequollene Obst wird am nächsten Tag zum Kochen gebracht, noch 2 Minuten gekocht und dann auf ein Sieb zum Abtropfen gegeben. Man schneidet die erkalteten Birnen und Feigen in kleine Stücke, die Pflaumen werden entsteint und dann ebenfalls in Stücke geschnitten.

Mehl und „Backin" werden gemischt und auf ein Backbrett gesiebt. In die Mitte wird eine Vertiefung eingedrückt, Zucker, Gewürze und Kirschwasser werden hineingegeben und unter langsamer Zugabe des kalten Kochwassers mit einem Teil des Mehls zu einem dicken Brei verarbeitet. Darauf gibt man das kleingeschnittene Obst, die Nußkerne, das Zitronat und die gewaschenen Rosinen und verknetet von der Mitte aus alle Zutaten schnell zu einem zusammenhängenden Teig. Er wird zu 2 runden oder länglichen Brotlaiben geformt, auf ein mit gefettetem Papier belegtes Backblech gelegt und auf die zweitunterste Schiene geschoben.

Für die Backstreiche rührt man das Kartoffelmehl mit dem Wasser an, erhitzt es unter Rühren, läßt es kurz aufkochen und bestreicht damit die Brotlaibe.

Flammenbackofen: ⅓ große Flamme.
Reglerbackofen: 2½–3½.
Backzeit: Etwa 75 Minuten.

Die Brote werden während des Backens noch zweimal und direkt nach dem Backen noch einmal mit der Backstreiche bestrichen.

Spekulatius (Abb. Tafel 31)

500 g Weizenmehl, 6 g (2 gestrichene Teel.) Dr. Oetker Backpulver „Backin", 250 g Zucker, 1 Päckchen Dr. Oetker Vanillin-Zucker, 2 Messerspitzen gemahlener Kardamom, 2 Messerspitzen gemahlene Nelken, 1 gestrichener Teel. gemahlener Zimt, 2 Tropfen Dr. Oetker Backöl Bittermandel, 2 Eier oder 1 Ei und 3 Eßl. Milch, 200 g Butter oder Margarine, 100 g gemahlene Mandeln oder Haselnußkerne.

Mehl und „Backin" werden gemischt und auf ein Backbrett gesiebt. In die Mitte wird eine Vertiefung eingedrückt, Zucker, Gewürze und Eier (Ei und Milch) werden hineingegeben und mit einem Teil des Mehls zu einem dicken Brei verarbeitet. Darauf gibt man das in Stücke geschnittene, kalte Fett und die gemahlenen Mandeln (Haselnußkerne), bedeckt sie mit Mehl, drückt alles zu einem Kloß zusammen und verknetet von der Mitte aus alle Zutaten schnell zu einem glatten Teig. Sollte er kleben, stellt man ihn eine Zeitlang kalt. Der Teig wird dünn ausgerollt, mit beliebigen Formen (vor allem Tierformen) ausgestochen, auf ein gefettetes Backblech gelegt und auf die oberste Schiene geschoben.

Flammenbackofen: Vorheizen 5 Minuten mit großer Flamme, backen mit ½ großer Flamme.
Reglerbackofen: Vorheizen 5 Minuten bei 3–4, backen bei 3–4.
Backzeit: Etwa 15 Minuten.

Haferflockenplätzchen

4 Eßl. Öl oder 75 g Butter (Margarine), 125 g grobe Haferflocken, 75 g Zucker, 1 Ei, 3–5 Tropfen Dr. Oetker Backöl Bittermandel, 50 g Weizenmehl, 3 g (1 gestrichener Teel.) Dr. Oetker Backpulver „Backin".

Die Haferflocken werden mit dem Fett unter ständigem Rühren leicht gebräunt. Zum Schluß rührt man 1 Eßl. von dem Zucker darunter, läßt noch etwas damit bräunen und stellt sie kalt.

Das Ei wird mit einem Schneebesen schaumig geschlagen. Man gibt nach und nach den Rest des Zuckers und das Backöl hinzu. Danach schlägt man so lange, bis eine dicke, kremartige Masse entstanden ist. Das mit „Backin" gemischte und gesiebte Mehl und die völlig erkalteten Haferflocken werden eßlöffelweise darunter gerührt. Man setzt mit 2 Teelöffeln walnußgroße Häufchen auf ein gefettetes Backblech und schiebt das Blech auf die oberste oder zweitoberste Schiene in den Backofen.

Flammenbackofen: ⅓ große Flamme.
Reglerbackofen: 1–2.
Backzeit: 10–20 Minuten.

Früchtebrot

3 Eier, 125 g Zucker, 1 Päckchen Dr. Oetker Vanillin-Zucker, ½ Fläschchen Dr. Oetker Rum-Aroma, 1 Messerspitze Zimt, 60 g Mandeln, 125 g Haselnußkerne, 125 g Feigen, 125 g Zitronat, 250 g Rosinen, 125 g Weizenmehl, 3 g (1 gestrichener Teel.) Dr. Oetker Backpulver „Backin".

Man schlägt die Eier mit einem Schneebesen schaumig und gibt nach und nach den Zucker mit dem Vanillin-Zucker dazu. Danach schlägt man so lange, bis eine dicke, kremartige Masse entstanden ist (nach etwa 15 Minuten). Darunter gibt man die Gewürze, die gehackten Mandeln und Haselnußkerne, die gewaschenen, kleingeschnittenen Feigen, das in kleine Würfel geschnittene Zitronat, die gewaschenen Rosinen und das mit „Backin" gemischte und gesiebte Mehl. Der Teig wird in eine gefettete, mit gefettetem Papier ausgelegte Kastenform gefüllt und auf die unterste Schiene in den Backofen geschoben.

Flammenbackofen: ⅓ große Flamme.
Reglerbackofen: 2¼–3¼.
Backzeit: 50–65 Minuten.

Nürnberger Elisenlebkuchen

Teig: 2 Eier, 200 g Farinzucker oder Zucker, 1 Päckchen Dr. Oetker Vanillin-Zucker, 1 Messerspitze gemahlene Nelken, 1 gestrichener Teel. gemahlener Zimt, ½ Fläschchen Dr. Oetker Rum-Aroma, 1–2 Tropfen Dr. Oetker Backöl Zitrone, 75 g Orangeat oder Zitronat, 125 g Mandeln, 1 Messerspitze Dr. Oetker Backpulver „Backin", 75–125 g Haselnußkerne*).

Etwa 40 Oblaten (Durchmesser 6 cm).

Heller Guß: 100 g Puderzucker, 1–2 Eßl. heißes Wasser.

Dunkler Guß: 100 g Puderzucker, 15 g Kakao, 1–2 Eßl. heißes Wasser, ½ Eßl. zerlassenes Kokosfett (nach Belieben).

Man schlägt die Eier mit einem Schneebesen schaumig und gibt nach und nach den Zucker mit dem Vanillin-Zucker dazu. Danach schlägt man so lange, bis eine dicke, kremartige Masse entstanden ist (nach etwa 15 Minuten!). Darunter gibt man die Gewürze, das in sehr kleine Würfel geschnittene Orangeat (Zitronat) und die mit der Schale gemahlenen und mit dem „Backin" gemischten Mandeln. Von den gemahlenen Haselnußkernen wird so viel darunter gerührt, daß der Teig noch streichfähig ist. Auf jede Oblate gibt man einen gehäuften Teelöffel des Teiges, streicht diesen mit einem in Wasser getauchten Messer bergförmig auf die ganze Oblate und legt sie dann auf ein Backblech. Das Backblech wird auf die zweit- oder drittunterste Schiene in den Backofen geschoben.

Flammenbackofen: Perlgroße Flamme.
Reglerbackofen: 1–2.
Backzeit: 25–35 Minuten.

Für den hellen Guß rührt man den gesiebten Puderzucker mit so viel heißem Wasser glatt, daß eine dickflüssige Masse entsteht.

Für den dunklen Guß rührt man den mit Kakao gesiebten Puderzucker mit so viel heißem Wasser und mit dem zerlassenen Kokosfett glatt, daß eine dickflüssige Masse entsteht. Sogleich nach dem Backen werden die Lebkuchen teils mit hellem, teils mit dunklem Guß bestrichen.

*) Die erforderliche Menge Haselnußkerne hängt von der Größe der Eier ab.

Zimtsterne

Teig: 3 Eiweiß, 250 g Puderzucker, 1 Päckchen Dr. Oetker Vanillin-Zucker, 3 Tropfen Dr. Oetker Backöl Bittermandel, 1 gestrichener Teel. gemahlener Zimt, 275–325 g Mandeln oder Haselnußkerne*).

Zum Ausrollen: Gemahlene Mandeln (Haselnußkerne) oder etwas Puderzucker.

Das Eiweiß wird zu steifem Schnee geschlagen, dann gibt man unter ständigem Schlagen nach und nach den gesiebten Puderzucker dazu. Der Schnee muß so fest sein, daß ein Messerschnitt sichtbar bleibt. Zum Bestreichen der Sterne nimmt man 2 schwach gehäufte Eßl. Eierschnee ab; unter den übrigen rührt man die Gewürze und etwa die Hälfte der mit der Schale gemahlenen Mandeln (Haselnußkerne). Von dem Rest der gemahlenen Mandeln knetet man so viel darunter, daß der Teig kaum noch klebt. Auf einem mit gemahlenen Mandeln oder gesiebtem Puderzucker dicht bestreuten Backbrett rollt man den Teig etwa ½ cm dick aus, sticht Sterne daraus, legt sie auf ein mit gut gefettetem Pergamentpapier bedecktes Backblech und bestreicht sie sorgfältig mit dem zurückgelassenen Eierschnee. Die Glasur muß so sein, daß man sie glatt auf das Gebäck streichen kann; andernfalls rührt man einige Tropfen Wasser darunter. Das Backblech wird auf die oberste oder zweitoberste Schiene in den Backofen geschoben.

Flammenbackofen: Perlgroße Flamme.
Reglerbackofen: 1–2.
Backzeit: 20–30 Minuten.

Das Gebäck muß sich beim Herausnehmen noch weich anfühlen. Man bewahrt es am zweckmäßigsten in Blechdosen auf.

*) Die erforderliche Menge Mandeln (Haselnußkerne) hängt von der Größe der Eier ab.

Springerle (Abb. Tafel 27)

Teig: 2 Eier, 200 g Puderzucker, 1 Päckchen Dr. Oetker Vanillin-Zucker, etwa 275 g Weizenmehl*), 1 Messerspitze Dr. Oetker Backpulver „Backin".

Zum Bestreuen des Backblechs: 5 g Anis.

Man schlägt die Eier mit einem Schneebesen schaumig und gibt nach und nach den gesiebten Puderzucker und den Vanillin-Zucker dazu. Danach schlägt man so lange, bis eine dicke, kremartige Masse entstanden ist (nach etwa 15 Minuten!). 225 g von dem Mehl werden mit dem „Backin" gemischt und gesiebt. Man rührt so viel davon unter den Eierkrem, daß ein fester Brei entsteht. Den Rest von den 225 g Mehl schüttet man auf ein Backbrett, gibt den Brei darauf, bedeckt ihn mit Mehl und verknetet ihn zu einem glatten Teig. Sollte er kleben, knetet man noch bis zu 50 g gesiebtes Mehl hinein. Man rollt den Teig etwa 1 cm dick aus, schneidet Rechtecke in der Größe des Formholzes heraus, bestäubt sie mit Mehl und drückt sie in die bemehlte Form; dann werden sie abgehoben und in die aufgeprägten Rechtecke zerschnitten. Man legt die Springerle auf ein gefettetes, mit Anis bestreutes Backblech und läßt sie in einem mäßig warmen Raum 24 Stunden trocknen (Bleche nicht aufeinander setzen!). Das Backblech wird auf die oberste oder zweitoberste Schiene in den Backofen geschoben.

Flammenbackofen: Perlgroße Flamme.
Reglerbackofen: 1–1¾.
Backzeit: 30–35 Minuten.

*) Die erforderliche Menge Mehl hängt von der Größe der Eier ab.

Nach dem Backen läßt man die Springerle einige Tage offen (nicht in einer Blechdose!) an der Luft stehen, damit sie weich werden. Erst dann gibt man sie in eine Blechdose und bewahrt sie darin auf.

Makronen (Abb. Tafel 25)

4 Eiweiß, 200 g feiner Zucker, 1 Päckchen Dr. Oetker Vanillin-Zucker, 1 Messerspitze Zimt, 2 Tropfen Dr. Oetker Backöl Bittermandel, 200 g Kokosraspeln.

Das Eiweiß wird zu steifem Schnee geschlagen. Er muß so fest sein, daß ein Schnitt mit einem Messer sichtbar bleibt. Darunter schlägt man nach und nach eßlöffelweise den Zucker mit dem Vanillin-Zucker, den Zimt und das Backöl. Die Kokosraspeln werden langsam unter den Eierschnee gehoben. Mit 2 Teelöffeln setzt man kleine Teighäufchen auf ein gefettetes Backblech und schiebt es auf die oberste oder zweitoberste Schiene in den Backofen.

Flammenbackofen: Perlgroße Flamme.
Reglerbackofen: 1–2.
Backzeit: 18–25 Minuten.

H. Hefegebäcke

Die Herstellung von Gebäcken mit Hefe ist schwieriger und zeitraubender als die mit Backpulver „Backin", denn die Hefe ist ein Lebewesen und verlangt deswegen eine besondere Behandlung, damit sie den Teig in gewünschter Weise lockern kann.

Während bei „Backin"-Gebäcken die Temperatur der Zutaten und des Raumes eine unwesentliche Rolle spielt – abgesehen davon, daß keine heißen Zutaten verwendet werden dürfen –, hängt das Gelingen von Hefegebäcken mit von der richtigen Temperatur der Zutaten und des Raumes ab. Eine Temperatur, die um 37° C liegt, ist am günstigsten für die Hefe.

Wie jedes Lebewesen braucht die Hefe, wenn sie arbeiten soll, Nahrung. Diese besteht aus Zucker, Mehl oder Stärke, also Kohlenhydraten, die sie im Teig findet. Sie wandelt sie in Kohlensäure und Alkohol um, die die Lockerung des Teiges bewirken. Am schnellsten kann sie Zucker verarbeiten, während sie Mehl und Stärke vorher abbauen muß. Fett und Salz liegen ihr dagegen „schwer im Magen", sie hemmen ihre Lebenstätigkeit.

Weiterhin ist wichtig, daß Hefeteige erst dann gebacken werden, wenn sie bereits genügend aufgegangen sind. Wenn nämlich der Hefeteig in den heißen Backofen kommt, stirbt die Hefe infolge der Hitze ab, und eine weitere Lockerung des Teiges geht nicht mehr vor sich.

Bei der Verwendung von Hefe muß man sich also merken: Hefe niemals mit zu kalten oder zu warmen Zutaten in Berührung bringen!

Wenn Hefe besonders schnell arbeiten soll, rührt man sie nicht nur mit lauwarmer Milch an, sondern setzt noch etwas Zucker zu. Man vermeidet aber auf jeden Fall, daß Hefe unmittelbar mit Fett oder Salz in Berührung kommt.

Hefeteige dürfen nicht sofort nach der Herstellung gebacken werden, sondern müssen vorher genügend aufgegangen sein. Man stellt sie an einen warmen Ort. Dazu ist der Gasherd besonders geeignet. Zum Aufgehen des Teiges werden der Flammenbackofen mit voller Flamme und der Reglerbackofen bei Schalterstellung 8 3 Minuten vorgeheizt. Anschließend dreht man die Flammen aus, setzt den Hefeteig in den Backofen und läßt ihn so lange darin, bis er sich in der Schüssel verdoppelt hat oder der

Teig in der Form oder auf dem Blech noch nicht ganz die Höhe des fertigen Gebäcks erreicht hat. Dann geht man auf die unter den Rezepten angegebene Flamme oder auf die Reglerstellung über.

Hefe-Napfkuchen

30 g Hefe, 1 Teel. Zucker, 1/5 l lauwarme Milch, 500 g Weizenmehl, 150 g Zucker, 1 Päckchen Dr. Oetker Vanillin-Zucker, 4 Tropfen Dr. Oetker Backöl Zitrone, etwas Salz, 2 Eier, 125 g Butter, Margarine oder Schweineschmalz, 50 g Mandeln, 125–175 g Rosinen, 50 g Zitronat.

Die Hefe und der Teel. Zucker werden mit 5 Eßl. von der lauwarmen Milch angerührt. Man siebt das Mehl in eine Rührschüssel, drückt in die Mitte eine Vertiefung ein, gibt die aufgelöste Hefe hinein und bestreut sie etwa ½ cm dick mit Mehl. Der Zucker, die Gewürze, die Eier und das aufgelöste, lauwarme Fett werden an den Rand des Mehls gegeben (diese Zutaten dürfen mit der Hefe nicht unmittelbar in Berührung kommen!).

Sobald das auf die Hefe gestreute Mehl stark rissig wird, verrührt man von der Mitte aus die Hefe mit dem Mehl und den übrigen Zutaten und gibt nach und nach so viel von der übrigen Milch hinzu, daß der Teig schwer vom Löffel fällt. Der Teig wird mit dem Rührlöffel so lange geschlagen, bis er Blasen wirft. Dann hebt man die abgezogenen, gehackten Mandeln, die gewaschenen Rosinen und das in kleine Würfel geschnittene Zitronat darunter und läßt den Teig im nach Vorschrift erwärmten Backofen (S. 286) so lange gehen, bis er etwa doppelt so hoch ist. Er wird gut durchgerührt und in eine gut gefettete Napfkuchenform gefüllt. Der Teig muß nochmals so lange im vorgewärmten Backofen auf der untersten Schiene gehen, bis er etwa um die Hälfte höher ist; erst dann wird er gebacken.

Flammenbackofen: ⅓ große Flamme.
Reglerbackofen: 2½–3½.
Backzeit: 30–45 Minuten.

Butter- oder Zuckerkuchen auf dem Blech

Teig: 20 g Hefe, 1 Teel. Zucker, ¼ l lauwarme Milch; 500 g Weizenmehl, 75–100 g Zucker, 3 Tropfen Dr. Oetker Backöl Bittermandel, etwas Salz, 50 g Butter, Margarine, Schweineschmalz oder 3 Eßl. Öl.

Belag: 50–125 g Butter oder Margarine, 75 g Zucker, 1 Päckchen Dr. Oetker Vanillin-Zucker, 50 g Mandeln oder Haselnußkerne (nach Belieben).

Die Hefe und der Teel. Zucker werden mit 5 Eßl. von der lauwarmen Milch angerührt. Man siebt ⅔ des Mehls in eine Rührschüssel, drückt in die Mitte eine Vertiefung ein, gibt die aufgelöste Hefe hinein und bestreut sie etwa ½ cm dick mit Mehl. Der Zucker, die Gewürze und das aufgelöste, lauwarme Fett oder das Öl werden an den Rand des Mehls gegeben (diese Zutaten dürfen mit der Hefe nicht unmittelbar in Berührung kommen!).

Sobald das auf die Hefe gestreute Mehl stark rissig wird, verrührt man von der Mitte aus die Hefe mit dem Mehl und den übrigen Zutaten und gibt nach und nach die übrige Milch hinzu.

Der Teig wird mit dem Rührlöffel so lange geschlagen, bis er Blasen wirft. Dann knetet man das restliche Drittel Mehl darunter. Sollte der Teig kleben, wird noch etwas Mehl hinzugegeben (aber nicht zu viel, Teig muß weich bleiben!).

Man läßt den Teig im vorgewärmten Backofen (s. S. 286) so lange gehen, bis er etwa doppelt so hoch ist. Er wird dann gut durchgeknetet und auf einem gefetteten Backblech ausgerollt. Damit der Teig an der offenen Seite des Blechs nicht auslaufen kann, legt man ein mehrfach umgeknifftes, gefettetes Papier vor den Teig.

Für den Belag kann man das Fett in kleinen Flöckchen gleichmäßig auf den Teig setzen oder zerlassen darauf streichen. Der Zucker, der Vanillin-Zucker und die feingehackten, abgezogenen Mandeln (Haselnußkerne) werden gemischt und gleichmäßig auf den Teig gestreut. Der Teig muß nochmals so lange im vorgewärmten Backofen auf der obersten oder zweitobersten Schiene gehen, bis er wieder doppelt so hoch ist; erst dann wird er gebacken.

Flammenbackofen: Vorheizen 5 Minuten mit großer Flamme, backen mit ½ großer Flamme.

Reglerbackofen: Vorheizen 5 Minuten bei 3½–4½, backen bei 3½–4½.

Backzeit: Etwa 15 Minuten.

Streuselkuchen

Teig: 20 g Hefe, 1 Teel. Zucker, ¼ l lauwarme Milch; 500 g Weizenmehl, 75–100 g Zucker, 3 Tropfen Dr. Oetker Backöl Bittermandel, etwas Salz, 50 g Butter, Margarine, Schweineschmalz oder 3 Eßl. Öl, 75–100 g Rosinen.

Streusel: 200 g Weizenmehl, 100–125 g Zucker, 1 Päckchen Dr. Oetker Vanillin-Zucker, 1 Messerspitze Zimt, 100–125 g Butter oder Margarine.

Die Herstellung und die weitere Verarbeitung des Teiges erfolgen nach den Angaben für Butter- oder Zuckerkuchen (S. 287).

Die gewaschenen Rosinen werden mit dem restlichen Drittel Mehl unter den Teig geknetet.

Für den Streusel wird das Mehl in eine Schüssel gesiebt und mit Zucker, Vanillin-Zucker und Zimt vermischt. Man gibt das Fett in kleinen Flöckchen dazu und vermengt alle Zutaten mit den Händen oder mit 2 Gabeln zu Streuseln. Sie werden gleichmäßig auf dem mit Teig belegten Backblech verteilt. Man schiebt das Backblech auf die oberste oder zweitoberste Schiene in den Backofen.

Flammenbackofen: Vorheizen 5 Minuten mit großer Flamme, backen mit ½ großer Flamme.

Reglerbackofen: Vorheizen 5 Minuten bei 3½–4½, backen bei 3½–4½.

Backzeit: Etwa 20 Minuten.

Obstkuchen auf dem Blech

Teig: 20 g Hefe, 1 Teel. Zucker, $^1/_5$ l Milch; 500 g Weizenmehl, 75 g Zucker, 1 Päckchen Dr. Oetker Vanillin-Zucker, etwas Salz, 50 g Butter, Margarine, Schweineschmalz oder 3 Eßl. Öl.

Belag: 1–1½ kg Äpfel oder Pflaumen.
Zum Bestreuen: Etwas Zucker.

Die Herstellung und die weitere Verarbeitung des Teiges erfolgen nach den Angaben für Butter- oder Zuckerkuchen (S. 287).

Für den Belag werden die Äpfel geschält und in dicke Scheiben geschnitten oder die Pflaumen gewaschen und entsteint. Man legt das Obst gleichmäßig auf den Teig

TAFEL 29

Eiserkuchen

Rezept Seite 260

Windbeutel

Rezept Seite 278

TAFEL 30

Englischer Kuchen
Rezept Seite 254

Dukaten-Plätzchen
Rezept Seite 269

Hutzelbrot
Rezept Seite 282

TAFEL 31

Waffeln
Rezept Seite 260

Spekulatius
Rezept Seite 283

Apfeltaschen
Rezept Seite 269

TAFEL 32

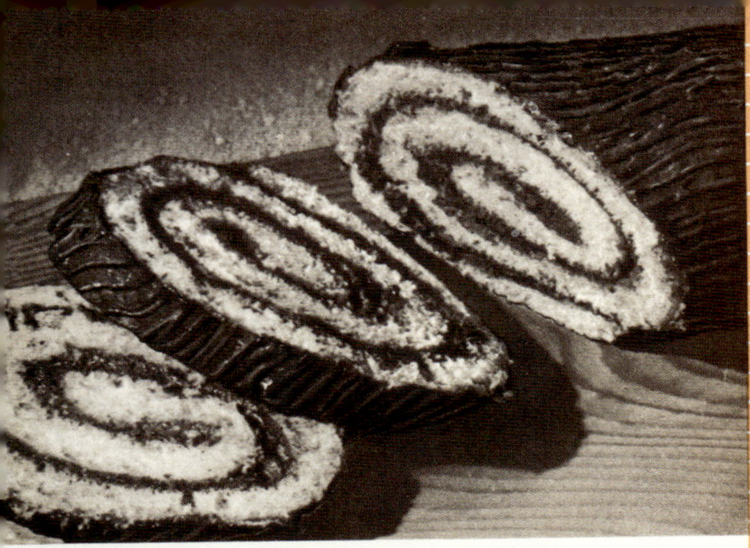

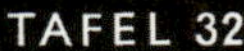

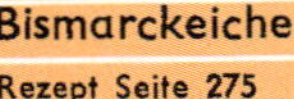

Bismarckeiche
Rezept Seite 275

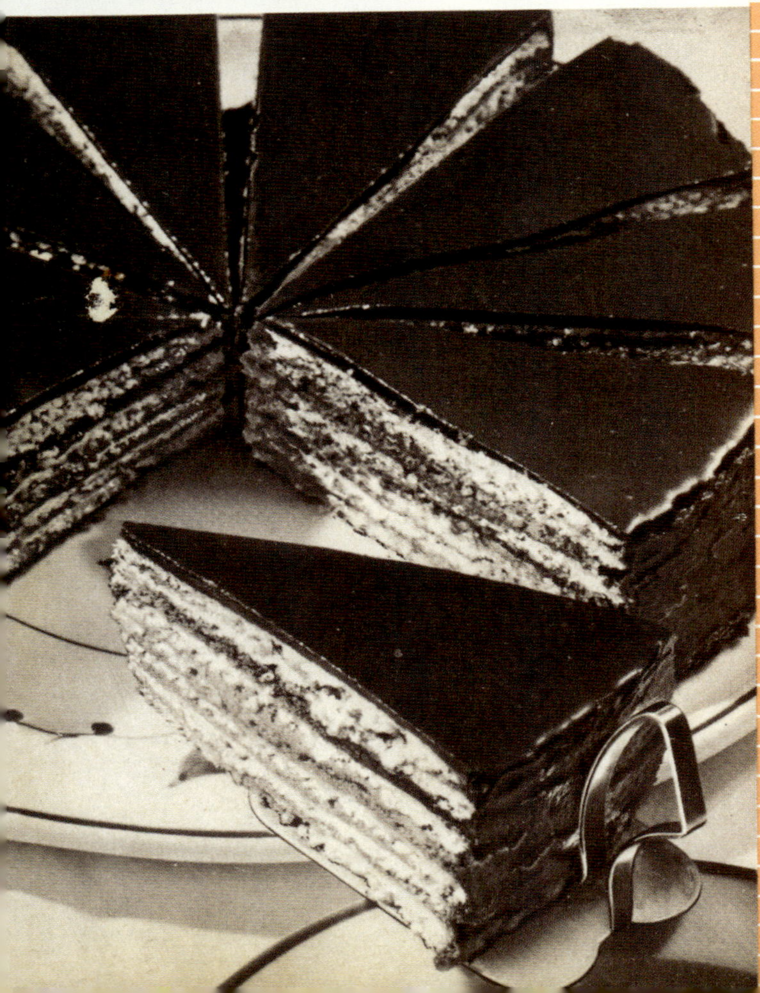

Prinzregententorte
Rezept Seite 256

(Pflaumen stets mit der Innenseite nach oben legen!). Der Teig muß nochmals so lange an einem warmen Ort gehen, bis er wieder doppelt so hoch ist, erst dann wird er gebacken. Man schiebt das Backblech auf die oberste oder zweitoberste Schiene in den Backofen.

Flammenbackofen: Vorheizen 5 Minuten mit großer Flamme, backen mit ½ großer Flamme.

Reglerbackofen: Vorheizen 5 Minuten bei 3½–4½, backen bei 3½–4½.

Backzeit: 20–25 Minuten.

Nach dem Backen bestreut man den etwas ausgekühlten, vom Blech genommenen Kuchen mit Zucker.

Wer den Boden dünner liebt, nimmt nur ¾ der Zutaten für den Teig.

Gefüllter, aufgeschnittener Kranz

Teig: 20 g Hefe, 1 Teel. Zucker, ⅕ l lauwarme Milch; 500 g Weizenmehl, 100 g Zucker, 3 Tropfen Dr. Oetker Backöl Zitrone, etwas Salz, 1 Eiweiß, 65 g Butter, Margarine, Schweineschmalz oder 4 Eßl. Öl.

Füllung: 25 g Butter oder Margarine, 50 g Zucker, 1 Päckchen Dr. Oetker Vanillin-Zucker, 75 g Korinthen, 75 g Rosinen, 30–50 g Mandeln.

Zum Bestreichen: 1 Eigelb, ½ Eßl. Milch.

Die Hefe und der Teel. Zucker werden mit 5 Eßl. von der lauwarmen Milch angerührt. Man siebt ⅔ des Mehls in eine Rührschüssel, drückt in die Mitte eine Vertiefung ein, gibt die aufgelöste Hefe hinein und bestreut sie etwa ½ cm dick mit Mehl. Der Zucker, die Gewürze, das Eiweiß und das aufgelöste, lauwarme Fett oder das Öl werden an den Rand des Mehls gegeben (diese Zutaten dürfen mit der Hefe nicht unmittelbar in Berührung kommen!).

Sobald das auf die Hefe gestreute Mehl stark rissig wird, verrührt man von der Mitte aus die Hefe mit dem Mehl und den übrigen Zutaten und gibt nach und nach die restliche Milch hinzu. Der Teig wird mit dem Rührlöffel so lange geschlagen, bis er Blasen wirft. Dann knetet man das restliche Drittel Mehl darunter. Sollte der Teig kleben, wird noch etwas Mehl hinzugegeben. Man läßt den Teig im vorgewärmten Backofen so lange gehen, bis er etwa doppelt so hoch ist. Er wird gut durchgeknetet und zu einem Rechteck in der Größe von etwa 50×55 cm ausgerollt.

Für die Füllung zerläßt man das Fett und streicht es, wenn es abgekühlt, aber noch flüssig ist, auf das Teigrechteck. Der Zucker, der Vanillin-Zucker, die gewaschenen Korinthen und Rosinen sowie die abgezogenen, gehackten Mandeln werden miteinander vermengt und gleichmäßig auf den Teig gestreut. Man rollt den Teig von der längeren Seite her auf, schneidet die Rolle der Länge nach in der Mitte durch und schlingt die beiden Teile so umeinander, daß jeweils der Teig nach unten und die Füllung nach oben kommt. Der Teig wird anschließend zu einem Kranz geformt, auf ein gefettetes Backblech gelegt und mit verquirlter Eigelbmilch bestrichen. Der Kranz muß nochmals so lange im vorgewärmten Backofen gehen, bis er etwa um die Hälfte höher ist, erst dann wird er gebacken. Man schiebt das Blech auf die zweitunterste Schiene in den Backofen.

Flammenbackofen: ½ große Flamme.

Reglerbackofen: 3–4.

Backzeit: Etwa 25 Minuten.

HALTBARMACHEN VON OBST UND GEMÜSE

Es gehört zur Sparsamkeit und Wirtschaftlichkeit der Hausfrau, daß sie die im Sommer und Herbst reichlich und billig vorhandenen Früchte und Gemüse, die sich im rohen Zustande nicht lange aufbewahren lassen, für den Winter haltbar macht. Die dadurch entstehende Mehrausgabe, die manche Hausfrau veranlaßt, auf Vorratswirtschaft zu verzichten, wird im Laufe des Winters reichlich ausgeglichen. In vielen Haushaltungen hat es sich eingebürgert, die Kosten für den Einmachzucker auf das ganze Jahr zu verteilen. Sobald nämlich ein Glas, in dem sich süßes Eingemachtes befand, leer geworden ist, wird für dieses Glas Zucker eingekauft, der bis zur Einmachzeit aufbewahrt wird.

Die nachstehend aufgeführten Einmachmethoden machen es jeder Frau, auch bei bescheidenem Einkommen, möglich, für Vorräte im Winter zu sorgen, sei es, um erfrischendes Kompott und Saft für süße Speisen zur Hand zu haben, oder um Marmelade an Stelle der Butter als Brotaufstrich verwenden zu können. Manch einfaches Gericht läßt sich durch ein Schüsselchen „Eingemachtes" bereichern und so den Mangel an frischen Früchten und Gemüsen im Winter weniger empfinden.

Auch aus volkswirtschaftlichen Gründen sollte die Hausfrau heute wieder die alte schöne Sitte des Einmachens pflegen, denn große Mengen geernteter Früchte finden im Sommer keinen Absatz, weil die Nachfrage fehlt; und kostbares Volksvermögen geht verloren, wenn sie verderben. Auch ohne Sterilisierapparat und Einkochgläser lassen sich Früchte für Monate aufbewahren; jeder Steinguttopf, alle im Haushalt vorhandenen Flaschen und Gläser können verwandt werden, und auf diese Art kann man selbst eine große Familie den Winter über mit ausreichendem Obstvorrat versorgen. Die Hausfrau muß allerdings die verschiedenen Verfahren kennen und wissen, worauf es beim Einmachen von Gemüse und Obst ankommt.

Gemüse und Obst aufbewahren wollen, heißt, sie vor der Zersetzung durch Schimmelpilze, Hefen und Bakterien schützen. Die Lebensbedingungen dieser kleinen Lebewesen sind Feuchtigkeit und Wärme. Nimmt man sie ihnen, so sterben sie ab oder erstarren. Früchte z. B., die man durch Trocknen an der Luft oder im Backofen wasserfrei macht, schimmeln bei sachgemäßer Aufbewahrung nicht (Rosinen), und Fleisch läßt sich längere Zeit genießbar erhalten, wenn man es in niedere Wärmegrade, möglichst unter dem Gefrierpunkt, bringt (Gefrierräume, Kühlkammern, Kühlschränke). Durch Kälte werden Fäulnisbakterien zwar nicht getötet, aber am Wachstum gehindert. Die Lebensmittel werden durch Erhitzen sterilisiert; durch dieses Verfahren erhalten wir die sog. Konserven. Auch die verschiedenen Einkochapparate (WECK usw.) beruhen auf dem Vorgang des Entkeimens durch Erhitzung, bei dem durch den luftdichten Verschluß außerdem ein Eindringen neuer Keime verhindert wird. Aber noch weitere Mittel stehen der Hausfrau zur Verfügung, um Lebensmittel vor dem Verderben zu bewahren – ein hoher Gehalt an Zucker, Salz oder Säure hemmt ebenfalls das Wachstum der Bakterien –, und sie wendet sie erfolgreich an beim Einlegen der Früchte in Zucker, Salz oder Essig. Verwendet man bei diesen Verfahren außerdem noch Dr. Oetker Einmache-Hilfe, so sind die Früchte, auch ohne Apparat eingemacht, haltbar, wenn man sie vorschriftsmäßig behandelt und aufbewahrt.

Allgemeine Einmacheregeln

1. Zum Einmachen verwende man nur frisch geerntetes Obst und Gemüse. Wenn man es kaufen muß, besorge man es sich möglichst früh am Tage, bevor es noch der Hitze ausgesetzt war.

2. Alle Früchte müssen die der Verwendung entsprechende Reife haben und von bester Beschaffenheit sein. Überreife, fleckige und gedrückte Früchte eignen sich zum Einmachen nicht.

3. Zum Kochen der Früchte eignen sich sowohl Emaille- als auch Aluminiumtöpfe; Kupfer- und Messingkessel kommen nur dann in Frage, wenn keine Säure (Essig) verwendet wird. Man nimmt sie überhaupt weniger gern zum Kochen der Früchte, da die Zerstörung des Vitamins C in ihnen beschleunigt wird. Beschädigte Töpfe sind unbrauchbar.

4. Alle Einkochgefäße und -geräte sollten ausschließlich für ihren besonderen Zweck verwendet werden, vor allem dürfen sie nicht mit Fett in Berührung kommen.

   Sie sind vor jedem Gebrauch mit heißem Wasser und Soda oder „IMI" gründlich zu reinigen und in klarem Wasser nachzuspülen. Am besten läßt man sie, auf ein Tuch gestülpt, ablaufen und trocknen.

5. Beim Arbeiten ist auf peinlichste Sauberkeit zu achten, jedes Krümchen Brot z. B., das in ein Einmachgefäß fällt, kann den Inhalt zum Gären, d. h. zum Verderben bringen.

6. Gekochte Früchte, Saft, Gelee usw. läßt man nicht im Kochgeschirr erkalten, sondern füllt sie heiß in die vorbereiteten Gläser, Töpfe oder Flaschen. Um ein Springen der Gefäße zu vermeiden, werden sie vorgewärmt oder beim Einfüllen auf ein feuchtes Tuch gestellt.

7. Auf das erkaltete, nicht sterilisierte Eingemachte, ausgenommen Säfte, wird ein Stück Pergamentpapier oder Cellophan gelegt. Dazu schneidet man runde Blättchen in der Größe der Oberfläche des Eingemachten und zieht sie durch mit Wasser verdünnten, reinen Alkohol, Kornbranntwein, Rum oder Essig. Sie werden auf das Eingemachte gelegt, überall gut angedrückt und mit etwas Dr. Oetker Einmache-Hilfe bestreut. Man verstreicht sie mit einem Pinsel.

8. Zum Verschließen der Gefäße verwendet man Pergamentpapier oder Cellophan. Man feuchtet es in kaltem Wasser an, legt es straff über die Öffnung und bindet es mit Bindfaden fest.

9. Flaschen verschließt man mit Korken oder bindet sie mit Leinen- oder Mullläppchen zu. Die Korken müssen vorher kurz in Wasser ausgekocht werden.

10. Auf jedes Gefäß gehört die Bezeichnung des Eingemachten und das Datum der Herstellung, damit das ältere Eingemachte stets zuerst verwendet wird.

11. Das Eingemachte muß an einem trockenen, kühlen, der Zugluft zugänglichen Ort aufbewahrt und von Zeit zu Zeit durchgesehen werden.

A. Einkochen (Sterilisieren)

Beim Einkochen (Einsieden, Sterilisieren) werden vorhandene Keime durch Hitze getötet, das Eindringen neuer Keime wird aber durch den luftdichten Verschluß der Gläser verhindert. Die im Glase befindliche Luft wird durch die Wärme ausgedehnt und zum Teil aus dem Glas verdrängt; beim Abkühlen entsteht also ein luftverdünnter Raum, auf den die äußere Luft drückt und somit den Deckel schließt.

Man verwendet für dieses Verfahren Patentgläser oder Steingutkrüge mit Gummiring- und Deckelverschluß, die sorgfältig zu reinigen und sauber zu halten sind. Gläser und Deckel mit abgestoßenen Rändern sowie fehlerhafte Gummiringe dürfen nicht verwendet werden, weil sie die Sicherheit des Verfahrens in Frage stellen.

Vorbereitung von Obst: Die Früchte werden möglichst dicht in Gläser gefüllt. Man kann Zucker dazwischenstreuen (100–200 g Zucker für 1 kg Obst) oder eine Zuckerlösung darüber gießen (für süßes Obst: 1 l Wasser und 200 g Zucker, für saures Obst: 1 l Wasser und 400–500 g Zucker). Bei saftreichen Früchten wie Rhabarber, Kirschen, Pfirsichen und Pflaumen füllt man die gekochte und abgekühlte Zuckerlösung nur bis zur Hälfte des Glases ein, weniger saftreiches Obst muß damit bedeckt sein, weil es sonst braun wird. Gummiring und Deckel werden naß auf den gesäuberten Glasrand gelegt und mit einer Klammer festgehalten.

Vorbereitung von Gemüse: Das Sterilisieren von Gemüse erfordert ganz besondere Vorsichtsmaßregeln. Das Gemüse wird vorher gedämpft, je nach seiner Beschaffenheit 5–15 Minuten in möglichst wenig Wasser und im offenen Topf. Nachdem das Gemüse abgekühlt ist, füllt man es in Gläser und bedeckt es mit Wasser. Man kann das Dämpfwasser, abgekochtes Salzwasser oder abgekochtes, ungesalzenes Wasser verwenden; man richte sich dabei nach den Wasserverhältnissen und den eigenen Erfahrungen. Abgekochtes, ungesalzenes Wasser ist immer zum Auffüllen geeignet. Die Gläser dürfen nicht zu voll und zu fest gefüllt sein, das Kochgut muß gut durchkochen können. Gummiring und Deckel werden naß auf den gesäuberten Glasrand gelegt und mit einer Klammer festgehalten.

I. Das Einkochen im Wasserbad

Man kann in einem der bekannten Einkochapparate sterilisieren, wobei die Gläser auf den Einsatz gestellt und die Deckel durch Federn festgehalten werden. Es läßt sich aber auch jeder größere Emailletopf, ja sogar der Waschkessel verwenden, wenn man auf seinen Boden einen Drahtuntersatz, einen Lattenrost oder alte Tücher legt. Die Gläser müssen in diesem Falle mit Bügeln verschlossen werden, sie dürfen sich auch nicht berühren. Man füllt den Kessel mit Wasser, das die Wärme der gefüllten Gläser haben und bis zu ihrem Rand reichen muß. Im Spezial-Einkochtopf muß das Thermometer in das Wasser tauchen. Wird ein Einkochtopf verwendet, dann erhitzt man das Wasser auf voller Flamme, bis es die notwendige Temperatur erreicht hat. Anschließend wird die Flamme so verkleinert, daß die erforderliche Temperatur eingehalten wird. Im einfachen Kochtopf wird das Wasser auf großer Flamme fast bis zum Kochen gebracht, während der Sterilisierzeit wird die Flamme auf klein gestellt.

Die nachfolgende Tabelle ist für den Spezial-Einkochtopf gedacht, sie soll nur als Beispiel dienen und erhebt keinen Anspruch auf Vollständigkeit. Ausführlichere Angaben sind den Apparaten beigegeben und auch einzeln in allen einschlägigen Geschäften zu haben.

	Wärmegrad	Erhitzungsdauer	
Aprikosen	75° C	25–30 Minuten	je nach der Weite der Gläser
Birnen (weiche)	90° C	25–30 ,,	
Birnen (harte)	90° C	40–50 ,,	
Erdbeeren	75° C	20–25 ,,	
Heidelbeeren	80° C	25–30 ,,	
Himbeeren	75° C	20–25 ,,	
Johannisbeeren	90° C	30–40 ,,	
Mirabellen	75° C	25–30 ,,	
Pfirsiche (ganze Früchte)	75° C	35–45 ,,	
Pfirsiche (halbe Früchte)	75° C	25–35 ,,	
Pflaumen (Zwetschen)	90° C	25–30 ,,	
Reineclauden	75° C	25–30 ,,	
Unreife Stachelbeeren	75° C	25–30 ,,	
Süße Kirschen oder Sauerkirschen	80° C	25–30 ,,	
Blumenkohl	98° C	90–110 ,,	
Bohnen	98° C	100–130 ,,	
Erbsen	98° C	100–130 ,,	
Kohlrabi	98° C	90–110 ,,	
Möhren (Wurzeln, Karotten)	98° C	90–120 ,,	
Pilze (gare)	98° C	60–75 ,,	
Spargel	98° C	90–120 ,,	
Spinat	98° C	90–110 ,,	
Tomaten (ganze)	90° C	25–30 ,,	
Tomatenmark	90° C	25–30 ,,	

II. Das Einkochen im Backofen

Die Gläser werden wie üblich vorbereitet (s. S. 292). (Dosen für Backofen ungeeignet!) Um die Wärme im Backofen richtig auszunutzen, stellt man jeweils 6 Gläser von gleicher Größe und mit gleichem Inhalt, ohne daß sie sich berühren, in die mit 1 l Wasser gefüllte Rostbratpfanne und bedeckt die Gläser mit feuchtem Papier. Anschließend wird die Rostbratpfanne so tief wie möglich in den Backofen geschoben.

Beim Flammenbackofen stellt man die Flammen ⅓ groß ein. Handelt es sich dagegen um einen Backofen mit Temperaturregler, so wählt man eine Einstellung von 1½–2½. Nach etwa 50–70 Minuten beginnt es in den Gläsern zu perlen, d. h. es steigen vom Boden der Gläser rasch hintereinander Luftbläschen auf. Die Sterilisierzeit wird von diesem Zeitpunkt ab gerechnet. **Bei kurzer Sterilisierzeit, die für Obst in Frage kommt, werden die Flammen ausgedreht, und die Gläser bleiben noch mindestens 30 Minuten im geschlossenen Backofen. Bei Gemüse stellt man die Flammen vom Perlen ab so klein wie möglich. Im Flammenbackofen arbeitet man dann mit perlgroß eingestellter Flamme; während der Temperaturregler auf 1 eingestellt wird.** Die Sterilisierzeit richtet sich nach der Zeit, die für das Wasserbad üblich ist.

Ob es sich um Obst oder Gemüse handelt, man läßt die Gläser am besten außerhalb des Ofens erkalten; bedeckt sie jedoch mit einem Tuch, damit sie vor Zugluft geschützt sind.

B. Einmachen mit Dr. Oetker Einmache-Hilfe

I. Kompott

Das Einkochen in Gläsern und Dosen hat das bewährte Verfahren, Früchte durch Zucker und Dr. Oetker Einmache-Hilfe zu konservieren, nicht überflüssig gemacht. Hierbei schützt die Einmache-Hilfe das Eingemachte vor Gärung und Schimmel. Nicht jeder kann sich die Anschaffung eines Einkochapparates mit den zugehörigen Patentgläsern leisten, und für manche Hausfrau spielt auch der durch das Sterilisationsverfahren bedingte größere Brennstoffverbrauch eine nicht unerhebliche Rolle. So wird man oft, besonders in großen Familien, diese Methode des Einmachens anwenden. Sie hat noch den Vorzug, daß sich größere Mengen Obst in verhältnismäßig kurzer Zeit verarbeiten lassen; für eine stark belastete Hausfrau ein nicht zu unterschätzender Vorteil.

Bei der Verwendung von Einmache-Hilfe (reine Salizylsäure) ist folgendes besonders zu beachten:

Eingemachtes soll, sobald es Einmache-Hilfe (reine Salizylsäure) enthält, nicht mehr erhitzt werden, weil dadurch ein unangenehmer Geschmack auftreten kann. Es ist darauf hinzuweisen, daß dies nicht immer der Fall sein muß. Wenn es erforderlich ist, mit Einmache-Hilfe Konserviertes aufzukochen, empfehlen wir, eine kleine Menge des betreffenden Eingemachten – aber nicht in einem beschädigten Emailletopf – zu erhitzen und nach dem Erkalten den Geschmack zu prüfen. Wenn er einwandfrei ist, kann die übrige Menge ebenfalls erhitzt werden.

Regeln

1. Man gibt die Früchte bzw. Rhabarberstengel, wenn im Rezept nicht anders angegeben, in das kochende Zuckerwasser oder setzt alles zusammen auf, läßt einmal aufkochen und danach 5–10 Minuten im geschlossenen Topf ziehen.
2. Man rührt die Einmache-Hilfe nach Vorschrift darunter und füllt das Eingemachte heiß in die vorbereiteten Gläser.
3. Über den Gläserverschluß geben die allgemeinen Einmacheregeln (Seite 291) Punkt 6–11 Auskunft.
4. Das Eingemachte wird als Kompott gereicht.

Rhabarber

4 kg Rhabarber, 1 kg Zucker, 1/4 l Wasser, 1 Päckchen Dr. Oetker Einmache-Hilfe.

Der Rhabarber wird gewaschen (nicht abziehen!) und in Stücke geschnitten.

Herstellung siehe Regeln!

Kochzeit: Etwa 5 Minuten.

Stachelbeeren

4 kg Stachelbeeren, 1–2 kg Zucker, 1/2 l Wasser, 1 Päckchen Dr. Oetker Einmache-Hilfe.

Die Stachelbeeren werden von Blüte und Stiel befreit und gewaschen. Herstellung siehe Regeln!

Veränderung: Stachelbeeren kann man sehr gut ohne Zucker einmachen und erst bei Gebrauch süßen.

Kochzeit: Etwa 5 Minuten.

Heidelbeeren (Bickbeeren)

4 kg Heidelbeeren, $\frac{1}{4}$ l Wasser, 1 kg Zucker, 1 Päckchen Dr. Oetker Einmache-Hilfe.

Die Heidelbeeren werden verlesen und gewaschen. Man bringt die Früchte mit Wasser und Zucker zum Kochen. In das fertige, nicht mehr kochende Kompott rührt man die Einmache-Hilfe. Im übrigen siehe Regeln (S. 294)!

Veränderung: Heidelbeeren kann man auch ohne Zucker einmachen und erst bei Gebrauch süßen.

Kochzeit: Etwa 5 Minuten.

Preiselbeeren

4 kg Preiselbeeren, $\frac{1}{2}$ l Wasser, 2 kg Zucker, 1 Päckchen Dr. Oetker Einmache-Hilfe.

Die Beeren werden verlesen und gewaschen. Man bringt die Früchte mit Wasser und Zucker zum Kochen. In das fertige, nicht mehr kochende Kompott rührt man die Einmache-Hilfe. Im übrigen siehe Regeln (S. 294)!

Veränderung: Preiselbeeren können auch ohne Zucker eingemacht und erst bei Gebrauch gesüßt werden.

Kochzeit: 5–10 Minuten.

Pflaumen oder Zwetschen

4 kg Pflaumen oder Zwetschen (entsteint gewogen), 1 kg Zucker, $\frac{1}{8}$ l Wasser (nach Bedarf), 1 Päckchen Dr. Oetker Einmache-Hilfe.

Die Pflaumen werden gewaschen, einzeln sorgfältig abgerieben, entsteint und gewogen. Weitere Herstellung siehe Regeln (S. 294)!

Kochzeit: Etwa 10 Minuten.

Dreifrucht

1½ kg Äpfel (vorbereitet gewogen), 1½ kg Birnen (vorbereitet gewogen), 1½ kg Pflaumen (vorbereitet gewogen), 1½ kg Zucker, $\frac{3}{4}$ l Wasser, 1 Päckchen Dr. Oetker Einmache-Hilfe.

Äpfel und Birnen werden gewaschen, geschält, vom Kernhaus befreit, gewogen und in Viertel oder Achtel geschnitten; die Pflaumen werden gewaschen, getrocknet, entsteint, halbiert und gewogen. Man bringt Zucker und Wasser zum Kochen, gibt die Äpfel hinein und kocht sie darin gar, danach nimmt man sie mit einem Schaumlöffel heraus. In gleicher Weise werden die Birnen und zuletzt die Pflaumen in der Zuckerlösung weich gekocht. Man läßt die Früchte noch einmal zusammen aufwallen, nimmt sie von der Kochstelle, rührt die Einmache-Hilfe darunter und füllt sie in vorbereitete Gläser; im übrigen siehe allgemeine Einmacheregeln (S. 291).

II. Saft

Obstsaft stellt man aus allen saftreichen Früchten her, besonders eignen sich Beerenfrüchte, Kirschen und Äpfel. Früchte, die zur Saftbereitung verwendet werden sollen, müssen vollkommen ausgereift sein. Man kann den Saft roh auspressen; bei größeren Mengen benötigt man dazu eine Fruchtpresse, bei kleinen genügt ein Beutel aus lose gewebtem Stoff, in den man die zerquetschten, am besten durch die Maschine gedrehten Früchte einfüllt. Man streift einen Holzring (Serviettenring) über und drückt damit den Fruchtbrei nach unten.

Neuerdings werden die Früchte auch durch Dampf entsaftet. Hat man keinen „Saftgewinner" zur Verfügung, so hilft man sich, indem man einen kleinen Topf auf einem Drahtrost in einen größeren stellt, der ungefähr 10 cm hoch mit Wasser gefüllt wird. Zwei Safttücher, von denen das eine tiefer hängen und trichterförmig eingedrückt sein muß, werden über den Topfrand gelegt und festgebunden. Man gibt das mit Zucker gemischte Obst auf das obere Tuch, das aus grober Gaze sein kann, bedeckt es mit Pergamentpapier, setzt den Deckel auf und verknotet darüber fest die beiden Tücher. Der Topf wird auf die Flamme gesetzt, das Wasser zum Kochen gebracht und die Früchte ungefähr 1 Stunde gedämpft. Der auf diese Weise gewonnene Saft wird roh in Flaschen sterilisiert.

Am gebräuchlichsten sind 2 Arten der Saftgewinnung, einmal die auf kaltem Wege, wobei man den Früchten Wein- oder Zitronensäure zusetzt, sodann die auf warmem Wege, d. h. durch Erhitzen der Früchte. Bei beiden Verfahren läßt man den Saft durch ein Tuch laufen, dessen 4 Zipfel an die 4 Beine eines umgekehrten Stuhles gebunden werden. Eine Porzellanschüssel wird unter das Tuch gestellt und nimmt den durchsickernden Saft auf. Er wird gesüßt und in Flaschen gefüllt, die mit Korken oder Leinenläppchen verschlossen werden.

a) Roher Saft

Regeln

1. Die gewogenen Früchte werden verlesen, gewaschen (Himbeeren nicht!), gut abgetropft und von Stielen befreit (Johannisbeeren werden nur dann von Stielen befreit, wenn die Rückstände weiter verarbeitet werden sollen).
2. Sie werden dann in eine Porzellan- oder Steingutschüssel gegeben und zerquetscht.
3. Die Zitronen- oder Weinsäure wird in der vorgeschriebenen Menge Wasser gelöst und über die Früchte gegossen.
4. Man läßt den Fruchtbrei 24 Stunden in einem **kühlen** Raum zugedeckt stehen und rührt ihn während dieser Zeit häufig um. Falls der Fruchtbrei zu warm steht, tritt eine Gärung ein.
5. Danach gibt man ihn auf ein Tuch und läßt den Saft ablaufen.
6. Der gewonnene Saft wird gewogen oder gemessen und mit dem Zucker und der Einmache-Hilfe verrührt. Auf 1 kg (1 Liter) Saft rechnet man ¾–1 kg Zucker.
7. Wenn der Zucker vollständig gelöst ist, wird der Saft in vorbereitete Flaschen gefüllt (siehe Seite 291, Punkt 4). Man verschließt sie mit einem Mull- oder Leinenläppchen.

Erdbeersaft I

3 kg Erdbeeren, 25 g Zitronensäure, 1 l Wasser, etwa 2 kg Zucker, 1 Päckchen Dr. Oetker Einmache-Hilfe.

Herstellung siehe Regeln!

Erdbeersaft II

2 kg Erdbeeren, 60 g Zitronensäure, 2 l Wasser, etwa 2½ kg Zucker, 1 Päckchen Dr. Oetker Einmache-Hilfe.

Herstellung siehe Regeln!

Himbeersaft I

3 kg Himbeeren, 25 g Zitronensäure, 1 l Wasser, etwa 2 kg Zucker, 1 Päckchen Dr. Oetker Einmache-Hilfe.

Herstellung siehe Regeln (S. 296)!

Himbeersaft II

2½ kg Himbeeren, 50 g Zitronensäure, 1½ l Wasser, etwa 2 kg Zucker, 1 Päckchen Dr. Oetker Einmache-Hilfe.

Herstellung siehe Regeln (S. 296)!

Johannisbeer-Himbeersaft

3 kg Johannisbeeren, 2 kg Himbeeren, 15 g Weinsäure, 1 l Wasser, etwa 2½ kg Zucker, 1 Päckchen Dr. Oetker Einmache-Hilfe.

Herstellung siehe Regeln (S. 296)!

Sauerkirschsaft

4 kg Sauerkirschen (entsteint gewogen), 15 g Weinsäure, ⅛ l Wasser, etwa 2½ kg Zucker, 1 Päckchen Dr. Oetker Einmache-Hilfe.

Die Früchte werden gewaschen, entstielt und entsteint. Man kann sie roh durch die Maschine geben, um sie besser auszunutzen.

Weitere Herstellung siehe Regeln ab Punkt 2 (S. 296)!

b) Gekochter Saft

Regeln

1. Die gewogenen Früchte werden verlesen, gewaschen (Himbeeren nicht), gut abgetropft und von Stielen befreit (Johannisbeeren werden nur dann entstielt, wenn die Rückstände weiter verarbeitet werden sollen). Rhabarber wird in Stücke geschnitten.
2. Sie werden dann in einen Kochtopf gegeben, zerquetscht und mit der vorgeschriebenen Menge Wasser bis zum Kochen gebracht.
3. Man gibt den Fruchtbrei auf ein Tuch und läßt den Saft ablaufen.
4. Der gewonnene Saft wird gewogen oder gemessen und mit dem Zucker verrührt. Auf 1 kg (1 Liter) Saft rechnet man ¾–1 kg Zucker.
5. Der Saft wird mit dem Zucker einmal aufgekocht und danach abgeschäumt.
6. Man rührt die Einmache-Hilfe in den fertigen, aber nicht mehr kochenden Saft.
7. Der heiße Saft wird in vorbereitete Flaschen gefüllt (siehe Seite 291, Punkt 4). Nach dem Erkalten verschließt man sie mit ausgekochten Korken oder mit Mull- oder Leinenläppchen.

Rhabarbersaft

5 kg Rhabarber, 1 l Wasser, etwa 2 kg Zucker, 1 Päckchen Dr. Oetker Einmache-Hilfe.

Herstellung siehe Regeln (S. 297)!

Erdbeersaft

3 kg Erdbeeren, 1 l Wasser, etwa 2 kg Zucker, 1 Päckchen Dr. Oetker Einmache-Hilfe.

Herstellung siehe Regeln (S. 297)!

Himbeersaft

4 kg Himbeeren, 1 l Wasser, etwa 2 kg Zucker, 1 Päckchen Dr. Oetker-Einmache-Hilfe.

Herstellung siehe Regeln (S. 297)!

Brombeersaft

3 kg Brombeeren, 1½ l Wasser, etwa 2 kg Zucker, 1 Päckchen Dr. Oetker Einmache-Hilfe.

Herstellung siehe Regeln (S. 297)!

Johannisbeersaft

4 kg Johannisbeeren, 2 l Wasser, etwa 2 kg Zucker, 1 Päckchen Dr. Oetker Einmache-Hilfe.

Herstellung siehe Regeln (S. 297)! (Auf 1 kg [1 Liter] Saft höchstens 650 g Zucker!)

Sauerkirschsaft

5 kg Sauerkirschen (entsteint gewogen), 1 kg Zucker, außerdem noch etwa 1 kg Zucker, ½ Päckchen Dr. Oetker Einmache-Hilfe.

Die Kirschen werden gewaschen, gut abgetropft und entsteint. Nach dem Wiegen vermischt man sie mit 1 kg Zucker. Man läßt sie an einem kühlen Ort 24 Stunden zugedeckt stehen und rührt sie während dieser Zeit häufig um. Danach gibt man sie auf ein aufgespanntes Leinentuch und läßt den Saft ablaufen. Der gewonnene Saft wird gewogen oder gemessen und mit so viel von dem übrigen Zucker vermischt, daß auf 1 kg (1 Liter) Saft noch 300–400 g Zucker kommen. Weitere Herstellung siehe Regeln ab Punkt 5 (S. 297).

Aus den Rückständen bereitet man Kompott, das man später gut für Obstkuchen verwenden kann. Man läßt sie (etwa 2½ kg) mit ¾–1 kg Zucker gut durchkochen, nimmt sie von der Kochstelle, rührt ½ Päckchen Dr. Oetker Einmache-Hilfe unter und füllt sie sofort in saubere, trockene Gläser, die man in der üblichen Weise verschließt.

III. Gelee

Die Grundlage aller Gelees sind Obstsäfte. Sie werden mit Zucker zu einer gallertartigen Masse eingekocht. Es eignen sich dazu aber nur pektinreiche Früchte wie Johannisbeeren, Heidelbeeren, Brombeeren, Preiselbeeren, Äpfel und Quitten. Da die Pektinstoffe mit zunehmender Fruchtreife schwinden, verwendet man zur Geleebereitung halbreife Früchte, und zwar mit Schalen und Kernen.

Regeln

Saftgewinnung:

1. Die gewogenen Früchte werden verlesen, gewaschen (Himbeeren nicht!), gut abgetropft und von Stielen befreit (Johannisbeeren werden nur dann entstielt, wenn die Rückstände weiter verarbeitet werden sollen).
2. Die Früchte werden dann in einen Kochtopf gegeben, zerquetscht und mit der vorgeschriebenen Menge Wasser bis zum Kochen gebracht. Äpfel und Quitten werden darin weich gekocht.
3. Man gibt den Fruchtbrei auf ein Tuch und läßt den Saft ablaufen, ohne zu pressen.

Kochen von Gelee:

1. Da nicht immer genau die in den Geleerezepten angegebene Saftmenge erzielt wird, wiegt oder mißt man den gewonnenen Saft genau. Man gibt ihn in einen möglichst breiten Topf und vermischt ihn mit der gleichen Gewichtsmenge Zucker. Auf 1 kg (1 Liter) Saft rechnet man 1 kg Zucker.
2. Der Saft muß unter Rühren langsam erhitzt werden und darf erst kochen, wenn der Zucker vollständig gelöst ist.
3. Damit das Gelee klar wird, muß der Schaum während des Kochens häufig abgeschöpft werden.
4. Die genaue Kochzeit läßt sich nicht vorher festlegen, sondern muß in jedem Falle mit Hilfe der Geleeprobe ermittelt werden. Dazu gibt man einige Tropfen Gelee auf einen Teller, damit es schnell erkaltet. Ist es dann steif, muß mit dem Kochen aufgehört werden.
5. Der Zeitpunkt des Gelierens darf nicht versäumt werden. Zu lange gekochtes Gelee verliert an Farbe und Geschmack und wird sirupartig.
6. Auf das erkaltete Gelee legt man ein durch Essig gezogenes Stück Pergamentpapier (Cellophan), bestreut es mit etwas Einmache-Hilfe und verstreicht diese mit einem Pinsel. Danach die Gläser wie üblich zubinden.

Johannisbeergelee

Saft: 5 kg Johannisbeeren, ½ l Wasser.

Gelee: 2½ kg (2½ l) Saft, 2½ kg Zucker.

Dr. Oetker Einmache-Hilfe zum Bestreuen.

Herstellung von Saft und Gelee siehe Regeln (s. oben)! Bei nicht zu reifen Früchten genügt ein einmaliges Aufkochen des Saftes mit dem Zucker. Saft aus sehr reifen Früchten muß 5–10 Minuten kochen.

Johannisbeer-Himbeergelee

Saft: 3 kg Johannisbeeren, 2 kg Himbeeren, ½ l Wasser.

Gelee: 2½ kg (2½ l) Saft, 2½ kg Zucker.

Dr. Oetker Einmache-Hilfe zum Bestreuen.

Herstellung von Saft und Gelee siehe Regeln (S. 299)!

Kochzeit von Saft und Zucker: 5–10 Minuten.

Brombeergelee

Saft: 6 kg Brombeeren, ½ l Wasser.

Gelee: 2½ kg (2½ l) Saft, 2½ kg Zucker.

Dr. Oetker Einmache-Hilfe zum Bestreuen.

Herstellung von Saft und Gelee siehe Regeln (S. 299)!

Kochzeit von Saft und Zucker: 5–10 Minuten.

Preiselbeergelee

Saft: 5 kg Preiselbeeren, 1 l Wasser.

Gelee: 2½ kg (2½ l) Saft, 2½ kg Zucker.

Dr. Oetker Einmache-Hilfe zum Bestreuen.

Herstellung von Saft und Gelee siehe Regeln (S. 299)! Bei nicht zu reifen Früchten genügt ein einmaliges Aufkochen des Saftes mit dem Zucker. Saft aus sehr reifen Früchten muß 5–10 Minuten kochen.

Apfelgelee

Saft: 5 kg Äpfel (vorbereitet gewogen)*), 4 l Wasser.

Gelee: 3½ kg (3½ l), Saft, 3½ kg Zucker.

Dr. Oetker Einmache-Hilfe zum Bestreuen.

*) Hierzu eignet sich sehr gut unreifes Fallobst.

Die Äpfel werden gewaschen, von schlechten Stellen befreit, klein geschnitten und gewogen. Weitere Herstellung siehe Regeln ab Punkt 2 der Saftgewinnung (S. 299)!

Quittengelee

Saft: 5 kg Quitten (vorbereitet gewogen), 4 l Wasser.

Gelee: 3½ kg (3½ l) Saft, 3½ kg Zucker.

Dr. Oetker Einmache-Hilfe zum Bestreuen.

Die Quitten werden trocken abgerieben, um den Flaum zu entfernen, gewaschen, von schlechten Stellen befreit, klein geschnitten und gewogen. Weitere Herstellung siehe Regeln ab Punkt 2 der Saftgewinnung (S. 299)!

Kochzeit von Saft und Zucker: Etwa 10 Minuten.

IV. Marmelade

Für Marmelade lassen sich auch kleine, unansehnliche Früchte verwerten oder Rückstände von der Saft- oder Geleebereitung nutzbar machen. Zu empfehlen sind Drei- und Vierfruchtmarmeladen; man kann auf diese Weise auch kleine Fruchtmengen vorteilhaft verwenden.

Regeln

1. Die Früchte bzw. Rhabarberstengel werden gewaschen (Himbeeren nicht!), gut abgetropft oder abgetrocknet. Dann werden:

   Erdbeeren und Himbeeren sorgfältig verlesen und entstielt,
   Johannisbeeren von den Stielen abgestreift,
   Pflaumen entsteint,
   Rhabarberstengel in Stücke geschnitten,
   Stachelbeeren von Stiel und Blüte befreit.

2. Die vorgeschriebene Menge Obst wird gewogen und in einen genügend großen Kochtopf gegeben. Beerenfrüchte werden zerquetscht. Man bringt das Obst bei starker Hitze unter ständigem Rühren zum Kochen. Ist im Rezept Wasser angegeben, bringt man es mit dem Obst zum Kochen.

   Früchte mit derben Schalen oder Kernen wie Quitten, Johannisbeeren und Himbeeren werden nach dem Zerkochen durch ein Sieb gestrichen und wieder erhitzt.

Herstellung von Marmelade auf der Kocherflamme

1. **Man bringt das vorbereitete Obst unter ständigem Rühren auf großer Flamme zum Kochen und läßt es auf etwa $^2/_3$ großer Flamme etwa $^1/_3$ einkochen.**

2. Der Zucker wird hinzugefügt. Man bringt die Fruchtmasse wieder zum Kochen und kocht sie dann, bis sie dick genug ist.

   Die genaue Kochzeit läßt sich vorher nicht festlegen, am besten prüft man ab und zu die Beschaffenheit der Marmelade. Sie hat lange genug gekocht, wenn etwas auf einen Teller gegebene Marmelade nach dem Erkalten dickbreiig ist.

3. In die fertige, noch heiße Marmelade wird die Einmache-Hilfe gerührt. Danach füllt man die Marmelade in die vorbereiteten Gläser (s. S. 291 ab Punkt 4).

Herstellung von Marmelade im Backofen

1. Die vorbereiteten Früchte werden mit dem Zucker gemischt und in 1–2 flache Töpfe (je nach Größe) oder in die Rostbratpfanne gefüllt. Man stellt die Töpfe (ohne Deckel!) auf den Rost, der auf dem Backofenboden liegt oder auf die unterste Schiene geschoben wurde. Man schiebt die Bratpfanne ebenfalls auf die unterste Schiene.

2. **Beim Flammenbackofen läßt man die Flammen zunächst so lange auf groß brennen, bis die Masse anfängt zu kochen. Dann werden die Flammen $^1/_2$ groß eingestellt.** Auch hier hat die Marmelade lange genug gekocht, wenn sie auf einem Teller nach dem Erkalten dickbreiig ist.

3. **Beim Reglerbackofen heizt man 5 Minuten auf 6 vor, bringt das gezuckerte Obst bei dieser Einstellung bis zum Kochen und geht dann auf 5 herunter.**

Marmelade aus Erdbeeren, Himbeeren, Rhabarber, Stachelbeeren, Johannisbeeren

5 kg Früchte, 2½ kg Zucker, ½ Päckchen Dr. Oetker Einmache-Hilfe.

Siehe Regeln (S. 301) und Herstellung von Marmelade auf der Kocherflamme oder im Backofen.

Pflaumen- oder Zwetschenmus

15 kg Pflaumen oder Zwetschen (vorbereitet gewogen), 1½ kg Zucker, 5 g (3 gestrichene Teel.) Gewürznelken, 10 g (4 gestrichene Teel.) Zimt, 1 Päckchen Dr. Oetker Einmache-Hilfe.

Siehe Regeln (S. 301) und Herstellung von Marmelade auf der Kocherflamme oder im Backofen.

Die Gewürze fügt man nach dem Kochen mit der Einmache-Hilfe hinzu.

Quittenmarmelade

3 kg Quitten (vorbereitet gewogen), 2 l Wasser, 3 kg Zucker, ½ Päckchen Dr. Oetker Einmache-Hilfe.

Die Quitten werden trocken abgerieben, um den Flaum zu entfernen, gewaschen, von schlechten Stellen befreit, gewogen und klein geschnitten. Weitere Herstellung siehe Regeln (S. 301) und Herstellung von Marmeladen auf der Kocherflamme oder im Backofen (S. 301).

Dreifruchtmarmelade

5 kg gemischte Früchte, z. B. Pflaumen, Birnen, Äpfel (vorbereitet gewogen), 2½ kg Zucker, ½ Päckchen Dr. Oetker Einmache-Hilfe.

Die Früchte werden gewaschen und gut abgetropft. Danach entsteint und wiegt man die Pflaumen. Birnen und Äpfel schält man, entfernt das Kerngehäuse und schneidet sie in kleine Stücke. Weitere Herstellung siehe Regeln ab Punkt 2 (S. 301) und Herstellung von Marmeladen auf der Kocherflamme oder im Backofen (S. 301).

C. Einlegen in Essig

Da Säuren die Bakterien nicht nur am Wachstum hindern, sondern sie zerstören, legt man leicht zersetzbare Früchte und Gemüse in Essig ein, der aber so stark sein muß, daß er nicht selbst von Schimmelpilzen angegriffen werden kann. Man darf also die in den Rezepten vorgeschriebene Essigmenge nicht willkürlich herabsetzen. Setzt man dem Essig noch Zucker zu, so hat man die sog. „Gemischte Konservierung". Man wendet sie vorzüglich bei Obst an, aber auch Gurken und Kürbis sind in dieser Form sehr beliebt.

Regeln

1. Man kocht den Essig mit Zucker auf und gibt die Gewürze in ein Mulläppchen, damit das Eingemachte keine Flecke bekommt.
2. Wenn man die Früchte in Essig kochen muß, legt man nur so viele in den Topf, wie nebeneinander Platz haben. Der Saft wird dann eingedickt über die Früchte gegeben.
3. Alles in Essig Eingemachte wird mit Pergamentpapier oder Cellophan zugebunden.
4. Man beachte im übrigen die allgemeinen Einmacheregeln (S. 291).

Essigbirnen

3 kg Birnen, ¾ l Einmach- oder Weinessig, ½ l Wasser, 2 kg Zucker, 1 Stückchen Zimt, 4–5 Nelken, Schale von ½ Zitrone, 1 Päckchen Dr. Oetker Einmache-Hilfe.

Die Birnen werden gewaschen, geschält, halbiert und von Blüte, Stiel und Kernhaus befreit. Der Essig wird mit Wasser, Zucker und Gewürzen zum Kochen gebracht und die Birnen nach und nach darin gar gekocht. Man nimmt sie vorsichtig mit dem Schaumlöffel heraus und füllt sie in Gläser oder Töpfe. Der Saft wird dick eingekocht, von der Kochstelle genommen, mit der Einmache-Hilfe vermischt und über die Früchte gegeben. Nach dem Erkalten werden sie mit Pergamentpapier, das in eine Lösung von Alkohol oder Essig und Einmache-Hilfe getaucht ist, bedeckt und nach Vorschrift zugebunden.

Veränderung: Kleine Birnen kann man ganz lassen; sie werden geschält und nur die Blüten entfernt.

Essigpflaumen

3 kg Pflaumen, ½ l Einmach- oder Weinessig, ¼ l Wasser, 1½ kg Zucker, 1 Stückchen Zimt, 4–5 Nelken, Schale von ½ Zitrone, 1 Päckchen Dr. Oetker Einmache-Hilfe.

Die Pflaumen werden gewaschen, einzeln mit einem Tuch abgerieben, die Haut wird mit einem Hölzchen (Zahnstocher) einige Male durchstochen. Sie werden im übrigen behandelt wie Essigbirnen (s. oben).

Kürbis

2 kg Kürbis (vorbereitet gewogen), ½ l Speiseessig. 1 l Wasser, ¼ l Weinessig, 1 kg Zucker, Saft und Schale von einer Zitrone, 1 kleines Stück Ingwer, Dr. Oetker Einmache-Hilfe zum Bestreuen.

Der Kürbis wird geschält und das Mark mit einem silbernen Löffel ausgekratzt. Nach dem Wiegen schneidet man ihn mit dem Buntschneidemesser in kleine Würfel, gibt ihn in eine Steingutschüssel und übergießt ihn mit verdünntem Essig. Am nächsten Tag hebt man den Kürbis mit dem Schaumlöffel heraus und läßt ihn auf einem Durchschlag abtropfen. Man kocht nun den Weinessig mit Zucker und Gewürzen auf und kocht darin die Kürbisstücke glasig. Sie werden weiterbehandelt wie Essigbirnen (s. oben), nur wird die Einmache-Hilfe nicht mit dem Saft vermischt, sondern auf das Pergamentpapier gestreut. Bevor man die Gläser zubindet, muß man nachsehen, ob der Saft dünn geworden ist, in diesem Fall muß er wieder abgegossen und eingekocht werden.

Süße Gurken

werden eingemacht wie Kürbis (s. oben), nur nimmt man statt des Ingwers weißen Pfeffer und an Stelle von 1 kg Zucker 750 g.

Essiggurken

5 kg Gurken, 500 g Perlzwiebeln, 100 g Meerrettich, 15 g Pfefferkörner, Nelkenpfeffer, Lorbeerblätter, Dill, Estragon, 1½ l Weinessig, 2 l Wasser, 300–500 g Zucker, 1 Päckchen Dr. Oetker Einmache-Hilfe, 20 g Senfkörner.

Man nimmt nicht zu große, gerade gewachsene, feste Gurken. Sie werden gewaschen, mit Salzwasser bedeckt (auf 5 l Wasser 375 g Salz), 12–24 Stunden stehengelassen, danach sorgfältig gebürstet und abgespült. Dann trocknet man sie mit einem Tuche ab, entfernt alle schlechten Stellen, schichtet sie abwechselnd mit den abgezogenen Zwiebeln, dem geputzten, in Stücke geschnittenen Meerrettich und den Gewürzen in einen Steintopf. Man kocht den Essig mit Wasser und Zucker auf, nimmt ihn von der Kochstelle und rührt die Einmache-Hilfe darunter. Von der heißen Flüssigkeit gießt man so viel über die Gurken, daß sie gut bedeckt sind. Obenauf legt man einen Beutel mit gelben Senfkörnern und bindet den Topf mit Pergamentpapier oder Cellophan zu.

Pfeffergurken

werden eingemacht wie Essiggurken (s. S. 303). Man nimmt dazu die nicht ausgewachsenen, etwa fingerlangen Früchte und würzt den Essig scharf mit spanischem Pfeffer.

Polnische Gurken

2½ kg Gurken (vorbereitet gewogen), 125 g Salz, 150 g Perlzwiebeln, 2 kleine Zehen Knoblauch, 1 Sträußchen Estragon und Dill, 4 Gewürzkörner, 3 Lorbeerblätter, 30 g gewürfelter Meerrettich, 3–4 Nelken, 2–3 getrocknete Paprikaschoten, 8–10 schwarze und weiße Pfefferkörner, 20 g Senfkörner, ½ l Weinessig, ¾ l Wasser, 200–250 g Zucker, ½ Päckchen Dr. Oetker Einmache-Hilfe.

Die gewaschenen, geschälten Gurken schneidet man in 1 cm dicke Scheiben, schichtet sie mit dem Salz über Nacht in eine Schüssel und deckt diese mit einem Tuch zu. Am nächsten Tag werden die Gurken zum Ablaufen auf ein Sieb geschüttet und mit einem Tuch abgetrocknet. Man schichtet die Gurken und die in Scheiben geschnittenen Zwiebeln abwechselnd mit den übrigen Gewürzen in einen Steintopf oder in Gläser. Der Weinessig wird mit Wasser und Zucker aufgekocht und heiß über die Gurken gegeben. Nach 8 Tagen gießt man den Essig nochmals ab, kocht ihn auf, rührt die Einmache-Hilfe darunter und gibt ihn heiß wieder über die Gurken.

Nach dem Erkalten wird der Topf mit Pergamentpapier oder Cellophan zugebunden.

Russische Gurken

werden eingemacht wie Essiggurken (s. S. 303), nur süßt man den Essig nach Geschmack und gibt zu den Kräutern 1–2 Zehen Knoblauch.

Senfgurken

5 kg Gurken (vorbereitet gewogen), 200 g Salz, 250 g Perlzwiebeln, ½ Stange Meerrettich, 10 Gewürzkörner, Lorbeerblätter, 15–20 weiße und schwarze Pfefferkörner, 100 g gelbe Senfkörner, 1½ l Weinessig, 1 l Wasser, 500–600 g Zucker, 1 Päckchen Dr. Oetker Einmache-Hilfe.

Man nimmt große, ausgewachsene, aber feste Gurken. Sie werden geschält, der Länge nach durchgeschnitten und das Mark mit einem silbernen Löffel ausgekratzt. Man schneidet sie in fingerlange Streifen, schichtet sie mit Salz in ein Tongefäß und läßt sie 12–24 Stunden stehen. Dann schüttet man sie auf ein Sieb, trocknet sie einzeln sorgfältig ab und schichtet sie abwechselnd mit den abgezogenen Zwiebeln, dem geputzten, in Stücke geschnittenen Meerrettich und den Gewürzen in einen Steintopf oder in Gläser. Obenauf legt man einen Mullbeutel mit Senfkörnern.

Den Essig kocht man mit Wasser und Zucker auf, nimmt ihn von der Kochstelle, rührt die Einmache-Hilfe darunter und gießt ihn über die Gurken. Nach dem Erkalten bindet man den Topf (Glas) mit Pergamentpapier oder Cellophan zu.

Nach etwa 4 Wochen kann man die Gurken verwenden.

Mixed Pickles

1 kg kleine Gurken, 1 kleiner Blumenkohl, 250 g grüne Bohnen, ½ kg Wurzeln (Möhren), ½ Stange Meerrettich, 125 g Perlzwiebeln, 3 Lorbeerblätter, 20 Pfefferkörner, 10 Nelkenpfeffer, ¾ l Weinessig, 1½ l Wasser, 125 g Zucker, 60 g Salz, ½ Päckchen Dr. Oetker Einmache-Hilfe.

Die Gurken werden gewaschen, 12 Stunden in Salzwasser (auf 1 Liter Wasser 75 g Salz) gelegt, gründlich abgebürstet, nachgewaschen und abgetrocknet. Der Blumenkohl wird in Röschen zerschnitten und gut geputzt. Die Bohnen werden abgezogen und, je nach der Größe, ein- bis zweimal durchgeschnitten. Die Wurzeln werden geschrappt und evtl. mit dem Buntschneidemesser in Scheiben geschnitten. Man kocht das Gemüse (außer Gurken) nun nacheinander in demselben Wasser fast gar. Dann schichtet man alles mit Meerrettichwürfeln, Perlzwiebeln, Lorbeerblättern, Pfefferkörnern und Nelkenpfeffer in Gläser ein. Den Essig kocht man mit Wasser, Zucker und Salz auf, nimmt ihn von der Kochstelle, verrührt die Einmache-Hilfe darin und gibt ihn heiß über die Mixed Pickles. Obenauf legt man Pergamentpapier und einen Glasteller oder ein Schieferplättchen zur Beschwerung. Man bindet die Gefäße mit Pergamentpapier oder Cellophan zu.

D. Einsalzen

Um größere Mengen Gemüse für den Winter haltbar zu machen, bedient man sich praktischerweise des Einsalzens. Dieses Verfahren ist bequem und billig; man wendet es an bei grünen Bohnen, Gurken und mit ganz besonders gutem Erfolg bei Weißkohl. Sauerkraut gilt heute nicht nur als feinschmeckerische Spezialität, es wird auch als Heilmittel in der Diätkost verwendet. Die in dem eingelegten Gemüse durch Milchsäurebakterien und Hefepilze hervorgerufene Gärung verwandelt den größten Teil der Kohlenhydrate in Milchsäure, die in unserem Körper wie Joghurt und Sauermilch wirkt, d. h. den Darm desinfiziert und Fäulnisvorgänge bekämpft. In rohem Zustand und bei sachgemäßer, nicht zu langer Lagerung besitzt das Sauerkraut zudem noch reichlich Vitamine. Deshalb sollte man es möglichst oft roh zubereitet essen, gekochtes Kraut aber durch einen Zusatz von rohem aufwerten.

Um die Gärung zu beschleunigen, kann man das eingelegte Gemüse die ersten Tage in einen warmen Raum stellen, dann muß es im kühlen Keller aufbewahrt werden.

Regeln

1. Die zum Einlegen der Gemüse bestimmten Steintöpfe oder Fässer müssen gründlich gescheuert, mit heißem Wasser ausgebrüht und an der Luft getrocknet sein.
2. Weißkohl, Bohnen und Streifrüben werden mit der Hand oder mit einem Holzstampfer so fest eingedrückt, daß der Saft übersteht.
3. Man lege über das Gemüse ein Leinentuch, das vorher mit heißem Wasser gebrüht sein muß.

4. Zum Beschweren nehme man ein Brett, möglichst im Durchmesser des Topfes, und einen Feldstein.
5. Alle 10–14 Tage müssen Tuch, Brett und Stein sauber gespült werden.
6. Sollte das Gemüse einmal im Laufe des Winters zu wenig Lake haben, so gießt man erkaltete Salzlösung nach.
7. Man nehme das Eingemachte mit einem Holzlöffel oder einer Holzgabel heraus.
8. Man beachte im übrigen die allgemeinen Einmacheregeln (S. 291).

Sauerkraut

5 kg Weißkohl, 100 g Salz.

Recht feste, frische Weißkohlköpfe werden von den äußeren Blättern befreit und fein gehobelt. Dann stampft man das Kraut abwechselnd mit Salz in einen Steintopf, und zwar muß jede Krautlage so fest gestampft werden, daß der sich bildende Saft über dem Kohl steht. Obenauf legt man einige Kohlblätter, Brett und Stein. Der Topf wird mit einem Tuch zugebunden und im Keller aufbewahrt. Dauer der Gärung 4–6 Wochen.

Veränderung: Man kann Wacholderbeeren, Weinblätter oder Apfelscheiben mit einschichten (auf 5 kg Weißkohl rechnet man 500 g Äpfel).

Grüne Bohnen

5 kg Bohnen, 200 g Salz.

Man verwendet am besten junge Stangenbohnen. Sie werden gewaschen, gut getrocknet, abgefädelt und geschnippelt (Bohnenschneidemaschine oder Schnippelmesser). Man vermischt sie mit dem Salz und drückt sie so fest wie möglich in einen Steintopf. Sie werden mit einem Tuch bedeckt, mit Brett und Stein beschwert und an einem kühlen Ort zugedeckt aufbewahrt.

Perl-, Brech- und Wachsbohnen

werden eingemacht wie grüne Bohnen (s. oben). Es empfiehlt sich, sie zuvor in kochendes Wasser zu werfen, kurz abzubrühen und zum Abkühlen auf ein Tuch zu legen.

Gurken

Fleckenlose, grüne Gurken werden 12–24 Stunden in kaltes Wasser gelegt, abgetrocknet und mit Weinlaub und Dillblüten fest in einen Steintopf geschichtet. Man kocht eine Salzlösung (30–50 g Salz auf 1 Liter Wasser) und gießt sie heiß über die Früchte. Sie werden, mit einem Tuch bedeckt und mit Brett und Stein beschwert, im Keller aufbewahrt. Nach 3–4 Wochen kann man sie verwenden.

Veränderung: Man kann auch Sauerkirschblätter, Estragon, Lorbeerblätter und Meerrettichstückchen mit einschichten.

E. Dörren

Beim Dörren wird dem Obst und Gemüse durch die Einwirkung der Wärme der Wassergehalt entzogen und damit den Fäulnisbakterien die Lebensbedingungen genommen. Es ist die älteste Form der Lebensmittelkonservierung und auch heute noch durchaus zu empfehlen, wenn große Mengen Obst vor dem Verderben geschützt werden müssen, zumal dabei Nährsalze und Geschmacksstoffe erhalten bleiben. Das Verfahren ist billig, da keine Konservierungsmittel (Essig, Zucker) nötig sind, und denkbar einfach. Man trocknet an der Luft oder im Backofen. Die erforderlichen Horden kann man kaufen oder selbst herstellen (alte Bilderrahmen mit Drahtgitter, Verbandsmull oder Stramin überziehen).

Dörren im Backofen

Regeln

1. Das zum Trocknen bestimmte Obst muß vollkommen reif sein.
2. Gemüse und Obst werden etwa 5 Minuten in kochendes Wasser gegeben. Nach dem Abtropfen legt man sie ausgebreitet auf Horden.
3. **Flammen- sowie Reglerbackofen werden vor dem Einschieben der Horden angezündet, die Flammen müssen so klein wie möglich gestellt werden. (Beim Reglerbackofen zwischen 0 und 8 einstellen; kleinste Flamme!)**
4. **Auf die untere und obere Schiene wird je eine Horde geschoben. Damit das Dörrgut gleichmäßig trocknet, müssen obere und untere Horde stündlich umgewechselt werden.**
5. **Bevor der Backofen geschlossen wird, legt man einen Rührlöffel zwischen Backofentür und -rahmen, damit die Tür einen Spalt offen bleibt.** Sollten sich trotzdem im Backofen Wassertropfen bilden, ist es ein Zeichen dafür, daß die Hitze zu stark ist.
6. Das Dörrgut ist fertig, wenn es sich völlig trocken (jedoch nicht brüchig!) anfühlt und beim Durchbrechen keinen Saft zeigt.
7. Es muß nach dem Austrocknen flach ausgebreitet werden, völlig auskühlen und einige Tage an der Luft nachtrocknen.
8. Es wird in luftdurchlässigen Beuteln in trockenen Räumen hängend aufbewahrt.
9. Gedörrtes Obst und Gemüse müssen mindestens 12 Stunden im Wasser quellen, ehe sie gekocht werden können (mit dem Einweichwasser aufsetzen, damit keine Nährstoffe verlorengehen!).

Äpfel werden geschält, geviertelt und entkernt oder nach dem Schälen ausgebohrt und in Ringe geschnitten.

Birnen werden geschält. Kleine Früchte kann man ganz lassen, größere in Hälften schneiden. Äpfel und Birnen können auch auf Fäden gereiht und an der Luft getrocknet werden.

Heidelbeeren werden sorgfältig verlesen und auf Packpapier ausgebreitet. (Gedörrte Heidelbeeren sind gut gegen Durchfall.)

Pflaumen müssen so reif sein, daß die Haut um den Stiel herum kraus geworden ist.

Stachelbeeren werden wie Heidelbeeren behandelt. (Ersatz für Rosinen.)

Hagebutten werden von Stiel und Blume, evtl. auch von den Kernen befreit und getrocknet.

Pilze werden sorgfältig geputzt, auf Fäden gereiht oder flach ausgebreitet und an der Sonne getrocknet.

Kräuter muß man vor der Blüte sammeln, in kleinen Bündeln langsam an der Sonne trocknen, pulverisieren und im Schraubglas verwahren.

ÜBER DIE ERNÄHRUNG DES MENSCHEN

Die Ernährung ist die Grundlage des menschlichen Daseins. Im Gegensatz zu früheren Zeiten, in denen für die Auswahl der Nahrung unter den Naturerzeugnissen nur der Instinkt und die wirtschaftlichen Gegebenheiten maßgebend waren, gewinnen heutzutage die wissenschaftlichen Erkenntnisse der Ernährungslehre immer mehr an Einfluß. Dabei finden die gesammelten Erfahrungen des einzelnen und ganzer Völker in guten wie auch ganz besonders in schlechten Zeiten ihre Berücksichtigung.

Die große Bedeutung der Ernährung für die Gesundheit des einzelnen wie für die gesamte Volkswirtschaft ist unumstritten. Dabei trägt die Hausfrau die größte Verantwortung, denn sie regelt mit ihren Wünschen die Entwicklung auf dem Lebensmittelmarkt im Sinne von Angebot und Nachfrage. Durch die Hände der Hausfrauen fließen groschenweise Millionenbeträge. Man rechnet, daß durchschnittlich mindestens 40% des Einkommens für die Ernährung ausgegeben werden; je größer die Familie, um so größer ist der Ernährungsanteil an den Ausgaben. Bei der Hausfrau liegt es, unter den gegebenen Verhältnissen durch vernünftige Gestaltung der Ernährung das Beste für Gesundheit und Leistungsfähigkeit herauszuholen.

Schon bevor die Lebensmittel auf den Markt kommen, waren Millionen Menschen (mindestens ⅓ der Arbeitskräfte unseres Volkes überhaupt) an ihrer Erzeugung, Verarbeitung und Bereitstellung tätig. Auch der Staat hat sich in den Dienst an der Volksernährung gestellt und gewährt ihr seinen Schutz u. a. durch das Lebensmittelgesetz. Darin sind alle Güteanforderungen und Begriffsbestimmungen für Lebensmittel festgelegt, so ist z. B. genau bestimmt, was man unter „Marmelade", unter „schwarzem Pfeffer" oder einem „Fleischbrühwürfel" usw. versteht. Alle Lebensmittel stehen nicht nur hinsichtlich ihrer Qualität, sondern ebenso auch in bezug auf ihre weitere Verarbeitung und die hygienischen Einrichtungen beim Handel und Verkauf unter seiner ständigen behördlichen Aufsicht und gesundheitlichen Fürsorge.

Assimilation — Verbrennung — Atmung

Im Gegensatz zur Pflanze, die sich zu ihrer Ernährung und Entwicklung anorganischen Materials bedient, d. h. aus der Kohlensäure der Luft und den wässerigen Salzlösungen des Bodens organische Substanz selbst aufbauen kann, sind Mensch und Tier dazu nicht imstande. Sie sind bei ihrer Ernährung auf fertige Nährstoffe angewiesen, die ihnen als Ergebnisse der pflanzlichen Aufbauarbeit in Form von Stärke, Eiweiß und Fett zur Verfügung stehen. Stärke, Eiweiß und Fett sind Kraftreserven, die von den grünen Pflanzen mit Hilfe des Sonnenlichts aus nichtlebenden Stoffen angelegt wurden. **Assimilation** nennt man diese „Anpassung" oder Umwandlung der Kohlensäure in die pflanzeneigene Substanz und deren **Aufbau unter Ausnutzung der Sonnenenergie.** Im Gegensatz zu diesem Aufbau wird durch die **Verbrennung** oder den **Abbau** pflanzlicher Substanz (z. B. Holz, Kohle) mit Hilfe des Luftsauerstoffs Kohlensäure zurückgebildet, wobei die gespeicherte Sonnenenergie als Wärme wiedergewonnen wird. Diese beiden Vorgänge, **Assimilation unter Verbrauch von Sonnenenergie** und **Verbrennung unter Gewinnung von Wärme,** bilden also einen Kreislauf in der Natur, in den auch Mensch und Tier mit eingeschaltet sind. Denn dieselbe Verbrennung pflanzlicher Stoffe mit der Gewinnung **von Wärme** findet auch im menschlichen und tierischen Körper statt. Bei der **Atmung,** einer langsamen, flammenlosen Verbrennung, wird der Sauerstoff der

Luft in der Lunge auf das Blut übertragen und mit ihm an alle Stellen des Körpers gebracht, an denen eine Verbrennung von Nahrungsstoffen stattfindet. Die dabei entwickelte Wärme dient zur Erhaltung der Körpertemperatur und außerdem als Energiequelle für alle körperlichen Leistungen.

Kalorien — Nutzungswert

Jede menschliche Nahrung stammt also aus dem Pflanzenreich oder über die Pflanze aus dem Tierreich, und die Verbrennung dieser Nahrungsstoffe zur Energielieferung führt innerhalb und außerhalb des Körpers zu den gleichen Endprodukten, Kohlensäure und Wasser. Die entstehende Wärmemenge mißt man in **Kalorien.** 1 (große) Kalorie ist die Wärmemenge, die erforderlich ist, um 1 kg Wasser um 1 Grad Celsius zu erwärmen.

Im Organismus kann wegen der komplizierten Vorgänge, auf die wir noch zurückkommen, die Verbrennung nicht ganz so gut durchgeführt werden, deshalb ist die Wärmeausbeute bei der Verbrennung der Hauptnährstoffe (Kohlenhydrate, Fett und Eiweiß) etwas geringer, man bezeichnet sie als den **kalorischen „Nutzungswert"** der Nahrung.

für 1 g	Verbrennungswert	Nutzungswert
Kohlenhydrate	4,2 Kalorien	4,1 Kalorien
Fett	9,5 Kalorien	9,3 Kalorien
Eiweiß	5,7 Kalorien	4,1 Kalorien

Grundumsatz

Der Mensch braucht die Nahrung zum Aufbau seines Körpers, zur Erhaltung seiner Körperfunktionen und zur Arbeitsleistung. Die Mindestmenge von Energie, die ein Erwachsener bei vollkommener Ruhe im nüchternen Zustand verbraucht, nennt man **„Grundumsatz".** Der größte Teil dieser Energie dient als Wärme zur Aufrechterhaltung der Körpertemperatur. Der Grundumsatz ist bei der Frau stets etwas niedriger (zum Teil infolge besserer Wärmeisolierung durch bessere Ausbildung des Fettgewebes) als beim Mann und nimmt mit dem Alter ab. Er beträgt etwa 1500 bis 2000 Kalorien für 24 Stunden beim Erwachsenen. Jede Muskelarbeit führt zu einem steilen Anstieg des Kalorienverbrauchs über den Grundumsatz hinaus, z. B. beim

Sitzen	Steigerung bis zu 10%
Stehen	Steigerung bis zu 30%
Gehen	Steigerung bis zu 300%
Bergsteigen	Steigerung bis zu 900%

Auch die aufgenommene Nahrung selbst führt zu einer Steigerung, weil ihre Verarbeitung Energie verbraucht.

Kalorienlehre

Wenn man nun einerseits den Nutzungswert der Nahrung in Kalorien kennt und andererseits auch den Energieumsatz des Körpers, so ergeben sich daraus Anhaltspunkte für den Nahrungsbedarf. Diese **„Kalorienlehre"** wurde vor etwa 100 Jahren von Justus von Liebig als erstem deutschem Chemiker, der sich mit der Ernährung befaßte, begründet. In der Folgezeit hat sich herausgestellt, daß die Beurteilung der Nahrung **nur** nach Kalorien unvollkommen ist, weil dabei nur **eine** von ihren vielen

Eigenschaften, eben die Wärme- bzw. Energielieferung, berücksichtigt wird. Trotzdem ist die Kalorienlehre nach wie vor ein wesentlicher Teil der Ernährungswissenschaft. In den Kriegs- und Nachkriegsjahren ist das Interesse an dieser Kalorienbewertung in weite Kreise der Bevölkerung gedrungen und infolge unliebsamer Erinnerungen unbegründet in Verruf geraten.

Mit einer künstlich aus den Hauptnährstoffen und Kalorienträgern (Kohlenhydrate, Fett und Eiweiß) und Wasser zusammengesetzten Ernährung läßt sich das Leben nicht aufrechterhalten. Dabei fehlt eine Reihe von Stoffen, teils bekannter, teils auch noch unbekannter Natur, die für den geordneten Lebensablauf unerläßlich sind, z. B. Mineralstoffe und Vitamine.

Es ist eine ganz besondere und ihn vor den Tieren auszeichnende Eigenart des Menschen, daß er einen großen Teil seiner Nahrung nur „zubereitet", d. h. durch Kochen, Braten, Backen leichter verdaulich und schmackhaft gemacht, zu sich nimmt und die tischfertigen Speisen zu Mahlzeiten zusammenstellt. Durch diese „Kochkunst" kann aber auch Schaden angerichtet werden, weil tiefgreifende Veränderungen stattfinden und gerade die lebenswichtigen Vitamine zerstört werden können, so daß von den Nahrungsmitteln, die derartig leicht veränderliche Stoffe enthalten, wenigstens ein Teil im natürlichen, unveränderten Zustand verzehrt werden sollte.

Die Zubereitung der Nahrung beruht auf jahrhundertealten Erfahrungen und Traditionen und ist ein Zeichen für den Kulturzustand eines Volkes. Ebenso wie der Boden und das Klima hat auch die Ernährung in den verschiedenen Landstrichen den Charakter des Menschen geprägt. Die „Leibgerichte" und Besonderheiten verschiedener Stämme und Völker sind nicht ohne Bedeutung.

Daß die Ernährung möglichst einfach, naturgemäß, preiswert und den persönlichen Lebensbedürfnissen angepaßt sein muß, ist heute eine selbstverständliche Forderung. Dieses Ziel wird in unseren Gegenden am zweckmäßigsten erreicht mit einer gemischten Kost unter Verwendung pflanzlicher und tierischer Lebensmittel, mit Brot, Kartoffeln (als Pellkartoffeln) und Gemüse (teilweise in ungekochtem Zustand) als Grundlage. Als hochwertiges tierisches Eiweiß dienen Fleisch und Milchprodukte (Quark) zur notwendigen Ergänzung. Eine ausgesprochen vegetarische oder sonst außergewöhnliche Kost bleibt jedem einzelnen, dem sie behagt, selbstverständlich vorbehalten, für das Volksganze ist sie nicht durchführbar. Zur Verfeinerung und abwechslungsreicheren Gestaltung des Speisezettels, aber auch als Träger wichtiger Ernährungsstoffe durchaus wertvoll, schätzen wir noch als Zukost Obst und Süßspeisen, feinere Gemüse und Delikatessen. Diese Nahrungsmittel liefern uns, außer der eigenen Erzeugung auf unserem Heimatboden, der Welthandel und die Nahrungsmittelindustrie.

Im Folgenden soll ein kurzer Überblick gegeben werden über die Zusammensetzung der einzelnen Nahrungsmittel, ihren Gehalt an Wirkstoffen (Vitaminen) und ihre Bedeutung, ferner die Verwertung und Ausnutzung der Nahrung im menschlichen Körper.

Nährstoffe

Die Zahl der Nahrungsmittel ist unübersehbar, aber die Zahl ihrer gleichartigen, immer wiederkehrenden Bestandteile, Nährstoffe genannt, ist nur klein. Die wichtigsten Nährstoffe sind Kohlenhydrate, Fett und Eiweiß; dazu kommen Wasser, Mineralsalze und besondere Wirkstoffe.

Kohlenhydrate
sind zucker- und stärkeartige Stoffe. Sie bestehen nur aus Kohlenstoff und den Grundstoffen des Wassers, daher stammt ihr Name (Hydrat = Wasser). **Einfache Zucker** sind **Traubenzucker** und **Fruchtzucker,** die, wie der Name sagt, reichlich in Früchten vorkommen. Der Traubenzucker ist auch ein normaler Bestandteil des Blutes.

Unser gewöhnlicher Haushaltszucker wird in den Tropen aus Zuckerrohr und bei uns seit etwa 200 Jahren aus Zuckerrüben gewonnen. **Rohr- und Rübenzucker** ist dasselbe, er ist ein **Doppelzucker,** d. h. aus paarweise miteinander verbundenen Teilen Trauben- und Fruchtzucker zusammengesetzt. Zu den Doppelzuckern gehören auch **Milch-** und **Malzzucker.** Bei der Verdauung und auch chemisch läßt sich der Rohrzucker durch Spaltung in die beiden Einfachzucker zerlegen. Dieses Gemisch von Traubenzucker und Fruchtzucker heißt **Invertzucker.** Aus ihm bestehen der Bienen- und auch der Kunsthonig. Alle einfachen und Doppelzucker schmecken mehr oder weniger süß und sind leicht in Wasser löslich.

Die **höheren Kohlenhydrate** dagegen, die aus vielen einfachen Zuckern zusammengesetzt sind, haben keine Zuckereigenschaften mehr. Zu ihnen gehört die **Stärke,** die nur aus Traubenzucker besteht, bei der aber sehr viele dieser einzelnen Bausteine fest miteinander verbunden sind. Eine besondere Eigenart der Stärke ist ihre Fähigkeit zu quellen und zu verkleistern (Pudding). Stärke ist der wichtigste Bestandteil in Kartoffeln und Getreide, also auch Brot, und in allen Nährmitteln, Haferflocken, Grieß, Graupen, Reis usw. Im Gegensatz zu Mehl, das durch Mahlen des Getreidekorns gewonnen wird, stellt man reine Stärke, z. B. Maisstärke, Weizenstärke, Kartoffelstärke, durch einen Schlämmprozeß her. Dabei werden die Stärke enthaltenden Speicherorgane der Pflanzen (Samen, Knollen) möglichst fein zerkleinert, wodurch die stärkeführenden Zellen aufgerissen werden; die damit freigelegte Stärke kann dann mehr oder weniger leicht mechanisch ausgeschlämmt werden.

Die Stärke wird von der Pflanze erzeugt und als Kraftreserve gespeichert, um in Zeiten erhöhten Bedarfs (Wachstum, Keimung) wieder zur Verfügung zu stehen. Das entsprechende Reserve-Kohlenhydrat im tierischen und menschlichen Körper ist das bei Überfluß aus dem Traubenzucker des Blutes aufgebaute **Glykogen,** das in der Leber und in den Muskeln gespeichert wird. Pferdefleisch ist besonders reich daran. Beide, Stärke und Glykogen, werden bei Bedarf sowohl im Körper als auch chemisch wieder vollkommen in die einzelnen Traubenzucker-Bausteine zerlegt.

Ein weiteres höheres Kohlenhydrat, ebenfalls nur aus Traubenzucker-Bausteinen zusammengesetzt, ist die **Zellulose.** Sie ist als Gerüststoff der Pflanzen die am weitesten verbreitete organische Substanz, die sich im Holz in besonders großen Mengen findet. Das Holz ist daher heute der wichtigste Ausgangsstoff zur Gewinnung von Zellulose (Zellstoff, Papier) und weiteren Abbauprodukten (Traubenzucker bei der Holzverzuckerung). Bei der Zellulose sind offenbar die einzelnen kleinen Zuckerbausteine so fest miteinander verbunden, daß sie von den menschlichen Verdauungssäften nicht gespalten werden können. Die Zellulose ist deshalb für den Menschen unverdaulich, also „Ballaststoff". Manche Tiere, vor allem Wiederkäuer, können mit Hilfe von Kleinlebewesen (Bakterien) Zellulose verdauen, dies geschieht z. B. im Pansen des Rindes.

Zucker und Stärke werden im Organismus mit Hilfe des eingeatmeten Sauerstoffes glatt zu Kohlensäure und Wasser verbrannt. Sie dienen dem Körper im wesentlichen als Energiespender. **Ohne** Sauerstoff findet eine ganz andere Umwandlung der Kohlenhydrate statt, nämlich die **Gärung.** Sie wird je nach dem entstehenden Endprodukt als alkoholische Gärung, Milchsäure- oder Buttersäuregärung bezeichnet.

Fett

Das **Körperfett** ist eine Reservesubstanz. Der Mensch kann die Fette direkt der Nahrung entnehmen oder auch die aufgenommenen Kohlenhydrate selbst in Fette umwandeln und im Gewebe speichern. Die Schweinemast mit Kartoffeln ist ein Beispiel für die Auswertung dieser Umwandlungsmöglichkeit beim Tier. Alle tierischen Fette und pflanzlichen Öle enthalten als Bausteine **Fettsäuren und Glyzerin.** Sie sind ebenso wie die Kohlenhydrate nur aus Kohlenstoff, Wasserstoff und Sauerstoff aufgebaut. Von der Art der Fettsäuren hängt der Schmelzpunkt des Fettes ab. Pflanzliche Öle und Fischtrane haben einen niedrigeren Schmelzpunkt, sie können aber durch ein chemisches Verfahren in feste Fette verwandelt werden bei der sogen. Fetthärtung (Margarineherstellung).

Die Fette sind hochwertige Kalorienträger. Sie werden ebenso wie die Kohlenhydrate zu Kohlensäure und Wasser verbrannt. Bei ihrer Verbrennung im Organismus wird aber mehr als doppelt so viel Energie frei. Auch der Mensch kann im Notfall eine Zeitlang von dieser Reserve Gebrauch machen, „von seinem eigenen Fett zehren". Man ist heute der Ansicht, daß Fett – wegen seines Gehalts an bestimmten Fettsäuren und als Vitaminträger – in geringen Mengen unbedingt lebensnotwendig ist. Die vollwertigsten Nahrungsfette sind Butter und reine pflanzliche Öle.

Wichtiger als das an vielen Stellen als Reserve abgelagerte Körperfett ist das unmittelbar am Zellstoffwechsel beteiligte und als Bestandteil jeder Körperzelle lebenswichtige **Organfett,** das zum Teil aus Lipoiden, besteht. Zu den **Lipoiden,** die fettähnlich, aber noch komplizierter zusammengesetzt sind, gehören die **Sterine** und **Lezithine,** die besonders reichlich im Gehirn, in der Nervensubstanz und im Eigelb vorkommen.

Eiweiß

Die Bezeichnung leitet sich vom Eiweiß des Hühnereis ab und wurde verallgemeinert für chemisch ähnliche Stoffe, z. B. die Muskelfasern des Fleisches, das Kasein der Milch, den Kleber des Mehls usw. Eiweiß ist nicht wasserlöslich und gerinnt beim Erhitzen. Im Gegensatz zu Kohlenhydraten und Fett enthält es auch Stickstoff. Bei der Verbrennung im Organismus wird es nicht ganz bis zur Kohlensäure, sondern nur bis zum Harnstoff abgebaut und ausgeschieden. Die Verbrennung von Eiweiß zur Energielieferung ist infolgedessen unrationell wegen des großen Unterschiedes zwischen Verbrennungs- und Nutzungswert. Es hat andere und viel wichtigere Aufgaben beim Aufbau und bei der Erhaltung der Körpersubstanz. **Ohne Eiweiß gibt es kein Leben.** Jeder Organismus baut sich sein arteigenes, ja sogar sein persönliches Eiweiß auf und braucht dazu die entsprechenden Bausteine. Die Eiweißstoffe sind aus Aminosäuren sehr verschiedenartig und kompliziert zusammengesetzt. Die Zahl der bisher aufgefundenen Aminosäuren beträgt ungefähr 20, von denen etwa 10 absolut lebensnotwendig und nicht durch andere zu ersetzen sind. Je nach dem Gehalt an diesen wichtigsten und unentbehrlichen Aminosäuren unterscheidet man für die Ernährung **vollwertiges** und **nicht vollwertiges Eiweiß.** Vollwertiges Eiweiß findet sich in allen tierischen Nahrungsmitteln wie **Fleisch, Fisch, Eiern, Milch, Quark, Käse** und in **viel geringeren Mengen auch in grünen Pflanzen (Salat, Spinat) und Kartoffeln.** Nicht vollwertig ist z. B. das in Mehl, Brot und Hülsenfrüchten vorkommende Eiweiß. Unterwertig als Eiweiß sind auch die ihm nahestehenden Leimstoffe, z. B. **Gelatine,** die aber trotzdem eiweißsparend wirken.

Bei einer gemischten und ausreichenden Kost hat der Körper die Möglichkeit, sich die einzelnen Aminosäuren, die er zum Aufbau seines eigenen Eiweißes braucht, aus verschiedenen Quellen zusammenzuholen und kann so nicht vollwertiges mit vollwertigem ergänzen. Als täglich notwendige Menge wird **1 g Eiweiß pro kg Körpergewicht** angenommen (vom Völkerbund festgelegte Richtzahl), wenn mindestens die Hälfte davon vollwertiges, tierisches Eiweiß ist. Bei Eiweißmangel infolge Unterernährung treten viele Schäden, u. a. Hungeroedeme, auf.

Die Hauptnährstoffe, Kohlenhydrate, Fett und Eiweiß, können sich im Hinblick auf ihren Brennwert (Kaloriengehalt) gegenseitig bis zu einem gewissen Grade vertreten, sofern nicht die Eiweißmindestmenge, die zur Erhaltung der Körperfunktionen notwendig ist, unterschritten wird. Am vorteilhaftesten und besten ausgenutzt ist selbstverständlich eine gemischte Kost, die den natürlichen Bedürfnissen am besten entspricht.

Den Grundstock jeder Ernährung bilden die Kohlenhydrate: Brotgetreide und Kartoffeln, in anderen Ländern auch Hirse und Reis. In Europa werden 30–60% der Kalorien mit Getreide gedeckt. Der Fettbedarf ist abhängig von der Außentemperatur, also im Sommer geringer als im Winter und im Norden bei den Eskimos größer als bei den deshalb „anspruchsloseren" Südländern. Für den Eiweißverzehr hat sich in allen Ländern und unter den verschiedenartigsten Bedingungen ganz von selbst ein Bedarf von etwa 12% der Gesamtkalorien herausgestellt, das scheint den menschlichen Bedürfnissen am besten zu entsprechen. Die billigsten Quellen für hochwertiges Eiweiß sind bei uns Quark und Magermilch. (Farbtafel 3.)

Wegen ihres beträchtlichen Gehaltes an wertvollem Eiweiß und anderen Stoffen wurde in neuerer Zeit die auf billiger Grundlage hergestellte Hefe in größerem Umfang zur Ernährung von Mensch und Tier als **Nähr- und Futterhefe** herangezogen.

Wasser

Der menschliche Körper besteht zu ungefähr ⅔ aus Wasser, daher muß Wasser ein unter allen Umständen unentbehrlicher Bestandteil der Nahrung sein. Es wird zum Teil mit den Nahrungsmitteln, Obst, Salat, Gemüse, Kartoffeln, zum andern Teil direkt als Getränk aufgenommen. Ein geringer Teil entsteht auch als Verbrennungsprodukt im Körper selbst. Bei der Verdauung werden alle aufgenommenen Nährstoffe wasserlöslich gemacht; gerade die Verdauungssäfte, täglich einige Liter, enthalten deshalb große Wassermengen. Der Wasserhaushalt ist aber auch wie alle Vorgänge im Organismus genau geregelt und arbeitet sehr sparsam und unter ständiger Wiedergewinnung. Eine sehr große Bedeutung hat das Wasser neben der Nierenausscheidung bei der Temperaturregulierung des Körpers durch Verdunstung in Haut und Lunge, Schweißabsonderung usw. Wassermangel und Durst sind wesentlich schwerer und qualvoller zu ertragen als Hunger und führen in wenigen Tagen zum Tode durch Vergiftung, weil alle im Körper entstandenen Schlacken und Abfallprodukte durch Niere, Darm und Haut nicht ausgeschieden werden können.

Trinkwasser muß frei von Krankheitskeimen sein. Je nach der Art der Gewinnung als Grund-, Quell- oder Flußwasser ist es mehr oder weniger salzhaltig, vor allem enthält es Kalksalze, die sich beim Kochen als Kesselstein absetzen. Kalkhaltiges Wasser ist hart, Regenwasser dagegen weich, aber fade im Geschmack und zum Trinken ungeeignet, dagegen zum Einweichen von Hülsenfrüchten besonders brauchbar. Mineralwässer sind natürlichen Ursprungs oder auch künstlich mit Mineralsalzen angereichert.

Mineralstoffe

sind die aus dem Mineralreich stammenden, **anorganischen** Bestandteile der Nahrung, die unverbrennbar sind und die Asche bilden. Diese anorganischen Stoffe sind also im Gegensatz zu den Kohlenhydraten und Fetten wertlos für die Lieferung von Energie, aber unentbehrlich für den Aufbau des Körpers, z. B. des Knochengerüstes aus Kalk und Phosphorsäure, und den richtigen Ablauf aller Lebensvorgänge. Der Körper enthält die meisten anorganischen Stoffe in Form von Salzen, und die Verteilung dieser Salze ist maßgebend für den Flüssigkeitsaustausch zwischen den Zellen (Osmose). Da die Mineralstoffe fortwährend ausgeschieden werden, ist ständiger Ersatz durch die Nahrung nötig. Bei gemischter Kost sind sie normalerweise in ausreichender Menge vorhanden, werden aber oft mit dem Kochwasser, das bei Gemüse den größten Teil enthält, weggegossen. Dämpfen und Dünsten sind deshalb viel richtiger.

Kalk ist in geringen Mengen weit verbreitet. Einen etwas höheren Kalkgehalt haben nur Milch, Käse, Eier, manche Fische, Hülsenfrüchte und Gemüse. Der menschliche Körper braucht viel Kalk zum Aufbau und zur Erhaltung seines Knochengerüstes und zu vielen anderen Aufgaben. Der normale Bedarf ist zwar bei freier, abwechslungsreicher Nahrungswahl gedeckt, aber während der Schwangerschaft, Stillzeit und im Kindesalter erheblich gesteigert. Bei Mangel tritt eine Entkalkung von Knochen und Zähnen ein und führt zu schweren Schädigungen. Man befürchtet eine weiter zunehmende Kalkarmut unserer Nahrung durch Verarmung des Bodens an Kalk. Zeitweise wurde deshalb versucht, z. B. durch kontrollierte Beimischung von kohlensaurem Kalk zum Mehl, eine Kalkanreicherung in Lebensmitteln zu erzielen.

Kochsalz ist im Blut (0,6%) und allen Körpersäften und Zellen als lebenswichtiger Bestandteil enthalten. Fleischkost enthält erhebliche, Pflanzenkost dagegen nur sehr geringe Mengen. Von der mit der Nahrung unbemerkt aufgenommenen Menge hängt der weitere Bedarf an reinem Kochsalz ab. Als Geschmackszusatz wird es den meisten Speisen zugefügt, dabei oft in übertriebener Weise. Der tägliche Bedarf ist ungefähr 5 g, der tatsächliche Verbrauch meist wesentlich höher. In vielen Fällen läßt es sich durch Küchenkräuter und andere Gewürze ersetzen. Rohkost ist kochsalzarm. Bei größeren Kochsalzgaben ist die Wasseraufnahme des Körpers erhöht, umgekehrt kann man durch Salzentzug die Wasseraufnahme einschränken (Gewichtsabnahme). Manche Krankheiten erfordern kochsalzfreie Diät.

Das im Kochsalz enthaltene Chlor ist außerdem in Form von **Salzsäure** für die Eiweißverdauung im Magen unentbehrlich.

Eisen ist der anorganische Bestandteil des roten Blutfarbstoffs (Hämoglobin) und als Sauerstoffüberträger bei der Atmung von größter Bedeutung. Besonders in grünen Pflanzen (Spinat, Salat) ist viel Eisen enthalten.

In der Milch sind alle erforderlichen Mineralsalze in genügender Menge und bester Zusammenstellung. Auch Gemüse und Obst sind als Mineralstoffträger besonders wichtig.

Heutzutage ist man der Ansicht, daß noch viele andere, nur in äußerst geringen Mengen im Körper vorhandene Schwermetalle als **„Spurenelemente“** lebenswichtige Aufgaben erfüllen.

Wirkstoffe

Es gibt eine Reihe von Stoffen, die in kaum vorstellbar kleinen Mengen für den geregelten Ablauf aller Lebensvorgänge unbedingt notwendig sind. Zum Teil kann sie der menschliche Körper selbst bilden, zum anderen Teil müssen sie ihm mit der Nahrung von außen zugeführt werden. Jeder dieser meist sehr kompliziert zusammengesetzten Stoffe hat eine ganz besondere und sehr wichtige Aufgabe zu erfüllen. Man nennt sie wegen dieser sehr hohen Wirksamkeit alle zusammen auch **„Wirkstoffe“**. Zu ihnen gehören die Hormone, Vitamine und Fermente.

Hormone

Mit den Hormonen reguliert der menschliche und tierische Körper die Tätigkeit seiner verschiedenen Organe zu einem einheitlichen Ganzen. Die Hormone entstehen in besonderen Drüsen, deren Drüsensaft sofort ins Blut übergeht. Diese „flüssigen Botenstoffe" (die Bezeichnung Hormone stammt aus dem Griechischen und heißt so viel wie „Bote sein", „anregen") kommen als Regler und Lenker also mit dem Blutstrom an alle Stellen des Körpers. Wir wollen hier im Zusammenhang mit der Ernährung nur zwei besonders wichtige Wirkstoffe dieser Art herausgreifen.

Das **Schilddrüsenhormon** regelt den **Grundumsatz,** d. h. es bringt die ganzen Verbrennungsvorgänge im Körper sozusagen auf die richtige Temperatur. Das Hormon ist eine Jod-Eiweiß-Verbindung. Das erforderliche Jod wird dazu dem Blut entnommen und stammt aus der Nahrung. Bei **Jodmangel** entsteht die in Gebirgsländern so häufige und charakteristische **Kropferkrankung,** der man durch Verabreichung von jodhaltigem Kochsalz, „Vollsalz" genannt, zu begegnen versucht. Menschentypen mit verhältnismäßig stark arbeitender Schilddrüse – und infolgedessen hohem Umsatz aller Nahrungsstoffe – können meistens erstaunlich große Nahrungsmengen zu sich nehmen und bleiben dabei trotzdem hager und dünn. Zu geringe Schilddrüsentätigkeit kann dagegen die Ursache von Fettsucht sein.

Das **Hormon der Bauchspeicheldrüse** (Pankreas) steuert den Kohlenhydratstoffwechsel. Da es nur an ganz bestimmten Stellen der Drüse, die im Mikroskop wie Inseln aussehen, gebildet wird, hat es den Namen **„Insulin".** Das Insulin regelt die Zuckerverbrennung im Gewebe, besonders in den Muskeln, und hält den Zuckergehalt im Blut auf einer bestimmten, normalen Höhe dadurch, daß der Überschuß in der Leber als ein bei Bedarf leicht verfügbares Reserve-Kohlenhydrat gespeichert wird. Dieses ganze Regulationssystem ist krankhaft gestört bei den Zuckerkranken oder **Diabetikern.** Bei ihnen steigt deshalb der Blutzuckergehalt über den normalen Wert, und der Überschuß an Traubenzucker wird im Harn ausgeschieden. Diese hochwirksamen Hormone sind glücklicherweise im Menschen und im Tierkörper die gleichen, so daß bei vielen Erkrankungen des Menschen die fehlenden Hormone durch solche von Tieren ersetzt werden können, z. B. Insulin aus Kälberpankreas. Auch bei Gesunden können ganz leichte Schwankungen des Blutzuckerspiegels eine Rolle spielen, z. B. eine **Unterzuckerung,** also ein Zuckermangel im Blut, beim Hungergefühl, was dann bekanntlich zu einer erhöhten Reizbarkeit führt.

Alle Hormone haben noch sogen. Gegenspieler, die das Entgegengesetzte bewirken, also an demselben Organ hemmen statt anzuregen oder umgekehrt; außerdem stehen alle Hormone untereinander und auch mit den anderen Wirkstoffen (Vitaminen) in enger Wechselbeziehung. Man hat erkannt, daß alle Lebensvorgänge auf diese Weise durch ein äußerst verwickeltes, aber fein ausbalanciertes Regulationssystem gesteuert und aufeinander abgestimmt werden. Bei der Kompliziertheit dieser Lebensvorgänge ist es auch möglich, daß ein und dieselbe Substanz als Vitamin und Hormon wirksam sein kann.

Vitamine

Im Gegensatz zu den körpereigenen Hormonen muß der Mensch die Vitamine alle mit der Nahrung zu sich nehmen, und zwar direkt aus dem Pflanzenreich oder indirekt über die Pflanze aus dem Tierreich. Man bezeichnet die Vitamine deshalb auch als Ergänzungs- oder Zusatznährstoffe, die aber natürlich bei ihrer winzigen Menge als Nährwert und zur Kalorienerzeugung nicht in Betracht kommen.

Im Zusammenhang mit verschiedenen Krankheiten, deren Ursachen lange Zeit unklar waren, und auf Grund zahlloser Tierversuche mit künstlich zusammengesetzten Nahrungsgemischen war man allmählich auf den Gedanken gekommen, daß ein „Etwas" bei der Ernährung fehlen und ungeahnte Wirkungen hervorrufen könnte. In der Annahme, daß es sich bei diesen Substanzen um Amine handele, das ist eine große Gruppe chemischer, stickstoffhaltiger Verbindungen, wurde von Funk 1911 für diesen unbedingt notwendigen Lebensstoff der Ausdruck Vit-amin (vita = Leben) geprägt. Man bezeichnet Krankheitserscheinungen, die sich beim Fehlen dieser Vitamine herausstellen, als **Avitaminosen.** Bald wurde auch erkannt, daß es sich dabei nicht um das Fehlen eines einheitlichen Stoffes handelt, sondern um eine ganze Reihe von verschiedenartigen Vitaminen. Sie wurden zunächst ohne Kenntnis ihrer chemischen Zusammensetzung einfach nach den Buchstaben des Alphabets benannt, heutzutage reichen diese kaum noch aus. Wir wollen hier aber nur die bekanntesten Vitamine A–D erwähnen. Man unterscheidet bei ihnen 2 Gruppen:

1. Die wasserlöslichen Vitamine C und B (siehe Farbtafel 14)

Das antiskorbutische Vitamin C

ist das Vitamin, von dessen Bedeutung die Menschen wohl am frühesten etwas geahnt haben auf Grund vieler Beobachtungen und Erfahrungen bei Seefahrern, die sich lange Zeit ausschließlich von Schiffszwieback und Pökelfleisch ernährten. Dabei traten zunächst Entzündungen und Blutungen der Mundschleimhaut auf mit allmählich einsetzendem, oft zum Tode führendem Kräfteverfall. Diese Erscheinungen wurden überraschenderweise geheilt durch frisches Obst und Gemüse. Schon vor Jahrhunderten behandelte man diesen **Skorbut** mit Kiefernadelextrakten und Zitronen und fand instinktiv im Laufe der Zeit diejenigen Stoffe, die sich später als Vitamin-C-reichste Quellen herausstellten: Hagebutten, Vogelbeeren, schwarze Johannisbeeren, Apfelsinen, Zitronen, Paprika, Tomaten, frische Gemüse, Salat, Kohlarten usw. 1928 wurde das wasserlösliche Vitamin C, Ascorbinsäure genannt, erstmalig aus diesen Stoffen isoliert, 1934 künstlich aufgebaut und seitdem laufend fabrikmäßig hergestellt.

Bei normaler gemischter Kost wird unser Vitamin-C-Bedarf (täglich etwa 50 tausendstel Gramm) vor allem aus frischem Gemüse und Kartoffeln gedeckt. Dabei ist es wichtig, seine große Empfindlichkeit gegen Erhitzen, vor allem bei freiem Luftzutritt und verstärkt in Gegenwart von Kupfer, zu beachten. Bei der Zubereitung in der Küche geht der größte Teil des C-Gehalts durch Kochen und Abbrühen, langes Warmhalten der Speisen (Kochkiste) verloren, ebenso beim Lagern, Trocknen, Dörren und Konservieren. Schon beim Welken des Gemüses tritt eine Verminderung seines Vitaminwertes ein. Man soll also stets einen Teil von Früchten und Gemüse roh genießen und den Verlust durch Abbrühen und längeres Kochen so weit wie möglich vermeiden, z. B. bei Kartoffeln durch Dämpfen mit der Schale als Pellkartoffeln.

Eine sehr wichtige Quelle ist auch Sauerkraut, wenn es wenigstens teilweise roh oder im eigenen Saft gekocht genossen wird. Auch unsere deutschen Äpfel, Birnen und Beeren haben einen guten C-Gehalt, vor allem unter der Schale. Der Vitamin-C-Mangel ist naturgemäß am größten im Frühjahr, in den Monaten März, April, Mai, wenn noch kein frisches Gemüse vorhanden ist und besonders die Kartoffeln ihren größten Gehalt durch Lagerung verloren haben. Dann tritt die bekannte Frühjahrsmüdigkeit auf als erstes Vorzeichen eines Vitaminmangels.

Eine ausgesprochene Skorbuterkrankung gibt es in Europa in normalen Zeiten nicht mehr, dagegen gar nicht selten in Kriegs- und Mangelzeiten, besonders bei Lager- und Massenverpflegungen, die auf frische Gemüse keinen Wert legen können. Die Folgen machen sich am ersten an den Zähnen bemerkbar. Auch im Säuglings- und Kleinkindesalter gibt es eine früher sehr gefürchtete, skorbutähnliche Erkrankung bei ausschließlicher Ernährung mit hochsterilisierter und dadurch vitaminarmer Milch. Heutzutage wird sie vermieden durch frühzeitige Gaben von Spinat-, Möhren- und Obstsaft.

Vitamin C hat verschiedene wichtige Aufgaben im Körper, z. B. ist es notwendig für die Bildung von Hormonen, zum Wirksamwerden von Fermenten, bei zahlreichen Stoffwechselvorgängen und der Blutgerinnung. Ganz allgemein hebt es die Widerstandskraft gegen Ansteckungen bei Infektionskrankheiten. Es steigert die Leistungsfähigkeit, vor allem auch bei Menschen, die unter erschwerten Bedingungen, z. B. unter Tage arbeiten müssen. Der Bedarf ist gesteigert bei fieberhaften Erkrankungen, Krebs und Zuckerkrankheit. Eine Schonkost bei Magen- und Darmkranken ist besonders vitaminarm und kann, wenn die Aufnahme des Vitamins aus den natürlichen Nahrungsmitteln gestört ist, die Verabreichung des künstlichen Vitamins C erforderlich machen.

Vitamin B oder besser die Vitamin-B-Gruppe

gehört ebenfalls zu den wasserlöslichen Vitaminen. Man faßt in dieser Gruppe eine Reihe von Vitaminen zusammen, die zwar im allgemeinen gemeinsam vorkommen, aber trotzdem verschiedenen Charakter und ebenso verschiedene Aufgaben haben. Die typische B_1-Mangelkrankheit ist die **Beriberi** in den vorwiegend Reis essenden Ländern des Fernen Ostens. Der Reis wird dort poliert (geschält) gegessen, d. h. nach Entfernung der Randschichten und des Keimlings, und gerade diese haben einen hohen B_1-Gehalt, so daß schon mit Zugabe von Reiskleie allein die Krankheit geheilt werden kann. Dasselbe geschieht bei uns mit dem Getreidekorn. Die feinst ausgemahlenen, weißen Mehle sind ihres ganzen Vitamin-B_1-Gehaltes beraubt, da sie praktisch nichts mehr von Keimling und Randschichten enthalten. Diese Tatsache ist außerordentlich wichtig für unser „tägliches Brot" und der Grund, die Vorzüge des Vollkornbrotes mit seinem vollen Vitamingehalt zu propagieren. Bei gemischter Kost ist bei uns aber der B_1-Bedarf auch mit vielen anderen Nahrungsmitteln reichlich gedeckt, z. B. Trockenhefe, Hülsenfrüchten, Gemüse, Fleisch, Leber, Niere, Eigelb und Milch.

Auch B_1 ist schwach hitzeempfindlich, so daß beim Kochen etwa die Hälfte verlorengeht, besonders bei Blattgemüse. Der Bedarf ist nicht gleichmäßig, sondern abhängig von der Menge der aufgenommenen Nahrung. Er ist erheblich vergrößert bei einseitiger Kohlenhydraternährung und herabgesetzt durch gleichzeitige Fettaufnahme. Gerade das wirkte sich in Mangelzeiten mit viel Brot und Kartoffeln und wenig vitaminsparendem Fett sehr ungünstig aus, so daß unter diesen Umständen Mangelerscheinungen (Schäden am Nervensystem) häufiger waren. Auch bei der Bildung von Hungeroedemen ist B_1-Mangel mitbeteiligt. B_1 reguliert den Kohlenhydrat-Stoffwechsel und Wasserhaushalt.

Der **Wachstumsfaktor B_2** heißt Lactoflavin, auf deutsch „Molkengelb", und ist ein Farbstoff, der für das Wachstum und die Zellatmung überall notwendig ist, aber auch überall vorkommt, so daß ein Mangel nicht zu befürchten ist.

Zu den weiteren Vitaminen der B-Gruppe gehört u. a. ein **Anaemie-Faktor** (Anaemie = Blutarmut), der vor allem aus Leber isoliert wurde, mit stark blutbildenden Eigenschaften und Heilwirkung bei der perniciösen Anaemie, einer besonders schweren Blutarmut; ferner die sogen. **Folinsäure, das „Vitamin der grünen Blätter"**, dessen Gehalt mit dem Gehalt an Blattgrün ansteigt, daher am größten ist im Spinat, mit ebenfalls blutbildender Wirkung.

2. Die fettlöslichen Vitamine A und D (siehe Farbtafel 15)

Vitamin A

verhindert Schäden an der Haut und den Schleimhäuten, vor allem das Eindringen von Krankheitskeimen durch die Haut, und schützt so den Körper gegen Infektionen (Tuberkulose, Angina, Erkältungen, Furunkel). Bei A-Mangel charakteristische Ausfallserscheinungen sind **Nachtblindheit** und andere Augenerkrankungen. Bei Kindern bewirkt A-Mangel **Wachstumsstillstand.**

Provitamin A = Carotin

Vitamin A kommt in reiner Form nur im Tierreich vor, im Körperfett und Leberöl von Fischen (Dorschlebertran), in Milch, Butter, Eigelb und Leber. Außerdem ist es aber im Tier- und Pflanzenreich weit verbreitet als Vorstufe (Provitamin A). Aus dieser Vorstufe, dem gelben Farbstoff Carotin, der mit dem Blattgrün (Chlorophyll) zusammen in grünen Pflanzen, Karotten, Spinat, Grünkohl, Salat (vor allem den äußeren, grünen Blättern), Sellerie und Paprika vorkommt, können Mensch und Tier in der Leber unter Beteiligung des Schilddrüsenhormons das fertige Vitamin A bilden und speichern. Der A-Gehalt in Milch und Butter ist vom Futter (Weidegang der Tiere) abhängig und im Sommer erhöht. Wegen günstiger Erfahrungen wird Vitamin A auch der Margarine künstlich zugesetzt. Vitamin und Provitamin A sind nur fettlöslich, deshalb ist zu ihrer Aufnahme in den Körper eine Mindestmenge Fett unerläßlich, was sich in Mangelzeiten unter Umständen ungünstig auswirkt. Gegen Erhitzen ist es weniger empfindlich, wohl aber gegen Luftsauerstoff und ultraviolettes Licht der Sonnenstrahlen. Verluste beim üblichen Kochen sind daher nur gering, schon größer beim Trocknen. Trotzdem gelten z. B. getrocknete Aprikosen als gute A-Quelle.

Das antirachitische Vitamin D

ist das zweite fettlösliche Vitamin und kommt ebenfalls besonders reichlich im Lebertran vor. Im Gegensatz zu den ausgesprochenen C- und B-Mangelkrankheiten ist die D-Avitaminose, **Rachitis oder Englische Krankheit,** gerade bei uns auch jetzt noch sehr häufig, besonders unter ungünstigen Lebens- und lichtlosen Wohnverhältnissen. Die Ursache dieser Erkrankung im Kindesalter ist eine Störung im Kalk-Phosphor-Stoffwechsel. Die dadurch verhinderte Kalkablagerung in den Knochen hat Knochenverbiegungen zur Folge. Auch bei Erwachsenen verursacht D-Mangel Störungen im Mineralhaushalt, z. B. Schäden an den Zähnen. Sonne und künstliche Höhensonne wirken ebenso heilend wie Lebertran, weil durch die Einwirkung von ultraviolettem Licht die in der Haut vorhandene Vorstufe, das Provitamin D, in das fertige Vitamin umgewandelt und gespeichert wird. Das eigentliche Vitamin D kommt in der Natur, abgesehen von der Fischleber, nur sehr spärlich vor, z. B. in geringen Mengen in Vollmilch, Sahne, Butter, Eigelb, Hefe, noch weniger in Bücklingen, Heringen und Sardinen.

Durch vorherige Bestrahlung von Nahrungsmitteln mit ultraviolettem Licht kann, auf Grund ihres Gehalts an bestimmten Sterinen (vgl. Organfett) als Vorstufe, das fertige Vitamin gebildet werden. So stellt man bestrahlte, d. h. künstlich vitaminisierte Milch her. Auch die Muttermilch ist arm an D, also kein Schutz vor Rachitis. Vitamin D ist hitze- und luftbeständig. Lebertran ist durch hohen A- und D-Gehalt und sonstige Eigenschaften (wichtige Fettsäuren) das Universalmittel für Kinder zur **Vorbeugung** der Rachitis. Dagegen sind bei erst **aufgetretener Rachitis** schon von den ersten Kindheitsmonaten an Gaben von künstlichem Vitamin D unerläßlich.

Zusammenfassend läßt sich sagen: bei ausreichender und abwechslungsreicher Ernährung, die wenigstens teilweise als Rohkost die Vitamine unverändert und in ihrer natürlichen, wirksamsten Zusammenstellung enthält, sind **Vitaminmangelschäden** nicht zu befürchten. Zeiten erhöhten Bedarfs sind Schwangerschaft, Stillzeit und Wachstum. Außer den erwähnten klaren **Avitaminosen** als extremen Ausfallserscheinungen kommen aber noch manche Übergangsformen vor mit nicht völligem, sondern nur teilweisem Mangel, also mit „zu wenig" Vitamin, sogen. **Hypovitaminosen.** Besonders bei Kindern ist bei schlechtem Wachstum, Appetitmangel, Blutarmut, Neigung zu Zahnkrankheiten und Ansteckungen immer an solche Fälle zu denken.

In Mangel- und Notzeiten mit einseitiger oder unzureichender Ernährung muß der Versorgung mit diesen lebensnotwendigen Wirkstoffen viel mehr Aufmerksamkeit geschenkt werden, weil sich eben durch Einseitigkeit und Mangel die Bedarfsverhältnisse vollkommen verschieben. Das unglaublich feine Zusammenspiel und Gleichgewicht dieser schon in so minimalen Mengen äußerst wirksamen Stoffe ist aber besonders empfindlich und auf das richtige Funktionieren jedes einzelnen Teilnehmers angewiesen. Die Mindestmenge an Vitaminen verhindert zwar Schäden, aber erst die günstigste Menge aller in der richtigen Zusammenstellung garantiert volle Leistungsfähigkeit.

Fermente

sind Stoffe pflanzlicher und tierischer Herkunft, die, in äußerst geringen Mengen vorkommend, chemische Umsetzungen in Gang bringen können, ohne sich selbst dabei zu verändern. Sie sind dem Körper dienlich und unentbehrlich sowohl beim Aufbau als auch beim Abbau. Mit ihrer Hilfe können alle Lebewesen die komplizierten Stoffwechselvorgänge spielend leicht und glatt bewerkstelligen.

Der Chemiker muß schon bei einfachen Reaktionen Gewalt anwenden, z. B. hohe Temperaturen und starke Säuren bei der Spaltung von Rohrzucker in Frucht- und Traubenzucker oder von Stärke in Traubenzucker. Im Organismus geht das bei der normalen Körpertemperatur und unter natürlichen Bedingungen vor sich. Die Fermente finden sich in besonderem Maße in den Verdauungssäften wie Mundspeichel, Magensaft, Bauchspeichel; sie sind aber auch sonst bei jedem Lebensvorgang beteiligt und in jeder Zelle vorhanden, schon in den kleinsten Lebewesen, den Hefen, Bakterien und Pilzen.

Auch unsere Nahrungsmittel enthalten zahlreiche Fermente und befinden sich deshalb nie in einem ruhenden, gleichbleibenden Zustand, sondern diese Fermentwirksamkeit bedeutet Reifung (daher „Fermentierung" beim Tee, Tabak usw.), Alterung, Zersetzung und Verderb. Durch Erhitzen und andere Maßnahmen wird diese Wirksamkeit zerstört. Ein alltägliches Beispiel hierfür ist das Braunwerden frischer Schnittflächen bei geschälten Kartoffeln, Äpfeln, Birnen, Schwarzwurzeln. Diese Fermente übertragen den Sauerstoff der Luft und bedingen dadurch Verfärbungen. Durch Einlegen in Wasser (verhinderten Luftzutritt), Ansäuern und Erhitzen (Fermentschädigung) läßt sich diese Veränderung vermeiden.

Gärung

Der von alters her bekannteste fermentative Vorgang ist die alkoholische Gärung (fermentum = Sauerteig). Man glaubte ursprünglich, die vergärende Wirkung der Hefe sei an ihre Lebenstätigkeit gebunden, später stellte sich jedoch heraus, daß auch Hefepreßsaft ohne alle Zellbestandteile Zucker vergären kann. Die Fermente können also nur von Lebewesen gebildet werden, aber auch ohne sie wirksam bleiben. Sie sind genau spezialisiert auf jeweils eine besondere Aufgabe und passen dazu wie ein Schlüssel zum Schloß.

Ihre chemische Natur ist noch ziemlich unbekannt. Alle Fermente sind komplizierte Eiweißverbindungen, und manche von ihnen sind aus zwei Teilstücken, einem Vitamin und einem Eiweißbaustein, zusammengesetzt. Das läßt gleichzeitig die Unentbehrlichkeit der Vitamine und gewisser Eiweißstoffe in einem ganz neuen Licht erscheinen.

Verwertung der Nahrung

Verdauung

Mit Ausnahme von Zucker, der als Kohlenhydrat in reiner Form zur Verfügung steht, sind in allen Nahrungsmitteln die Nährstoffe gemischt enthalten. Es ist die Aufgabe der Verdauung, diese Stoffe herauszulösen, in die kleinsten Bausteine zu zerlegen und aufnahmefähig zu machen, damit der Körper dann mit ihnen wieder neu aufbauen kann. Tierische Nahrungsmittel werden durchschnittlich besser ausgenutzt als pflanzliche, die einen hohen Gehalt an Zellmembran oder Rohfaser aus unverdaulicher Zellulose besitzen. Aber auch diese „Ballaststoffe" sind unentbehrlich für die mechanische Anregung der Darmtätigkeit; denn die Verdauung ist ein enges Zusammenwirken mechanischer und chemischer Vorgänge.

Als Werkzeuge zum Zerlegen der Nahrungsstoffe in kleinste, wasserlösliche Bausteine dienen die schon erwähnten Fermente der Verdauungssäfte. Schon im Mund beginnt die Verdauung der Kohlenhydrate mit der Spaltung der Stärke. Durch das Kauen wird die Nahrung mechanisch zerkleinert, mit **Mundspeichel** durchtränkt und dadurch breiförmig und gleitfähig gemacht, und zwar besonders reichlich bei trockener Nahrung und gründlichem Kauen. „Gut gekaut ist halb verdaut!" Diese beginnende Zerlegung der Stärke in Zucker wird im Magen fortgesetzt. Gleichzeitig findet im Magen mit Hilfe des **Magensaftes** (eiweißspaltendes Ferment Pepsin) und verhältnismäßig starker **Salzsäure** die Zerteilung von Eiweiß in gröbere Bruchstücke statt. Die Verweildauer im Magen beträgt bei leichtverdaulichen Speisen (Kohlenhydraten) etwa 2 Stunden, bei schwerverdaulichen (Fett) bis zu 6 Stunden. Sie verlassen den Magen durch den Pförtner (Magenschließmuskel). Dieser läßt schubweise nur so viel von dem Speisebrei durch, wie jeweils von dem **Darmsaft** alkalisch (Gegensatz zu sauer) gemacht werden kann. (Vergl. Farbtafel 2.)

In dem auf den Magen folgenden Zwölffingerdarm und Dünndarm finden unter dem Einfluß dieses alkalischen Darmsaftes in Verbindung mit dem hinzutretenden **Bauchspeichel** die Zerlegung der gröberen Eiweißbausteine in wasserlösliche Aminosäuren statt und ebenso die restliche Aufspaltung in einfache Zucker. Im Dünndarm wird so die Hauptverdauungsarbeit geleistet. Sie wird unterstützt durch dauernde rhythmische Bewegungen, fortlaufende Zusammenziehung und Erschlaffung, die den Speisebrei durchkneten und vor sich herschieben.

Noch komplizierter ist die Verdauung der Fette. Die Fetttröpfchen müssen erst sehr fein verteilt, „emulgiert" werden, ähnlich wie in der Milch, damit sie für die fettspaltenden Fermente des Darmsaftes und Bauchspeichels angreifbar und in Fettsäuren zerlegt werden. Hierbei fällt der von der Leber gebildeten und in der Gallenblase gespeicherten **Galle** eine besonders wichtige Aufgabe zu.

Im Dünndarm sind die eigentlichen Verdauungsprozesse beendet. Die entstandenen einfachen Spaltprodukte wandern durch die Darmwand in die Blutbahn. Die großen Wassermengen der Verdauungssäfte werden zurückgewonnen. Im Dickdarm erfolgen dann noch Gärungs- und Fäulnisvorgänge unter Mitwirkung der normalerweise dort vorhandenen **Bakterien.** Dabei wird mit ihrer Hilfe noch ein Teil der sonst unverdaulichen Zellulose abgebaut und verwertet, bei frischem, zartem Gemüse bis zu 60%.

Die Verdauungsorgane sind für vielseitige Aufgaben eingerichtet und der aufzunehmenden Nahrung angepaßt. Sie werden aber geschädigt durch zu große Nahrungsmengen, schlechtes Kauen, zu heiße und zu kalte Speisen, gleichzeitigen Genuß von Obst und Wasser (Quellungserscheinungen) und die Gegenwart von bakteriellen oder sonstigen Giften. Die normale Temperatur der Speisen soll beim Erwachsenen 10–50 Grad und beim Säugling etwa 35–40 Grad betragen.

Ausnutzung

Die menschliche Ernährung umfaßt ein feines Zusammenspiel von körperlichen Leistungen bei der Nahrungsaufnahme einerseits und natürlichen Eigenschaften der Nahrung andererseits. Die tierischen Nahrungsmittel, Fleisch, Eier, Milchprodukte und Fett, stehen in ihrer Zusammensetzung unserem eigenen Körper am nächsten und werden praktisch vollkommen (zu rund 95%) ausgenutzt. Für die Verdauung der Milch ist der Erwachsene zwar weniger gut eingerichtet als das Kind, er kann sich aber daran gewöhnen. Das Labferment im Magensaft des Säuglings bringt die Milch zur Gerinnung. Dabei gerinnt das Eiweiß (Kasein) der Kuhmilch schneller und grobflockiger als das der Muttermilch; es gelingt indessen beispielsweise durch Zugabe von Gustin, die Kuhmilch in ihrer Zusammensetzung und Gerinnungsweise der Muttermilch sehr ähnlich zu machen.

Die Verdaulichkeit pflanzlicher Nahrungsmittel ist von derjenigen tierischer durchaus verschieden. Die pflanzlichen Nährstoffe sind gleichsam wabenartig von festen Zellhüllen eingeschlossen, die den Angriff der Verdauungssäfte erschweren, obwohl diese teilweise die unverdaulichen Zellulosehüllen durchdringen können und den Inhalt herauszulösen vermögen. Die pflanzlichen Nährstoffe, insbesondere das pflanzliche Eiweiß, werden deshalb nur zu etwa 50–60% erschlossen. Die Menge der verzehrten, unverdaulichen Zellmembranen kann beträchtlich sein, z. B. bei Kartoffeln, Gemüse, Vollkornbrot, und die Bedeutung dieser „Ballaststoffe" ist lange Zeit unterschätzt worden. Sie sind sehr wichtig für die Darmtätigkeit und werden geradezu als „Magen-Darm-Besen" bezeichnet.

Die Stärke des Getreidemehles wird durch Kochen und Backen verkleistert und leichter angreifbar. Helles Mehl wird am besten ausgenutzt. Bei stärkerer Ausmahlung des Getreidekorns nimmt dagegen die Verdaulichkeit ab; der Vorteil des durch Schalenteile und Keime bei der stärkeren Ausmahlung erhöhten Eiweißgehalts wird dadurch zwar wieder zunichte gemacht, aber die anderen Vorzüge des Vollkornbrotes wie der hohe Vitamingehalt und die Bedeutung für die Gesunderhaltung der Zähne bleiben bestehen.

Die Nährstoffe von Hülsenfrüchten werden nur schlecht verwertet, und am ungünstigsten ist die Ausnutzung von Gemüse und Pilzen. Bei Sauerkraut und anderen eingesäuerten Gemüsen wird aber die Bekömmlichkeit erleichtert durch die Milchsäurebildung und andere die Verdauung einleitende Vorgänge. Schwerverdauliche Hülsenfrüchte werden deshalb mit Sauerkraut zusammen leichter vertragen. Das nährwertarme Gemüse ist durch seinen hohen Mineralsalz- und Vitamingehalt außerordentlich wertvoll, wie überhaupt außer dem Nährwert einer Nahrung auch immer ihr Gesundheitswert zu berücksichtigen ist. Gemüse enthält überwiegend basische (alkalische) Mineralstoffe, mit denen die aus Fleisch und Getreideerzeugnissen entstandenen sauren Stoffwechselprodukte neutralisiert werden, was für die Gesundheit vorteilhaft sein soll.

Die Ausnutzung einer Kost wird grundsätzlich erhöht durch die Zubereitung wie Mürbeklopfen, Zerkleinern, Schroten, Mahlen, Hitzeeinwirkung beim Kochen, Backen und Braten. Auch bei längerer Gewöhnung an eine bestimmte Kostform findet eine Anpassung und infolgedessen bessere Auswertung statt.

Anregung der Verdauungssäfte

Die Vorgänge bei der Verdauung der Speisen sind im wesentlichen dem Willen des Menschen entzogen, angefangen von der Berührung bestimmter Schluckstellen im Mund durch die Nahrung, die unweigerlich das Schlucken zur Folge hat, bis zur Ausscheidung der Abfallstoffe. Die Bildung der Verdauungssäfte und alle damit zusammenhängenden Vorgänge erfolgen „unwillkürlich", automatisch, reflexartig. Reflexe sind Vorgänge, die ohne unseren Willen eintreten als Antwort auf besondere Reize. Der Saugreflex beim Säugling, der Schluck- und Brechreflex beim Erwachsenen sind solche Vorgänge. Der letztere ist eine Schutzmaßnahme des Magens und tritt auch ein bei ekelerregenden Gefühlen, also gerade um die Nahrungsaufnahme dann zu verweigern.

Man kann also nicht „willkürlich", absichtlich schlucken, sondern nur den Speichel oder die Nahrung an die bestimmten Schluckstellen im Mund und Gaumen bringen und dadurch den sehr komplizierten Schluckvorgang auslösen. Ebenso ruft die Berührung der Schleimhäute des Mundes, Magens usw. durch die Speisen die Absonderung entsprechender Verdauungssäfte hervor, und zwar auch schon in den folgenden Verdauungsabschnitten. Am wirksamsten in dieser Hinsicht sind Fleischextrakte oder Fleischbrühen zur Magensaftbildung und infolgedessen Appetitanregung. Die gebildeten Verdauungssäfte sind immer sowohl hinsichtlich der Menge als auch der Zusammensetzung ganz von selbst den Erfordernissen der Verdauung aufs beste angepaßt.

In wunderbarer Weise können schon der Geruch allein und der Anblick von Speisen die Bildung von Verdauungssäften anregen und in Gang bringen. „Es läuft einem das Wasser im Munde zusammen." Das passiert genau so auch bei anderen, gewöhnlich im Zusammenhang mit dem Essen eintretenden Umständen, z. B. angesichts des gedeckten Tisches, wenn der Essensgong ertönt usw.

Wir verstehen erst in diesem Zusammenhang den Einfluß aller äußeren Begleitumstände und seelischen Momente bei der Nahrungsaufnahme.

Geschmack und Geschmacksstoffe

Geschmack — Geruch

Seit jeher ist es eine große Kunst, die Schmackhaftigkeit der Speisen zu erhöhen und dadurch wiederum ihre Ausnutzung zu verbessern. Bestimmte Stoffe, die im Mundspeichel gelöst sind, kann man durch den Geschmackssinn wahrnehmen, merkwürdigerweise aber nur 4 verschiedene Arten: süß, sauer, salzig, bitter, und zwar an verschiedenen Stellen, an der Spitze, den Rändern und dem Grund der Zunge. Alles was man sonst noch zu schmecken glaubt, riecht man in Wirklichkeit. Der Geruchssinn ist wesentlich vielseitiger und spielt eine größere Rolle als der eigentliche Geschmack. Es gibt sehr empfindliche Zungen und „Feinschmecker".

Die Auffassungen über den Geschmack sind durch Erziehung und Gewohnheit beeinflußbar, ändern sich auch bisweilen im Laufe der Zeit. Was dem einzelnen „gut" schmeckt, ist verschieden, denn „über den Geschmack läßt sich nicht streiten". Daß uns Europäern die angefaulten Eier der Chinesen oder anderen Völkern ein Gorgonzola-Käse als schmackhafte Delikatessen vorkommen, ist nicht ohne weiteres anzunehmen, aber wahrscheinlich kann man es lernen. Die Schmackhaftigkeit der Speisen regt den Appetit an, denn der „Appetit kommt beim Essen", d. h. wenn es gut schmeckt, und der Appetit regelt die Nahrungsaufnahme. Hunger schützt vor Unterernährung.

Gewürze

Schon seit Jahrtausenden dienen zur Geschmacksverbesserung die Gewürze. Manche Pflanzenteile haben einen ausgesprochenen Wohlgeruch und charakteristischen, auffallend guten Geschmack; sie enthalten wunderbare, aromatische Duftstoffe oder auch sehr scharfe Reizstoffe. Diese Gewürze im engeren Sinne bildeten, meist im getrockneten Zustand, die ältesten Tausch- und Handelsobjekte im alten Morgenland und beim blühenden Handel Arabiens, und über alle Zeiten hinweg haben sie bis heute nichts von ihrem hoch geschätzten Genußwert und ihrer Bedeutung für den Welthandel verloren. Sie enthalten aromatische, sogen. ätherische Öle, Harze und Bitterstoffe, die teilweise durch große Destillierkunst verfeinert und als reine Öle gewonnen werden, z. B. Senföl, Bittermandelöl, Pfefferminzöl, Rosenöl usw. Zu den ältesten Gewürzen gehören: Zimt, Nelken, Muskatnüsse, Pfeffer, Ingwer und viele andere.

Kräuter

Nicht nur von den Ärzten ist die belebende „tonisierende" Wirkung eigenartig schmeckender Pflanzen und Kräuter schon früh erkannt worden, auch die Hausfrau schätzt viele Küchenkräuter zum Würzen der Speisen und besonders beim Anmachen von Salaten.

Fruchtaroma — Fruchtsäuren

Nicht zu vergessen sind auch die duftenden Aromastoffe unserer Früchte. Beim Vergleich des Geschmackswertes von frischem Obst und Kompott kann man feststellen, wie diese Aromastoffe beim Erhitzen leiden. Die Früchte enthalten außer den ätherischen Ölen eine Anzahl von organischen Säuren, Zitronensäure, Weinsäure, Apfelsäure, die ihnen den erfrischenden und belebenden Geschmack verleihen, „sauer macht lustig". Auch Zusatz von Tomatensaft oder -mark gibt Suppen und Soßen einen etwas säuerlichen, verfeinerten Geschmack.

Karamel

Manche Aroma- und Geschmacksstoffe entstehen erst bei der Zubereitung der Nahrungsmittel aus diesen selbst. Zucker wird z. B. beim trockenen Erhitzen bräunlich verfärbt und zersetzt und enthält dann in einem bestimmten Stadium sehr gutschmekkende, karamelartige Produkte. Bei allen Backvorgängen, auch beim Brotbacken, spielt das eine große Rolle. Die glänzende Brotkruste enthält Abbauprodukte der Stärke, sogen. Dextrine, und malzartige Stoffe mit gutem Geschmack.

Röstprodukte — Rauchgeschmack

Ganz besonders beliebt sind alle Röstprodukte beim trocknen Erhitzen von Brot, Fleisch, Kaffee, Kakao und ebenso beim Braten in Fett, gebräunte Butter, gebräunte Zwiebeln, Mehlschwitzen usw. Auch das Räuchern von Fleisch und Fischen gehört hierher und wird sehr geschätzt nicht nur zur Haltbarmachung, sondern besonders zur Geschmacksverbesserung.

Extraktivstoffe

Eine weitere Gruppe von Geschmacksstoffen bilden die schon erwähnten „Extraktivstoffe", die besonders beim Fleisch eine so angenehm anregende und belebende Wirkung haben.

Diese vielseitigen Aroma- und Geschmacksstoffe verleihen dem Gemisch von Nährstoffen überhaupt erst den eigentlichen Wert als Speise und verschaffen damit den Genuß beim Essen. Der Phantasie der Hausfrau sind bei der schmackhaften Zubereitung des Essens keine Grenzen gesetzt.

Die richtige Ernährungsweise verlangt von der Hausfrau aber nicht nur Phantasie, sondern auch Geschick, vernünftige Überlegung und Einteilung. Die Einkaufsmöglichkeiten richten sich zumeist nach dem Geldbeutel. Die Zubereitung und Zusammenstellung der Mahlzeiten muß sich immer der besonderen Lebensweise anpassen. Denn die Ernährung bei körperlicher Arbeit in frischer Luft kann großen Appetit voraussetzen und deshalb derber, weniger umständlich zubereitet und reicher an Ballaststoffen sein, dagegen erfordert die Ernährung in der Stadt und vor allem bei geistig arbeitenden Menschen mehr Abwechslung und Anregung.

Auch die Verteilung der (4–5) Mahlzeiten über den Tag muß beachtet werden; der Volksmund sagt dazu: „Iß morgens wie ein König, mittags wie ein Bürger, aber abends wie ein Bettler." Gerade diese gesunde Einteilung wird durch die städtische Lebensweise so oft zwangsweise verändert. Auch dann muß aber besonderer Wert darauf gelegt werden, daß die Speisen abends leicht bekömmlich und nicht belastend sind. Ebenso sollte auch im höheren Alter die Nahrung leicht verdaulich, weniger voluminös und ruhig etwas nährwertärmer sein, dafür aber mit mehr geschmacklichen Anregungen und unter Vermeidung plötzlicher Umstellungen. Selbstverständlich ist die sorgfältige Beobachtung des Nahrungsbedarfs beim Kind mit Rücksicht auf Wachstum und Gesunderhaltung.

INHALTSVERZEICHNIS

G 159